# 「プロセス」による自由の追求

## 「プライバシー」をめぐる裁判所の憲法解釈の正当性

 阿部純子 著

敬文堂

# はしがき

## 1 なぜプロセス理論から始めるのか―「プロセス」の意義と可能性

　本書のテーマは、プロセス理論から憲法の権利観念を探ることにある。日本国憲法の議論において、「新しい人権」はもはや目新しくなく、いかなる権利が憲法によって承認されるかについては争いがあるものの、「プライバシー」は新しい人権として承認されると考えられてきた代表例となっていよう。

　プライバシーの用語は憲法に明文規定されていないが、包括的人権条項である日本国憲法13条の幸福追求権から具体的に導かれるという主張がある。これは、このような憲法解釈から一つの権利を導くという手法である。憲法上のプライバシー権は、この観点からこれまでに実に多く論じられてきたテーマであり、もはや古典的なテーマとさえいえる。

　ただし、学説を振り返ると、幸福追求権条項から具体的権利を抽出できるか否かは当初は重要な論点であった。当初、学説において、これを否定的に解釈する見解（プログラム規定説）が支配的であった。しかし、現在ではこの見解はごく少数でありその意義はほぼ忘れ去られているといってよいだろう。

　1964年の「宴のあと」事件一審判決[1]においてプライバシーが法的保護を受けるに値するものであることが承認されて以降、プライバシー理論は大きな展開をみる。不法行為において萌芽をみたプライバシー権は、その後、1969年の京都府学連事件判決[2]においてみだりにその容ぼう等を撮影されない自由として論じられた。この判決のインパクトは大きく、憲法13条は具体的権利を導出することができるという解釈が支持されるようになり、プライバシーの権利の文脈でこの判決を理解することでこの権利は憲法上の権利として承認されるものとして理解されるようになった、という展開をみたのである。

　幸福追求権条項をめぐる学説は、その後、この条項から具体的権利が導出

i

できることを肯定した上で、これがいかなる法的性格を有するかという実体的議論に関心が移行したのである。学説上、一般的自由説と人格的利益説の対立として論じられてきた議論である。

このようにして論じられてきたプライバシー権の議論は、幸福追求権の性格を通じて検討される。一般的自由説と人格的利益説の対立において、後者が通説的見解を占めることで、プライバシー権は個人の人格のために重要な利益と解釈され、現在では特に、自己情報をコントロールするという積極的権利の側面を意味するものとして主に解釈されている。

これは実務におけるプライバシー保護の必要性と対応する理解である。現代社会における科学技術の目覚ましい発展による情報技術の高度な多様化は、一方で個人が社会に対するアクセス手段を格段に増加させる利点をもたらしたが、他方で、自己の私的領域に対する侵入を以前とは比較にならないほど容易にさせた。情報管理が重要性を増す現代社会において、プライバシーは特に個人情報の文脈で語られるようになり、さらにプライバシーの権利は個人の情報に関しては積極的に管理できる側面を有するものとして理解されている。実際、この見解は個人情報保護法などの成果を生み、実務においては特に受け入れられた見解といえよう。

今後に予想される「AI・ロボット社会」への移行を考慮すれば、個人の情報を保護するという側面は、さらに重要性を増すだろう。プライバシーを情報の文脈で理解するという見解は、実社会の要請に対応する点で意義があるだろう。


しかし、憲法に明文規定のない権利に関して、このように実体的議論が先行する考察方法は妥当か。


通常、人間が行う考察が標準ケースを想定して行われるように、このようなプライバシー権の考察もまた、標準ケースを想定して行われていると思われる。権利の考察を行う際の標準ケースとは、明文規定のある場合である。

明文規定があればその権利の存在自体は、肯定される。すでに保護されるべき権利として明文に規定されているためその権利がなぜ保護されるに値するか、どのようにして法的権利としての地位を得たかなど、その権利の正当性について議論しなければならないわけではない。

　明文規定のある権利をめぐる考察は、その条項の明文解釈を中心にその権利が何を意味するのかに焦点が集中する。それは例えば、その権利がどのような法的性質を有し、どのような限界によって画定されるのかなどの実体的議論である。この実体的議論は、その対象となる権利の存在が前提とされていなければ行うことのできない議論である。

　他方で、プライバシー権には明文規定がない。この場合、プライバシー権の権利としての正当性は、他の多くの明文規定のある権利と同様に肯定されてよいのか。確かに、「情報プライバシー」の現代社会における実際の必要性を否定することはできない。しかしこれは、プライバシー権という一つの権利を憲法上の権利として承認するのに十分な根拠となり得るのか。総じて新しい人権とは、どれも実際社会における必要性から主張されてきた権利である。現代社会におけるこのような必要性は、幸福追求権から具体的権利性を導き出すのに十分な根拠を提供するものなのだろうか。新しい人権の法理論における「新しさ」とは、一体、何であったのか。


　標準ケースからの逸脱は、しばしば程度問題に還元することができない。[3]標準ケースには、通常の場合には付随している要素が含まれている。しかしこれは、通常の場合には認識する必要がないために認識されていない要素である。この要素は、標準からの逸脱によって表面化し、そのことでチャレンジに開かれた、標準とは別のケースを生むことになる。[4]

　明文規定があるという標準ケースからプライバシーは逸脱している。この逸脱は、標準ケースにおいては背後に隠れている問題を表面化させるケースに当たるのではないだろうか。つまりプライバシーの権利の考察には、標準ケースが暗黙のうちに前提としている要素を考慮することが必要だと思われ

*iii*

る。それは、ある実体が権利として承認されることを保障する正当性の議論である。

　標準ケースにおいてこの点は問題にならないため、この点に関する議論は省略できる。しかし、プライバシー権の考察においてこの点を省略することはできない。プライバシー権の考察は、標準ケースのように、いかに実体的価値が保護するに値するかを論じることから出発することはできない。法あるいは権利とは何かの考察は、通常の場合、これを論じることで新たな何かを追求する試みとしてではなく、すでに馴染みのある事がらを言葉として表現することに過ぎない(5)。プライバシー権は明文規定されていないため、通常のケースと同様の方法で論じることはできない。「新しい」権利の考察は、馴染みのある事がらを所与の前提とすることはできない。

　本書は、この問題意識の下、主にアメリカのプライバシー権をめぐる問題を取り上げながら、その権利としての法的正当化がどのようにして可能かを論じる一つの試みをなすものである。これは、プライバシーがどのような実体的内容を有するのかという実体的議論に先行して行われるべき重要性を有するテーマである。

　では、プライバシー権をめぐる従来の実体的議論に先行した問われるべき問題とは何か。つまり、プライバシー権の問題はどこから議論が始められるべきか。プライバシーの用語は憲法に明示的に規定されていないことをもって、プライバシー権は存在しないと結論すべきか。すなわち、法の正当化根拠は成文法の規定にのみ求められると考えるべきか。この点を考察する手がかりとして、一つの例を挙げたい。

　刑法95条１項には、「公務員の業務を妨害してはいけない」と規定され、公務員の職務執行を妨害してはならない旨を定める。ここに規定される職務とは、正当なものに限定されて解釈される。つまり、保障されるべき公務員の行為は、正当なものであることが前提とされる。いかにして正当であるかを判断するには、第一に法の規定が参照される。法に規定された権利を行使

する公務員の行為は正当である、ということになる。

　以上の見解は、行為者の行為の正当性を証明するのに不十分なものである。なぜか。

　実定法上の明文規定は、完全なものではなく必ず欠缺が含まれている。また、個別規定は互いに衝突する可能性がある。このとき、権利の画定のために利益衡量が行われることになる。ただし、権利の画定方法は明文化されていない。要するに、法に規定された正当な権利を行使する行為が正当であるか否かについては、明文化されているとは限らないのである。ある権利を行使する際、それが権利として法に規定されていてもそれだけで正当であることを主張することはできない。なぜなら、その権利は他の権利に抵触する可能性や、不当に行使されている可能性が含まれているからである。権利の画定は、その行為の正当性にとって決定的な役割を果たすものである。つまり、権利画定を行う利益衡量は、その行為の正当性にとって決定的な役割を果たすといえる。

　つまり、権利行使の正当性は、明文規定のみを根拠として考えることはできない。その正当性は、実定法の規定をすべての根拠と考えることはできないのである。権利行使の正当性にとって決定的に重要なのは、「解釈」である。

　明文規定のないプライバシー権が、法的権利として存在する一つの権利として論じることを可能にしたのは、解釈である。法解釈は、所与の法的言語を明確化するというよりは、その不確定性を利用して、ある決定を権威づけるものといえる。法的正当化の議論において、法解釈は重要な関連性を有するものである。本書は、プライバシーが判例において重要な展開をみてきた点から、特に、行為理由に注目することで解釈によってプライバシー権を主張する裁判所の解釈権限の正当化の議論からアプローチしたいと思う。

　本書は、プライバシーが明文規定されていないことから直ちに、その権利

としての意義や存在を否定することを結論として主張するわけではない。本書は、プライバシー権について、これが明文規定されていない点を十分に配慮しながら以上の点を検討することで、プライバシー権の考察を目指すものであり、さらには、正当な憲法解釈を行う裁判所が語る「憲法に明文なき権利」とは何かについての考察を試みるものである。

## 2 本書の構成

本書は、序章にて日本国憲法上のプライバシー権の考察をする際の比較対象として、アメリカでのプライバシー権の議論を参照する。特にその際、明文規定されていないという点に注目することから、アメリカ合衆国憲法修正14条「デュープロセス」条項によって保障されるプライバシー権の議論に焦点を当てる。

アメリカの社会では、中絶や同性婚の承認の可否など、保護すべき実体的内容が何かを見極めることが困難な問題が盛んに論じられている。第1章では、社会で保障すべき実体的真理や価値が不明確な場合、個人の権利を保障する裁判所の権限としてどのようなものが考えられるかにつき考察する。「ヘビアスコーパス」を題材に、合衆国憲法修正14条との関連で連邦最高裁判所が取り扱った判例について取り上げる。デュープロセス理論を用いて裁判所が保護を試みる個人の権利にはどのような性質があると考えられるか。裁判所の憲法解釈の正当性の観点から、どのような結論を導くことができるのかを検討する。

第2章では、不文憲法の伝統を有するイギリスの法理論を参照し、コモンローの意義について考察する。不文の法であるコモンローの法的意義を参照することで、どのようにして法外的な要素が法内的要素として考慮され得るのかを検討する。本書の趣旨に照らしてこの点を検討すると、これは裁判所が創設する「法」はいかなる条件によって正当化可能であるかという問題として捉えることができる。この問いは、イギリス法システムにおけるコモンローの意義を考察するのに重要な問いである。

そこで、本書はこの問いを考察するために、John Finnisの法理論に注目する。明文規定のない権利の法的正当化はいかにして可能であるかをFinnisの法理論を使用することで検討する。

　第3章は、プライバシー権が私法から憲法へと展開した経緯と、コモンローのこの展開が連動性を有するとの仮定の下でこのコモンローの展開の意義を探る。本書は、この点を裁判所の権限に注目して論じることで、プライバシーを語る裁判所の権限あるいは義務とは何かを考察し、これにより明文規定のない権利を宣言する裁判所の権限の性質からプライバシーという権利の性質を探ろうと試みるものである。これは、権利の実体的内容からその権利を捉える従来の見解とは異なる考察方法である。

　第4章では、社会において保護すべき実体的価値について合意が形成されていない例として、同性婚をめぐるアメリカの議論を参照する。同性婚を排除する州政府の判断に対し、連邦最高裁判所はどのように個人を保護し得るのか。また、そのような連邦最高裁判所の判断権限はどのように正当化可能であるのかをFinnisの議論を用いて論証する。

　第5章は、同性カップルの婚姻する権利を基本的権利として承認した連邦最高裁判所の判決を取り上げる。連邦最高裁判所が自由を保護するために承認した「基本的権利」にはどのような特徴があるのか。その判断は州政府に対し、いかなる法的意義をもち得るのかについて考察する。

　第6章は、日本における「ヘビアスコーパス」の意義と問題をみる。英米法で発展してきたヘビアスコーパスを、日本はどのように継受したのか。個人の「自由」を保障する裁判所の意義と限界を、日本国憲法との関係から論じる。

　最後に、以上の議論を踏まえ、プロセス理論によって導かれる個人の権利の特徴を終章において考察する。プロセス理論を根拠に認められるべき裁判所の権限とは何か、その権限に基づき承認される個人の基本的権利とはどのような意味があるかについて検討する。ここでは、公法上認められるべき権利にはどのような特徴があるかの検討として、私法との対比から試みる。

*vii*

プライバシー権とは何か。この問いに対して、多くの論者はその実体的内容を指摘することで返答を試みるだろう。一人で放っておいてもらう権利、自分のことは自分で決定する権利、あるいは自己の情報に関して自由に管理できる権利などとして返答されるかもしれない。またはこれは、人格にとって重要な利益を保障するものであると捉える見解や、あるいはプライバシーとして保障される領域をさらに広く捉える見解として返答されるかもしれない。これらはいずれも実体的議論である。

本書は、プライバシー権の存在を可能にしたものが解釈であるならば、プライバシー権の議論は、実体的議論からではなく、その解釈の正当性の観点から行われるべきであるとの考えから考察を行うものである。またこの考えは、ある実体が保障されるに値するいかに素晴らしい価値を含むものであることが主張されても、これは明文規定のない権利が法的保護を受けるのに不十分な根拠しか提供し得ないとの立場に基づくものである。その実体的価値が法的保障を受けると正当に認められるには、そのように解釈する権限の正当化がなされなければならない。本書は、通常の実体的議論の前に検討されるべき根本的な問題につき、プロセス理論を参照することで取り組むものである。

## 3 初出一覧

本書は、博士論文「プライバシー権論—プライバシー権に対する裁判所の権限について—」として、2013年3月に中央大学に提出したものをベースにしている。本書の「はしがき」及び「序章」から「第3章」までは、博士論文の一部に加筆し、修正したものである。第4章から第6章までは、その後に執筆した拙稿をベースにしている。初出は以下である。

序章　アメリカ合衆国憲法上のプライバシー権の議論
〔初出〕「プライバシー理論の新展開—Lawrence v. Texasにおける

liberty概念を中心として—」中央大学大学院研究年報（法学研究科篇）37号（2008年）27〜48頁

第1章　アメリカ合衆国憲法修正14条デュープロセス条項の手続保障の意義
　　　　—ヘビアスコーパス請求の上訴審管轄権をめぐる連邦議会と裁判所の関係を中心に—
　　〔初出〕「デュープロセス理論の手続保障の意義—ヘビアスコーパス請求の上訴審管轄権をめぐる連邦議会と裁判所の関係からの考察—」法学新報118巻1・2号（2011年）531頁〜605頁

第2章　「イギリス法システムにおけるコモンローの意義」
　　〔初出〕「イギリス法システムにおけるコモンローの意義」（博士論文、書き下ろし）

第3章　「裁判所の憲法解釈の正当性—アメリカ合衆国憲法修正14条デュープロセス条項に基づくプライバシー権について—」
　　〔初出〕「アメリカ合衆国憲法修正14条デュープロセス条項によるプライバシー権創設の可能性」（博士論文、書き下ろし）

第4章　立法裁量に対する善の価値
　　　　—同性婚をめぐるアメリカ憲法の議論を題材にして—
　　〔初出〕「立法裁量に対する善の価値—同性婚をめぐるアメリカ憲法の議論を題材にして—」法哲学年報2014「立法の法哲学：立法学の再定位」日本法哲学会編（有斐閣、2015年）206〜217頁

第5章　アメリカ判例法理における「基本的」権利の非強制性について
　　　　—同性婚に対する法的プロセスでの裁判所の権限—

〔初出〕「アメリカ判例法理における『基本的』権利の非強制性について—同性婚に対する法的プロセスでの裁判所の権限（1）」比較法雑誌50巻1号（2016年）201〜228頁、同（2）比較法雑誌50巻2号（2016年）311〜340頁

第6章　人身保護制度における裁判所の役割
　　　—日本国憲法の適正手続の視点から—
〔初出〕「人身保護制度における裁判所の役割—憲法の適正手続の視点から—」大東法学28巻1号（2018年）1〜41頁

終　章　「プロセス理論における公法上の権利
　　　—公法の形式理論における権威の法的強制力と自由の追求—」
　　　（書き下ろし）

## 4　本書刊行にあたり

「プロセス」の意義と可能性は、中央大学大学院在学時から現在に至るまで、私にとって重要なテーマである。大学院在学中は、指導教授の橋本基弘先生より多くの示唆をいただいた。大学院の授業にて、「実体的デュープロセス理論とは何か」という問いに対し、私は結局、十分な答えを提示することはできなかった。自分が何を問われたのかをよく考え、以来、プロセス条項の意義とその限界はそんなに単純なものではないと思うようになった。本書は、「プロセス」という英米法特有の観念とは何か、それが日本の法システムではどのような意義を有するか、という問いを考察する中での一つの意見を提示するものに過ぎない。

中央大学法学部在学時に指導していただいた長尾一紘先生には、私が大学院に進み憲法を研究していくきっかけをいただいた。この場を借り、先生方や先輩方からの日頃からのご指導やご鞭撻に感謝の意を表したい。

そして、本書の刊行について、出版を快諾していただいた敬文堂の竹内基

雄氏にも心より謝意を示す次第である。


2019年5月

**阿部　純子**

（1）東京地判昭和39年9月28日下民集15巻9号2317頁。
（2）最大判昭和44年12月24日刑集23巻12号1265頁。
（3）H.L.A. HART, CONCEPT OF LAW 4（2nd ed., 1997）.
（4）*Id.*
（5）*Id.* at 4-5. ちなみに本書は、プライバシー権が標準ケースとは異なる考察方法が採られるべきことを主張するものであり、標準ケースの方法論を否定する趣旨ではない。
（6）長谷川晃「法的正当化の構成についての一考察」法哲学年報1984「権利論」日本法哲学会編（有斐閣、1985年）138頁。

## 〈目　次〉

はしがき ……………………………………………………………… *i*

## 序　章　アメリカ合衆国憲法上のプライバシー権の議論 …… *1*

はじめに ……………………………………………………………… *1*

1　日本のプライバシー理論の流れ ……………………………… *2*

2　アメリカのプライバシー理論の流れ—プライバシー権の誕生と発展

　………………………………………………………………………… *6*

　　2.1　コモンロー（私法）上の権利として（*6*）

　　2.2　憲法において（*9*）

3　アメリカ合衆国憲法修正14条デュープロセス条項によるプライバシー

　　保障の可能性—*Lawrence v. Texas*を中心に ……………… *10*

　　3.1　*Griswold*判決から*Romer*判決（*10*）

　　3.2　*Lawrence*判決の概要（*13*）

　　3.3　*Lawrence*判決の検討（*16*）

　　3.4　*Lawrence*判決の分析（*18*）

　　3.5　いわゆる親密な結合について（*20*）

　　3.6　"Liberty"によるプライバシーの保障（*27*）

　　3.7　*Lawrence*判決の「個人」（*28*）

　4　小　結 ………………………………………………………… *30*

## 第1章　アメリカ合衆国憲法修正14条デュープロセス条項の手続
　　　　保障の意義

　　—ヘビアスコーパス請求の上訴審管轄権をめぐる連邦議会と裁判所の

　　関係を中心に— ………………………………………………… *39*

はじめに ……………………………………………………………… *39*

*xii*

目　次

1　司法審査制の意義 ……………………………………………… *44*

　1．1　憲法問題としての意義（*44*）

　1．2　司法審査制の限界—政治問題の法理を中心に（*48*）

　1．3　司法審査制の民主主義的正当性—再考（*54*）

2　ヘビアスコーパス ……………………………………………… *62*

　2．1　ヘビアスコーパスの生成—イギリスを中心に（*62*）

　2．2　ヘビアスコーパスの実定法上の位置づけ—アメリカ合衆国憲法
　　　　1条9節2項を中心に（*66*）

　2．3　ヘビアスコーパスとデュープロセス条項の関連性（*73*）

3　デュー「プロセス」条項の意義 ……………………………… *77*

　3．1　上訴審管轄権をめぐる連邦議会と裁判所の関係（*77*）

　3．2　連邦議会と裁判所の緊急時の攻防関係—9.11テロ後の状況につ
　　　　いて（*85*）

　3．3　デュープロセス条項のプロセス理論（*88*）

4　小　結 …………………………………………………………… *98*


# 第2章　イギリス法システムにおけるコモンローの意義 …… *119*

はじめに ……………………………………………………………… *119*

1　イギリスのコモンロー思想 ………………………………… *121*

　1．1　コモンローの展開—主に法思想史の観点から（*121*）

　1．2　法理学におけるコモンロー理論（*130*）

　1．3　小　結（*145*）

2　John Finnisの法理学 ………………………………………… *146*

　2．1　Finnisの自然法思想（*146*）

　2．2　Finnisの客観善（*152*）

　2．3　Finnisの法の正当化テーゼ（*157*）

　2．4　Finnisの正当化テーゼはどのように解釈されるべきか（*170*）

3　イギリス憲法におけるコモンローの意義 ………………… *180*

*xiii*

3．1　不文憲法という特質について（*180*）

　　3．2　イギリスコモンローの意義（*213*）

　4　小　結 ………………………………………………………………… *237*


## 第3章　裁判所の憲法解釈の正当性

　　—アメリカ合衆国憲法修正14条デュープロセス条項に基づくプライバ

　　シー権について— ……………………………………………………… *269*

はじめに ……………………………………………………………………… *269*

1　コモンローについて …………………………………………………… *269*

　　1．1　コモンローシステムの継受と展開（*269*）

　　1．2　私法から公法へ（*289*）

2　法の不確定性について ………………………………………………… *316*

　　2．1　法の道徳的基礎における不確定性について（*316*）

　　2．2　法の支配原則における不確定性について—特に中立原則につい

　　　　て（*323*）

3　合衆国憲法修正14条デュープロセス条項について ……………… *336*

　　3．1　デュープロセス条項におけるコモンロー思想（*336*）

　　3．2　憲法解釈における法の不確定性について（*347*）

　4　裁判所の法解釈権限—法原理と制度での対立 …………………… *352*

　5　小　結 ………………………………………………………………… *359*


## 第4章　立法裁量に対する善の価値

　　—同性婚をめぐるアメリカ憲法の議論を題材にして— ………… *377*

はじめに ……………………………………………………………………… *377*

1　個人の「婚姻する権利」 ……………………………………………… *377*

　　1．1　アメリカ合衆国憲法上のその地位と根拠（*377*）

　　1．2　同性婚を承認する州裁判所の正当化理由（*383*）

目　次

　　2　アメリカ合衆国憲法修正5条デュープロセス条項による自由の保障
　　　　…………………………………………………………………………………　388

　　　2.1　同性愛関係に対する合衆国憲法の保護（388）

　　　2.2　同性婚を制約する連邦議会の立法裁量の限界—Windsor判決を
　　　　　参考にして（395）

　　3　小　結……………………………………………………………………………　400

# 第5章　アメリカ判例法理における「基本的」権利の非強制性について

　　—同性婚に対する法的プロセスでの裁判所の権限—……………　407

はじめに………………………………………………………………………………　407

　　1　「権利」に関するAshutosh Bhagwatの見解………………………………　411

　　　1.1　憲法上の権利に対する構造的アプローチ（411）

　　　1.2　人民による圧制と合衆国憲法修正14条の意義（417）

　　2　民主的プロセスにおける司法審査の役割の一考察……………………　426

　　　2.1　「プライバシー」の判例に対する見解（426）

　　　2.2　同性婚をめぐる社会的プロセスに対する連邦裁判所の法的判
　　　　　断（432）

　　3　小　結……………………………………………………………………………　452

# 第6章　人身保護制度における裁判所の役割

　　—日本国憲法の適正手続の視点から—……………………………　469

はじめに………………………………………………………………………………　469

　　1　「ヘビアスコーパス」の日本への継受……………………………………　472

　　　1.1　英米法でのヘビアスコーパスの発展（472）

　　　1.2　日本は何を継受したのか（475）

　　2　人身保護法による救済とは…………………………………………………　478

　　　2.1　憲法上の根拠をめぐって（478）

xv

2．2　人身保護規則 4 条の及ぼす影響とその問題（*482*）

　3　人身保護法が保障する自由を確保する裁判所の役割 ……………　*487*

　　3．1　法の適正手続における二つの視点（*487*）

　　3．2　規則制定権に関する裁判所と議会の関係（*489*）

　　3．3　検討—違法の顕著性の要件（*495*）

　4　小　結 ……………………………………………………………　*497*


# 終　章　プロセス理論における公法上の権利

　　　—公法の形式理論における権威の法的強制力と自由の追求— ……　*511*

はじめに …………………………………………………………………　*511*

　1　公法の形式理論 ………………………………………………………　*512*

　　1．1　プロセスと実体の二分論—再考（*512*）

　　1．2　法形式におけるプロセスと実体の両側面（*513*）

　　1．3　私法との関係—形式的側面における法の遵守（*517*）

　2　プロセス保障における公法（憲法）の権利保障の実現 …………　*523*

　　2．1　公私の区分論—いつ区分すべきか（*523*）

　　2．2　公法と私法—二つの個人主義観（*525*）

　　2．3　公法形式における権威—適正なプロセスが保障するもの（*529*）

　3　小　結 ………………………………………………………………　*536*


おわりに …………………………………………………………………　*543*

*xvi*

# 序　章　アメリカ合衆国憲法上の
## プライバシー権の議論[*]

## はじめに

　プライバシーの権利は、今や、社会の誰にでも馴染み深い権利の一つとなっており、社会に受容されている。高度に情報化した現代社会において「プライバシー」の必要性を感じない人はいないだろう。プライバシーとは、その保護の必要性のゆえか、社会の様々な場面で語られるようになった。プライバシーは、実に多くの文脈で語られるため、その内容を統一的に把握することは困難である。

　日本のプライバシーに関する議論に大きな影響を与えるアメリカにおいて、プライバシーは、最初に私法上の権利として確立された。その後、連邦最高裁判所において憲法上のプライバシーの権利が承認されるに至った。実に様々な内容をもって語られるプライバシーの用語であるが、大別して二つ、自律権としてのプライバシーと情報コントロール権としてのプライバシーの側面が指摘されるようになった。

　しかし、このような展開において浮かび上がってくるのは、今なおプライバシーの権利を一つの観念として統一的に把握することは困難であるという事実である。

　プライバシーの権利は、実践的な保護の必要性が強調され、そのために目覚ましい発展を遂げたといえるが、しかし、その理論に関しては十分に検討されてきたとはいえず曖昧なものではないだろうか。これは、プライバシーという権利を十分に把握する権利観念が曖昧であることを示し、ひいてはその権利論自体の不在を示すものではないか。そうならば、プライバシーの権利観念を確立することこそ、追究すべき問題といえるのではないだろうか。

　法学者がプライバシーを権利として論じるとき、果たして、純粋に権利を

論じてきたのであろうか。法学者ですら、プライバシーの権利について語るとき、実際は、実務的な側面を強調して論じてきたのではないだろうか。

このような状況は日本にも妥当する。プライバシーに関して、その権利は確立されているとされながら、その理論は曖昧であるという奇妙な状況が生じている。プライバシー理論のこのような混乱は、すなわち、この権利が、本来果たすべき役割を奪うことになりかねない。プライバシーの理論を追究する意義は、ここにある。

本章は、プライバシーの権利観念に対する以上の関心から、アメリカの議論を参考にプライバシー理論の追究を試みる。アメリカの判例がプライバシーの権利を語るのに、どのような原理を用いているのかに注目する。この理解のために、*Lawrence*判決は画期的なものといえよう。ただし、*Lawrence*判決は、同性愛者の権利に関する側面をもつため、同性愛者に対する嫌悪が伝統的に存在してきたアメリカ社会では、上記の本章の関心とは別の響きをもって語られる傾向があることには注意しなければならない。このような先入観に引きずられることで、同判決を真に理解するのに少なからず負の影響が生ずることが予想されるためである。このような先入観を排除した上で同判決を検討することにより、その意義が見えてくると思われる。

以下ではまず、日本のプライバシー理論の流れを概観する。その後、日本のプライバシー理論に影響を与えたアメリカの議論を参照し、特に、*Lawrence*判決の意義について分析したい。

## 1　日本のプライバシー理論の流れ

プライバシー権は、日本国憲法13条の包括的人権条項である幸福追求権条項から具体的に導かれる権利の一つとして発展してきた。しかし、日本国憲法が施行された当初の学説によると、この規定からは具体的権利を導き出すことはできないとするプログラム的、倫理的規定説が支配的であった。[1]つまりこの条項は、国民の権利を包括的に宣言したものであり抽象的な内容をもつ規定として捉えられていた。[2]この見解によると、憲法13条の基本的性格と

2

して、日本国憲法の基本原則に直結する重要な規定として捉えられるが、これは国のあり方を指示する客観的秩序を示すものであり、個人に具体的権利を付与するという法的性質をもつものではなく、ここから憲法に規定されていない権利を具体的に引き出すことは困難であるとされる。[3]

　幸福追求権条項による具体的権利性を肯定する今日の通説的立場は、1960年代に主張された種谷春洋の見解に基礎があるといわれる。[4]これは、アメリカ独立宣言の政治思想及びドイツ連邦共和国基本法を参照し、日本国憲法13条の幸福追求権条項が実定法上の一つの権利としての法的性格を有するものであるという趣旨の見解である。特に解釈に関して、ドイツ基本法の議論を参照することで、日本国憲法13条に人格的な自己や自律という観点が取り込まれたといえる。

　判例において、初めてプライバシーの法的性質を肯定したものは、一般的に、「宴のあと」事件一審判決とされる。[5]この判決において裁判所は、私事をみだりに公開されないという保障に対する尊重が、単に倫理的な要請にとどまるものではなく、法的救済が与えられるまでに高められた人格的な利益であると語った。その上で、「いわゆるプライバシー権は、私生活をみだりに公開されないという法的保障ないし権利」であることを民法709条の不法行為を根拠にして承認したのである。

　この事件の原告Xは、東京都知事選に立候補し惜敗した者である。Xをモデルとした小説「宴のあと」の出版が、Xの私生活を公にするものであり、これがXの私生活に対する不当な侵害に当たるとして不法行為に基づく損害賠償を請求したのであった。この小説における私生活の描写はいずれも被告Yのフィクションであると認めざるを得ないものであったが、既知の事実が極めて巧みに小説に織り込まれ、そのために一般の読者にとっては事実とフィクションの識別は困難な状態であった。そのため、小説に描写されるスキャンダラスな出来事が実際にXの身の上に起こった事実なのではないかと推測する読者によって、Xが彼らの好奇の対象となり、これが原因で生じた精神的苦痛に対する救済がなされるべきであるとされた。

この判決において、プライバシーが実定法上の法益として是認され、法的保護の対象となる権利として承認される根拠については以下のように述べられた。近代法の根本理念の一つであり、また日本国憲法が根拠とする個人の尊厳によって、相互の人格が尊重され、不当な干渉から自我が保護されるべきである。そして、他人の私事を公開するには正当な理由が必要になるとされた。

　このように保護されるプライバシー権は、この利益への侵害に対する法的救済が与えられるという形式で保護される。つまり、「私生活上の事実または私生活上の事実らしく受け取られるおそれのあることがらであること」、「一般人の感受性を基準にして当該私人の立場に立つた場合公開を欲しないであろうと認められることがらであること、換言すれば一般人の感覚を基準として公開されることによつて心理的な負担、不安を覚えるであろうと認められることがらであること」、「一般人の人々に未だ知られていないことがらであること」の三つの侵害要件が具体的基準として示されたのである。

　このように、プライバシー権の法理は、私法の分野で初めて裁判所により承認された。

　最高裁判所において、初めて憲法の幸福追求権の具体的権利性が認められたとされるのは、京都府学連事件判決である。この判決では、憲法13条について、国民の私生活上の自由が警察権等の国家権力の行使に対しても保護されるべきことを規定していると解釈された。さらに、本人の承諾なくみだりにその容ぼうや姿態が警察によって撮影されない自由は、個人の私生活上の自由の一つとして認められるものであって、警察が正当な理由なくして個人の容ぼう等を撮影することは憲法13条の趣旨に反するとされた。

　憲法典に列挙されていなくとも、幸福追求権によって基礎づけられることにより、「裁判上の救済を受けることができる具体的権利」として理解されることになる。幸福追求権条項からこのような具体的権利が実際に導かれることが肯定されるのであれば、次に問題になるのは、いかなる権利が実際に保障されるかという点である。明確な規準もなく裁判所が憲法上の権利とし

序　章　アメリカ合衆国憲法上のプライバシー権の議論

て具体的権利を承認することは、裁判所の主観的な価値判断によって権利が創設されるという可能性が出てくるためである。そこで幸福追求権の法的性格を論じる必要性が出てくる。学説は主に、一般的自由説と人格的利益説で対立する。これらはともに、幸福追求権が個別的基本権を包括する人権であるとする点で共通項を有するが、前者があらゆる生活領域に関する行為の自由を主張するのに対して、後者はその保障範囲となるのは人格的生存に不可欠な利益を含むものに限定して捉える点で相違する。現在のところ、通説的見解は後者とされる。

　幸福追求権条項から導かれる具体的権利として論じられるプライバシー権もまた、議論の展開をみる。個人の私的領域への不可侵の自由として捉えられていたプライバシー権は、高度情報化社会が到来したことで、このような自由権的側面のみならず公権力に対して積極的に請求するという側面をもって語られるようになる。プライバシー権は、「個人が道徳的自律の存在として、自ら善であると判断する目的を追求して、他者とコミュニケートし、自己の存在にかかわる情報を開示する範囲を選択できる権利」として理解されるようになる。この見解によると、「公権力がその人の意に反して接触を強要し、その人の道徳的自律の存在にかかわる情報……を取得し、あるいは利用ないし対外的に開示することが原則的に禁止」されることになる。プライバシー権により保護される情報は、このようなプライバシー固有情報のみならず、氏名や住所などの個人情報も法的保護の対象として含まれることが裁判所により認められるようになった。

　この見解は、「個人情報の保護に関する法律」や「行政機関保有する個人情報の保護に関する法律」が制定された事実をみると実務に対して多大な影響を有するものといえる。

　要するに、議論は幸福追求権条項から具体的権利を導くことができるか否かという点から、この条項がどのような法的性格を有するのかという問題へと展開している。このような議論は、実体的な権利論を中心に行われていると思われる。その結果、現在のプライバシー権は、情報プライバシーをその

実体的内容として有する権利として一般的に理解されることとなった。

さて、このように日本でも承認されるようになったプライバシー権は、日本固有のものではない。アメリカの議論に由来するものである。しかし、アメリカ合衆国憲法においても、プライバシーという文言は明文に規定されていない。では、アメリカでは一体どのようにしてプライバシー権は誕生し発展したのだろうか。次に、アメリカの議論におけるその権利論を参照したい。

## 2　アメリカのプライバシー理論の流れ―プライバシー権の誕生と発展

### 2.1　コモンロー（私法）上の権利として

プライバシーの用語を統一的に説明するのは困難であるが、プライバシー権が誕生し発展する中で、この理論の一つの大きな流れを指摘することはできる。アメリカにおいて、プライバシー権はまず、コモンロー上（つまり、主に私法の分野）の権利として認識され誕生し、その後、憲法の分野においても主張されるに至ったという流れである。以下において、この大きな流れからプライバシー権の展開を概観したい。

アメリカの学説において、「プライバシー」という観念が法的保護を受けるに値する価値を有すると明確に主張されたのは19世紀末のことであった。[11]この権利の確立に最も影響を与えた論文として評価されるのが、1890年に発表されたSamuel WarrenとLouis Brandeisの「プライバシー権The Right to Privacy[12]」である。ハーバードローレビューに掲載された、たった一編のこの論文こそ、プライバシーという権利の確立に最大の貢献をなすという成果を後に生むことになったのである。[13]彼らの業績について、当時のハーバードロースクールの学長であったRoscoe Poundは、アメリカ法に新たな一章を加えることになったとして賞賛したのであった。[14]

WarrenとBrandeisは、*Marion Manola v. Stevens & Myers*事件[15]をきっかけにこの論文を発表したと言われている。[16]これは、ブロードウェイ劇場で演じている役者（原告）のタイツ姿（この役者はタイツ姿のままで登場しなければならなかった）を座席の一隅からこっそりと、この役者の同意なしに

*6*

序　章　アメリカ合衆国憲法上のプライバシー権の議論

撮影したマネージャー（被告）と写真師（被告）に対する写真の公表の差止め請求事件であった。この事件において、原告の予備的差止めの申立てが認められたのである。

　この論文においてWarrenらは、下品で好奇心をそそるニュースを求めて人々の私的生活を詮索するという理由で、当時の雑誌記者、特に、フォトジャーナリスト[17]を批判し、それと同時に、このような私的生活を保護するために「プライバシー」を権利として保護することの必要性を認識し、コモンローにおける不法行為法の中でこの利益を侵害する行為、例えば、無断な写真撮影などの行為に対する責任を法的に改善させることを説得的に説いたのである。[18]

　そこで彼らは、プライバシーの意義として以下の六つを挙げた。[19]第一に、プライバシー権は、公のまたは一般的利益を有する事からのいかなる公表も妨げるものではない。第二に、プライバシー権は、その性質が私的なものであっても、口頭及び文書における名誉毀損の法に則った特権的なコミュニケーションであると判断され得る状況において公表された場合、そのいかなるコミュニケーションも禁止するものではない。第三に、特別の損害がない場合になされた口頭の公表によるプライバシーの侵害は、これに対して何らかの救済をなすとは判断されないであろう。第四に、プライバシー権は、その個人の同意によって、あるいはこの同意をもって消滅する。第五に、公表された事実が真実であってもこれは抗弁とはならない。第六に、公表者の「害意Malice」は抗弁とはならない。

　このように彼らが主張した背景には、プレスによる私的生活への侵入から人々が保護されるための救済方法が法的手段として存在していなかったことが大きく関係している。[20]コモンロー上の不法侵害に対する救済は、直接的な侵害つまり肉体的侵害に限定されていたため、[21]プライバシーの利益を救済する立法及び司法上の解決の必要性をWarrenは強く訴えたのであった。[22]

　彼らは、そのような侵害から救済する法原則としてプライバシーの権利を主張し、プライバシーの権利を「一人で放っておいてもらう権利The Right "to Be Let Alone[23]"」と定義し、プライバシーの権利は精神的苦痛に対しても保護を与えるものであると指摘した[24]。Brandeisがプライバシーとして保護する必要性を強調したのは、私的生活に対する国家権力からの介入から保護されるべき領域を確保する点にあったと考えられる[25]。

このように、WarrenとBrandeisがプライバシーという法的名前を有さない価値が法的権利として承認されるべきであるとした法的根拠は、コモンローである。彼らはコモンローという不文の法を、政治的社会的経済的変化に対応して変化するものとして捉えることで、時代のニーズを満たすように自発的に発展していく、常に新しい法として認識したのである。このようにコモンローの特徴を述べ、プライバシー権を法的権利として承認することが時代のニーズに対応するものであり、その法的根拠をコモンローに求めたのである[26]。

法的擬制によってではなく、法的権利として承認されるべきコモンロー上の権利として主張されたプライバシーは、その後、判例において様々に議論される[27]。そして、1931年のMelvin事件にて[28]、カリフォルニア州最高裁判所はプライバシーの権利を承認した。この判決で、プライバシーは憲法論を根拠にして論じられ、成文法によって明示的に規定されていないプライバシーというものが法的保護を受けるものとして、権利として認められたのである。

この事件を契機に、1930年代以降、多くの州裁判所においてプライバシーの権利が承認されるようになる[29]。さらに、1939年に公刊されたリステイトメントRestatement of Tortsの不法行為法編の第四冊においてプライバシーの権利は承認されるに至り[30]、ほとんどの州の判例において、不法行為法上の権利としてのプライバシーが承認されるようになったのである。ただし、このようにして様々な内容において認められてきたプライバシーの権利について、判例及び学説上、どのようなものであるかを明確に論じたものはない状況が続き、プライバシーの権利はいまだ曖昧なものであった。

このような状況に対し、不法行為法の権威であるWilliam Prosserはこれを統一的に説明しようと試みた。Prosserは1960年に発表した論文「プライ

バシー[31]」の中で、プライバシーを四類型にして説明するに至り、これにより不法行為法上のプライバシーの権利が確立されたと言われる。この論文においてProsserは、プライバシーの侵害を四つの不法行為の集合として見事に体系化した。その四つとは、自己の氏名や肖像の盗用Appropriation、隔離された私的な場所への侵入Intrusion、私事の公開Public Disclosure of Private Facts、そして、公衆の誤解を招くような事実の公表False Light in the Public Eyeである。Prosserがこのようにして、プライバシーの侵害形態を類型化したことで、不法行為法上のプライバシー権が確立したと一般的には理解されるようになったのである[32]。

## 2.2 憲法において

コモンロー上の権利として私法の分野で捉えられ、権利として確立されるに至った「プライバシー」は、1965年の連邦最高裁判所判決である*Griswold*判決[33]により、これが合衆国憲法によっても保護されるものとして初めて承認された。この意味で*Griswold*判決のインパクトは非常に大きいといえる。しかし、その法理論については、プライバシーの権利が憲法により保護されることを宣言した意味以外は判然としない。最大の理由は、プライバシー権が憲法により保障されるとした、その憲法上の根拠にあるだろう。

プライバシーの用語は合衆国憲法に明文で規定されていないため、この名もなき権利が憲法という成文法上の権利として語られ名を有すると解釈されるには、「工夫」が必要だった。そこで*Griswold*判決では、憲法上の個別の権利規定が有する「半影Penumbras」にその根拠を求めた。この半影が憲法上の保護を受けるに値するものであると捉えることで、プライバシー権の憲法上の保護を根拠づけたのである。

この半影理論こそ、名もなき権利に名前を付し憲法上の保護を与えるための正当化根拠とされたのである。その際に援用された憲法上の根拠は多岐にわたる。その後の憲法上のプライバシーが関わるケースでは、これらの条文が根拠として使用されることで、プライバシー権は実に多くの内容をもって

語られるようになる。例えば、表現の自由を規定する合衆国憲法修正１条や、[34]
不合理な捜索や押収を禁止する修正４条、連邦におけるデュープロセス条項[35]
を規定する修正５条や、人民の権利に関する一般的条項である修正９条など[36][37]
が挙げられた。[38]

　以下では特に、合衆国憲法修正14条のデュープロセス条項を根拠に主張さ[39]
れる議論に焦点をあてたい。修正14条デュープロセス条項は、この文言に従
い、従来は手続保障を意味するものと理解されていた。しかし後に、手続の
みならず実体も保障するものであるという、いわゆる「実体的デュープロセ
ス理論」が法解釈における妥当な見解として支持されるようになり、現在で
はこの理論自体を否定する見解は少数といえよう。このデュープロセス条項
が実体的価値を保障すると解釈されるに至ったため、明文規定されていない
権利を承認する際に援用されるようになった。

　そこで、修正14条デュープロセス条項を根拠に同性愛者の性的自由を承認
した*Lawrence*判決は、この理論によってプライバシー権を承認したものと
して解釈する余地が出てくる。

## 3　アメリカ合衆国憲法修正14条デュープロセス条項による プライバシー保障の可能性—*Lawrence v. Texas*を中心に

### 3．1　*Griswold*判決から*Romer*判決

　*Lawrence v. Texas*は、2003年に出されたアメリカ連邦最高裁判決である。[40]
*Lawrence*判決では、同性愛者の性的関係性が合衆国憲法により保障された
自由やプライバシーといかなる関係にあるかが問題の一つとされた。法定意
見を執筆したKennedy判事は、結論として、修正14条デュープロセス条項
により保障される自由への権利は、政府に介入されずに性的行為を行う権利
を含むものであり、この権利は同性愛者にも認められるものとした。

　「同性愛」のキーワードは、アメリカ社会を保守派とリベラル派の二つに
分断するほど論争的なテーマである。Kennedy判事は、同性愛が関連する
問題に対し、いかにしてこのような結論に至ることができたのか。この点を

*10*

序　章　アメリカ合衆国憲法上のプライバシー権の議論

検討するには、修正14条デュープロセス条項の自由に基づき承認されてきた実体的内容を探ることが必要となる。それは「プライバシー」という名で先例において語られてきた問題と関連するものである。合衆国憲法に明文規定されていないにもかかわらず承認されてきた実体的内容とは何か。その内容が承認されると判断された背景として、何が重要な点とされたのか。これらの点につき、*Lawrence*判決が言及した判例を中心に振り返りたい。

　憲法上のプライバシーの権利が判例において初めて承認されたのが、1965年の*Griswold v. Connecticut*[41]である。ここでは、避妊薬や避妊具の使用を禁止するコネチカット州法の合憲性が問題とされた。この判決において、プライバシーの権利は憲法の明文に規定されていないが、夫婦の寝室とは憲法上のプライバシーとして保障されるに値するものであることが認められた。このプライバシーの権利の根拠として、修正１条、修正３条、修正４条、修正５条、修正９条が挙げられ、さらにこれらによって規定される憲法上の権利が保障する領域から投影される半影部分Penumbrasにプライバシーの権利が含まれると判断された。[42]

　その後のプライバシーの権利に関する判例として*Eisenstadt v. Baird*[43]が挙げられる。この判決では、未婚者に対する避妊薬、避妊具の販売を禁止するマサチューセッツ州法が争われた。同判決において、*Griswold*判決で既婚者に対するプライバシーの権利が認められたことを根拠に、修正14条の平等保護条項によって、既婚者と同様に未婚者に対してもプライバシーの権利が認められるとされた。

　この判決では、*Griswold*判決がプライバシーの権利を婚姻関係に固有のものとして語ったことを認めながらも、婚姻カップルはそれ自体が独自の精神と心をもった独立の存在ではなく、異なる知的及び感情的性質をもつ二人の個人の結合であるとして、プライバシーの権利を個人の権利として捉えた。そして、プライバシーの権利は、既婚者であろうと未婚者であろうと、子どもを産むかどうかの決定のような個人的な事がらに対して政府の不当な侵害

が及ぶべきではなく、この侵害から保護されるものであることが述べられた。[44]

さらに、中絶に関する判例でもプライバシーの権利が語られた。1973年の*Roe v. Wade*[45]である。ここでは、中絶を禁止するテキサス州法の合憲性が争われ、先例を根拠にプライバシーの権利の存在を認め、それらが結婚、出産、避妊、家族関係、子どもの養育や教育をプライバシーの権利として認めるものであると解釈し、中絶もこのプライバシーの権利に含まれるとしたのである。中絶問題は、アメリカにおいて保守派とリベラル派の意見が真っ向から対立するほど重大かつ繊細なものである。このような問題に対して、連邦最高裁は正面から判断を行ったのである。

*Roe*判決で法廷意見を述べたBlackmun判事は、プライバシー権が憲法によって明示的に規定されるものではない点にふれ、過去の先例が根拠とする条文は一様ではないが、個人のプライバシーの権利またはプライバシーとして保護される領域が存在することが認められてきた点に注目する。それらの先例によると、そのような権利または領域が個人のプライバシーであるとして保護されるためには、それらが「基本的」であるか、または「秩序づけられた自由に暗に包含されるもの」でなければならず、この領域に含まれる対象として、婚姻などの一定の行為を挙げたのである。

これらを踏まえてBlackmun判事は、子どもを産むか産まないかの妊婦の決定がプライバシー権として保護されるものであることを述べたのである。Blackmun判事によると、このプライバシー権が、修正14条の個人の自由の概念に見出されようと、修正9条に見出されようと、結論としてそのような妊婦の決定はプライバシー権に含まれるものであり、最終的にこれが修正14条の「自由」に内包されると思われる、と述べたのであった。[46]

そして、同性愛者の性的行為を禁止するジョージア州法の合憲性が争われた*Bowers v. Hardwick*[47]では、逸脱した性行為に従事する同性愛者の権利は、プライバシーの権利として保障されるものではないと判断された。問題とされたジョージア州法では、ソドミー行為の禁止は同性愛者に限定されて規定されていたわけではなかった。にもかかわらず、ソドミー行為に従事する同

序　章　アメリカ合衆国憲法上のプライバシー権の議論

性愛者の基本的権利が存在するか否かという点に争点が設定され、結論として、そのような権利を同性愛者に認めるとする判例はなく、そのために、同性愛者に対するプライバシーの権利は存在しないと否認された。

　同性愛者の権利について、1996年の*Romer v. Evans*がある。この判決では、同性愛者への差別を認める州憲法が合衆国憲法修正14条の平等保護条項に反し違憲であるとされた。同事件では、同性愛者に対する差別を禁止し、同性愛者に対する積極的差別是正措置を認める旨を定めた市の条例に対して実施された住民投票の結果が州憲法に付け加えられることで、これが同性愛者の差別規定を含むとされたのであった。この判決では、同性愛者のような、少数者に対する嫌悪が法律の根拠としては正当なものとはなり得ないことが根拠として述べられたのである。

　以上が*Lawrence*判決までの先例の流れである。これらのいずれについても、プライバシーの権利が修正14条のデュープロセス条項に基づいて認められたというわけではない。ただし、*Lawrence*判決の理論を解明するのにこれらの判決の理論は重要な役割を有すると思われるため、この判決の検討に必要な範囲でこれらの先例を振り返った。特に*Bowers*判決は、*Lawrence*判決と類似の事実をもつ判決であるため、そこでいかなる理論が用いられたかには注意しなければならない。*Bowers*判決に対しては、同性愛者のプライバシーの権利を否認するための争点設定が行われたとの指摘があるため、その理論の妥当性は改めて検討されるべきであり、実際に*Lawrence*判決は*Bowers*判決が変更されるべきかを論点の一つに挙げたのであった。次に*Lawrence*判決を概観したい。

## 3.2　*Lawrence*判決の概要

### 3.2.1　事実の概要

　1998年、テキサス州ヒューストンにあるハリス群警察は、発砲騒ぎの通報を受けて*Lawrence*（原告、被控訴人、上告人）の自宅に踏み込んだところ、同人が同性のGarner（原告、被控訴人、上告人）と性的行為に従事してい

*13*

るところを目撃した。この二人は、テキサス州刑法（以下、本件州法）によって禁止されるソドミー行為を行ったとして逮捕、起訴された。ハリス群刑事裁判所にて、Lawrenceらは本件州法がアメリカ合衆国憲法修正14条の平等保護条項及び、州憲法の平等保護条項に違反していると主張したが否認されたため、二人には有罪判決が下された。

　控訴審であるテキサス州刑事控訴裁判所は、二人が主張する合衆国憲法修正14条の平等保護条項及びデュープロセス条項について合衆国憲法上の議論を検討し、その結果、そのような保護は認められないとの判断を下し、原審を認容した。控訴審の修正14条デュープロセス条項の解釈は*Bowers*判決に依拠してなされ、この判決が維持されたのであった。

　このような状況の中、Lawrenceは連邦最高裁判所に上告し、これに対して連邦最高裁は、以下の三点につきサーシオレイライを認めた。第一に、異性間カップルではなく同性間カップルの性的親密性のみを処罰する本件州法によって原告に有罪判決を下すことは、修正14条の平等保護条項に違反するか否かである。第二に、自宅での同意ある成人による性的親密性に対する刑事上の処罰は修正14条デュープロセス条項によって保障される自由とプライバシーという極めて重要な利益を侵害するか否かである。第三に、*Bowers*判決を変更すべきか否かである。

　これらの点を検討した結果、連邦最高裁は六対三で原審を破棄した。

## 3.2.2　判　旨

　本件の法廷意見はKennedy判事によって述べられた。法廷意見は本件の争点を、修正14条デュープロセス条項によって保護される自由の中に、成人が私的な行為に従事する「自由」は含まれるのか否かに設定した。この自由に関する実体的判断を行うために*Griswold*判決以降の関連判例を検討し、その結果、*Griswold*判決以降、憲法上保障されるプライバシーの権利が、婚姻関係にある成人のプライバシーから拡張されてきたものであると捉えた上で、*Bowers*判決を検討するにはこれらの判決を考慮することが必要

序　章　アメリカ合衆国憲法上のプライバシー権の議論

であると本件は判断した。そして、同性愛者のソドミー行為に関する法律を審査する点で本件と類似性を有する*Bowers*判決は、その争点の設定の仕方が誤っており、したがって結論も妥当なものではないことが述べられた。つまり、*Bowers*判決の変更を行うことが宣言されたのである。

　このように判断した後、修正14条の自由の実体的判断に際して検討すべき先例から*Bowers*判決は除外され、この判決を除いた一連の先例を検討した結果、デュープロセス条項によって保護される自由は実体的効力を有するものであり、また、結婚、出産、避妊、家族関係に関する個人の決定が人格の自律を尊重するものとして、アメリカの法律の伝統において憲法上の保障を受けてきたものであることを確認したのである。

　次に、本件州法の正当化根拠として、社会の道徳が十分なものになり得るかが検討された。この点に関して法廷意見は、確かに、社会の道徳は自己の信念を形成する要素として認められるものであり、またこれは自己の人生をどのように営むかに関する個人の決定に深く影響を及ぼし得るものであることを認める。しかし、修正14条によって保障される自由の領域にはこのような道徳は影響するものではないと判断した。[(54)]

　さらに、サーシオレイライの第一の論点で述べられた平等保護条項について以下のように述べる。本件は、修正14条の平等保護条項を根拠にして判断されるものではないが、ただし、本件に平等保護条項が全くの無関係ではないのもまた事実である。つまり、平等保護条項による利益が、修正14条のデュープロセス条項に規定される自由を促進するものであることが述べられたのである。

　この点に関して同意意見を述べたO'Connor判事は、*Bowers*判決で問題となった州法が異性愛者と同性愛者を適用対象としていたのに対して、本件州法が同性愛者のみを対象にしているという相違点に注目し、本件州法はデュープロセス条項ではなく平等保護条項を根拠にして判断されるべきであったと述べた。

　最後に本件の射程について、判決では、未成年が関係する場合、暴力が伴

ったりまたは立場の違いによって同意せざるを得ない場合、公的領域で本件のような行為が行われる場合には本件の射程は及ばないことが述べられた。また、同性愛者が望むあらゆる関係性に対して政府が公式的に承認しなければならないかという問題も本件とは関係するものではないことが述べられた。[55]

### 3.3 Lawrence判決の検討

### 3.3.1 問題の所在

Lawrence判決のインパクトはアメリカ一般市民及びアカデミックにおいて強烈であった。ここでは、Lawrence判決が孕む法理論上の論点について検討を行いたい。

Lawrence判決に対する評価は様々な方向からなされた。[56]まず批判として、デュープロセス条項の解釈に関するものがある。判決はこれに実体的意味を込めて解釈したが、これに対して、デュープロセス条項は手続的な側面を規定するものとして解釈すべきであるというテクスチュアリストの立場からの批判がある。[57]また、このような立場に立った上で、同条項が規定する諸利益に対する恣意的な執行部による剥奪を制限するものであって、立法府の判断は恣意的であっても許容されると主張する見解もある。[58]さらに、本件州法において問題となった同性愛者に対する判断は、道徳的観点を多分に含む問題であり、このような文化的闘争に関する問題の解決は、民主主義の過程に委ねるべきであって裁判所は判断を控えるべきであるという批判がなされた。[59]

他方、Lawrence判決の結論に対する好意的評価は少なくない。結論に対する評価としては、否定的なものより肯定的な見解が圧倒的に上回る。

ただし、肯定的な見解の中には、判決が結論の根拠として用いた修正14条デュープロセス条項の自由について、同条項の平等保護条項を根拠にすべきであったという見解がある。平等保護条項を根拠にすべきことを主張する者は、本件州法が同性愛者のみを対象にする差別立法であること、先例拘束性[60]の原理からBowers判決を変更すべきではなかったことを主な根拠として主張する。

16

序　章　アメリカ合衆国憲法上のプライバシー権の議論

これに対し、自由を根拠に本件を解決したことを肯定的に評価する者は、そのようにすることで積極的に同性愛者の権利が認められたとし、このためにBowers判決の判例変更は不可欠であったとして判決の理論に強く同意する。またこの点と関連して、同性愛者の権利が積極的に認められたとして、同性婚の権利を導くことができるという主張もなされた。<sup>(61)</sup>このような理解は果たして妥当か。本件の射程の問題が浮上する。

さらなる指摘として、Lawrence判決では、自由の侵害を判断する審査基準が明らかにされていない点が挙げられる。確かに、修正14条の自由として認められる権利は、従来、厳格な審査基準が援用される「基本的権利」に限定されていたが、Lawrence判決では自由を判断する際に、厳格な審査が用いられたと判断しきれるわけではない。この点に関して、Lawrence判決ではいかなる審査基準が採用されたのかという点も問題となり得る。

## ３.３.２　*Lawrence*判決の意義

まず、Lawrence判決の結論を否定する見解からみていきたい。この見解は、実体的デュープロセス理論による、列挙されていない権利の承認に対して異議を唱えるものである。確かに、アメリカでは修正14条デュープロセス条項に実体的意味を込めて解釈し、裁判所が社会経済立法を次々と違憲であると判断した経験が存在する。この経験自体が裁判官の法解釈権限を実質的に拘束することになり、その結果、実体的デュープロセス理論が用いられなくなった時期が到来したことは事実である。

しかし、近時の判例においては、実質上、実体的デュープロセス理論を採用していると解釈できるものが存在し、<sup>(62)</sup>実体的デュープロセス理論自体の必要性または存在は否定できないと思われる。したがって、実体的デュープロセス理論自体を否定する見解はもはや妥当ではないとの立場から、以下においてLawrence判決を検討したい。

*17*

### 3.4 Lawrence判決の分析

　まず、判決で述べられた自由について分析したい。この自由を解釈する傾向としては、一連のプライバシー判決と同じラインにあるものとして捉え、同性愛者の権利にまでプライバシーの権利が拡大したという解釈が一般的である。この解釈によると、プライバシーの権利に関する一連の判決から除外されるのはBowers判決であり、Lawrence判決は自律に関するプライバシー判決の中に位置づけられるのが基本的であると理解される。このような自由の理解によると、同性愛者であるか否かという点は問題にならない。人間であることから導かれる自律を前提にされた個人に、言論、信念、表現、特定の親密な行為に関する自由がこの判決によって認められたと理解できる。これは、ある権利が憲法上の保障を受ける基本的権利であるか否かを判断する際に採用されてきた「歴史と伝統に基づくか否か」というテストをLawrence判決が採用しなかったことからみても、この自由は歴史と伝統には拘束されない個人を認めたものと解釈できる。

　Lawrence判決を分析すると、これが自由を根拠に判断を下し、そのような自由の理解は先例の理解と矛盾するものではなく、また判決自体の理論は一貫性及び妥当性を有すると思われる。

　平等保護条項を根拠にすべきであると主張する論者は、同性愛者を異性愛者に対置するものとして位置づけることを前提にするものであるが、このような理解は、性に関する多様性を見逃している。判決において明らかなように、一定の自律の領域において、自己は他者からどのようにも判断されない自由を有している。社会における伝統の観点から自己が判断されることを肯定しつつ、その権利を平等保護によって認識するか、あるいは自己という価値を重視しその領域に対する他者の侵入を、自由を根拠に許容しないと判断することのどちらが妥当であるか。後者の方がより妥当性のある見解であり、またLawrence判決が平等保護条項ではなく、デュープロセス条項の問題として捉えた点の意義は大きい。なぜならここに、先例が「プライバシー」の名を用いて保護してきた実体との関連性を見出すことができるためである。

序　章　アメリカ合衆国憲法上のプライバシー権の議論

　ただし、平等保護条項の意義が本件において全くないとの見解も妥当ではない。なぜなら法廷意見において、平等保護条項はデュープロセス条項による保障を補強するものとして理解されていたからである。先例において、非生殖的性行為の権利が保障されたにもかかわらず、これが同性愛者に対しては留保されることが意味するのは、この規制が同性愛者に対する嫌悪に基づくということである。このような嫌われた少数者としてみなされた同性愛者に対する適切な評価は、もはや社会によっては可能ではないことは明らかであろう。この状況で、選挙を通じた多数決ルールを意味する民主制のプロセスによって判断することが妥当ではないことは明らかである。

　しかし、このような適切ではない評価を受け入れることをも許容する可能性を平等保護が有する点は見逃されるべきではない。これでは、法が果たすべき役割を果たせているとは到底思えず、法の支配の原則に反すると解釈できるからである。この点から、*Bowers*判決が、その問題提起から誤りであり、変更されるべくしてなされたということはもはや言うまでもない。

　以上から、*Lawrence*判決にいう自由の権利として認められたのは、個人の自律に関する一定の領域に対する政府の介入からの保護を認めると解釈するのが*Lawrence*判決の妥当な解釈であると思われる。そしてこの見解に立つと、この自由から直ちに同性婚を承認する結論が導かれるわけではないことになる。そもそも本件において認められた自由の権利は、同性愛者にも帰属するが、同性愛者だから帰属するものではないと解釈できるため、同性愛者に固有の権利の承認についてはまた別の考慮が必要となるのである。この点に関して*Lawrence*判決が述べる射程は論理的に一貫している。

　最後に、*Lawrence*判決において採用された審査基準について検討したい。判決において審査基準が明確には述べられなかったために、いかなる審査基準が採用されたのかが問題となるためである。従来の見解によると、修正14条の自由として憲法上保障される権利は、基本的権利として認められるものに限定され、その際の判断基準は厳格な審査基準が要求される。

　*Lawrence*判決において、この見解が覆されるほどの事情があったとは思

われないため、この考え自体は*Lawrence*判決においても維持されていたとみるべきであろう。判決は、合理性の基準ですら本件州法は違憲であると述べたものと解釈できるため、本件において採用された審査基準は形式的には合理性の基準ということになろうが、実質的には厳格な審査基準が採用されたと考えることができる。本件は、修正14条のデュープロセス条項によって保障される自由が基本的権利として認めたものと解釈したのであろう。

### 3.5　いわゆる親密な結合について
### 3.5.1　判例における親密な結合の自由の理論

　同性婚の主張をする際にしばしば援用されるいわゆる「親密な結合の自由Freedom of Intimate Association」について考察しておきたい。そもそもプライバシーの権利を憲法上のものとして最初に認めた*Griswold*判決は、婚姻関係にあるカップルの権利を取り扱うものであったため、親密な結合の考察はプライバシーの権利の内容を探り解明するのに役に立つと思われるからである。「結合の自由」とは、プライバシーの権利が主張される場面において、プライバシーの権利と合わせて、あるいはこれに代わるものとしてしばしば援用が試みられる権利である。[66]

　親密な結合の自由とは、判例上は1984年の*Roberts v. United States Jaycees*[67]において初めて言及されたものである。この事件は、正会員資格を18歳から35歳の男性のみに限定していた私的クラブの中央組織が、女性に会員資格を与えた同クラブの地方支部に対して制裁を与えたというものである。

　この判決では、女性に対する平等原則の利益を考慮する結論となった。この審査過程において先例が検討された結果、結合の自由に関する二つの側面が区別された。一つは、一定の親密な人間関係を構成し継続する権利である「親密な結合の自由」であり、もう一つは、修正1条によって保障される活動を行う目的で結合する権利である「表現的結合の自由Freedom of Expressive Association」である。本判決において、本件クラブがこの親密な結合に当たるかが審査された結果、これには当たらないと判断されたので

ある。

*Roberts*判決は、先例を根拠とすることで、親密な結合の自由は諸個人の一定の親密な結びつきが公権力の干渉から強く保護される必要性を説くものであった。例として、婚姻、出産、子どもの養育や教育、親族との同居などが挙げられた。そして、これらの結合が比較的小さいこと、その結合を形成し継続することを選択するという決定、当該関係の重要な側面における他者からの隔絶などが特徴として指摘された。つまり、この判決において、親密な結合の自由によって保護される結合であるか否かを判断する要件として、その結合の大きさ、目的、政策、選択制、同質性、隔絶性などが示されたと解釈できる。[68]

また、この判決において親密な結合の自由とは、「人格的自由の本質的要素」であるとされ、この権利は「愛着」と「関与」という特徴を有する、際立って親密な人間関係のみが人格的自由の本質的要素として保護されると解釈できる。[69]

### 3.5.2　学説における親密な結合の自由の理論

そもそも、親密な結合の自由という概念は、*Roberts*判決より早く、Kenneth Karstによって提唱されていた。[70]Karstによると、親密な結合の自由という権利を設けることの意義として、*Griswold*判決以降の一連の判例について、デュープロセス理論または平等保護条項によって解決されてきた問題を、親密な結合の自由という一つの概念によって論じる可能性があるとされる。[71]Karstによると、親密な結合の自由は婚姻や家族関係に匹敵する他者との緊密かつ親しい個人的関係を意味するものであり、[72]Karstはこれを単なる個人の集合ではなく一つの新たな存在A New Beingとして捉えるのである。[73]

つまりKarstは、その価値につき、「私たち」とは、「あなた」と「私」を超越した存在として捉え、この観念がその集団において共有されていることに依存すると説明する。[74]だからこそKarstは、結合を選択すること自体にも

価値を認めるのであり、選択を一つの価値とみて個人の自律を重視する姿勢<sup>(75)</sup>をここにみることができよう<sup>(76)</sup>。重要なのは、その選択がいかなるものであるかではなく、いかにしてなされるかにあるとされる。Karstのいう親密な結合には、婚姻や家族関係の他に、緊密な友情関係も含まれる<sup>(77)</sup>。

　その憲法上の根拠について、Karstは修正14条のデュープロセス条項に依拠していると思われるが、状況によっては同条の平等保護条項や修正1条も関係することを述べている<sup>(78)</sup>。このような状況の理解としては、親密な結合の自由はその三つの根拠を有し、それぞれに異なる機能を有するという複合的な権利であるとする見方がある<sup>(79)</sup>。

　Karstがこのように主張する親密な結合の自由に、同性愛者のソドミー行為に従事する権利は含まれるのか。まず、Karst自身は、同意ある成人のお互いに結合するという選択が親密な結合の自由に含まれると確信している<sup>(80)</sup>。ソドミー法が私的になされた行為に対してはめったに執行されず、公的に表現された場合に執行されることが実際にはほとんどである状況から、同性愛者の性的行為については、これを禁止することが実際には同性愛者の性的指向Sexual Orientationについてのメッセージ内容を規制しているとKarstは認識する<sup>(81)</sup>。Karstは、性的指向に基づくメッセージが修正1条によって保障されることを通じて同性愛者の選択が親密な結合の自由に含まれると考えているように思われる。Karstはさらに、このメッセージが政治的行為になり得ると考えた上で<sup>(82)</sup>、慣例にはないまたは社会の多数派が嫌悪するために一方的に侵されやすい親密な結合の自由の保護は、平等保護原則をその中心的原則とする修正1条によって保護されるべきであると述べているからである<sup>(83)</sup>。

　つまりKarstはソドミー法が維持されるべきではないとする根拠を、ソドミー行為自体と関連づけて論じているのではなく、同性愛者の性的指向に基づく公のメッセージを制限するべきではないということに求めていると思われる。保護すべき例として、ゲイバーに頻繁に出入りすることで性的指向を示したり、公然と同性愛的な愛情を示すことを挙げている<sup>(84)</sup>。

### 3.5.3 判例への回答

1984年の判決において親密な結合の自由という言葉が現れたのは、それより4年早く発表されたKarstの見解に影響されたとみる余地はあるが、しかし、判例で述べられた親密な結合の自由とKarstのそれとは異なるように思われる。

Karstは、親密な結合の自由を語るのに表現的結合の自由を別にして捉えておらず、親密な結合の自由の一側面として表現の自由を含めて考えているように思われる。判決においては、当該クラブが親密な結合の自由には当たらない理由としてその規模の大きさが主張されたが、会員数およそ30万人を誇る当該私的クラブは小さくなく、同判決のいう親密な結合に当たらないのは一見して明らかであるのに、判決において親密な結合が語られたのはやや不自然である。

あるいは、判決において親密な結合の概念を打ち出すことで、後の該当する判例において発展する可能性を示す意図があったのかもしれない。しかし、事実関係が*Roberts*判決と酷似する1987年の*Board of Directors of Rotary International v. Rotary Club of Duarte*において、[85] 結合の自由は「私的な結合の自由」と「表現的結合の自由」として語られ、つまり*Roberts*判決における「親密な」の用語が、「私的な」に言い換えられたのである。

*Rotary Club*判決での「私的な」という言葉への変換について、両者に実質的な変化はないとして、親密な結合の自由と同視する見解もある。[86] しかし、ここには定義上の一つの重要な相違があると思われる。

このことは、それぞれの判決における自由の核心を述べる部分を比較するとわかりやすいであろう。先に出された*Roberts*判決においては以下のように述べられた。一定の親密な人間関係に入り、この関係を継続するという選択は、この人間関係がアメリカの憲法システムの核心をなす個人の自由を保護するという役割のために、州による不当な干渉から保護されなければならないものである。この点において、結合の自由は、個人の自由の中心的要素としての保護を受けることになる。権利章典は、個人の自由を保護するため

に考案されているのであるから、一定の高度な個人の関係に対して、州による不当な干渉から保護されるべき範囲が与えられなければならないことがRoberts判決において述べられた。

これに対してRotary Club判決では以下のように述べられた。憲法は一定の親密または私的なPrivate人間関係を営み、継続するという個人の選択をこれに対する政府の不当な干渉から保護するものである。一定の親密なまたは私的な関係を営み、継続していく自由は権利章典によって保護された自由の中心的な要素であると、微妙に変化しているのである。

二つの判決は、それぞれの自由の核心を述べる部分において互いに緊密に響き合うにもかかわらず、差異が検出されたのである。[87]類似する先例としてRoberts判決があった点から、Rotary Club判決がRoberts判決を参照しなかったと考える理由は妥当ではなく、むしろRotary Club判決はRoberts判決を綿密に参照して照合しつつ書かれたのである。にもかかわらず、採用された用語が同一でなかったとしたらそれは、意図してなされたと考えるのが自然である。[88]

Rotary Club判決において意図されたことは、二箇所あったPersonalの用語を二箇所ともに削除して、「親密な」とあった二箇所にPrivateの用語が付与されたことである。[89]この意図と、自由について「親密な」から「私的な」への変化の表現が意味することは必ずしも明らかではないが、アメリカの判例において「私的な」とはプライバシーの権利を語る際の重要なキーワードになり得るのではないか。つまり、以前語られた「親密な結合の自由」はプライバシーの文脈において語られることを示すのではないだろうか。

「私的な」から直ちにプライバシーを指摘するのはやや強引なようにも思われるが、アメリカにおけるこの用語の意味は特別であることは事実であろう。確かに、Rotary Club判決において親密性を否定するのに「ロータリークラブではその活動をプライバシーの雰囲気の中ではなく、窓や扉を広く世界に開けて活動しているのである」と述べているのである。

このように、親密性をプライバシーの一側面として捉えるなら、プライバ

24

序　章　アメリカ合衆国憲法上のプライバシー権の議論

シーと異なる独自の権利として論じる必要はないと思われる。判決において
語られた人格的自由の本質的要素はプライバシーと合致する。その後の連邦
最高裁判所の判例において、親密な結合の自由独自の理論的な展開は特にみ
られない。あるいはこれが、プライバシーの新たな側面としての可能性もあ
るが、小さい結合について親密な結合として保護された判例はまだないので、
現時点ではこの点は特に言及しないことにする（Lawrence判決でも親密な
結合の自由という言葉は示されていたが、法廷意見はこれをプライバシーあ
るいは自由の一側面として捉えているように思われる[90]）。

　さらに判決に対しては、結合の自由を二分した点に対してもその理由が明
白ではない。結合の自由として表現的結合と親密な結合を分けるなら、大規
模な団体は表現的結合でなければ保護される可能性はないことになる。しか
し、表現との関連から論じるなら、修正1条の表現の自由から直接に論じる
方が自然であり、あえて結合の大小について語る必要はないと思われる。

　他方、結合の自由を判例のように二分する方法では、親密な結合に表現的
自由が含まれるのか否かが判然としない。判例によると、親密な結合は比較
的小さくなければならないが、もし親密な結合に表現が与えられるなら、小
規模な結合は大規模な結合より多くの保護を受けることになるし、また、そ
れが与えられないならば小規模な結合には表現する側面がないことになり妥
当性がないのが明らかである。

　どちらを採用しても妥当な結論が得られないように思われる。判例の親密
な結合の自由は、Karstの理論と異なるものであり、プライバシーの一側面
として捉えれば十分であり、そうでなければその概念自体に妥当性がない。
判例における結合の自由に関する理論は説得的ではなく、その妥当性は疑わ
しい。

## 3.5.4　学説への回答

　確かに、Karstの指摘するように、Griswold判決以降の一連の判決におい
て、親密な結合関係は共通しているかもしれない。しかし、このことから直

ちにこれを独自の権利として構成されることが正当化されるわけではない。Karstは、場合によっては異なるとしながらも、親密な結合の自由を根拠づける憲法上の根拠を複数挙げたが、複数の条文を根拠として挙げることは、親密の結合という単独かつ独自の権利を確立する必要性がないことを示しているのではないか。

　Karstの考えをLawrence判決に当てはめて考えてみよう。この場合の問題は、修正1条の表現の自由によって解決されると考えられる。しかし、Karstがこのような主張をするのは、ソドミー行為の禁止が公に発せられるメッセージを規制することにつながることを前提としているため、Lawrence判決のように私的になされた行為に対して執行された場合には説得的ではないように思われる。確かにKarstは、私的な行為も保護されると考えているように思われるが、重要とされるのは公の表現が保護されることなので、私的な行為を保護するとしていきなり修正1条による表現の自由を有力な根拠として考えるのはやや無理があるように思われる。少なくともLawrence判決を解決するのに、法廷意見の理論より説得的であるとは思われない。

　親密の結合の自由について、これが独自の意義を有するものであるとして語られ、その根拠として、例えば、親密な結合の自由が修正1条に依拠することを指摘して、修正14条に依拠するプライバシーの権利との相違の可能性が主張されることがある。(91)しかし、根拠条文が異なることを指摘して、親密な結合の自由とプライバシーの権利が異なるものであると直ちに結論づけることは妥当ではない。プライバシーの権利は修正1条においても語られるのである。

　以上から、親密な結合の自由をプライバシーに含めた考えが妥当であり、プライバシーと異なる独自の権利としての親密な結合の自由の可能性について、本章ではこれ以上は言及しないことにする。

## 3.6 "Liberty"によるプライバシーの保障

　以上までの*Lawrence*判決の分析を整理しよう。*Lawrence*判決は、個人の一定の自律領域に対する政府の不当な侵入から個人が保護されることを修正14条デュープロセス条項の自由の下に承認したものである。この自由の権利の主体は、他者、つまり社会による評価を必ずしも受けることはない自律を有する個人である。したがって、自律という面において判断能力の劣る未成年者は必ずしもこの主体となるわけではない。これは判決において明示的に述べられた点である。この点において、同性愛者が特別の地位に置かれることはなく、他と区別される理由はない。したがって、同性愛者もこの権利主体として認められる。

　ただし、同性愛者であることを強調して権利が承認されたわけではないため、ここからただちに同性婚に対する権利が導かれるとの見解は妥当ではない。これは判決が、私的な場面ということにこだわっていることとも整合的である。

　ここで一つの問題が浮上する。判決において述べられたのは、「自由」という修正14条デュープロセス条項において明文で規定されたものであり、判決が自由を根拠にした以上、この自由とプライバシーは別のものであるとの問題が浮上するのである。判決で述べられた自由とは、果たしてプライバシーの権利とは別の権利なのか。

　確かに、*Lawrence*判決において「プライバシー」という言葉はほとんど述べられていない。<sup>(92)</sup>問題を解決する際に述べられた言葉も「自由」である。しかし、法廷意見は、この「自由」を解釈するために依拠した先例の原点を*Griswold*判決に求めた。*Griswold*判決とは、憲法上のプライバシーの権利を承認した初めてのものとして非常に有名な判決である。さらに、それに続いて引用された判例もすべてプライバシーの権利が関係しており、これが承認されているものである。この一般的な理解を何の説明もなく無視することはできない。

　このような一連の判例ラインに位置づけられる*Lawrence*判決は、やはり

プライバシーの利益を内容とするものと理解されなければならない。もしこれがプライバシーの権利を承認した判決ではないと主張し、それとは別個の自由の権利を語ったものであると主張するなら、そしてその根拠を唯一、プライバシーの用語が語られなかった点に求めるならば、その見解は以上の事情を覆すほどの理由にはならないと思われる。[93]

　以上から、*Lawrence*判決は、憲法に列挙されていないプライバシーの権利を修正14条のデュープロセス条項の自由を根拠に承認した判決であるとの解釈が妥当であると思われる。

## 3.7　*Lawrence*判決の「個人」

　*Lawrence*判決において、個人を語る場面は冒頭である。冒頭において、人Personは住居あるいはその他の私的な場所への不当な政府の侵入から自由Libertyによって保護されること、また、自由Libertyは自己の自律Autonomy of Selfを前提とするものであること、そして本件は、空間的次元及びこれを超越する次元における人Personの自由Libertyと関連するものであることが宣言された。

　この自由に関する一点めは、修正14条デュープロセス条項を述べたものであり、私的領域に対する政府の侵入は不当なものであってはならないことを修正14条を根拠にするものと理解できる。

　特記すべきは、その次の点である。修正14条が保障する自由は、自己の自律が前提となっているという点である。修正14条デュープロセス条項の文言には、「Person」とあり、このPersonはいかなる人を指すのかが明らかでない。*Lawrence*判決はこの曖昧な人間像に「Self」という具体的な意味を込めたのである。ここから、政府の不当な干渉から保護される自由の領域はSelfという人間の自律のゆえであることを導く可能性が出てくる。

　また、先例におけるプライバシーの権利は、個人the Individualに還元されることが明らかである。本章ではすでに、*Lawrence*判決にいう自由Libertyがプライバシーの権利を語るものであることを述べた。以上を整理

*28*

すれば、Libertyに含まれるプライバシーの権利の主体は個人the Individualであり、この個人は自己Selfの自律のゆえにLibertyの保護が保障されるということである。

*Lawrence*判決は、基本的権利であるかどうかの判断基準として採用される歴史と伝統の基準を採用せずにその権利性を認めた。これは、共同体の維持を優先するのではなく、つまり、共同体に拘束される個人ではなく、共同体の利益にも優先する個人を採用していることの表明である可能性を示唆するものである。

この個人は、先例において明らかなように、未婚カップルの非生殖的な性行為を行う個人など、必ずしも道徳的に適切であると社会（の多数派）が判断する個人に限られない。これは、人格を有する人間は自己の自律の領域においては、道徳的に行為するか否かにかかわらず、政府の不当な干渉を受けないことをいうものであり、政府の干渉が不当であるか否かは、当該行為の道徳性には関連性を有さないということであろう。

合衆国憲法修正14条は、第1節において、合衆国で誕生するか帰化し、合衆国の権限に服する者Personに対する市民Citizenとしての地位があることを保障する。特権条項の帰属主体はこの市民であることも明文規定される。しかし、続くデュープロセス条項において生命、自由、財産が保障される主体は人Personとなっている。同じ条文内において、人が市民であることを保障しながら、生命、自由、財産の帰属主体としては市民ではなくPersonを置いているのである。この点については、生命、自由、財産は市民としての地位を有していない者（例えば違法滞在者など）にも保障が及ぶという回答も可能ではあろう。確かに、市民でない者もデュープロセスなしに生命を奪われるようなことがあってはならない。

ここでは、自由の帰属主体としてPersonが置かれたことの一つの可能性として、*Lawrence*判決を通じて以下のように考える。このPersonは個人the Individualであり、この個人は人格的でありながら市民が不道徳と考える行為も行う。自由は、市民、つまり社会に拘束されないある特定の自律の

領域における保護を保障するものであるという可能性である。

　いわゆるコミュニタリアンが想定する個人が、ちょうど「共同体に拘束される個人」であり、合衆国が建国期に描いた広大な共和国を作るために採用した共和主義がこのような個人を想定したと考えられるのに対し、もう一方で、修正14条の自由は、共同体に拘束されない個人（をも）想定することで個人の一定の自律の領域を保護するのである。修正14条は、市民ではない個人をあえて規定することで、このような個人主義を認めているのではないか。[94]

## 4　小　結

　ここでは、プライバシー権に関する日本及びアメリカの議論を概観した。日本では、日本国憲法13条の幸福追求権による具体的権利の保障が承認されるようになることで、明文のない権利が保障される理論が確立したといえよう。プライバシー権もこのようにして承認される権利のうちの一つとして理解される。幸福追求権の法的性格に関する学説の見解として、人格的利益説が通説的見解を占めることで、この見解はいかなる権利が保護されるべきかを判断する一つの基準として考慮されている。いかなる具体的権利が幸福追求権によって保障されるべきかの解釈として、「人格」を一つのキーワードとして指摘できよう。

　他方、プライバシー権を誕生させたアメリカにおいても、プライバシーの用語は合衆国憲法に明文規定がない。アメリカでは、明文規定のない権利が保障される際の根拠の一つとして、修正14条デュープロセス条項が用いられる。デュープロセス条項に規定される自由がその根拠として使用されるのである。すなわち、デュープロセス条項は、文言上は適正なプロセスを保障する規定であるが実体的価値を保障する根拠としても使用されるのである。

　アメリカの判例では、この自由に含まれる実体として、結婚、出産、避妊や家族関係などが承認されてきた。これらに関する事項は、基本的に個人の自由な判断が保障され、この領域に対して政府は不当に侵入できないとして個人は保護を受けるのである。明文なき権利はこのようにして保障されると

序　章　アメリカ合衆国憲法上のプライバシー権の議論

解釈されるようになり、*Lawrence*判決はその代表的ケースといえる。

　*Lawrence*判決の意義や可能性は法学者のみならず市民も関心を寄せるものであった。なぜならこの判決は、同性愛者の権利問題を取り扱うものであったからである。その意義として、同性愛者の権利保障を拡大する可能性があるものとして論じる見解が有力になされるのである。[95] それは例えば、同性婚の承認などである。[96]

　本章では、*Lawrence*判決がプライバシー権の承認をしたという解釈を採用して検討を進めた。*Lawrence*判決は、修正14条デュープロセス条項の下、同性愛という属性のために自由が保障されたのではなく、個人としての意義に注目することで同性愛者の自由が憲法による自由の保護を受けたものであると解釈した。


　確かに、同性愛や中絶などアメリカ社会で論争的な問題に対して裁判所が口出しするたびに批判は起こり得る。*Lawrence*判決でのScalia判事の反対意見はこの点からも法廷意見を激しく批判した。いかなる実体的内容が保障されるかは裁判所ではなく人民の代表者で構成される立法府の役割であることが主張される。すなわち、そのような道徳的問題が深くかかわる問題は、法的問題をとり扱う裁判所には必ずしも適するものではないため、裁判所は自ら判断を控えるべきであるという主張につながる。

　いかなる政府機関がいかなる実体について判断すべきかという問題は、権限分立原則に関わる重要な憲法問題を孕む。そこで次章では、この点につき検討する。デュープロセス条項の手続保障の意味は、政府の権限配分に対していかなる意義を有するのか。特に、プロセスのプロセスと称されるヘビアスコーパスを題材にし、裁判所の権限につき考察したい。


　注
　＊〔初出〕「プライヴァシ―理論の新展開―Lawrence v. Texasにおけるliberty概
　　念を中心として―」中央大学大学院研究年報（法学研究科篇）37号（2008年）27
　　〜48頁。本章は、これに加筆し、修正を施したものである。

（1）芦部信喜『憲法学　Ⅱ人権総論』（有斐閣、1994年）329頁。

（2）法學協會『註解日本國憲法　上巻』（有斐閣、1953年）339頁。ただし、憲法13条が基本理念の表明として、その趣旨によって法令等を無効にする可能性がないことまでも含意するものではない。

（3）伊藤正己『憲法　新版』（弘文堂、1990年）228〜229頁。

（4）種谷春洋「『生命、自由及び幸福追求』の権利（1）（2）（3）」法経学会雑誌（岡山大学）14巻3号（1964年）55頁、15巻1号（1965年）79頁、同2号（1965年）47頁、「幸福追求の権利の一史的考察―酒井吉栄教授『日本国憲法十三条の思想的背景』の検討を中心として―」ジュリスト227号（1963年）70頁。

（5）東京地判昭和39年9月28日下民集15巻9号2317頁。

（6）最大判昭和44年12月24日刑集23巻12号1625頁。

（7）芦部信喜『憲法　第七版』高橋和之補訂（岩波書店、2019年）121〜122頁。引用部分の傍点は原典のものである。

（8）また、人格核心説も存在する。これは、幸福追求権を個別基本権とは区別された基本権の根底に位置する根源的な人格の核心にかかわる独自の権利であることを主張する。ただし、日本において、この説を支持する有力なものはないとされる。参照、芦部・前掲注（1）342頁。ただし参照、松井茂記「明文根拠を欠く基本的人権の保障」戸松秀典・野坂泰司編『憲法訴訟の現状分析』（有斐閣、2012年）142〜164頁。

（9）佐藤幸治『日本国憲法論』（成文堂、2011年）182頁。

（10）参照、江沢民講演会参加者名簿提出事件（最判平成15年9月12日民集57巻8号973頁）。

（11）コモンローの伝統的な考え方によると、プライバシーの権利を形成するのに有利な状況ではなかったようである。伊藤正己『プライバシーの権利』（岩波書店、1963年）24頁。

（12）Samuel D. Warren & Louis D. Brandeis, *The Right to Privacy,* 4 HARV. L. REV. 193（1890）. 邦訳として参照、外間寛訳「プライヴァシーの権利」戒能通孝・伊藤正己編『プライヴァシー研究』（日本評論新社、1962年）。

（13）Benjamin E. Bratman, *Brandeis and Warren's the Right to Privacy and the Birth of the Right to Privacy*, 69 TENN. L. REV. 623（2002）.

（14）Bratman, *supra* note 13, at 623.

（15）Marion Manola v. Stevens & Myers, N. Y. Supreme Court, "New York Times" of June 15, 18, 21（1890）.

（16）新保史生『プライバシーの権利の生成と展開』（成文堂、2000年）14頁。

（17）19世紀後半になると、他人の私的生活の秘密や性的醜聞などを好んでとりあげるプレスが出現し横行するようになった。このように扇情的なプレスは当時「イエロープレス」「イエロージャーナリズム」と呼ばれた。堀部政男『現代のプライバシー』（岩波新書、1980年）20頁。

序　章　アメリカ合衆国憲法上のプライバシー権の議論

(18) Bratman, *supra* note 13, at 624.

(19) Warren & Brandeis, *supra* note 12, at 214-219.

(20) 堀部・前掲注（17）20～21頁。 また、執筆の背景としてWarren自身の体験も影響していると言われている。Warrenは当時、弁護士を辞め、製糸業を営む青年実業家として成功し裕福な生活を送っていた。Warren夫人は、このように成功した夫を持ち、また、父は上院議員であったためイエロープレスによって常に狙われていた。このことがプライバシーを権利として確立する必要性を抱かせたと言われている。このようにして、Warrenが執筆した原稿をBrandeisが主としてまとめたと言われている。

(21) コモンローは主に、財産権の侵害に対する救済として発展した法制度であり、その後、不法侵害Trespass訴訟の一部として人身に対する侵害も救済されるようになった経緯がある。伊藤・前掲注（11）25頁。

(22) Warrenは、イエロープレスによって平穏な私的生活への侵入を許さない公衆の怒りを利用し、この怒りを司法上及び立法上で決着させることを意図していたとされる。Bratman, *supra* note 13, at 629.

(23) この表現は、Cooley判事のものである。Warren & Brandeis, *supra* note 12 at 195. ただし、Cooley判事はこの言葉を法的概念としてではなく「人間の実存状態としてのプライバシー」と認識していると理解される。新保・前掲注（16）10～11頁。当時の判決において、正面からプライバシーの権利が理由にされたものはないにせよ、実質的にはプライバシーは保護されていたと解釈できよう。

(24) 堀部・前掲注（17）22頁。コモンロー上、WarrenとBrandeisが主張したプライバシーの権利と限界について、詳しくは堀部・前掲注（17）22頁以下、新保・前掲注（16）16頁以下。

(25) 伊藤・前掲注（11）33頁。

(26) Warren & Brandeis, *supra* note 12, at 193.

(27) Roberson v. Rochester Folding Box Co., 171 N.Y. 538, 64 N.E. 442（1902）; Pavesich v.New England Life Insurance Co., 122 Ga. 190, 50 S.E. 68（1905）. おそらく前者が裁判所でプライバシーが問題になった最初の事件であると思われる。前者ではプライバシー問題が立法的に解決され、否定されたのに対し、後者ではプライバシーの権利が承認された。以上参照堀部・前掲注（17）25～26頁。伊藤・前掲注（11）39～43頁。

(28) Melvin v. Reid, 112 Cal. App. 285（1931）.

(29) プライバシーの権利を承認するには、立法が必要であるという立場にたち、立法がない以上、プライバシーの権利を認めなかった州もある。伊藤・前掲注（11）48頁。

(30) リステイトメント86条において「人の私事が第三者に知られず、またその肖像が公衆に展示されていないということに対する利益を不当にかつ重大に侵害する者は、被害者に対して責任を負う。」と記されている。堀部・前掲注（17）31

*33*

頁。また、リステイトメントとは、それぞれに異なる州法の画一化を促進するために、各州の判例や制定法の代表的法則を条文形式に叙述したものである。リステイトメントは実定法ではないが、事実上の影響力をかなり持っており、アメリカでは重要な地位を占めるものである。望月礼二郎『英米法〔新版〕』（青林書院、1997年）50頁。

(31) William L. Prosser, *Privacy*, 48 CALIF. L. REV. 383 (1960).

(32) ただしこのように、プライバシー権が確立されたと解釈される一方で、これと同時に、プライバシーが従来の不法行為法上の侵害に対する救済として説明されることをもって独自の法的権利として承認される必要性がないことを示したということも可能であり、このようなプロッサーの手法が誤りであると批判する者もいる。Edward J. Blounstein, *Privacy as an Aspect of Human Dignity: An Answer to Dean Prosser*, 39 N.Y.U.L. REV. 962 (1964).

(33) Griswold判決は、夫婦の避妊について検討する中でプライバシーの議論がなされたが、ただし、Griswold事件は、避妊に関する最初の事件ではなかった。例えばTileston v. Ullman, 318 v. 44 (1943) やPoe v. Ullman, 367 U.S. 497 (1961) などがある。これら事件において、原告によって避妊具の販売を禁止する州法の違憲性が主張されたが、前者ではスタンディングが否定され、後者においては司法判断適合性なしとされいずれも却下されている。

(34) U.S. CONST. amend. I.

(35) U.S. CONST. amend. IV.

(36) U.S. CONST. amend V.

(37) U.S. CONST. amend IX.

(38) *See generally* U.S. v. Jones, 132 S. Ct. 945 (2012); U.S. v. Knotts, 460 U.S. 276 (1983); Whalen v. Roe, 429 U.S. 589 (1977); Katz v. U.S., 389 U.S. 347 (1967); Silverman v. U.S., 365 U.S. 505 (1961); Goldman v. U.S., 316 U.S. 129 (1942); *but cf* Snyder v. Phelps, 131 S. Ct. 1207 (2011).

(39) U.S. CONST. amend. XIV.

(40) 539 U.S. 558 (2003).

(41) 381 U.S. 479 (1965).

(42) *Griswold*, 381 U.S., at 480-486.

(43) 405 U.S. 438 (1972).

(44) *Id.* at 453.

(45) 410 U.S. 113 (1973).

(46) ただし、中絶の権利がプライバシーの一つであるとみる見解には批判が寄せられるようになっている。つまり、中絶の権利はプライバシー権の一部としてではなく、これ自体で独立した一つの権利として承認されたという解釈されるべきであることが主張されるのである。*See* Jamal Greene, *The So-Called Right to Privacy*, 43 U.C. DAVIS. L. REV. 715, 717-718 (2010).

序　章　アメリカ合衆国憲法上のプライバシー権の議論

(47) 478 U.S. 186 (1986).

(48) 517 U.S. 620 (1996).

(49) 発砲騒ぎがあったという警察への通報は、隣人によってなされたものであり、後にこの通報は虚偽のものであったことが判明し、この隣人は後に逮捕された。参照、篠原光児「ソドミー法と同性愛者の権利　*Lawrence v. Texas*, 539 U.S. -, 123 S. Ct. 2472 (2003). —合衆国憲法修正14条のデュープロセス条項の下で同性間の性行為を禁止する州法を合憲とした1986年の先例*Bowers v. Hardwick*を覆して違憲とした事例」アメリカ法（日米法学会、2004年）69頁。なお、自宅に警察官が踏み込んだこと自体の正当性についてはLawrenceらが争わなかったため、この警察の踏込みが不合理な捜索、押収を禁止する修正4条に違反するか否かは特に問題とされなかった。Lawrence v. Texas, 41 S.W. 3d 349, 350 (2001).

(50) Tex. Penal Code Ann. §21.06 (a) (2003). 同性の人間との逸脱した性行為に従事したものは処罰される。また同法によると、逸脱した性行為（いわゆるソドミー行為）とは以下のように規定される。一方の生殖器と他方の口あるいは肛門の接触、または、生殖器あるいは物を使用した他方の肛門への挿入と規定される。

(51) Tex. Const. Art. 1, §3, 3a.

(52) 41 S.W. 3d 349 (Tex. App. 2001).

(53) Kennedy判事の法廷意見には、Stevens判事、Souter判事、Ginsburg判事、Breyer判事が同調した。

(54) 同性愛者のみを対象とする処罰法は、古い歴史と伝統を有するものではないことが法廷意見において述べられた。

(55) *Lawrence*判決の法廷意見に対しては、Rehnquist首席判事、Scalia判事、Thomas判事が反対の立場を表明した。

(56) 例えばSunsteinは、本件州法が法の不執行状態Desetudeであったために無効の判断が下されたと評釈した。Cass R. Sunstein, *What Did Lawrence Hold? Of Autonomy, Desetude, Sexuality, and Marriage,* 2003 SUP. CT. REV. 27 (2003).

(57) *See Lawrence.*, 539 U.S., at 605-606 (Thomas, J., dissenting).

(58) Steven G. Calabresi, *Lawrence, the Fourteenth Amendment, and the Supreme Court's Reliance on Foreign Constitutional Law: An Originalist reappraisal,* 65 OHIO ST. L.J. 1097, 1108 (2004).

(59) *See Lawrence* U.S., at 586-605 (Scalia, J., dissenting).

(60) H. John Pound, *Right Decision, Wrong Constitutional Law: Taking the Better Path with Equal Protection Jurisprudence-Lawrence v. Texas, 123 S. Ct. 2472 (2003),* 29 DAYTON L. REV. 447 (2004).

(61) *E.g.,* Ariela R. Dubler, *From McLaughlin v. Florida to Lawrence v. Texas: Sexual Freedom and the Road to Marriage,* 106 COLUM. L. REV. 1165 (2006).

(62) ただし、社会経済立法に対して立て続けに違憲判決を下したLochner時代と
プライバシー権の差異化の試みとして参照、J. ルーベンフェルド『プライヴァ
シーの権利』後藤光男・森下史郎・北原仁共訳（敬文堂、1997年）149～154頁。

(63) *E.g.,* Carlos A. Ball, *The Positive in the Fundamental Right to Mary:
Same-Sex Marriage in the Aftermath of Lawrence v. Texas,* 88 MINN. L. REV.
1184（2004）; John G. Cullhane, *Writing on, around, and through Lawrence v.
Texas,* 38 CREIGHTON L. REV. 493（2005）.

(64) Nan D. Hunter, *Living with Lawrence,* 88 MINN. L. REV. 1103, 1113（2004）.

(65) この点について例えば参照、牟田和恵編『家族を超える社会学：新たな生の
基盤を求めて』（新曜社、2009年）。

(66) Griswold判決で法廷意見を述べたDouglas判事がプライバシー権の代わり
に当初採用しようとした理論である。また、Bowers判決で反対意見を述べた
Blackmun判事は「親密な結合の自由」の重要性を指摘し、あるいは同じく
*Bowers*判決において被上告人の弁護人を務めたLaurence Tribeは、ソドミー行
為に従事する被上告人の権利を主張する際に、親密な結合の典型として、性的関
係が認められるべきことを主張した。さらに彼は、*Bowers*判決において同性愛
者のソドミー行為に従事する権利が認められず、ソドミー法が合憲とされたこと
を指して、プライバシーの権利とは別の概念が必要であることを主張した。

(67) 468 U.S. 609（1984）.

(68) 羽淵雅裕「『親密な結合の自由』に関する一試論—合衆国の議論を参考に—」
法律雑誌48巻4号（2002年）1527頁。

(69) 岩浅昌幸「"Freedom of Intimate Association"に関する一考察—自己決定
権との関わりを意識して—」筑波法政14号（1991年）40頁。

(70) Kenneth L. Karst, *The Freedom of Intimate Association,* 89 YALE L.J. 624
（1980）.

(71) 羽淵・前掲注（68）1540頁。

(72) Karst, *supra* note 70, at 629.

(73) *Id.* at 629.

(74) *Id.*

(75) *Id.* at 637.

(76) 橋本基弘『近代における団体と個人：結社の自由概念の再定義をめぐって』
（信山社、2004年）146頁。

(77) Karst, *supra* note 70, at 629.

(78) *Id.* at 653-654. 市民の平等が問題になるときには、平等保護条項が実体的な
価値を有することが述べられており、また、親密な結合の自由が表現的な側面を
有するときもあるとして修正1条を論じている。

(79) Collin O'Connor Udell, *Intimate Association: Resurrecting a Hybrid
Rights,* 7 TEX. J. WOMEN & L. 231（1998）. デュープロセスによって、婚姻や家

序　章　アメリカ合衆国憲法上のプライバシー権の議論

　　族のような伝統的に親密な関係が保護され、平等保護条項によってそれらの伝統
　　的関係に類似する非伝統的関係が保護され、修正1条によって、非伝統的関係が
　　多数派の支持を得ない言論と同様の保護を受けることを保障するとされる。

（80）Karst, *supra* note 70, at 637.

（81）なぜなら、ソドミー法が執行されるのは性的指向が公に発せられる場合であ
　　り、私的になされる行為に対しては稀であることから、ソドミー法の処罰の対象
　　がそのメッセージを公的に表現することであると認識するのである。*Id.* at 658.

（82）*Id.*

（83）*Id.*

（84）*Id.*

（85）481 U.S. 537（1987）.

（86）羽淵・前掲注（68）1529頁。

（87）蟻川恒正「自己決定権の『思想』をさぐる」アエラムック『憲法がわかる』
　　（朝日新聞社、2000年）98〜99頁。

（88）蟻川・前掲注（87）99頁。

（89）蟻川・前掲注（87）99頁。

（90）*Lawrence*, 539 U.S., at 562.

（91）参照、岡田順太「アメリカ合衆国における『親交の自由』」法政論究49号
　　（2001年）201頁。

（92）法廷意見を述べたKennedy判事がプライバシーの用語を使用したのは、サー
　　シオレイライを認める際の論点においてのみである。

（93）法廷意見を述べたKennedy判事は、現在でこそ中道派の判事として認識され
　　るのが一般的であるが、もともと保守政権である共和党のRonald Reagan大統
　　領によって任命され、当初は保守的な見解を表明していた。Kennedy判事は、修
　　正14条を根拠にした実体的デュープロセス理論によってプライバシーという憲法
　　に列挙されていない権利を承認するほどのリベラルな意見を判決で述べることに
　　抵抗を覚えたのかもしれない。

（94）このような個人像として、例えば参照、R.N. ベラーほか『心の習慣』島薗進、
　　中村圭志共訳（みすず書房、1991年）174頁以下。

（95）*E.g.,* David A.J. Richards, The Case For Gay Rights: From Bowers to
　　Lawrence（2005）.

（96）Goodridge v. Dept. of Public Health, 798 N.E.2d. 941（Mass. 2003）.

*37*

# 第1章　アメリカ合衆国憲法修正14条　デュープロセス条項の手続保障の意義

―ヘビアスコーパス請求の上訴審管轄権をめぐる連邦議会と裁判所の関係を中心に― [*]

## はじめに

「プロセス」という観念が英米圏特有の観念であるせいか、この言葉自体がもつ意味を日本語で理解するには、これが日常用語として使用される際でも、英米圏の言葉で理解するよりもさらなる困難があるように思われる。そうならば、法の文言として、プロセスという言葉が使用されている場合、この意味を日本語で理解するには一層の慎重さあるいは警戒心をもって臨まなければならない。

　アメリカ合衆国憲法において、デュープロセス、つまり法の適正な過程の保障は修正5条及び修正14条に規定される。デュープロセス条項の解釈をめぐってはアメリカの歴史においていくどか白熱した憲法論争が展開されており、重要な論点であるといえる。[1][2][3]

　例えばこれは、デュープロセス条項が手続のみならず実体的権利も保障するものであるという実体的デュープロセス理論の是非をめぐる議論に端的に現れる。現在ではこの理論そのものを否定する見解は影を潜めているように思われるが、しかし、その否定的見解が完全に淘汰されたとはいえない。なぜなら、裁判所が実体的デュープロセス理論により憲法に列挙されていない権利を保障した場合、これが新たな権利の創設であり立法権限が付与されていない裁判所の役割として不適切であるという批判は連邦最高裁判所においてなお顕在だからである。[4]

　このように、デュープロセス条項に関する議論を歴史的に概観すると、こ

れが政府機関同士の対立図式を鮮明に浮き出すものとしてとらえることができよう。これを認識するには、次の歴史的事実を想起すればいいだろう。それは、*Lochner v. New York*において、経済的自由の承認を修正14条に基づく実体的デュープロセス理論の援用により行って以降、デュープロセス条項を通じた実体的判断を裁判所が積極的に実行することで、議会の制定した法律を次々に違憲とされたことに対し、これに怒りを覚えた大統領が裁判所の構成を自己に有利になるように編成しようと試みた、裁判所と政治部門との熾烈な対立である。デュープロセス条項は、権力分立原則との関係で重要な憲法問題を孕むといえる。

　権力分立原則は憲法学において重要なテーマである。この原則と、憲法において同じく重要な民主主義原則が共に強調されるとき、裁判所に対して第一に要求されるのは他機関の権限に抵触しないで行動することのようにみえる。裁判所に対する批判は、裁判所がその権限を全うしないからではなく、権限を超えてしまうことに対してより強烈になるといえよう。ゆえに、裁判所による他機関への侵害をいかに排除するかについて、憲法解釈方法やその解釈主体に関する主張が多くなされるのである。

　民主主義的観点から裁判所の役割が問題にされる中で、司法積極主義の立場を採ることで強烈な個性を発揮したWarren Courtにおける数々の判決に対しては、民主主義的正当性のない裁判所の権限を逸脱しているとして批判が大きいことは周知である。特に、刑事被告人の手続や行政手続分野において裁判所独自の価値判断を盛り込むことで、先例にはみられないほどにこれらの人権を手厚く保障したこの時期の裁判所の態度に対しては、これが介入主義的であるという批判が民主主義的観点から常につきまとうのである。

　このように批判されるWarren Courtの態度を肯定的に評価したのがJohn Hart Elyである。ElyはWarren Courtの、特に政治的言論に関する判決に着目し、これらの判決の意義を、政治過程への平等な参加を市民に保障したものであるという側面に見出すことで、適切な政治過程の機能を保障する裁

第1章　アメリカ合衆国憲法修正14条デュープロセス条項の手続保障の意義

判所の態度を民主主義の観点からむしろ積極的に評価したのである。「プロセス」の観点に注目して裁判所の役割論を再構成したElyの理論は、憲法学に多大なインパクトを与えるものであった。

　民主主義的正当性のない裁判所がなぜ人民の代表者によって構成される議会の制定した決定をくつがえすことができるのかという問いから出発するElyのプロセス理論は、代表民主制過程の秩序維持を審判するという裁判所の役割を打ち出すことで、二重の基準論の理論的根拠を精巧に説明する形で見事に結実したのである。

　ただし、プロセス理論の成果をこのように評価する際、一方ではこのように肯定的に評価されながらも、他方で懸念されて語られる。それは、プロセス理論の意義を二重の基準論という審査基準論レベルのみに収斂することで、司法審査レベルにおけるプロセス理論の意義を看過してしまっているのではないかという懸念である。

　このような、司法審査におけるプロセス固有の意義が真摯に論じられていないという傾向はアメリカの判例においてもみられる。判例上、手続的デュープロセス理論の転換は1970年代になされ、ここにデュープロセス条項における手続保障の飛躍があると一般的にいわれる。特に行政手続の場面で問題とされることで展開をみたこの時期の手続的デュープロセス理論は、手続の審査に先行して、保障されるべき実体的価値の有無が審査されるという二段階審査の形態をとっていた。

　つまり、問題の手続が修正14条デュープロセス条項によって保障されるかに際して、まず検討されるのはデュープロセス条項によって保障される実体的価値があるか否かであり、そのような価値がある場合にのみ次の段階として手続の検討がなされ、実体的価値がなければ手続審査は行われないという審査形式がとられるのである。このような傾向はつまり、プロセス理論の意義が審査基準論レベルでしか語られないことで、手続的議論が実体的側面を中心に、あるいは引きずられてのみ展開されていることを意味するのではないか。

そして、その実体的価値が存在するか否かは成文法に明記されているか否かに依拠するのではないか。つまり、実体的価値の意味は、実定法に明文規定されている権利のみに限定されることを前提としているように思われる。

そうならばそれは問題である。確かに、手続保障の場面でも実体的議論が中心になる理由は考えられる。それは、手続それ自体が空洞の観念であり、実体的権利や価値に裏づけされた前提がなければ手続的議論は意味がないも同然だという主張である。この見解によると、裁判所の判断は手続よりも実体的価値についてまず行われるため、民主主義過程における審判者という裁判所の役割を説明できず、ゆえに、Elyのプロセス理論の批判につながる。

しかしこれは、プロセス理論を審査基準論レベルで正当化するものでしかなく、よって、司法審査レベルでプロセス観念を捉えるElyの理論への批判としてはふさわしくない。Warren Courtのプロセス保障の姿勢をElyが評価したのは、法形成過程をも含めたより広い意味でのプロセスを指してのことであり、刑事手続や行政手続といった通常の意味でのプロセスに意義を見出したわけではない。

すなわち、行政手続を中心に展開された判例の手続的デュープロセス理論とElyのプロセス理論は、プロセス観念の捉え方を異にしており、Elyのプロセス理論にとって重要なのはプロセスを通常よりも広い観念で捉えることなのである。

このことはまた、裁判所が政治過程への参加という価値判断を行うことをもって価値判断を行う以上、プロセス理論が破綻しているという批判も妥当なものではないことを説明するものである。

Elyによると、裁判所が避けるべき価値判断とは、政治過程の結果としてもたらされる価値についてのものである。実際、Ely自身は参加自体が一つの価値として十分に認め得るものであることは認識している。Elyはプロセス観念を法形成過程も含めた意味でより広く捉えることで、プロセスを権利や利益といった実体的価値に付随するものと、これとは別の、権限配分に関する意味においても理解したのである。これは価値をめぐる手続と実体の関

第1章　アメリカ合衆国憲法修正14条デュープロセス条項の手続保障の意義

係に再考を迫るものである。審査基準論レベルでしかプロセス理論を捉えない問題はつまり、手続固有の意義が手続的デュープロセス理論で語られていないことなのである。プロセス理論の意義は、実体的価値を中心に行われる司法審査を民主主義の観点から捉えることにある。[17]

　社会の基本的価値あるいは真理の所在が不明な場合は特に、司法審査自体の正当性が問題にされやすくなる。[18]手続に関する議論の重要性として、社会の多数派による合意がいまだ形成されていない、その形成過程において実体的議論より根源的な性質を有するという点を強調すると、手続の議論の重要性は、実体的価値を見極めるのは困難な状況においてこそ顕在化するといえる。[19]本章が、特にデュープロセス条項における手続観念に注目するのは、そのような状況においていかなる機関が問題解決をすべきかを決定するのに重要であるという意味で、手続の観念が参照される可能性を有していると考えるためである。[20]

　実体的価値あるいは真理が不確かな場合には裁判所はその権限行使を控えるべきであることが権力分立を根拠にして漠然と主張される中で、本章は、手続的議論が具体的文脈における権限配分のあり方を決定する指標の一つになり得ると考える。本章は、権力分立原則において手続観念がいかなる意義を有するのかを裁判所の役割に注目することで論じるものである。これは、どこまでが合衆国憲法に規定されるデュープロセス条項によって保障される手続に含まれるのかを問うものでもある。


　中絶や同性婚などに関するアメリカ社会の動向をみれば容易に納得できるが、確かに、常に動態的に把握される社会においては、この変動に伴って変化を余技なくされるであろう基本的価値の実体を捉えることは容易でない。ゆえに、法がデュープロセス条項によって保障する実体的内容が何かを見極めることもまた困難であるが重要な課題であるので実体的判断の中身に論点が移行することは当然の成り行きである。

　しかし、この流れを所与として、より根源的な議論として先行する手続の

意義を十分に認識することなく実体的議論を展開することは、デュー「プロセス」理論の意義を理解するときの態度として妥当ではない。実体観念へと議論の関心が移る中ですら、文言上規定される「プロセス」の意義を論じることの必要性はある。手続観念をまず考察することは、たとえこれが実体的判断に直接の示唆を与えるものではなくても、重要な意義を有しているのである。

　手続観念固有の意義を探るという意図のため、本章ではその検討対象としてプロセスのプロセスと称されるヘビアスコーパスを取り上げたい。本章は、ヘビアスコーパス請求の管轄権をめぐる連邦最高裁判所と立法府の権限配分について論じるものである。

## 1　司法審査制の意義

### 1．1　憲法問題としての意義

　日本国憲法が81条により裁判所の違憲審査権を明文で規定しこれを保障するのとは異なり、アメリカ合衆国憲法には裁判所の違憲審査権限に関する規定は置かれていない。司法権に関して規定する合衆国憲法3条には、裁判所が連邦議会の制定した法または大統領の行為の合憲性を審査する権限、すなわち司法審査権限に関する文言はないのである。この点、*Marbury v. Madison*によって、裁判所の司法審査権が確立されて以来、その正当性の理論的根拠は必ずしも批判に耐え得るものではないが、しかしこれをもってただちに裁判所にこの権限があるかどうか自体を疑うことの実益はもはやないといえる。また、司法審査権は連邦裁判所の統一性を維持する役割を担うものとして重要な位置を占めるようになった点からもそれは擁護される。[23]

　しかし、裁判所の司法審査権自体を疑うのではなくても、それがどうあるべきかに関する議論は有益であろう。[24] 実際、*Marbury*判決の理論をみると、憲法解釈権限が裁判所だけではなく他の機関にも帰属すると解釈できる余地もある。この点は、建国期から続く重要な論点である。[25]

　憲法上、憲法の遵守義務はどの政府機関及び官吏にも要請されるため、憲

第 1 章　アメリカ合衆国憲法修正14条デュープロセス条項の手続保障の意義

法解釈を誰が行うかという主体に関する問題は、誰が憲法解釈の最終権限者であるかという問題としてより具体的に示すことができる[26]。この問題は例えば、それぞれの政府機関が異なる憲法解釈をした場合、この解釈の衝突をいかに処理するか、あるいは、ある機関の行為が憲法上付与された権限を超えたものか否かをいかに判断すべきか、という形で論じられる。また、どの機関が最終的な憲法解釈権限を有するかは、各機関が担うべき役割をいかに捉えるべきかという問題とも関連する。この権限配分の問題はつまり、権力分立原則と密接に関係するため憲法解釈において重要な問題である。

　アメリカ合衆国憲法が採用する権力分立原則の目的の一つは、一つの機関に権限を集中させることで生じる専制の排除である[27]。アメリカ合衆国憲法にはそのために、連邦議会、大統領、裁判所の三つの機関に連邦権限を配分し、同時に各機関間の抑制と均衡を保ちながら専制を排除することを実現しようとしている。しかし、この統治モデルにおいて、各機関の行為の合憲性に関する判断をいかにして判断するかという点は明らかではないために、各機関で異なる解釈がなされた場合の処理が問題になり、いくつかの可能性が指摘されるのである。

　憲法解釈の最終的判断者をどのように決定するかに関しては、第一に、そのような憲法解釈権限はどの機関にも平等に付与されており、最終的権限者はある特定の一つの機関に限定されないという意味で、最終的権限者はないとする立場がある。この見解では、それぞれの機関から異なる憲法解釈がなされた場合の処理として、例えば、最初に判断を行った機関のものが優先されるという可能性や、あるいは、政治部門の判断が優先されるといった立場が考えられる。前者に関しては、後に判断した見解がいかに適切なものにみえようと最初の判断が優先されるという指摘があり、連邦議会に権限が集中しやすいという点が懸念される[28]。特に建国期においては、他機関の権限を凌駕するほど連邦議会に権限が集中した傾向があったことから、この見解では連邦議会の権限を拡大させる権能を有するという効果が指摘される。このような権限がある以上は権力分立が機能しない可能性があり制度としてはふさ

わしくないという批判がある。[29]

　では、連邦議会だけではなく大統領の判断も加わった場合、すなわち、政治部門の判断が尊重されるという後者の見解はどうであろうか。この見解は、建国期の大統領、および1980年代に法務総裁であったEdward Meeseらによって支持された。[30]その主張の根拠としては、憲法上の遵守義務がすべての政治部門に課されていること、及び権力分立の観点から、裁判所のみを憲法解釈の最終権限者であると考えることは妥当でないことに求められる。[31]

　それとは異なり、最終的に決定する権限は常に裁判所が有するという、司法優越主義的に考えることもできる。この見解によると、たとえ他の機関が裁判所とは異なる憲法判断をなしても、裁判所の判断が尊重されることになる。これは、裁判所の判断が誤りであると他の機関が判断する場合でも、それらの機関は裁判所の判断に従わなければならないことになる。[32]この、司法優越主義的見解に対してはまた、人民主義的立憲主義の観点からも批判が加えられる。[33]

　立法府及び大統領の行為が憲法に適合するかを判断する権限が裁判所にあることがMarbury判決で宣言されたため、これが裁判所に憲法判断の最終的権限をも与える趣旨であると解釈することで、Marbury判決はしばしば司法優越主義的見解の根拠として参照される。

　しかし、Marbury判決をこのように解釈する態度には疑問も提起される。この判決において宣言された裁判所の権限については一方で、司法権を規定した合衆国憲法3条の領域に限定されているという解釈も可能なのである。このように解釈すると、これはすべての場合に裁判所が終局的な憲法判断をなすわけではなく、問題とされる領域ごとに終局的憲法判断者は異なるという見解にとってかわる。[34]

　他方で、この判決は、個別の判決を解釈するものとしての裁判所の権限が主張されたにすぎないという解釈も可能である。[35]つまりこのように、裁判所に提起された事件における裁判所の憲法解釈権限に関して宣言したものだとMarbury判決を解釈すれば、立法府及び大統領の行為に対して、一般的に、

第1章　アメリカ合衆国憲法修正14条デュープロセス条項の手続保障の意義

その判決の枠内を越えた司法審査権限が及ぶことを常に帰結することはできないので、この後者の見解は第一の見解にも適合する可能性がある。[36]

　*Marbury*判決は、執行府の行為によって何らかの法益が侵害された場合、裁判所はその侵害を受けた個人に対して救済を行えることを宣言し、また、憲法に反する法律を違憲であると宣言できる裁判所の権限を確立したものである。この判決において、法の支配の下では、大統領ですらこの法を破ることはできないこと[37]、成文憲法が制定された意図[38]、憲法の最高法規性[39]、及び裁判所の憲法遵守義務[40]を根拠に、法を定立する連邦議会の権限にも制限があり、この場合に裁判所がその法を違憲であると判断を下す権限があることが主張されたのである。

　ただし、憲法の最高法規性は連邦制度との関係で捉えられるべきであり、立法府や執行府など他の政府機関に対する裁判所の優位を必ずしも意味するものではない点や、憲法の遵守義務が裁判官のみに課されているわけではない点を考慮すると[41]、*Marbury*判決においてすら、終局的な憲法解釈権限の主体に関してはさまざまな可能性が考慮できるのである。実際のところ、終局的な憲法解釈権限に関して理論上は多くの見解が存在する。[42]

　理論上の見解はこのようにいくつか挙げられるが、その後の判例の見解を参照すると、どの機関が最終的な権限をもつかは問題とされる憲法条項ごとに異なった判断をしているように思われる。なぜなら、裁判所はたとえ違憲であると判断できる政府行為でも、一定の領域においては憲法判断を全く行わないという態度を判例において確立させてきたからである。いわゆる政治問題の法理である。例えば、連邦最高裁は外交政策に関する問題に対しては判断を行わずに政治部門に判断を委ねるという措置をしばしば行う。[43]このように、裁判所は自ら判断を自制することで、他の機関である立法府や大統領の判断を最終的なものとしてきたのである。[44]

　憲法解釈の最終的判断者の決定はどのように論じられるべきか。政府の各機関の憲法解釈権限は重要な憲法問題である。そして、判決における裁判所

47

の違憲審査権、つまり司法審査の効力もまた重要な憲法問題を孕んでいる。[(45)]
判決での裁判所の憲法解釈に関する見解が他の政府部門とどのような関係にあるかは「判決の権威性[(46)]」とも捉えられる、憲法の統治システムと関わる重要な側面を有するからである。

このような問題意識の下、以下では裁判所の司法審査権の限界に関する議論を政治問題の法理を中心に概観したい。

### 1. 2　司法審査制の限界—政治問題の法理を中心に

憲法に規定されていないが、連邦最高裁が判例において確立してきた司法審査適合性の基準のうち、政治部門との関係で特に重要なのが政治問題の法理である。この法理は、日本でのいわゆる統治行為論との類似性がよく指摘されるものである。

ところで、司法審査制を確立したといわれる*Marbury*判決はまた、政治問題の法理に初めて言及した判決でもある。周知のように、*Marbury*判決は、裁判所と政治部門の政治的駆け引きの中で出された、政治的な産物であることがしばしば指摘される。[(47)]つまり、連邦議会と大統領という政治部門内部の対立関係が裁判所に持ち込まれることで、裁判所もまた、特に大統領との関係において政治的対立関係の構図を呈したのである。

そのような中で出された*Marbury*判決の政治問題の法理の言及部分をみると、政治的性質を帯びた問題に関しては裁判所の審査の射程外であるが、個人の権利が侵害される場合には裁判所がその審査権限を行使できるとされたことが述べられている。[(48)]

つまり、*Marbury*判決で述べられた政治問題の法理は以下のように理解できる。裁判所の司法審査権限は個人の権利を侵害するような政府行為に対しては及び、その場合に裁判所はこれを違憲と判断し得るものとして理解できよう。[(49)]ただし、このような理解は政治問題の法理に関する今日の一般的な理解とは異なり、*Marbury*判決で述べられた法理は現在では原告適格の問題として捉えられる傾向がある。[(50)]

48

第1章　アメリカ合衆国憲法修正14条デュープロセス条項の手続保障の意義

　今日、政治問題の法理といえば、裁判所が管轄権を有し、かつ他の司法審査適合性の基準をすべて満たす場合であっても、特定の政府行為に関してはたとえこれが違憲であると判断し得ても裁判所は判断を差し控えるべきことがその内容として一般的に説明される。[51]

　ただし、周知のようにこの法理に関する混乱は多い。この理論の根拠や妥当性、範囲や基準は判例において判然と示されてはいないからである。[52]　特に政治問題の法理は、他の司法審査適合性の基準とは異なり、合衆国憲法３条の「事件」や「争訟」の要件から導出されるとは考えられていないため、これが憲法上の根拠を有するのか否かが重要とされるが、学説における判例の理解の仕方に一致は見られず、いかなる判例が政治問題の法理を扱ったとみるか、あるいは、いかなる問題が政治問題の範疇に含まれるかといった点について、学説はそれぞれ異なる見解を有しており、したがって、政治問題の法理の理論的根拠に関しても混乱が生じているのである。[53]

　実際、*Marbury*判決からその内容はかなりの変遷を辿っており、また、裁判所が重要な政治問題に踏み込むことも実際にはあったのである。長い過程を経て展開されてきたこの法理の定義づけは容易ではないが、整理として三つの段階に分けながら、この法理が支持される理論的根拠の確認を試みたい。[54]

　第一に、古典的アプローチによる理解である。Herbert Wechslerは、司法審査の正当性には微塵の疑いもないという立場を採るため、政治問題の法理が主張できるには憲法上の根拠が必要であると主張する。[55]　Wechslerによると、司法審査は単に歴史的経験によって正当化されるのではなく憲法上の文言に確固たる根拠を有するものであるとされ、その根拠として合衆国憲法６条および同３条を挙げる。６条の解釈として連邦法を解釈する連邦裁判所の権限を主張し、[56]さらに、連邦最高裁の最終的な審査権限を合衆国憲法３条に求めて主張する。[57]　Wechslerによると、裁判所の面前に適切に提起された事件を解決することは裁判所の義務であって、このような場合に他の政府機関の判断を再審査することが裁判所には要請されているという。[58]　つまり裁判

*49*

所には価値判断を行いながら審査することが許容されることになるが、その際、裁判所の判断は一般性や中立性といった原則に拘束されていなければならないという制限が付されることになる。[59]

　確かに、裁判所がその判断を控えるべき場合として政治問題の法理が根拠にされ、また裁判所には事件や争訟を審査するかに関して一定の裁量があることはWechslerも認める。[60]ただしWechslerは、裁判所がその審査を控える場合として、憲法がその判断を他の政府機関に付与していることが明白な場合に限定されると解釈し、また、連邦最高裁の上訴審管轄権の連邦議会による制限は、面前の事件を解決する連邦最高裁の義務に抵触するものと解釈されるべきではないという。[61]

　つまりこの見解によると、判断の最終的権限が政府部門に委ねられるか否かを判断するには憲法の文言が重要であり、その都度の憲法解釈に依存することになる。[62]Wechslerの見解は、憲法の文言に規定がある場合には裁判所の判断が一切行われない場合を認めるものであり、それ以外の場合、例えば連邦制の問題が関連する場合であっても、中立性などの原則に拘束された解釈方法による制限を裁判所に付することでその判断を可能にする主張でもある。

　第二に、敬譲アプローチによるものがある。Wechslerが司法審査を憲法に根拠づけて解釈したのとは異なり、Alexander Bickelは裁判所の司法審査が実務において誕生した点に注目する。[63]そのため、政治的性質を帯びた問題に関しては、憲法上の根拠が無くても裁判所自らの判断で政治部門に敬譲する要素を考慮して考えなければならないと主張される。[64]このため、結果としてはWechslerよりも広く裁判所の権限が制限され得ることになる。Bickelがこのように考える背景には、裁判所が政治部門を審査する能力の正当性に対する懐疑的態度がある。[65]政治問題の法理がいかなる場合に適用されるかを述べた判決として有名な*Baker v. Carr*によると、[66]この判決で述べられた基準は古典的アプローチと敬譲アプローチの両者の特徴が指摘されつつも、特に敬譲的側面との強い関連性を見出すことができる。[67]

50

第 1 章　アメリカ合衆国憲法修正14条デュープロセス条項の手続保障の意義

　しかし、いかなる場合に政治問題の法理が適用されるかを判断するものとして*Baker v. Carr*での基準がどれほど有用であるかには多くの疑問が寄せられる。例えば、この判決では司法審査が抑制されるべき場合の基準として、その問題が裁判所以外の機関に委ねられることが文言上明白であることや、裁判所の審査能力が欠如している場合などが基準として挙げられた。[68]確かに、文言から明白な場合という基準は、いかなる解釈方法を採るかで結論が異なる可能性はあるにせよ、基準としての妥当性を有していると評価できるかもしれない。しかし、司法審査権自体が憲法に明記されておらず、したがって、いかなる場合に司法審査が抑制されるかも文言から明白に導出することはできず、[69]あるいは、明白な文言上の根拠がない場合には司法審査を主張することができないのである。[70]

　また、裁判所の審査に適するか否かは、その問題を実際にとり扱ってから判明することであるので、これを裁判所の判断が一切行われない場合の基準として採用することには反対する見解がある。[71]この見解をさらに進めれば、政治問題の法理自体への否定へとつながる。つまり、いかなる場合であっても、裁判所の司法審査権限は主張できるが、問題の性質に応じて裁判所は他の機関の判断を優先する場合もあるという見解になり得る。[72]

　政治問題の法理の整理として第三に、権利ベースのアプローチがある。Jesse Choperは、裁判所の司法審査権の範囲への制限として権力分立や連邦制に関する問題を挙げ、これらについては他の機関（政治部門や州機関）の判断がより好ましいとする。[73]つまりChoperは連邦制の観点から、連邦と州の権限が対立するような場面での最終的な解決は政治部門によってなされるのが適切であり、裁判所の判断には馴染まないという。[74]そこでChoperは、裁判所の審査が行われるべき場合として、個人の権利が関連する問題に限定する。[75]この主張は、裁判所の役割として、多数派による個人（特に少数派）の権利の侵害を監督、保護する機能が期待されているという立場によって支持され得る。[76]

　Choperの議論は、一方で、権力分立や連邦制の問題が関連する場合には

裁判所は一切の判断を控えることを主張しながら、他方で、個人の権利が関連する場合には司法審査権が強く要請されるための論拠となり得るので、戦争などの緊急事態ですら個人の権利が関連すれば司法権が介入し得ることを主張できることになる。[78]

　ただし、この見解は個人の権利が関連する場合と統治問題を明確に区別するものであり、両者が同時に関連する場合に適用できるかという問題を抱えている。[79]実際、これは判例の見解とも異なる。[80]

　以上のように、政治問題の法理をめぐる学説状況は多様である。政治問題の法理自体を否定する学説も有力に存在するが、[81]しかし、政治問題の法理は判例において主張され、実際に存在し続けている。[82]ただし、その用いられ方に一貫性を見出すのは困難なため、これを肯定する学説の見解の内部ですら混乱が生ずる。例えば、WechslerとBickelにおいては、そもそも、司法権の観念自体の捉え方や司法審査制の憲法上の根拠についてそれぞれの見解は対立している。[83]

　判例自身が述べる根拠を整理すれば、それは、他機関が判断することが憲法から明白に解釈できる場合の他、裁判所の判断能力の限界、及び、裁判所が判断を行うことで生じる結果に対する配慮が挙げられる。[84]つまり、特殊な分野における専門的知識、あるいは、適切な情報収集能力が裁判所には欠如しているために他の機関に判断を敬譲した方が適切であると裁判所が判断する場合や、確立した法原則がいまだ存在していると認められていない状況において、裁判所自身はその法解釈権限を控えているといえる。政治問題の法理に関しては、この二つを軸として分析が試みられているといえる。[85]そして、このように裁判所自らが判断を控えるその理論的根拠として、裁判所は権力分立原則を掲げる場合がある。[86]

　確かに、結果に対する配慮を裁判所が懸念する理由は、一方で説得的である。なぜなら、例えば、確立した法原則がいまだ存在していると認められない状況において裁判所が判断を下せば、それが裁判所による法創造を意味す

第1章　アメリカ合衆国憲法修正14条デュープロセス条項の手続保障の意義

ることが指摘される。そのために、権力分立原則に反する結果を招くとして
裁判所の行為が批判される恐れがあるからである。しかし、他方で、法原則
が確立しているか否かを一つの基準としてあまりに厳格に解釈することもま
た妥当ではないように思われる。裁判所はいまだ確立した法原則がない場合
に判断を下し事件を解決してきたというのもまた事実であり、そのような状
況においてこそ裁判所が判断することが重要とされることもある。実際に裁
判所は、判例においてそのような役割を培ってきたのではないだろうか。

　さらに、判例が述べる専門的判断能力がないという理由もまた、裁判所が
面前に出された法的問題を処理し事件を解決するという役割を放棄できるほ
ど強固なものではないように思われる。なぜなら、判決を下す中で裁判所が
要求されている役割は、ある専門領域における最善かつ最終的判断を下すこ
とではなく、その事件で生じた法的問題の解釈であり、その意味で裁判所は
常に専門的判断能力を有しているのである。また、多かれ少なかれ、裁判は
法律以外の専門的知識を必要とするものであり、そのような場合、多数の専
門家が知識を提供して裁判は行われることになる。つまり、判断を回避する
理由として専門的判断能力の欠如を根拠とするには、その分野の専門家の意
見をもってしても解決し得ない、あるいは、そもそも専門家がいないような
場合に限定されると考えるべきではないだろうか。

　このように考えると、政治問題の法理を主張するのに結果に対する配慮や
裁判所の能力が権力分立原則を理論的背景にして主張される場合、やはり、
政治部門と裁判所の関係が特に重要であると思われる。つまり、政治問題の
法理の根拠を探る場合、結果に対する配慮や裁判所の能力は、法原則が確立
しているか否か、あるいは裁判所の専門的判断能力の有無が問題なのではな
く、むしろ、裁判所が判断する際の政治的状況がいかなるものか、そして、
政治部門を審査する裁判所の能力が正当なものであるかという点が問われる
べき点である。これはつまり、裁判所の民主主義的正当性を改めて根底から
問う必要性を示すものである。

## 1.3 司法審査制の民主主義的正当性―再考

　司法審査制の民主主義的正当性とは、問題にされる可能性を常に孕んだテーマといえる。もはやそれ自体の正当性を疑う実益がないとはいえ、憲法上の根拠が判然としない司法審査権限を裁判所が実行することは等閑されるべきではなく、その論拠が憲法上正当化できるかが問題にされる余地は常にある。

　実際、司法審査制の民主主義的正当性は近年もさまざまな角度から改めて問いが投げかけられている。その論者の一人であるJeremy Waldronは、法の正当性のための立法の復権を掲げる立場から司法審査制の正当性に鋭い疑問を呈する。[91]

　Waldronの見解は、司法審査制を全面否定するものではないが、司法審査権限が裁判所に本質的な役割として遂行されることを強く懸念するものである。[92] Waldronは、多数派による圧制から自由であるという裁判所の反民主的特徴を指して、ここに司法審査権限を擁護する一定の余地があることは認める。[93]

　Waldronは、司法審査を権利の有無を判断するものとしてではなく権利間の衝突を解決するものとして捉え、さらに、裁判所がこの権限を実行できる場合を、権利に対するコミットの強弱によって判断し限定されるべきことを主張する。[94] Waldronによると、司法審査権が正当化されるのは権利へのコミットが弱い場合であり、このような場合には、問題となる権利間の衝突を解決する役割を裁判所は行使できることになる。

　Waldronは、権利自体が存在するか否かを判断することを司法審査権の行使として許容しないため、新たな権利の創設という役割を裁判所が担うことを否定する。実務レベルでの裁判所の権利創設機能の一定の成果について、Waldronは、これが司法審査の適用範囲を決定するのに中心的なものとはいえず、司法審査はあくまで権利へのコミットという考え方を参照することで決定されるべきであることを主張する。[95]

　司法審査とは権利に対してすでに存在するコミットを制度化し実行す

第1章　アメリカ合衆国憲法修正14条デュープロセス条項の手続保障の意義

るものであり、これは新たな権利創設として理解されるべきではないとWaldronは説明する。

　以上から、Waldronの司法審査観を理解するためのキーワードとして「権利なるものへのコミット」という考え方を指摘できよう。これは、人権に関する広い合意が存在すること、及び、権利に関する考察が歴史的に展開されてきたことを内包するものである。ただしこれは、各権利の核心やその適用範囲といった、具体的な内容について広い合意があることを必ずしも意味するものではない。このように、権利観念自体の不合意が存在する場合に生ずる問題をどのように解決するのか、あるいは、いかなる法の条文を制定するのかは人民によって決定されるべきとされ、つまりは立法府の役割が強調されることになる。なぜならWaldronによると、権利観念の不合意と政治問題に関する不合意には一種の関連性があることが指摘されるからである。

　したがってWaldronによると、司法審査の民主主義的正当性の問題は、政治部門との関係でも特に、大統領ではなく連邦議会との関係においてこそ慎重に考察されなければならないことが主張されることになり、司法審査制は政治的正当性の観点から検討されることになる。

　政治的文脈の中で裁判所がとるべき行動、つまり、いかなる場合に政治問題の法理が適用されるかが考察される場合には通常、二つのアプローチに分類されて行われる。形式主義的アプローチと機能主義的アプローチである。前者はルールに拘束された判決を志向して文言とその原意に依拠することでこの法理の厳格な適用を主張する。また、三権の役割に明確な線引きを行い、それらの管轄は互いに排他的であると考える傾向がある。つまり、権力分立原則は、他の機関が有する機能や役割には決して介入してはならないというように解釈される。

　これに対して機能主義的アプローチは、ケースごとに個別の判断を行うため、政治問題の法理の適用は柔軟となる。このため、三権の役割に明確な線引きが行われるわけではない。すなわち、この見解は互いに他機関の判断プ

ロセスに介入する可能性があることを認めるものである。極端な機能主義者は、政府による個人の権利侵害を防ぐという権力分立原則の目的に適うように適用すべきことを判断の指標として主張する。つまり、他の機関の本質的な機能に介入しない限り、他機関が有する役割や権限を行使しても権力分立原則には違反しないとされる。

　政治問題の法理の適用に関するこれら二つのアプローチは、つまり、権力分立という憲法上の原則に関して異なる見解を採用していることがわかる。では、この相違は権力分立原則に関する憲法の意味をめぐるものなのであろうか。

　確かに、権力分立原則は文言こそないが憲法上の根拠を有するものであるというのはテクスチュアリズムの立場においても認められる。しかし、憲法上の意味として権力分立がいかなる意味を有するかを決定できるほどこの議論は成熟したものではなく、どちらのアプローチも権力分立の憲法上の意義を説得的に展開するものではない。この原則は、一方で、制度上の民主主義的正当性がない点を強調することで政治問題に関して判断を控えるように裁判所に主張するための根拠になり得るし、他方で、憲法上の権利を保障する役割を強調すればいかなる場合でも司法審査権を主張する可能性が出てくることになり、権力分立はどちらの主張も可能にするからである。事実として、権力分立原則は遵守されていると判断されながら個人の権利が脅威にさらされている状況は存在してきたのであり、これは専制からの個人の権利保障という建国時に掲げられた権力分立原則の目的に反するものなのである。

　つまり、機能主義と形式主義の相違は、権力分立原則に関する憲法解釈の結果として生じたものではなく、そのために、権力分立に依拠する政治問題の法理の憲法上の根拠は両者の見解において明確ではないままなのである。両者の見解の相違は、裁判官がどのようにしてその本質的機能を行使すべきか、という点にこそある。

　しかし、このような相違はあるものの、権力分立原則の憲法上の意味について両者は、他の機関が有する権限のすべてを行使できるわけではないこと、

第1章 アメリカ合衆国憲法修正14条デュープロセス条項の手続保障の意義

及び、他の機関が有する本質的機能は行使できないことを意味するものである点には一致がある。[105]機能主義的アプローチは、いかにして裁判所が本質的機能を行使すべきかを判断するのに、何が最良かをケースごとで個別に行おうとすることが権力分立原則の趣旨であると考えるが、しかし、権力分立原則の憲法上の意味が判然としない状況では、このような柔軟な適用の仕方では結局、裁判所の本質的機能すら他の機関に剥奪される可能性がある点に問題を抱えることになる。

このような問題は結局、何が裁判所の本質的機能であるかを明確にしない限り解消されないのではないだろうか。司法審査制の民主主義的正当性の問題点が議論されるとき、連邦議会の権限の正当性を強調するあまり、裁判所の本質的役割を論じることの意義が忘れられてはいないだろうか。果たして、権力分立原則を理論的背景として司法審査制の民主主義的正当性を問う際に重要なのは、裁判所には民主主義的正当性がないことを論証することなのだろうか。機能主義及び形式主義の両者が共有する権力分立原則がもつ意味として他の機関の本質的役割に抵触しないことが認められるならば、むしろ、各機関の本質的役割を追究することこそ重要なのではないか。

つまり、司法審査制の民主主義的正当性という問題において重要なのは、裁判所の本質的役割が何かを問い、その権限が憲法上いかに正当化できるかを問うことではないか。なぜなら、立法の復権を掲げるWaldronの議論においてより重要な目的が立法の権威を追究することにこそあるように、[106]裁判所の役割が問われるという姿勢はこれまであまり強調されてこなかったように思われるからである。

実際、憲法に規定された連邦議会の権限と裁判所の権限をどのように解釈するかに関して、前者が憲法に明文で列挙された範囲を超えて主張され、反対に、後者は憲法に規定された範囲を超えないで解釈される傾向があるように、連邦議会と裁判所の憲法上の権限の非対称性はしばしば指摘される。[107]つまり、司法審査については、いかにして裁判所が憲法上の役割を全うするかという視点からではなく、裁判所が憲法によって付与された権限をいかにす

*57*

れば超えないかという点が重要と考えられているのである。[108]

　そしてこれはまた、裁判所自身の見解にも一致する。司法権の範囲を規定する合衆国憲法3条における事件と争訟の要件の解釈として、裁判所自身はこれまで抑制的な解釈アプローチを採ってきたといえる。[109]すなわち、憲法の文言上は「司法権は次の諸事件に及ぶ」[110]とあり、裁判所の権限を付与する方法で規定されているにもかかわらず、裁判所自身がこの文言を解釈する場合には、裁判所がいかなる制限を受けるか、という権限剥奪を前提とするかのような解釈アプローチが採用されてきたというわけである。[111]当然というべきか、このような解釈方法では裁判所が行使し得る権限がいかなるものであるかが議論される余地はない。しかも、憲法の文言あるいは起草者意図を参照しても裁判所の権限への制限の性質を見出すことは出来ないために、その制限が何かを問うアプローチにおいてもその制限の性質は不明確なままなのである。[112]


　確かに、民主主義は重要な要素である。連邦議会の権限を積極的に展開し、反対に、裁判所の権限が消極的になるのもこの点から正当化が可能である。権力分立原則において、選挙、つまり国民の多数派による支持の存在はかなり重要な位置を占めているのである。これは、基本的価値を共有する国民の数が減少すればするほど、司法審査の正当性を擁護することの困難さが指摘される点とも適合的に説明できる。[113]司法審査の正当性を維持するのが困難になるというのは、何が真実であるかが判断し難い場合、つまり、真理の所在が不明確な場合にも当てはまるだろう。

　このように、民主主義的正当性が制度上担保されていない裁判所は、憲法解釈を行う際にも権力分立原則を背景にして、その権限の正当性が消極的に解釈されやすくなるのである。

　実際に多くの場合、特に市民的権利の擁護に関して多大な貢献をしてきたのは、裁判所よりも立法府や大統領であると評価される。[114]裁判所に憲法上の権利を擁護することがその役割として期待されることは、連邦議会や大統領

*58*

第1章　アメリカ合衆国憲法修正14条デュープロセス条項の手続保障の意義

に個人の自由を保障する能力が備わっていないことを意味するからではなく、むしろ、選挙による審査を受けるこれら政治部門こそ、一般的にみれば個人の権利を保障することが制度上保証されているといえる。[115]

　しかし、実際の裁判所の運営を見た場合、裁判所をそのような機関として捉えることは適切であろうか。理論上、裁判所は司法権の独立が保障され、ゆえに政治的圧力や多数派の見解に屈しないことが想定されているが、判例において、裁判官が公衆の反応に敏感な判断を下す、あるいは、判断の素材として公衆の意思を考慮することはあり、[116]また、裁判官自身が公衆の反応を意識した判断を下していると考えることも実務をみる限り可能である。[117]そしてまた、個人の権利、特に少数派の権利保障の必要性を強調するならば、社会における基本的価値の所在が不明確な場合、つまり、多数派の合意があいまいな場合でも、司法審査を強く主張できることになる。[118]

　連邦議会と裁判所の関係について、合衆国憲法はいくつかの規定を用意している。裁判所が出した判決に対して政治部門がこれと異なる見解を有する場合、合衆国憲法は5条によって判例変更への道を提供しており、[119]実際、これは特定の判例を変更する機能を担ってきたのである。[120]連邦最高裁の判例変更については、憲法改正手続が判例変更のための唯一の道であるためにこの問題には裁判所は介入すべきではないことが主張される。[121]また合衆国憲法1条によって、[122]連邦議会には裁判官を弾劾によって罷免し得る権限が付与されている。さらに、連邦議会には連邦裁判所システムを決定する広範な権限があると考えられているため、連邦議会はその見解に一致するように連邦裁判所裁判官の人数を決定する権限を有している。[123]そして、大統領が指名した者が連邦最高裁判事になるには連邦議会の承認を必要とするため、[124]連邦最高裁判事を選別するプロセスにおいても連邦議会が果たす役割は大きい。[125]特に、連邦最高裁判事としてRobert Borkが指名されて以降、連邦議会による審査において候補者の憲法解釈の立場がその承認プロセスにおいて大きな意義を有するようになったため、憲法解釈の場面における連邦議会の裁判所への影響は多大なものがある。[126]

59

これに加えて政治問題の法理が主張されることで、裁判官への権限抑制は加速する。裁判所の司法審査がどのように主張されるかに関する裁判所自身の態度は、確かに、時代の変遷とともに変化し、消極的な態度が採られる場合もあれば積極的に司法審査権を行使する時代もあった[127]。しかし、司法消極主義でも積極主義でも、政治問題の法理は主張され続けてきたのである。だからこそ、その論拠は明確にされなければならず、それは翻って、司法審査制自体の民主主義的正当性の問題を裁判所の権限の観点から改めて論じる必要性を意味する。

近年、改めて司法審査制の民主主義的正当性の問題に挑んだWaldronの議論の一つの意義として、これが法の正当性というプロセスの場面から法を根拠づけしようとした点が指摘できる[128]。つまりWaldronの議論は、プロセスの場面において連邦議会と裁判所の役割の対比を行うことで前者の権限の正当性の根拠づけを狙うものと理解できる。

Waldronの議論は、人民に保障される権利の実体的内容を画定する点において、その能力及び制度構造を検討した結果、立法府よりも裁判所の方が優れていると考える理由がないと論証することで連邦議会の役割を強固に主張するものである[129]。このようなWaldronのプロセス理論は、かつてElyが民主主義をプロセスとして捉えた上で、この民主プロセスにおいて裁判所の役割を正当化した理論とは対照的な議論である。つまり、両者はともに民主プロセスの場面で連邦議会及び裁判所の権限を考察する点で共通項を有するように思われるが[130]、Waldronは連邦議会の権限の正統性を主張し、Elyは裁判所の権限を根拠づけようとしているのである。

まず裁判所の役割について、以下のような主張がある。合衆国憲法3条によって保障される司法権の独立、及び、州裁判官が選挙による選出を経るのに対して連邦裁判官がそうではない点を強調して、多数派主義的な憲法規範を実行する権限があると議論される[131]。このとき、司法審査の正当性は多数派意思に屈しない裁判所の態度が政治的少数者の権利保障に必要とされることに存することになる[132]。個人の権利や自由に対する侵害主体はもっぱら政治部

*60*

第1章　アメリカ合衆国憲法修正14条デュープロセス条項の手続保障の意義

門が想定されており、裁判所には個人の権利や自由を保障こそするが決して侵害することはあり得ないという前提があるといえる。そのために、裁判官には身分保障が強固に保障され、また、選挙による審査も必要ないと主張されるのである。[133] 裁判所の役割に関しては、また、*Marbury*判決において何が法であるかを決定する権限としての法解釈という役割があることが主張されている。

　しかしWaldronは、決定プロセスに着目する理由として、権利観念について市民間で合意がいまだ形成されていない場合の有用性を挙げ、この際の決定プロセスの公正性を保障する最善の機関が立法府であると主張することで、政治的平等を選挙によって保持している連邦議会の正統性が根拠づけられるという。結果に関する合意がいまだ形成されていない場合に裁判所が司法審査権限を行使するのが望ましくない理由は、政治的圧力から自由であるはずの裁判官も、何が正当な法であるかの判断が困難な場合には、結局、一部の市民がもつ特定の価値観に基づいた判断をすることがあり、このような判断を裁判所が行うことは法の支配原則の観点から望ましくないとWaldronが考えるためである。[134]

　Waldronのプロセス理論が、結果に関する実体的議論に先行するものとして参照される意義を認めるものであることには問題はないだろう。つまり、実体的権利の存在が不明確な場合の各機関の権限配分がいかになされるべきかという点を考察するのにプロセスに注目することの重要性が指摘できる。司法審査を行使した結果として裁判所による権利創設を許容する議論に対してWaldronは、実体的権利の内容に関して合意が形成されていなければ、実体的判断に関する正当性は連邦議会及び裁判所によっても不可能であることを認めることで、その際の問題解決をあくまで政治的平等を備えた機関に求めるものである。つまりWaldronのプロセス理論は、政治的正統性の理論にすぎない。[135]


　権力分立原則に注目した上で裁判所の本質的役割を問うことを重要な課題

とする本章の趣旨に照らすと、それぞれの権限配分がいかになされるべきかという問題は、ある特定問題に関する管轄権を裁判所は有するかとして捉え直すことができる。ここでは、その問題として、権力分立原則に関する主要なテーマの一つであるヘビアスコーパスを取り上げる。[136]

ヘビアスコーパスの特権が停止される場合を憲法は明文で規定するため、これを停止する権限がどのように理解されるべきかは重要な憲法問題である。本章は、連邦議会は連邦裁判所の管轄権をどの程度剥奪できるのかという問題について、ヘビアスコーパスをめぐる両者の権限関係を憲法解釈のレベルで検討するものである。

これは、司法審査の民主主義的正当性の問題が政治部門でも特に、連邦議会との関係で注目されるべきであるというWaldronの忠告を慎重に受けるものである。

## 2　ヘビアスコーパス

### 2.1　ヘビアスコーパスの生成—イギリスを中心に

人身の自由を実質的かつ実効的に確保する手続上の手段として、主としてイギリスおよびアメリカで展開されてきたのがヘビアスコーパス*habeas corpus ad subjiciendum*という制度である。その起源はイギリスにある。これは、人身の自由が侵害された場合にこの侵害の回復をただちに図る機能をもつ制度として発展してきた。この内容の今日的な説明は、正当な理由がないことが疑わしい拘束に対して申立てをすることで、裁判所がその拘束に関する実体的審査を行い、その拘束を違法であると判断した場合にその者を釈放する、というものである。つまりヘビアスコーパスは、人身保障を単に宣言的なものとしてではなく、実質的に企図するための手続の必要性を反映する制度といえる。しかし、このような内容はその起源において最初から備わっていたものではなく、今日的意味での保障が認められるまでには長い歴史的過程を経ている。[137]

ヘビアスコーパスの制度は非常に古い歴史を有するため、この起源がどこ

62

第1章　アメリカ合衆国憲法修正14条デュープロセス条項の手続保障の意義

にあるかに関する見解には混乱があり、どのように展開してきたかを詳細に検討することは困難である。ここでは、ヘビアスコーパスが長い過程の中で辿る変遷に対してマグナ・カルタが大きな意義を有することを示唆するにとどめながら、ヘビアスコーパスの歴史的展開をごく簡単に振り返りたい。

12世紀から13世紀のヘビアスコーパスは、人身の自由との関連が薄かったといわれている。つまり、（イギリス）国王が最終的な命令者であっても直接的に逮捕、拘禁するわけではない状況においては、国王による恣意的な人身の拘束も、マグナ・カルタが存在するにもかかわらず、広く行われ合法であったと考えられていたのである。すなわち、13世紀のヘビアスコーパス令状の機能は、今日とは別の機能として理解されており、それは人身の保障ではなく人的争訟における中間令状の一部として被告に出頭を強制する機能を有していたとされる。

しかしこのような状況に対して、14世紀における人口の爆発的増加がもたらした政治的社会的変化は、自由の観念に対して一定の変化をもたらした。それは、自由の侵害状況、及び、それへの法的措置の必要性を認識させるという新たな側面を創設させたのである。一つの地域内での人口増加は、一方では、陪審裁判における陪審員の守秘義務がより強く保持されるという、陪審制度の発展を実現させた。

しかし他方で、人口増加に伴う犯罪数の増加により、逮捕、拘禁、保釈に関する法システムは被拘束者に対するより劣化した状況を生み出すことにつながった。これはつまり、適正な手続が保障されない（国王裁判所による）裁判を可能にし、被告人からの違法な拘禁から自由になる可能性を下げることを意味するものであった。

このような事態に対して並行するように、司法の運営のあり方にも変化がみられた。わずかずつではあるが、中央裁判所を最上級とした中央集権的な裁判所システムが整備されていくのである。これにより、中央裁判所は下級裁判所が行使した権限や手続に疑義が生じた場合の、このような上級裁判所による管轄権の主張はヘビアスコーパスを根拠にして行われることもあった

のである。この時期のヘビアスコーパスは、基本的には13世紀までの内容を概ね継続するものであったが、これをヘビアスコーパスの新たな展開として捉えることもできる。

　国王裁判所システムにおける上級裁判所の管轄権の拡大は15世紀にも継続されていく。この頃には、ヘビアスコーパスはさらに、サーシオレイライ的な意味をもって行使されたのである。しかしこのように、ヘビアスコーパスが国王裁判所の管轄権を維持するための機能を有するものとして理解されると、国王裁判所と大法官裁判所との管轄権争いの激化をもたらす結果となった。そもそも、両者の管轄権には明確な線引きがなかったためである。このような裁判所同士の管轄権争いは、王座裁判所と財務府裁判所という国王裁判所システム内部でも生じたため、ヘビアスコーパスの内容の変化を生じさせた要因としては、14世紀の社会的変化とイギリスの裁判所システムに固有なものといえる。

　14世紀から15世紀までのヘビアスコーパス令状の機能の変化は、裁判の当事者らの出頭確保を保障するものから、裁判所同士がその管轄権を互いに主張しあう状況の中で、サーシオレイライ的な機能を営みながら、裁判所間の管轄権争いの手段として、特に、国王裁判所の下に出頭させるものとして機能した点にあるといえる。つまりこの時期には、国王の特別の命令が拘禁理由として認められる余地があり、よって、国王による非常に専断的な拘禁が行われた時期であったといえる。

　ヘビアスコーパスの内容に劇的な進展をもたらすのは16世紀から17世紀の時期である。テューダー朝の頃には、宗教闘争の結果もたらされたマグナ・カルタの意義、つまり、何人も法の支配に則った手続を経なければその身柄を拘束されることはないというマグナ・カルタにおける保障が、ヘビアスコーパスと結びつけられて認識されるようになったのである。また、国王裁判所システム内部での管轄権争いの中で展開された、上級裁判所による下級裁判所の監督という意義以上に、ヘビアスコーパスは枢密院の命令に対しても発せられるようになったのである。

第1章 アメリカ合衆国憲法修正14条デュープロセス条項の手続保障の意義

特にスチュワート朝では、デュープロセス観念と結合したマグナ・カルタの観念に照らして、国王の専断的判断の違法性の可能性が認識できるようになり、このようなときに、ヘビアスコーパスが根拠として利用されたのである[142]。テューダー朝での絶対主義王政の下で行政府としての役割を担うようになるなど、国王評議会の役割を増大させながら国王が国会に対して優位に権限を行使していた15世紀とは異なり、17世紀のスチュワート朝の頃には、国王と国会の関係は対立構造を呈するようになっていたのである。それはあまりに拡大した国王の権限による人身の自由を危惧するものであったといえる。つまり、テューダー朝では国王が合法的に行使し得る権限として、緊急時には法の権限づけなしの措置が認められていたが、これは法自体を無視することを意味するものではなかった。これに対してスチュワート朝では王権神授説の下、これが平時でも法を無視することができるものとして主張されたため、国会及び裁判所は法の支配原則において国王に対抗するという図式ができ上がったのである[143]。

そしてまたこれは、ヘビアスコーパスによる保障内容に対して多大な影響を有することが指摘される。このような国王の専断的な拘禁に対する防御としての意味が盛り込まれて制定されたものとして、1679年ヘビアスコーパス法を挙げることができる[144]。1679年以前にもヘビアスコーパスに関する法律は存在したが、裁判所の令状発布権限に関する不備や、大法官による拘禁に対する措置はとられていなかったため、これらの点を解消すべく1679年法が制定された[145]。この法律の制定により、違法あるいは恣意的な拘禁を行う権限が国会によって制限されることになったのである[146]。

以上の整理として、14世紀から16世紀にかけてのヘビアスコーパスの機能を大まかにいえば、それは管轄権を争う他の裁判所に係属している事件を自己の裁判所に移送させるというものである。これは特に、国王が自己の裁判所に被告人を召喚させるためにヘビアスコーパスを使用した場合はその専断的側面が指摘されることになるが、しかし同時にこれは、国王ですら法の下に服するという意味を有していたとも解釈できる。

65

これに対して17世紀は、国王大権によって国王はさらに専断的権限を強調していった時期であることが特徴として挙げられる。国王による被告人に対するこのような恣意的権限の行使に対して、国会は立法によって、また裁判所は裁判によって、法の支配原則を掲げながら対抗したのである。<sup>(147)</sup>

## ２．２　ヘビアスコーパスの実定法上の位置づけ―アメリカ合衆国憲法１条
　　　　　9節2項を中心に

　アメリカのヘビアスコーパス制度の起源はイギリスにあるといわれる。ただし、1679年ヘビアスコーパス法がそのまま当時の植民地であるアメリカに適用されたというわけではない。<sup>(148)</sup>ヘビアスコーパスという制度は、ヘビアスコーパス令状に対するコモンロー上の権利として、あるいは、ヘビアスコーパス請求を保障する植民地の法律によって継受され、アメリカ合衆国憲法が採択される以前から存在していたのである。<sup>(149)</sup>

　このようにコモンローあるいは植民地の法律によって保障されると考えられていたヘビアスコーパスの制度をどのように合衆国憲法に盛り込むかという点は、制憲会議での一つの焦点であった。<sup>(150)</sup>結局、紆余曲折を経て制定された合衆国憲法には、ヘビアスコーパス令状に関する詳細な規定はなく、唯一、合衆国憲法１条9節2項が規定されるのみにとどまった。<sup>(151)</sup>その文言はシンプルなもので、「ヘビアスコーパス令状の特権は、反乱または侵略にさいし公共の安全上必要とされる場合でなければ、停止されてはならない」<sup>(152)</sup>というものである（以下、「停止条項」)。

　合衆国憲法が採択された当時、多くの植民地がヘビアスコーパス令状に対するコモンロー上の権利を主張し、合衆国憲法にもヘビアスコーパスに対する積極的保障規定が置かれることが予想されたにもかかわらず、実際にはわずかに停止条項が規定されたにとどまったために、ヘビアスコーパスに関する憲法上の地位には不明確な部分が多く、特にその起草者意図が問題となる。<sup>(153)</sup>

　この点に関する見解は一致をみていない。その代表的論者であるWilliam Dukerは以下のように主張する。連邦のヘビアスコーパスの権利を合衆国憲

第1章　アメリカ合衆国憲法修正14条デュープロセス条項の手続保障の意義

法の問題として捉えるという意図は起草者の中にはなく、ヘビアスコーパス
の権利はあくまで制定法の問題でありこれによって保障されるものと理解される。[154] Dukerによると、起草者の関心は17世紀から18世紀のイギリス議会によるヘビアスコーパス令状の差止めが頻繁に起こった点にあり、イギリス議会が植民地に対してなしたのと同じように、アメリカ連邦議会がヘビアスコーパス令状を発給する州の権限を停止しないことにあったとされる。[155]

　Dukerによると、連邦の被拘禁者に対して州がヘビアスコーパス令状を発給することを連邦議会が制限しない点に起草者の意図があったことになる。[156] 言い換えれば、合衆国憲法の場面では、ヘビアスコーパス請求は権利として認識されるものではなく、一定の制限を認めながらも立法府としての連邦議会の権限の問題として捉えられるというのが起草者の意図であったことになる。

　実際、憲法の規定からは明確ではないヘビアスコーパス令状の内容を探るのに制定法は重要な役割を担ってきたのである。連邦裁判所の権限に関しては、例えば1789年裁判所法14条[157]によって、連邦の被拘禁者に対してヘビアスコーパス令状を発給することが規定された。本質は例外にあるとでもいうべきか、ヘビアスコーパスの制定法の展開は、この令状の特権が停止され得るいわば例外的な場合としての緊急事態にこそみることができるように思われる。なぜなら、南北戦争後及び第二次世界大戦後のヘビアスコーパス請求の可能性を拡大させるのに、連邦議会は特に顕著な動きをした時期であるとされるからである。

　南北戦争後のヘビアスコーパス令状の展開は、黒人をめぐってなされたといえる。南北戦争が勃発する前の段階で、北部州ではすでに、逃亡奴隷の人身保護を目的とするヘビアスコーパス法が制定されていた。[158] しかし、これとは対照的に南部州では、南北戦争後に追加された憲法条項及び連邦法によって黒人奴隷の地位改善が図られたにもかかわらず、南北戦争後でも依然として黒人の不遇な取扱いは存在していたのである。[159] 黒人奴隷であった者に対する「残酷で、抑圧的で、殺人」すら行われる状況を懸念した連邦議会は、こ

67

れへの対処として、合衆国憲法及び連邦法違反で拘束されている州の被拘禁者に対しても連邦裁判所によるヘビアスコーパス令状の発給を認めたのである。[160]

　この法律の意図に関しては見解が分かれるが、この法律が南部州の奴隷の境遇を懸念して制定されたものであること、及び、憲法に違反する拘束からの保障を連邦裁判所が行えることを規定したものであるという点には一致がある。[161]再建期の制定法によってこのような保障が規定されてすぐは、ヘビアスコーパス令状の請求が認められる範囲は限定されており、刑を宣告した裁判所の管轄権がない場合にしか適用されていなかったが、[162]19世紀後半には連邦最高裁によってその適用範囲は拡張され、州の被拘束者に対しても認められるようになった。[163]

　ヘビアスコーパス令状の請求できる範囲の劇的な展開は、さらに第二次世界大戦後に起こった。この時期に、ヘビアスコーパス請求の範囲の爆発的な拡張が認められた背景としてはいくつかの要因が指摘される。[164]背景的要因としてまず、合衆国憲法上の保障が修正14条のデュープロセス条項を援用することで州に対しても適用されるようになったことが挙げられる。つまり、人権条項として新たに修正14条のデュープロセス条項が規定されたことで、合衆国憲法に規定されている人権が州でも保障されることでこのような保障範囲が拡大したために、州に対する侵害も連邦裁判所に主張しやすくなったという経緯がある。

　また、連邦最高裁によって刑事被告人の権利がより厚く保障されるようになったことも関連する。[165]このように、刑事被告人に対する手厚い保護が認められることで、連邦法違反で拘束された個人には、自己が拘束される理由が正当であるか否かの主張が認められやすくなったのである。[166]このような刑事被告人の権利保障は特に、Warren Courtにおいて顕著であった。さらに、市民的権利を保障するという気運が第二次世界大戦後に高まったという事情もヘビアスコーパス請求の適用範囲の拡大に関連する。これは、市民的権利が保障されるための第一歩として、ヘビアスコーパスは重要な位置を占める

第1章　アメリカ合衆国憲法修正14条デュープロセス条項の手続保障の意義

と考えられたためである。[(167)]

　人権を保障するための中核に位置づけられながら、ヘビアスコーパス制度は以上のように展開してきたのである。ヘビアスコーパス制度に関する現在のアメリカの法学者の一般的理解は、以下のように整理できる。ヘビアスコーパス令状は、正当な裁判なくして拘束された者の保障という意味から、第二次世界大戦以降は、州裁判所で有罪判決を受けた被告人がこの判決の合衆国憲法上の問題がないかを連邦裁判所に対して再審査を要求するものであるという変遷を辿るものとして理解される。[(168)]

　ここで注意すべき点は、この理解が憲法上の解釈からのみ導出されるわけではないということである。ヘビアスコーパス令状は憲法及び制定法の両者を起源に展開されており、また、憲法には連邦議会の停止条項が規定されるのみであって、その具体的内容の画定は制定法に委ねられているのである。したがって、ヘビアスコーパス令状は第一に制定法上の問題として捉えられるものである。つまり、連邦裁判所はヘビアスコーパス令状を規定する制定法の伝統的解釈によって拘束されるべきであり、ゆえに、連邦裁判所のヘビアスコーパス令状による救済の可能性は連邦議会が決定すべきであるという主張が有力なのである。[(169)]

　確かに、連邦議会の権限に関するこの理論は説得的なものである。しかし、この理論は連邦議会にはヘビアスコーパス令状に関する一切の権限を有するという問題に対する有効な解答を提示するものではない。連邦議会はその権限内においてヘビアスコーパス令状による連邦裁判所の救済をすべて剥奪することができるのか、という問題に直面した場合、上記の理論からは有力な答えを導くことはできない。緊急時を除いて、ヘビアスコーパス令状は停止されてはならないというのは憲法上の要請である。ヘビアスコーパス令状の適用可能性に関する審査の問題は、違法あるいは違憲な拘束に対する司法上の救済が憲法によって導出できるかという問題であり、これは憲法構造に内在する前提に深く関わるものである。[(170)]すなわち、ヘビアスコーパス令状の問

69

題は、第一に制定法の問題として捉えられながらも、重要な憲法問題を孕んでいるのである。

　実際、憲法に規定される停止条項の解釈をめぐる論点もまた多岐にわたる。例えば、合衆国憲法制定当時の権利観念の認識の高揚や連邦最高裁における権利論を考慮すると、停止条項に権利ではなく特権という文言が使用された理由をどのように説明するのかが問題になる。また、何が誰に対して停止されるのかという点も問題にされ得る。他の論点としては、この条文の名宛人がどこまで含まれるかも議論されるが、判例上は、州政府ではなく連邦政府のみに対する規定であると解釈される。[171]

　そして、停止条項をめぐる議論の中でも最も熾烈に繰り広げられる論点が、停止する主体に関するものである。文言上は主体が明記されておらず、「反乱または侵略にさいし公共の安全上必要とされる場合」に停止され得るとあるのみなので、停止できる状況であると認定するのはどの機関か、「反乱」の範囲を決定するのは誰であるか、などが問題になる。

　停止条項が置かれている合衆国憲法1条9節が連邦議会に対する規定であることから、連邦議会の権限を規定するものであるという理解が自然に導出されるが、果たしてこれは、連邦議会に排他的な権限であるのか、委任できるならばどの程度まで可能であるか、などが次なる問題として派生する。

　制憲会議での議論を参照すると、当初、この規定の主体は立法府であることが明記されていたにもかかわらず、結果として主体に関するこの文言は削除されたため、[172] 少なくとも立法府には限定されない解釈も有力になされそうであるが、建国当時の一般的な解釈によると、この主体は連邦議会のみを指すものとして理解されていたようである。[173] また判例においても、停止権限を有するのは連邦議会であるという立場が優勢であるように理解され得る。例えば、南北戦争時にヘビアスコーパス令状の停止を命令したLincoln大統領の行為が問題にされた*Ex parte Merryman*事件において、[174] Taney主席判事は、連邦議会のみがこの発給を停止できる権限を有するとして、Lincoln大

第1章　アメリカ合衆国憲法修正14条デュープロセス条項の手続保障の意義

統領の行為を違憲とし、また*Ex parte Bollman*事件においてMarshall主席[175]判事もヘビアスコーパス令状の発給に関しては同様の立場を採ったものとして理解される。

　しかし、先の事件におけるTaney主席判事の意見は連邦最高裁の公式のものではなく、またMarshall主席判事の意見に関しても、合衆国憲法の解釈ではなく1789年裁判所法の解釈として述べられたものであるため、停止条項の権限主体に関して連邦最高裁は明確な立場を宣言してきていないとも考えられる。[176]

　ヘビアスコーパス令状に関する憲法上の明文規定が貧弱であるため、ヘビアスコーパスの内容に関しては制定法が重要な役割を担うと考えられる。しかしこれをもって、憲法上の解釈と制定法のそれを混同すべきではない。また実際、Lincoln大統領はそのような裁判所の判断に対して、停止条項には主体が明記されていないことを理由に、反乱が起こった際には執行府の長である大統領にもその権限があり、そのように自然に解釈した結果、大統領は緊急時に備えた措置を採るために連邦議会の許可なくして自己の裁量を行使できると主張したのである。[177]この点に関しては結局、*Merryman*事件後、連邦議会は停止権限を大統領にも委任する旨の法律を制定したために、[178]事後的ではあるが大統領の行為は連邦議会による承認を得た形となった。

　ヘビアスコーパス令状を停止する権限の主体に関しては以上のように見解が分かれ議論はさらに続きそうであるが、これまでの議論をみる限り、連邦議会の権限のみか否かに関しては見解が分かれるものの連邦議会の権限自体を否定するという解釈は妥当ではないと判断できるだろう。

　停止条項の憲法解釈として連邦議会の権限を肯定した場合、では、ヘビアスコーパス令状の発給を停止する連邦議会の権限は実質的に無制限であるかが次の問題として重要であろう。なぜなら、この規定の文言及び配置された場所を考慮すると、[179]停止条項は連邦議会に対する権限の授権ではなく規制を設ける条項と解釈するのが妥当であるとされるが、そうならば、連邦議会は常に停止権限を有しており、停止条項はこの権限が制限される場合を特に

規定したものであるという主張が論理上は可能になるからである。このとき、ヘビアスコーパス令状を停止できる状況を判断できる権限も連邦議会のその権限に含まれるならば、連邦議会の停止権限を規制するものは実質的になくなるのである。この点に関して判例は、連邦議会に対するこのような広範な権限があると解釈するのは妥当ではないと判断した。[180]

　憲法が規定する停止条項の権限に関しては以上のように、主にその主体に関する論点を中心に展開されているように思われるが、その問題に付随して、停止に対する損害を回復できるのは誰かという点も提起される。より具体的には、停止に対する救済を行えるのは、停止を行った当の機関のみか、あるいは、それ以外の機関も可能であるのかという問題である。

　判例はこの点に関して、明文上、裁判所がヘビアスコーパス令状の発給を行使できる権限は憲法のどこにも規定されていないことを理由として、裁判所がヘビアスコーパス令状に関して判断を行えるには制定法による授権が必須であると判断した。[181]裁判所による救済には連邦議会による承認が必要であるということは、停止権限を有する連邦議会には、生命を受け活動するという憲法上の特権を確保する手段を与える義務があるということを意味する。[182]これはつまり、適切な授権を連邦議会が行わないこともまた、憲法に規定された停止に該当する可能性があるということを示唆するものではないか。

　Bollman事件でMarshall主席判事は、裁判所に対するヘビアスコーパス令状の発給権限を付与する1789年裁判所法14条によって、[183]連邦議会が適切な授権を行ったという判断をしたのである。連邦議会のヘビアスコーパス令状の停止について、Richard Fallonは、裁判所による審査の可能性がある場合には、その停止が許容され得ることを主張する。[184]

　また判例においても、拘禁の合法性を審査するための救済措置が存在する場合には憲法上のヘビアスコーパスの停止には当たらないことが示された。[185]ただしこの点に関しては、連邦議会は常にこの義務を果たしてきたと考えられてきたので、[186]裁判所は連邦議会の判断に介入すべきではないという立場を採ることもできる。[187]

72

第1章　アメリカ合衆国憲法修正14条デュープロセス条項の手続保障の意義

　しかしまさにこの点、裁判所に対して連邦議会が適切な管轄権を付与しているかという点が問題になった*Ex parte McCardle*事件においては、管轄権を付与しないという連邦議会の判断が尊重されることで、裁判所はその判断の妥当性には踏み込まなかったのである。[188]

　裁判所がこのように判断を控えた理由は何か。ヘビアスコーパスの特権の停止に対する救済が制定法に大きく依存するにせよ、制定法の不存在が憲法にいう停止に該当する可能性を孕み、連邦議会が裁判所の管轄権を付与しない、あるいは、剥奪する行為が憲法解釈の問題として議論される余地を残している以上、この点の検討が必要になる。[189]

## ２．３　ヘビアスコーパスとデュープロセス条項の関連性

　*McCardle*事件が、南北戦争後に巻き起こった政治部門内部の対立、つまり、再建期の法を制定する連邦議会とこれに反対する大統領との間の対立が最高潮に達した中で出されたものであることを考慮しても、[190]裁判所が連邦議会の判断に対して一切踏み込まない態度を示したことは問題にされ得る。[191]

　*McCardle*判決の事件背景はこうである。ミシシッピ州の新聞社の編集長であったMcCardleは、扇動的で名誉毀損を含む記事を出版したとして逮捕された。McCardleはこの逮捕が不当であるとして1867年法に基づき自己のヘビアスコーパス令状をミシシッピ州の連邦巡回裁判所に対して行った。[192]この請求が退けられた後、彼は連邦最高裁に対して同様の主張を行ったが、1868年、連邦議会は連邦最高裁がこの審議を継続している間に新たな法律Repealer Actを制定し、[193]これにより1867年法によって付与されていた連邦最高裁のヘビアスコーパス請求に関する管轄権を剥奪したのであった。

　法廷意見を述べたChase主席判事は、連邦最高裁の管轄権をこのように剥奪することが連邦議会の適切な権限に含まれるか否かを争点に設定した上で、結果として、そのような法を制定した連邦議会の立法動機について踏み込む権限が裁判所にはないと判断したのである。[194]

　Chase主席判事によると、連邦最高裁の上訴審管轄権、及び、連邦議会が

73

この上訴審管轄権を例外的に剥奪することができる権限がともに憲法によって明文をもってそれぞれの機関に積極的に付与されていることは、積極的に付与されているわけではない権限は主張できないことを示唆するものとして解釈される。そして、連邦裁判所の上訴審管轄権が憲法上の根拠をもつ連邦議会の権限によって明示的に廃止された本件の場合は、連邦裁判所の権限はなおさら主張できないものと解釈されるべきであるとする。管轄権がない以上、裁判所が行使できるのは事実を述べ訴訟を棄却することであるとChase主席判事は判断したのであった。<sup>(195)</sup>

　*Marbury*判決が司法審査制を確立したとして重要なものとされるように、*McCardle*判決もまた、連邦最高裁の上訴審管轄権の例外を設ける連邦議会の強力な権限を確立するものとして重要に位置づけられる。<sup>(196)</sup>しかし、*Marbury*判決同様、*McCardle*判決が示した憲法の解釈あるいは理論に対する批判は根強く存在する。

　批判としてまず挙がるのは、後に制定された法律をすでに係属中の訴訟に対して適用すべきではなかったというものであろう。確かにこのような立場を採れば、連邦最高裁の上訴審管轄権を制限できる連邦議会の権限の範囲に関する合衆国憲法3条の解釈問題に裁判所は踏み込まなくて済んだのである。<sup>(197)</sup>連邦裁判所の審査を一切剥奪するような法律を制定する権限が合衆国憲法3条に規定される連邦議会の権限に含まれるかという問題はこれ自体論争的な憲法問題であると同時に、権力分立の問題にも関連する問題である。<sup>(198)</sup>憲法問題を判断する必要性が必ずしもあるのでない場合に裁判所がその判断を回避するのは、憲法判断回避の準則からも正当化できよう。<sup>(199)</sup>

　また実際に、連邦最高裁の上訴審管轄権について連邦議会が制定法によっていかなる規定を設けようとも、裁判所は*McCardle*判決において、Repealer Actによって連邦最高裁の管轄権を剥奪する連邦議会の権限の合憲性に踏み込まず、McCardleのヘビアスコーパス令状の請求を認めるという判断を選択することは可能だったのである。<sup>(200)</sup>

第1章　アメリカ合衆国憲法修正14条デュープロセス条項の手続保障の意義

しかし、*McCardle*判決で裁判所がRepealer Actを合憲とし、McCardleの
請求を棄却したことに全く根拠がないわけではないのも事実であった。なぜ<sup>(201)</sup>
なら、McCardleの人身の自由が危険にさらされているという可能性はなき
に等しいことを実際の状況から裁判所は認識していたのである。さらに、連<sup>(202)</sup>
邦最高裁の権限を制限する手段として、その人数を減らしたり、あるいは法
律を違憲にできるための厳しい条件を制定法によって設けたりするなど、連
邦議会には連邦最高裁に対する対抗手段を強力に主張できる状況があったの
である。<sup>(203)</sup>

*McCardle*判決の問題点は、後に制定された法律の憲法上の問題をすでに
係属中の訴訟でとり扱ったことにあるとみるより、むしろ、連邦最高裁の上
訴審管轄権の例外をRepealer Actによって規定した連邦議会の権限を合憲と
した根拠も、連邦議会の権限の範囲に関する理論的根拠もこの判決には示さ
れていないことにあるとみるべきである。<sup>(204)</sup>

*McCardle*判決の妥当性が直接的に審査されるような制定法は、その後連
邦議会によって制定されなかったため、後の判決においてこの点が正面から
論じられたわけではないが、この判決の妥当性については反対意見で問題に
されたことがある。

1962年の*Glidden Co. v. Zdanok*で反対意見を述べたDouglas判事は、ヘ
ビアスコーパス令状の請求が財産権の保障を根拠にして認められた*United
States v. Klein*を引き合いに出しながら、*McCardle*判決の先例としての今<sup>(205)</sup>
日的価値に疑問を呈したのである。<sup>(206)</sup>

この判決において相対多数意見を述べたHarlan判事は、*McCardle*判決と
*Klein*判決の区別をデュープロセス条項が保障するうちの自由と財産の間の
相違に求めることで*McCardle*判決と区別しこれを是認したが、デュープロ
セス条項の解釈としてこのように自由と財産を厳密に区別する解釈は判例の
理解として適切ではないためにHarlan判事の見解は採用することができな
いとDouglas判事は反論したのである。確かに、判例におけるデュープロセ
ス条項の解釈に関しては、Harlan判事よりDouglas判事の見解の方が適切

75

であるように思われる。<sup>(207)</sup>

つまり、*McCardle*判決から*Klein*判決への変化は、単に自由と財産の相違を述べたということにとどまらず、ヘビアスコーパスに対する連邦議会の権限がデュープロセス条項の財産権を根拠にして制限される可能性が示されたことに*Klein*判決への変化の意義はあると見るべきであろう。<sup>(208)</sup>これにより、この問題が政治問題の法理に含まれると考えることには妥当性がないといえる。ヘビアスコーパスの歴史的過程や目的を体現するには裁判所の介入が不可欠である点からも、ヘビアスコーパスの管轄権問題は政治問題の法理の射程に含まれるべきではない。<sup>(209)</sup>

*Glidden Co. v. Zdanok*で*McCardle*判決を是認した*Harlan*判事でさえ裁判所の管轄権を剥奪する連邦議会の権限が無制限ではないことを認めている点を考慮すれば、<sup>(210)</sup>これが連邦議会の絶対的権限の範疇に含まれるべき問題として捉えられるべきではないと考えられる。<sup>(211)</sup>連邦機関による拘束に対しては原則として、ヘビアスコーパス請求は常に開かれるべきであることが主張される。<sup>(212)</sup>

恣意的あるいは違法な拘束に対してこれを裁判で争い、その合法性を審査するものとしての手続保障を意味するというデュープロセス条項の側面に注目するならば、<sup>(213)</sup>これとヘビアスコーパスの性質との類似性を指摘できる。なぜなら、ヘビアスコーパスの性質は、違法な逮捕、拘禁から迅速に解放されることが個人の自由を根拠に保障されるというものであることが認識されるようになるからである。<sup>(214)</sup>つまり、ヘビアスコーパスの特徴は、適正な手続なしに個人の自由が奪われないことを保障するものと理解できる。<sup>(215)</sup>適正な手続なしの個人の自由の侵害を禁止するというデュープロセス観念の確立を考慮すれば、ヘビアスコーパスによる救済の根拠としてのデュープロセス条項の役割を主張できるのではないだろうか。

ただし、両者の強い関連性を主張することは、ヘビアスコーパスの（憲法上の）権利がデュープロセス条項を通じて主張できることをただちに意味するわけではないことに注意したい。<sup>(216)</sup>少なくとも、まずはデュープロセス保障

第1章　アメリカ合衆国憲法修正14条デュープロセス条項の手続保障の意義

を通じた救済があれば、ヘビアスコーパスの停止には当たらないという形で
理解されるべきである。判例においては、執行府による恣意的あるいは違法
な拘禁から保障されるべき個人の自由は権力分立原則を根拠にして統治シス
テムの側面で語られる。*Klein*判決も権力分立が重要に関連することには疑
いがなく、連邦議会が裁判所の自律に抵触するために違憲であることが権力
分立原則に基づいて主張されたと理解できる。憲法問題としてヘビアスコー
パスの停止が問題にされた場合、これに対する代替的な救済措置がとられて
いればこの停止は違憲ではないという形で論じられるのである。

## 3　デュー「プロセス」条項の意義

### 3.1　上訴審管轄権をめぐる連邦議会と裁判所の関係

　司法権の概念について日本では事件性の要件を中心に展開されているよう
に思われるが、アメリカ合衆国憲法3条2節1項によると、合衆国の司法権
が及ぶ「事件Cases」と「争訟Controversies」の範囲として九つの場合が規
定されている。この九つは通常、大別して目的別に二つに収斂される。一つ
は連邦政府の統一性を維持する目的のもので、もう一つは州と市民間の争い
を解決するためのものである。前者に含まれるのが、合衆国憲法、合衆国の
法律、合衆国の権限に基づいてすでにあるいは将来締結される条約の下で発
生する事件、大使その他の外交使節及び領事が関係する事件、海法事件及び
海事裁判権に属する事件、合衆国が当事者である事件である。そして、二つ
以上の州間の争訟、州と他州の市民との間の争訟、相異なる州の市民間の争
訟、同じ州の市民間の争訟で他州の土地につき権利を主張するものが後者に
含まれるとされる。

　合衆国憲法3条の解釈として裁判所の管轄権の範囲を考察する際には、連
邦議会との関係を考慮することが必要となる。憲法3条が規定する管轄権を
めぐる憲法問題は、この規定が裁判所の管轄権すべてを規定するものなのか、
あるいはこの条文に規定されていない場合の管轄権も許容する趣旨なのか
などが一般的な論点としてある。後者の場合には連邦議会によって裁判所の管

77

轄権を拡張できる可能性が出てくるが、反対に、憲法3条に規定される管轄権の範囲を超えないという解釈を援用するならば、その規制のあり方が問題になり、規制する連邦議会の権限をいかに解釈するかが問題となる。このとき特に問題になるのが、論争的な特定の論点に関して憲法解釈を行う裁判所の権限を、その管轄権ごと連邦議会は奪うことができるのかという点である。[224]

　連邦議会によるこの権限を認めることは、例えば、中絶や同性婚といった社会での論争的な話題に関して憲法上の議論を行う機会を裁判所からすべて奪うことが正当化されるのである。

　裁判所の管轄権に関する一般的な理解によると、裁判所がその事物管轄権を主張するには、憲法上の規定のみでは不十分で制定法による授権が必要であるとされる。[225]つまり、裁判所は憲法に規定される管轄権すべてを実際に行使できるわけではなく、その権限を行使するには憲法に加えて連邦議会による承認がなされた場合に限定される。この見解の根拠は、合衆国憲法3条に規定される、連邦下級裁判所を設立する連邦議会の権限に求められる。つまり、連邦下級裁判所の設立及びその管轄権の範囲を決定する裁量が連邦議会には憲法上付与されているので、連邦議会は連邦下級裁判所の構造に関して広大な決定権限を有することになり、さらに、連邦裁判所の性質を決定するのに1789年裁判所法の重要性が強調されて以降、[226]連邦裁判所の管轄権は憲法3条に規定される管轄権のすべてを行使できるのではなく連邦議会による承認が必須とされるようになったのである。[227]

　合衆国憲法3条が司法権の自力執行を認めるものではないということは、同時に、この規定が連邦議会の権限に対する制約としても作用することを意味する。判例及び通説的見解によると、司法権が及ぶ範囲は合衆国憲法3条に列挙された事項に厳格に限定されるため、連邦裁判所の事物管轄権に関する連邦議会の権限もこの列挙事項に限定されるという理解が一般的になされる。[228]さらに、連邦議会の権限は合衆国憲法1条8項にも規定されていることを合わせると、連邦裁判所の事物管轄権は合衆国憲法3条による事件及び争訟の問題と、合衆国憲法1条の連邦議会の権限の問題という二つの側面から

78

第1章　アメリカ合衆国憲法修正14条デュープロセス条項の手続保障の意義

考察されなければならないことになる。[(229)]

　このような点から、合衆国憲法3条の列挙事項を厳格に解釈する判例及び通説の理解に対する別の見解も主張される。それは、連邦議会の権限という側面から論じることで連邦裁判所の管轄権を拡張させることも可能であるというものである。この見解によると、連邦の利益を促進させるために連邦裁判所の事物管轄権を主張することが必要な場合、そのような権限が合衆国憲法1条を根拠とした連邦議会の権限として認められるべきであることが主張される。[(230)] 連邦議会がある特定事項を連邦問題として、州裁判所だけではなく連邦裁判所の管轄権に含めることができるかが論点になることからわかるように、連邦裁判所の管轄権の問題は連邦制と深く関わるものである。実際の問題として、連邦議会が特定事項に関する連邦裁判所の管轄権の一切を奪おうとすることは稀であったため、[(231)] 連邦議会の権限によって連邦裁判所の管轄権にどこまで含めることができるかという点も論点として浮上するのである。

　以上のように、連邦裁判所の管轄権の範囲が連邦議会との関係から考察される際、その論点が管轄権の付与及び剥奪という反対のものであるため、一見すると両者は別の問題であるようにみえる。しかし、いずれの場合も合衆国憲法3条というより合衆国憲法1条の問題として、つまり、連邦議会の権限の側面から論じられる傾向があるという共通点を有している。つまり連邦裁判所の管轄権の問題は、合衆国憲法1条の解釈に大きく依存しているといえる。連邦裁判所の管轄権が文言に即して厳格に解釈されるのとは対照的に、連邦議会の権限は文言に限定されないため、連邦裁判所の管轄権に対しては連邦議会の影響の強大さが指摘できる。つまり、連邦裁判所の管轄権の範囲をめぐっては、文言に限定されない広範な連邦議会の権限がどこまで制約されるか、という問題として定式化できる。

　連邦最高裁の管轄権について、連邦議会はいかなる権限を有するか。この点について考察する際、第一審管轄権と上訴審管轄権に分けて考えるのが有益であろう。合衆国憲法3条2節2項によると、連邦最高裁は大使その他の外交使節及び領事が関係する事件ならびに州が当事者であるすべての事件に

79

ついて第一審管轄権を有すること、そして連邦議会が規定する例外を除いて
上訴審管轄権を有することが規定されているためである。[232]

　連邦最高裁の第一審管轄権に関する支配的な見解は、連邦議会がこれを拡
張することに否定的である。[233] *Marbury*判決では、職務執行令状を発給する
権限を裁判所に付与する1789年裁判所法13条について、この権限が憲法に規
定されたものではないために違憲であるとされたが、これも、連邦議会には
憲法に規定された第一審管轄権の範囲を拡張させる権限はないという判例の[234]
立場の一例として理解できる。反対に、憲法に規定された第一審管轄権の範[235]
囲を連邦議会が減ずることができるかに関してはこれも否定的に解釈される。[236]

　Akhil Amarによると、憲法3条2節に規定される「すべての」という文
言に注目することで、第一審管轄権として規定される場合が連邦最高裁の最
低限度の管轄権として存在することが主張される。[237] Amarは、この条文上の
「事件」には「すべての」という文言が付されているのに対して、「争訟」に
はそのような文言がないことから、大使その他の外交使節及び領事が関係す
る事件、海法事件及び海事領事裁判権に属する事件の三つについて、これら
の事物管轄権は連邦裁判所に最終的に帰属するとし、これらの事件を審理す
ることこそ連邦裁判所から剥奪できない役割であるという。[238] そして、合衆国
憲法3条2項に規定される他の六つの事項については、必ずしも合衆国の司
法権が及ぶわけではなく、連邦議会による制限が許容されると解釈される。[239]
これは判例の立場とも整合的である。判例は、憲法3条2項2節のみを根拠
にして連邦最高裁が第一審管轄権を有することを主張できることを認めてお
り、連邦法による授権は特に必要ないという立場である。[240] すなわち、連邦議
会との関係で連邦最高裁の第一審管轄権について考察する際、通常とは別の
解釈がなされていることに注意しなければならない。[241]

　第一審管轄権に関してはこのような注意が必要である。ただし、実際の連
邦最高裁の訴訟のほとんどは上訴によるものであるため、[242] 連邦議会と連邦最
高裁の関係は上訴審管轄権をめぐってより重要なものとなる。つまり、裁判
所に対する連邦議会の制約をどのように論じるかという定式は上訴審管轄権

第 1 章　アメリカ合衆国憲法修正14条デュープロセス条項の手続保障の意義

についてこそ論ずる意義があろう。確かに、この点について、合衆国憲法 3 条 2 項自体の解釈からこれを考察するものもある。Raoul Bergerによると、憲法 3 条 2 項 2 節の「例外」が「事実」を意味するものであると捉え、連邦議会が裁判所の管轄権を制限できるのは、裁判所が認定した事実に誤りの恐れがある場合であって上訴審管轄権を規制できる趣旨ではないことが主張される。[243] しかし、この見解は学説による支持を得ておらず、[244] 実際、連邦議会の権限を例外的に付与する合衆国憲法 3 条 2 項の解釈に関しては、その文言の不明確さのためか学説において一致した見解はいまだ存在していない。[245]

　そこでこの問題は、上訴審管轄権に対する連邦議会の権限をどのように制約できるかという側面を重視して論じられるように思われる。このように捉えると、裁判所の権限とは非対称的に解釈される連邦議会の権限の広範さから、連邦最高裁の上訴審管轄権を制約する連邦議会の権限が積極的に主張される傾向があるように思われる。例えばWechslerは、合衆国憲法 3 条の文言と歴史的展開を参照することで連邦最高裁に対する連邦議会の積極的な権限を主張する。

　つまり、合衆国憲法 3 条 2 節 2 項が例外として連邦議会による上訴審管轄権の剥奪権限を付与していること、及び、同 3 条 1 節によって連邦下級審の設置は憲法ではなく連邦議会によってなされる旨を規定していることから、連邦議会は連邦最高裁の上訴審管轄権と連邦下級審の管轄権の限界を決定する権限を有することが必然的に導出できると主張する。

　連邦下級審の管轄権の範囲を画定できることはまた、歴史的な事実にも適合するという。[246] また、文言上、例外規定は置かれているがその内容に関しては文言からは不明確であることをもって、この不明確さこそ上訴審管轄権に対する連邦議会の広範な裁量があることを示すものであると主張する見解もある。[247]

　このように、連邦最高裁の上訴審管轄権を含め、連邦裁判所の管轄権に対する連邦議会の権限が広範に主張されることは、合衆国憲法 3 条の文言からみても妥当性があるように思われる。しかし、合衆国憲法 3 条の文言を改め

てみればわかるように、これは連邦裁判所の権限を規定するものであり、ここに、連邦裁判所の権限の憲法上の正当性根拠は宣言されているのである。つまり合衆国憲法3条は、連邦裁判所の権限として、管轄権ではなく、合衆国の司法権が連邦最高裁判所と連邦下級審に帰属することを規定するものである。

　ここからこの規定の起草者の意図として第一に、連邦最高裁は合衆国憲法によって設置されること、第二に、連邦下級審の設置に関しては連邦議会が決定する広範な権限を有することがあったことがうかがえる。[248]すなわち、連邦議会の裁判所の設置に関する権限は、あくまで連邦下級審に限定されるのであって、連邦最高裁の設置は憲法自体が要請しているのである。また、裁判所が司法権を行使するにはその裁判所に管轄権があることが宣言されなければならない。[249]これらの趣旨に照らすと、連邦最高裁の管轄権は憲法によって付与されるものであると解釈されるべきであり、[250]連邦裁判所の管轄権を付与するにせよ剥奪するにせよこの点に関する連邦議会の権限が広範なものであることを考慮しても、連邦議会が連邦裁判所の上訴審管轄権を例外として剥奪できるのは合衆国の司法権が連邦最高裁に帰属するという趣旨に反してはならないということになる。

　では、憲法の目的に照らした場合、連邦議会にはどのような制約が課されるのか。連邦最高裁の上訴審管轄権を剥奪する連邦議会の権限の限界についてHenry Hartは、連邦最高裁の本質的役割を侵害するような方法は憲法によって規定された例外として許容できないという。[251]つまり問題は結局、連邦最高裁の本質的役割とは何かという点に集約されることになる。

　連邦最高裁の役割については第一に、連邦制度との関連から考察することで連邦法の統一性を維持する機能があることが主張される。[252]Leonard Ratnerは、連邦最高裁の役割について合衆国憲法6条の最高法規条項の趣旨から導出する。[253]Ratnerは、合衆国憲法6条2項の解釈を行い、これが、国を統治する最高法規があること、及び、州法に対する連邦法の優位を規定するものであるとした上で、このように法を解釈するのに必要な機関を規定

82

第1章　アメリカ合衆国憲法修正14条デュープロセス条項の手続保障の意義

するものとして合衆国憲法3条を位置づける。そこで合衆国憲法3条を参照
した結果、その設置に関して連邦議会による例外が規定されておらず、憲法
によって設置が要請されている唯一の機関としての連邦最高裁に着目する。
このように位置づけられる連邦最高裁の役割を合衆国憲法6条の趣旨から導
くことで、国の最高法規が関連する場合に上訴審管轄権を有することが連邦
最高裁の機能であるとRatnerはいう。つまり、上訴審としての連邦最高裁
の役割は、州政府と連邦政府の見解が互いに抵触する場合、連邦法の最高法
規性を維持するように法を解釈し終局的な解決を行うことであり、これが連
邦最高裁に本質的な役割であることになる。[254]

　またLawrence Sagerは、合衆国憲法3条が司法権の独立を保障してい
ることに注目し、これによって連邦裁判所に付与される特別の保障の中に
は、連邦議会の管轄権に関する権限を制限する意味が含まれているという。[255]
Sagerは、合衆国憲法3条の意図として、連邦裁判所には州が合衆国憲法に
抵触しないで行動するよう監視する権限が付与されているとし、これが連邦
裁判所の本質的な役割であるとして、連邦最高裁の上訴審管轄権は連邦裁判
所によるこのような審査を実効的に確保できる範囲にまで及ばなければなら
ないという。Sagerによると、このような連邦最高裁の上訴審管轄権の範囲
を連邦議会が無視できるのは、他の憲法上の根拠がある場合に限定される。[256]

　第二に連邦最高裁の役割として、合衆国憲法を最終的に解釈する権限が期
待できる。[257]*Marbury*判決において、何が法であるかを述べることが裁判所
の義務であることが述べられ、[258]また、*Cooper v. Aaron*において連邦法の統
一性を維持するための連邦裁判所の役割が宣言されたことから、[259]連邦最高裁
には、州裁判所及び連邦下級審の判断に対して終局的に憲法を解釈する権限
があると解釈できる。つまりこの場合の終局的とは州及び連邦裁判所内部で
の意味であり、必ずしも他の連邦機関に対する優位性を示すものではないの
で、連邦最高裁の憲法解釈権限を根拠にして連邦議会に対する連邦最高裁の
終局的権威性が主張できるわけではない。

　つまり、どのような場合にどの機関に最終的憲法解釈権限が帰属するか

*83*

を明らかにすることはできないのである。この点についてMichael Perryは、民主主義を根拠にすることで連邦議会の広範な権限を主張する。Perryは以下のように述べる。合衆国憲法3条2項は連邦最高裁に上訴審管轄権を付与するが、同時に、連邦議会によって上訴審管轄権の制限が例外的に許容されることを規定する。これは、連邦議会による裁判所への民主主義的抑制機能を意味し、ひいては、司法審査への民主主義による監督を意味するものである、と。[260]

このように、民主主義を根拠にすることで連邦最高裁の上訴審管轄権を付与するか否かも含めた連邦議会の広範な権限が主張されるが、民主主義を根拠にする見解は、民主主義の内容の捉え方次第で連邦最高裁の権限を強調する主張にもなる。すなわち、民主主義を、単なる手続上の多数決ルールを意味するものとしてではなく憲法の価値を実現するような意味で捉えると、多数派からの少数者保護を価値として含む憲法を実行するのに適役なのは連邦議会ではなく裁判所であるため、このような場合には連邦最高裁の権限が積極的に主張されることになる。[261]実際、合衆国憲法3条以外による連邦議会への制限として、[262]個人の権利保障の観点から修正1条や修正14条の平等保護条項が根拠として主張される。これは例えば、連邦議会が人種や政治的信条を根拠にして特定の人々からその管轄権を剥奪することはこれらの人権保護条項によって禁止されているとされる。[263]

またPerryにあっても、連邦議会が連邦最高裁の上訴審管轄権について完全な裁量を有することが主張されるわけではない。Perryは、政策の決定が選挙によって選出された代表者によって決定されるべきであるという原則を重視しながらも、社会における道徳的価値判断の流動性に注目し、連邦議会はこれに寛容に対処すべきであるし、また連邦議会は実際に道徳的価値判断が関連する人権について判断するための管轄権を裁判所に付与することでこのように対処してきたという。道徳的価値判断が関連する場合、裁判所には起草者意図に拘束されない憲法解釈の方法が許容され、このような非解釈主義的手法を裁判所がとったとしても、管轄権を付与するという場面で連邦議

第1章 アメリカ合衆国憲法修正14条デュープロセス条項の手続保障の意義

会によるコントロールがなされるために司法審査の民主主義的正当性は維持されているという。[(264)]

　つまりPerryの見解は、どのように解釈するかではなく、いつ裁判所が憲法解釈を行えるかに対して連邦議会が決定することで司法審査の民主主義的正当性を説明するものである。このような立場をとるPerryは、起草者の意図に拘束されない憲法解釈も、場合によってではあるが、連邦最高裁の本質的役割に含まれることを認めるものと理解できる。[(265)]

　以上のように憲法解釈を行う連邦最高裁の役割に注目した場合、連邦最高裁の役割は個人の権利保障に完全に還元されているように思われる。[(266)]つまり連邦最高裁の役割は、憲法上の文言あるいは道徳的価値に照らし合わせた上で認識される個人の権利という実体的価値を保障することを目指すことに集約されているように思われる。しかし、連邦最高裁の本質的役割を個人の権利保障に限定することは必然か。司法審査の前提として個人の権利という実体的価値の存在を要請するのはどのような根拠があるのだろうか。

　上訴審管轄権に関しては、例外的ではあるがこれを制約する連邦議会の権限が憲法で規定されるため、連邦議会との関係がより強く意識されなければならない。司法審査が行われるか否かは、個人の権利保障に限定して判断を下すのではなく、まず連邦議会との関係から考慮すべきなのではないか。

　以下では、訴訟の入り口として捉えられるヘビアスコーパス請求の管轄権に関する連邦議会と裁判所の関係を参照することで、司法審査が主張できる場合について検討したい。

## ３．２　連邦議会と裁判所の緊急時の攻防関係— 9.11テロ後の状況について

　国家の緊急事態においてヘビアスコーパスをめぐる議論の展開がこれまでみられてきたように、2001年9月11日のアメリカ同時多発テロが招いたアメリカ緊急事態後にもヘビアスコーパスの議論は活発化したといえる。実際、連邦議会と連邦最高裁はテロの被疑者の取扱いをめぐって激しい対立構造をなしたのである。[(267)]

85

9.11のアメリカ同時多発テロ後に採択された合同決議により、大統領にはテロ対策として武力行使のために必要とされる広範な権限（Authorization for Use of Military Force, AUMF）[268]が付与されることになった。つまり、大統領には9.11のテロ攻撃に関わったと大統領が判断した国家、組織、人間に対して必要かつ適切なすべての権限が付与されたのである。この権限を根拠にして、大統領は同年11月にこのテロの首謀者とされる国際テロ組織アルカイダのメンバーあるいはタリバンの主導者と関係を有することが疑わしい者を敵戦闘員であるとして身体拘束する権限があるという大統領令を出した。[269]

　このような状況においては、テロ行為に関与した被疑者の自由あるいは権利は著しく制限されるように思われたが、しかし、アメリカが事実上の支配を及ぼすキューバのグアンタナモ基地に敵戦闘員として拘束された者に対してもヘビアスコーパス請求を連邦最高裁が認めたため、[270]この判決に応える形で連邦議会はヘビアスコーパスをとり扱う裁判所の管轄権に関して被拘束者処遇法（Detainee Treatment Act of 2005, DTA）[271]を制定することで対処した。これは、国防総省によってグアンタナモ基地に拘束されることで、アメリカ領土外に拘束された外国人に対するヘビアスコーパス令状をとり扱うための裁判所の管轄権を否定するものであった。つまり、国防総省によってグアンタナモ基地に拘束された外国人被拘束者のためのヘビアスコーパスに関する管轄権を裁判所から剥奪し、この者が敵戦闘員であることを敵戦闘員地位裁判所（Combatant Status Review Tribunal, CSRT）[272]が正式に決定した場合、この効力に関する審査権限はコロンビア特別区巡回控訴裁判所にのみ付与されることが規定されていたのである。

　しかし、連邦最高裁はこのような連邦議会の行動に反対するかのような立場を採ったのである。つまり、DTAの解釈として連邦最高裁は、この法律が制定される以前に係属中の事件にはこの法律は適用されないと判断し、敵戦闘員としてグアンタナモ基地に勾留された者のヘビアスコーパス請求を認める態度を採ったのである。[273]また、連邦最高裁が、大統領が設立した軍律

第1章　アメリカ合衆国憲法修正14条デュープロセス条項の手続保障の意義

法廷Military Commissionに関して、この手続が統一軍事法典（Uniform Code of Military Justice, UCMJ）[274]及び、ジュネーヴ条約に違反すると判断して軍律法廷の制定法上の根拠を否定したために[275]、連邦議会は、今度は、軍律法廷法（Military Commission Act of 2006, MCA）[276]を制定することで、違法な敵戦闘員を裁くために軍律法廷を開廷できる権限を大統領に付与したのである。その7条によると、DTA立法時に係属中のヘビアスコーパス請求の事案にもDTAの効力が及ぶとされた。つまり、MCAにより連邦裁判所は軍律法廷またはCSRTの手続に問題がない限りヘビアスコーパスに関する管轄権を剥奪されたのである。[277]

　このような連邦議会と連邦最高裁の攻防関係が続く中で連邦最高裁はついに、*Boumediene v. Bush*[278]においてヘビアスコーパス請求の問題を制定法ではなく憲法問題として初めてとり組んだ。この事件は、敵戦闘員としてグアンタナモ基地に拘束された原告が、自己に対する拘束がいかなる正当性を有するかを主張するためにヘビアスコーパス請求を連邦最高裁に対して行ったものである。この判決では、原告のヘビアスコーパス請求が憲法の停止条項によって剥奪され得るものかという憲法上の問題を孕むものであると捉えられ、結論として裁判所は、DTAに規定された手続がヘビアスコーパスの代替措置として適切でも効果的でもないために、MCA7条によるヘビアスコーパスの停止は違憲であると判断したのである。[279]この判決で法廷意見を述べたKennedy判事は、この事件を権力分立原則の観点から考察し、政治問題の法理に含まれるものではないと判断して審理を行い、ヘビアスコーパスの管轄権に関する最終的憲法判断者は連邦議会でも大統領でもなく、連邦最高裁にあると判断したのである。[280]

　連邦最高裁がこのような憲法解釈を行った判断の決め手は何か。Kennedy判事は、この事件が権力分立原則に重要に関連するものであると述べながらも、権力分立原則そのものからはいかなる場合にどの機関が判断するかを導出することはできないと述べる。[281]そのことを確認した上で、

Kennedy判事が依拠したのが修正14条のデュープロセス条項である。つまり、デュープロセス条項によって司法審査が要請されることを、ヘビアスコーパス請求が主張された先例に依拠することでKennedy判事は主張したのである。

　この点に関するKennedy判事の主張枠組みはこうである。CSRTにおける手続が個人の権利としてデュープロセス条項に依拠して保障された場合でも、CSRTの手続自体の正当性を問うこともヘビアスコーパス請求によって保障されるものである。なぜなら、ヘビアスコーパスはあらゆる憲法条項に付随して存在するものであるからである。[282] そして、このようなヘビアスコーパス請求がデュープロセス条項の保障範囲に含まれるとされたのである。デュープロセス条項のプロセス保障とは、ある手続が適切に実行されるのみならず、その手続自体の妥当性をも保障するものであり、後者の意味もデュープロセス保障に含まれなければその手続自体が「空」になりかねないためである。

　裁判所からヘビアスコーパス請求の管轄権を剥奪することが停止条項における停止に当たるかの判断の指標としてデュープロセス条項が用いられた意義は、司法審査権がデュープロセス条項を根拠に正当化され、また、この意味で連邦議会の権限の制約を意味するものと解釈できよう。ここに、連邦最高裁の上訴審管轄権を例外として剥奪する連邦議会の権限を根拠なくして認容した*McCardle*判決からの展開をみてとれるのではないか。

## ３．３　デュープロセス条項のプロセス理論

　通常、合衆国憲法修正５条及び修正14条に規定されるデュープロセス条項が議論される際、実体的デュープロセス理論と手続的デュープロセス理論という二つの側面をもって語られる。ただし、両者がとり扱う問題には厳密に線引きがあるわけではなく、両者はしばしば重要な問題を共有することもあるため、この二つの議論の区別があまり意識されないこともあり得る。例えば連邦最高裁によると、子どもに対する親の監護権は実体的デュープロセス及び手続的デュープロセスの両側面から語られる。つまり、この権利の剥奪

第 1 章　アメリカ合衆国憲法修正14条デュープロセス条項の手続保障の意義

にはやむにやまれぬ政府利益が必要であることが実体的デュープロセスによって要請され[283]、また、この権利の剥奪に先立つ告知と聴聞の機会が親に保障されることが手続的デュープロセスによって要請されるという[284]。このような共有性をもちながらも、両者の一応の区別として以下のように整理できる。人々の生命、自由、財産という実体的価値を奪うための正当性が政府にあるかを問題にし、主に審査基準論のレベルで問題にされる前者に対し、手続的デュープロセス理論はこれらの価値を奪うのに先立って政府に要求される手続を問題にする[285]。

　元来、デュープロセス観念は、マグナ・カルタの「By the Law of the Land」に求められると考えられており、その起源はイギリスにあるとされる。そして、このLaw of the LandとDue Process of Lawが同様の意味を有するという解釈がアメリカにおけるデュープロセス観念の理解に重要な影響を及ぼしていると一般的に考えられている[286]。つまり、デュープロセス条項が各邦の憲法に規定される際、その文言はDue Process of LawではなくLaw of the Landが使用されていたほど、マグナ・カルタはアメリカでのデュープロセス観念と密接な関係をもつといえる[287]。

　デュープロセス条項が修正 5 条に規定された後、その解釈としては、これが刑事手続上の権利として規定されたものであり、コモンロー原則に則った公正な裁判を要求するものであるというのが一般的であった。当初、デュープロセスが拘束するのは裁判所のみであって、立法府を拘束するものではないという解釈も散見されたが、修正 5 条が規定された後の連邦最高裁の見解によると、デュープロセス条項は裁判所のみならず、立法府をも拘束するものとして捉えられた。つまりこれは、立法府によって制定された法律もデュープロセス違反として違法になり得ることを認識させるものである[288]。この点、デュープロセスは裁判所のみを拘束し、コモンロー裁判所の適正な過程の保障を要求するものであり、立法府を拘束するものではないと解釈されたイギリスとは異なる側面をもつといえる[289]。

　デュープロセス条項に関する19世紀後半の立場によると、この条項はもっ

*89*

ぱら刑事裁判を対象とし、その実体的要求として、刑事裁判手続における裁判管轄権の存在、告知及び聴聞という要件があると解釈された。そして、この要求が手続的デュープロセス理論によって保障される原則へと展開されていくのである。しかしその後、デュープロセス条項の実体的内容をこのように一義的にかつ確定的に捉えることの非妥当性が指摘されることで、その事件ごとに即したふさわしい手続がデュープロセスによって考慮されるものとして解釈されるようになったため、デュープロセスは必ずしも裁判手続における公正のみを意味するものではなくなった。判例上、20世紀初頭には行政手続においてもデュープロセスが要求されることが認められるようになり、このようにしてデュープロセス条項は行政手続においても告知、聴聞原則が要求されるようになったのである。この展開は、問題とされる手続が公正であるかを問う前に、その手続はどの機関によって規定されるのかという、権限行使の主体に関する問題を孕むものである。

　そして、行政訴訟における手続的デュープロセス理論の爆発的な展開としては1970年代が重要であり、同時にこれは、手続的デュープロセス理論自体の特徴を捉えるのに参照しなければならない時期でもある。1970年に出されたGoldberg判決により、従来は行政法の分野でのみ論じられる傾向のあった行政訴訟におけるデュープロセス理論の展開に対して、アメリカ憲法学は一気に関心を寄せるようになったのである。

　この判決を契機に展開をみた手続的デュープロセス理論の成果として、手続自体の保障が厚く認められるようになった点を指摘でき、1970年代初期におけるこのような手続保護の拡大はデュープロセスの爆発とも形容されるほどであった。

　このように、一方では拡大傾向をたどるように思われる手続保障について、連邦最高裁は他方で、その保障が適用されるための条件を付すことで制限する側面を有していた。つまり、修正14条のデュープロセス条項による手続上の保障を受けるかが問題とされた判決において連邦最高裁は、この手続が保障されるにはデュープロセス条項が保障する自由または財産という実体的利

第1章　アメリカ合衆国憲法修正14条デュープロセス条項の手続保障の意義

益の存在が必要であると述べたのである。[296]つまり、手続的デュープロセス理論が論じられる際、手続問題に先行して実体的利益が議論されるという二段階審査の構造がとられたのである。デュープロセス条項が規定する手続の有無、妥当性が審査されるには、この条項によって保障される実体的利益との間に一種の相関関係が認められる場合に限定されたのである。[297]

　以上、手続的デュープロセス理論の展開を概観した場合、デュープロセス条項の手続的議論は個人の権利という実体的利益に関する議論を中心になされていると捉えられる。このような二段階審査がとられる前提には、手続と実体の関係、及びこれらの観念自体が常に固定化したものとして捉えられていることがあるように思われる。しかし、手続と実体の関係は常に固定化したものとして捉えることは妥当ではなく、両者の線引きはあいまいになる場合があり、[298]それはそれらが語られる法的文脈に伴って変動するという性質を時に有するのである。[299]

　また、手続観念についても、このように手続観念を狭く捉えると裁判所の介入の是非を検討する余地がないために十分ではないように思われる。この点を検討するために、例として以下の見解を参照したい。それは、脅威にさらされる国家の安全保障が屈強に主張される場合の裁判所の介入のあり方について、判例史上最高の見解とも評されるJackson判事の見解である。[300]国家の緊急時におけるJackson判事の基準は、政治部門のうちでも特に、最高指揮官としての大統領の広範な権限に着目して主張される。Jackson判事によると、大統領と連邦議会は互いに独立するものではなく共生関係にあり、この関係は固定的ではなく状況によって変動しながら設定されるものと解釈される。そしてこの関係には、三つの階層的連続性があるとされる。

　第一に、大統領が連邦議会の明示的あるいは黙示的授権を根拠にして行動する場合で、このときの大統領の行為の正当性は連邦議会による授権がなされた範囲内である場合にのみ担保される。このように連邦議会と大統領の意思が一致している場合、司法審査は控えられるべきことが主張される。

　第二に、連邦議会が黙秘している場合である。このとき大統領の行為の正

当性は、自己に帰属すると大統領自身が考える範囲でのみ主張することが可能になり、ある権限が連邦議会と大統領のいずれに帰属するか不明な場合には大統領はその権限を行使できないとされる。

第三に、大統領が連邦議会の明示的あるいは黙示的意思に反して行為する場合であり、このとき裁判所には大統領の行為に対する注意深い審査を行うことが許容されることになる。

Jackson判事の見解が肯定的に評価される理由として、国家の安全保障の必要性とこのための個人の自由の侵害の程度を大統領だけではなく連邦議会にも与えることで、個人の自由の侵害に対してより慎重な態度が期待できることが挙げられる。[301]その反面で否定的な見方もなされる。つまり、個人の自由の侵害に対しては連邦議会と大統領が結託してしまえば無力になる可能性が指摘されるのである。[302]

実際、Jackson判事自身も、裁判所による規制から政府を恣意的に自由にする手段として連邦議会によるヘビアスコーパスの停止権限があることを自覚している。[303]この可能性を自覚した上で、Jackson判事が大統領の権限に着目しながら上記の三つの基準を展開している点を考慮すると、実はJackson判事の見解においても、個人の自由の侵害に対しては大統領よりも連邦議会の役割を重視していると解釈でき、つまりは連邦議会が有するヘビアスコーパスの停止権限に対する司法審査の介入が重要であることが主張されていると捉えられるのである。[304]

しかし、裁判所の役割をこのように強調できたとしても、裁判所がこの三つの区分を恣意的に利用する可能性に対してこの見解は弱点を抱えている。つまり、裁判所が政府の実体的行為に対して好意的な評価をすれば第一あるいは第二カテゴリーとして処理し、反対に、政府に対して否定的な選好を抱けば第三のカテゴリーに依拠するという裁判所の恣意性を排除し得るような理論ではないため、権力分立原則における裁判所の役割について示唆的なものと評価するのは妥当ではないと考えられる。[305]

つまり、Jackson判事の見解は、ある事柄に関する（最終的）判断者が誰

第1章　アメリカ合衆国憲法修正14条デュープロセス条項の手続保障の意義

かという問題に対して、権力分立原則の観点から導出される回答を与えるものではないと考えられる。この批判は、前述した手続的デュープロセス理論にも妥当するのではないだろうか。なぜなら、従来の判例理論における手続的デュープロセス理論は、問題となる手続がどの機関によって決定されるかという権限行使主体に関する問いを孕みながら、この権限配分がどのようになされるべきかという規範的議論を欠いているからである。

　手続観念と実体観念の区別は明白ではなくむしろ不明確であることがしばしば指摘されるために、両者の間に連続性が存在することは否定できないであろう。しかし、両者の線引きを行うことが不可能あるいは著しく困難であることは、両者の同一性や連動性の存在を意味するものではない。つまり、手続観念と実体観念は異なる議論で語られ異なる保障内容を含み得るものであることを忘れてはならないのである。手続観念独自の意義を探るにはこの観念がどの程度の広がりをもつかの可能性を検討することが必要であり、この広がりの可能性に挑戦した点に、例えばElyのプロセス理論の一つの魅力は存するのである。（最終的）判断者が誰かという制度構造に着目した議論を可能にするには、法形成過程や裁判過程をも含めたより広い手続観念を想定することが肝要なのである。そのため、Jackson判事の議論や従来の手続的デュープロセス理論は、このような広い手続観念における権限配分の考察が欠如していると考えられる。そしてこの点に、プロセス理論を参照する意<sup>(306)</sup>義がある。

　いかなる問題をいかなる機関が最終的に判断するべきかという問いは、どのようにして最終的判断者を配分するかという問いとして理解できる。この点に主たる関心を寄せるのがプロセス法学である。連邦の政府システムの考<sup>(307)</sup>察に関するこの分析方法は現在でも十分に参照される価値がある。憲法解釈<sup>(308)</sup>の最終的判断者をどのように配分するかとして、その「主体」に着目されることで展開される彼らの理論は権力分立原則も主要テーマの一つである。

　その分析方法は、憲法の意味をめぐる実体的判断に対する合意形成が不可能な場合、どの機関が判断するべきかという手続に関する議論の方が実体的

議論よりも根本的であるとして手続観念を基軸にするものである。これによ<sup>(309)</sup>ると、民主主義制度を重視することで、選挙による正当性が制度上担保されている連邦議会の権限を優越的に主張し、裁判所にはこの民主プロセスが健全に機能するための役割しか期待されるべきではないと主張される。

　民主プロセスに注目して立法府の権威を訴えた点はWaldronに共通するものである。Waldronは、権利に対するコミットメントが社会に根強く存在している場合、権利観念の実体的内容を決定するのは立法府に任されるべきであることを主張した。このとき、裁判所の役割は、民主プロセスを補完する機能に限定されることになろう。これは、民主プロセスに不正が生じた場合に生み出された政治的結果を修正する裁判所の役割を意味するものである。

　このように、民主プロセスにおける立法府の役割を強調する見解は、裁判所を立法府の忠実な代理人とみなすプロセス法学の立場に対応するものである<sup>(310)</sup>。このとき、法解釈者としての裁判所の役割は法の文言に忠実な立場であるテクスチュアリズムなどが適していることになる。この解釈方法は、民主主義的正当性のための立法プロセスの重要性を考慮したものとして正当化される。つまり、裁判所が立法府の制定した法の違憲性を判断できるのは、違憲あるいは違法な法に人民を拘束させることはできないためであると説明される<sup>(311)</sup>。

　さらに、立法府の意思を尊重するという見解を推し進めると、権力分立原則を根拠にすることで、裁判所の権限を抑制するという立場にもなり得る。この見解の代表的論者はScalia判事である<sup>(312)</sup>。裁判所への抑制の根拠として、法解釈を通じて裁判官に個人的な選好を追求することを可能にし、これは法創造類似の行為を許容することになるためにこの機能をもつ立法府の権限を侵犯していることが主張される。このため、Scalia判事自身は、裁判官の憲法解釈方法がオリジナリズムに限定されるべきことを主張する<sup>(313)</sup>。

　確かに、民主主義的観点から権力分立原則を根拠にした場合、上記の主張は説得的である。しかし、司法審査の意義は民主プロセスの補完にとどまる

*94*

第1章 アメリカ合衆国憲法修正14条デュープロセス条項の手続保障の意義

とみるべきものなのだろうか。Waldronは、権利に対するコミットメントが存在する証拠として、例えば、アメリカ憲法でいう権利章典が制定法として存在していることを挙げていた。(314)しかし、アメリカ憲法の権利章典あるいは他の修正条項の制定は、通常の民主プロセスの結果として実現されたものとしてではなく、切り離され孤立した少数者をも含めたすべての人民の民主プロセスへの参加という憲法の価値が擁護されたことで実現されたとみるのがアメリカ憲法史の理解として適切なのではないか。(315)しかも、この憲法上の価値を擁護するのに最もふさわしい機関は政治的圧力から自由である裁判所をおいて他にない。

さらに、である。この憲法上の価値は法制定する立法府に対して以下の制約を課すものとして理解される。つまり、制定法が法としての効力を有する要件としてこの憲法上の価値に抵触しないことである。このように捉えられる憲法上の価値は、選挙によって選出された代表者による決定、変更を許容しない。(316)つまり、この憲法上の価値を実現するために、司法審査の意義として民主プロセス補完の他に、多数派による通常の民主プロセスへの究極的批判者としての役割を見出すことができるのである。(317)これは、裁判所以外の機関による裁決の誤りを正すことで訴訟当事者に対する公平性を確保する意味を有するものであり、この当事者が切り離され孤立した少数者の範疇に属する場合はなおさら重要な意義をもつ。(318)このような司法審査の意義を見出しても、立法府の政治的権限への裁判所による介入を意味することにはならない。

では、このような裁判所の権限は憲法上正当化されるか。また、その場合どのように正当化されるか。

合衆国憲法3条の価値として、権力分立原則から導出される価値が含まれていることに異論はないだろう。それは、一つの政府機関による専制が法の支配原則に反するとして排除されることをその内容に含む。ここから、裁判所にはその独自の役割があることを主張できることになるが、この点につ

95

いてFallonは合衆国憲法3条の文言とその原意に依拠して具体的に検討する。以下において、このFallonの見解を参照したい。

　合衆国憲法3条1節の文言によると、連邦最高裁以外の連邦下級審には憲法上の役割が付与されていないことになる。ここから、少なくとも第一審管轄権においては立法裁判所より司法裁判所が優位である理由はないことになる。これは、立法裁判所を創設する連邦議会の権限をデュープロセス条項との関連で捉えることを意味するものとも解釈できるが、このような解釈に対してFallonは反対する。Fallonによると、いかなる事件が第一審で審査されるかということが、このような審査権限を配分する連邦議会の権限に対して合衆国憲法3条が無制約であることを意味しないと主張される。つまりFallonは、合衆国憲法3条2節2項の文言を参照し、ここに合衆国の司法権が第一審管轄権または上訴審管轄権に帰属されなければならないことが規定されていると解釈する。言い換えれば、第一審管轄権が立法裁判所に付与される場合には、上訴審管轄権は司法裁判所に付与されなければならないことが権力分立原則から導出されることになる。

　これは、立法裁判所に許容される役割を論じるときにFallonが上訴審査論Appellate Review Theoryと称して依拠するものである。以上のように合衆国憲法3条の文言に依拠することで、Fallonはこの理論を合衆国憲法3条に厳格に根拠を有するものと主張する。そしてこの理論の内容として、ある特定の事件あるいは争訟において、司法裁判所以外の機関が審査する場合、最終的には必ず司法裁判所による審査が保障されていなければならないと説明する。これは、裁判所が政治的圧力から自由である点を重視するものである。

　したがってFallonによると、立法裁判所を創設する連邦議会の権限はデュープロセス条項及び合衆国憲法3条による制約を受けることが主張され、つまりは、憲法に規定される権力分立原則は合衆国憲法3条及びデュープロセス条項によって体現されると主張されるのである。つまり、裁判所の権限及びこれを制約する連邦議会の権限の調整は、合衆国憲法3条及びデュープロセス条項の観点からなされることになる。

第1章　アメリカ合衆国憲法修正14条デュープロセス条項の手続保障の意義

　上訴審査論において問題なのは、最終的に司法裁判所の審査に服する場合とそれ以外の判断をいかになすかである。まず、司法裁判所以外の機関を設置する利点として政策的観点から主張できる。裁判所の能力は裁決をなすことに限定されるため、例えば、規制行政に関する政策決定などに関しては他の機関を設置した方が良いということになろう。また、裁判所は面前に出された事件の事実を法に当てはめるという役割を担うが、これだけでは解決できない問題が実際には存在する。例えば、移民政策や福祉政策の分野では既存の法をただ事実に当てはめるだけでは問題の解決にはならない場合が存在する。この場合にも、司法裁判所以外の機関を設置した方が利点はあるといえる。

　司法裁判所以外の機関を設置する理由としては他に、日々の変化に対応した迅速な裁決や政治的優先事項を考慮した柔軟な判断に裁判所が対応しきれないことが挙げられる。つまり、訴訟が増えればこれを処理する裁判所の能力も限界に達するであろうし、また、裁判官の人数を増幅するにしても限界があるためである。[327]

　では、司法裁判所の設置はどうか。裁判所の役割として憲法上正当化できる法の解釈、適用という点に注目したい。これが意味するのは、裁判所が法解釈者として最善の答えを導出できるということであり、したがって、社会における最善の答えを導出できることを意味するものではない。[328]これは、裁判所を法の条文という法技術的文脈における専門家としてのみ捉え、社会的文脈から切り離すことで社会において何が最善かの判断を人民に委ねるものである。[329]

　裁判所の役割をこのように捉えることは、政府全体としての実効性を確保するという意義がある。[330]この点から従来では、司法裁判所ではなく立法裁判所による審査でも法の支配原則の要請を満たしていると裁判所は判断してきた。その理由は、上訴審管轄権が通常は連邦最高裁に付与されていること、及び、刑事事件においてはヘビアスコーパスによる救済が確保されていることに求められてきた。[331]しかし、連邦最高裁への上訴の機会は合衆国憲法３条

97

によって要請される訴訟当事者へも公平性を確保するほどに保障されている
ものではなく、また、ヘビアスコーパスによる救済も上訴手段の代替として
の役割を担っておらず、究極的な憲法的価値の保障というヘビアスコーパス
による救済が有する本来の意義を果たせていないのが現状であった[332]。Fallon
が上訴審査論を主張したのは、この実務上の不都合を解消するためであった[333]。

　ここで、連邦最高裁への上訴という裁判過程における意義を、9.11アメ
リカ同時多発テロ後の一連の判例によるヘビアスコーパスの制度的展開およ
び憲法上の意義に照らしあわせて検討したい。このとき、ヘビアスコーパス請
求の違憲の停止の禁止の条件として、連邦最高裁への上訴の代替手段として
の意義を見出すことができる。これは、ヘビアスコーパスによる救済が本来
有する意義である究極的な憲法的価値の擁護のために司法管轄権が保障され
たことを意味すると解釈でき、これが保障されたことで、法の支配原則の下
ではすべての人民の民主プロセスの参加については連邦最高裁への上訴が合
衆国憲法3条及びデュープロセス条項を根拠にして要請され、つまり、この
点については連邦最高裁が最終的憲法判断者にならなければならないことが
憲法上要請されることを意味していると解釈できるのではないか。さらに、
この憲法上の価値を保障するための司法審査の正当性がデュープロセス条項
にのみ依拠された点を考慮すると、ここに、デュープロセス条項の手続理論[334]
独自の意義があると考えられるのではないか[335]。

## 4　小　結

　本章は、デュープロセス条項のプロセス観念に注目することで、ヘビアス
コーパスの管轄権に対する連邦最高裁判所の上訴審としての役割が憲法上要
請される可能性があることを論じた。これは、デュープロセス条項が権力分
立原則の具体的内容に大きな意義をもつことを主張するものである。

　機能主義的及び形式主義的アプローチに共通する権力分立原則の内容は、
裁判所の本質的役割を他機関は奪えないというものであった。本章では、こ
のように主張される裁判所の本質的役割について、プロセスという観念に着

第1章　アメリカ合衆国憲法修正14条デュープロセス条項の手続保障の意義

目することで、プロセスにおける権限配分の観点から考察をしたものである。つまり、裁判所の本質的役割について、何がその内容であるかという実体的な捉え方ではなくプロセス的に考察したものである。

　結論として、裁判プロセスにおける連邦最高裁の上訴審としての役割が、人民の民主プロセスの参加を保障するためにその本質的役割として憲法上要請されていることを主張した。このような裁判所の本質的役割は、デュープロセス条項の手続保障に根拠づけられる。これは、民主プロセスの参加を保障するというこの憲法上の価値が守られているかどうかについては、連邦最高裁が憲法解釈の最終的判断者になることを意味するものである。また、このようにプロセスの上で捉えられる連邦最高裁の役割は、政治問題の法理によってもその司法審査が排除されるものではない。

　上訴に関しては、1988年に制定された連邦法により、裁判所が上訴を認めなければならない場合とサーシオレイライの区別が実質的に廃止されたため、上訴はサーシオレイライによるものがほとんどを占めることになった。つまりこれ以降、上訴が認められるかに関しては裁判所がかなり広範な裁量を有するようになったという事情がある。連邦最高裁は、上訴を受けるか否かの判断に際してこのような連邦最高裁の独自の役割を十分に考慮して結論を下すべきである。

　本章は、デュープロセス条項によって、社会における基本的価値が不在であったり、真理の所在に関する国民の一致した見解が不明な場合、つまり、権利の実体的内容が明白ではなく、つまりは権利観念が明白に規定されている場合でなくても、連邦最高裁の審査が行われる可能性がデュープロセス条項の手続条項保障には含まれることを論証した。この主張は、民主主義的正当性の観点から裁判所になされる批判を克服し得ることも主張するものである。しかし本章では、司法審査が個人の尊重や人間の尊厳を究極的な価値として包含するにしても、その結果として裁判所が権利創設的機能を果たすことが権力分立原則の観点からただちに認められることまで主張するものではない。そのような実体的観点における意義については別途の考察が必要にな

(338)
る。

　実際、ヘビアスコーパス請求の憲法上の権利が存在するか否かは別途の考察しなければならない。確かに、統治構造と個人の権利保障は重要に関連するといえるが、ヘビアスコーパスが憲法上の権利として承認されるかに関しては統治構造と同様のものとして論じることはできない。本章は今回扱った判例において、この憲法上の権利が承認されたとは解釈していない。裁判所(339)に対する救済は、憲法上の権利が存在する場合に限定されるものではない。(340)裁判所による救済、あるいはコモンロー上の救済と憲法上の権利をただちに同一視することは妥当ではない。


　では、コモンロー上の救済と憲法上の権利はどのような関係にあるのだろうか。Fallonは、裁判所による救済を正当化する際に、憲法解釈におけるコモンローの意義を指摘していた。

　憲法とコモンローとは、いかなる関係にあるのだろうか。次章では、イギリスを参照し、コモンローの意義について検討したい。

　注
　＊〔初出〕「デュープロセス理論の手続保障の意義―ヘビアスコーパス請求の上訴
　　審管轄権をめぐる連邦議会と裁判所の関係からの考察―」法学新報118巻1・2
　　号（2011年）531〜605頁。本章は、これに若干の加筆、修正を加えたものである。
　（1）田中英夫『英米法のことば』（有斐閣、1986年）7〜13頁。
　（2）U.S. CONST. amend. V.
　（3）U.S. CONST. amend. XIV.
　（4）*See e.g.,* NASA v. Nelson, 131 S. Ct. 746 (2011) (Scalia, J., concurring);
　　Lawrence v. Texas, 539 U.S. 558 (2003) (Scalia, Thomas, JJ., dissenting).
　（5）Lochner v. New York, 198 U.S. 45 (1905).
　（6）*See* 1 LAURENCE H. TRIBE, AMERICAN CONSTITUTIONAL LAW 13 (3rd ed.
　　2000).
　（7）JOHN H. ELY, DEMOCRACY AND DISTRUST 73-74 (1980), ジョン・H. イリィ
　　著『民主主義と司法審査』佐藤幸治、松井茂記訳（成文堂、1990年）126頁。
　（8）民主主義と司法審査の関係は重要な論点として、日本でも多く議論されるも
　　のである。例えば参照、坂口正二郎『立憲主義と民主主義』（日本評論社、2001

*100*

第1章　アメリカ合衆国憲法修正14条デュープロセス条項の手続保障の意義

年）、市川正人「違憲審査制と民主制」『憲法五十年の展望Ⅱ：自由と秩序』（有斐閣、1998年）、土井真一「司法審査の民主主義的正当性と『憲法』の観念—手続的司法審査理論の憲法的地平」米沢広一・松井茂記・土井真一刊行代表『佐藤幸治先生還暦記念　現代立憲主義と司法権』（青林書院、1998年）。

（9）参照、松井茂記『二重の基準論』（有斐閣、1994年）。

（10）棟居快行『憲法学再論』（信山社、2001年）394頁。プロセス的司法審査理論の詳細な検討として参照、松井・前掲注（9）131～146頁、同「プロセス的司法審査理論　再論」『佐藤幸治先生還暦記念　現代立憲主義と司法権』（青林書院、1998年）。

（11）*E.g.,* Goldberg v. Kelly, 397 U.S. 254（1970）.

（12）*E.g.,* Mathews v. Eldridge, 424 U.S. 319（1976）; Bd. of Regents v. Roth, 408 U.S. 564（1972）.

（13）Laurence H. Tribe, *The Puzzling Persistence of Process-Based Constitutional Theories,* 89 YALE L.J. 1063, 1064（1980）. ただしTribeは、プロセスそれ自体に固有の価値があることを論ずる意義があることは認めている。Laurence H. Tribe, *Technology Assessment and the Fourth Discontinuity: The Limits of Instrumental Rationality,* 46 S. CAL. L. REV. 617, 631（1973）.

（14）ELY, *supra* note 7, at 73-74.

（15）淺野博宣「プロセス理論へ」法学教室327号（2007年）18頁。

（16）ELY, *supra* note 7, at 75.

（17）淺野・前掲注（15）20頁。

（18）*See* Louis Hartz, *The Whig Tradition in American and Europe,* 46 AM. POL. SCI. REV. 989, 997 n.10（1952）.

（19）HENRY M. HART, JR. & ALBERT M. SACKS, THE LEGAL PROCESS: BASIC PROBLEMS IN THE MAKING AND APPLICATION OF LAW 3-4（William N. Eskridge, Jr. & Philip P. Frickey eds., 1994）.

（20）Jenny S. Martinez, *Process and Substance in the "War on Terror",* 108 COLUM. L. REV. 1013, 1061-1071（2008）.

（21）*Marbury* v. Madison, 5 U.S.（1 Cranch）137（1803）. この事件の邦語の紹介として参照、藤倉皓一郎他編『英米法判例百選〔第3版〕』（有斐閣、1996年）4頁。

（22）*See e.g.,* Saikrishna B. Prakash & John C. Yoo, *The Origin of Judicial Review,* 70 U. CHI. L. REV.887（2003）.

（23）ERWIN CHEMERINSKY, CONSTITUTIONAL LAW: PRINCIPLES AND POLICIES 38（3rd ed. 2006）.

（24）*Cf.* MARK TUSHNET, TAKING THE CONSTITUTION AWAY FROM THE COURTS（1999）.

（25）松井茂記「最高裁判所判決と行政府の関係」ジュリスト1037号（1994年）99

*101*

～100頁。

(26) どの機関が憲法解釈の最終的権威者であるかという問題は、他方で、デパートメンタリズムDepartmentalismと司法優越主義Judicial Supremacyの対立問題として捉えることができる。三権のどの機関にも同等に憲法解釈権限が帰属するという前者と、この権限は裁判所のみが有するという後者の見解の対立である。大林啓吾「ディパートメンタリズムと司法優越主義—憲法解釈の最終的権威をめぐって—」帝京法学25巻2号（2008年）103頁、また、横大道聡「大統領の憲法解釈—アメリカ合衆国におけるSigning Statementsを巡る論争を中心に—」鹿児島大学教育学部研究紀要人文・社会科学編59巻（2008年）89頁。

(27) THE FEDERALIST NO. 47 (James Madison).

(28) THE FEDERALIST NO. 71 (Alexander Hamilton).

(29) LEARNED HAND, THE BILL OF RIGHTS 11-12 (1962) originally published in 1958.

(30) Edwin Meese Ⅲ, *The Law of the Constitution,* 61 TUL. L. REV. 979 (1987).

(31) CHEMERINSKY, *supra* note 23, at 29-30.

(32) Larry Alexander & Frederick Schauer, *On Extrajudicial Constitutional Interpretation,* 110 HARV. L.REV. 1359 (1997). 立憲主義の観点から連邦最高裁の最終的な紛争解決権限を強く擁護する。

(33) LARRY D. KRAMER, THE PEOPLE THEMSELVES: POPULAR CONSTITUTIONALISM AND JUDICIAL REVIEW (2004).

(34) CHEMERINSKY, *supra* note 23, at 31-32.

(35) *Id.*

(36) *Id.* at 32.

(37) *E.g.,* United v. Nixon, 418 U.S. 683 (1974).

(38) *Marbury,* 5 U.S., at 176.

(39) U.S. CONST. art. 6.

(40) U.S. Const. art. 3, §1.

(41) ERWIN CHEMERINSKY, FEDERAL JURISDICTION 17 (5th ed. 2007).

(42) CHEMERINSKY, *supra* note 23, at 32.

(43) *E.g.,* Oetjen v. Central Leather Co., 246 U.S. 297, 302 (1918).

(44) ただし連邦最高裁は、外交政策に関するあらゆる問題が司法判断に服さないという立場を採っているわけではない。実際、いかなる問題が政治問題の法理の範疇として捉えられるべきかという問題には論争がある。

(45) 法律の合憲性レベルと憲法解釈のレベルは区別して論じられる。安西文雄「憲法解釈をめぐる裁判所と議会の関係」立教法学63号（2003年）61頁。

(46) 松井・前掲注（25）99頁。なお、安西と松井の見解の関連性について考察したものとして参照、大林・前掲注（26）108～110頁。

(47) Marbury判決をめぐる政治状況について参照、岸野薫「マーベリ判決にお

第1章　アメリカ合衆国憲法修正14条デュープロセス条項の手続保障の意義

けるる法と政治の相剋（1）（2）」法学論叢159巻2号（2006年）63頁、同4号（2006年）55頁。

(48) *Marbury,* 5 U.S., at 170.

(49) CHEMERINSKY, *supra* note 41, at 15. ただし、この部分のMarbury判決の趣旨に関しては、裁判所の司法審査権が政治部門には及ばないと解釈するものもある。

(50) *Id.* この場合、原告適格の要件として要請される「損害Injury」として整理される。

(51) *Id.* at 147.

(52) Martin H. Redish, *Judicial Review and the "Political Question",* 79 NW. U. L. REV. 1031, 1031（1985）.

(53) 政治問題の法理について、例えば参照、小林節『政治問題の法理』（日本評論社、1988年）3～145頁。

(54) Amanda L. Tyler, *Is Suspension a Political Question?,* 59 STAN. L. REV. 333, 363-379（2006）.

(55) Wechslerの見解として例えば参照、小林・前掲注（53）82～84頁。

(56) HERBERT WECHSLER, *The Political Safeguards of Federalism, in* HERBERT WECHSLER, PRINCIPLES POLITICS, AND FUNDAMENTAL LAW 78-79（1960）.

(57) Herbert Wechsler, *Toward Neutral Principles of Constitutional Law,* 73 HARV. L. REV. 1, 2-4（1959）.

(58) *Id.* at 6.

(59) *Id.* at 19.

(60) *Id.*at 7-10.

(61) *Id.* at 9.

(62) Tyler, *supra* note 54, at 363.

(63) Bickelの見解として例えば参照、小林・前掲注（53）84～85頁。

(64) ALEXANDER M. BICKEL, THE LEAST DANGEROUS BRANCH 184（1962）.

(65) CHEMERINSKY, *supra* note 41, at 151.

(66) Baker v. Carr, 369 U.S. 186（1962）.

(67) Tyler, *supra* note 54, at 364-365.

(68) *Baker*, 369 U.S., at 217.

(69) Steven G. Calabresi, *The Political Question of Presidential Succession,* 48 STAN. L. REV. 55, 57（1995）.

(70) Tyler, *supra* note 54, at 368.

(71) JOHN HART ELY, WAR AND RESPONSIBILITY: CONSTITUTIONAL LESSONS OF VIETNAM AND ITS AFTERMATH 55-56（1993）.

(72) Louis Henkin, *Is There a "Political Question" Doctrine?* 85 YALE L.J. 597, 606（1976）.

(73) JESSE H. CHOPER, JUDICIAL REVIEW AND THE NATIONAL POLITICAL PROCESS: A FUNCTIONAL RECONSIDERATION OF THE ROLE OF THE SUPREME COURT 169, 295-296 (1980).

(74) *Id.* at 175-176.

(75) *Id.* at 64.

(76) ただしChoper自身は、少数者のみならず多数者に属する場合でも、個人の権利は裁判所による審査を受けるべきであると主張する。*Id.*

(77) Choperは、いかなる法の解釈方法を採用しようとも裁判所の判断は許容されないという立場を採る点でWechslerと異なる。MICHAEL J. PERRY, THE CONSTITUTION, THE COURTS AND HUMAN RIGHTS: AN INQUIRY INTO THE LEGITIMACY OF CONSTITUTIONAL POLICYMAKING BY THE JUDICIARY 46 (1982).

(78) Jesse H. Choper, *The Political Question Doctrine: Suggested Criteria,* 54 DUKE L.J. 1457, 1499 (2005).

(79) Bush v. Gore, 531 U.S. 98 (2000) (per curiam). この判決の詳細な解説として、松井茂記『ブッシュ対ゴア：2000年アメリカ大統領選挙と最高裁判所』（日本評論社、2001年）。

(80) Tyler, *supra* note 54, at 372-373.

(81) 政治問題の法理を否定する学説については参照、小林・前掲注（53）102～105頁。

(82) Redish, *supra* note 52, at 1032.

(83) 小林・前掲注（53）109頁。

(84) 小林・前掲注（53）8～69頁。

(85) 小林・前掲注（53）69頁。

(86) *See e.g.,* Flast v. Cohen, 392 U.S. 83, 95 (1968).

(87) 参照、小林・前掲注（53）121頁。

(88) *E.g.,* Brown v. Bd. of Educ., 347 U.S. 483 (1954).

(89) 参照、小林・前掲注（53）121頁。

(90) 小林・前掲注（53）125頁。

(91) J. ウォルドロン『立法の復権　議会主義の政治哲学』長谷部恭男・愛敬浩二・谷口功一訳（岩波書店、2003年）。Waldronの見解に関する邦語文献として例えば参照、深田三徳『現代法理論論争—R. ドゥオーキン対法実証主義』（ミネルヴァ書房、2004年）225～228頁、井上達夫「立法学の現代的課題—議会民主制の再編と法理論の再定位」ジュリスト1356号（2008年）136～137頁、同岩波314～315頁、尾形健「リチャード・H・ファロン」駒村圭吾他編『アメリカ憲法の群像　理論家編』（尚学社、2010年）147～148頁。

(92) Jeremy Waldron, *The Core of the Case against Judicial Review,* 115 YALE L.J. 1346, 1363 (2006).

(93) *Id.*

第1章　アメリカ合衆国憲法修正14条デュープロセス条項の手続保障の意義

（94）　*Id.* at 1366.

（95）　*Id.*

（96）　*Id.* at 1364-1365.

（97）　*Id.* at 1368-1369.

（98）　*Id.* at 1366-1367.

（99）　*Id.* at 1353-1354, 1363.

（100）　*Adrian Vermeule, The Judicial Power in the State（and Federal）Courts,* 2000 SUP. CT. REV. 357, 363（2000）.

（101）　*Id.*

（102）　Akhil Reed Amar, *The Document and the Doctrine,* 114 HARV. L. REV. 26, 30（2000）.

（103）　James A. Gardner, *Democracy without a Net? Separation of Powers and the Idea of Self-Sustaining Constitutional Constraints on Undemocratic Behavior,* 79 ST. JOHN'S L. REV. 293, 296-308（2005）.

（104）　Vermeule, *supra* note 100, at 363-365.

（105）　*Id.* at 364-365.

（106）　ウォルドロン・前掲注（91）164頁。

（107）　Gil Seinfeld, *Article I, Article III, and the Limits of Enumeration,* 108 MICH. L. REV. 1389（2010）.

（108）　TRIBE, *supra* note 6, at 2-3.

（109）　Susan Bandes, *The Idea of a Case,* 42 STAN. L. REV. 227, 259-265（1990）.

（110）　U.S. CONST. art 3, §2, cl. 1. 邦訳は田中英夫編『Basic英米法辞典』（東京大学出版会、1993年）225頁に依拠した。

（111）　Bandes, *supra* note 109, at 259-260.

（112）　*Id.* at 260.

（113）　Hartz, *supra* note 18.

（114）　CHOPER, *supra* note 73, at 68.

（115）　*Id.*

（116）　*E.g., Lawrence,* 539 U.S., at 576; *see also,* CASS R. SUNSTEIN, A CONSTITUTION OF MANY MINDS: WHY THE FOUNDING DOCUMENT DOESN'T MEAN WHAT IT MEANT IT 165-184（2009）.

（117）　リチャード・H・ファロンJr.『アメリカ憲法への招待』平地秀哉、福嶋敏明、宮下紘、中川律訳（三省堂、2010年）216〜217頁。

（118）　CHOPER, *supra* note 73, at 69.

（119）　U.S. CONST. art. 5.

（120）　U.S. CONST. amends. ⅩⅠ, ⅩⅣ, ⅩⅥ and ⅩⅩⅥ.

（121）　LAURENCE H. TRIBE, CONSTITUTIONAL CHOICES 22-23（1985）.

（122）　U.S. CONST. art. 1, §2, cl. 5, §3, cl. 6.

*105*

(123) Franklin D. Roosevelt大統領はかつて、連邦議会のこの権限が裁判所に対する政治的抑制機能を有するものであるとして、自己の政治的見解に合致する者を連邦最高裁に送ろうと連邦最高裁判事の人数を増やすためにその権限を利用しようと画策したが失敗に終わった。

(124) U.S. CONST. art. 2, §2, cl. 2.

(125) 連邦裁判官の選任プロセスについて参照、浅香吉幹『現代アメリカの司法』（東京大学出版会、1999年）131頁以下、高井裕之「アメリカにおける連邦裁判官選任手続の一側面—裁判官の適格性とは何か—」『佐藤幸治先生古稀記念論文集国民主権と法の支配〔上巻〕』（成文堂、2008年）171頁以下。

(126) KATHLEEN M. SULLIVAN & GERALD GUNTHER, CONSTITUTIONAL LAW 75-77 (15$^{th}$ ed. 2004).

(127) この態度の変化に関して参照、松井茂記『司法審査と民主主義』（有斐閣、1991年）2、3章。

(128) 参照、井上・前掲注（91）316〜317頁。Waldronの議論に対する批判について参照、井上達夫「憲法の公共性はいかにして可能か」長谷部恭男他編『岩波講座憲法（1）立憲主義の哲学的地平』（岩波書店、2007年）314頁。

(129) Waldron, *supra* note 92, at 1360.

(130) 淺野・前掲注（15）19頁。

(131) Burt Neubourne, *The Myth of Parity,* 90 HARV. L. REV. 1105, 1127-1128 (1975). 他方で、選挙が裁判官の判断に及ぼす影響は低いことが指摘される。つまり、多くの州の州裁判所裁判官は選挙によって選出されるが、実際には、彼らが少数者の権利保障に鈍感な判断を下しているわけではないことが主張される。Michael E. Solimine & James I. Walker, *Constitutional Litigation in Federal and State Courts: An Empirical Analysis of Judicial Parity,* 10 HASTINGS CONST. L.Q. 213, 230-231 (1983).

(132) U.S. v. Caroline Prods. Co., 304 U.S. 144, 153 n.4 (1938).

(133) Rebecca I. Brown, *Accountability, Liberty and the Constitution,* 98 COLUM. L. REV. 531, 568 (1998). 連邦最高裁が審査する権限を保障することで、連邦最高裁判例の統一性を維持できることも指摘される。CHEMERINSKY, *supra* note 41, at 46-47.

(134) Waldron, *supra* note 92, at 1386-1395.

(135) *Id.* at 1387.

(136) Akhil Reed Amar, *Two-Tiered Structure of the Judiciary Act of 1789,* 138 U. PA. L. REV. 1499, 1501 (1990).

(137) ヘビアスコーパスの制度的説明に関しては以下に依拠した。堀部政男「人身の自由の手続的保障　ヘイビアス・コーパスの人身保護令状的機能の成立史」東京大学出版会科学研究所編『基本的人権　各論2』（東京大学出版会、1969年）103〜174頁。

第1章　アメリカ合衆国憲法修正14条デュープロセス条項の手続保障の意義

(138) 大別すると、その起源をパンデクトに求める説（パンデクト起源説）とマグナ・カルタに求める説（マグナカルタ起源説）がある。堀部によると、この両者とも現代的意味でのヘビアスコーパス令状の意味を基準にして解釈している点で方法論的に誤りであり妥当ではないとされる。堀部・前掲注（137）106〜107頁。

(139) ヘビアスコーパスの流れに関しては主に以下に依拠した。Robert S. Walker, Habeas Corpus and Writ of Liberty; English and American and Development, 7-88（2006）.

(140) J.G. Randall, Constitutional Problems under Lincoln, 125（1951）.

(141) 堀部・前掲注（137）107頁。

(142) Daniel John Meador, Habeas Corpus and Magna Carta: Dualism of Power and Liberty, 1-38（1966）; Robert S. Walker, The Constitutional and Legal Development of Habeas Corpus as the Writ of Liberty（1960）.

(143) 田中英夫『英米法総論　上』（東京大学出版会、1980年）111頁。

(144) 臣民の自由をよりよく保障し、海外における監禁を防止するための法律。An act for the better securing the Liberty of the Subjects, and for prevention of Imprisonment beyond Seas, 1679. 8 Statues at Large 432-439（1763）.

(145) 1641年ヘビアスコーパス法では、裁判所の令状発布権限に関して不十分な点があり、また1660年の王政復古の結果、専断的判断による拘禁が今度は大法官によって行われる事態が発生した。大法官は、遠隔地や駐屯地に被拘禁者を移送させることで、その人身の自由を奪うことを可能にしたのである。

(146) 以後のヘビアスコーパス制度は、刑事事件で拘禁された者以外は保障の対象外であるなど、この法律が抱える問題点を解消する方向で展開されていく。18世紀のイギリスのヘビアスコーパスの展開については参照、堀部政男「イギリスにおけるヘイビアス・コーパスの歴史的展開—その人身保護令状的機能の発展期（18世紀）」一橋大学研究年報人文科学研究10号（1968年）97頁。

(147) 堀部・前掲注（137）108頁。

(148) 久岡康成「アメリカ合衆国における連邦人身保護令状制度の展開—違法な量刑に基づく刑の執行に対する直接的救済の問題から出発して—（末川博先生追悼論文集）」『立命館法学』（1977年）575頁。

(149) Erwin Chemerinsky, *The Individual Liberties within the Body of the Constitution: A Symposium: Thinking about Habeas Corpus,* 37 Case W. Res. 748, 751-752（1987）.

(150) *Id.* at 752.

(151) U.S. Const. art 1, §9, cl. 2.

(152) 邦訳は一部変えて以下に依拠した。田中・前掲注（110）219〜221頁。

(153) Max Rosenn, *The Great Writ: A Reflection of Social Change,* 44 Ohio St. L.J. 337, 338（1983）.

(154) William F. Duker, A Constitutional History of Habeas Corpus 155

(1980).

(155) *Id.* at 126-156.

(156) *Id.* at 125-126.

(157) The Judiciary Act of 1789, ch. 14, 1 Stat. 81-82 (1789).

(158) 阿部竹松『アメリカ憲法と民主制度』(ぎょうせい、2004年) 95～96頁。

(159) 阿部・前掲注 (158) 95～96頁。

(160) Act of February 5, 1867, ch.28, 14 Stat. 385.

(161) Chemerinsky, *supra* note 149, at 753.

(162) CHARLES H. WHITEBREAD & CHRISTOPER SLOBOGIN, CRIMINAL PROCEDURE: AN ANALYSIS OF CASES AND CONCEPTS 972-973 (4th ed. 2000).

(163) Henry M. Hart, *The Supreme Court - 1958 Term, Foreword: The Time Chart of the Justices,* 73 HARV. L. REV. 84, 103-105 (1959).

(164) Chemerinsky, *supra* note 149, at 754-755.

(165) *E.g.,* Miranda v. Arizona, 384 U.S. 436 (1966).

(166) Chemerinsky, *supra* note 149, at 755.

(167) Rosenn, *supra* note 153, at 346-348.

(168) Richard H. Fallon, Jr., & Daniel J., Meltzer, *Habeas Corpus Jurisdiction, Substantive Rights, and the War on Terror,* 120 HARV. L. REV. 2029, 2037 (2007).

(169) Martin H. Redish, *Abstention, Separation of Powers, and the Limits of the Jurisdictional Function,* 94 YALE L.J. 71, 111 (1984).

(170) *See* Chemerinsky, *supra* note 149, at 766.

(171) Gasquet v. Lapeyre, 242 U.S. 367, 369 (1917).

(172) 2 MAX FARRAND, THE RECORDS OF THE FEDERAL CONVENTION OF 1787 at 438 (large type ed. 2010).

(173) 2 JOSEPH STORY, COMMENTARIES ON THE CONSTITUTION OF THE UNITED STATES: WITH A PRELIMINARY REVIEW OF THE CONSTITUTIONAL HISTORY OF THE COLONIES AND STATES BEFORE THE ADOPTION OF THE CONSTITUTION 212-215 (Mellville M. Bigelow ed., 5th ed. 1994).

(174) *Ex parte* Merryman, 17 Fed. Cas. 144 (No. 9487) (C.C.D. Md. 1861).

(175) *Ex parte* Bollman, 8 U.S. (4 Cranch) 75 (1807).

(176) RANDALL, *supra* note 140, at 131.

(177) *Id.* at 123.

(178) Act of March 3, 1863, 1, 12 Stat. 755.

(179) *Cf.* U.S. CONST. art 1, §. 9, cl. 7,8.

(180) *Merryman,* 17 F. Cas., at 147-150.

(181) *Bollman,* 8 U.S., at 94, *Ex parte* Dorr, 44 U.S. (3 How.) 103 (1845).

(182) *Bollman,* 8 U.S., at 95.

第1章　アメリカ合衆国憲法修正14条デュープロセス条項の手続保障の意義

(183)  Act of February 5, 1867, 14 Stat. 385.

(184)  Richard H. Fallon, Jr., *Applying the Suspension Clause to Immigration Cases,* 98 COLUM. L. REV.1068, 1083（1998）.

(185)  Swan v. Plessy, 430 U.S. 372, 381（1977）.

(186)  *E.g.,* Jones v. Cunningham, 371 U.S. 236, 238（1963）.

(187)  *See* Felker v. Turpin, 518 U.S. 1051（1996）.

(188)  *Ex parte* McCardle, 74 U.S.（7 Wall.）506（1869）.

(189)  *See* United States v. Hayman, 342 U.S. 205（1952）.

(190)  南北戦争後、連邦議会は相次いでReconstruction Actsを制定したが、Johnson大統領はこの制定に反対していた。McCardle判決は、大統領がこれらの法案に対して拒否権を発動させたにもかかわらず、連邦議会がこれを覆してこの法案を成立させ、またJohnson大統領の弾劾裁判が進む中で出されたものであった。SULLIVAN & GUNTHER, *supra* note 126, at 79-81.

(191)  *E.g.,* Van Alstyne, *A Critical Guide to Ex parte McCardle,* 15 ARIA. L. REV. 229（1973）.

(192)  Circuit Court for the Southern District of Mississippi（当時）であり、今日の連邦控訴裁判所に当たる。

(193)  Act of March 2, 1868.

(194)  *McCardle,* 74 U.S., at 514.

(195)  *McCardle,* 74 U.S., at 513-514.

(196)  Alstyne, *supra* note 191, at 232.

(197)  *Id.* at 244.

(198)  *Id.* at 244-245.

(199)  *See* Ashwander v. Tennessee Valley Auth., 297 U.S. 288, 346-348（Brandeis, J., concurring）（1936）.

(200)  Alstyne, *supra* note 191, at 247.

(201)  *Id.* at 247-248.

(202)  *Id.* at 248.

(203)  *Id.*

(204)  *Id.* at 248-249.

(205)  United States v. Klein, 80 U.S.（13 Wall.）128（1872）.

(206)  Glidden Co. v. Zdanok, 370 U.S. 530, 605 n.11（1962）（Douglas, J., dissenting）.

(207)  GARY LAWSON, FEDERAL ADMINISTRATIVE LAW 657（3ʳᵈ ed. 2004）.

(208)  SULLIVAN & GUNTHER, *supra* note 126, at 78.

(209)  Tyler, *supra* note 54, at 412-413.

(210)  *Glidden* Co., 370 U.S., at 568.

(211)  連邦議会の絶対的権限の法理について参照、新井信之『外国人の退去強制と

合衆国憲法—国家主権の法理論』（有信堂高文社、2008年）第 2 部。

(212) *See* RICHARD H. FALLON, JR. ET AL., HART & WECHSLER'S THE FEDERAL COURTS AND THE FEDERAL SYSTEM 1153-1154 (6th ed. 2009).

(213) *See,* Duncan v. Louisiana, 391 U.S. 145, 169 (1968).

(214) DUKER, *supra* note 154, at 3; Price v. Johnson, 334 U.S. 266, 283 (1948); *Ex parte* Watkin, 28 U.S. (3 Pet.) 193, 202 (1830).

(215) Tyler, *supra* note 54, at 382.

(216) FALLON ET AL, *supra* note 212, at 1162.

(217) Tyler, *supra* note 54, at 383 n.275.

(218) Hamdi v. Rumsfeld, 542 U.S. 507, 554-555 (2004) (Scalia, J., dissenting).

(219) SULLIVAN & GUNTHER, *supra* note 126, at 79.

(220) Boumediene v. Bush, 553 U.S. 723 (2008). ブッシュ政権の 9 .11テロ対策として行った多くの拘禁に対しては多数の訴訟が提起されたが、このうちでヘビアスコーパスの停止が憲法問題として議論されたのはこれが初めてである。なお、ブッシュ政権の行った対テロ対策について参照、大沢秀介、小山剛編『市民生活の自由と安全—各国のテロ対策法制』（成文堂、2006年）。

(221) 参照、高橋和之『現代立憲主義の制度構想』（有斐閣、2006年）第Ⅶ章、Ⅷ章、佐藤幸治『現代国家と司法権』（有斐閣、1988年）57頁以下、野中俊彦「抽象的違憲審査の観念」現代憲法学研究会編『現代国家と憲法の法理』（有斐閣、1983年）。

(222) CHEMERINSKY, *supra* note 41, at 6; *cf.* John P. Frank, *Historical Bases of the Federal Judicial System,* 13 LAW & CONTEMP. PROBS. 3, 12-14 (1948); HENRY M. HART, JR. AND HERBERT WECHSLER, THE FEDERAL COURTS AND THE FEDERAL SYSTEM, 18-25 (1953).

(223) 後に修正11条による改正を経る。

(224) CHEMERINSKY, *supra* note 41, at 181-196. 特に、1980年代前半だけをみても、連邦議会は学校での祈禱や中絶といった特定問題に関する管轄権を連邦裁判所から剝奪しようとしたため、連邦議会の権限がどこまで制約されるかという点に注目が集まった。Gerald Gunther, *Congressional Power to Curtail Federal Cousrt Jurisdiction: An Opinionated Guide to the Ongoing Debate,* 36 STAN. L. REV. 895, 895-896 (1984).

(225) CHEMERINSKY, *supra* note 23, at 266.

(226) The Judiciary Act of 1789, ch. 20, 1 Stat. 73 (1789).

(227) CHEMERINSKY, *supra* note 41, at 266-267.

(228) *E.g.,* Verlinden B.V. v. Cent. Bank of Nigeria, 461 U.S. 480, 491 (1983); Ankenbrandt v. Richards, 504 U.S. 689, 695 (1992). この見解はまた、連邦下級審によっても支持される。Seinfeld, *supra* note 107, at 1409-1410.

(229) たてまえ上はこのように主張されるが、しかし、判例の理論において憲法3

第1章　アメリカ合衆国憲法修正14条デュープロセス条項の手続保障の意義

条の解釈は実質的にはなされていないことが指摘される。Seinfeld, *id.* at 1408-1409. この見解によると、連邦裁判所の管轄権に対して合衆国憲法3条が有する意義はなく、そのためその管轄権の問題は連邦議会による権限の範囲の問題として捉えられるべきであることが主張される。

(230) 連邦裁判所の事物管轄権の問題を合衆国憲法1条のみの問題として捉える。これに対して、連邦議会の権限から論じるために合衆国憲法1条を根拠にしながらも、合衆国憲法3条の解釈とも整合性を持たせようとする見解もある。*E.g.,* Nat'l Mut. Ins. Co., v. Tidewater Transfer Co., 337 U.S. 582 (1949) (plurality opinion); Herbert Wechsler, *Federal Jurisdiction and the Revision of the Judicial Code,* 13 LAW & CONTEMP. PROBS. 216 (1948); Paul J. Mishkin, *The Federal "Question" in the District Courts,* 53 COLUM. L. REV. 157 (1953).

(231) CHEMERINSKY, *supra* note 23, at 154.

(232) U.S. CONST. art. 3, §3, cl.2. 邦訳は、田中前掲注 (110) 225〜227頁に依拠した。

(233) CHEMERINSKY, *supra* note 41, at 16.

(234) *Marbury,* 5 U.S., at 176.

(235) CHEMERINSKY, *supra* note 41, at 666.

(236) *Id.*

(237) Amar, *supra* note 136, at 1522-1523.

(238) Akhil Reed Amar, *A Neo-Federalist View of Article III: Separating the Two Tiers of Federal jurisdiction,* 65 B.U.L. REV. 205, 240 (1985).

(239) *Id.* at 241. Amarのこの見解に対しては以下のような批判が寄せられる。つまり、Amarは条文解釈に際して、文言、歴史的経緯や全体の構造から考察すべきであることを主張しながら、Amarの解釈は合衆国憲法3条に関する起草者意図とは異なるものであることが指摘されるのである。Amarは連邦制度および権限分立との関係から捉えることで、合衆国憲法3条に規定される事件が、州政府や連邦議会ではなく連邦裁判所にのみ帰属すると解釈したが、当初の理解によると、事件と争訟をわけて、事件という文言の前にすべてのという形容詞をつけたのは、争訟が民事事件のみを意味するのに対して、事件が刑事事件および民事事件の両方を意味するという、より広い範囲を包含するという意図でありAmarの見解とは異なるものであったことが指摘される。Daniel J. Meltzer, *The History and the Structure of Article III,* 138 U. PA. L. REV. 1569, 1573-1577 (1990).

(240) *See e.g.,* Arizona v. California, 373 U.S. 546, 564 (1963). ただし、憲法に規定される第一審管轄権は連邦最高裁に排他的であるわけではない。28 U.S.C. §1251.

(241) ただしAmarによると、連邦裁判所に付与されなければならない憲法3条2節に最初に列挙される三つの事項は、第一審管轄権に限定されるわけではなく上

*111*

訴審管轄権としてでも可能であると主張される。Amar, *supra* note 238, at 242.

(242) Arthur D. Hellman, *The Shrunken Docket of the Rehnquist Court,* 1996 SUP. CT. REV. 403, 405-406 (1996).

(243) RAOUL BERGER, CONGRESS V. THE SUPREME COURT, 285-296 (1969).

(244) Gunther, *supra* note 224, at 901.

(245) See CHEMERINSKY, *supra* note 23, at 154.

(246) Herbert Wechsler, *The Courts and the Constitution,* 65 COLUM. L. REV. 1001, 1005-1006 (1965).

(247) Gunther, *supra* note 224, at 901-910. ただしGuntherは、連邦議会の権限に対して、合衆国憲法3条自体に内在する制約が全くないと解釈しているわけではない。

(248) Lawrence Gene Sager, *The Supreme Court, 1980 Term - Foreword: Constitutional Limitations on Consgress'Authority to Regulate the Jurisdiction of the Federal Courts,* 95 HARV. L. REV. 17, 23 (1980).

(249) Mansfield, Coldwater & Lake Michigan Ry. Co. v. Swan, 111 U.S. 379, 384 (1884).

(250) 合衆国憲法が連邦最高裁の管轄権を付与するものであるというのはまた、確立した原則であるとされる。Sager, *supra* note 248, 23-24.

(251) Henry M. Hart, Jr., *The Power of Congress to Limit the Jurisdiction of Federal Courts: Exercise in Dialogue,* 66 HARV. L. REV. 1362, 1365 (1953).

(252) CHEMERINSKY, *supra* note 41, at 656. 州裁判所と連邦裁判所の対立構造から、連邦最高裁判決の統一性を維持する必要性のために、これを損なうような管轄権の剥奪は許容されないという主張もある。Martin v. Hunter's Lessee, 14 U.S. (1 Wheat.) 304, 347-348 (1816). これとは反対に、連邦制における州権限の優位から連邦最高裁の役割を考察する見解もある。例えばRedishによると、連邦裁判所の役割に関して起草者意図を検討した結果、それを連邦法が州によって実行されるのを維持することに求める。Martin H. Redish, *Constitutional Limitations on Congressional Power to Control Federal Jurisdiction: A Reaction to Professor Sager,* 77 Nw. U. L. Rev. 143, 146-148 (1982). このように解釈するRedishの立場は、連邦最高裁の上訴審管轄権を含め、連邦裁判所の管轄権に対する連邦議会の広範な権限を認める主張へとつながる。つまりRedishは、司法権の独立として合衆国憲法3条によって保障される連邦裁判所への特別な保障が連邦議会の管轄権に関する権限にまで及ぶものではないと解釈し、管轄権をどのように配分するかのみならずそれを付与するか否かに関する範囲まで連邦議会の権限を認めても司法権の独立には反しないと述べる。*Id.* at 149-151. 連邦制度および権力分立に関してこのように解釈した結果、Redishは、州の権限を重視するような連邦裁判所の措置（設置および管轄権に関する）に対する広範な権限を連邦議会は有すると述べる。*Id.* at 151. Redishのこの見

第 1 章 アメリカ合衆国憲法修正14条デュープロセス条項の手続保障の意義

解に対しては、州法の合憲性を審査する連邦裁判所の機能を見落としており、連邦制度と権力分立原則とを混同しているという批判がある。Amar, *supra* note 238, at 222-223. また連邦制度において、合衆国憲法の解釈は州裁判所ではなく連邦裁判所が優位することは判例も認めている。Cooper v. Aaron, 358 U.S. 1, 18（1958）.

(253) Leonard G. Ratner, *Congressional Power over the Appellate Jurisdiction of the Supreme Court,* 109 U. Pa. L. Rev. 157, 160-161（1960）.

(254) Ratnerによると、連邦法の最高法規性を維持するための機能が常に連邦最高裁に帰属されなければならないことが主張されているのではない。州裁判所や連邦下級審の判断によって連邦法の優位や統一性が危険にさらされる場合、その終局的解決は連邦最高裁によってなされなければならないことが主張される。*Id.* at 161.

(255) Sager, *supra* note 248, at 61-65.

(256) *Id.* at 42-57.

(257) Chemerinsky, *supra* note 41, at 656.

(258) *Marbury,* 5 U.S., at 177.

(259) *Cooper,* 358 U.S., at 18.

(260) Perry, *supra* note 77, at 138.

(261) *E.g.,* Erwin Chemerinsky, Interpreteing the Constitution 6-21（1987）.

(262) また、憲法上の根拠を有するわけではないが以下のように実務的観点からも連邦議会への制限が主張される。これによると、連邦議会が望まない判決を裁判所に出させないために、つまり、裁判所に対する敵対的な意図をもって剥奪することは憲法の目的から禁止されるという主張である。Sullivan & Gunther, *supra* note 126, at 83. しかし、実際にはいかにして敵対的意図を連邦議会が有するか否かを判定するのは困難なため、これがどれほど有用な基準であるかには疑問が寄せられる。また、管轄権剥奪という形式を採ることで、連邦議会に対しても不都合が生じる可能性がある。つまり、連邦議会が対応を迫られるような、望ましくない判例を変更する機会を連邦最高裁から奪う可能性も実際には生じるのである。*Id.* 連邦議会が何らかの正当性を一つでも主張すれば、たとえ裁判所に対する敵対的意図を持っていてもその敵対性を秘匿することができるのである。特に、本章が取り扱うヘビアスコーパスの停止について、これが許容される国家の緊急事態では国家の安全保障という強固な目的を主張することができるため、連邦議会が敵対的意図を持っているかという基準は意味をなさない恐れがある。

(263) *Id.* ただしこのようにいっても、誰が訴えを提起できるかについては文脈に即した個別の検討が必要になることに留意したい。

(264) Perry, *supra* note 77, at 133-145. ただしPerryは、憲法解釈の際における本質的役割を果たすものとして憲法の文言を強調していることに留意したい。Michael J. Perry, Morality, Politics, and Law: A Bicentennial Essay,

279 n.1（1988）.

(265) PERRY, *supra* note 77, at 133.

(266) 連邦の統一性の観点から連邦最高裁の役割を考察するSagerにあっても、連邦最高裁の州裁判所に対する審査は、合衆国憲法上の権利に関する場合が特に重要であることが示唆される。Sager, *supra* note 246, at 44.

(267) 9.11テロ後の一連の判決の紹介として参照、駒村圭吾「テロとの戦いと人身保護請求」アメリカ法（2006年）40頁。また、松本哲治「『テロとの戦争』と合衆国最高裁判所2001-2007—Hamdan v. Rumsfeld, 126 S.Ct. 2749（2006）を中心として」初宿正典他編『佐藤幸治先生古稀記念論文集　国民主権と法の支配〔上巻〕』（成文堂、2008年）195頁、横大道聡「Hamdan v. Rumsfeld連邦最高裁判決が有する憲法上の意義」慶応義塾大学大学院法学研究科論文集47号（2006年）217頁以下も参照。国家の緊急時における政治部門の対応においては、連邦議会のみならず大統領の権限も重要な論点である。このような場合の大統領の執行特権に関して参照、下山瑛二「アメリカ憲法における『権力分立と法の支配』—『執行権特権』について—」下山瑛二他編『アメリカ憲法の現代的展開　2統治構造』（東京大学出版会、1978年）39頁、大林啓吾「アメリカにおける執行特権の歴史的展開」法政論究62号（2004年）263頁、大林啓吾「アメリカにおける執行特権と国政調査権—情報をめぐる政治部門の衝突とその調整—」法政論究66号（2005年）321頁、大林啓吾「軍事に関する執行特権の優越性の問題—9.11独立調整委員会の意義—」法政論究70号（2006年）199頁、横大道聡「国家の安全と市民の自由—G.W. ブッシュ大統領の大統領命令による軍事委員会の憲法上の問題を中心に—」法政論究66号（2005年）355頁。

(268) P.L. No. 107-40, 115 Stat. 224.

(269) Military Order-Detention, Treatment, and Trial of Certain Non-Citizens in the War against Terrorism, 37 Weekly Comp. Press.Doc. 1665（Nov. 13, 2001）.

(270) Rasul v. Bush, 542 U.S. 466（2004）.

(271) P.L. No. 109-148, 119 Stat. 2739.

(272) Hamdi, Rasul両判決後の2004年、被拘束者の権利のさらなる規制を目的として、政府によってCSRTを設立する命令が出された。CSRTは政府の予想以上に被拘束者の権利を奪うものとして作用した。*See* Megan Gaffney, *Boumediene v. Bush: Legal Realism and the War on Terror,* 44 HARV. C.R.-C.L. L. REV. 197, 200（2009）.

(273) Hamdan v. Rumsfeld, 542 U.S. 507（2006）.

(274) 10 U.S.C. §801 et seq.（2000 ed. and Supp. Ⅲ）.

(275) *Hamdan,* 542 U.S., at 576-577.

(276) P.L. No. 109-366, 120 Stat. 2600（2006）（Codified in 10, 18 and 28 U.S.C.）.

(277) 松本哲治「人身保護令状による救済と『テロとの戦争—Boumediene v.

第1章　アメリカ合衆国憲法修正14条デュープロセス条項の手続保障の意義

Bush, 128 S. Ct. 2229（2008）—』」法科大学院論集5号（2009年）115〜116頁。

(278) Boumediene v. Bush, 553 U.S. 723（2008）.

(279) *Boumediene,* 553 U.S., at 732-733.

(280) *Boumediene,* 553 U.S., at 765, 785.

(281) *Boumediene,* 553 U.S., at 765.

(282) Frank v. Mangum, 237 U.S. 309, 347（1915）（Holmes, J., dissenting）.

(283) *See e.g.,* Stanley v. Illinois, 405 U.S. 645（1972）.

(284) *See* Santosky v. Kramer, 455 U.S. 745（1982）.

(285) CHEMERINSKY, *supra* note 23, at 545-546.

(286) 松井茂記「非刑事手続領域に於ける手続的デュー・プロセス理論の展開
（1）」法学論叢106巻4号（1980年）23〜27頁。また、デュープロセス理論の展
開について参照、田中英夫『デュー・プロセス　英米法研究2』（東京大学出版
会、1987年）。

(287) 松井・前掲注（286）33〜35頁。

(288) 松井・前掲注（286）35〜37、44〜45頁。

(289) 松井・前掲注（286）26〜27頁。

(290) 松井・前掲注（286）45〜46頁。

(291) 松井・前掲注（286）47頁。

(292) 松井・前掲注（286）47〜49頁。

(293) 松井・前掲注（286）48〜49頁。

(294) Goldberg v. Kelly, 397 U.S. 254（1970）.

(295) 松井茂記「非刑事手続領域に於ける手続的デュー・プロセス理論の展開
（3）」法学論叢107巻1号（1980年）88〜92頁。

(296) Bd. of Regents v. Roth, 408 U.S. 564, 570-571（1972）; *see also* Perry v.
Sindermann, 408 U.S. 593（1972）.

(297) LAWSON, *supra* note 207, at 679-711.

(298) Erie R.R. Co. v. Tompkins, 304 U.S. 64, 92（1938）（Reed J., concurring）.

(299) Hanna v. Plumer, 380 U.S. 460, 471（1965）.

(300) Youngstown Sheet & Tube Co. v. Sawyer, 343 U.S. 579, 634-637（1952）
（Jackson, J., concurring）.

(301) Sarah H. Cleveland, *Hamdi meets Youngstown: Justice Jackson's Wartime
Security Jurisprudence and the Detention of "Enemy Combatants",* 68 ALB. L.
REV. 1127, 1135（2005）.

(302) Cleveland, *supra* note 301, at 1135. また、緊急時の政治部門内部の関係に
ついて、連邦議会は大統領と個別の判断をなすよりもむしろ大統領の判断に追随
する傾向があることが指摘される。選挙による人民の審査を懸念して、連邦議会
は緊急時には独自の判断をせず、緊急時が去り、何が正義であるかの判断が容易
になった後にその独自の見解を表明するというわけである。Darly J. Levinson,

*115*

*Empire-Building Government in Constitutional Law,* 118 HARV. L. REV. 915, 955-956（2005）.

（303） Robert H. Jackson, *Wartime Security and Liberty under Law,* 1 BUFF. L. REV. 103, 108-109（1951）.

（304） Cleveland, *supra note* 301, at 1136-1137; *see generally Hamdi,* 542 U.S.; *Hamdan,* 548 U.S.; *Boumediene,* 553 U.S.

（305） Martinez, *supra note* 20, at 1076-1077.

（306） 大統領が設置した軍律法廷の違法性を認容したHamdan判決は、あまりに広範に行使された大統領権限に歯止めをかけたとして、その結論において好意的に評価される傾向がある。しかし、権力分立原則の観点から評価した場合、この判決は何も語っていないように思われる。なぜなら、被拘束者の拘束の正当性を判断する事物管轄権という実体問題について、Hamdan判決は軍律法廷の違法性の判断準拠を戦時国際法に求めるのみで、この実体問題の判断者が誰かという手続問題の検討を回避しているように思われるからである。See Martinez, *supra note* 20, at 1054-1059.

（307） *E.g.,* HART & WECHSLER, *supra note* 222.

（308） Richard H. Fallon, Jr., *Reflections on the Hart and Wechsler Paradigm,* 47 VAND. L. REV. 953, 956（1994）.

（309） HART & SACKS, *supra note* 19, at 3.

（310） *Textualism as Fair Notice,* 123 HARV. L. REV. 542, 552（2009）.

（311） *Id.* at 552-553.

（312） ANTONIN SCALIA, *Common-Law Courts in a Civil-Law System: The Role of United States Federal Courts in Interpreting the Constitution and Laws, in* A MATTER OF INTERPRETATION（Amy Gunther ed., 1997）.

（313） オリジナリズムに関しても諸説が主張される。Gregory E. Meggs, *A Concise Guide to the Federalist Papers as a Source of Original Meaning of the United States Constitution,* 87 B.U.L. REV. 801（2007）. 代表的な見解として、伝統的価値とルールによる拘束を重視することで、裁判官の法解釈準則として最善の解釈方法であることが主張される。RAOUL BERGER, GOVERNMENT BY JUDICIARY: THE TRANSFORMATION OF THE FOURTEENTH AMENDMENT 328-329, 403-405（2nd ed. 1997）. ただし、オリジナルの意図が何であるかは必ずしも判然とするわけではなく、したがって、裁判官の恣意性の排除が期待できない場合もあるという批判が一般的にある。*E.g.,* District of Columbia v. Heller, 554 U.S. 570（2008）; Reva B. Siegel, *Dead or Alive: Originalism as Popular Constitutionalism in Heller,* 112 HARV. L. REV. 191（2008）; Richard Primus, *An Originalist Judge and the Media: Limits of Interpretivism,* 32 HARV.J.L. & PUB. POL'Y 159, 170-172（2009）.

（314） ただしこれは、不文憲法の国家あるいは社会には権利に対するコミットメン

第1章 アメリカ合衆国憲法修正14条デュープロセス条項の手続保障の意義

トがないことを意味するものではない。Waldron, *supra* note 92, at 1365.

（315）Bruce Ackerman, Beyond Carolene Products, 98 HARV. L. REV. 713, 743 （1985）.

（316）*Id.* at 743; *see also* John F. Manning, *What Divides Textualism from Purposivists?*, 106 COLUM. L. REV. 70, 89-91 （2006）.

（317）Ackerman, *id.* at 741, 745-746. Ackermanは、この点にこそCarolene判決脚注4の意義を見出す。

（318）Richard H. Fallon, Jr., *Of Legislative Courts, Administrative Agencies, and Article III*, 101 HARV. L. REV. 915, 941-942 （1988）.

（319）*Id.* at 939-940.

（320）*Id.*

（321）上訴審査論に関連して、行政訴訟における司法統制の可能性を論じたものとして参照、尾形健「『政府給付（government benefits)』と司法権—『行政国家』における司法審査の一側面—」『佐藤幸治先生古稀記念論文集　国民主権と法の支配』（成文堂、2008年）391頁。

（322）Fallon, *supra* note 318, at 933.

（323）*Id.* at 933.

（324）*Id.* at 944.

（325）*Id.* at 942-943.

（326）*Id.* at 935-936.

（327）*Id.* at 936.

（328）ADRIAN VERMEULE, JUDGING UNDER UNCERTAINTY 86-87 （2006）.

（329）*Id.* at 83-85.

（330）*Supra* note 310, at 555.

（331）Fallon, *supra* note 318, at 970-971.

（332）*Id.*

（333）*Id.*

（334）*Boumediene,* 553 U.S., at 785-787.

（335）Fallon自身はデュープロセス条項が保障する手続の実体的内容としてMathew判決で述べられた基準に限定している。Fallon, *supra* note 318, at 942-943. しかし、判決で述べられたデュープロセス条項の手続の意義はMathew判決のテストに限定されていない。*Boumediene,* 553 U.S., at 781-782.

（336）Pub. L. No. 100-352, 102 Stat. 662 （1988）.

（337）CHEMERINSKY, *supra* note 41, at 672. 上訴に関しては終局判決原則Final Judgment Ruleも重要である。連邦最高裁が審査できるのは一般的に、州裁判所および連邦下級審の判断に対して最終的な判断を行える場合に限定される。迅速かつ効率的な裁判を行うために政策的な理由から上訴対象が絞られるのである。ただしこれには、連邦議会による例外が認められる。28 U.S.C. §§ 1254, 1257,

1291.

(338) *See e.g.,* New Motor Vehicle Bd. v. Fox Co., 434 U.S. 1345, 1348 (1977).

(339) *See e.g.,* Jared A. Goldstein, *Habeas without Right,* 2007 WIS. L. REV. 1165 (2007); but cf. Stephen I. Vladeck, *The Suspension Clause as a Structural Right,* 62 U. MIAMI. L. REV. 275 (2008).

(340) *See e.g.,* Fallon & Meltzer, *supra* note 168.

# 第2章　イギリス法システムにおける
## コモンローの意義

## はじめに

コモンローは英米法に特有の法システムである。アメリカ法システムは、大陸法ではなく、イギリスのコモンローを継受しこれを母体として発展してきた。イギリスのコモンローはアメリカ法システムの形成に多大な影響を与えるものである。アメリカ合衆国憲法において明示的に規定される制度や権利の中には、ヘビアスコーパスなどイギリスのコモンローの影響を受けて制定されたと考えられているものが少なくない。

アメリカ法システムがイギリスからコモンローという法の伝統を継受した意義とは何か。この点について、本章はコモンローの意義に関する考察から始めたい。コモンローが生成したイギリスにおける議論を本章では検討対象とする。


コモンローという法観念が特有な意義を有する理由の一つは、不文という点に求められる。普段、多くの人が、通常、認識する法の多くは、成文法という形式、つまり、権威あるいは権限のある機関によって定立されたルール形式という法的性質を有して存在していると考えられるだろう。コモンローはそうではない。コモンローは不文である。コモンローと成文法におけるこの相違が、法システムを考察する際に意味することは何か。

そもそもこのコモンローという観念自体が多義的な内容を包含するものであるため捉えにくい。歴史的には、大陸法との対比において捉えられるものとして説明されてきた。ここでは特に、成文法との対比においてコモンロー観念を捉えようと試みる。この場合にコモンローは、裁判所の判決を基盤にして形成された法と一般的に説明される。ここでは「コモンロー」という用

*119*

語を、一般的に、ある具体的ケースの中で裁判所が確立するルール（Judge-Made Law）として捉える意味に注目したい。このとき当然に、ルールを確立する裁判所はその権限の範囲を超えてはならない。このような制限を有しながら裁判官は、個別具体的ケースにおいて何らかの「法」を適用することで、つまり裁判することによってこの法は実現されるのである。このように捉えると、具体的ケースにおける法とは、裁判官がその権限に基づいて行う法的判断への推論プロセス自体である、と考えられる。

　このようにコモンローの観念を捉えた上で、改めてコモンローと成文法の相違点に言及すれば、裁判所はコモンローのルールを変更する権限を（先例拘束性の原理など、一定の条件の下で）付与されているが、他方で制定法や憲法のルールについては、裁判所にはそれらのルールを変更する権限が付与されていない点を指摘できる。これは一般的に、立法府に付与された権限であり、近代立憲主義を採用する国家においてこれは権力分立原則の観点から説明され正当化される。権力分立原則は憲法上の重要な原則の一つであり、制定法や憲法といった成文法のルールの創設や変更における一つの重要な指標となることには疑いがない。すなわち、制定法や憲法のルールについて裁判所の権限は憲法上の原則によって拘束されることに疑いはない。

　では、コモンローのルールについてはどうか。コモンローのルールを創設あるいは変更する裁判所の権限に一定の制限があるなら、それはいかなるルールに基づいてなされるべきか。制定法の場合と同様の憲法上の原則を受けるのか。これにイエスと答えるのはあまりに早急である。「それぞれの領域における裁判所の役割を規律する原理は、重要な点で異なっており、それぞれの領域は、非常に複雑であるので、他の領域が提起する特殊な問題に対する考慮が混じり混んでいない検討を必要とする」と考えられるからである。つまり原理上、裁判所を規律するコモンローのルールと、その憲法上のルールは異なる余地があるといえる。コモンローを確立するという裁判所の権限について考察するには、コモンローという不文の法観念が有する性質について、「裁判官が作る法」以上のさらなる考察が必要である。

第 2 章　イギリス法システムにおけるコモンローの意義

　改めて問いたい。コモンローとは何か。コモンローの意義を考察するには、これを裁判所の権限という観点から考察することが有効であり、成文法だけでなくコモンローを含めた「法」と裁判所の関係を考察することは、制定法と憲法解釈の問題を考察するための前提としても有意味といえる。[10]

## 1　イギリスのコモンロー思想

### 1.1　コモンローの展開―主に法思想史の観点から

　コモンローの英米法システムにおける位置づけを探るのに、まずはどのようにしてコモンローが展開してきたのかを概観したい。

　英米法システムに特有であると認識されるほど確固たる地位を築くに至ったコモンローだが、しかし、その長い歴史において、コモンローはその生命を危ぶまれるほどの幾多の困難を抱えてきた。特に16世紀までにはコモンローは危機に達していたのである。[11]コモンローが抱える根源的な問題は、16～17世紀イギリスにおける裁判所の管轄権の劇的な変化、つまり、古来より維持されてきた三つのコモンロー裁判所の権限配分の変化に影響をみせる形で顕在化していた。コモンローと裁判所はイギリス法システムにおいて歴史的にも密接な関係を有しており、コモンローの歴史の大部分を記述するには、各時代の指導的裁判官の伝記を並べればいいとも称されるほどである。[12]コモンローの展開は、これが抱える問題を克服することで達成されたといえ、特に16世紀初頭までに顕在化してきた困難に対する克服こそがコモンローの飛躍的な展開を迎える契機になったと考えられる。[13]

　国制とも関連しながら複雑な経緯を辿ることで展開を遂げたコモンローという観念は複雑かつ多様であり、ゆえに、これを一言で表現するのに躊躇を覚えるのも無理はない。元来、コモンローが意味することは、イングランド全体に共通する法と捉えられ、地方の法と対比されて認識されるものであった。[14]コモンローの最初の教科書と言われる『グランヴィル[15]』によると、イングランドの法は、成文法ではないにもかかわらず法として称されるべきことが述べられている。[16]コモンローの生成期と捉えられる12世紀において、この

121

ように認識された法の効力の正当性は国王の承認に求められて理解された。[17]
しかし、その後16世紀に至るまで、コモンローの正当性は問題にされるほど
重要なテーマであるとは考えられていなかったのである。[18]

　コモンロー観念が展開を遂げたとして重要なのは17世紀における法思想分
野での功績であろう。とりわけ重要であるとしてSir Edward Cokeを挙げな
ければならない。Cokeは、Elizabeth 1世（在位1558-1603）からCharles
2世（在位1625-1649）までの絶対王政期の法学・政治学者である。中世以
来、イギリスの国制は国王の王権を中心に展開され、国家の種々の機関も王
権から派生したものであったため、主権についても当然に国家にあると考え
られていたが、17世紀になると、国家の主権が国王にあるのか、国会にある
のかという国制に関する根本的な問題が提起されるようになった。[19]

　Cokeはこの時期、まさに起ころうとする国王と国会の争いについて、あ
るときは国王大権の擁護者であり、また別のときは国会主権を声高に叫ぶな
ど矛盾した態度をとりつつも、両者の争いを解決するのに腐心したといえる。[20]
また絶対王政期は、裁判所同士の管轄権争いも熾烈になされた時期であるが、
この管轄権の争いはさらに、国王大権と中世以来の伝統を引き継ぐコモンロ
ーとの対立を浮き彫りにするものであった。[21]

　14〜15世紀は、コモンロー裁判所がその独占する権力を強化する時期であ
ったといわれる。[22]コモンロー裁判所は刑事裁判においてのみ、その権力が及
ばないことを認めていた。[23]テューダー朝においてもコモンロー裁判所はその
変革を遂げるが、同時にこの時期は、大権裁判所Prerogative Courtsが発展
した時期でもあった。[24]大権裁判所の創設は、国王の権限によってなされるも
のが少なくなく、その特徴はコモンローの令状または訴訟方式あるいは手続
を経ない点にある。[25]このように、裁判所はこれ自体が必ずしも他の政府機関
から独立しているわけではなく、国王の権限に基づき創設され国王の権限の
下に置かれたものが少なくなかった。[26]裁判所の管轄権の争いとは、つまり、
コモンローと国王との争いを惹起する対立であったといえる。[27]

　このような争いに対して、Cokeは中世以来の伝統をもつコモンローとい

122

第2章　イギリス法システムにおけるコモンローの意義

う観念について改めて考察し、そしてコモンローの優越を主張することで
この争いの解決を試みたといえる。Cokeによると、コモンローの正当性は、
その「超記憶的」な性格に求められる。Cokeは、コモンローはノルマン征
服を含めたいかなる歴史的記述の記録よりも前からイングランドに存在する
という点にコモンローの正当性の根拠を見出したのである[28]。Cokeの見解は、
コモンローの良さをその超記憶的な古来性にあるというもので、そこからコ
モンローの不変性を主張するものである[29]。コモンローが最良かつ最も賢明で
あるのは、古くからの幾多の経験を経ながら受け継がれられてきたからであ
り、アングロサクソンの時代から、あるいはローマの支配より古くから存在
するルールから離れることはコモンローの退行として、Cokeはコモ
ンローの不変性を主張したのであった[30]。

　このようにしてCokeは、コモンローの特性として不変性を強調したのだ
が、しかし、この見解には矛盾が含まれているとも考えられる。なぜなら、
過去からの経験と叡智によって繰り返し洗練されてきたというコモンローの
観念は、コモンローが可変であることを含意し、不変性とは全く反対の性質
を有するとも考えられるからである[31]。

　伝統を重視しつつも、革新を求めるかのようなCokeのコモンローに関
する動態的把握の可能性は、彼の「法の技術的理性Artificial Reason of
Law」論によく表れていると思われる[32]。これは、Coke法思想の要として有
名なこの言明に表れる。つまり、「理性Reasonこそ法を生かすものである[33]」
とのCokeの立言である。Cokeは、理性に反する法をコモンローとは認めず、
そもそも理性とはコモンローこれ自体に他ならないとの態度をとるのである[34]。

　また、Cokeの考える「理性」とは、万人に備わっている自然的理性を指
すのではなく、何世代にも渡って観察され研究され、そして幾多の経験を乗
り越え学識のある人によって鍛錬されてきたものとして理解される。つまり、
自然的理性をもつ人間より、完成された理性の形態として捉えられる法の方
が賢明であるとCokeが考えていたと解釈できる[35]。

　法の正当性を理性に求め、完成された理性こそコモンローであると考える

123

Cokeの態度は、法の観念を形式ではなく実体的側面から捉えていることを意味するものであろう。つまり、たとえある実体が法（制定法）という形式をとって存在していたとしても、これがコモンローに反する場合は法ではないと判断される可能性があることを含意するものである。

では、それは誰が判断し得るのか。この判断者についてCokeが想定していたのは、裁判所であると考えられる。[36] Bonham事件[37]においてCokeは、国会が制定した法であっても、コモンローに反する場合にはこれが抑制されるか、あるいは無効であると判断されることがあると主張し、この言明部分こそ、裁判所にはコモンローの解釈原則や基準によって制定法を解釈する権限があり、[38] Cokeの司法審査の考えが示されていると解釈されるからである。[39]

ここで、Cokeの法の技術的理性論を簡単に整理しよう。コモンローは理性の絶対的な完成体である。このように捉えると次に、何世代にも渡って鍛錬されてきた善き法を発見できる技術が必要になる。[40] 確かに、正義や適切さといった善に関する一般的観念は、理性のあるすべての人に共通していると考えられるが、これを個別具体的ケースに適用する場合、必ずしもそれらすべての人々に共通しているとは限らず、同意や一致が得られないことが多々ある。[41] このような場合の善き判断者とは、正義などの抽象概念を個々のケースに適用することで解決を試みる哲学者ではなく、実際に世間を観察し経験している人物である。[42] ここから、Cokeが技術的理性をコモンローに要求したのは、裁判官を個別具体的ケースにおいて何が正しいかを最終的に判断する人格にするためであったと考えられる。[43]

一方で、法の伝統を重視し、他方で、法の技術的理性に表れているように、その革新的要素を強調するCokeの法思想の理論を一つの理論として体系的に捉えるのは困難といえるが、少なくとも、コモンローと制定法及び国王大権の関係に関するCokeの態度は明白であると思われる。それはCokeが、コモンローをそれらよりも上位の規範として主張している点である。[44] 国家に対する法の優越という思想は、中世思想に基づく民衆感情を代表するものであったため、コモンローの優越を主張するCokeの地位は実際に強かったとい

第2章　イギリス法システムにおけるコモンローの意義

われる。[(45)]

　Cokeは、緊張感を増していく国王と国会の争いについての解決策を、国王と国会とを差別なく制限することのできるコモンローという基本法の理念に見出したと考えられる。[(46)]Cokeは、Henry de Bractonのかの有名な「国王は人には従わない、しかし、神と法に従うのである」という言葉を根拠にして、[(47)]主権が国王でも国会でもなく法にあることを主張し、国王ですらコモン[(48)]ローを変更することも侵害することもできるものではないと考えたのである。[(49)]Cokeは絶対王政の容認をもたらすような主権概念の導入について、これがイギリス臣民の自由を保障するイギリス国制の崩壊であるとして反対したのである。[(50)]

　Cokeのように、裁判所にはコモンローを根拠にして制定法が無効であることを宣言する権限があるという主張は、裁判官が王国の究極的立法者であることを含意するものである。裁判官は、法を判断し宣言するという形で法を制定し、制定法に反するとしてもこの法を支持することができるからである。[(51)]しかし、裁判官がコモンローによって法創造機能を行使するにしても、そこには一定の限界が存在するはずであり、このような裁判官の権限に対する限界をCokeの理論では説明することができない。[(52)]

　また、Cokeの理論の欠点は彼の技術的理性の考えに対しても指摘される。その批判としてThomas Hobbesは、法実証主義の立場から以下のように[(53)]主張する。[(54)]Cokeは、理性について技術的理性であると説明したが、なぜ自然的理性ではいけないのか、その理由がCokeの理論からは導出することができないとし、Hobbesはここから法の制定の根拠を権威に求め、法律の作成は立法権を有する人物に限定されることを主張する。[(55)]Hobbesにおいては、Cokeのように、法を作る正当性が知恵（学識）にあるとは考えられず、権威にあると理解されるのである。[(56)]

　コモンローの正当性に関するCokeの法思想に向けられたこのような批判を打破することで、新たな主張をなしたのがSir Matthew Haleである。Haleは法について、Coke同様その理性的な性格を肯定する。[(57)]Haleによると

*125*

理性とは、およそ学問や知識を得るのに共通する道具的なものであり、理性的な創造物が共通に有しているものであると説明される。さらにHaleは、法学における理性の特殊性を強調する。Haleによると法の理性は、理性が関係する能力のうちでもっとも確実さに到達するのが困難であると理解される。また、あらゆる国家や状況に等しく適用できる法システムなどなく、よって抽象概念によって個々の特定裁判について判断する姿勢は誤りであることがHaleによって主張される。

　Cokeの法思想にはなく、Hale独自の新たな見解といえるのが、彼がコモンローの正当性を主張するのに同意という観念を導入したことである。Haleはコモンローの正当性を、継続を通じた人々の同意に求め、そしてこの同意とは、コモンローと人々との間の一般的慣習との間に存在する根本的な関連を意味するとされる。このようにHaleによって捉えられた同意という観念は、Cokeにおいては分断されて捉えられていたコモンローと共同体、あるいはコモンローと一般的慣習との間の関係をつなぐ役割を有する。

　このようにHaleによって観念されるコモンローは、長年の経験に基づくという点であらゆる不測の事態に対しても対処可能であり、これに対する救済を与えるのに人類で最も賢明な手段であるため、慣習による黙示の同意によって導入されたコモンローは、最も精妙な頭脳によって思索されることで探究される法よりも優越することが主張される。

　またHaleがコモンローの正当性を主張するのに同意を導入した意義はこれにとどまらない。理性こそ法の生命であり、この理性が技術的理性のみを意味することで捉えられたCokeのコモンロー思想では、自然的理性ではなく技術的理性でなければならない理由がCokeの理論では回答することができないと指摘したHobbesによって、法の問題が自然的理性による自然法解釈の問題に還元されてしまっていた。Haleの同意はこの問題を解決する可能性を含むのである。HaleにおいてもCoke同様にコモンローの一体性や調和を保つのに裁判官を専門的に訓練することの重要性が主張されるが、Haleにおいてはさらにコモンローと共同体のつながりを保ちながら法

第2章　イギリス法システムにおけるコモンローの意義

を発展させていくことが示されており、この点に裁判官の自由裁量について
Cokeの理論が抱えていた問題を克服する可能性が指摘される。[66]

　ただしこの点には、CokeとHaleの重要な相違が存在することを看過して
はならない。Haleにおいて法律とは、国王、貴族院、庶民院の三者の同意
によってのみ制定され得るとされ、コモンローの究極的な正当性は制定法に
求められる。[67]裁判官がコモンローと判断する多くのものは、すなわち、まぎ
れもなく国会制定法であったとHaleは捉えるのであり、[68]裁判官のコモンロ
ー自体が完全であるとは捉えられず、また古い法が直ちに善き法であるとさ
れるのではなく、現実社会に適合するからこそ善き法であるとHaleによっ
ては捉えられる。[69]Haleのこのような思想は、Cokeが理性について法の発見
を重視し、自然法思想を展開したのとは対比的に、法の発見の理性よりも法
の定立における理性を優位して捉える立場を表すものであり、[70]ここにHale
の実証主義的特徴をみることができる。


　そしてまさに、法実証主義の立場からコモンローという観念自体を批
判したのがJeremy Benthamである。Benthamはその著『釈義評解 A
Comment on the Commentaries』の中で、『英法釈義Commentaries on
the Laws of England』でSir William Blackstoneが展開した自然法思想を
批判することでコモンローについても批判している。[71]

　Benthamのコモンロー批判は、まずその方法論に向けられる。コモンロ
ー思想では伝統的に個別の事例から一般原則を抽出するという帰納的方法が
とられているが、Benthamにおいては、疑うことのできない基本的前提か
ら論理的に一般原則を導出する方法が適切であると捉えられた。[72]Bentham
において立法の基本原則は功利Utilityに基づく原則であり、それは快楽と
苦痛との最適の均衡が指標にされるものとされた。[73]Benthamにおいて自然
法や理性の法という考え方は、同感や反感の原理であると捉えられ、つまり、
自然法は苦痛や快楽という現実的に存在するものに関連づけられることのな
い擬制的なものであり、それは独断や内的感情を表したにすぎないと批判さ

127

れた。<sup>(74)</sup>

　Benthamはさらに、Cokeに始まる古典的コモンロー理論が前提とする共同体の観念について疑義を抱く。<sup>(75)</sup>古典的コモンロー理論において共同体とは社会的統合が達成されていることが前提され、ゆえに、共同体において幅広い意見の一致が存在することが想定されるものであった。<sup>(76)</sup>これに対してBenthamは、人口の急速な成長や産業革命の結果もたらされた下層、中産階級の社会的条件の変化などの18〜19世紀におけるイギリス社会の実際の状況を観察することで、古典的コモンローが前提とするような社会観は妥当ではなく、慣習などの共通の基準を用いて統一的に社会が統治されるような共同体の考えは維持できないと批判する。<sup>(77)</sup>

　コモンローについて、Benthamは以下のように分析する。その内容についてBenthamは、慣習を強調する場合と判決や先例を強調する場合に二分して考察を行う。<sup>(78)</sup>慣習は一般的意味の慣習と法的意味の慣習に分類され、コモンローが法として存在する場合、これは法的意味の慣習としてBenthamは捉える。<sup>(79)</sup>法的意味の慣習には、必ず処罰の観念が含まれるため、コモンローには必ず裁判所による制裁が含まれることになる。<sup>(80)</sup>他方でBlackstoneの裁判官に対する立場は、これが法を宣言したり表明することに限定され、法の制定や改正はその権限に含まれるわけではないことが主張される。<sup>(81)</sup>つまりBenthamとBlackstoneのこの対立は、法宣言説と法創造説の対立を表すものとして捉えられるものである。<sup>(82)</sup>

　法宣言説に対するBenthamのコモンロー批判は、コモンローを先例や判決に注目して捉える場合に顕著である。慣習の証拠としての先例や判決に根拠を置くコモンローの捉え方は、ある特定の先例に特定の位置づけが与えられていない状況で後の裁判官が判決を下すのは、後の裁判官に対して広範な裁量が与えられることを意味し、裁判官に法の創造を許容する危険性を孕むものとしてBenthamは理解した。<sup>(83)</sup>Benthamの危惧は、先例拘束性の原理がいまだ確立していない裁判制度の状況に対応するものであり、コモンローの

*128*

第2章　イギリス法システムにおけるコモンローの意義

統一的な適用を実現するような明確なルールがないことにBenthamは疑念を抱いていたのであった。[85]実際、古典的コモンローにおいて、コモンローは格率Maximなど判決に対するかなり柔軟な原理の体系として捉えられており、判決を決定できるルールの体系として捉えられるものではなかった。[86]

Blackstoneは、Coke同様に制定法が自然法に反する場合には裁判官がその制定法を無効であると宣言することができると考えているように思われるが、しかし、Blackstoneの時代にはこのような考えは実行するにはあまりに妥当性を欠く理論となってしまっており、それはBenthamによって打破されたと捉えられる。[87]Benthamのコモンロー批判や法宣言説に対する批判は、「決疑論」的なものでは決してなく、「実証的かつ経験的分析」に基づいたものとして捉えられるべきものである。[88]

Benthamの理論は、功利主義の立場から法改革を唱え、立法によって法システムを体系的に整理することを試みたものと理解される。近代社会におけるコモンローの限界をみたBenthamは、憲法典、民法典、刑法典、訴訟法典から成る総合法典Pannomionを導入しようと計画し、これは刑法典を中心とする法システムの試みであった。[89]例えば、実務面におけるBenthamの計画としては円型監獄Panopticonが有名であろう。[90]このような法典化を目指すBenthamの運動は、19世紀イギリスの法改革を導くのに指導的役割を果たすほどのものであったといえる。[91]

確かに、Benthamはコモンロー観念が近代という現実にそぐわない不適切なものであると批判しているが、ただし、これを法ではないと主張しているわけではない点に留意すべきである。Benthamによると、法とは権威的法と非権威的法の二つに分類される。これを簡単に整理すれば、立法者によって定立されたものが権威的法として、それに対して裁判官によって宣言されたもの、あるいは立法者の意思であったと推測されたものから抽出されたものが非権威的法として分類される。[92]権威的法は単一の法a Lawと称されるが、非権威的法は法というよりも法理として称される方がより適切であると

129

Benthamは主張する。[93]

　Benthamが法についてこのような分類を用いたのは、法の定立をなすのはあくまで立法府に限定されるべきことを主張するためであったと考えられる。[94]Benthamにおいて、コモンローもJudge-Made Lawと称されている限り確かにLaw（法）と認識せざるを得ないのでこれも法ということになるが、しかし、コモンローを非権威的法として範疇化することで、立法府によって制定された法との区別を図り、これによりコモンローという観念自体の非妥当性を主張しようと試みたと考えられる。Benthamにとって、コモンローを法であると認めることは、悪法も法であるのと同じようなことであると考えられる。[95]

　このような経緯を辿りながら、コモンローはその後、先例拘束性の原理を確立させるなど法実証主義の洗礼を受けつつも、コモンローというシステム自体はイギリス法システムの基底に根強く存在し続けるのである。[96]

### 1.2　法理学におけるコモンロー理論

　では、幾多の危機を迎えながらも、なぜコモンローはイギリス法システムの根幹をなすほどの影響力をもちながら存在し続けているのだろうか。そもそもコモンローの内容や効力は誰が決定するのか。この問いに対してBlackstoneは、各裁判所の裁判官によってそれらは決定されるとした。[97]古来の慣習に基づくコモンローが今日でも法システムの基底をなすと考えられるのは、イギリス社会の発展とともにコモンロー自身も発展をとげることで、うまくその変化に対応してきたからであろう。[98]このような社会的必要性へのコモンローの対応は、法の役割に対してもつイギリス社会の期待が存在することをほのめかすものである。[99]イギリス社会の変化に応じた機能を果たすことが法の役割として期待されていることを示唆するものであろう。

　絶対王政期に君主による法の腐敗が現実に進行していた時代に、CokeやHaleが自由の法を擁護する裁判官として称えられたのもこのような事情を説明する一例として捉えることができよう。特にCokeのコモンローの近代

130

第2章　イギリス法システムにおけるコモンローの意義

化という偉業は、現代のイギリス法システムの基礎を据えたものとして今日でも非常に重要な意義をもつ[100]。

しかし裁判官の地位について注意が必要なのは、裁判官の独立が必ずしも保障されていたわけではなかったという点である[101]。どの時代をみても裁判官は彼らだけで存在していたというわけではなく、その背後には国王裁判所をとりまく法律専門職Legal Professionという強力な団体が存在していたのであり、これはイギリス法システムの際立つ特色の一つとして認識しなければならない[103]。

また、市民革命を経た後でも裁判所は、裁判と同時に立法の機能をも実際には行使していた[104]。イギリス法システムにおいて、裁判所という制度は独特の意味あいをもつ。まず以下において、イギリス裁判所制度の変遷をごく簡単に概観し、さらに、コモンローの展開には法理学上の議論が深くかかわっていると考えられるため[105]、次にその議論を参照したい。

## 1.2.1　裁判所制度の変遷

歴史的に、イギリスの統治組織の形成については国王が非常に重要な役割を担ってきたといえる。国王を中心とする中央集権的な統治組織は、クーリア・レーギスCuria Regis（朝廷、国王を補佐する王会）、つまり国王評議会King's Councilからその他の国家機構が派生するという形態によって形成されていった[106]。この時代、国王は立法、行政、司法機能を掌握しており、これらは分離していなかった[107]。

最初に財務府Exchequerと裁判官の巡回制が形成された[108]。その後、国王裁判所は三つの裁判所に分化した[109]。財務府は、それぞれの管轄権ごとに、歳入に関する財務府裁判所Court of Exchequerと、物的訴訟と金銭債務訴訟及び動産返還請求訴訟を管轄とする人民間訴訟裁判所に分岐した[110]。また、管轄権の分化、専門化にともなって、国王に随伴した国王の面前における裁判は国王評議会から分離し、また国王が裁判を主催することもなくなり、13世紀末には王座裁判所Court of King's Benchと称される裁判所にとってか

*131*

わった。このような三つの裁判所が分化したのはEdward 3世（在位1327-1377）の頃であるが、この頃には裁判所同士の管轄権の争いが起こり、人民間訴訟裁判所のもつ民事管轄はこの争いによって王座裁判所がもつことになった。[112]

　以上のように、国王自らが直接裁判を行っていた裁判所においても、裁判は次第に裁判官によって行われるようになっていく。[113]13世紀中葉には、裁判所は国王の常設評議会と国民の大評議会に分かれるようになるが、[114]国王の裁判権はこれら両方の裁判所に残されていた。[115]

　また絶対王政期には、国王はいくつかの大権裁判所を設置することでその権限の保持を図った。[116]この時期に国王がこのようなことをなせたのは、国王にまだ正義の源泉としての意味が残されていたためである。[117]大権裁判所の例としては、星室裁判所Star Chamberや大法官裁判所Court of Chanceryなどが挙げられる。[118]これらはいずれも国王評議会における国王の権限であるが、星室裁判所は市民革命によって廃止されることとなる。[119]他方、大法官裁判所は、コモンローの厳格適用に対して国王の良心と公平を実現する機能を負うことで市民の権利や自由の保障のために非常に重要な役割を担うようになり、市民革命後にも大きく展開を遂げ、エクイティーの形成に多大な貢献をするようになるほど発展を遂げ重要な意味をもつことになった。[120]

　このようにして、絶対王政期にはコモンローと国王は対立構造を描くようになっていた。[121]他方、市民階級にとって17世紀市民革命は、スチュワート朝の絶対王政から自由を勝ち取ることが課題であったが、国王の専制は裁判所を利用することで「合法的」になされていたのである。つまり国王は、国王裁判所から派生した、あるいはこの時期の特別の裁判所の裁判官を通じることで専制の合法性を粉飾したのである。[122]

　確かに17世紀は、法の腐敗や法を実行する者の卑屈が顕著であった時代であるが、他方で、CokeやHaleといった裁判官も存在し、彼らは法の擁護者としての裁判官の役割を果たしていたのである。裁判官としての彼らの態度や行為は後の裁判官の手本とされるほどであった。市民革命の後には、その

132

第2章　イギリス法システムにおけるコモンローの意義

ほかにもSir John HoltやMansfield卿といった名裁判官が現れ、ここに法の支配原則のゆるぎない基礎が築かれたのである。またこのような裁判官は裁判と同時に立法者としての機能も果たしていた。つまり、市民革命によって国会主権の原理が確立した後もなお、実際には、裁判所による判決を通すことで立法機能を行使するという、いわゆる司法的立法Judicial Legislationがなされていたからである。[124]

　イギリスが裁判の公正や独立を確立したのに最も古い歴史をもつといわれながらも、18世紀中葉という時期に、裁判の公正や裁判官の独立についてBlackstoneは自己の見解を以下のように述べる。Blackstoneによると、裁判官の独立性とは、臣民の権利と自由を保障する最良の方法であり、これは一方で、国会の干渉を受けたりこれと合体しないこと、他方で、政府によって左右されたりこれと合体しないこととされる。[125]絶対王政期から市民革命を経て18世紀に入り、この時期にはMansfieldなど賞賛される裁判官が排出されたが、他方で彼は、裁判長となった後も政府の一員としてとどまることで貴族院の政治に積極的にかかわっていたのである。[126]裁判官の地位の独立を保障したとしてSir William Holdsworthが賞賛した1701年の王位継承法が制定された後ですら、裁判所と政府の独立は実質的には達成されていなかったのである。[127]つまりイギリスでは特に、裁判官の独立は政府からの干渉の独立が重要であると考えられていた。[128]

　CokeやHale、HoltやMansfieldらが、裁判官として民衆から支持されたのは、CokeやHaleが革命前から高い学問及び徳の水準をもち、HoltやMansfieldが立法よりも早く、革命によって市民が獲得した権利や自由という地位を法の支配原則を根拠にしながら判決の中で確立していったためである。[129]裁判官としてのこのような行動にこそ、市民からの深い尊敬や信頼を得る理由はあろう。裁判官について、イギリスが「すべては法廷が決する」という態度を生んだことからわかるように、裁判官批判は敬遠されるべきであるという態度が一般的なものとなったと考えられる。[130]

*133*

## 1．2．2　法理学の観点から

　裁判所への市民からの信頼は、裁判所が何よりもまず社会が何を要求しているのかを的確に察知し、立法府による立法よりも早く、判決によってこれに応えていた点にあると考えられる。その際、確かに、裁判所が法の解釈、適用によって立法の機能をも果たしていたのだが、しかしこれは、裁判官が個々のケースにおいて自己のイデオロギーや政治的信条にしたがって自由に判決を下していたことを必ずしも意味するわけではない。[131]裁判官は、先例や法的類推に依拠して判決を下すことで、法に則った判断をなしていると考えられていたためである。[132]すなわち、司法的立法においてもなお、裁判官は法的ルールに忠実であり続けたと一般的に理解されるのである。[133]

　しかし、面前に出されたすべてのケースにおいて、法的ルールが何を意味するかに関してすべての裁判官の見解が一致するとは限らない。これまでに扱ったことのない新たな問題を含むケースでは法的ルールに関して裁判官同士で異なる見解をとる可能性が考えられる。法的ルールに関する見解が一致した場合、先例や法的類推に依拠することでそのケースを解決することが期待できる。つまり、教義に従うことでそのケースの解決を導くことができる。

　他方で、これまで扱ったことのない、新たなケースに直面した場合、それまでのように先例や法的類推に依拠することで適切な解決が導出できると期待するのは困難であろう。このようなケースにおいて、裁判官はその結論を導くのに、自然法や政治哲学、正義や道徳観念など法以外にも及ぶ多くの典拠を参照する。[134]新たなケースに直面した裁判官のこのような判断は、新たな法の分野を切り開くものであり、それが今度は、教義自体の展開となることで、社会的関心に即した形で法自体が柔軟に発展していくというプロセスができ上がる。[135]

　このような動態的な性質に着目するなら、コモンローを自己完結的なものとして捉えるのは適切ではなく、むしろ、法外的要素を法的議論や法的判断の準拠とすることを許容する形式に基づいて発展を遂げていくものであると捉えるべきである。[136]コモンローとは、法外的要素を法の枠内にとり込みそれ

第 2 章　イギリス法システムにおけるコモンローの意義

が法的議論として論じられることを可能にするものとして捉えることができ
よう。この意味でコモンローは、裁判所の面前に出されたケースを解決する
のに必要かつ有効であるために法的枠組みの内部で認識される慣習として捉
えることができる。[137]

　この枠組みの内部においてこの慣習が法的議論として論じられることに異
論はないが、ただし、どのようにこの法的議論が展開されるかについては裁
判官同士で異なる意見が予想される。[138]社会のニーズや道徳観念といった法外
的要素に裁判官が依拠するにしても、コモンローという形式において語られ
る限り、この枠組みにおいてなされる議論の法的地位は失われることがない
とされた。[139]司法的立法を行っていた裁判所は、先例や法のアナロジーなどの
法内的論拠だけではなく法外的な要素を考慮することで判決を下していたの
であり、そのどちらの場合も法的議論として語られた。いったんある問題が
訴答によって裁判の場にもち込まれれば、裁判所はそのケースにおけるあら
ゆる不正を正すために、つまり、社会や訴訟当事者にとって最善の解決が図
られるために用いられた救済システムとして、コモンローは捉えられる。

　司法的立法の機能を果たす裁判所の裁判官は、そのケースを解決するのに
ふさわしいと判断したものならいかなる論拠でも用いていたと考えられる。[140]
このような状況では、非常に抽象的な法的議論が判決において展開される場
合があり、時として、法について語られることなく判決が下されることもあ
った。[141]これまでは法的議論として語られていなかったものを、新たなケース
において新たに法的議論の枠内で論じることとなった裁判官たちは、ここで、
法の観念を問う必要性に迫られる。先例に依拠することで解決が図れる場合
には法観念を問う必要性はないが、新たなケースにおいては事情が異なるた
めである。[142]そのケースは、「法」によっては解決を図ることができないので
ある。従来の観念で捉えられる法の解釈や適用によって解決を導くことがで
きない場合、裁判官の判断の正当化根拠はそれ以外に求められることになり、
このとき各裁判官は、自己の見解の正当性を主張するのに法観念とは何かを
問う必要に迫られたのである。

135

しかし、法観念に関する一致した見解が出されるとは限らず、また、一致した見解が出されないまま実際には判決が下される。法観念については、結局、一致した見解を導くことはできなかったが、裁判所は問題に対処するために政策や正義、宗教など法以外の要素を論拠とすることで解決を試みていたのである。[143]このときケースの解決のために参照される論拠は多様である。

　そもそも、判決を下す裁判官にとって最も重要なことは社会のニーズに適合した最良の解決を法によって導くことであった。そのため、コモンローに準拠する裁判官は、正義や自然法の観念よりも便宜Expedienceや公序良俗Public Policyを重視していた。[144]ただしすべての裁判官がこのように考えていたわけではない。*Steel v Houghton*[145]において、多数派の裁判官は公共政策に依拠した判断であったが、Gould判事のみが私的利益を重視した判断をなした。このケースは先例が存在しない新たなケースであった。このケースでは、商業用の農地において私人が収穫するコモンロー上の権利があるか否かが争われたが、多数派は個人の救済よりも公共の利益を優先することでそれを否定した。つまり、収穫する権利自体を一般化する正当な法的根拠は一切なかったため、Gould判事はその権利を肯定するために彼自身の認識する慣習を根拠にすることでそのコモンロー上の権利が存在することを主張した。[146]

　これに対しLoughborough判事は、そのような権利をコモンロー上のものとして認めることは財産の本質的意義に反し、善き社会の秩序を乱すことになると判断した。[147]このケースにおいて、法とはどうあるべきかについてすべての裁判官は明確な意見をもっていたが、その議論は抽象的かつ法外的な要素に依拠したものであった。[148]

　法とは社会の問題を解決するために存在すべきであるという信念をもち、当該ケースにおいて社会が何を求めているか、法がどうあるべきかについて各裁判官が明確な意見をもっていたとしても、多様に主張される法外的要素に依拠して判断を下すため、各裁判官が実際に採用する法的推論は異なる可能性がある。法内的な論拠によって解決を図ることができず、法外的な論拠に依拠する場合には、その意図する解決を導くための論拠が各裁判官によっ

第 2 章　イギリス法システムにおけるコモンローの意義

て多様に主張されるため、コモンローの内容が何かについての意見の食い違いが起こり得るのである。[149]社会のニーズに対応した司法の判断が期待されることで公共の利益を優先する判断が常になされていたわけではなく、個別ケースにおける具体的状況に応じて個人の私的利益が公共の利益に優位する場合もあった。[150]また、法内的論拠と法外的な要素に基づく判断が抵触する場合が稀に存在し、その場合は状況を考慮した上で結果としてどちらが救済されるべきかが判断の基準とされた。[151]

　このようにして、コモンローによって裁判官が多様な法的推論を展開することで、法自体が柔軟な推論システムと捉えられたのである。[152]新たな局面に柔軟に対応した法の再解釈をなした裁判官の判断は、確かに信頼性のあるものであったが、他方でそれは、法的議論に基づきながらも具体的妥当性に多くの比重を置くものであったために法の判断としては不確定な要素を多分に含むものであった。[153]

　まさに、コモンロー観念自体を批判したBenthamの際立つ特異性はこの点にあると思われる。BenthamによるBlackstoneのコモンロー観念に対する批判は、コモンロー観念によってあまりにも柔軟に裁判システムが行われることで法的安定性が著しく損なわれる事態に対する強い非難があると考えられる。[154]Benthamにとっては、いくら結果において社会正義の実現を裁判所が図ろうと、また、いくらBlackstoneがコモンローについて、これが裁判官の個人的判断ではなく国の慣習に従った判断であるために無害であるかを主張しようと、それが法外的な論拠に基づいた判断か、あるいは、裁判所が恣意的に法的議論を展開することによって法の創造が行われると考えられる余地があるなら、コモンローという観念によってこれが正当化される限り確かにそれは法であるが、裁判官は個別のケースにおいてコモンローの名において自己の慣習観念を主張することも可能であり、あるいはそうでない場合でも法的回答として予測するのにそれは法としてはあまりに不確定すぎるためにBenthamにとっては問題であり、裁判官によるそのような柔軟すぎる判断を可能にしたコモンロー観念そのものをBenthamは批判したのであ

る。コモンローを援用する裁判官の判決の法としての不確定性を指摘する
Benthamのコモンロー批判はこの点において際立ち、また秀逸であると思
われる。[(155)]

　一般的には裁判所に対する信頼が寄せられ、その批判が敬遠されていた時
代状況の中でBenthamは以下のように警鐘を鳴らした。裁判批判を遠ざけ
る風潮をもたらした裁判官に対する態度についてBenthamは、このために
市民から法は遠ざけられ、市民は自己の法的権利や義務について知ることが
できなくなってしまったと批判したのである。[(156)]ゆえに、裁判官が作った法で
あるコモンローは彼らが自分たちの邪悪な利益のために創設したものとして
Benthamには捉えられ、これは法の専門家ではない市民には理解できない
ものであるために、市民にもわかりやすいように書き改められるべきである
として法の総合法典化を主張したのであった。[(157)]Benthamは、立法府という
形式的に法の定立を行う機関が存在する限り、コモンローは法の模造品にす
ぎず、このルールの名の下に裁判所が法を創造する行為は立法府の権限を
侵害するものであり、法の始原は立法府によってしか正当化され得ないと
Benthamは論じたのである。[(158)]

　実際、裁判所の権威についてこのように批判したBenthamであるが、具
体的妥当性と法的安定性の調整を図ることに専念したMansfieldに対しては、
Benthamは厚い信頼を寄せていたのである。[(159)]BenthamにとってMansfield
は、コモンローを扱う裁判官としては革新的な存在にみえたのだろう。実
際、結局ローマ法はイギリスには継受されなかったが、Mansfieldの判決
は、ローマ法の影響が強い商慣習法の分野をコモンローに吸収する顕著な例
として知られる。[(160)]確かに、Mansfieldはコモンローを柔軟に適用する裁判所
に対して一定の縛りをかけることに専念した。Mansfieldは、訴訟手続の厳
格化を図ることでその柔軟性に対して一定の枠組みを与えようとしたのであ
る。Mansfieldは、裁判所にもち込まれたすべてのケースを裁判所がとり扱
うとするのではなく、いかなる問題を裁判所が扱うか、どこに訴訟原因があ
るかについて厳しく判断することで、裁判所にもち込まれたすべてのケース

第2章　イギリス法システムにおけるコモンローの意義

が法的議論として法の枠内で論じられるわけではないことを示したのである。[161]
Mansfieldは、訴訟形式という手続のルールを厳格に解釈し、何が法的議論として論じられるかについて厳格な判断を行うことで、裁判官の判断に一定の縛りをかけることで法的安定性を保とうと尽力したのである。[162]

しかし、裁判所がとり扱うか否かについて手続に関するこの基準をいったんクリアすれば、そのケースの解決を導く際に正義に依拠することをMansfieldは否定するわけではない。Mansfieldは、他の裁判官同様に、形式的技巧に偏りすぎると当該ケースにおける適切な解決を導くことができないと考えていたため、判断の準拠として法外的要素を含む多くに依拠していたのである。[163]

また、訴訟手続の技巧に偏りすぎた判断が、正義の観点からみると妥当ではない解決となる可能性もMansfieldは認識していた。[164]Mansfieldは決して立法機能を行使することに躊躇していたわけではない。[165]Mansfieldはコモンローの伝統を破るのではなく、むしろそれに依拠しながらそのケースにおける妥当な解決を図っていたのである。そしてまた、訴訟手続というプロセスレベルにおける一般理論を確立するというMansfieldの態度は、他の裁判官からの反感を買うものであった。[166]これは特に、道徳観念が関連した場合はなおさら問題を含むものであった。[167]それはおそらく、コモンローのルールは面前に出された当該ケースにふさわしい法的回答を導くために妥当するものであり、これが直ちに一般化できる類のものではないと考えられていたためであると考えられる。

Mansfieldが法改革を唱えるなど、コモンロー観念に対して他の裁判官と異なる見解をもっていたと解釈できる限りにおいてBenthamと考えを共有していると考えられるが、実際は、Mansfieldは改革者というよりもコモンローの伝統に従った裁判官の一人としてみるのが妥当であろう。従来のコモンロー理論に依拠するMansfieldの立場は、裁判所による法創造の正当性に対して従来の見解以上の理論を提供するものではなく、結局は立法機能に関するBenthamの批判点、すなわち、コモンローを用いた裁判所による立法

*139*

の正当性に対する懐疑を解消できるものではない。従来のコモンローの見解においては、法の一般理論の創設を行うのに適切であると考えられるのは、裁判官ではなくやはり立法者となるためである。[168]

Bentham同様に法創造説に基づいて実証主義の立場からコモンロー理論を展開したのがJohn Austinである。Benthamの法理論の影響は甚大であり、それは19世紀イギリスにおける実定法一元化を内容とする法実証主義の台頭を導くものであった。[169] 法を主権者による命令として捉えたBenthamの実証主義は、その後Austinによって洗練され、ここに古典的分析法理学の基礎が築かれることとなったのである。[170] Austinはすでに確立している法システムから一般原理や概念を抽出し説明する一般法理学の形態をとり、彼のこのような方法は分析法学と呼ばれた。[171]

まずAustinの法の概念について概観したい。なぜなら、コモンローは多様な内容をもち、さらにこの多様性はコモンローの性質を多様に表すため、コモンローの性質をどのように捉えるかは、その依って立つ法理論上の立場に依拠して考えるのが一般的だと思われるからである。[172]

Austinの法概念論は、何が法理学の対象であるかの考察を通じて現れることになる。Austinによると、「法とは一般的にある種の行為をなすこと、またなさないことを人に対して義務づける命令である」とされる。[173] この前提に基づき、命令としての性格をもたないものを不適当な意味（非本来的な意味）での法、命令としての性格をもつものを固有の意味（本来的な意味）での法とに二分される。[174] Benthamは神の法を否定したが、Austinは神の法について、これが固有の意味の法に含まれると観念する。[175]

しかしAustinは神の法と実定法が概念的に区別されるものであるとし、実定法について「独立政治社会の成員に対して、その社会における単独の主権者または主権者集団が、直接または間接に創設した一般的命令」と規定することで法の主権者命令説を唱え、これにより実定法こそ厳密な意味をもつ法としてAustinは捉え、これのみが法理学の対象とされる。[176] Austinは、神

140

第 2 章　イギリス法システムにおけるコモンローの意義

の法を実定法とは概念的に区別して捉えるために、神の法は法理学の対象か
らは除外されることになる。<sup>(177)</sup>Austinによると、ある実定法はたとえ神の法
に反するものであっても、これが主権者による命令である限りにおいて法的
効力をもつとされるのである。<sup>(178)</sup>

　またAustinは、Blackstoneが自然法によるイギリス法の正当化を試みた
のとは対照的に、自然法の法観念がもつあいまいさが誤解を招きやすいとの
認識から、自然法が神の法として称される可能性があることを認めながらも、
自然法もAustinの法理論の考察の対象外とされる。<sup>(179)</sup>Blackstoneは神の法や
自然法に抵触する人定法は無効であると捉えたが、他方でAustinは、ある
人定法が神の法や自然法に抵触するために無効になるとは考えない。つまり、
あらゆる人定法の究極的淵源は神の法に求められるべきではあるが、ただし、
神の法に反した実定法が定立されたとしてもこれが主権者の命令であるなら
法的効力をもちこれに違反すれば法的制裁が加えられることになると考え
る。<sup>(180)</sup>Austinは、法への服従義務を道徳的義務から分離して捉える。ここに
Austinの法概念に対する実証主義的立場が明確に表わされる。<sup>(181)</sup>

　では次に、コモンローに対するAustinの見解についてである。
Blackstoneは、裁判所の判決はコモンローを構成する慣習の存在を宣言す
るにすぎないと考え、コモンローを法宣言説の立場から捉えたのに対して<sup>(182)</sup>
Austinは、Blackstoneのこの考えを子どもじみたフィクションにすぎない
として批判する。<sup>(183)</sup>Austinは、Benthamが裁判所の権威を批判した態度を批
判し、司法的立法は必要かつ有効であるとの立場から、<sup>(184)</sup>判決を通じて裁判所
によって創設された法の法的性格を肯定する。<sup>(185)</sup>なぜなら、それは主権者によ
って直接または間接の命令として捉えられるからである。<sup>(186)</sup>Austinによると、
司法的立法は立法府の過失や能力の足りなさを補填する役割をもつと理解さ
れる。このように捉えた上で、Austinは法創造説の立場からコモンローを
擁護する。つまり、裁判官は単に裁決を行うだけではなく、補助的に立法を
行うことがAustinによっては肯定されることになる。Austinによると司法
的立法は、世論の影響を受け、また立法府と控訴裁判所によって監督され、

*141*

さらに判決を下す裁判所自らも法の専門家であることから、Benthamとは異なり、これは恣意的なものでも不確定な要素を含むものではないと主張されるのである。[187]

　また、裁判官は、ルールを創設するためではなく、そのケースを解決するために判決を下すので、裁判官がそのような立法機能を行使するのは適切な判断者としてであって立法者としてなすわけではないとAustinは主張する。[188]結局、裁判官は判決において新たなルールを創設するのではなく、すでに存在している法を解釈あるいは類推していることに変わりはないとして、Austinはコモンローを擁護すると同時に、裁判官によって下される命令がただちに法であるとは考えないのである。[189]

　Austinはこのような形でコモンローを擁護するのに裁判所による立法機能を肯定しその法的性格をも肯定するが、しかし、裁判所によって創造される法のこのような捉え方はAustinの法の概念論と矛盾するように思われる。なぜなら、先例として拘束力をもつレイシオ・デシデンダイはAustinの主権者命令説によってはうまく捉えることができないと思われるからである。[190]もし一般市民が裁判所の創造した法的ルールに従うことが命令されるとするなら、これらのルールがどのような割合で構成されるかは明確に伝えることはできないことになる。[191]

　また、裁判官は補助的ではあるが立法府としても機能するため、裁判官自身はこの判決理由に従うことを命令されず、そして、裁判官自身がそのルールに従う必要がないと感じた場合に先例から離れて自由に判断できる余地が考えられるからである。[192]Austinは法創造説の立場からコモンローを理解するが、しかしAustinのそのような理解は彼の実証主義に基づく法の主権者命令説と相容れないものとなると考えられる。

　さらにAustinは、裁判官よって創造された法は立法府によって定立された法とただちに同一視することはしない。法としての地位を保障する唯一の理由が立法府による定立にあるなら、コモンローはその始原において裁判所によって創設されたものであるため、コモンローは法と認識することはでき

142

第 2 章　イギリス法システムにおけるコモンローの意義

ず、彼においてコモンローが法であると認識されるのは世論や立法府からの
支持を得ているという事実に基づくものであるため、いずれにせよ、コモン
ローをAustinの法概念論において捉えるには無理が生じると考えられるか
らである。Austinに対してRoscoe Poundは、判決の規範的効力を実定法と
区別しないで捉える点に対して、これではコモンローの観念を捉えるのに満
足な見解とはいえないとし、後にプラグマティズムの考えを提唱した。

　Austinの法概念論ではコモンローを適切に理解しているとは考えがたい
が、裁判所の権威に対する批判からコモンロー観念自体の批判を展開した
Benthamの理論はAustinのような矛盾を抱えるものではないためコモンロ
ー批判として非常に強固なものであり検討の余地がある。Benthamは特に、
法外的要素を論拠として結論を導く裁判官の判断に対して、これがコモンロ
ーを援用することで法として正当化されることに批判的であった。

　確かにBenthamが主張するように、裁判官が先例やアナロジーなどの法
内的な論拠を用いることによる利益はある。例えば、裁判の公開原則の下、
そのケースにおける特定の事実とそれに対する法的結論が公にされることで、
先例に依拠した判決には結果に対する予測可能性が確保され、裁判の信頼性
の確保につながることが考えられる。また、先例との一貫性が保たれること
で、個別ケースによって特別な不利益や利益をその訴訟当事者のみに帰属さ
せないことで当事者を公平にとり扱うことができることが挙げられる。

　これらの観点から、道徳観念が関連するような新たな問題を含む場合であ
っても、当該ケースにおいて先例を判断根拠として参照する理由が存在する
ことが説明できるが、ただし、先例に依拠した判断が好ましいとされるのは、
先例と一貫性のある結論を当該ケースにおいても出すことが必ずしも理由と
されるわけではなく、むしろ、当該ケースにおける実体的判断をすべて考慮
した結果、当該ケースにおける最善の解決が先例とは異なるような場合でも、
先例に即して当該ケースを判断するのが好ましいことを主張するためである。
すなわち、法的安定性に基づく信頼性や当事者の公平な取扱いという根拠が

*143*

主張されるのは、裁判所の判決の正当化が先例にあることを示すものではなく、道徳観念が関連するなどの新たな問題をとり扱うことで起こる新たな判断が世論に対してもつ影響力（例えば、道徳的影響力）を抑えるためであり、裁判所の判断の世論への影響を考慮するところに理由があると考えられるのである。[198]

Benthamは、裁判官による法外的な論拠に基づく判断が法の創造に当たるためにこれは好ましくなく、裁判所は先例や法のアナロジーなどの法内的論拠にしたがって判決を出すべきことを主張し、また法の定立は立法府によってのみ正当化根拠があるべきことを主張したが、しかし、先に述べたように、先例に依拠した裁判所の判断に判決の正当化根拠があるというわけでは決してない点は看過されてはならないのである。

あるルールの実体的内容が法的ルールと同一であることが認められたことは、このルール自体の法的正当性が証明されたことを意味するわけではないように、あるルールに法的正当性が備わっているということと、このルールが立法府によって定立された法と同一であるということは同じことではない[199]のである。コモンローが法的な意味で存在し続けてきたという事実の重要性[200]は看過されるべきではないのではないか。

Benthamの主張するように、法外的要素を論拠としたことがすなわち正当化根拠がないと考えるには、法的正当化根拠はどこにあるのかという問いがその主張の前提として必要になる。コモンローという法には法としての正当性が備わっていないことをBenthamは論じ、この観念自体を批判したが、しかし、コモンローが存在してきたという事実を受け入れた上で、そもそも法の正当性根拠はいかなるものであるかを問うことが必要であり重要なのではないか。

コモンローという観念自体を否定する見解は、歴史的経験上妥当とは言い難く、裁判所の判決が先例に拘束されるという議論にその正当性の根拠が存在するわけではない以上、何がコモンローの、つまり裁判所によって創造された「法」の正当化根拠であるかが問われなければならない。

## 1.3　小　結

　コモンローは法実証主義者からの批判を受けながらも、イギリス法システムに欠かすことのできない地位を有して存在していることは事実である。また法実証主義者であるからといって、コモンローに対する批判がなされるわけではない。コモンローとは何かを考えるときに、法創造説と法宣言説の対立が存在したが、これは法実証主義と自然法思想の対立を必ずしも表すわけではないからである。さらに、これら両者のコモンローの正当化根拠は必ずしも異なるわけではない。

　コモンローが孕む問題は、CokeやHaleにみられるように、当初はその正当性がいかなるものかという問いとして論じられたが、長い年月を経ることで次第に法システムにおけるコモンローの地位が安定すると、コモンローは個別的ケースを扱う裁判所の裁判官によって援用されるようになる。それは特に、これまでに扱ったことのないケースをとり扱う裁判官によって、法外的要素が法的議論の枠内で論じられることを可能にするときに援用されることに特徴があった。Benthamはコモンローの法的性格を認めながらも、コモンローには法としての正当性がないためにコモンローの存在自体を批判した点で際立つ見解である。

　しかしBenthamの見解には、コモンローの正当性に関する慎重な議論が欠けていると思われるため、その法的正当性を問う必要がここに生じる。これはコモンロー自体の正当性の問題とは区別される。つまり問われるべき問題は、コモンローとは何か、あるいはコモンロー自体の正当か根拠とは何かという問題から、裁判所が援用できるコモンローとは何か、つまり、裁判所が法外的根拠を法の枠内に取り込むことを可能にすることができるコモンローの内容とは何かの問題へと議論は変化しているのである。

　繰り返すが、コモンローの法的正当性の問題は、コモンロー自体の正当性の問題ではない。コモンローが法であるか否かはもはやここでは問題にしない。問題は、いかなるルールがコモンローとして創設できるかに関する裁判

所の権限の正当性にある。

そしてこれは、裁判所の創設する「法」はいかなる条件によって正当化可能であるかという問題として捉えることができる。この問いは、イギリス法システムにおけるコモンローの意義を考察するのに重要な問いであると考えられる。しかしこの問いは、法の正当性を立法府による法の定立に求めるのみでは成り立たない。イギリス法システムにおける法的正当性は、立法権限のある機関による法の制定に求められるわけではない。では、立法権限のある機関によって制定されたわけではない「法」とはどのような条件下で正当化可能なのか。この問いを、人定法とはいかなる条件下で正当化可能であるかとして法理学上の観点から考察を行ったJohn Finnisに依拠して考えたい。

## 2　John Finnisの法理学

### 2.1　Finnisの自然法思想

Finnisの理論は、Benthamが基底をなしAustinによって確立された分析法学の理論の上に成り立つと一般的に理解されるため、Finnsは分析法学に割り当てられる。しかし、FinnisはBenthamやAustinと異なり自然法思想の立場をとる。そこで、Finnisの議論をみる前に、自然法思想と実定法主義の歴史的な対立構造を概観したい。

現代自然法思想にとって、第二次世界大戦の経験はその思想に大きな転機をもたらす歴史的出来事といえる。なぜなら、1933～1945年まで続いたドイツにおけるナチズムに対する反省は、自然法の再生を避けられないものとし[201]、ドイツに発祥する再生自然法論はドイツのみならず欧米諸国にも広がるほどの重要性と意義をもっていたのである[202]。再生自然法論は、人間の尊厳や基本的人権論の保障をその内容とするものであったが、しかし、これはドイツでは1950年代後半を境に次第にその熱を失っていく。なぜなら、再生自然法論が主張する基本的内容が、ボン基本法（ドイツ連邦共和国基本法）という形で具体化され実定法化されることで、自然法思想をあえて主張する意義はもはや失われたと考えられるに至ったからである[203]。

146

第 2 章　イギリス法システムにおけるコモンローの意義

　ドイツにおいてはこのような経緯を辿ることで、再生自然法論は下火にな
ったといえるが、しかし、現代自然法思想はその姿を消すことなく主張され
続けているのである。このような現代自然法論の中心といえるのが、新トマ
ス主義によるものである。新トマス主義の代表として影響力を誇ったのは
Johannes Messnerである。MessnerはAristotleの自然法思想における存在
論や目的論に依拠し、目的、義務、権利を存在自体の中で認識可能であると
して捉える点に特徴がある。

　このようなMessnerの自然法論に対して批判を行ったのが、イギリスやア
メリカで1960年代から唱えられている新自然法論である。新自然法論の論者
としては、Germain Grisez、Finnisなどがいるが、ここではこの中でも特
に、Finnisの自然法思想について検討したい。なぜなら、Finnis自然法思想
の革新性は、公法理論の発展及び再検討を迫るほどの意義と影響力があると
評され、ゆえにその理論は、現代実定法観念の考察に非常に有益であると考
えられるからである。

　John Finnisとは、現代分析法学の中でトマス主義を基礎に自然法理論を
展開する法理学者である。Finnisは、中世におけるThomas Aquinasの神学
的自然法という従来の自然法論観念を批判し、実践的な目的は何かという目
的論的方法論を展開していく。Finnisは伝統的なトマス学に依拠するのでは
なく、Grisezによって進展をみた新たなトマス理論を参照することで、有神
論や本質主義など、従来の自然法思想が批判されてきた形而上学的想定とは
異なる自然法論を論じるのである。


　Finnis自然法思想の特徴は、彼がまず方法論に関する言及から議論を始
めている点にある。Finnisの法概念論は、例えばRonald Dworkinのように、
法とは何かという問いに対して「あるもの」をあらかじめ想定し、その次に、
法について説明するというような順序をとらない。なぜならそのような想定
はわれわれの偏見を含む可能性があるとFinnisは考えるからである。Finnis
は、自分が依拠する方法論を提示した上で、その次に、その問いに対して自

147

分が依拠する方法論が導く答えを確認するという順序をとるのである。その著書『Natural Theory and Natural Rights』[213] 1章の冒頭では、Finnisがその独自の方法論をとる理由やなぜ方法論に関する議論が必要であるかの理由が明確に述べられている。

Finnisによると、いかなる価値にも依拠せずに法を評価することは不可能であるとされる。[214] つまり、法の評価の前提として必要になる社会的事実の記述は、その観察者がもつ一定の価値基準に基づいてなされるものであり、この記述をもとに判断される法の評価もあらゆる価値に対して中立であるとはいえないと主張される。なぜなら、ある社会で重要とされる価値を観察者が認識する観点を観察者自身が考慮していなければ観察自体が不可能であるとFinnisは考えるからである。[215] この認識観点は、その社会において法が存在する理由を適切に捉え、その法がどのように人間存在の基本的価値に影響しているかを理解することでより的確なものとなる。[216]

Finnisにおいて価値とは、その対象となるものの観点をどのように捉えるかで異なる人々の対話において決定されると捉えられるのである。[217] この立場からFinnisは、BenthamやAustinといった初期の分析法学者たちが、自己の定義に関して何らの理由もなく議論を始め、その正当化をすることなく議論を展開する態度を批判する。[218] Finnisによると、法の分析をより適切になすには、観察者自身の認識上の観点を適切に把握し、その社会に固有の法の存在意義を正しく理解することが必要であることが強調されるのである。[219]


ではFinnisはどのような問いを立てるのか。Finnisによるとそれは、人定法Human Lawという制度はいかなる条件において正当化されるのかとして提起される。[220] そして、この法の正当性の問いに対する答えとしてFinnisは、正義や人権の保障、特に共通善を重視する。[221] 理性に基づいた協力的調和的社会を実現するための必要条件として捉えられる共通善は、どんなに個人主義を掲げる政治的社会においても確認できるとFinnisは考える。[222] Finnisによると、法の正当性は、メンバーが互いに協力しあう社会の保障にとって特に重

148

第 2 章　イギリス法システムにおけるコモンローの意義

要であるとされる。

　さて、以上の問いと答えの議論をFinnisは規範レベルにおいて主張するが、他方で彼の主張は、記述的かつ説明的な側面も含んでいる。Finnisの議論は、一方で解釈主義的アプローチをなすDworkinのように規範的議論を展開しながら、他方でH. L. A. Hartのように記述的かつ説明的な主張をなすのである。

　ここで、この記述的かつ説明的と捉えられるFinnisの主張を概観したい。Finnisは、記述的社会科学の見地から考察するHartの方法論について、基本的には妥当であると評価しながらも、Hartが法の観察や説明を記述するときに道徳的側面を除外している点について異議を唱える。Finnisは、法の考察には実践上の目的が必要であるとの立場をとることからそのように主張したHartに同意しつつも、Hartが行為を導くルールにおいて実践的観点の重要性を説いた点には同意しない。[223] Finnisの主張する実践目的とは、人間が人間であるために共通してもつ価値を実現または促進することとされるためである。[224] 法実証主義者は法の実体的価値判断を法の概念から除外するが、法の評価にも一定の価値判断が含まれると考えるFinnisは、この判断に含まれる道徳的評価も法の要素であることを主張する。[225] Finnisはここから、法理論とは道徳的価値を説明するものでなければならず、またこのためには、法には道徳的義務が生じて当然であると主張する。[226]

　さらにFinnisは、実践的合理性Practical Reasonablenessによって道徳的要素は法の「中核的なケースCentral Case」に含まれると考えられる。[227] 法の中核的ケースとはFinnisの法の概念を捉える上で重要な観念である。Finnisは法の概念について一義的に定義を行うのではなく、その中心的な意味Focal Meaningを与えるものと二次的な意味を与えるものの二つのケースに分類されるとし、前者を中核的なケース、後者を周辺的なケースとして区別する。[228] 中核的ケースの視点は、実践的合理性によるだけでなく実際に合理的である人々の視点であり、Finnisはこれを生の活性化Human Flourishingに必要なすべての側面を考慮するものとして捉えその一貫性を主張するので

149

ある。[(229)]

　また実践的合理性とは、人間存在を秩序づけるのに必要な基本的価値を実現するのに要請される実践的原理やこの適用の指標となるものである。[(230)]この実践的合理性という観念こそ、法の中核的ケースにおいて決定的役割を果たすとFinnisは主張する。Finnisはそれらの基本的価値として七つをリストアップし、これらの価値は互いに平等で優劣関係はないとされる。[(231)]なお、これらの基本的価値としてFinnisは実践的合理性自体もリストに入れている。[(232)]実践的合理性は、一貫性のある人生設計を各人に要求することで、各人における他の基本的価値の追求を構成する役割を担うこととなる。[(233)]

　Finnisがこのように中核的ケースと周辺的ケースに区別を設ける背景には、Hartの内的視点の考えを批判する意図がある。Hartによると、ある行為を決定するための指標としてルールを行使するという実践的態度として内的視点の考えが支持されるが、法の概念の考察にとってより適切であるとHartが考えたのは、そのような内的視点を採用する一般人の理性ではなく、利己心や慣習に基づいて行動する公機関のものであった。[(234)]このような内的視点の捉え方は、法を黙認しないことで科される処罰を恐れる人々の視点からは区別されるが、これ以上の区別をするものでないとして不十分であるとFinnisは考える。つまり、この程度の区別は、実際の場面においてどの行為者も重要であると考えるであろう区別を軽視するものであるとFinnisは考える。[(235)]Finnisは、記述的理論としての内的視点という考えには、その中核的ケースと周辺的ケースの区別が必要であると主張するのである。[(236)]

　Finnisによると、利己心や慣習を行為の理由づけとして捉える態度は、現実という実践的観点を考慮していないとして批判される。実践的観点は社会的問題に対処することで社会的調和を導くものとFinnisは考える。[(237)]利己心や慣習が行為のルールではないと考えるFinnisは（このような考えは、実践的合理性が実際に何を要求するのかに関する誤った態度とFinnisは考える）[(238)]、行為の理由づけについて道徳的義務の観点から捉える。[(239)]Finnisは、法的義務を道徳的義務と捉えることが少なくとも推定されると考えるなら、つまり、

第2章　イギリス法システムにおけるコモンローの意義

利己心や（社会の発展をもたらさない）静的な慣習秩序とは区別される法の定立や維持が、やむにやまれぬ正義の要請とまではいえないにせよ、道徳的観念であると考えるような視点があるなら、このような視点こそ法の中核的ケースを構成するものであるとFinnisは主張する。[240]

　法の支配は社会の成員同士の互恵性や社会の徳を促進することをその内容とし、正義は法の支配を要請するため、Finnisにとって法的義務は道徳的義[241]務であると推定され、ゆえに、Finnisの考えにおいて、実践的合理性を実際[242]にもつ人は道徳的価値について認識することができると考えられる。つまり、道徳的観点を含む実践的合理性によって人は行為づけられ、人が法を遵守するという義務は道徳的義務としてFinnisにおいては語られるのである。Finnisによると、法の遵守は道徳的義務であるために、人は法的義務を遵守しなければならない理由を有することになる。[243]

　Finnisによると、実践的合理性によって要求される規準としていくつか挙げられる。例えば、社会における共通善の重要性や、調和のとれた一貫性の[244]ある人生設計、また諸価値に対しては恣意的な嗜好が形成されるべきではないことなどが主張される。[245]


　Finnisは以上の見解から、彼の方法論の妥当性を主張する。法の重要な点を選択するとき、法に従うための道徳的義務を創設する法の能力に関する道徳的評価に依拠しなければならないと主張される。法理論とは、法の道徳的価値、及び、どのようにして法が道徳的義務を生じさせるかについての説明を与えるものでなければならない。法と道徳的評価については、従来、他の論者においてはあまり主張されているものではないためこの点に言及したFinnisの理論の意義は大きい。[246]

　いかにして法の道徳的義務が生じるかについて、Finnisは以下のことが必要になると主張する。法理論は第一に、実践的合理性が何を要求するかを確定しなければならない。そして実践的合理性が実際に何を要求するかを考察するには、現実の人間の行動や他人の信念について熟考しなければならず、

*151*

人間の行動に関するデータを集積することが必要になるとFinnisは考えたのである。Finnisは人間の行為に関する経験主義的かつ内省的分析の重要性を説くのである。[247] すなわち、人間の相互行為に関する事実を研究することでFinnisは、実践的合理性が実際に要求するのは、社会における善き秩序の条件と原理であるという。これは、善き行為に対する評価に結びつけられた人間の行動、出来事の詳細な研究を通じてなされる。

　このようにFinnisは、現実を通じた考察が法の観念を考察するのに必要であると主張することで、理論はすべて、何が善であるかについての理論家自身の前提や直観の作り物にすぎないとの結論づけをどのように回避するか、このためにFinnisは彼独自の方法論を展開するのである。


　Finnisの自然法論は、現代の法理学者が展開させてきた実践的観点と同様の種類の視点から議論が始まる。しかし、彼らは実践的に重要であるとされる対象について意見が異なり、ゆえに探究の対象もバラバラなのである。Dworkinにおいては、法とは解釈主義的実践であると捉えられるので、法は解釈の方法によって理解される。Dworkinには解釈のための方法論のみが存在すると考えられるので、Dworkinの法観念は真摯に規範的であると捉えられるだろう。他方、HartとFinnisにおいて、法は社会的な制度的観点から捉えられる。Hartは内的視点によってこの記述の説明を試みる。他方でFinnisは、社会的事実かつ規範的事実の両方を説明しようとする。なぜならFinnisにとって、法の記述や説明は、実際に合理的な人の観点からなされなければならないからである。その結果、Finnisは法が基本的価値を実現するために存在することを主張するために、Finnisの議論には記述主義及び規範的性質の両方の側面が含まれることになるのである。


## 2.2　Finnisの客観善

　Finnisによると、「善」とは道徳的観点において善であるということを必ずしも意味するわけではない。[248] しかし、Finnisの善の観念には道徳が究極的

*152*

第2章　イギリス法システムにおけるコモンローの意義

には含まれていると考えているように思われる。Finnisの善の観念とはどの[(249)]
ような特徴を有するものなのだろうか。

　Finnisは道徳的価値において善の観念を捉えるのではなく、生を価値のあ
るものにするものや、望ましい行為や人生形態をもたらすものであると捉え
ている。Finnisの言葉でいえば、それは生の活性化として捉えられる。人は[(250)]
このような善を目的として行為するのであるが、このように人間存在を秩序
づけるのに必要な基本的価値が何を要求するのかに関する指標として用いら
れたのが実践的合理性の観念であった。実践的合理性によって道徳的要素は
法の中核的ケースに含まれると考えられ、そして、人はこれを究極的価値と
して行為するとFinnisは考えるのであった。つまりFinnisは行為理由をこれ
らの基本的価値に求めて考えるのであり、このような考えは、行為理由を
David Humeが主張する願望のような主観的性質をもつ要素に求めるのとは
対比される。

　行為理由についてのFinnisの考えは、AristotleやAquinasの実践理性
Practical Reasonの観念に依拠するものであり、Finnisの実践理性の観念は、
Humeが合理性Rationalityによって捉えた理性の観念とは異なる。Humeに[(251)]
よると、合理性は目的に対する手段という道具主義的な意味において捉えら
れると理解できる。Humeによると、行為理由は行為者がもつ願望に関連づ[(252)]
けられて理解され、理性は願望を達成するための最善の方法を提示できるが、
何を願望すべきかについては何も提示することができないとされる。

　しかしFinnisは、このような理性の捉え方では行為理由を十分に説明でき
ないとして反論する。Humeは理性を究極的に根源的なものであると理解す
るために、願望についてそれ以上の考察は行わないが、しかし、時として人
は理由なく行為することが実際にはある。実際の人々の行為理由には意味の
ない場合がある。Humeによると願望はすべて等しく善であると捉えられる
が、このように捉えてしまうと、願望を行為理由として説明できない場合が
生じるおそれがある。Finnisによると、願望が行為理由として意味をなすの
は願望以上に根源的な観念に依拠する必要があり、またこの観念こそFinnis

153

が列挙する七つの基本的価値である。[253]

　Finnisはこれら価値が客観性を有するものとして捉えられる点は注目されるべきである。なぜならFinnisによると、願望を究極の拠り所とするHumeの理性観念は、結局のところ、主観に基づくものであり、これは行為理由という一般性を帯びた考えを適切に説明することはできない。[254]また、主観的観念によっては、これが合理的か否かという客観的な判断をすることはできない。つまり行為理由とは何かを考えるなら、何らかの客観性を帯びた基準から捉えられなければならず、Finnisはそれらの基本的価値が客観性を帯びていると主張するのである。[255]このように特徴づけられるFinnisの基本的価値は客観善Objective Goodsとして理解できる。[256]

　Finnisの構想する客観善はどのようにその存在を根拠づけられるのであろうか。Finnisの善の観念の客観性は、これが主観的要素で捉えられる願望と区別するものであると主張されるのであった。[257]客観善とは、生を活性化する諸形式として捉えられる。[258]またFinnisは善について、より根源的な何かから演繹することは不可能であり、実践理性において善はこれ自体が自明であると位置づけられている。[259]実践理性が存在するか否かは、これを客観善という基準に照らし合わせることで内省することができる。[260]行為理由が実際に存在するかを調べるには、実践理性が行為理由として理解できるかを内省すればよく、この調査とは、実践理性が客観善に基づくものであったかをさまざまな視点（自分や他人の視点）から内省することである。[261]他人に提示するいくつかの実践理性のうちでこれを決定しましたという理由がつまり行為理由である。この内省は自己の行為というより他人の行為をしているに等しく、すなわち、それほどの客観性を帯びるものである。他人と自己の行為理由についての考察は、自分の認識観点を的確に認識することに始まる。実践理性の実践について内省することは自分が何をしているかを明らかにし、白日の下にさらすことであり、これによって自分の認識観点を知ることができる。このように認識観点を明らかにした上で、適切に社会を観察し記述することが可能となる。

154

第 2 章　イギリス法システムにおけるコモンローの意義

　このような内省を行った結果、行為理由とは主観的要素である願望ではなく、客観的要素である客観善に根拠があることが判明するとFinnisは主張するのである。もしそれが願望であるなら、主観性を多分に含んでいるために他人に示すことができず、そのために行為理由として理解できないとFinnisは考えるのである。

　Finnisによると、客観善は自明であるとみなされる。Finnisによると、実践理性について内省する際の前提とされるものが客観善である。Finnisが主張する客観善とは、それ以上の基礎をもたない。Finnisは客観善という観念を、実践理性の前提になるものを表現するために用いているのである。これによって善であることが証明されるのではなく、善であるとみなされるのである。

　この自明と客観性について、Finnisはその反論が妥当でないことを意味すると言う。Finnisは、いくつかの実践原理や基本的価値は、これらを否定することでその主張が自滅的になるものがあるため、この点において自明であるまたは客観的であるといえるとFinnisは主張するのである。Finnisはさらに以下の整理を行う。

　第一に、ある価値を否定すれば自己矛盾に陥る、そのような価値が存在するという。例えば知識である。「私は何も知らないことを知っている」との言明は自己矛盾に陥っているため、知識は自明あるいは客観性をもつ価値であるとFinnisは考える。

　第二に、プラグマティックな視点を取り入れることで偶然にもその内容を否定することにつながる場合がある。例えば、「私は歌っていません」との言明を歌いながら言えばその内容は否定されることになる。

　第三に、その言明を主張することによってその内容が否定されることがある。例えば、「私は存在していない」との言明が例として挙げられる。Finnisは根拠づけに関する議論の無限後退は意味をなさない場合があると考えるのである。Finnisによると、ある判断は正しければ客観的なのである。そのための十分な理由がある場合、あるいはやむにやまれぬ強力な根拠が存

155

在する場合、または、十分な経験や知性に照らし合わせることでそれが明白あるいは自明的に適切であることが理解されれば、ある前提はそのように主張することが保証されているために客観的であるとFinnisは主張するのである。[269]

　またFinnisは、客観善を互いに通約不可能でありこれらは互いに平等に合理的であると考えているが、しかし、善の諸観念が互いに中立であるとは考えていないことに留意すべきである。[270]Finnisの議論は、実践的合理性によって導かれた各人の選択に基づく人生計画は等しく平等であり理想形態がただ一つだけのものとして存在することはないと主張するように一方でリベラルな要素をもちながら、他方で、John Rawlsに代表されるように現代リベラリズムの代表的特徴として主張される善の観念の中立性については、これを否定するのである。[271]Finnisによると、確かに、各人の選択に基づく生の諸形式は等しく平等であり、生の諸形式の多様性は認められる。また客観善は互いに通約不可能な価値をもつものとして理解されるため、個人が自分自身のために選択する能力自体の客観善として捉えるFinnisの考えにおいて、これ（ら）の価値の選択に基づいたいかなる生も平等に合理的であると考える余地ができるとされる。[273]

　しかし、Finnisはすべての生が実践的に合理的であるとは考えない。[274]なぜなら、実際には個人がなす選択や判断は必ずしも賢明なものとは限らないのである。Finnisは基本的価値の一つとして遊びPlayを挙げており、この価値はある行為を行うことそれ自体に意義を認めるものである。[275]例えば、ある人が基本的価値としてこの遊びを選択し、その結果、一日中一人で空想にふけってばかりの生を送ることになるかもしれない。Finnisはこのような生を合理的であるとは考えないと思われる。Finnisによると、個人が内省的かつ責任をもってなした選択のみが賢明なものと考えられるからである。その結果としてなされた選択は、各人多様に異なるものでもどれも合理的であるとFinnisは考えるのである。[276]Finnisは、実践的に合理的な、賢明な選択とは、自己の能力や状況、嗜好に基づく一貫性をもった生の選択であり、各人はこ

156

第2章　イギリス法システムにおけるコモンローの意義

のような選択をしなければならないと考えるのである。[277]

　善の諸観念における中立性を容認する立場では、各人が選択すればいかなる生もそのために価値を有するという考えが導出されるが、Finnisは、それでは空虚あるいは恣意的な生も価値を有すると考えられることになるため人間存在の秩序づけに必要な価値を充足することはできないと考えるのである。

　さて、Finnisの客観善については、実践理性について人々が内省することによって導出されると考えられるため、これは存在から当為を導き出すものであり自然主義的誤謬ではないかとの批判があり得る。しかし、Finnisによると、この批判は妥当ではない。[278]Finnisの客観善という観念は、人間の性質に関するいかなる記述的説明からも導出されたものではないというものである。[279]実践理性についての内省は、直観的な理解に基づいてなされるものであり、この直観的な理解は実践理性についてすでにわれわれがもっている基準や感覚的なものであるため、客観善は人間の性質に関する記述的説明から推論したものではないのである。[280]われわれは、自分たちの認識観点を認識した上で実践理性について以上のように内省し、その結果、生の活性が基本的価値をもつことを導出したのである。つまり、客観善の導出において、事実的前提から規範的結論を導く推論プロセスは存在しないとFinnisは主張する。Finnisの自然法の理論は、人間の本性Natureではなく、実践理性にその根拠を見出すことを主張するものである。[281]

## 2.3　Finnisの法の正当化テーゼ

　法的正当化はどのような条件の下であれば可能なのか。Finnisは法の正当性の議論を社会における権威Authorityの必要性を論じることから展開する。Finnisによると、権威の必要性は社会における共存問題を解決するために要求される。Finnisが基本的価値であるとして列挙する七つの価値は、彼によるとすべての人間存在にとって内在的かつ自明な価値をもつものとして説明された。これらの価値は、生の活性化を目的として各人に選択されながら実

*157*

現されていくとFinnisは捉えているため、社会はこの目的が達成されるように秩序づけられなければならないと主張する。各人に共通に備わっているこの生の活性化という観念は共通善として捉えられる。この社会に共通する目的を達成するために、実践的合理性は実に幅の広い選択肢を各人に提供するが、これらの選択肢は互いに通約不可能であり、望ましい生の形態に関して唯一のものが存在するわけではない。なぜなら、それらが依拠する基本的価値自体が互いに通約不可能な価値であり、基本的価値を計測するのに共通した基準は存在しないため、ゆえに、すべてが平等に合理的であり[283]、本質的に優位とされる生の形態の選択肢は存在し得ないことになる[284]。

　しかし、各人の自由な選択は、他人との権利の衝突や公共の福祉と衝突する可能性を孕むものであり、ここに社会における共存問題が提起されることになる。権威は、社会におけるこの共存問題を解決するために必要とされ、これにより社会は調和し協力的関係を築いていると考えられる[285]。いかにその社会が個人主義の尊重を謳おうとも、どこまでも自己利益のみが追求される社会では個人主義を達成することが不可能であるため、いかなる社会においてもある程度は共通善が促進されなければならないとFinnisは主張する[286]。

　このように、権威が必要なのは、社会における調整問題を解決するために求められ、そしてこれは、各人が自分自身の生を生きることを保障するためであり、自分自身の生に対する選択は権威によって強制されないことが主張される。社会における調整問題の解決は、各人が自由な意思に基づいてなす解決策を選択することで解決が図られる。Finnisは各人が自分の意思で選択した社会の解決策は、そのために各人に対して拘束力を有し、ゆえに、これに従う義務が生じると考える[287]。このようにして、Finnisの権威の観念は義務と密接な関係をもって理解されることになる[288]。


　では、Finnisにおいて、権威とはどのような意味をもっているのか。義務の観点から権威について考察するFinnisは、人々にある行為をするよう義務づける理由は何かという観点から権威について論じている。Finnisは人々に

第2章　イギリス法システムにおけるコモンローの意義

そのように行為するように義務づける理由があれば、それは権威があり正当であるとみなされる。このとき、Finnisは人に行為を義務づける理由としてJoseph Razが唱えた排他的理由Exclusionary Reasons[289]を援用する[290]。そしてFinnisはこれを権威の中心的な意味として捉え[291]、以下のように説明する。自分自身が合意できるような理由がない状況において行為する理由、または、合意はあるが排他的理由がなければ別の措置を正当化するのに十分であった理由についての少なくともいくつかを無視するための理由と捉える[292]。このような、人々を行為づける排他的理由が権威観念の中心的な意味として捉えられる。特定の排他的行為理由が創設されることで、統治者と被統治者が互いにもつ義務が関連づけられるのである[293]。

　ところで、権威はさまざまなもの（例えば人や意見、規定）に帰属されるが、このような場合、これらの人や規定は最初から権威をもつとは限らない。「権威者」以外の人や規定は権威をもつことが最初から前提とされているわけではないからである。Finnisは、権威者が権威をもつという理由以外に権威が帰属されるのはなぜかを問うことで、権威の正当性を明確にしようと試みる[294]。権威者が権威をもつという言明においては、権威が帰属するのはあまりにも当然とみなされているため見落とされがちだが、この言明においても実は権威の正当性が明確にされているとは限らないのである。

　では、あるもの（X）が権威をもつとはどのような意味なのか。FinnisはRazに依拠しながら、三通りの意味が考えられるという[295]。一つめは、自分を含めたあらゆる人々に対してXを遵守する排他的行為理由をXがもつ場合である（これを$S_1$とする。以下同様）。二つめは、自分自身に対してXは権威をもたないが、Xが権威をもつと信じる人が実際にはいることは認めている場合である（$S_2$）。三つめは、自分自身との関係からXの権威性を判断するのではなく、また、Xに対する他人の意見を参照するわけでもない。三つめは、$S_1$の観点から物事を判断するのである（$S_3$）[296]。

　Xが権威をもつという言明の以上の意味の相違は、規範的言明のすべてに

159

わたってみることができる。Finnisは次の例を挙げる。例えば、Aはφする
法的義務をもつという言明は、$S_1$によると、なすべき善き理由が存在する、
となる。$S_2$は、φすべき善き理由が存在すると信じている人々が存在する、
を意味する。$S_3$では、特定のグループあるいは特定のルールの観点からす
ると、もしくは、特定のルールがそのように行為するための善き理由を提供
するなら、φすべき善き理由が存在する、を意味することになる。これらの
相違は認識されないのが通常であるが、Razはこのような異なる三つの意味
を認識することで、$S_1$と$S_2$こそ基本的であることを強調し、$S_3$はそれらに
寄生するものであると捉えたのである。

　さらにRazはこれら三つの規範の特性の相違について考察し、$S_1$の規範
の特性のみが基本的であり、その特性は、$S_1$が実際に善き理由である点に
あるとした。規範についての実存的言明の特性は三つあり、それらはそれぞ
れ妥当性、経験的、規定的特性として理解されるが、このうち妥当性の特性
が基本的な特性である。妥当性の特性は$S_1$の特性として理解されるため、
$S_1$の特性が基本的であると理解される。また、妥当な規範のみが、妥当な
あるいは善き理由となるため、$S_1$は実存的に善き理由となる。つまり、あ
るものが善き理由であると主張することは、$S_1$を主張することとなる。権
威についていえば、権威とその規範についての中心的な言明は$S_1$のタイプ
によってなされることとなる。

　このような相違を説明することでFinnisは、彼の権威観念に対する法実証
主義からの批判に応答することができると考える。Finnisによると、権威の
必要性及び正当性は、共通善を達成するために必要とされる。この主張に対
して法実証主義者からは、これは何らかの権威が存在する理由について説明
するものではなく、せいぜい何らかの権威が存在すべきであると信じる理
由について語るにすぎないと批判されるのである。法実証主義者によると、
Finnisの主張は、「ある権威が存在する。そして、共通善のためにこの権威
は存在すべきである」との言明を意味するものと捉えられるが、しかしこれ
は正当化できないと解される。前半の文は権威について一般的に存在するこ

160

第2章　イギリス法システムにおけるコモンローの意義

とが事実として明記されているのに、これに対して、後半の文は目的が限定
されしかも当為の形式で書かれているため奇妙であるが、しかし、両者が矛
盾していると考えるのは直観に反すると考えられるため、Finnisの権威の説
明は方法として不十分であると法実証主義者から批判されるのである。[304]

　Finnisはこの批判に対して、さきほどの三つの相違に基づいて議論を整理
することで応答する。ある権威が存在するという言明は、法実証主義者によ
るとS1の意味で捉えられていることになるが、しかしこれは正しい捉え方
ではない。この言明はS2あるいはS3において捉えられるのが実際には適切
であり、また、ある権威が存在すべきなのは共通善の促進のためであるとい
う言明は、S1において理解されるのが正しいとFinnisは主張する。[305] このよ
うに捉えると、さきの言明は以下のことを意味する。つまり、「この権威が
正当化されると考える人々がいる。そして、実際にこの権威は正当化されて
いる」。これは、「これは法である」との言明が、「それがあまりにひどいた
め適用され従うための善き理由があるとは信じない人々がいる」ことと適合
するのと同様であり、両者の言明は法実証主義者も認めるところであると
Finnisは主張する。[306]


　義務の観点から考察を始めるFinnisの権威という観念は、従来の議論では
見落とされていた問題点をわれわれに認識させるものである。権威につい
て語られるとき、従来はその正統性（統治する権限）かあるいは義務（服
従する義務）という二つの観点のみが重要であるとして論じられてきたが、
Finnisの議論は、いわば第三の問題として、統治すべき義務について論じる
ことが重要であることをわれわれに認識させるものなのである。[307]

　Finnisがこのように独自の義務論を展開するのは、彼の法的義務の捉え方
が関連していると思われる。Finnisによると、個人及び社会の共同の善の追
求、達成を究極的目的に据えることで生じる義務の性格は、二つの特徴を有
する。[308] 義務に従わせるという一般的特徴と、ある特定の状況においてはその
一般的義務が適用されないという特徴があるという。

161

Finnisによると、適切に締結された契約は常に排他的理由であり、それによって課される義務は破棄できないのが原則であるが、しかし、この排他的理由はこれに対抗する理由がある場合にはこれに劣位する可能性があることをFinnisは認める。実際には、義務は必ずしも履行されるとは限らず破棄されることがある。さらに実際上の問題としてFinnisが指摘するのが、個別のケースにおけるそれぞれの義務の具体的内容についての解釈をただ一つに決定するのは容易ではなく、この具体的に内容については義務（あるいは契約）を交わした当事者間でも意見が食い違うことが実際には多々ある。[310]

　実践的合理性の要請によって人々は個人的あるいは社会の善を追求するために思案しフィードバックを行うが、これは、なぜ契約を実行するという一般的義務が生じるのか、また、なぜ特定の状況ではこの義務が適用されないのかに関する考察をわれわれに課すものでもある。[311]実践的合理性によって課されるフィードバックにより、実際には義務を実行しないという法外的な実践が柔軟性を帯びて影響してくるのである。合法的に締結された契約の解釈は、弁護士や裁判官などの法の専門家が行うことで一定の法的安定性を帯びると理解されるが、これとは区別された法的思考によって、義務に関して捉えどころのない可変性が実際には生じ、これは義務の柔軟性と解釈の多様性によって実現されることになるとFinnisは述べるのである。[312]

　しかし、法的義務とは法の専門家によって解釈されるのであるから、すべてのケースにおいてその法の効力は同様なはずである。[313]義務に関するこの特徴が認識されずあいまいにされがちなのは、Finnisによると、個別的状況によって可変するのは義務の内容や範囲であるのに、これが義務の効力と混同されることで生じるという。[314]実際、法的義務の内容や範囲はその目的や具体的事実によって異なるが、これは法的義務の効力について語るものではない。法的義務の力はいかなるケースにおいても同一であるという事実が、現実的に生じる柔軟性によって忘れ去られているということをFinnisは主張するのである。[315]

　では、義務の効力はどこから生じるのか。これは定立されたという事実か

162

第2章　イギリス法システムにおけるコモンローの意義

ら生じるものなのだろうか。つまり、法の規定は例外条項を設けることで義務の内容は範囲やあるいは性質までも変えることが可能なため、明文化されたことで生じる効力は不変であるとの主張が成り立つ可能性があるためこの点が問題となるのである。[316] このとき、この例外条項は他の条項と抵触することなく規定され解釈されなければならないが、すべてをこのように規定するのは実際、大変な困難が伴われる。[317]

　Finnisはそこで、義務の効力を明文規定に求めると考えるのではなく、義務の実行を導く法の効力に求めるべきことを主張する。[318] Finnisは、法的義務の不変の要素である効力を同意に求めているわけではない。[319] つまりFinnisは、権威の正当性について、同意には重要な役割を求めていないのである。[320] 義務の変更は、裁判所や立法府などの制度によってしか正当化し得ず、このときのその制度の裁量の範囲は法的ルールによって枠づけされ、またこれらの制度は現実の状況によって生み出される柔軟性に一定の限界を設けることができるとFinnisは主張する。[321] これら制度によって設けられた一定の手続と限界の中で、法外的政策に基づく法的思考に法的義務が付与されると考えられる。つまりFinnisによると、義務の拘束力がもつ黙示的なルールとして、法的義務はこれを創設した制度つまり統治者をも拘束する点があることが主張されるのである。[322]

　このように法的義務の性格を捉えた上でFinnisが主張するのが、統治すべき義務の理論である。従来の議論において重要であると考えられてきた統治する権限に関する正統性や、服従する義務の理論と関連性はあるにせよ、これらとは概念上、区別することができる。[323] 前者は、例えば、あるルールが創設されるのは、このルールを作るべき善き理由が存在する場合、そのルール創設者の自由な意思に基づいてそのルールを作る権限に関する理論であると通常理解され、この理論において、ある特定のルールを作らなければならないとういう義務の観点は通常は考慮されない。[324]

　他方、後者については、すでにあるルールが存在していることが前提とされているため、統治する義務が根源的であるとは考えられず、このルールに

163

服従するための正当化の議論は、この統治するという義務を根本的なものであると捉える視点とは関係なく行われるのである。[325] 従来の議論では、統治者がルールを作り市民がこれに従うことで社会の問題は解決されるという形態を想定しているが、しかし実際は、いかに民主主義が保障されている国家においても市民が従順であるわけではなく、またルールを作る側の正当性が問題とされる場合が事実として生じている。このような従来の形態においては、市民の行為のガイドとなるような権威的なルールを設定し、このルールを監視するような統治形態は考慮されておらず、またその理由として、「自由な人は、自らがルールを作り、これに従う」というAristotleの考えに基づいているように思われる。[326]

　ただし、多くの人々はルールを創設するという権利の、いわば公の側面より、自分のことは自分で決めるという私的な側面により重点を置いて行動しているように思われる。[327] そのため、統治すべき義務という理論を支持しない考えを偏見のようにもっていると思われる。

　あるいはまた、統治する義務という考えには一貫性がないとして否定する見解もある。Blackstoneは以下のように統治すべき義務の考えが孕む問題点を指摘する。Blackstoneによると、統治すべき義務があるとすれば、最高権威はあらゆる法を作る権限とともに、あらゆる法を作らなければならない義務を負うことになる。この考えにおいて、市民は国家意思に適合するように自分自身を拘束することになるため、宣言された国家意思によって市民がどのように行為するかの方向性が決定されると考えることになるが、このような考えはご都合主義ではないのかという指摘である。[328]

　これに対してBenthamは、主権者が義務を負うと考える点に対して批判する。人々が何をすべきかという義務論に基づいた主権論を展開するBenthamにおいて、ある権利があると主張する前にいかなる義務が存在するかが問われることになるが、これでは義務の内容を確定することはできない。Benthamによると、なぜ主権者がそのような義務及び権利をもつかの理由が存在しないことになる。Benthamによると、主権者が統治している

という事実によって設立されているのであり、統治しているという事実からはいかなる義務も導かれることができないため、主権者は法的義務に服することができないとされる。[(329)]

Finnisの統治すべき義務の理論は、このように、従来では考慮されない傾向にあった点や、統治を義務の観点から捉えることで批判されてきた点を調和するために重要な議論を展開するものといえる。[(330)]Finnisの議論がそのような可能性をもつのは、Finnisが従来では見逃されていた点に注目したからである。[(331)]それは、実際の緊急性という観点である。この緊急的な状況とは、例えば、新たなルール、つまり、それまでの法システムとの連続性を論理的には説明できないようなルールを革命者は創設するというような場合が想定できる。[(332)]このとき革命者は自分たちをこの新たなルールの創設によって社会の主人Masters of Societyにすることを宣言するが、Finnisはこのような革命者の行為は通常、合理的であると考える。[(333)]なぜなら、革命者は、自分たちを社会の主人にすると同時に、将来起こる偶然的な出来事にも適合的に対応するための責任を負うからである。[(334)]

Finnisは権威について、道徳的に自由であるだけではなく本質的に責任を負うものであると指摘するAquinasの主張に基づいて、権威には第一義的な性質として統治すべき義務があることを主張し、それは正義の秩序の維持及び回復を目的とするものとして捉える。[(335)]そしてこの責任の究極的正当性を道徳的に逼迫した特定の問題を含む社会の問題を解決する統治者の実効性に求めて説明する。[(336)]そしてこの統治すべき義務こそ、義務として第一義的に課されているものであるとFinnisは主張していると思われる。[(337)]そして、この義務の一般的な正当化の議論をFinnisは以下のように行う。

統治すべき義務の第一義的性格は、実定法化されている権限から直接的に導かれるようなものではない。[(338)]統治の義務の第一義性について、これが派生的義務と区別されることを確認することがまず必要になる。派生的義務とは多くの場面で確認できる類のものである。例えば、合衆国大統領の憲法遵守義務や、イギリス臣民の陪審として評決する義務などの実定法に根拠をもつ

義務から派生的に生じることで達成される統治の義務である。これは実定法
に根拠をもつ義務に基づくためその範囲は実定法の規定に限定され、第一義
的な性格をもつ統治の義務を説明するものではない。

　Finnisはこの義務について、実効性の観点から捉える。ただし、Finnisの
実効性の観念は必ずしも法的な意味で理解されるわけではなく、独特の意味
をもって語られていることに注意しなければならない。ここで想起すべきこ
とは、Finnisが権威の必要性及び正当性について、社会問題を調和する点に
求めていることである。Finnisはこのとき、権威とは、社会の調整問題を実
際に実効的に解決できる人々によって行使されるべきであることを主張する。
またFinnisのこの主張は、規範的レベルにおいて語られる。権威は法の制定
により自らが社会の主人であると宣言することになるが、このような法を制
定する理由は、必ずしも社会の調整問題の解決に必要であるからというわけ
ではなく、自己の利己心や権威自身がもつカリスマ性に基づく場合も実際に
は考えられる。Finnisは後者のこのような場合であっても、問題が実際に解
決されるのであれば問題はないといい、Finnisはこのような場合でも実効性
があると判断するのである。

　規範レベルでFinnisが主張するその権限とは、現実の社会的な権限に依拠
すると考えられる。Finnisはこのように実効性の観念を捉えた上で、実効性
は権威の正当性に決定的な役割を果たすことが推定されるという。これには、
法の概念に関するFinnisの考えが関係している。Finnisは法の中心的意味は
中核的ケースにおいて捉えられると主張し、またこのケースにおいて法的義
務は道徳的な拘束力をもつものとして捉えられる。法的義務が道徳的な拘束
力をもつと考えるため、Finnisは権威の正当性の要として実効性の要件を挙
げる。Finnisの実効性とは、法システム規範が一般的に遵守され適用されて
いるという事実を意味するものである。社会の調整問題を解決するという共
通善に対する実効性の観点から権威が捉えられるため、Finnisにとって義務
は権利に先行する。調整問題の解決は選択によってこれを回避できるという
類のものではない。Finnisは、共通善を目的とした社会における衝突の調整

第 2 章　イギリス法システムにおけるコモンローの意義

を行うためといった特定の状況において、この義務は以上のように正当化されると主張するのである。問題解決が達成されるか否かをポイントとするため、Finnisはこの統治すべき義務の第一義的性格に、消極的のみならず積極的義務も含まれると考える。

　このようにしてFinnisは統治すべき義務の正当化を行う。では、この義務が正当化される範囲はどのように決定されるべきか。権威をその正統性の問題（法定立権限の制度としての正統性の問題）ではなく、統治すべき義務の観点から論じるFinnisの議論にとってこの問題は問われなければならないものである。

　Finnisは、権威者がもつ義務の典型として、共通善を目的とした社会の調整問題を解決するために提示された合理的な解決策から一つのものを選択することを挙げている。この義務が生じる権威の根拠についてFinnisは以下のように説明する。ある社会問題に対して、いかなる解決策が必要とされ、どのようにこれを実行するのを助け、かつ、いかなる場合にそのようにすべきであることが権威によって導かれるのかについて知るのに信頼できる能力を権威がもつことに求めるのである。Finnisが語る権威とは、その根拠の権威づけが、制度としての正統性を有するもの、つまり、もうすでになされているものに限定されるわけではない。むしろFinnisの見解は、すでに権威づけられている能力にその正統性の根拠を求める見解と対比されるものとして理解できる。Finnisによると、問題が解決されるべき範囲を決定するのは、権威者が現実的に有する能力に基づいた義務の観点から語られることになるのである。

　これに対して、権威を正統性の観点から論じる従来の見解はどうか。例えばJeremy Waldronによると、この問いは重要と認識されるわけではない。なぜなら彼は、権威者が問題を解決すべき範囲の決定は、そもそも権威者が解決すべき問題の範疇に含まれていないと考えるためである。Waldronに

*167*

よると、権威の理論は解決すべき必要性のある問題が生じた場合にはいつで
も論じられるべきことを主張しておきながら、しかし、いかなる問題が解決
を必要とするかの判断は、あるグループ（社会）の共通の関心となることは
なく、そのために論じられるべき問題には実際には含まれないことが主張さ
れるのである。[351]

　従来の議論では、どの問題に対して政府が議論を行うべきか、あるいは行
うことができるのかという手続上の観点が考慮すべき対象から抜け落ちてい
るのである。[352] なぜならWaldronの議論は、権限の正当性を前提として展開
されるため、その議論において権限行使の正当性は制度的観点から常に保障
されていることを前提とすることができるが、いかなる場合に権威者が判断
を行うかという手続的議論は、権限の正統性はどのような場合に正当化され
るか、あるいはできるかという問題をとり扱うことになるため、そもそも権
威の正統性の保障を前提とする従来の議論では必要ではないとしてカバーさ
れないことになる。

　このような従来の議論では、政府がとり扱うべき問題については政府の広
範な裁量にあると理解しているのが一般的であると思われる。政府はいかな
る場合に権限を行使するかについて政府自身が自由に決定することが許容さ
れて理解されるのが一般的である。その範囲には、政府がとり扱うのに有利
な問題を恣意的に抽出することも許容される可能性を孕んでいる。なぜこの
ような広範な裁量が認められると考えられているのか。それは、政府には法
定立の権限が付与されているからである。またその権限は、制度として民主
主義的正統性が担保されていることに理由があるとされるのが一般的である。

　しかし、である。そのような制度的正統性は、法を定立する権限に対して
のものであり、いかなる場合に権限を行使すべきかの判断の正当性を保障す
るものではない。そもそも、従来の議論においてこの手続上の問題点は、考
慮される対象から除外されているので、この議論によってその広範な裁量の
正当性が与えられると考えることはできない。では、いかなる場合に権限が
行使されるべきかという問い自体が考慮される必要のないものなのだろうか。

第 2 章　イギリス法システムにおけるコモンローの意義

　確かに、制度としての正統性の観点から議論が展開される従来の議論は魅力的であるし妥当である。ただし、この議論がそのような魅力をもつのはすべてのケースにおいてというわけではない。これが魅力的であると考えられるのは、何が正しい解決策であるかに関する社会の一致した見解が存在する場合であると思われる。<sup>(353)</sup>

　このように社会における幅広い同意が存在する場合、政府はその解決策を答えとして選択し宣言するだけで社会の問題を解決することができる。この場合、手続上の問題が考慮される必要性は特にない。このような考慮なしに、妥当な場合に妥当な判断がなされていると合理的に考えられるからである。

　他方で、正しい解決策について社会の一致した意見が必ずしも明らかでない場合、政府は必ずしも権限を行使するわけではなく、また行使するにしても、政府のその解決策が妥当であるか、あるいはどのようにこれを判断すべきかということ自体に困難が伴う。このような状況において、何の正当化の理由を問うこともなく多数決ルールや選挙の結果を妥当であると考える理由はどこにあるのか。やはり、いかなる場合に権限が行使されるべきかを不問にする従来の制度的正統性の議論が有効であるのは、正しい解決策に関する社会の一致した見解が存在する場合に限定されると考えるべきなのではないか。

　何が正しいかという実体的判断の正当性の根拠として民主主義的正統性は語られるべきであり、このような正統性の根拠は、いかなる場合に権限が行使されるべきかという手続的判断の根拠として用いられるべきではない。なぜなら、いかなる場合に統治すべき義務が生じるかについての議論が従来の正当性の議論において欠如しているということは、どのようにこれが決定されるべきかという手続上の議論が欠如していることと同様であり、その手続<sup>(354)</sup>的正当性については沈黙しているからである。<sup>(355)</sup>この手続的観点の重要性を認識させるFinnisの議論の意義は評価しきれないほど大きいと思われる。なぜなら、法的正当化をただ単に記述的に説明するにとどまらず、いかに法的正当化が可能になるかに関してもFinnisは言及しているからである。次にこの

Finnisの法の正当化テーゼについて検討を行いたい。

## 2．4　Finnisの正当化テーゼはどのように解釈されるべきか

　Finnisの法の正当化テーゼは、あるルールはどのようにして法的に正当化されるかのプロセスとして表れる。これは、法の定立権者によってルールが形成される場合や、法を創設させるための従来の権威的な方法による場合を除くものである。Finnisのこの論証は、コミュニティーにおける意見の一致がどのようにそのルールの法的正当化に関連するかを示すものとして理解されるものである。Finnisは、このルールの正当化プロセスを、国際慣習法の形成要件の議論を分析することで行う。

　国際法の法源としての慣習ルールに関する支配的な学説によると、これは事実としての一様な慣行Usageがどのように法規範化するかというプロセスにおいて論じられるものである。この議論を前提とした上で、ある慣習ルールが法規範化されるには、事実としての一様な慣行や国家実行の存在という事実要件のみでは不十分であって、このような慣行を法として認識しているという法的確信Opinio Jurisの存在も要件とされる。

　Finnisは、法的正当化の論証にとって、この支配的見解は問題点を有すると指摘する。それは特に、国際慣習法の形成要件として、従来の議論において要件とされる法的確信の理解に対して向けられる。その説明では、法的正当化の問題を回避しているかパラドクスに陥っているにもかかわらず、新たな説明が展開される気配がないとしてFinnisは苦言を呈する。

　Finnisが問題視する国際法の専門家の慣習ルールの正当化の説明は次のようなものである。それは、特定の行為を行う明確かつ継続的な慣習が、国際法の基準に照らした場合に、義務的あるいは正しいとして保護を受けるに値すると確信されるほどに成熟したときに、その慣習ルールは法としての規範性を認められるという説明である。

　Finnisによると、この説明では、法的確信が既に存在している場合に、法的正当性のある慣習ルールが存在することを意味するだけであり、すでに法

*170*

第 2 章　イギリス法システムにおけるコモンローの意義

的正当性が保障されている慣習ルールが正当化されるに至ったと表現するに
すぎないためパラドクスに陥っているとされる。[(360)]

　そこでFinnisは、このパラドクスを解消するため、法的正当化プロセスに
関する新たな見解を打ち出す。このFinnisのテーゼは、従来の見解を発展的
に捉えるものであるため、国際法の専門家も理解可能なものであるとFinnis
は述べる。[(361)]Finnisによると、従来の議論が抱えるパラドクスを解消するには、
実践的判断Practical Judgmentsと経験的判断Empirical Judgmentsを区別
することである。

　実践的判断とは、Finnisによると、以下のように説明される。ある行為を
行うことが事実上、可能な人物がいる。このとき、この行為者による行為が
規範的妥当性を有するか、あるいは、正当化できるかに関する判断が実践的
判断である。この判断をなすのは、私的と公的とを問わないあらゆる人間で
あり、また、この判断は明示的あるいは黙示的であるかも問われない。[(362)]

　Finnisによると、法的慣習ルールの形成要件である法的確信という要素の
中心には、相互に関連する二つの異なる実践的判断が存在しているとされる。[(363)]
一つめは、人間の行為に関する領域には、決定的で共通し、かつ安定した行
為のあるパタンが存在していることが想定でき、この場合、このパタン化さ
れた行為に関してルールが規定されることは、この行為を個々の国家の裁量
に委ねるよりも望ましいという判断である。この場合をaと表現する。[(364)]二つ
めは、行為φに関するこの特定パタンは、権威的な共通ルールとして認可さ
れるために適切なものとして判断されるか、または、一般的に認可されるか、
あるいは、黙認されるなら適切であるとして判断される。この二つめの場合
をbと表現する。[(365)]

　これら二つの判断aとbは実践的判断であり、経験的判断でも法的判断で
もないとFinnisはいう。[(366)]Finnisはこれらaとbが法的確信としてどのように
存在しているかを以下のように説明する。ある多数国間条約の内容や国際機
関による解決的判断が慣習の法源あるいは証拠として用いられる場合に本当
に述べられていること（あるいは正当化され得ること）は、その条約または

*171*

判断が、すでに存在する法が何であるかの意見についてではなく、これら二つの実践的判断の中で表された限定的意味においては法的確信が存在しているという証拠を語っているとFinnisは分析する。[367]これは、ある慣習ルールが、a）一般的に、b）特定の状況において、望ましいものであることを承認するものである。この判断は、あらゆる人間によって行われることが可能である。この望ましさを判断する枠組みとしてFinnisは、コミュニティー全体とそのメンバーの共通善が第一に考慮されるべきことを主張する。全体ではない部分的な利益は二次的なものにすぎないとFinnisは言うのである。[368]

　これら実践的判断は、経験的判断とどのように区別されるのか。Finnisは経験的判断について以下のように説明する。それは、多くの（少数の）国家の慣行はパタン化され、かつ、このパタンは次に、実践的判断bを参照する。その結果、他の国家によって、この行為パタンが黙認される（されない）という判断が行われることになる。[369]このような経緯を辿って理解される経験的判断は、実践的判断と区別されるが、しかしこの経験的判断は新たな実践的判断を形成するための前提条件として捉えられる。この新たな実践的判断こそ、法的確信の古典的説明においては隠されてしまっている側面であるとFinnisは言う。[370]そしてこの側面が古典的説明では明確に捉えられていないために、それはパラドクスに陥っているとFinnisは指摘する。

　二つの実践的判断は、経験的判断に基づくことでさらなる実践的判断を生み、さらに、行為に関する実践的判断が経験的に承認されれば、ある慣習ルールは権威的な法規範として存在することが承認されたことを意味するのである。[371]

　しかし、Finnisは以下のことに注意を喚起する。ある慣習ルールが法的に正当化されるという主張は、経験的ではなく実行的なものであり、これはまた、$S_1$の意味で理解されるものである。[372][373]Finnisが主張するルールの法的正当化とは、そのように判断された法規範の効力はこのルールに関連性を有するあらゆる行為者に対して正当化されることを意味する。経験的判断に基づ

172

いて行われる実践的判断によって正当化された法規範とは、ある特定の行為を導き、この行為を要請する効力をもつものとして捉えられるものである。[374]この効力についてさらにFinnisは、国際コミュニティーの共通善を導く実践的合理性を判断する法原則に由来するものであると述べる。


　実践的判断と経験的判断は以下のように区別することが可能である。ある法規範の存在に関する経験的判断とは、これを実行する国家の行為が経験的な観点から判断して一般的に承認できるか否かに関するものであり、これは、その規範の実効性に関する判断として理解できる。[375]経験的判断をこのように捉えれば、実践的判断との区別を認識することができる。実践的判断とは、ある法規範の妥当性に関する判断とされる。そしてこの実践的判断は、法の専門家によって理解される意味とも区別されるものである。[376]ルールの法的正当化プロセスを行うFinnisの問題関心は、どのようにして国際コミュニティーにおける事実的成り行きが、法の専門家によっても理解可能な拘束力を有する法的ルールとして承認されるかを示すことにあるため、Finnisが用いる実践的判断は、法の専門家の視点とも区別して捉えられなければならないものである。

　Finnisはこのプロセスを以下のように整理する。[377]第一に、人間の行為領域において、決定的かつ共通の安定した行為パタンとこれに対応する権威的ルールが存在することは望ましいという実践的判断がある（a）。さらに、この特定の行為パタンφは、共通の権威的ルールとして承認（あるいは黙認）するのに適切なパタンであるという実践的判断がなされる。これらは従来の見解で説明される法的確信に当たる。

　第二段階として、この行為パタンφに関して、諸国家間で広く一致した意見の合意（あるいは黙認）が存在する。

　第三に、その法的確信に諸国家は広く従うという事実が存在する。これらは経験的判断として捉えられるものである。

　第四に、法的確信に対するこのような広い服従と、行為パタンφに対する

広い意見の一致と黙認の存在は、行為パタンφを要請する正当化された慣習ルールが存在することを証明するための十分条件となる。この判断は実践的判断である。

第五に、行為パタンφは、国際法上の正当化された慣習ルールによって要請（または許容）される。この判断は実践的判断である。

第六に、国家は、行為パタンφが実行されるべきであるというルールを一般的に承認する。これは経験的判断である。

最後に、法の専門家によって、この行為パタンφが国際法によって要請されるルールであることが承認される。

以上がFinnisの法の正当化プロセスの議論である。Finnisの正当化テーゼの意義はどのようなものがあるのか。まず、法的確信についての実践的判断として、事実に対する実践的判断（第一段階）と、国家実行の存在に関する実践的判断、つまり経験的判断に基づく実践的判断（第四段階）を区別したことで、従来の議論では隠れていた側面が明確に認識され、さらにこのことで、法的確信はすでに存在する法規範の存在を確認する手続としてしか捉えきれていなかった従来の議論が抱えるパラドクスを解消した点が挙げられる。[378]

また、第一段階と第五段階の実践的判断が区別されることで、記述的判断と法的判断の区別が明確化された。第五段階の実践的判断は、実定的な法的判断であり、これは単なる立法論レベルの話にとどまらず、解釈の正当性の判断としてFinnisは理解する。[379]

さらに、第二、第三、第六段階の経験的判断が他の判断から引き離して認識されることで、ルールの正当化が事実に関する経験的判断に根拠を有するものであることが明確化された。ルールの法的正当化が事実に基づくとは、このルールが行為に対する排他的理由を有することを意味し、そのために正当化されるということである。[380] Finnisの法的正当化のプロセスは、事実上のルールがどのようにして法的に正当化されるかのプロセスに関する議論である。Finnisはこれを慣習国際法の生成過程における議論を参照し、そこで従来論じられる議論では隠されている側面を暴くことで、正当化可能な法の創

設の意義を明確にした。それは、Finnisによると、法規範としての実効性と妥当性が認められれば、法は創設されるというものであった。この判断には実効性に関する経験的判断と、妥当性に関する実践的判断を含むために、多くの場合において、ルールの正当性はそのコミュニティーにおけるメンバーの合意が存在するという事実に由来するものとして認識することが可能である。

　しかし、法的正当化はこのような合意のみを根拠とするわけではないとFinnisは言う。つまり、法的正当性が肯定されるのは、意見の一致以上のものを含むものであり、それは、そのルールに法的正当性を認めなければ解決不可能な問題を解決するためという、排他的理由が存在するためであるとFinnisは理解するのである。それはつまり、Finnisが、法的正当性の根幹は共通善を促進するという法原則にあると考えていることを示すものである。解釈論の正当性に関する実践的判断（第五段階）の前提となる個々のメンバーによる実践的判断は、共通善の促進というコミュニティー全体の利益、目的のために制限されることをFinnisは認める。法の究極的正当化は協同の問題解決にあるために、論じられるべき問題として、この目的を達成するための適切な方法に関する合意が存在するか否かが実際には議論されているとFinnisは分析する。


　Finnisの法の正当化テーゼを整理しよう。Finnisは人々による事実状態の認識にその正当化根拠が有すると考える。それは、法の正当性がすでに正当性の付与された法の定立権者による制定に由来することに限定されるわけではないことを示すものである。Finnisによると法の正当性は、法規範としての実効性と妥当性である。その場合に、そのルールが法的に正当化されるのは、そうでなければコミュニティーに協同の問題を解決するという共通善を促進できないという排他的理由を有するためである。共通善によってそれぞれのメンバーに固有の利益の追求は制限され得るとFinnisは考えるため、Finnisの正当化テーゼは共通善を基底にして構成されるものであり、またこ

こにFinnisの法の正当性の究極的根拠がある。

　さらに、コミュニティーに協同の問題を解決することを法的正当性の法原則として捉えるFinnisの正当化テーゼは、その協同問題を解決するためという正義に関する道徳的判断を前提にするものである。[384]そのため、共通善の目的のために適切な方法に関する合意が存在するか否かの問題の答えとして、道徳的に妥当な判断であることが望ましいことになる。[385]またコミュニティーにおける一致した合意が存在するか否かの判断に際して、そのような「合意」が存在するには、コミュニティー全体の意見としてみなすのに無理がない程度の数を必要とするものと解釈できる。

　この正当化テーゼは国際慣習法の法形成の議論を参照するものであり、実務に即した理論である。このテーゼは、実務上行われている国際慣習法という法の形成のプロセスを法理論として分析、説明したものである。20世紀以降の国際慣習法の基本概念に関する議論は、国内慣習法の議論との類推で行われているため、[386]Finnisのこの議論を国内法の文脈に応用することは十分に可能性のあることである。


　「人定法とはいかなる条件の下で可能となるのか」という問いに始まるFinnisの議論は、以上のテーゼを生んだ。これが、実定法には規定されていない行為に対する正当化の根拠を提供するものであることには疑いがないだろう。Finnisのこのテーゼの特徴は、規範的と記述的主張を含む点である。Finnisの規範的主張とは、実定法の規定の存否に関わらず、自然法の要素が法の作用に影響を及ぼすことを内容とするものであり、[387]つまりFinnisの自然法理論は、実定法の規定に違反すらしても、真の正義の実現のために道徳原則に従うべきことが要請される。[388]

　これはHartと対立する見解である。Hartは法を記述的に捉えるためである。Hartが記述的に法を捉えようとするのは、規範的に語られる法理論にはフィクションが実際には含まれているにもかかわらず、このフィクションを隠されたままにしていることに対する批判が前提にある。Hartは以下の

第2章　イギリス法システムにおけるコモンローの意義

ようにそのフィクションの問題点を指摘する。法理論においては法による統治が主張されており、これは法システムとは瑕疵のないルールによって成立していることを意味する。そして法による統治を実現するこの法システムは、意味の明確なルールの総体であることが想定されている。

　しかし、Hartはこれがフィクションであるという。なぜなら成文法に規定された文言の意味には必ず文言の周辺的な要素が含まれているために明確ではなく、このようなルールの不確定性に対しては、裁判所のルール解釈の最終性と正当性を認識せざるを得ない。法による統治は立法府の法定立権限のみを意識させるものであり、法解釈を行う裁判所の権限には沈黙している。もしこのフィクションをフィクションでないと認識するなら、制定法は法源であり法自体ではないことを認めざるを得なくなるためにパラドクスに陥る。つまり規範的に語られる法理論は法による統治が有するフィクションを認識していないとしてHartは批判するのである。

　このために、Hartは法の概念において、法を記述的に観察する視点が必要であることを訴えた。これに対してFinnisの議論は、法の観念について規範的観点からも捉えるためにHartと対立する。この対立は、法と道徳の関係に関する見解の対立に表れる。この対立は、法的妥当性の考えにおいて明確化するものである。Hartはこれを記述的に捉えるのに対して、Finnisは規範的に捉えている。規範的に捉えるFinnisに対しては以下のように批判がなされるだろう。Finnisのように法を規範的に捉え、法的妥当性と道徳原則の密接な関係性を肯定するなら、法を遵守する市民の自由な意思が道徳原則によって否定されるまではいかないにせよ、制約される可能性があるとの批判である。

　では、Finnisの議論の意義はどこにあるのか。そもそもFinnisの問いの意義は何か。人定法が可能になるとの問いはなぜ必要になるのか。Hartは法による統治には実際にはフィクションが存在することを指摘して記述的法の重要性を訴えた。この解決では、しかし、裁判所の法解釈権限には依然として沈黙のままである。Finnisにとって、法による統治の実現には、法解釈の

177

正当性も重要なポイントなのである。では、法解釈において「法の存在」とはどのように認識されているか。例えば、実定法学者が実定法解釈を行う際、本当に問題にしていることは何か。

明文の文言規定、つまりその権利が規定されているという事実は重要である。通常の法解釈のケースにおいて、記述的に明文化されている条文がまず参照され、その後にその意義が規範的に論じられる。権利が存在するか否かは、その際の権利内容として正当な意味を有するか否かの問題であり、権利が存在しないという判断は、その意味で捉えられる権利内容が法的妥当性をもたないか（裁判においては裁判規範性）であり、実定法解釈において権利が存在するというときに実際に考慮されているのは、その権利の記述的ではなく規範的側面である。

さらに通常のケースにおいて、最初に明文規定が参照される際には、そのように存在する法規定の正当性が前提とされている。これが疑わしい場合には、より高次の法（憲法）に照らして判断が下される。その結果、違憲の判断が裁判所によって下される場合がある。

では、違憲の法とは法か。この問いに対する答えは、肯定も否定も可能である。では、どちらが法解釈において一般的に捉えられる見解といえるか。後者である。違憲の法は法ではないという法的記述が意味するのは、裁判所がこの法律を違憲であると判断したという規範の意味が含まれているのである。この法律の存否に立法府の判断は関係していない。確かに、違憲の法はすぐに改正されるべきであるが、しかし、立法府がそのように判断しその手続をとらない限りは実際にはその違憲の法律は存在し続ける。

法の支配にいう法とは、このような不正な法による支配に沈黙しているのか。Finnisはこのようには考えない。Finnisにとって不正な法は法ではない。Finnisによると、不正な法は法的妥当性がないとしてその実効性も否定される。Hartは法的妥当性を法の概念レベルの議論から排除するため（それは承認のルールによって担保されるとHartは考える）、Hartにとっては不正の法も法である。そうでなければ、制定法は法ではないというパラドクスを

*178*

第2章　イギリス法システムにおけるコモンローの意義

ひき起こしてしまうかもしれないのである。


　確かに、法は存在するなら、つまり、実定法として明文規定されていれば、そのような法すべてに従うべきであるという主張は一見正しい。ただしこれが正しいと考えられるのは、明文化されている法規定には正当性があることが前提にされている。そしてその正当性とは、法の定立権限のある機関である立法府によって制定されていることに通常は求められる。しかし、このように捉えられる法の中には、不正なもの、あるいは違憲である法も含まれる可能性が実際にはある。市民はこのような不正な法にも従うべき義務を有するのか。仮に市民のこの義務を肯定したとして、このとき実際に生じている事態は不正な法が市民によって事実上実行され（続け）ているということである。

　これは法による支配の実現の観点から問題ないのか。人ではなく法によって国家や国民は統治されるべきであるという法の支配原則には、確かにフィクションが含まれている。なぜなら法は、人間によって制定されるからである。では、この現実は、どのようにして法の支配原則を達成できる状況を作り上げることができるのか。どのような条件の下でならこれは可能であるのか。ここにFinnisの問いの意義があるのではないだろうか。

　つまりFinnisは、実際の状況における不正の状況を観察し記述的に捉えることで実際の問題を暴き、この実際の問題を解決する法の支配を実現しようと試みるためにFinnisはこの問いを発したのではないか。すなわち、法による統治が有する実際のフィクションを実際に解決するために必要なのは、Hartの法の概念ではなくFinnisのこの議論なのではないか。この解決のためには法を規範的に捉えることが必要であり、そしてこのように捉えられる法の観念は法解釈レベルにおいて妥当な見解である。

　これに対しては、制定法は法自体ではなく法源になるとの反論がなされるかもしれない。しかし、規範レベルにおいて制定法が法ではないというのはそれが妥当な法ではないという意味であり、見解として十分に成り立つ。こ

*179*

のFinnisの議論は、従来の自然法主義者のように自然主義的誤謬に陥るものではない。Finnisが記述的主張を行うとき、彼は観察者の視点を明確に打ち出すことでこの問題を回避したのである。

法の支配原則におけるFinnisの規範レベルの法は、裁判官の視点において重要な意義を有すると思われる。このFinnisの法の正当化テーゼは、裁判官の法解釈の正当化の議論を提供するものとして理解されるべきである。つまりこれは、法の定立権限のない裁判官が、実定法に明文規定されていない意味を法として語るときの法解釈の正当化の問題として捉えられるべきものである。

Finnisの法の正当化テーゼは、法の正当性を法定立権限による法を唯一のものとして考慮するものではない。Finnisの法の正当化テーゼは、コモンローを判決で援用する裁判官の判断の法的正当化議論を与えるものとして理解できる。また、裁判官が援用すべきコモンローの法的正当性の条件を提示したものとして理解できる。

## 3　イギリス憲法におけるコモンローの意義

### 3.1　不文憲法という特質について

コモンローが不文の法であるとして、成文法との対立においてこの特質を捉えようと試みるとき、コモンローが包括的であるという点を指摘することができる。つまり、この事がらに関して法はどうなっているのか、という形式で問われる問題すべてに対してコモンローは法的回答をなすことができるということである。これに対して成文法に基づく法理論は、法に隙間があることを前提にしている。

コモンローはイギリス法システム独特のものであるが、イギリスの特徴として他に、イギリスが不文憲法を採用しているという点を指摘することができる。イギリスは、他の多くの国家のように国家が人権を保障することを憲法によって成文化することで確保する方法を選択しなかったのである。そのため、イギリス憲法とはいかなるものか、それはどこに起源を有するのかと

いう類の問題に応えるのは困難である。

この点について、17世紀のCokeの法思想はイギリスが法というシステムや人権保障のあり方に対していかなる観念を有し基礎にしてきたかを知るのに重要なものといえる。なぜなら17世紀は、イギリスが近代化を図るのに重要な歴史的出来事や文書が出された時期として特別の重要性を有するためである。イギリスでは幾多の困難や危機を抱えながらもコモンローという不文の法を維持し、これを伝統として発展してきたのである。つまり、不文であるイギリス憲法について考察するのに、コモンローという法システムの法的特質をその考察から外すことはできず、むしろその密接な関連性のために積極的に考慮しなければならない。

以下では、コモンローと不文憲法のこの関連性を意識しながら、イギリス不文憲法におけるコモンローの意義を探りたい。

### 3.1.1 権利論の射程

イギリス法システムにおける権利保障とはどのように実現されるのか。まずその特徴として挙げられるのが、イギリスはその他の多くの民主主義国家と異なり成文憲法をもたず不文憲法という形式を採用している点である。権利観念に関する一般的な理解として積極的側面と消極的側面があるとされるが、従来のイギリスにおいて、権利観念は自由Libertyという消極的側面を中心に展開してきたといえる。[393]イギリスは、同じく近代市民革命を経ることで権利の獲得を成し遂げたフランスやアメリカとは異なり、憲法典というテクストをもってこれら権利の保障を約束する道を選ばなかった。

憲法典の代わりにイギリスにおいて重要とされてきたのは、その歴史的文脈である。絶対王政期における国王の暴政からいかに人民の権利を保障するかなど、権利保障を語る際のイギリスにおいて、歴史は特に重要な意義をもっていると考えられる。[394]イギリス法システムにおける権利保障について考察するには、成文憲法を採用しなかったという形式的側面に加えて、歴史的な側面もより重要な側面として認識しなければならないのである。[395]

権利について初めて言及したといわれる1215年のマグナ・カルタや1689年の権利請願が市民の権利保障の実現に大きな意義をもち、これらの歴史的文書は憲法の意義を考察するのに重要なテクストであるとされる。[396]

　不文憲法という形態によって権利保障を実現してきたという、このイギリス特有の権利観念を最も説得的に説明したのがAlbert Diceyといわれており、彼の理論はイギリス憲法を語る上で最重要のものとされる。[397]Diceyはイギリス法システムにおける自由という権利観念を残余の権利Residual Rightsとして説明する。Diceyによると、諸個人は法によって禁止されているか、あるいは他人の権利を侵害しない限り、いかなることをもなす自由が保障されているとして捉えられるのである。[398]

　Diceyは、自由として保障され観念されるイングランドに特有のこの権利の特徴として、市民と国王の関係の観点から以下のように述べる。市民同士が互いに有する市民の権利は、市民が国王の部下に対して有する権利と同様である点をDiceyは注目すべき特徴として指摘するのである。[399]これはつまり、イングランドの憲法システムは、イングランドの通常の法の一部であることを宣言することであるとDiceyは続けて主張するのである。[400]

　そこでDiceyは、国王や他の公権力はコモンローのルールかあるいは制定法によって権限が付与されていなければ何をなす権限ももたないことを主張する。[401]さらにコモンローによって保障される基本的権利としてDiceyは、身体の自由に対する権利、討論する自由の権利、公の場で集会する権利などを列挙し、[402]Diceyによるとこれらの権利は適法性の推定を受けるため、これらの権利は国会ですら明文規定がなければ制限することができないことが主張されるのである。[403]

　このような消極的な自由権中心の権利観念に対して、実定法による権利観念が採用されるべきことを唱えたのがBenthamである。実定法による権利観念は、歴史的に法実証主義と結びついて展開されてきたと一般的に考えられており、イングランドにおいてこれは、18世紀後半から19世紀初頭にかけて展開された合理主義に根づいた考えとして捉えられるのである。[404]

182

第 2 章　イギリス法システムにおけるコモンローの意義

　Benthamは、自然法主義者が立法ではなく、コモンローを援用することで権利保障を成し遂げようとしたという保守的な態度を批判した。Benthamは積極的に法改革を提唱したことで有名であるが、これには、自然権という観念にしばしば潜む違法性Illegitimacyや、これが合法的な権威に対する脅威になり得ることへの懸念が背後にあるといえる。Benthamにとって正統な権利とは、自然ではなく法に由来するものであり、しかもその正統性は国家の最高の政治的権威である主権者としての立法府によって適切に定立されることに由来すると考えられるのである。<sup>(406)</sup>

　自由として保障される対象について最初に考察するのは裁判所ではなく政治的権力であり、法的プロセスはその後に経るものであり、さらにこの正当化は功利計算に基づく帰結主義によってなされるというのがBenthamの考えである。<sup>(407)</sup>Benthamによると、苦痛と快楽の総計による幸福計算は法の望ましさを判断するのに最も合理的な方法であるとされ、これはまた自然法主義者によって提唱される自由をも考慮するものであると説明される。<sup>(409)</sup>

　しかし、功利主義に基づくこのようなBenthamの権利観念に対する主な問題点として、二つが指摘される。一つは、Benthamの幸福計算が、その総計を基準にするために快楽と苦痛の質に関する考察がないとして批判される。Benthamの計算式によると、合理的な人間の行動パタンを基準にしてすべての快楽と苦痛が経済的価値に還元して捉えられることになるためである。

　そしてこれは、Benthamの功利の計算は個人の権利や自由を十分に考慮するものではないという二つめの批判につながる。Benthamの議論によると、「私」が自由を行使することから生じる私の快楽は、私が自由を享受することによって生じる他者の苦痛に劣位する可能性を常に孕むことを許容するものである。古典的な功利主義の議論は、他者の苦痛によって私が快楽を享受する自由が常に制限されることが肯定されるか、あるいは、私に快楽を与える自由は、私が自由を享受しないことで快楽を得る他者によって制限されることを常に肯定する可能性があることになる。<sup>(410)</sup>

*183*

この理論において、個人に自由を付与しないことを望む善き理由と悪しき理由の区別は考慮されていない。快楽と苦痛による単純計算による[411] Benthamの議論には、道徳的観点が欠如しており道徳的重要性について考慮するものではないために、このような結論を許容してしまうのである。[412]

　道徳による法の強制について、後にSir Patrick Devlinは、幸福計算を用いることによって、個人の自由に対する制限を設けることの必要性を主張した。Devlinは、同性愛者の性的自由に関するHartの見解に反論する中で以[413]下のように主張した。Devlinは、同性愛者に対して社会が有する嫌悪を害悪としてこの計算式の中で考慮することによって、同性愛者の個人の自由に対する制限の法的根拠を主張し、私的領域における同性愛者の性的自由が法の領域に含まれる事がらであることを訴え、特に、同性愛者の性的自由が私的道徳として法の領域外の事がらであるとしたWolfenden Reportを批判した[414]のである。[415]

　質的側面を考慮しないBenthamの幸福計算においては、道徳的側面が最初から考察の対象外とされるため、法の道徳的妥当性に関する議論なしに法の正当性を主張することが可能になってしまうのである。

　この批判点を受け止め、Benthamの功利主義の考えを発展的に継承したのが、John Stuart Millである。Millの議論は『自由論』において如実に表[416]れている。

　Millによると、個人や社会が他者に対して正当な権限を行使できる場合を、自己防衛を目的とするものに限定される。Millは、自由Freedomの至高性を主張し、特に、言論の自由は特別の保障を受けるものであることを論じる。Millの功利主義は、真理の到達を権利の正当化根拠としており、真理の実現のためには思想や言論の自由を特に厚く保障することが必要となるためである。またMillによると、たとえその意見が偽であるとしても価値があると判断される。なぜなら、その言論が偽であることが証明されること自体を通じて、真理へ一歩近づくことができるためである。

　また、「個」の多様性も物ごとの発展や革新を導くものとしてMillによる

第2章　イギリス法システムにおけるコモンローの意義

と歓迎される。多様な価値で満たされる思想の自由市場は、個人が入手可能
な選択の幅を広げるために、国家の役割は消極的に主張され、政府という
より私人あるいは私的団体による解決が好まれることになる。Millの議論は、
個人主義に基づき個人の活動を重視するものであるが、それに尽きるわけで
はない。Millの帰結主義に基づく議論は、個人のためだけではなくひいては
社会全体の利益を促進するための理論でもある。

　ここに、Millのパターナリズムの主張をみてとれる。Millは功利を以下の
ように考えた。それは、個人が欲することについてのものではなく、諸個人
にとって善である（と考えられる）ものについてである。[417] たとえ自分は欲し
なくても、その行為をなすことで自分自身がより善き人間になり、さらなる
快楽を享受できると考えられる場合、その行為をなすべき責任が生じると考
えられることになる。

　この点に、Millの民主主義の観念が表れていると思われる。Millによると、
個人主義について突き詰めて考えたとき、これは人民主義的民主主義に対す
る深い不信があると考えられることになる。[418] 功利バランスがどこに存在する
かを決定するプロセスとしては、人民主義的民主主義は個人主義に反するも
のであるという点にMillは自覚的であったと考えられる。

　これは、Millが、少なくとも歴史的事実として、このように捉えられる
「民主主義」それ自体には、少数者に対する多数派の圧政に対抗する術はも
ち合わせていない、あるいは、主張されてはきていないことを指摘するもの
である。[419] それは例えば、レイシズムに基づく差別的立法が実際に存在した事
実を想起すれば理解できよう。[420] このような事実を理解した上で、言論の自由
の制限という社会の重大な不利益がやむにやまれぬ場合にしか許容されない
ことを主張し、またこのように主張することでMillはその権利保障を観念づ
けたと考えられる。[421]

　Millは、特定の権利や自由に対する特定の功利の価値があることを主張す
ることで、言論の自由の優越的価値を主張したが、このように言論の自由に
対する特別の保護を与えるという議論は、一般的に、民主プロセスが比較的

185

未熟な場合に展開されたと考えることができよう。<sup>(422)</sup>

　ただし、特定の権利を立法によって保障するという形態については、イギリス法システムにおいては主に二つの問題点が一般的に懸念される。一つは国会主権という憲法上の原則との関係において指摘される。イギリスにおいて、国会主権の原則は従来絶対的なものと考えられており、これが理論上意味するのは、国会は自己の権限に対してすら制限する権限がないというものである。<sup>(423)</sup>

　また第二に、支配的なイギリス国内法理論によると、法の正統性の究極的淵源は、選挙を通じたことで民意が反映された政治的判断にあると考えられる。<sup>(424)</sup>この点を考慮すると、特定の権利を実定法によって観念づけ「囲う」ことによって保障するという形態は、反民主主義的な要素を含んでいると考えられるのである。投票箱を通じた民意の反映は、庶民院における裁判官によって制限される可能性があり、またイギリスにおいて裁判官は、選挙によって選出されるわけではないため、特定の権利を囲うことに民主主義的正当性が備わっているとは限らないことになる。<sup>(425)</sup>

　また、何が特別の保障を受ける基本的権利として認められるかを決定するのに十分情報を獲得する手続が裁判所に備わっていることは保障されているわけではない点も懸念事項として指摘される。<sup>(426)</sup>

　ある内容や利益を実定法化することで権利保障が実現されるという考えは、実証主義の特徴の一つとして一般的に捉えられ、これを権利として観念づけるには、この内容を実定法化する政治システムが重要になるが、イギリス法システムにおいては上記のような特有の問題が存在する。

　また実証主義だけでは、権利として観念されるべき利益が何であるかを特定することは著しく困難であるといえよう。イギリスの権利保障の形態における自然法と実証主義の考えは二者択一の関係にあるというより、この二つが伝統的に存在していると考えられており、そして、自然法思想は自然権の思想に、実証主義は実定法による権利保障の思想と結合する傾向があると考えられている。<sup>(427)</sup>

第2章　イギリス法システムにおけるコモンローの意義

　自然法思想と実証主義という、相対する二つの考えが、このように伝統的
に存在していると考えることは法理学において可能なのか。自然法思想と実
証主義の対立論争においてDworkinは、この論争の中で見落とされている
第三の法理論の可能性について言及している。[428] Dworkinは、奴隷制度に関
するアメリカ合衆国憲法4条2節3項[429]の解釈について、当時の裁判官たちが
自己のもつ道徳的観念と憲法の規定の間で揺れ動きながらも、結局は彼らが
実定法こそ法のすべてと考え、実定法以外の法源の可能性を探ろうとしなか
った態度に疑問を呈する。

　Dworkinによると、奴隷の権利は国家の宥和政策以上に制度的なものと
考えられるため、裁判官は国家のその政策以上に、奴隷の権利を保護する義
務を負っていると考えられるのである。

　第三の法理論について、Dworkinは以下のように述べる。社会の法とは、
国家によって制定された実定法やルールの中にのみ存在するのではなく、こ
れらの法が暗黙のうちに正当化している正義や公正の一般諸原理の中にも見
出されるという主張である。

　そしてDworkinは、アメリカ合衆国憲法のそれら諸原理が連邦制の観念
を前提としていると主張し、これは奴隷制という一時的な妥協策としての制
度よりも、はるかに法の中核的なものであると述べる。またこの法理論は、
当時の法理学者や法律家にとっては馴染みがあるものとはいえないが、コモ
ンローの観念に基づくものであり、実際にStory判事も採用する考えであっ
たことを指摘する。[430]

　Dworkinのこの指摘を考慮すると、Benthamを除く他の実証主義者は、
実定法の観念を主張する際に何らかの超法規的観念に依拠している可能性が
考えられることになる。[431] Hartは自然権について、法と道徳の関係から考察
し、これがもし存在するなら人々は等しくとり扱われるべきであるという内
容を含む平等権を表すものであるという主張をほのめかしており、またその[432]
場合、自由Libertyは自然権として認められなければならないことが示唆さ

187

れている。実証主義者Hartのこの自然権の議論は魅力的であるが、何が自然権という権利として認められるかについてはさらなる考察が必要になる。

　自然法思想によると、道徳的価値に依拠することで権利が観念づけられる場合、何が権利として認められるかはその社会で一致した見解が何か、どのような価値に対して社会の一致した見解が存在するかが重要な指標となる。そうでない場合、自然法思想においてそれは権利として存在しないことになるためである。この点において、ある内容が道徳的価値を有するとして自然権として観念されるには、その社会における政治システム、すなわち政治的価値に大きく左右されることが指摘されることになる。


　確かに、いかなる内容のものが権利として観念されるかを考察するのに、その社会における政治的価値が大きく影響を及ぼすものであるという考えは一般的なものであると思われる。Richard Rortyは、権利観念に対して政治的価値が有するこのような特別の力を偶然性とアイロニーを用いて修辞的に捉えることで、この現実を見事に説明している。Rortyの理論は、哲学の対象を真理の所在についての学問から、人間の言論活動の解釈に関する研究へと脱構築した点で注目されるものである。

　Rortyによると、人間の状態や人間の価値は必然的ではなく偶然性を有しながら発展していくものであると捉えられる。Rortyは、これをアイロニックなものの見方や考え方として説明する。Rortyによると、アイロニストとは自分が使用する語彙、またこの語彙を基に展開された議論に対しては常に懐疑的な者を意味する。アイロニストのものの見方においては、善に関して自明の語彙も、人間存在や社会の本質に関する語彙も当然に存在するとは捉えられていない。

　Rortyのこのプラグマティズムの考えにおいては、真理などの哲学理論の対象は本質をもたないと捉えられるため、反本質主義の特徴を有すると説明される。また、視覚的メタファー自体をRortyは誤りであると捉え、さらに価値を語る際の対象も存在しないとして捉えられるため、Rortyのプラグマ

第2章　イギリス法システムにおけるコモンローの意義

ティズムにおいては事実と価値の区別が存在しない。Rortyのアイロニスト<sup>(440)</sup>
は事実に対して常に可謬的であり、またこれは道徳的価値に対する多元主義
的見解と適合すると考えられるため、Rortyの世界において人々は、新たな
語彙によってリベラルな世界を常に再記述することができ、またこれによっ
て、新たな語彙を発展させるためのさらなる自由Freedomの享受に開かれ
た構造となっている。<sup>(441)</sup>

　このようなRortyの世界観や真理の捉え方は、Millのそれとは異なるもの
であると思われる。Millによると、新たなものの見方は、これが結果として
より善き世界を切り開くものでなければ、その言論は保護の対象にはならな
いと考えられるからである。<sup>(442)</sup>

　これに対してRortyの世界観は、このような帰結主義的真理観に基づく世
界観ではないと考えられる。Rortyの政治的価値に対するプラグマティック
な考え方において、確かに、アイロニー自体は人々の行為を導く指標とはな
らないが、いかなる権利観念が採用されるかについては、どのようなものの
見方や考え方に対しても保障される可能性が開かれていると主張される点は
注目に値するものである。なぜなら、権利観念について社会の人々の一致し
た見解が存在しない場合、つまり、権利観念を捉えるために個人が使用する
語彙に共通項がない場合は、人々の権利に関する会話には、権利保障のため
のいかなる可能性も存在しないことが暴かれ、それをわれわれに教えてくれ
るからである。<sup>(443)</sup>

　つまり、社会における一致した見解、そのような内容を容認する政治的価
値が存在しない場合、いくら人々が権利について語ろうが、あるいは権利保
障の現実的な重要性を訴えようが、権利保障を実現するのには何の役にも立
たないことを明確にわれわれに教えてくれる理論であると考えられる。この
ような場合、政治的価値あるいは政治理論に依拠する理由はどこにあるのだ
ろうか。

　そしてこれは、通常ケースにおいて、個人の権利保障の実現にはその社会
の政治システムが重要な影響をもっている点を考慮すると、社会に一致した

見解が存在しない場合、個人の権利観念の正当性を権利論の領域で語ることの限界を示すものではないだろうか。あるいは、社会における一致した見解がない場合、このことをもってその権利は存在しない、あるいはそのような実体的価値は保障されるに値しないと結論づけられることになるのだろうか。

　もしそうなら、政治的解決がいまだ実現されていない場合、保護されるべき実体とはどのように、誰が決める権限を有するのか。あるいは、社会における一致した見解がない場合、もはや個人には法的には何も保障されず、いかなる救済も存在しないことになるのだろうか。

### 3.1.2　基本ルールとしての統治のルール

　イギリス憲法における政治の影響は重大である。また権利観念を考察するのに政治は重要な要素である。では、政府によって承認されることをもってのみ権利保障は実現されるのか。あるいは政府（政治機関）が承認しない場合、そもそも保障されるべき権利あるいは実体的価値は存在しないと考えられることになるのか。法とは、定立によってのみ存在し得るのか。「法」とは成文化されなければ存在しないのか。

　イギリスにおいて憲法は成文化されていない。イギリスでは、憲法という観念の正確な記述はなされておらず、また憲法という観念がいかなる形態で語られようとも憲法に関する社会の人々の一致した見解が存在するとは思われない。このような状況において、では、イギリスに「憲法」は存在しないのだろうか。不文である点をもって、イギリスに憲法が存在しないと答えることも可能であろう。しかしイギリスは、不文憲法を維持し、不文憲法によって近代立憲主義を生み出し確立させたという事実を有する。イギリス憲法の観念についてどのように考えるべきか。

　この点についてJames Bryceは、憲法の観念を政治社会の枠組みの中で捉え、憲法を以下のように定義した。まずBryceは、法を制定法とコモンロー

*190*

第 2 章　イギリス法システムにおけるコモンローの意義

の二種類に分類し、憲法の一般観念としては前者を支持する。Bryceによる
と、憲法という観念は他の法律が拠り所とする法源とは異なる法源を有する
ものであり、それは主権の力を有するとして定義されるものである。<sup>(447)</sup>

　またその制定は、通常の法の立法権者ではなくより高次の、特別な権限を
有する機関によってなされるとされ、これに抵触する法は無効であるとされ
る。制定法の観念に依拠するBryceの憲法の定義は、コモンロー型の憲法と
<sup>(448)</sup>
は区別され、さらに他の法律とも明確な区別を行うものである。Bryceによ
ると、つまり、法が成文化されているか不文であるかによって区別される考
えは、もはや廃れた考えであると主張される。<sup>(449)</sup>

　Bryceの憲法観念は、成文か不文かの区別が指標とはならないことを主張
するものであるが、他方で、制定法の観念に依拠して憲法を捉えているため、
単一かつ唯一の観念として憲法を捉えているわけではない。そのため、イギ
リス憲法の存在自体については懐疑的な態度を表すものである。<sup>(450)</sup>

　Bryceのイギリス憲法の定義に関する議論は、不文か成文かにとらわれる
ことなく、その特徴を政治的側面からも配慮して捉えるもので説得的である
が、Bryceの憲法観はその後のイギリスにおいて支配的見解となることはな
かった。<sup>(451)</sup>

　これに対して、イギリス憲法の定義について最も支配的地位を占めたのが
Diceyのものである。イギリスでは憲法は成文化されていないため、Dicey
<sup>(452)</sup>
の言葉こそイギリス憲法観念を考察する上での出発点であるとされる。その
ために、イギリス憲法の成文化はDiceyの言葉によって達成されたとも評価
されるほどなのである。<sup>(453)</sup>

　Diceyの憲法の定義とはいかなるものか。確かに、イギリス憲法は形式に
おいて存在していない。しかしDiceyは、これをもって憲法が存在しないと
は考えなかったと思われる。Diceyは憲法を観念づけるのに、憲法上の原則
を指摘することでこれを行ったと考えられる。Diceyはイギリス憲法の重要
な原則として、国会主権の原則と法の支配原則があると主張することで憲法
の存在を主張したと考えられる。そして、Diceyがこのような原則が憲法の
<sup>(454)</sup>

*191*

内容であると指摘したことから、Diceyは憲法の意義を統治のルールとして捉えたと考えられる。不文である憲法を、権利ではなく統治の側面において捉えたのである。

　イギリス憲法が不文である点に固執した場合、確かに、リアリストの立場からすれば、理論上イギリス憲法は存在しないという結論になるかもしれない。実際、イギリス憲法の存在自体を否定する見解は存在する。

　Frederick Ridleyは、国際的な基準において憲法観念を捉えた結果、権利観念の重要性を指摘し、イギリス憲法が有するとされる統治に関するルールのみでは憲法として不十分であると主張した。また、憲法として観念されるには通常の法より高次の法として位置づけられなければならないため、いずれにせよ、Diceyの憲法観念では憲法を語るには満足なものではなく、結局はイギリスに憲法は存在しないことが主張される。Ridleyの見解は、Bryce(455)の憲法観をベースに展開されるものである。

　確かに、不文である以上、これを観念づけるのは困難でありまたそれは適切ではないと考える理由は存在する。しかし、ある組織が存在し機能するには背後に必ず何らかのルールが存在するはずである。そうでなければ、この組織は、遅かれ早かれ、無秩序あるいは混沌状態に陥り破滅も免れないことになると考えられるためである。この組織には国家も含まれる。国家を形成する基本的なルールが存在しなければ、いかなる国家も効果的に機能しないだろう。この事実は、このルールが明文で規定されるか否かに左右されるものではない。不文であっても、国家を機能的に統治するルールは存在するはずである。

　また、ルールが不文であるために、このことをもってこれは存在しないものであることが結論として下され、そこで議論が終了するわけではない。イギリス憲法は、そのルールが不文であるからこそ、「憲法」に関する多くの特徴をわれわれに考察させ教えてくれる。なぜなら、イギリス憲法典の不在という事実は実際、憲法の法源とは何か、あるいは法とは何かという法理学の観点を豊富に含む多くの法学上の考察を提供するものであり、イギリスは

192

第 2 章　イギリス法システムにおけるコモンローの意義

これら根源的な点に関する多くの理論を生み出してきた実績をもつからである。
(456)

　Diceyの理論は、国際的な基準によることなくイギリス特有の憲法観念を追究することで、不文である法が無意味ではないこと、つまりその法学的意義が存在することを示すものであり、その意義として国会主権の原則と法の支配原則をイギリス憲法の特徴として確立したと考えるのが妥当である。

　憲法上の原則は、憲法がどのようなルールをもち、これがどのように作用するかなど、憲法自体を意味のあるものにするために重要な役割を担うものである。それは、Diceyの議論が、イギリスという国家自体を意味のあるものにするために、つまり実効的に機能するのに必須の役割を担うものであったと考えられる。

　このために、憲法上の原則とは、社会の基本的価値に適合するように、また、そのように法の運営がなされるように、すなわち、法が実社会の影響を内包して発展していくように、国会や裁判所といった機関の権限に影響を及ぼすほど重要な意味をもつものとして理解されるものなのである。国会の立法は憲法上の原則に適合して制定されるべきことが主張され、また、憲法上の原則に反すると解釈される場合、裁判所はその法律を違法Unlawfulであると判断できる可能性が主張されることになるのである。

　Diceyの憲法論はさらに、不文として存在する法の意義として、これが実定法の解釈を決定するほど重要なものであることを示すものと考えられる。イギリス憲法について、不文であるから憲法が存在しないと理解されるのではなく、不文であっても憲法は観念され存在するというのが一般的な理解である。
(460)

　Diceyは、不文であることをもって憲法の意義を考察し終えるのではなく、むしろ、不文であることに意義を見出したのである。これは、法の意義及び正当性を成文化にのみ求める見解ではない。法の正当化は成文か否かに核心があるわけではないことをDiceyの議論は示している。

193

イギリス憲法の特徴として挙げられるのは以下のものである。中央の政府権限が立法、司法及び行政の三つに分化しており、またこれらの機関はイギリス国内においては中央と地方、国際的平面においては国際機関との関係を有しながら権限が配分されている[461]。また憲法上の原則（法の支配の原則）の観点から、人々には憲法上の権利と人権が保障されていると考えられている点も指摘される[462]。異なる政府機関の間での権限の配分は憲法が有する機能の一つとして他の国家において認識されているのと同様である。

　ただし個人の権利保障に関してイギリスは他の国家とは異なる点がある。成文憲法典をもつ多くの国家において個人の権利保障はある特定の名をもって明文に規定されている形をとるが、イギリス憲法は成文憲法の形式をとらないため、個人の権利あるいは自由は政府権限が及ばない場合に存在する、あるいは保障されていると考えられるのである[463]。

　すなわち、憲法が不文であるという特徴が法的意味として最も顕著に表れるのは、成文憲法をもつ国家において政府権限の制限はそこに規定される個人の憲法上の権利との対抗関係から論じることができるが、イギリスにはこのような成文憲法を有する国家において認められている憲法上の基本的価値や人権が実定法上は存在しないため、イギリス法システムにおいて個人の権利が政府権限の制限の根拠となることは理論上は考えられない[464]。なぜなら、不文憲法を採用する法システムにおいて、憲法は、実定法上は存在してないために、法システムの序列が他の国家のように、憲法を頂点として段階的に存在していると考えられておらず、憲法の法的地位は他の法と同様であると理解されるためである[465]。

　憲法が他の法と同様の法的地位であるとは、憲法上の原則が他の法と同様の地位を有するということを意味するわけではない。イギリスにおいて、憲法は実際には憲法上の慣習などの形態として存在していると認識されているため、このように捉えられる場合の憲法の地位が他の法と法的地位において区別されないと理解されるべきである。

　このように、実際には憲法上のルールが慣習として捉えられるため、この

194

第2章　イギリス法システムにおけるコモンローの意義

点においてイギリス憲法の記述的性格が指摘される<sup>(466)</sup>。ただし、だからといっ
て、憲法の機能や意義が他の法と同様である、つまりイギリス法システムに
おいて、憲法特有の意味や機能が存在するものではないとは考えられていな
い<sup>(467)</sup>。

　イギリス憲法が存在しているという一般的理解は、実践的なレベルにおい
て、憲法が慣習などの憲法上のルールとして他の法と同様の形式で存在して
いることと、規範的なレベルにおいて、憲法上の原則として存在しているこ
とを認識する考えであると捉えられるべきである。そして伝統的に、憲法上
の原則のうちで特に重要であると考えられているのが国会主権の原則である<sup>(468)</sup>。

　イギリスにおいて権利観念が伝統的に消極的な自由として捉えられてきた
ことを考慮すると、イギリス憲法における個人の権利あるいは自由の保障は、
憲法が規定することによってではなく、政府権限によって規制されていない
場合に保障されると捉えられるものであり、個人の権利が保障されるか否か
の問題は特に、立法権を有する国会に対して拘束力をもつ国会主権の原則と
の関係が最も重要であると考えられる。成文憲法をもつ多くの国家において、
立法府の権限は個人の権利との対抗関係から制限される可能性があるが、イ
ギリス憲法における国会の権限は、国会主権の原則に適合して行為するよう
要請され、しかし他方で、個人の権利はその制限根拠として考慮されないの
である<sup>(469)</sup>。

　憲法によって権利保障が明記されるか否かに関わらず、一般的に政府は個
人の権利保障に重要な役割を担っていると考えられる。では、個人の権利に
対して重要な意義を有する政府の権限の正当性はどこにあるのか。一般的に
は、これは民主主義に求められると考えられる。近代立憲主義に基づく憲法
を採用する多くの国家において、民主主義は最も重要な基本的価値として承
認される。民主主義の伝統に基づいて、多くの憲法典は、国家の権限が一つ
に独占されるものではなく配分して規定し、しかもこれはただ配分されるこ
とが規定されるにとどまらず、善き政府として行為すべく道徳的に許容でき
る方法で配分されると解釈される<sup>(470)</sup>。

*195*

このことは、被統治者としての個人は、統治されるという客体として認識されているのではなく、自分自身として主体的に生きる個人として認識され、つまり個人の自律の重要性が国家によって認識されていることを示すものと解釈できる。これを法的レベルで捉えると、個人は他者の利益を侵害しなければ、その自律に基づく自己の利益が保障されるものとして理解される。それはつまり、他者や国家ではなく自己の選択に基づく個人として行為する自由が保障されることを意味するものである。

Razは、個人がその自由な選択に基づいて自律的に行為することが正当化される理由を、その選択が道徳的に妥当であることに求めて説明する。さらに、そのような道徳的な観点が含まれる個人の選択に基づく個人の行為は、社会的な利益をも促進することにつながるとRazは考える。Razによると、個人の自由は共通善に含まれるものとして理解できるため、いかなる自由が国家によって保障されるかの判断の要素として、その国家が何を共通善としてみなすかが一つの指標として考えられることになる。個人の選択が保障されるのは、これが客観的な観点から価値を有すると認められるためであり、そのような自律に基づく行為こそ、共通善を促進し、つまりは個人の福利に資するとRazは主張するのである。

Razのこの考えを採用すると、自律的個人の自由がいかなる価値を有するかの判断は、(すべてではないにせよ)国家に委ねられることになる。このために、このような保障形態をとる法の正当化の根拠として、民主主義が挙げられることになる。ここから、民主主義的正統性を有する政治機関の権限の重要性が根拠にされることで、憲法は法の正統性を保障しているとの議論が可能になる。

しかし、民主プロセスによる正当性を有する政治機関の判断には、確かに民衆の一致した賛成が存在することが前提にされているが、ただし民主政治はこのような一致した見解が実際に存在することを必ずしも想定しているわけではなく、また実際に生じているその不一致に盲目なわけではない。

民主政治は、人民の間で実際には生じている不一致も前提にし、この不一

第2章　イギリス法システムにおけるコモンローの意義

致をある程度は許容していると考えられる。<sup>(476)</sup>では、この不一致が看過できないほど大きく、社会における一致した見解の形成を理論上の前提とすることも期待できないような場合、どのように憲法は法の正当性を保障するのか。この点について、まずは、成文憲法の場合を例にして考えてみたい。

　上記の問いに答えるのは容易ではない。この問いを困難にする理由は、成文憲法が有する以下の二つの理由に存在すると思われる。一つめは、憲法とは通常、抽象的な文言で規定されている点に求められる。憲法が抽象的な文言を使用することで、実際に生じる困難な問題に応えることなくしても存在することが可能になる。<sup>(477)</sup>

　では、憲法は上記の問いの答えをそもそも有していないのか。憲法が抽象的な文言によって存在するのは、そのような困難な問いを避けるためなのか。つまり、この困難性を自覚しながらも、正当な憲法として存在するために文言の抽象性を維持しているのか。

　この問いは憲法が扱わなければならない重要な問いである。もし、憲法がこの問いに対する答えを有しているなら、では、誰がその問題を解決するのか。これはつまり、誰が憲法の意味を最終的に決定するのかという問いを含む。それは法の解釈権限を有する裁判所か、それとも民主主義的正統性を有する政治機関か。少なくとも憲法の明文規定において、この点は不問である。<sup>(478)</sup>

　二つめの理由は、憲法の規定は、基本的事項に関しては社会の一致した見解が存在していることを前提になされている点である。<sup>(479)</sup>憲法の規定は、社会において深く広く共有されている見解を反映するものとして理解できよう。しかし実際には、基本的事項に関しても意見の不一致は生じ得る。例えば、裁判を受ける権利は人権保障の最も基本的なものであることが多くの国家において認められている。それは、憲法上の権利として承認されているといえる。では、この権利はテロリズムによって重大な危機に直面した国家状況においても、通常の場合と変わらず保障されるのであろうか。それとも国家の危機的状況では、裁判を受ける権利は国家の安全と比較され、これに劣位すると判断されることで保障を受けないと考えるべきか。憲法上の明文規定に

*197*

おいては権利として保障されているが、他の利益に比較した結果、それに劣位するために実際には権利として保障されなくても、憲法上の問題はないと考えるべきか。そして、その場合でも憲法上の正当性は存在するのか。

これらの問題は、憲法上の問題として考えられるべきものである。しかし、実際に憲法が運営されるための具体的な方法（例えば二つめの点については、利益衡量の方法）は憲法典に明記されているわけではないため、憲法の規定のみによって答えを導出できるわけではない。実際には、明文規定されている憲法上の権利や利益は互いに抵触する可能性を有しているが、この抵触は必ずしも社会の大多数によって認識されているわけではない。にもかかわらず、この衝突が存在しないかのように憲法上は規定されている。憲法の規定があっても、これが前提とする基本的事項に関する社会の一致した見解が存在していない深刻な場合が、実際には考えられる。

社会の一致した見解が存在すれば、それが憲法に規定されるという事実はある。社会の一致した見解が存在する場合、このことをもってその正統性は保障される。すなわち、憲法典とは、この正統性を具体化するものとして捉えることができる。[480]

またその規定は、社会の基本的事項に関してなされ、そのために、実際の場面においてどのように適用されるかは憲法典に規定がない場合が多い。また、多くの憲法典は明文によって政府機関の権限配分を規定しており、その範囲内では各機関の正統性は保障されているが、[481]しかし、実際の運営において、政府機関は憲法典に規定された事項のみに従って権限を行使するわけではなく、実際には政府機関は憲法に規定されるよりもさらなる領域の問題を対象にしなければならないのである。実際の権限行使には必ずしも正統性が備わっているわけではないと考えられる。

政府機関内部の権限配分は、民主主義に適合するものでなければならないはずである。政治機関のみではなく司法部門も憲法において民主主義的役割を負い、その範囲で正当性が担保される領域があるはずである。このため、政治機関は民主主義を根拠にすることで、何に対しても正当性が担保されて

いるわけではないと考えられる。民主主義という憲法を支える大原則の意義
は、政治機関に限定して適用される類のものと解すべきではなく、このため
に、憲法の明文規定がない領域では常に政治機関の主張が司法部に優位する
との考えはその妥当性を欠いている。憲法の規定により各政府機関の正統性
が保障されているのは確かだが、しかし、憲法によって保障されていない領
域については正当性の話はできないはずである。

　そして、正統性が憲法の明文によっては保障されていない場合でも、実際
には政府機関は権限を行使しなければならない。そして、その権限行使は不
法Illegitimateなものであってはならない。そのように正統性が保障されて
いることが定かではなく実行される権限行使は、このために、憲法上正当化
されなければならない。そして、憲法上の明文規定がない以上、どのように
憲法上の正当化を成し得るのかは、その背後にある民主主義の観点が重要と
考えられるために、権限の民主主義的正当性が考慮されなければならないの
である。ここに、各政府機関の民主主義的正当性を論じる重要性がある。


　正当性が付与されていることと、正当化がなされることは異なるものであ
る。他者の権利や利益を侵害しない限りにおいて、ある個人の自由（権利）
を保護する法の正当性は、必ずしも民衆の一致した見解に求められるわけで
はないと考えられる。その場合、実際には利益衡量が行われることで法の正
当化が図られることになるが、しかし、この具体的方法は憲法に明記されて
いるわけではない。つまり、民主主義を根拠として、社会の一致した見解に
法の正当性を求める議論の構造は、実際には、利益衡量を行う権限機関の正
当化の問題として論じられていると考えられる。

　すなわち、法の正当性が憲法によって保障されるということが意味するの
は、法を実際に制定し実行し、解釈する権限機関の正当化が保障されている
ということなのである。民主主義は、憲法の明文規定として表現される社会
の一致した見解のみを正当化根拠として要請しているわけではなく、政府の
各機関の権限が正当に行使されていること、あるいはその権限行使が正当化

できることを要求するものと考えらえる。そしてその場合、政府機関の権限行使の正当性は、憲法の明文規定よりもむしろ、文言において必ずしも明示されているとは限らない憲法上の原則として表されるものなのである。

　確かに、ある実体的内容が法的保護を受けるべきものであることに多くの民衆が同意し、このある程度の一致した見解の存在が前提とされて規定された憲法上の権利の法的正当性は、この明文規定をもって保障されると考えられるだろう。しかし、なぜこのように民衆の一致した見解に正当性が見出されるかの憲法上の理由を考察すると、それは、法を制定し実行し、解釈する義務を負う各政府機関のそれぞれの正当性が民主プロセスを通じて付与されるからであると考えられる。<sup>(482)</sup>

　つまり、法の正当化Justified根拠は、民衆の一致した見解に基づく憲法の規定自体に必ずしも存在するわけではない。憲法上の明文規定を参照しただけでは解決するのが困難な場合、にもかかわらず、実務においてはこの法がどのような内容を有し実行されるかが判断されなければならない。しかも、その判断は違法なものであるべきではない。この判断が違法でないためには、これが正当化されるものでなければならない。そしてこの正当化は、この法に対して憲法上の義務を有し遂行する政府機関が実際に行う行為の正当性を通じて保障されると考えられ、そしてまた、実際の権限行使にこのような正当性を付与することこそ憲法の主たる目的と考えられる。<sup>(483)</sup>

　つまり、困難な問題が生じた場合、憲法による法の正当性の実務上の保障は、それら権限機関の行為の正当性を通じて実現されると考えられるのである。法の正当性を保障するためには、立法、行政、及び司法機関はそれぞれ、この憲法上の義務を果たすことが要請されることになる。この義務は、憲法によってこれら三つの政府機関それぞれに配分されているものである。

　ただし、憲法の規定は最も基本的なことについて抽象的な言葉によって規定され、詳細は明文化されていないのが通常であることは見落とされるべき点ではない。<sup>(484)</sup>つまり、通常の場合、憲法規定と、憲法がとり扱うべき領域は異なると考えられ、成文憲法の規定はこれの始点にすぎない。各機関は憲法

第2章　イギリス法システムにおけるコモンローの意義

を運営するのに、必ず一定範囲の裁量をもって権限を行使することになり、彼らはこの裁量の行使を憲法に違反しないように、また、他機関の権限を侵害しないように行為することが義務づけられている。権力分立は憲法上の原則として重要な地位を有するのである。憲法の領域をカバーするために憲法の規定が実際にはどのように補強されるかについて考えられるのは主に、立法府による法の制定と、裁判所による憲法及び法の文言解釈である。<sup>(485)</sup>

　立法府と裁判所の権限配分に関して特に問題とされるのは以下の点である。民主主義を根拠に立法府が選挙を通じた国民の代表者としての制度的正当性を担保されているのに対して、裁判所にはこれがないため、制度として民主主義的正当性を担保された機関が制定する法が裁判所によって審査されることに対しては、これが憲法上正当化されるものなのかが問題になる。つまり、民主主義における司法審査の正当性が重要な問題として問われることになるのである。司法審査の民主主義的正当性の問題はこのレベルで問われるべきであり、ここで問題にある民主主義とは、政治機関の正当性を付与する場合の意味に限定されるべきではない。なぜなら、民主プロセスを通じた権限機関の憲法上の正当性は、政治機関のみならず裁判所に対しても提起されるからである。憲法による法の正当化は、つまり、憲法の明文規定というよりむしろ憲法上の原則という不文の法との関係で重要な問題を提起するのである。


　では次に、不文の法の伝統を有するイギリスについて検討したい。通常、イギリスにおいて、国会の法律は庶民院及び貴族院によって通過した法案に国王の承認がなされることで成立する。<sup>(486)</sup>国王の立法権は、首相に対するアドバイスという形式において認められるだけで、国王も法律に従うことが憲法上の慣例として要請されている。この関係性は、国王と国会との間の歴史的対立の結果もたらされたものである。この憲法上の慣例は、法の正当性と、実際の法の運営の間の均衡を図る役割を担っているのである。<sup>(487)</sup>つまりこの場合、立法行為の正当性は、人々の代表としての正当性及び選挙を通じた正当性に存在すると考えることができる。<sup>(488)</sup>これは国会主権の原則の一側面を表す

*201*

ものであり、さらに国会主権の原則の背後には、より根源的な原則である民主主義の原則が存在すると考えられている。<sup>(489)</sup>

国会主権の原則が、具体的にいかなる内容をもつものであるかに関しては多様な見解が存在するが、その中心的意味として、国会は他のすべての立法機関に対して階層的に優越するものであることには見解が一致している。つまり他の立法機関も人民も、国会の制定した法に適合するよう行為することが要請され、また、これに反して行為することが禁止されていると解釈される。イギリスにおける国会主権の原則のこの優位性は際立つ特徴を有し、これはつまり、いかなる価値が成文法として尊重されるかに関するすべての判断が国会という政治組織によってなされることを意味するものであるように思われる。<sup>(493)</sup>

また、立法プロセスにおける国会の地位が憲法上の慣例において認められ、さらに、国会主権の原則が憲法上の原則として絶対的な地位が保障されている点から、イギリス憲法における政治的性格が強調されることになる。John Griffithによると、憲法は各時代における政治の権力関係に依存するものでありそれは政治にすぎないと特徴づけられるほどである。国会立法の重要性はまた、裁判においてこれが第一法源として認められている点にも表れている。<sup>(495)</sup>

しかし近年、このような国会主権の原則の絶対性に対する民主主義的正当性の現れ方に対しては疑問が投げかけられている。これには、1998年の人権法Human Rights Actの制定が大きくかかわっている。これは、人権法の制定によって、法の支配原則の意義を認め、その内容が改めて検討されることで、そこに新たな役割を見出そうとする中で論じられるものである。

Vernon Bogdanorによると、イギリス憲法は、究極的には唯一のルールに基づくものとして考えられる。それは、国会における国王（女王）が制定するものこそ法であるという言葉で表されるものである。<sup>(496)</sup>Bogdanorは、国会主権の原則こそイギリス憲法の基礎であることを主張しながらも、この原則の実体的内容が徐々に変化していることを指摘するのである。<sup>(497)</sup>

202

第2章　イギリス法システムにおけるコモンローの意義

　1973年のヨーロッパ共同体のイギリスの加盟に始まり、そして1997年から2010年の間に労働党によってなされたイギリスにおける一連の憲法上の改革の結果として制定された人権法によって、イギリス憲法は「新たな」局面を迎えたことが主張されるのである。「古い」憲法における国会主権の原則は、<sup>(498)</sup>憲法上の慣習という非公式の基準でしか審査されず、しかもその内容は法ではなく政治的動向によって決定されるものであった。<sup>(499)</sup>

　Bogdanorは、このような古い内容をもつ国会主権の原則は、人権法によって変化した新たな原則にとってかわられるべきことを主張する。Bogdanorが指摘する人権法の注目すべき特徴とは、この法律によって国家に対する個人の権利が個別的に明記された点に求められる。なぜなら、古い<sup>(500)</sup>憲法における権利保障は、裁判所の個別的ケースにおける裁判官の意見の一般化によってなされるにすぎず、しかもその内容を決定するのは法ではなく世論であるとBogdanorは主張する。<sup>(501)</sup>

　Bogdanorの指摘する古い憲法とはDiceyのものを指すと考えられる。<sup>(502)</sup>Bogdanorは、イギリス社会における近年の多様性を捉えて、このような多様な社会では一つのまとまった世論が形成されることを期待するのは困難であるため、もはやDiceyの理論は現代において維持されるべきではないこと<sup>(503)</sup>を主張する。

　人権法は、ヨーロッパ人権条約（人権及び基本的自由の保護のための条約Convention for the Protection of Human Rights and Fundamental Freedoms）に規定される権利と自由の保障をさらに実効的にするために制定されたものである。人権法は、ヨーロッパ人権条約に規定される権利のい<sup>(504)</sup>くつかを規定し、これにイギリス法システムにおける法的地位を保障したものと理解できる。人権法の名宛人は公権力であり、これらの機関は人権法に規定された個別的権利を保障することが要請される。また、イギリス法シス<sup>(505)</sup>テムにおいてすでに存在する権利や義務は、ヨーロッパ人権条約に適合するように解釈されるべきことも要請される。<sup>(506)</sup>

　人権法は、イギリス法システムにおける個人の権利保障の強化を目的とす

203

るものであるため、この法律をイギリスが制定したことには何の法的、実践的問題もないようにも思えるが、実際は、イギリスが人権法を制定するまでに費やした時間や議論は少なくない。

その国内法化に対する反対の議論として以下のものがなされた。まず、イギリス法システムに伝統的な見解から、人権は制定法ではなくコモンローによって保障されるべきであるとの主張がなされた。[507] 権利保障はコモンローによってなされるべきであり、人権法の制定は不文憲法の柔軟性を損なうものであると批判された。[508] Griffithはイギリス法システムにおけるコモンローの重要性を指摘して、裁判所による権利保障はコモンローを通じてこそ可能であると主張する。[509] そしてGriffithは、条約上の権利を選挙によらないで選出された裁判官の手に握らせることは民主主義の原則に反することが指摘されるのである。[510]

あるいは、ヨーロッパ人権条約の規定はあいまいであり、解釈の余地が大きいため、結局はこれを解釈する裁判所によって、その権利の保障は古典的権利と変わらないものになるとの懸念もなされた。[511] また、多様性を有するイギリス社会において、法による公平性の確保は明文規定をもってしても不可能であること、さらに人権保障はイギリス法によってすでに十分に達成されていること、ヨーロッパ人権条約の権利保障の内容をコモンローではなく制定法によって行うことでイギリス法システムのプラグマティックなアプローチに反すること、また、その制定は単に訴訟の数を増やすだけであるなどの批判がなされた。[512]

さらに、人権法の制定に対するこのような批判は、憲法自体に対する批判となって展開された。憲法上の問題として特に重要なのが、その制定が国会主権の原則に抵触する可能性がある点である。国会は自己の権限によっても制限されてはならないため、ある特定の権利保障を明文化することは国会主権の原則に反すると考えられるからである。

他方で、人権法の制定に賛成の見解も有力であった。その理由として、イギリスには憲法上明文化された人権規定がないため、人々がストラスブルグ

204

で裁判をするには費用も年月もかかりすぎることが挙げられた。[513]人権法の制定を目論む（当時の）Blair政権は、ストラスブルグにおける裁判の数が他の国家と比較して少ないことをその論拠として指摘した。[514]また、コモンローによる人権保障の不十分性が指摘され、これは厳格な党派的規律に対抗することができないことが主張された。つまり、立法プロセスが国会における党派的規律から完全に自由であることは保障されていないため、結局は選挙による独裁政治の下でしか人権保障は達成されないことが主張されたのである。[515]

結局、人権保障の成文化に対する賛成及び反対の対立は、1998年の人権法の制定という一つの結論を迎えたが、イギリスにおいてヨーロッパ人権条約の国内法化の議論は、実に50年ほどの歳月を要するほど困難な問題を孕んでいたのである。[516]

憲法との関連で問題が指摘された国会主権の原則との関係について、人権法は以下の妥協点を有することで一応の解決が図られた。第一に、人権法が名宛人とする公権力に国会は含まれていない。人権法6条3項において、公権力は人権法の規定に適合するように行為することが要請されているが、国会はこの公権力の意味には含まれないため、国会は人権法による拘束を受けない。

第二に、人権法3条により、国会制定法を含めた法律の解釈について、裁判所はできる限り人権に適合するように解釈する義務を負う。裁判所は、公権力によって下された判決やルールを無効にする権限を有する。[517]しかし、その解釈の結果、国会の制定法が人権法に抵触すると判断した場合でも、裁判所は同4条により、国会制定法の無効を宣言することはできない。つまり、人権法によって付与された裁判所の権限は、国会制定法を無効にするものではなく、人権法に抵触すると判断した法律が不適合なものであると宣言 Declaration of Incompatibility することであった。裁判所によるこの宣言がなされた後でもその法律は有効のままなのである。

人権法は、国会はいかなることもなす権限を有し、いかなる者も国会を拘束することはできないとCokeやBlackstone、あるいはDiceyによって理解さ

れた憲法上の国会主権の原則に抵触しない形で規定されたのである。国会主権の原則に関しては、それを維持したままであるが、それにもかかわらず、他方で人権法は、法の支配原則について進歩をもたらしたとも考えられるのである。人権法と法の支配原則は無関係とは考えにくく、両者は内容として同一ではないにせよ重なり合う部分があると考えるのが妥当なためである。[519]

　Diceyによると、法の支配とは、恣意的権力の影響を受けない正式の法が保障されることを意味する。[520]これは、政府の恣意性、特権またその広い裁量を否定することを意味するとして理解できる。[521]Diceyは、人間によって行使される政府権限は恣意的であり、これには広い裁量が伴うことが推定されるために、これは法の支配原則に反すると捉えられる。[522]ただし、政府権限が存在すること自体に問題があるわけではない。なぜなら、政府権限がどのように行使されるべきかを決定する適切な法的枠組みが存在すれば、政府権限は、人間の手によって行使されても法の支配に反しないと考えられるからである。[523]

　Razが指摘するように、法の支配の主たる機能は、ある権限を特定の方法で行使することを義務づけることにあると考えられる。[524]人権法は、裁判所の法解釈に対する一定の制限を課すため、人権法が法の支配原則と適合する限度において、人権法は法の支配原則に適合する解釈をなす裁判所の権限を正当化することができ、そしてこの裁判所の権限の正当性は民主主義にあると考えることができるのである。[525]

　そしてこのことから、法の支配原則に反する国会制定法を裁判所は無効にすることができるのかが議論として成り立ち得ることになる。人権法は、法の支配原則に実体的内容を与えるものと理解できる。[527]このために、人権を個別規定する人権法を憲法典に相当すると解釈することが可能となる。また、人権法の制定によるイギリスにおける人権保障の発展も論じられることは確かである。[528]

　人権法は憲法的特徴を有するが、国会による改廃を受けるので通常の制定法としての側面ももつため憲法と異なる面を有することもまた確かなのであ

第2章　イギリス法システムにおけるコモンローの意義

(529)
る。人権法の制定により、法の支配原則の意義の重要性が認識されるように
なったことは確かであるが、しかしこれは、人権法という制定法の範囲内の
みで可能な議論であり、憲法上の原則としての法の支配原則の内容や地位、
国会主権原則との関係についての理論的議論は人権法の制定では解消されて
いないのが事実である。

　人権法により規定された権利の法的地位及び、裁判所の権限に関しては安
定性が保障されたとも考えられるが、しかしこれは、人権法が制定していな
い部分に関する理論上の問題、特に憲法上の問題は解消されていないままで
あることを同時に意味するものなのである。


　Bogdanorが、人権法が制定されたことを以下のように捉えたことは適切
であると思われる。成文法によって「国家に対する権利」として人権保障が
達成されたと捉えた点である。また、明文による権利保障が、これまでの古
いイギリス憲法にはない新たな点であると捉えたことも適切な指摘である。
統治のルールとして捉えたDiceyの憲法論には統治の側面こそ基底的なもの
として重要であり、権利観念は（重要であるが）これほどの認識はされてい
なかったと思われる。また、Diceyが論じる古い憲法において、裁判所の権
限の正当性は世論に求められていた。つまり、裁判所は世論に従わなければ
ならず、またこれに従うことが憲法の名において語られたのであった。

　Bogdanorによると、このように裁判所を通じて実現される権利保障は、
世論つまり政治から自由ではないため、政治による権利保障であると批判さ
れる。人権法の制定により、Bogdanorは、政治ではなく法による権利保障
が達成された点にその重要な意義を見出したのである。

　確かに、人権法は法による権利保障を明文で認めるものである。しかし、
いかなる権利が法として定立されるかに関する社会の見解は無関係ではない。
いかなる権利が保障されるかを決定するのは、相変わらず社会の一致した見
解、つまり世論、そして政治であると考えられるため、法と政治が切り離さ
れているわけではない。また、裁判所についても、これが政治の動向によっ

207

て拘束されているのは事実である。[(530)]

　人権法の制定は、Bogdanorが主張するような法による権利保障の実現を達成するものか。そこで語られる法の支配とは、人権法という制定法によって生じた範囲内での裁判所の役割を通じて実現されるものである。それは、人権法上の原則であり憲法上のものではない。

　人権法は、Diceyらが捉えた内容を有する国会主権の原則に忠実であり、これまでの憲法上の原則に基づいて定立された制定法である。人権法が裁判所の法解釈方法を拘束するのは事実だが、人権法は権利保障のすべてを規定するものではなく、また人権法自体が従来の憲法上の原則に従って制定されたことは明らかである。つまり、法の支配原則を通じた権利保障を論じるには、人権法という制定法によって変化した法的状況を参照するのではなく、憲法上の原則という側面が参照されるべきである。人権法の制定によっても変化を受けず、なお維持されている面にこそイギリス憲法独自の意義があるのではないか。その意味での憲法上の原則は人権法の制定による変化を受けるものではない。要するに、憲法レベルにおける法による権利保障が何かを論じるには、人権法の制定によっても変化を受けない側面における裁判所の役割について論じなければならない。


　確かに、不文憲法の伝統を有するイギリスにおいて、成文法によって権利が保障されたことのインパクトは大きく、これは権利観念の変化をももたらすものであるために人権法の意義が大きく捉えられることは自然である。特に人権法の制定による実務上の意義は大きいと考えられる。また人権法は、憲法上の原則の内容に対しても影響を与える可能性があるために、人権保障の成文化をなした人権法のもつ意義は将来にさらに開かれていると思われる。

　しかし、実務上ではなく理論において、法による人権保障の意義を考察するには、これを憲法論の枠内で語らなければならないと思われる。Bogdanorは、人権法の制定により、裁判所による判決を通じてではなく、制定法による人権保障へと変化した点に法の支配原則の進歩をみた。しかし、

208

第 2 章 イギリス法システムにおけるコモンローの意義

制定法がその時々の政治的動向から自由であるとは考えられない。いかなる制定法を定立するかを決定するのは、結局は政治機関なのである。民主主義を根拠にして、政治機関は世論によって拘束される点を強調するなら、イギリスにおいて裁判所が政治の動向に拘束されているのもまた事実である。「法」による権利保障の実現にとって重要なのは、それが制定法あるいは成文法として定立されるか否かという点自体ではなく、その「法」が正当化されるかJustified否かにあるのではないか。

　Bogdanorの Dicey 理論の理解は正しい。それは、憲法の意義を統治のルールとして捉えるものであった。この憲法上の意義は、人権法の制定により後退も失われもするものではない。権利が成文化され、これによって実務上の変化が生じようとも、その権利を存在させるためにその背後に存在しなければならないその法の正当性の理論は不変である。

　人権法という法を正当化するのは憲法であり、この憲法は各政府機関を拘束するものである。また法の正当性は、各権限機関が憲法上の義務を果たすことで保障されるものであることは前述した。つまり、法による権利保障とは、政府機関が有する義務の観点から論じられなければならず、これはまさに、憲法上の問題である。この点を論じるのに伝統的な理解における憲法の意義、つまり権限機関の正当性を議論する重要性が、人権法の制定によって見落とされるべきではない。


　不文憲法の伝統を有するイギリスにおいて人権法の意義が声高に叫ばれる理由は存在しそれにはまた納得ができる。しかし、成文憲法をもつ国家において、憲法による法の正当性を考察するには、不文憲法の法システムにおいてそれでも存在するとして従来から語られる憲法上の意義こそ、法の正当性の議論のためには重要なのではないか。そしてまたこのような正当化の議論は、成文憲法をもつ国家においては成文憲法をもつという事実によってこれまでは看過されていたのではないか。

　Diceyによると、憲法上の権利が明文で保障されていない場合の権利保障

*209*

の実現に重要な役割を担うのは裁判所である。では、この役割を担う裁判所の憲法上の正当性はどのように論じられているのか。法の正当化議論にとって問われるべきは、裁判所の権限の憲法上の正当性なのではないか。

### 3.1.3　裁判所の法解釈権限

　では、裁判所は憲法上、どのような地位にあるのか。イギリス法域の裁判所の裁判官は、憲法上の義務として法的権利及び義務に関する争いを解決しなければならない。[(531)]通常、この裁判所の判断は、コモンローまたは制定法に従ってなされることで正当化される。[(532)]つまり裁判所は裁決を行うにあたり、以下の義務を負うことになる。裁判官は先例拘束性の原則に従って当該ケースにコモンローを適用すること、または、権限ある機関によって制定された法の解釈及び適用をすることを義務として負っている。[(533)]この目的のために必要である場合、裁判所はこのケースに付随する立法が無効であるか否かの判断を行う義務を負う。[(534)]

　確かに、憲法上のルールとして、裁判所は国会制定法の有効性を審査する権限を有さないが、しかし、このルールは1972年のEC法及びイギリスがヨーロッパ連合の一員として負う義務には服する。[(535)]人権法の文言上、この義務を排除する規定がないため、人権法の下で、すべての裁判所はヨーロッパ人権条約上の権利を実効的に保障するよう解釈する義務を有し、さらにこの目的のために、イギリスの裁判所はヨーロッパ人権裁判所の判決に適合するよう解釈する義務を有する。[(536)]

　裁判所は、個別的ケースで問題とされる法を解釈する権限及び義務を有する。この解釈を通じて、裁判所は実際には法の創設を行っているとしばしば指摘される。法の文言が多義的に規定されている場合、裁判所はこの法の解釈を通じてこの文言に明確な意味を与える。このように法の文言自体からは明確ではない意味を与えることで、裁判所はその法を適用することが可能となるのである。

　そして、このような裁判所による法解釈は、*YL v Birmingham City*

第2章　イギリス法システムにおけるコモンローの意義

Council<sup>(537)</sup>において、立法者の意図を探るためになされるものであることが主張された。そして、この立法者意図を探る解釈とは、規範レベルで立法を捉えることであるとされた。この意味において、裁判所にとって法とは何かという問いは、法とはどうあるべきかの問題として捉えられていると解釈できる。裁判所の法解釈は、法を具体的ケースに適用するために行われ、そしてそれは、立法者意図を探るために、つまり立法者意図を実現、具体化するためになされることになる。<sup>(538)</sup>

　すなわち、裁判所の法解釈による法の創設とは、国会の意図に適合するという国会主権の原則に適合しなければならないことになる。<sup>(539)</sup>制定法の文言において国会の意図が明白に表れている場合、裁判所はそれに従うことが要請される。伝統的な見解によると、たとえその制定法が憲法上の重要な原則に反していることが明白な場合でも、裁判所は立法の規定に従わなければならないことが国会主権原則の下で主張される。<sup>(540)</sup>

　さらに、である。裁判所の法の創出機能は、立法解釈にとどまらない意義を有している。裁判所は、法解釈行為において国会主権の原則を具体化するために重要な憲法問題に触れるため、裁判所の判断は公法の法源としての意義ももつのである。<sup>(541)</sup>裁判所が公法の法源を創出するとは以下の意味である。

　例えば、公的機関はある権限を実際に行使する際には必ず裁量を行使しなければならず、またこの裁量はその機関に対してそれをなすことが権威づけられている範囲に限定される。<sup>(542)</sup>例えば、公的機関の裁量は、公正な聴聞などの特定の法原則に従うものでなければならない。また、公的機関がなす具体的判断は、非合理的なものであってはならない。<sup>(543)</sup>公的機関の裁量は、善き行政をなすための公法上の原則に従わなければならないのである。この公法上の原則とは、すべての公的機関の判断創出プロセスを拘束する一般原則である。裁判所は憲法の領域に関わる問題を扱う中でこの公法上の原則を発展させてきたのであり、つまりこの公法上の原則とは、公的機関の判断を裁判所が審査するという司法審査を意味することになる。<sup>(544)</sup>裁判所の審査が公法上の原則を発展させるため、裁判所の判断が公法の法源を創出するということに

211

なるのである。

　裁判所は法の解釈を通じて、公法の法源を創出する機能を行使する。では、イギリス憲法において、国会と裁判所の関係はどのように位置づけられているのか。その役割について、国会は法の定立権限を有し、裁判所は法の解釈、適用する権限が付与されていることに疑いはない。しかし、これは技術上の説明としては適切であるが、実際に法の定立と適用の区別を究極的になすのは困難である。

　裁判所が法の解釈を行う場合、これによって裁判所は法を創設したと解釈されることがある。イギリス憲法において、法の創設と解釈、適用の区別を厳密に行うことは困難であり、そこに明確な回答はない。Hartによると、立法を含んだ言葉は常に開かれた構造を有しており、言葉の上で明確な線引きは常に不明確であることが主張される。法のルールは常に開かれた構造を有しているため、その解釈には一定の選択をなすことが必然的に含まれるのである。

　裁判所の法解釈の正当性を主張するには常に困難が潜んでいる。裁判官は、法定立プロセスにおける民主主義と、法適用レベルにおける共通の意味または目的の間でジレンマを有することになる。通常の場合、裁判官は国会の意図に依拠して法解釈を行うことでこのジレンマを解消しようと試みるが、しかし、国会の意図が実際に何を意味するのかについてもまた解釈の余地が生じるため、法解釈における裁判官の主観性を排除するのは著しく困難である。

　裁判所の法解釈が民主主義において正当であると認められるには、少なくとも、それが自己の政治的選好を根拠にした判断ではないことが要請される。歴史的にいえば、裁判官の任命に政治が関係したことは事実であるが、今日、裁判官の任命は政治ではなく、その能力に基づいて行われると理解される。

　さらに、裁判官の法解釈の正当性は司法審査においてより重要な問題を孕む。一方で、国会主権原則の優位を主張して、国会の絶対優位を主張しようとも、他方で、法の支配原則を強調して、裁判所の法解釈、適用プロセスに

第2章　イギリス法システムにおけるコモンローの意義

おける法創設機能を肯定的に評価しようとも、国会には、裁判所の法解釈権限を取り除くことで、司法審査を完全に排除する、または裁判所以外の司法プロセスを創設する権限を有することが保障されているわけではない。[(552)]

（上級）裁判所が「上訴Appeals」として審理を行う場合に、その審理を行う権限に民主主義の観点から正当性が保障されることに問題はないが、そこに「審査Review」としての側面が含まれる場合、これは他の政府行為との競合関係を生ずる問題となる。そしてイギリス法システムにおいて、裁判所の上訴と審査は厳格に区別されるため、司法審査に関しては裁判所の権限の正当性が必ずしも保障されているわけではない。司法審査の民主主義的正当性とは、国会主権と法の支配原則という二大原則の背後に存在する民主主義原則という憲法上の原則からの正当性を保障するのに重要な論点となるのである。

## 3.2　イギリスコモンローの意義

司法審査の民主主義的正当性は、憲法上の正当化として重要な議論である。しかし、成文憲法をもつ国家においても民主主義とは何を意味するのかに関して必ずしも判然と規定されているわけではない。このような状況では、民主主義とはただ漠然と論じられる可能性がある。例えば、日本国憲法が民主主義に基づくものであることは疑いないが、民主主義の用語は明文化されていない。つまり、民主主義は日本国憲法において不文である。

民主主義は不文であるが、憲法自体は成文憲法として存在している場合、憲法の文言には規定されていない領域について民主主義が用いられ、それが何を意味するのかの検討もなく、ただ選挙を通じた政治機関の優位性が主張されることに何の問題もないのか。憲法が明文規定していない領域について、各機関の民主主義的正当性とはただ政治機関の優位を意味すると捉えられ語られる傾向にあるといえる。

これに対してイギリスは、憲法自体も不文であるため、民主主義的正当性についてただ漠然と民主主義原則が語られるのではない。政府機関の行為の

213

民主主義的正当性は、成文憲法をもつ国家よりも具体的に、憲法上の原則として議論される。以下では、司法審査の正当性に関するイギリスの議論を概観したい。

### 3．2．1　憲法の法源として

　では、そもそもイギリス憲法において、司法審査はどのような根拠を有するのか。この点について第一に、権限踰越Ultra Viresの法理が可能性として考えられる。これは特に、行政法の分野で主張される法理である。不文憲法のイギリスにおいて、司法審査は公法、特に行政法において重要な問題を提起するため、行政法の理論がその根拠において用いられることになる。

　この法理によると、裁判所には法を適用する機関としての正当性が保障されているため、裁判所は他の政府機関の行為が法によって与えられている権限の範囲を超えていないかを判断する権限が担保されていることが主張される。行政法学者によると、裁判所は他の政府機関が国会によって付与されている権限の範囲を超えていないかを監督する権限を有するとしてこの法理は用いられることになる。この法理によると、裁判所の司法審査権限は、制定法の範囲に限定されることになる。

　しかし、公権力はその範囲外の権限を行使することができないというこの法理の意味として、裁判所の審査権限には必ず国会による授権が必要でなければならないことを意味すると捉える見解は今日では勢いを潜めているため、この法理に対しては、国会による裁判所への司法審査権限の授権なしに裁判所はどの程度の権限行使をなすことが許容されるのか不明であるとの問題点が指摘される。

　これに対して、裁判所自身が司法審査権限を包括的に正当化するのにしばしば依拠するのが、法の支配原則である。裁判所の役割は、従来、法の支配原則という憲法上の原則と関連して捉えられるため、その根拠を法の支配原則に求める考えが可能となる。この主張の妥当性は、法の支配原則の意義に依拠するため、その内容を探ることがここで必要になる。

第2章　イギリス法システムにおけるコモンローの意義

　法の支配とはいかなる内容をもつのか。例えば、個別の権利が憲法の明文規定により保障されている場合、法の支配原則を持ち出すまでもなく法による権利保障が実現されるように思える。しかし、憲法とは抽象的かつ一般的な文言をもって規定される場合が多く、たとえ表現の自由などの基本的権利が明文によって規定される場合でも、それが具体的にどのように保障されるか、その実体的内容を決定するのに法の支配原則が作用すると考えられ得る。この場合、抽象的な憲法上の規定に実体的な意味を与えるものこそ法の支配原則であると考えられるのである。成文憲法を有する場合においても法の支配原則は重要な意義を有するため、不文憲法を採用するイギリスにおいて、法の支配原則は権利保障に対してなおさら重要な役割を有する。明文規定のない権利保障を考察するのに、法の支配原則は重要な意義を有する。

　この原則の実体的内容はどのように決定されるべきか。そもそも、この原則の内容を決定するのは誰か。

　この決定者に、裁判官が含まれることに異論はないだろう。イギリスにおいて、法の支配原則の内容は、主に裁判所の法解釈及び政府行為の正当性に関する裁判所の判断を通じて明確化される。イギリスでは、これらこそ法の支配が法原則として洗練される基盤であり、ここから、裁判所は義務としてこの役割を負っていることが必然的に導出される。法の原則の内容を決定する裁判所の権限に憲法上の正当性が担保されていることに疑いはない。

　裁判所によって承認される法の支配の観念として以下のものがある。第一に、法の支配は法的安定性を保障するというものである。ある問題に対していかなる法的判断が下せるかを人々がある程度予想できることが主張される。

　第二に、法的安定性の内容として、法の遡及効の禁止が主張される。さらに法の支配は、各政府機関に対して広範な裁量権を付与しないことが主張される。法的安定性に反しないのに十分な予測可能性が保障されるように、その裁量には一定の法的枠組みが存在すべきことが主張される。

　また、法に関する争いは、裁判所によって解決されなければないことが主張される。これは、イギリスでは裁判所へのアクセスが原則として保障され

215

ていることを意味するものである。つまりこの原則に違反した場合は違法と判断されると考えられる。[569]

　確かに、これらは法の支配の内容として承認されている。しかし、裁判所は法の支配の原則と司法審査の関係については判断を避ける傾向にある。確かに、法の支配原則の内容として裁判所は以上の手続的観念を承認してきた[570]が、法の支配原則が司法審査の正当性を根拠づけるものであるかという実体的内容を含む問題には言及しない傾向がある。この正当性は、法の支配原則の実体的内容の判断がどこまで可能かという問題を孕むものである。これは、法の支配原則の名の下に裁判所が他の政府機関の行為が法に反するか否かを判断するものであるため、裁判所と他の政府機関との競合関係が生じる可能性が考えられ、裁判所は自らその判断を抑制する傾向にある。[571]

　これは、法の支配原則の内容、つまり憲法の意味を最終的に決定するのは誰かという憲法上の問題でもある。裁判所は、当該ケースを解決する目的のために必要な範囲において法解釈及びその適用を行うのであり、このような憲法上の原則一般について言及することは実務では稀である。[572]

　ここで、法の支配原則を形式的に捉えるRazの見解を参照したい。[573]Razによると、法の支配原則の内容を善き法による支配と捉えると、この原則の性質を説明することは社会哲学について説明することに等しくなるため、これでは法独特の機能を説明できなくなるとして法の支配に実体的内容が含まれるとする見解を批判する。Razによると、法の支配を善き法による支配を意味するものとして捉える必要はない。[574]

　Razは、法の支配を善き法としての支配と捉えた場合、何が善であるかの判断は、例えば、秩序ある社会や人権などに関する政治理論によって判断されることになるため、法の支配が一つの独立した観念ではなくなってしまうことを懸念する。[575]法の支配が独立した一つの固有の原則として観念されるには、実体的ではなく形式的観念として捉えるべきことをRazは主張するのである。ただし、Razは法の支配原則に適合する政府行為であるためには、これが法によって権威づけられるだけで足りると考えているわけではないこと

216

第2章　イギリス法システムにおけるコモンローの意義

に注意すべきである。政府行為が正当であるには、形式的観念として捉えられる意味での法の支配原則に適合することが主張されるのである。[576]つまりRazは、ある政府行為が正当であるには、この政府機関が権限と同時に有する義務に従って行為した場合に認められるのであり、それは特定の目的達成に役立つか、役立つべく行使された場合に限定されるのである。[577]

　Razのこのような形式的観点における意味が法の支配の内容をなすものであることは、Bingham卿によって認められるところである。[578]ただしこのBinghamの意見は、法の支配原則が形式的側面に限定されることを主張するものではない。

　Razの見解によると、法の支配は統治機関のみに対する（あるいはその目的を統治機関の正当性に限定して語るもの）であり、個人の権利を保障することまでも当然に内包するわけではない。[579]Razによると、ある個人が自己の善き人生を計画するように導く意味としては法の支配原則は捉えられていない。[580]

　Razのこのような形式的アプローチに対して、実体的観点から法の支配原則を観念するのがDworkinである。[581]Dworkinによると、判決において法的判断を下す裁判所は、正義の最善の理論に準拠すべきことが主張される。個人の権利観念の考察には政治理論も含まれることをDworkinは認めるが、裁判所の推論プロセスにおいて政治理論が考慮される場合にはこれに関する二つの区別が重要であるという。一つは、個々人の権利についての政治的権利であり、他方は福祉や公の利益を促進するための政治政策である。[582]裁判所が判決において判断を下す場合、裁判所は政治的原理に依拠して判断すべきであるが、これは政治政策を意味するものではない。[583]

　法の支配原則について、Dworkinはこれを実体的正義とは区別されるものとして捉え、これを政治的理念として捉えるが、ただしこれがいかなる内容を有するかにおいて見解が分かれているという。この点についてDworkinは、ルールブックとして捉える観念と、権利観念として捉えるものの二つに大別する。[584]前者の内容は、公的機関はルールに明示的に限定され

217

る場合を除いては、個人の権利を制約することはできないというものである。この見解によると、いかなる内容のルールであってもルールブックに規定されている限りはこれが変更されるまでは有効であることが主張される。

これに対して後者は、個々人はみな市民同士で互いに道徳的権利及び義務を有し、国家に対して政治的権利を有することが内容とされる[585]。これらの権利が実定法によって規定される限り、これらの権利はこれを有する諸個人が裁判所に訴えることで執行されることが可能となる[586]。では、ある権利が道徳的権利あるいは政治的権利として承認されるべきであると一人の個人が考えているにもかかわらず、これが実定法に規定されておらず、さらにこの個人が裁判所に訴えを提起した場合、裁判所はいかなる判断を下すべきか。

この場合、裁判所はこの個人がその権利を有するか否かを判断することになる。ルールブックモデルによると、国民の代表機関である立法府が制定した法に規定される限り、それが権利として裁判所によっても承認されることに疑いはないが、ただし、このモデルにおいては立法府が制定した法が不正義であっても、民主主義原則の下で法としての資格を与えられることが可能であると考えられる[587]。

これに対して、権利モデルは以下のように主張することになる。ルールブックモデルにおける権利の源泉は確かに制定法であるが、ただしこの源泉が制定法に限定されることがルールブックモデルにおいて主張されるわけではないと権利モデルは解釈する[588]。ある権利がルールブックに明文で規定されていないか、あるいは他の権利との競合関係が生じる場合、いかなる解釈が最善であるかが問われることが正当であると判断されることになる[589]。

つまり、権利モデルにおいては、当事者の訴えによって提起されたある特定のケースにおいてこの解釈を行う裁判所の権限が正当であると判断されることになる。そしてその際、裁判所は当事者が実際には有しているはずの背景的な道徳的権利を考慮し、その原理に準拠して判断を下すことになる[590]。

ただし、権利モデルがこのように明文規定にはない背景的な権利を解釈の準拠であると主張することに対しては、このような場合でもなお制定法の影

第2章　イギリス法システムにおけるコモンローの意義

響を考慮することが忘れられるべきではないとルールブックモデルは主張するのである。[591]

　法の支配の実体的内容について、前述のようにイギリスでは、人権法の制定によって増大したことが指摘され、確かに、これが何を意味するかに関してこの制定法の影響があることは事実である。[592]この観点において、法の支配原則は主に以下の内容を含むことが主張される。

　第一に、裁判所は可能な限り、立法に具体的な意味を付与することができる。第二に、裁判所は法の解釈において立法に適切な意味を見出せない場合にその法の非妥当性を指摘できる。第三に、裁判所は法の支配原則に反する政府行為を無効であると宣言できる。ただし、これら実務的観点から洞察される法の支配原則の内容は、国会主権の原則にすべて服従すると解釈されている。[593]つまり、国会が主権である以上、国会は法の支配原則を破る立法を制定することができると解釈されるのである。[594]

　ただし、法の支配という原則は人権法の制定以前からイギリス法システムに存在することが認められてきたものであり、そのために、法の支配原則という観念が何を意味するかに関しては人権法が決定する類のものではなく、憲法上の問題である。[595]

　法の支配原則の意味について伝統的に重要であると考えられてきたのは、Diceyのものである。Diceyの法の支配原則とは、その重要な意義を手続保障に求める見解として理解できるため、特定の基本的権利という実体的内容のために主張されるわけではない。[596]

　確かに、フランスなどの国家は特定の権利を保障するために成文化した憲法を獲得した。しかしDiceyは、成文憲法は特定の権利を保障するためには不十分であると考えていたのである。なぜなら、文書はペンによってすぐに変更可能であるという脆さを常に抱えるためである。[597]Diceyは、基本的権利の保障を十分になすには成文憲法によってではなく、コモンローによる方が適切であると考えたように思われる。[598]なぜなら、コモンローの下では、裁判

*219*

所が個人の権利について判断することになり、裁判プロセスにおいて個人の権利が恣意的に剝奪される可能性は最も低いと考えられる。それは、裁判という裁判所の権限の正当性が保障されている領域においては、他の権限機関による侵害から最も安全であることが保障されているためである。(599)

つまりDiceyは、法の支配原則の手続的側面の重要性を主張することで、コモンローにおける裁判プロセスの重要性を訴えたのではないか。

またJohn Reidによると、英米法システムにおけるコモンローの意義が重要であることを指摘して、コモンローが存在するために憲法は必要ないとコモンロー法律家が考えていたことが示唆される。(600)

ここに、コモンロー特有の意義があるのではないか。コモンローとは、裁判官によって明確な意味をもって創出された法の集合体である。(601) またコモンローとは、憲法の代わりに人権保障を実効的にする役割を期待されたものと考えることができる。コモンローとは、人権保障という実体的目的のために、裁判官による他の機関の監視を行う権限、つまり裁判所のその判断プロセスを正当化するものではないか。


このように司法審査の正当性として、コモンローを主張する見解として、以下のものがある。司法審査権限は、コモンローのルールによって与えられる範囲において可能であると考えられることになる。コモンローのルールを根拠とすることの利点として以下のものがある。(602) 第一に、司法審査権限はさきの法理と異なり、国会の意図に左右されずに付与される。そのため第二に、司法審査は国会の法定立プロセスに対しても及び得る。第三に、司法審査のあり方は、コモンローのルールに即して展開されるために、時代に適応した形で発展させることなどが挙げられる。

しかし、これに対する批判も存在する。それは、司法審査の根拠に国会の意図が無関係であるとの考えは、イギリス憲法構造に適合するものではないとの批判であり、さらにそれは、この権限の下で裁判所によって国会制定法の実体的審査が可能であるかが疑問とされるのである。(603) もし、いかなる場合

第2章　イギリス法システムにおけるコモンローの意義

においても国会が主権であるなら、たとえ国会が違法な内容をもつ法を制定しても、コモンローを根拠にすることによって、裁判所は司法審査権限を主張することができないことになる。この場合にもし裁判所がこれを審査することで国会からそのような法定立権限を剥奪する場合、裁判所の行為は違憲と判断されることになる。つまりコモンローのルールに依拠した見解では、国会主権原則に反する可能性が批判として指摘されるのである。

　この問題点に対して、コモンロー理論を国会主権の原則と整合的に説明することで解決を図る見解がある。これによると、国会主権の原則自体に国会への制約が内在的に含まれていることが主張される。これにより、国会は司法審査によることなく正当な行為を行うことが期待され、つまりこれは、司法審査が行われた場合と同じ効果を有すると解釈される。しかしこの見解に対しては、国会の意図とコモンロー理論は無関係であることを前提とするにもかかわらず、司法審査と同様の効果を期待することは理論上、妥当ではないと批判される。

　つまり、どのようにこの批判を解消するかは、主権が国会にあるという国会主権の原則と司法審査の整合性をどのように説明するかに依存すると思われる。そこで、司法審査の根拠を憲法上の原則として捉えるTrevor Allanの見解に注目したい。Allanによると、司法審査の正当性はコモンローのルールに求められながらも、究極的には憲法上の原則に求められる。それは、国会主権の原則と法の支配原則という二つの憲法上の原則の重要性を認めながらも、国会主権の原則を含むこれらの原則は、これらを統合する憲法の基本Constitutional Fundamentalsに服するものであることが主張される。

　Allanは権限踰越の法理及びコモンロー理論について、これらが国会主権の原則に服する点において一致することに注目し、国会主権の原則を以下のように捉えることで司法審査の新たな根拠を理論づけようと試みる。Allanによると、国会主権の原則は以下の二つの内容をもつものとして捉えられるべきであるとされる。国会のみが一般ルールの制定によって法を変更する権限、つまり主権を有すること、そして、国会の権限は、法を意義のあるも

221

にする義務を負う裁判所の裁判官によって拘束されるべきことである。

　Allanによると、国会主権原則の内容から、立法を意義のあるものにするという裁判所の役割が導出されることになり[612]、さらに、コモンローは法の支配原則との強いつながりを有することと相俟って[613]、国会主権の原則からコモンローのルールが導出されることになる[614]。このコモンローのルールは、国会主権や法の支配よりもさらに広範囲かつ根本的な憲法上の原理に組み込まれるために、国会の意図はこの憲法上の原理に服することがAllanによって主張されることになる[615]。この理論によると、国会の意図は法の支配原則を通じて行われることが憲法上の原理として正当化されることになる。

　Allanのこの議論は理論上説得的であるが、しかし、国会主権原則の内容に関する理論的根拠が提示されていない点に難点がある[616]。結局は、Allanの議論もまた、国会主権の原則が何を意味するかに関する理論的根拠を示しておらず、この点に関する議論の争いを解決するに至っていない。国会主権の原則の内容に関しては、近年、特に論争があり、Allanの理論が司法審査の憲法上の正当性を主張できているとは言い難いのである。

　Allanの指摘を受けると、コモンローに司法審査の正当性を求める場合、そのコモンローとは、単なるコモンロー上のルールでは不十分であると考えられる。それは、コモンロー上の憲法原則Common Law Constitutional Principlesでなければならないと考えられる[617]。この意味で捉えられるコモンローこそ、公法の法源となり得る[618]。

　この場合のコモンローの意義を考察するのに、まずコモンローの特質として、これが第一に私法領域において発達してきたものであることを考慮する必要がある。コモンローはそもそも、私法のうちでも特に、不法行為Tort、契約Contractや不当利得返還Restitutionのケースにおける裁判所の裁判官の判断によって発達してきたものである[619]。私法ケースにおいて、コモンロー上のルールに基づく利益あるいは権利が侵害された場合、このことを理由に侵害者に対して訴えを提起できることになる。また公法ケースにおいても同様に、公的機関による恣意的な権限行使による権利侵害がなされた場合（つ

第2章　イギリス法システムにおけるコモンローの意義

まり、公的機関による公法上の一般原則違反が生じた場合）に訴えが提起できる。

そこで両者の相違として、権利の侵害主体が私人か公的機関かという点が挙げられる。また私法と公法の他の相違点として、私法が、（制定法によって変更された部分もあるが）基本的にコモンローに基づいて発展してきたのに対して、他方で、公法の大部分は制定法によって統治されるものであり、公的機関としての権限や義務を規定する行政上のルールとして発展してきた。イギリス法システムにおける公法上のコモンローとは、その大部分が国会による制定法によって規制を受けることになる。

これは、国会主権の原則に適合的な解釈である。このコモンローが制定法と抵触する場合、国会主権の原則に基づき制定法が優位することになる。しかし、ある特定の領域においては、コモンローが制定法に優先する場合があり、この場合、制定法によってそのコモンローの核心的内容を変更することはできないとされる。

公的機関による実際の権限行使が法に反しないと判断されるには、その行為に対する裁判所の判断、つまり司法審査が必要になる。裁判所のこの権限を正当化するのは、公法上のコモンローのルールである。つまり国会は、裁判所の権限を正当化するこの公法（憲法）上のコモンローのルールを変更する権限を実務上もたないと考えられる。

公法上の一般原則として、公的機関のもつ裁量が合理的な範囲に限定されるものがあることはすでに述べた。これは、国会が制定した法によって創出されたルールではなく、裁判所がコモンローによって展開してきた原則、つまり司法審査の原則の一つなのである。また他機関の行為を審査する裁判所の判断が正当化されるには、この判断もまたある一定の拘束を受けなければならない。司法審査を正当化するコモンロー上の憲法原則とは、裁判所が既存の法ルールをどのように解釈し、適用するかを拘束するものである。裁判所の司法審査は、裁判所がコモンローの憲法上の原則を尊重することによって正当化可能となる。

223

法理論上、確かに、イギリス憲法が不文である以上、国会はこのコモンロー上のルールを変更する権限を有すると考えられる。しかし、不文の法は、この存在について定義されることはない。国会がたとえコモンロー上のルールを変更するような法を制定しても、司法審査が有する実際上の重要性を奪うことはできない。実際の法現象を観察した場合に看過できない意義、つまり、事実における重要性こそコモンローの特徴の一つであり、コモンローを司法審査の憲法上の正当化根拠とする見解は、現実の法現象において裁判所が有するプラクティカルな影響力を多分に考慮することなしには成立しないのである。コモンローはこのプラクティカルな影響が法的議論として重要であることを可能にするものなのではないだろうか。

　まさに、（人権法自体ではなく）このプラクティカルな側面から、国会主権の原則と法の支配原則の関係について近年、見直しが図られているのである。従来、前者が優位であるというのが支配的見解である。国会は立法によって裁判所の法解釈方法を拘束することができるとされる。2005年の憲法改革法によって連合王国最高裁判所が設置され、この裁判所には最終の上訴審裁判所として、他のすべての裁判所がとり扱わなければならない一般的法ルールについて判断を下す権限が付されたが、国会は常にこのルールを変更する権限を有すると理解される。

　しかし近年、国会主権の原則についての伝統的に支配的な見解の見直しが憲法レベルで唱えられている。イギリス憲法の基礎をなす原則は国会主権の原則であり、国会には絶対無制限の権限が付与されているというものが伝統的な見解であるが、これに対して、イギリス憲法が不文であるのは、この不文憲法が国会すら踏み込むことのできない基本的原則を有し、この原則は司法部の役割を尊重する内容をもつことが主張されているのである。

　この見直しの背景には、確かに、人権法の制定が何らかの形で影響している。しかし、人権法は制定法であり、この法律が制定されたこと自体から憲法上の原則への影響を論じることは妥当ではないと考える。コモンローのも

*224*

つこの実践的意義の重要性とこの法システムに対する影響を考慮すると、憲法を成文法として持たず、コモンローを伝統的に有する法システムにおいて、人権法のもたらしたプラクティカルな事実こそ憲法原則の内容にとって重要であり、これはコモンローによって可能になったと考えられる。

そこで、司法審査の正当性を論じるには、何が憲法上のコモンローの内容であるかが問題になるが、裁判所と他の政府機関の競合関係についてAllanは以下のように述べる。裁判所の役割は手続の側面において完全に正当性を有しており、つまり手続こそ裁判所の役割の真髄である。この見解によると、裁決プロセスには他機関からの制約を受けないことが主張される。法の支配原則の内容が何を意味するかに関する争いはあるものの、それは実体的内容に関するものであり、その手続的側面に関する内容にはこれが国会主権の原則にも反しないという理解が一般的であることは前述した。法の支配原則における裁判所の裁決プロセスは国会主権原則の制約を受けるものではない。

確かに、人権法の制定以降、いかなる人権保障が司法審査の対象となるかに関する実体的議論への注目が高まっているが、そしてこれは憲法上の重要な意義を有すると思われるが、しかし、裁判所の役割の基礎はAllanの指摘するように、実体的側面ではなく手続的側面にある。つまり司法審査の基本的意義を考察するなら、また、裁判所によって保障される実体的内容がいかなる範囲のものであるかの考察は、いかなるケースが司法審査の対象になるかという実体的な判断に基づいたカテゴリカルな考察をいきなり最初に行うよりも、裁判所はどのような司法審査権限を有し、またどのように司法審査が行われるかという手続に関する議論を行うべきなのではないか。なぜなら実体的側面に関してその正当性は疑問が呈されているが、手続的側面において裁判所の役割の正当性は保障されているからである。この点に注目した場合、コモンローのルールにおける裁判所の手続保障の意義を探ることが重要になるのではないか。

このように理解されるコモンローに基づいて正当化される司法審査は、権力分立原則に反するかを最後に検討する。イギリス法システムにおいて、権力分立原則とは柔軟性をもって解釈されるため、その内容は多様に主張される。その中でも特に二つの学派に分類されるため、それらの見解を検討したい。

　第一のものが、権力分立を純粋に主張する見解である。この見解によると、いかなる形態をとろうとも、また、その正当性がいかに主張されようとも、裁判所が実際に他機関の行為を審査することでコモンローという法を創出する限り、これは国会の権限を侵害するものとして捉えられる。法の創出権限[630]はあくまで国会に限定されるからである。しかし、この見解は権力分立原則の目的に適合しない点で妥当性がないと思われる。公的機関の恣意的な権限行使を避けることが権力分立原則の目的として主張されるため、これには必然的にそれぞれの機関同士における抑制と均衡が必要になる。第一の見解で[631]は、この機能をも否定することになるため、妥当性がないと考えられる。

　第二に、権力分立原則は、一つの機関に強大な権限が集中しすぎないこと、及び、権限行使は権力機関同士の適切な抑制と均衡に適う形で実行されるべきことがその内容として主張される。この見解によると、政府機関同士の権[632]限配分は厳密に区分されているわけではなく、ある機関に本質的に備わる権限及び義務を他の機関が行使することは許容されないことになる。権力分立[633]原則に関するこれら二つの見解のうち、第一は権力分立原則自体の意義を失わせるものであり妥当ではなく、この点を克服する第二の方が妥当性を有すると思われる。

　この第二の見解によると、もし法の制定が国会に唯一備わる本質的機能である場合、裁判所が法の解釈を通じて法の創出を行うことは権力分立原則に反すると判断されることになる。

　さて、政府機関内部の権限配分について、国会が法を制定し裁判所が法を解釈するとの立言は正しいにも関わらず誤解を多分に含むものであると思われる。なぜなら、これによると国会が唯一、法を制定する権限を有するかの

226

第2章　イギリス法システムにおけるコモンローの意義

印象を受けるからである。しかし実際には、法を制定する権限は国会のみならず他の行政機関にも備わっている。

　さらに、裁判所がコモンローを通じて司法審査を行うことは、他の機関の権限が適切に行使されるかをチェックするのに重要な役割を担っている。これらの点を考慮すると、この第二の見解において、コモンローを正当化根拠とする司法審査の権限は権力分立原則に反するものではないと考えられる。

## 3.2.2　司法審査の正当化根拠としてのコモンローの意味

　司法審査についてのこれまでの議論をみると、その手続的側面における重要性があった。司法審査が行われる対象は、立法府の判断そのものについてというより、どのように立法府が判断したか、つまりその判断プロセスであるとして捉えられてきた。[634]たとえ裁判所の裁判官が立法府の判断を好ましくないと考えたとしても、このことを理由にその判断を覆すことはできないと考えられている。確かに、その判断がまったくの合理性を欠いていたり、あるいは人権侵害を明白になすものであれば、裁判所は立法府の判断に介入できると解釈されるが、その場合でも立法府の判断を変更できるわけではないとされる。[635]

　従来からイギリスにおいて、裁判所の上訴と審査の区別は厳格であると捉えられてきた。司法審査に対するこのような制限は、この厳格な区別に適合するものである。イギリスではこの厳格な区別のために、例えば国会が、国会（立法府）に代わって裁判所が判断する権限を有することを上訴の権限として法の制定によって保障しない限り、裁判所にはそのような判断をなす権限がないと考えられているのである。[636]司法審査は、下級審の判断についてとり扱う上訴とは異なり、他機関の権限あるいは行為に関して判断するものであるため、両者の区別が厳格に設けられるべきことがイギリス法システムにおいて伝統的に主張されていると思われる。

　その区別が厳格である理由として、裁判所の制度的側面における能力の限界が指摘される。つまり、裁判所は法の専門家であるがそれ以外の分野にお

227

いて特別の能力があることが制度上保障されているわけではない。[637]さらに、裁判所は国会と異なり、民主主義的正当性が制度上担保されているわけではないため、国会の判断を尊重することが要請される。[638]

つまり通常、裁判所には国会の判断そのものについて審査する権限はないとされ、司法審査は他機関が行う実体的判断というよりは、その判断に至る手続に問題がないかを審査するものであると伝統的に考えられている。

この点を確認するのに、ヨーロッパ人権条約及びヨーロッパ人権裁判所におけるイギリス国内法との関係を想起したい。ヨーロッパ人権裁判所において、比例原則は確立した審査基準の一つである。イギリスの国内裁判所もまた、特定の権利について判断するのにこの原則をとり入れた判断をしている。ただし、イギリスの国内裁判所におけるこの基準の採用は、人権法の制定によって外国法の基準がイギリス国内に輸入されたわけではなく、コモンローによって吸収されたと一般的に考えられている。[639]つまり、比例原則は人権法に規定される権利に限定して使用されると解釈されるべきではない。

ただし、この基準を国内の裁判所で使用することに抵抗する見解があるのは事実である。[640]なぜならこの基準を裁判所が援用することで、立法府の実体的判断について審査することが可能になるためである。つまり、裁判所の解釈の基準として比例原則を国内裁判所にとり入れると、審査と上訴の区別が維持できなくなることが懸念されるのである。[641]これは、コモンローによって、裁判所の権限が増大することを意味し、法を創出する裁判所の権限を正当化するものとして理解されるのである。[642]

裁判所の上訴と審査の厳格な区別は、事件を解決する裁判所の役割と法を定立する立法府の権限を厳格に区別する機能を有している。この厳格な区別によると、裁判所には政策決定の権限が含まれていないと解釈される。このため従来の考えを維持すると、裁判所の判断と国会の判断は異なるために厳格に区別されなければならないと考えられている。司法審査が他機関の実体的判断に触れる場合、その権限の正当性が特に問題になるため、司法審査は他機関が行う実体的判断ではなく、その実体的判断を行うに至るそのプロセ

228

スについて行われるものであると一般的には理解される。

そして、その手続に関して裁判所が判断を行う際、以下のことが主張される。

第一に、他の政府機関が公正にFairly行為したかについてである。行政法において、公正という観念は手続及び実体という二つの場面で語られ、前者はプロセスについて、後者はその結果についてとり扱うとされる。行政法の分野において、後者に関心が全くないわけではないが、前者が論じられることが多い。公正な観念とは手続的公正を意味することが多く、この内容として、偏見がないことや、各機関の制度的独立が維持されていること、さらに公正な聴聞の権利が含まれると一般的に理解される。

公的機関に対して公正に行為することが要求されるのは、このように行為することで公の利益をよりよく促進するというより善い結果を生むことが期待できるというきわめて実務的な理由による。このようなプロセス保障が主張されるのは善き結果のためであり、すなわち目的のために手続が保障されるべきであるとする道具的な理由に依拠するのが一般的な理解である。

ただし、プロセスが保障されるのは別の異なる目的のためではなく、これ自体を目的として保障すべきことを主張することも可能である。第一の見解が公の利益という共通善の促進を目的とするものであるのに対して、この第二の見解は、個人が一人の人間として尊重されることを目的にするものとして理解することが可能である。個人の利益は、全体の利益が促進される場合に尊重されるわけではなく、全体の利益が促進されるわけではない場合でも、一人の人間として尊重される価値があることを第二の見解は前提にしているという解釈が可能である。このように理解すると、いかなる場合でも手続上の保障は要求されることになる。

確かに、このような主張も理論上は可能であるが、純粋な手続のみの保障では実際には何も保障されないことをも含意し、プラクティカルな目的には沿わない可能性が考えられるため妥当であるとは思われない。

だが、手続保障に関する一般的な理解と第二の見解の目的は必ずしも抵触

する関係にあるわけではない。つまり、公的機関に公正な手続が要求される
のは、個々人が一人の人間として尊重されること、及び、社会全体のために
もより善い選択を行うことを目的とするためであると理解した場合、両者の
見解は互いに維持される。

　いずれにせよ、手続保障が要求されるのは善き結果を創出することを目的
にする理解が一般的である。この理解によると、手続保障とはその結果を十
分に保障するために必要と考えられる範囲で意義を有することになる。その<sup>(651)</sup>
ため、裁判所の実務において、手続に関する審査がなされなくても善き結果
が実現されることが期待できる場合には、手続の審査は行われないことにな
る。<sup>(652)</sup>

　しかしこれは、手続の審査を行ったとしてもいかなる結果が出されるのか
は判断が不可能であるために、手続に関する審査を最初から行わないことを
意味するものではないことに注意すべきである。手続保障は、十分な結果が<sup>(653)</sup>
期待できる場合には審査される必要がないことを含意するが、そうでない場
合に手続審査が必要ないことを許容するものではないのである。

　手続審査が要求されるのは、第二に、公的機関が偏見によらずに公平に判
断を行うことが要請されるからである。この内容は、従来、自然主義的正義<sup>(654)</sup>
が根拠にされて主張されるものである。この場合、偏見とは実際になされた
ものに限定されるわけではなく、偏見があると考えられる場合にも及ぶこと
になる。これは、個人的な状況や特徴を考慮するものであり、ある特定の個<sup>(655)</sup>
人が適切な決定を成すことができるか否かを保障するために公的機関に要求
される原則と考えられる。<sup>(656)</sup>

　第三に、公的機関は制度的に独立して判断を行うことが要求される。第二
の公平の要求が個人の権利保障のために主張されるものであったのに対し、
この第三の要求は各機関の制度上の観点において主張されるものである。<sup>(657)</sup>

　確かに、実体的判断に関して裁判所は全く審査を行わないわけではないが、<sup>(658)</sup>
主にそれは、他機関の手続に関してなされると理解される傾向にある。この
ため、実体的判断について裁判所が審査する場合には特に注意が必要となり、

230

第2章　イギリス法システムにおけるコモンローの意義

この場合には裁判所は判断を控えるべきであることが論じられる。

　司法審査はある一定の実体的判断についてなされるべきではなく、その場合には裁判所は判断を自己抑制すべきであることをLon Fullerは以下のように説明した。Fullerは、そもそも裁判所の判断に馴染まない領域があることをポリセントリックPolycentricという観念を用いて説明する。Fullerによると、ポリセントリックな問題とは、その問題のうちのある単一の側面が、別の異なる問題と相互に影響をもつものとして捉えられる。

　例えば、ある労働組合に加入している織物工場をとり上げてみよう。この組合に加入している工場の賃金体系は工場ごとに異なる。織物工場で働く編み手は、長年の労働によって編み手としての技術が向上した場合、これによってその賃金を上げるべきであると織物工場が主張したとする。この織物工場と労働組合は、工場で働く労働者の賃金体系については織物工場が決定できるとの契約で合意しているため、編み手の賃金は上がることが期待できる。しかし他方で、別の工場で働く紡ぎ手もその技術の向上によって賃金が上がることが期待できるかといえば、必ずしも工場がそのように判断するわけではない。労働組合加入によって従来生じている条件によって賃金条件が拘束されているなどが理由として考えられる。この紡ぎ手がこれを不服とした場合、その救済のために彼は裁判所に行くことになるだろう。

　しかし、Fullerによると、これはポリセントリックな問題であるとして裁判所の判断に馴染まないことが主張される。一つの賃金体系の変化は、他に影響を与えながら特定の影響を生み出す可能性があるため、裁判所では判断するのにふさわしくないとFullerは主張するのである。この場合、もし一人の裁定者によって判断が下されるとき、この裁定者は、私人同士の言い争いを聞き、そこで生じ得る賃金体系のいくつかを吟味し、その中で最善と考えるものを選ぶことで解決を図ることが予想される。つまりこの裁定者は、当事者による決定を尊重するためにこのような方法をとることが期待される。

　従来のこのような方法において裁判所が私人同士の決定を尊重することで、

その判断に当事者である私人が参加できることを裁判所が保障しているようであるが、Fullerはそうではないという。つまり、このようなポリセントリックな問題では、実際に当事者が裁定者の側に入りこれら三者によって解決が図られることが望ましく、これこそ公平な裁決であるとFullerはいう。そしてFullerは、ポリセントリックな問題を裁判所だけで判断するといかなる影響が起こるかを予想しきれず失敗する可能性があるため、この問題において裁判所は判断を控えるべきであると主張するのである。

このFullerの考えは、裁判所の判断が及ぶ範囲を制限するものとして一般的に理解でき、またこれは、裁判所の上訴と審査に関する伝統的な厳格な区別を維持するものとして捉えることができる。そしてFullerのこの考えは、アカデミックな領域で概して肯定的に受け入れられたと考えられる。例えば、裁判所の司法審査は、他機関の判断プロセスに及ぶべきでないことが主張されるときにFullerの理論が参照された。また、Fullerの理論に依拠した行政プロセスに対する裁判所の判断の抑制は、自然主義的正義のルールを制約するものであるという理解も生み、Fullerの理論はこの点までも含意するものであると捉える見解もあった。

一般的にはFullerの見解は適切であるとして受け入れられたが、Paul Craigは、Fullerの見解は私人同士が問題になる場合に限定して使用されるべきであり、公的機関が当事者に含まれる場合には修正が必要であることを指摘した。

確かに、Fullerがポリセントリックな問題を説明するのにとり上げた例は私法の分野のものであり、またポリセントリックな問題が生じる場合として、不法行為法（特に、製造物責任法）の分野で援用されている。またFullerは、行政法の分野では、たとえポリセントリックな問題であっても裁判所による判断が実際には行われており、またこの分野において、裁判所が裁定者になることは不適切であるにもかかわらず、裁判所の判断が最も試みられていることを認識している。

この点をFullerは問題視していると思われる。なぜなら、Fullerは、私法

232

第2章　イギリス法システムにおけるコモンローの意義

と行政法（公法）の区別に懐疑的であると思われるからである。[673]つまり、私人も公的機関もその自律的な判断は尊重されるべきで、つまり行政法は契約の観念と最も適合的に結びつくものであり、裁判所の判断は及ぶべきではないとFullerは考えているように思われる。[674]

しかし、公法において司法審査は特に重要であると考えられる。1970年代以降、手続に関する司法審査は特に、公法分野で重要であると考えられている。[675]つまり司法審査が重要な意義をもつのは、これが公的機関による判断あるいは行為の妥当性についてとり上げるものであるため、司法審査の公法の分野における重要性が強調されるのである。[676]

つまり司法審査は、私人の行為を対象とするものではなく、公的機関の判断プロセスをとり扱うものとして、公法の分野で重要なものと理解されてきたのである。[677]Fullerの主張は、ポリセントリックな問題の場合、裁判所は他機関の実体的判断のみならず手続的側面に関しても判断すべきでないことを主張するものと理解できるため、この実際の傾向と異なると思われる。

また公的機関の独立性が要求される点について、裁判所に対しては司法権の独立が重要である。

イギリス法域における裁判所は主に、第一審裁判所と上訴審裁判所に分類できる。2005年の憲法改革法Constitutional Reformation Act以前は、イギリス法域に存在するすべての裁判所は貴族院を頂点として一つに統合されていたが、[678]憲法改革法の制定によって、それまで連合王国の終審（上訴審）裁判所として機能を果たしていた貴族院上告委員会の司法機能はなくなり、これに代わって連合王国最高裁判所が設立され、つまり裁判所は国会から独立を果たすことになった。連合王国最高裁判所の設立に際しては、裁判所を政治機関から独立させる必要性が主張されていたのである。[679]

司法権の独立は、法の支配原則における基本的なルールとして承認されるものである。[680]この教義の淵源としては、法的ルールや、不文のルール、憲法上の慣例や慣習などが主張される。[681]

この教義の内容は多岐にわたって主張されるが、そのうち特に重要である

233

として二つの点が指摘される。それは、独立した方法で判断を行うことのできる個々の裁判官及び裁判所の能力と、政府システムの中で裁判所に付与される正当性である。[682]イギリス法システムにおいて司法権の独立は、権力分立原則の観点から捉えられる傾向があり、またイギリス政府機関内部の権限配分は厳格であるとされるため、[683]裁判官は国会及び行政機関から独立して権限を行使し、その権限行使のために自己の良心に従った最善の判断を行うことが司法権の独立から要請されると一般的に理解されるのである。[684]

確かに、裁判官の推論プロセスは法自体に拘束されると理解され、[685]つまり裁判官は、その判断が恣意的でないとされるために、確立した法ルールに従った判断をなさなければならないことになる。しかし実際の裁判では、裁判官は個別ケースにおいて生じる社会的文化的経済的要因を考慮して判断を行うため、解釈の幅が一定範囲において許容されることになる。この裁量の行使が正当化されるために、裁判所は推論プロセスにおいて四つのアカウンタビリティーを負う。[686]

そのアカウンタビリティーとは第一に、審理は原則として公開されなければならない。第二に、裁判プロセスは対審であること、第三に、判決は当事者の主張に対する解決を提示するものでなければならず、またその理由が付されていなければならない。コモンローの法システムにおいては、裁判官がある特定の判断をした場合、各裁判官はその判断に対して責任を有することが特に強調されるのである。[687]第四に、(そのような権利がもはや存在しない場合を除いて)判決は上級裁判所の上訴あるいは審査に開かれていなければならない。

イギリス法域の裁判所において、この上訴と審査の区別が厳格である点は留意されなければならない。上級裁判所への上訴する権利が認められていることは、司法権の独立の観念と適合することは明白であるため、上訴と司法権の独立は密接な関係性をもって共存している。[688]

他方で、審査に関しては、他機関の権限との競合関係が生じる可能性があるために、司法権の独立が公法において重要な意義を有することになる。公

234

法ケースにおいて裁判所は法のレフェリーとしての役割を担うのである。

　裁判所は、民事訴訟における私人間の法的な争いにおいて法の裁定者としての役割を担うように、公法分野でも法の裁定者としての役割を担う。公法ケースとしては、両当事者が公的機関のものと、公的機関と私人間の二つの場合が考えられるが、実際はほとんどが後者である。後者のケースにおいて、公的機関の行為が私人の有する利益や権利を侵害するために、個人が裁判所にその行為の適法性の審査を請求することになる。つまりこれは司法審査のケースということになる。

　争いが私人同士の場合には、司法権の独立の確保を達成するのに困難ではないことが予想できるが、他方で公法ケースの場合、それは困難であることが予想される。なぜなら当事者に政府機関が含まれている場合には、通常とは別の事情が生じるからである。通常の場合、裁判所の役割は、面前に出されたケースについて事実認定を行い、これに対して法的ルールや原則を適用することで問題を解決することであり、裁判所はこれを究極的役割として負っている。司法審査が行われる場合、裁判所の機能はこれと本質的に異なることはない。

　しかし、争いが私人と政府機関の間に生じている場合、その私人に対する抑圧について、政府が恣意的に権限を行使するものか否かを監督する権限が裁判所にあることが、民主主義を根拠にして主張される。つまり必要な場合、裁判所は他の政府機関に対して法に従うように判決によって命令することができると考えられるのである。

　ただし他方で、公権力が当事者に含まれる場合、公権力は特別の法的地位を有するものであり、この点に関する私人との本質的相違を忘れられてはならない。公権力は、公の利益を促進するために存在する機関であり、この目的のためにしばしば公権力は個人の私的利益や権利を侵害してしまうことがある。公権力が公の利益の促進を目的とするために結果として生じさせてしまう私人の利益や権利の侵害はある意味で避けられないものであり、この衝突を完全に避けることは不可能である。まさにこのために、公権力は公の利

益を促進と、個人の権利に対する適切な保障の間の適切なバランスを保たな
ければならないという公法上の原則に服するのである。<sup>(695)</sup>

　行政法において司法審査が行われることに関してFullerは、行政機関の自
律的主体性が尊重されているかに疑問を呈したが、司法権の独立の観点が強
調されることで実際には、司法審査はFullerの考えとは異なり、公法分野に
おいては重要であると考えらえている。


　近年、実体的判断に対する裁判所の権限について、人権法の制定によって
イギリスの国内裁判所もヨーロッパ人権条約の影響を直接的に受けるように
なってから以下のような主張がなされる。人権法が制定されたことで、イギ
リス国内裁判所に対してヨーロッパ人権条約上の権利、特に6条1項の公正
な裁判を受ける権利が主張されるようになった。<sup>(696)</sup>ここに規定される公正な裁
判を受ける権利は、イギリスに従来存在するコモンロー上の原則として承認
されてきた公の聴聞に対する権利と緊密に対応するものである。<sup>(697)</sup>裁判所の権
限としてこのような手続上の公正が保障されることが含まれることになった
のである。これにより、現在では公平の原則及び独立の原則がコモンローの
内容に含まれることが認められたのである。<sup>(698)</sup>

　ヨーロッパ人条約6条1項に規定される「独立の、かつ、公平な裁判所」
とは、その判断が個々人間の権利あるいは利益についてではなく、むしろ、
公の利益が何であるかを決定する権限が裁判所に対して人民全体から委任さ
れたものであることを意味するとして捉えられた。これは、政策決定の権限
が裁判所に委任されたことを意味するものとして国内裁判所によって解釈さ
れたのである。<sup>(699)</sup>


　Fullerは、相互に影響を及ぼす点が含まれる状況をポリセントリックとい
う用語を用いて、そしてこの問題が強く関連する場合には裁判所は自ら判断
を控えるべきことを主張したが、ある一つの問題に多くの点が含まれるから
といってそれがポリセントリックになることが当然に導かれるわけではない。<sup>(700)</sup>

第2章　イギリス法システムにおけるコモンローの意義

また、ある一つの問題に相互に影響を及ぼす点が含まれる場合でも、その問題の性質を見極めることでこれに対する最善の解決を行うことは可能であり、コモンローは実際に相互に関連する多くのポイントから法的問題として最善の解決をなすに適切な点を選び出し、これによって裁判所はポリセントリックな問題においても判断を行ってきたのである。[701]

　以上の点から、司法審査権限はコモンロー上正当化されると考えるのが妥当であり、そのようなコモンロー上のルールは憲法上の原則としての意義を有するものに限定される。また、このようなコモンローに基づく司法審査の権限は、公法分野で重要と考えられており、特にその手続保障において重要な意義を有すると考えられる。

## 4　小　結

　以上では、不文憲法及びコモンローというイギリス法システム特有の点に注目して裁判所の権限について検討した。イギリス法システムにおける裁判所の特徴の一つとしては、上訴と審査の厳格な区別が挙げられた。この厳格な区別は、他機関の行った実体的判断に対する司法抑制の根拠となり得るものである。不文憲法において司法審査は実体的議論に対してではなく、手続的プロセスにおいてその意義が見出されるものとして考えられてきた。これは、イギリス憲法上の原則として重要である国会主権の原則とも適合する考えである。

　しかし、プロセス保障がいかなる意味を有するものであるかには注意が必要である。プロセス保障とは、ただ単にプロセスがプロセスとして保障されれば十分であるという理解ではなく、善き結果を生み出すという目的のためにプロセス保障は重要であると理解されるのである。しかし、この意味は多分に誤解を招きやすいものである。確かに、プロセス審査がなされなくても妥当な結果が実現されることが十分に期待される場合には、プロセス審査を省略することが可能であることを意味する。しかしこれは、プロセス審査を

237

行ったとしても、善き結果が実現されることが不明確な場合にまでプロセス審査が省略されることまでも意味するものではない。

プロセス保障のプロセスとは、ある実体的価値が明確な場合あるいはこの価値を実現することが明確な場合に限定されるものではないのである。プロセス保障の意義を実体的価値のみに依拠する考えは、プロセス保障の意義を捉えきれていない。

そしてまた、プロセス保障を、実体的価値を全く含まない純粋なプロセスを意味するものとして捉える見解も妥当ではない。プロセス保障固有の意義とは、単なる空洞化したプロセス観念を意味するわけではない。プロセス固有の意義にも、目的論的特徴は存在する。

前者の場合は、プロセス保障が特別に重要な意義を有する権限行使の正当性についての考察を看過するものであり、後者の場合は、プロセスが保障する実体的価値自体についての考察が不十分なのである。これは、概して裁判所が保障すべき実体的価値がただちに成文法に規定される権利あるいは利益のみを意味すると考えられることで生じる見解といえよう。不文憲法を伝統的に採用するイギリスにおいても、司法審査の権限が正当化される点から、プロセス保障の意義が明文規定の保障のみに限定されるものではないことは明白であろう。

司法審査が有するプロセス保障の意義は、政府の権限行使の正当性という政府の民主主義的正当性の観点から捉えられるべき重要性がある。裁判所のこの権限の正当化根拠はコモンローに求められて考えられる。そしてここに、不文の法の意義を見出すことができる。つまり、政府機関の権限行使の正当化は、国会によっても奪えない不文憲法上の原則として考えられるのである。不文の法とは、国会すら踏み込むことのできない基本原則を表すものとして捉えられる。すなわち、政府権限の正当性の根拠は、成文化された規定自体にあるのではなく不文の法の側面にあると考えられる。そしてこのためには、裁判所の役割が義務として主張されるのである。

そして、目的論的側面を有するプロセス保障にとって重要な任務を負う裁

238

第2章　イギリス法システムにおけるコモンローの意義

判所の義務をどのように考察するかについて、政府の役割を義務の側面から捉えるFinnisの議論は有益であると考えられる。特に、Finnisの法の正当化テーゼは裁判所の法解釈権限の正当化へ応用可能であると考えられるため、裁判所の義務という観点においても有効な議論といえる。

このようなコモンローの意義は、アメリカによりどのように継受されたのか。次章では、アメリカ合衆国憲法における裁判所の権限について検討する。

（1）田中英夫『アメリカ法の歴史　上』（東京大学出版会、1968年）296〜297頁。
（2）PATRICK DEVLIN, THE JUDGE 177 (1979).
（3）BLACK'S LAW DICTIONARY 313 (9th ed. 2009).
（4）メルヴィンA. アイゼンバーグ『コモンローの本質』石田裕敏訳（木鐸社刊、2001年）5頁。
（5）ただし、コモンローをこのような意味で限定して捉えるにしても、ある特定のケースにおいてコモンローが何を意味するかを判断すること、あるいはそのような単一の意味で捉えることが適切であるかを判断することは容易ではないことに注意すべきである。See BRYAN A. GARNER, A DICTIONARY OF MODERN LEGAL USAGE 177 (2nd ed. 2001).
（6）このように、裁判官の役割に関連づけて説明する立場は「裁判主義的法観念Adjudicative Approach」と捉えられる。Stephen R. Perry, *Judicial Obligation, Precedent and the Common Law,* 7 OXFORD J. LEGAL STUD. 215, 216 (1987).
（7）望月礼二郎「コモンロー・再考」『比較法と法律学―新世紀を展望して―』早稲田大学比較法研究所編（早稲田大学比較法研究所叢書、2010年）263頁。
（8）アイゼンバーグ・前掲注（4）3頁。
（9）アイゼンバーグ・前掲注（4）5頁。
（10）アイゼンバーグ・前掲注（4）5頁。
（11）J. ベイカー『イングランド法制史概説』小山貞夫訳（創文社、1975年）54〜55頁。
（12）プラクネット『イギリス法制史　総説編下』伊藤正己監修イギリス法研究会訳（東京大学出版会、1959年）428頁。
（13）ベイカー・前掲注（11）55頁。16世紀イギリスにおける宗教改革におけるコモンローの危機に際して叫ばれたローマ法の継受への批判について、参照、メイトランド他『イングランドの法とルネサンス』小山貞夫編訳（創文社、1977年）。またこの点につき参照、小山貞夫「イングランド法とルネサンス」考―イングラ

*239*

ンドにおけるローマ法継受の可能性とコモン・ローの近代化—『絶対王政期イングランド法制史抄説』（創文社、1992年）33〜100頁。

(14) グランヴィル・ウィリアムズ『イギリス法入門』庭山英夫、戒能通厚、松浦好治訳（日本評論社、1985年）25頁。

(15) ラナルフ・グランヴィル『中世イングランド王国の法と慣習—グランヴィル—』松村勝二郎訳（明石書店、1993年）。イギリス法においてこの本は、グランヴィルGlanvillと通称される。

(16) グランヴィル・前掲注（15）22頁。

(17) グランヴィル・前掲注（15）22頁。このような認識は12世紀のイギリスの法律家にとって一般的であったと思われる。参照、戒能通弘「近代英米法思想の展開（1）—クック、ホッブズ、ヘイル—」同志社法学61巻1号（2009年）65頁。

(18) 戒能・前掲注（17）65頁。

(19) 中村英勝『イギリス議会史〔新版〕』（有斐閣双書、1977年）60頁。

(20) プラクネット・前掲注（12）94〜95頁。

(21) 倉持孝「イギリス憲法」元山健・倉持孝編『新版　現代憲法　日本とイギリス』（敬文堂、2000年）33頁。Cokeはコモンロー裁判所である人民間訴訟裁判所Court of Common Pleasの首席裁判官当時、国王の禁止令状事件において、高等宗務官裁判所（教会裁判所）との間において、管轄権争いをしている。

(22) プラクネット『イギリス法制史　総説編上』伊藤正己監修イギリス法研究会訳（東京大学出版会、1959年）310頁。

(23) プラクネット・前掲注（22）310頁。

(24) プラクネット・前掲注（22）310頁。

(25) プラクネット・前掲注（22）322頁。

(26) 国王の裁判権という観念はイギリスにおいてかなりの歴史をもつものである。Bractonは、国王こそ世俗の訴訟すべてに関する裁判官であり、他の裁判官や役人にこれらの仕事が委任されるのはその仕事量が多いためであると説明され、Bractonにおいて国王は、正義の唯一の源泉であると考えられた。プラクネット・前掲注（22）147〜148頁。

(27) コモンロー法律家は、コモンローをすべての人物や事物に対して唯一至高のものにしようと考えていた。プラクネット・前掲注（12）363頁。その後、コモンロー裁判所は、星室裁判所及び高等総務官裁判所の適法性に疑義を唱えることでこれらの制度を廃止することに成功したが、大法官府に対してはこれを存続させることとなった。プラクネット・前掲注（12）352〜363頁。

(28) 1 Sɪʀ Edward Coke, The Selected Writings and Speeches of Sɪʀ Edward Coke: Reports 245 (Steve Sheppard ed., 2003).

(29) 戒能・前掲注（17）63頁。

(30) 戒能・前掲注（17）63頁。

(31) 土井美徳『イギリス立憲政治の源流—前期スチュワート期時代の統治と「古

第 2 章　イギリス法システムにおけるコモンローの意義

来の国制論」―』（木鐸社、2006年）201〜202頁。土井はこの矛盾について、コ
モンローの個別性とその原理を区別することでCokeの見解についての統一的理
解を試みる。同、203頁。

(32) 参照、戒能・前掲注（17）63頁。

(33) 2 Sir Edward Coke, The Selected Writings and Speeches of Sir Edward
Coke: Institutes 701（Steve Sheppard ed., 2003）.

(34) *Id.*

(35) 参照、戒能・前掲注（17）64頁。

(36) F. W. メイトランド『イングランド憲法史』小山貞夫訳（名著翻訳叢書、
1981年）399頁。理性あるいは自然法を根拠にしてある制定法が無効であると判
断する権限が裁判所にあることをCokeが主張していることは明白であると述べ
ながらも、Maitland（Frederic William Maitland）自身は、この主張の根拠と
された先例に関するCokeの解釈の妥当性については懐疑的である。

(37) Dr. Bohnam's Case, 8 Co. Rep, 114.

(38) 石井幸三「コウクの法思想―イギリス近代法思想史研究（1）」阪大法学92号
（1974年）52〜53頁。

(39) 石井・前掲注（38）40頁。

(40) 石井幸三「ヘイルの法思想―イギリス近代法思想史研究（2）」阪大法学94号
（1975年）69〜70頁。

(41) 石井・前掲注（40）66頁。

(42) 石井・前掲注（40）66頁。

(43) 石井・前掲注（40）69〜70頁。

(44) メイトランド・前掲注（36）399頁。Cokeは、1606年に人民間訴訟裁判所の
首席裁判官に任命されるまでは国王大権を強く支持していたが、これ以降はその
態度を変え、国王大権に対するコモンローの優越を主張するようになり、国王と
対決した。

(45) プラクネット・前掲注（12）451頁。

(46) プラクネット・前掲注（22）94〜95頁。また、Bohnam事件におけるCokeの
主張は、法的に変更されえぬ基本法の存在を主張するものであると解釈できる。
参照、石井・前掲注（38）40頁。

(47) プラクネット・前掲注（22）92頁。ただし、CokeがBractonのこの言葉を実
際に引用したかについては明らかではない。

(48) メイトランド・前掲注（36）399頁。また、主権が法にあるとの考えは
Blackstoneにも共通していると考えられる。

(49) 高橋和則「コモン・ロー史と国制（上）」法学新報114巻3・4号（2007年）
142〜143頁。

(50) 戒能・前掲注（17）85頁。これに対してHobbesは絶対王政の権利を侵害し
平和を乱すのは法曹であるとしこれを元凶であると考えた。テューダー朝の時

代、国会は国王に対して従属的な地位に置かれていたと考えられる。中村・前掲注（19）52頁。宗教改革の時代と呼ばれるこの頃、制定法は宗教の根源そのものにまで及んでおり、宗教の領域において議会における国王の主権は顕著であったと考えられる。メイトランド・前掲注（36）337～338頁。その後、1685年に王位に就いたJames 2世の国民を無視した強硬な宗教政策を実行しようとしたために1688年に名誉革命で王位を追われることになり、これにより国会主権というイギリス独自の原則が確立され、国王は実質的にこれに従属することになった。中村・前掲注（19）7、80頁。ただし、国王も国会のメンバーであることには留意する必要がある。つまり、国会主権の原則は、国会における国王King in Parliament主権の原則をも確立するものであった。

(51) メイトランド・前掲注（36）399頁。

(52) 参照、メイトランド・前掲注（36）399～400頁。ただし、裁判官自身は自らに「立法権限」があるとは考えていなかったことが記されている。

(53) Hobbesを法実証主義と位置づけることには違和感を覚えるかもしれない。確かに、Hobbesは、法とは主権者による立法にみであることを主張するが、Hobbesは他方で、自然状態を想定しそこから人々が自然法に基づく社会契約により国家を設立するという近代自然法主義の基礎ともいうべき主張をしているからである。Hobbesの法実証主義的立場は、Hobbes自身がピューリタン革命や王政復古といった国会と国王の対立、また市民革命という現実的な政治的混乱の状況に直面する中で彼が王党派の立場から絶対的主権国家の設立を目指す文脈において理解されるべきである。

(54) Cokeの理性に対するHobbesの批判について参照、ホッブズ『哲学者と法学徒との対話―イングランドのコモン・ローをめぐる―』田中浩・重森臣広・新井明訳（岩波文庫、2002年）第1章。

(55) 戒能・前掲注（17）78頁。

(56) 戒能・前掲注（17）82頁。自然法における裁判官の役割についてHobbesは、市民法の用語が不十分である場合に解釈の指標として自然法を用いることができること、そして、市民法が想定していないケースにおいて、裁判官は自然法によって判決をなすことができるとされる。戒能・前掲注（17）89頁。Hobbesは成文法を市民法、不文法を自然法と認識している。この点の詳細につき参照、戒能・前掲注（17）90頁、永井道雄編『ホッブズ　世界の名著28』（中央公論社、1979年）280頁。裁判官は自然法つまり不文法を解釈する権限があるが、その正当性は、主権者の黙認によって権威が担保されるとHobbesは考えていた。このようなHobbesの司法権についての解釈の問題点について参照、戒能・前掲注（17）93～96頁。

(57) 戒能・前掲注（17）97頁。

(58) 5 W. S. HOLDSWORTH, A HISTORY OF ENGLISH LAW 501 （1922-66）.

(59) 戒能・前掲注（17）98頁。

第2章　イギリス法システムにおけるコモンローの意義

(60) 戒能・前掲注（17）98〜99頁。

(61) 戒能・前掲注（17）108頁。

(62) 戒能・前掲注（17）108頁。

(63) 戒能・前掲注（17）99頁。

(64) 戒能・前掲注（17）101頁。

(65) 戒能・前掲注（17）100頁。

(66) 戒能・前掲注（17）102頁。

(67) 戒能・前掲注（17）102〜103頁。

(68) 戒能・前掲注（17）103頁。

(69) 石井・前掲注（40）70頁。

(70) 石井・前掲注（40）70頁。

(71) 戒能通弘『世界の立法者、ベンサム　功利主義思想の再生』（日本評論社、2007年）31〜37頁。

(72) ベイカー・前掲注（11）508頁。Benthamは、何がなされなければならないのか、を追及すべきであるとし、これを科学的に追及する方法論を義務論Deontologyと呼びこれに依拠した。

(73) ベイカー・前掲注（11）508頁。最大多数の最大幸福をその基本原理として掲げるBenthamの功利主義に対しては、少数者の権利や自由といった諸個人に対する正当な配慮を欠いているとの批判がある。Benthamの功利主義の考えに対する批判としてはRawlsのものが有名である。*See* John Rawls, A Theory of Justice（1971）.

(74) 戒能通弘「ベンサム法実証主義、功利主義と近代」法哲学年報2007「法思想史学にとって近代とは何か」日本法哲学会編（有斐閣、2008年）82〜83頁。

(75) 戒能・前掲注（74）83頁。

(76) 戒能・前掲注（74）83頁。

(77) 戒能・前掲注（74）84頁。

(78) 石井幸三「ベンタムのコモン・ロー批判」法哲学年報（1980年）144〜145頁。

(79) 石井・前掲注（78）145〜146頁。

(80) 石井・前掲注（78）145〜146頁。

(81) 石井・前掲注（78）146頁。

(82) Blackstoneに対するBenthamのこの点に関する批判の問題点につき参照、石井・前掲注（78）146〜147頁。

(83) 戒能・前掲注（74）82頁。

(84) 石井・前掲注（78）148頁。

(85) 戒能・前掲注（74）83頁。

(86) 戒能・前掲注（74）82頁。

(87) メイトランド・前掲注（36）400頁。

(88) 石井・前掲注（78）144頁。

*243*

(89) 戒能・前掲注（74）84頁。

(90) しかし、これは結果として失敗と財政面における損失を招くことになった。ベイカー・前掲注（11）509頁。

(91) 法典化Codificationという言葉を英語に導入したのはBenthamだといわれている。実際、1878年に『為替手形法類纂』が公刊され、これは1882年には為替手形法となり、この書物は制定法化された最初のものとなったという事実がある。この点の詳細として参照、ベイカー・前掲注（11）515〜516頁。ただし、このような類纂法典は、BenthamというよりBaconらの伝統を継承したと考える方が妥当で、それらは当時の判例法を疑う余地のない言葉で再述するという目的に適うものであった。

(92) 石井・前掲注（78）151頁。

(93) 石井・前掲注（78）151頁。

(94) 参照、石井・前掲注（78）152頁。

(95) 石井・前掲注（78）152頁。

(96) 厳格かつ均整のとれた理論として先例拘束性の原理を確立するのに必要な変革は19世紀にはとられていたという。プラクネット・前掲注（12）643〜644頁。

(97) 内田力蔵『司法制度　内田力蔵集第4巻』（信山社、2007年）33頁。

(98) 内田・前掲注（97）27頁。

(99) 内田・前掲注（97）27頁。

(100) 内田・前掲注（97）37頁。

(101) 内田・前掲注（97）33頁。

(102) 今日では、法律専門職は裁判官を頂点にした法曹一体として認識することができる。また法律専門職に対する評価はおおむね良い。内田・前掲注（97）656〜657頁。

(103) 内田・前掲注（97）33頁。

(104) 内田・前掲注（97）37頁。

(105) *See* JOHN PHILLIP REID, THE ANCIENT CONSTITUTION AND THE ORIGIN OF ANGLO-AMERICAN LIBERTY 116 (2005).

(106) 戒能通厚編『現代イギリス法事典』（新世社、2003年）32頁。

(107) 司法制度を頂点において統合していた貴族院House of Lordsは、1876年の上訴審管轄権法Appellate Jurisdiction Actによって貴族院上告委員会Appellate Committeeが置かれ、ここに終審裁判所としての機能が与えられた。つまり、貴族院の判例は下級裁判所の判決を拘束する権限をもち、また1966年以降は自らの判例を変更する権限も有した。しかし、2005年の憲法改革法Constitutional Reform Actによって貴族院の司法機能はなくなりこれに代わって連合王国最高裁判所Supreme Court of the United Kingdomが設立されることとなり、2009年10月から国会から独立した。幡新大実『イギリスの司法制度』（東信堂、2009年）16〜17頁。

第2章　イギリス法システムにおけるコモンローの意義

（108）戒能・前掲注（106）32頁。

（109）戒能・前掲注（106）32頁。

（110）戒能・前掲注（106）83頁。

（111）戒能・前掲注（106）83頁。

（112）戒能・前掲注（106）83頁。メイトランド・前掲注（36）179頁以下。

（113）戒能・前掲注（106）34頁。1215年のマグナ・カルタの規定によると、人民
　　　同士の裁判は国王に随伴せずとあり国王裁判所の拡大を阻む意図を読み取ること
　　　が可能である。

（114）戒能・前掲注（106）34頁。

（115）戒能・前掲注（106）34頁。

（116）戒能・前掲注（106）35頁。

（117）戒能・前掲注（106）35頁。

（118）戒能・前掲注（106）35頁。

（119）戒能・前掲注（106）35頁。

（120）戒能・前掲通（106）35頁。

（121）コモンロー裁判所と大法官裁判所はその後、1875年に制定された最高裁判所
　　　法Supreme Court of Judicature Actsによって一つの機関に統合された。

（122）内田・前掲注（97）36頁。エクイティーの確立に多大な貢献をした大法官で
　　　すら、専制的な国王に従順であった者は少なくないという。

（123）内田・前掲注（97）37頁。

（124）それらの市民革命の成果は、1832年のいわゆる改革法、つまり人民代表法の
　　　成立を待たなければならなかった。内田・前掲注（97）37～38頁。

（125）内田・前掲注（97）225頁。

（126）内田・前掲注（97）38頁。

（127）内田・前掲注（97）35～36頁。

（128）内田・前掲注（97）225頁。

（129）内田・前掲注（97）38頁

（130）内田・前掲注（97）38、657、670頁。

（131）MICHAEL LOBBAN, THE COMMON LAW AND ENGLISH JURIDPRUDENCE 1760-
　　　1850 at 80（1991）．

（132）*Id.*

（133）*Id.*

（134）*Id.* at 80, 90.

（135）*Id.* at 80-81.

（136）*Id.* at 80.

（137）*Id.* at 81.

（138）*See id.* at 81.

（139）*See id.*

245

(140) *Id.* at 90.

(141) *Id.*

(142) *Id.* at 80.

(143) *Id.* at 90.

(144) *Id.*

(145) ［1788］1 H Bl 51.

(146) LOBBAN, *supra* note 131, at 91.

(147) *Id.* at 91-92.

(148) *Id.* at 91.

(149) *Id.* at 81.

(150) *Id.* at 95.

(151) *Id.* at 97.

(152) *Id.* at 98.

(153) *Id.* at 98 n.79. 例えば、具体的事件においては、法のアナロジーによって解決を図る意見と正義に依拠して解決を図る意見とが裁判官同士で対立することがあった。結果として事件が解決をみても、法観念については明確にはされないことがあったという。

(154) *Id.* at 115.

(155) *Cf.* GERALD J. POSTEMA, BENTHAM AND THE COMMON LAW TRADITION 442-448（1986）.

(156) 内田・前掲注（97）670頁。

(157) 内田・前掲注（97）670頁。

(158) Michael Lobban, *A History of the Philosophy of Law in the Common Law World, 1600-1900, in* 8 A TREATISE OF LEGAL PHILOSOPHY AND GENERAL JURISPRUDENCE 167（Enrico Pattaro, Fred D. Miller Jr., Peter G. Stein & Andrea Padovani eds., 2007）.

(159) *Id.* at 98.

(160) 内田・前掲注（97）38頁。

(161) Lobban, *supra* note 158, at 100.

(162) *Id.* at 102.

(163) *Id.* at 99.

(164) *Id.* at 101.

(165) *Id.* at 114.

(166) *Id.*

(167) *Id.* at 112-114.

(168) *Id.* at 114.

(169) 深田三徳『現代法理論論争―R.ドゥオーキン対法実証主義―』（ミネルヴァ書房、2004年）7頁。

第 2 章　イギリス法システムにおけるコモンローの意義

(170) 深田・前掲注（169）7頁。このように、実定法という法システムから一般
的原則を見出そうとした分析法学は、法の観念を歴史的発展的に捉えるべきであ
るとしそのような科学的方法を追究した歴史法学のMaineと対立するものであっ
た。Austinの分析法学理論について参照、八木鉄男『分析法学の研究』（成文堂、
1977年）。Austinの分析法学は、現代分析法学のH. L. A. Hartのルール体系がも
つ開かれた構造という特徴や、法と道徳の峻別に関するHart理論に受け継がれ
ており、HartはAustinが築いた古典理論の上に分析法学の新たな可能性を探究
したと位置づけられる。

(171) *See e.g.,* John Austin, The Province of Juriceprudence Determined
(1999) originally published in 1832. Austinの一般法理学の方法は歴史法学者
Maineによって分析法学として批判された。しかし、Austinの分析法学は20世
紀のHart法実証主義の考えの基礎を提供するものといえる。

(172) A. W. B. Simpson, *The Common Law and Legal Theory, in* Oxford
Essays in Jurisprudence 79（2nd ser., A.W.B. Simpson ed., 1973, reprinted in
1978).

(173) 八木鉄男『分析法学と現代』（成文堂、1989年）82頁。

(174) 八木・前掲注（173）82頁。

(175) 八木・前掲注（173）82頁。

(176) 八木・前掲注（173）83頁。

(177) 八木・前掲注（173）85頁。

(178) 八木・前掲注（173）85頁。

(179) 八木・前掲注（173）84頁。

(180) 八木・前掲注（173）85頁。

(181) 八木・前掲注（173）85頁。

(182) 八木・前掲注（170）64〜65頁。

(183) 八木・前掲注（173）87頁。

(184) Lobban, *supra* note 158, at 180.

(185) 八木・前掲注（170）65頁。

(186) 八木・前掲注（170）65頁。

(187) Lobban, *supra* note 158, at 180.

(188) *Id.*

(189) 八木・前掲注（170）65頁。

(190) Lobban, *supra* note 158, at 182.

(191) *Id.*

(192) *Id.*

(193) Simpson, *supra* note 172, at 85-86.

(194) 内田・前掲注（97）34頁。Roscoe Pound, The Spirit of Common Law
(1931). Poundのコモンロー観念について参照、ロスコー・パウンド『英米法の

*247*

精神』山口喬藏訳（巌松堂書店、1924年）。

(195) Larry Alexander & Emily Sherwin, *Judges as Rule Makers, in* COMMON
LAW THEORY 28-29 (Douglas E. Edin ed., 2010).

(196) *Id.* at 29-30

(197) *Id.* at 30.

(198) *Id.*

(199) Melvin A. Eisenberg, *Principles of Legal Reasoning, in id.* at 83-84.

(200) Simpson, *supra* note 172, at 85.

(201) 1933年以前と1945年以降でその立場に大きな転換を迫られた代表例として、
Gustav Radbruchが挙げられる。ナチズムの経験以前において、Radbruchは自
然法という普遍的観念に対して価値相対主義の立場から否定していたが、それ以
降、人権理念を普遍的なものとして承認する態度を示すようになる。Radbruch
の主張について例えば参照、『法哲学（ラートブルフ著作集第 1 巻）』田中耕太郎
訳（東京大学出版会、1961年）。

(202) 深田・前掲注（169） 9 頁。

(203) 深田・前掲注（169）10頁。阿南成一「自然法の復権について」阿南成一・
水波朗・稲垣良典編『自然法の復権』（自然法研究会、1989年） 4 頁。

(204) 現代自然法論の他の見解としては、Locke的な自然法やリバタリアン的な自
然法思想などがある。深田・前掲注（169）13頁。

(205) Messner自然法論について参照、ヨハネス・メスナー『自然法 1 基礎理論』
水波朗訳（ドン・ボスコ社、1956年）。

(206) 深田・前掲注（169）12頁。

(207) 深田・前掲注（169）12頁。伝統主義的自然法の立場から新自然法思想に対
しても批判が寄せられた。参照、高橋広次「自然なき自然法論？（ 1 ）（ 2 ）（ 3 ）
（ 4 ）」南山法学20巻 3 ・ 4 号（1997年） 1 頁、同21巻 1 号（1997年） 1 頁、同24
巻 3 号（2000年）67頁、同24巻 4 号（2001年）53頁。

(208) 福島涼史「トマス・アクィナスの完成論—ジョン・フィニス自然法論の公法
理論へのインパクト—」阪大法学57号（2008年）1096頁。

(209) 亀本洋「フィニス、ジョン」大庭健ほか編『現代倫理学事典』（弘文堂、
2006年）725頁。

(210) 福島・前掲注（208）1096頁。

(211) ヴォルフガング・エアトル「トマス・アクィナスと〈意味論に根差した〉議
論」加藤泰史・高畑祐人訳（2003年）社会と倫理14号62頁。

(212) Veronica Rodriguez-Blanco, *Is Finnis Wrong? Understanding Normative
Jurisprudence,* ［2007］LT 257, 261.

(213) JOHN FINNIS, NATURAL LAW AND NATURAL RIGHTS (2$^{nd}$ ed. 2011). な
お、初版は1980年に公刊されている。この本の邦語の紹介文献としてとして参
照、小林公「John FInnis, Natural Law and Natural Rights, 1980」アメリカ

法（1985年）207〜213頁。*See also* John Finnis, *Natural Law: The Classical Tradition, in* THE OXFORD HANDBOOK OF JURISPRUDENCE AND PHILOSOPHY OF LAW 1-60（Jules Coleman & Scott Shapiro eds., 2002）.

(214) FINNIS, *id.* at 3.

(215) *Id.* at 3-4, 9.

(216) 小林・前掲注（213）207頁。

(217) FINNIS, *supra* note 213, at 3-4.

(218) *Id.* at 4.

(219) 小林・前掲注（213）207頁。

(220) FINNIS, *supra* note 213, at 3.

(221) *Id.* at 236.

(222) *Id.* at 155, 232-233.

(223) *Id.* at 12-13.

(224) *Id.* at 12. Finnisのこの目的設定に対するHartの批判は以下である。自然法の立場はHartによると、法規範には特定の道徳原則が含まれることが必然であり、かつ、これらの原則に反する人定法が妥当ではないことをテーゼとして主張する見解である。Hartによると、これらの原則は抽象的であり、また、物理学や生物学上の法則を発見するのと同じように人間の理性が自然法上の原則を発見できることを主張するものとして理解される。この自然法原則は、まるで客観的な世界がそれ自体として存在しているかのように自然法主義者は理解しているとHartは捉えるのである。つまりこの点において、自然法思想は合理主義的特徴を有するのである。H.L.A. HART, THE CONCEPT OF LAW 186（2nd ed. 1997）. 実践理性の行為が自然法原則を発見できるというのは、つまり、実践理性は人間の行為に関する善悪に関する知識を有しているためであるが、この知識は人間の経験から独立していない。つまり自然法思想において、自然法の存在そのものは否定されており、これは人間の理性が道徳的格言を理解し善に向かうという自然法思想の前提を否定するものであるとしてHartはその理論の欠点を指摘する。Cristóbal Orrego, *H.L.A. Hart's Arguments against Classical Natural Law Theory,* 48 AM. J. JURIS. 297, 297-299（2003）.

(225) FINNIS, *supra* note 213, at 15, 34.

(226) Julie Dickson, *Methodology in Jurisprudence: A Critical Survey,*［2004］LT 117, 123-124.

(227) FINNIS, *supra* note 213, at 15.

(228) *Id.* at 11. また参照、深田三徳「法実証主義における『法と道徳分離論』と『源泉テーゼ』（2）」同志社法學40巻2号（1988年）4頁。中核的ケース、周辺的ケースの区別を設けるFinnisの議論に対しては、法を理解する方法として妥当ではないという批判がある。

(229) FINNIS, *id.* at 15.

*249*

（230）深田・前掲注（228）5頁。

（231）FINNIS, *supra* note 213, at 92-95.

（232）他に、生命、知識、美的経験、友情（社交性）、宗教を挙げる。*Id.* at 86-90.

（233）NIGEL E. SIMMONDS, CENTRAL ISSUES IN JURISPRUDENCE 121（3rd ed. 2008）.

（234）HART, *supra* note 224, at 98.

（235）FINNIS, *supra* note 213, at 13.

（236）*Id.*

（237）*Id.* at 14.

（238）例えば友情について、これは自己の利己心を捨て、友の利益のために行動することも含まれる。*See id.* at 88.

（239）利己心による行為の理由づけは、メンバーの一人として社会で生きるために法を遵守するという利点を減ずるものであるし、慣習による理由づけは、内省することなく習慣的にルールに従った行動は社会の進展を妨げるものとしてFinnisは退けるのである。

（240）FINNIS, *supra* note 213, at 14-15.

（241）*Id.* at 270-273.

（242）「推定される」とは、その義務に対抗するような道徳的考慮がなされる場合、それが法的義務であると判断されないことがあることを意味する。*See* S. Aiyar, *The Problem of Law's Authority: John Finnis and Joseph Raz on Legal Obligation,* 19 LAW & PHIL 465, 466（2000）.

（243）Timothy Killen, *Legality and Morality: Parents in Crime? Self Interest and a Moral Ultra Vires,* [2007] CSLR 1, 6.

（244）FINNIS, *supra* note 213, at 100-133.

（245）HILAIRE MCCOUBREY & NIGEL D. WHITE, MCCOUBREY & WHITE'S TEXTBOOK ON JURISPRUDENCE 111-112（4th ed. 2008）.

（246）Dickison, *supra* note 226, at 123.

（247）ただし、これら両者は、一方が他方から導出される関係にはなり得ないとFinnisは論じている。つまり、人間の相互行為に関する事実を研究することからは何が実践的合理性であるかを帰納することはできず、また、われわれ人間の価値判断に適合させるために人間の実践について記述することもできないことがFinnisによって主張される。

（248）SIMMONDS, *supra* note 233, at 116.

（249）FINNIS, *supra* note 213, at 100. 実践的合理性は道徳的観点も含めて考察するため、善は究極的には道徳と適合するとFinnisは考えているように思われる。*Id.* at 126-127; SIMMONDS, *supra* note 233, at 120-123; John Finnis & Germain Grisez, *The Basic Principles of Natural Law: a Reply to Ralph McInerny,* 26 AM. J. JURIS. 21, 25-28（1981）.

第 2 章　イギリス法システムにおけるコモンローの意義

(250) SIMMONDS, *id.* at 116.

(251) *Id.* at 113-114.

(252) Humeの観念は複雑であるためにHumeの立場を一義的には捉えられないが、従来のHumeの評価に依拠することでさしあたりこのように解釈することにする。*See id.* at 113-114.

(253) *Id.* at 114-115.

(254) *Id.* at 114-116.

(255) *Id.* at 115. 人間の基本的価値を列挙するFinnisのこのリストに対して、ケイパビィティー Capabilityの観点からのアプローチすることでMartha NussbaumやAmartya SenらはFinnisとは別のリストを提示する。*See e.g.,* CAPABILITY APPROACH: WELFARE ECONOMICS, AMARTYA SEN, MARTHA NUSSBAUM, HUMAN DEVELOPMENT INDEX, HUMAN DEVELOPMENT AND CAPABILITY ASSOCIATION, INCOME (Frederic P. Miller, Agnes F. Vandome & John McBrewster eds., 2010); MARTHA C. NUSSBAUM, WOMEN AND HUMAN DEVELOPMENT: THE CAPABILITIES APPROACH (2001). このような基本的価値または権利に関する具体的内容の相違は、しかし、その理論自体に対する批判となるわけではないため、これらの相違はFinnisの理論自体に対する批判となるわけではないと思われる。*See* John Finnis, *Practical Reason's Foundations, in* 1 REASON IN ACTION; COLLECTED ESSAYS 28 (2011). また客観性を追及するという議論に対する批判もある。*See* Ronald Dworkin, *Please Don't Talk about Objectivity Any More, in* THE POLITICS OF INTERPRETATION (W. J. T. Mitchell ed., 1983).

(256) SIMMONDS, *id.* at 116-119.

(257) *Id.* at 116.

(258) *Id.*

(259) *Id.* at 116-117.

(260) *Id.* at 117.

(261) *Id.*

(262) *Id.*

(263) *Id.*

(264) *Id.*

(265) FINNIS, *supra* note 213, at 73.

(266) *Id.* at 74.

(267) *Id.*

(268) *Id.* at 75.

(269) *Id.*

(270) *Id.* at 126.

(271) *Id.* at 123, 126.

(272) SIMMONDS, *supra* note 233, at 127.

（273）*Id.* at 126-127.

（274）*Id.*

（275）FINNIS, *supra* note 213, at 87. Finnisのいう遊びの行為には肉体的と知的に行われるとは問われない。

（276）SIMMONDS, *supra* note 233, at 127.

（277）*Id.*

（278）*See* FINNIS, *supra* note 213, at 33-36.

（279）SIMMONDS, *supra* note 233, at 119.

（280）FINNIS, *supra* note 213, at 34; SIMMONDS, *id.*

（281）阿南・前掲注（203）10〜11頁。

（282）Aiyar, *supra* note 242, at 466.

（283）SIMMONDS, *supra* note 233, at 123.

（284）Aiyar, *supra* note 242, at 466-477. 選択されたすべての生が実践的に合理的であると考えているわけではない。選択の結果、生の活性化という目的を達成することができない可能性があるからである。Finnisは、内省的かつ責任をもってなした選択のみを真摯な選択とみなすのである。SIMMONDS, *supra* note 233, at 126-127.

（285）FINNIS, *supra* note 213, at 232. Finnisはこの社会問題を解決するのに権威とは別に、全員の意見の合意Unanimityを挙げるが、各個人の権利や利益を尊重する社会においてこの考えは現実的に妥当でないとして退けられる。*Id.* at 232-233.

（286）*Id.* at 233.

（287）Aiyar, *supra* note 242, at 468.

（288）*Id.*

（289）JOSEPH RAZ, PRACTICAL REASON AND NORMS 35-48（1975）. 排他的理由については近年、保護された理由Protected Reasonsとして論じられRazのこの観念の問題点が指摘されている。*See* Christoper Esert, *A Dillemma for Protected Reasons,* 31 LAW & PHIL. 49（2012）.

（290）FINNIS, *supra* note 213, at 234.

（291）*Id.*

（292）*Id.*

（293）*Id.* at 246.

（294）*Id.* at 234.

（295）*Id.* at 234-235; *see also* RAZ, *supra* note 289, at 171-177.

（296）これは、独立した、あるいは専門的な見方からした場合を示すことになる。FINNIS, *id.* at 235.

（297）*Id.*

（298）*Id.*

第2章　イギリス法システムにおけるコモンローの意義

(299) *Id.*

(300) RAZ, *supra* note 289, at 84.

(301) FINNIS, *supra* note 213, at 236.

(302) *Id.*

(303) *Id.* at 236-237.

(304) *Id.*

(305) *Id.* at 237.

(306) HART, *supra* note 224, at 208.

(307) Leslie Green, *The Duty to Govern*, ［2007］LT 165, 165-166, 185.

(308) FINNIS, *supra* note 213, at 309.

(309) *Id.* at 308-309.

(310) *Id.* at 309.

(311) *Id.*

(312) *Id.* at 308-309.

(313) *Id.* at 309-311.

(314) *Id.* at 310.

(315) 法的義務の力がすべて同様であるというのは、法的妥当性がいかなるケースにおいても同様であるのと同じであるとFinnisはいう。FINNIS, *id.* at 279-280, 309.

(316) *Id.* at 310-311.

(317) *Id.* at 311.

(318) *Id.*

(319) *Id.*

(320) Green, *supra* note 307, at 184. Finnisは同意について、統治者の実効性の問題に関連する程度で理解している。FINNIS, *supra* note 213, at 251.

(321) FINNIS, *id.* at 312.

(322) *Id.*

(323) Green, *supra* note 307, at 168

(324) *Id.*

(325) *Id.*

(326) *Id.* at 166.

(327) *Id.*

(328) *Id.* at 167.

(329) *Id.*

(330) *Id.*

(331) *Id.* at 165-166.

(332) *See* J.M. Finnis, *Revolutions and Continuity of Law, in supra* note 172, at 76.

*253*

(333) *Id.*

(334) *Id.*

(335) JOHN FINNIS, AQUINAS: MORAL, POLITICAL, AND LEGAL THEORY 283 (1998).

(336) Green, *supra* note 307, at 165.

(337) *See id.* at 167-168, 179.

(338) *Id.* at 167.

(339) *Id.* at 168.

(340) FINNIS, *supra* note 213, at 246.

(341) *Id.* at 247; cf. JOSEPH RAZ, THE MORALITY OF FREEDOM 56 (1986).

(342) Green, *supra* note 307, at 171. Finnisは実効性について、これを論理的ある いは背景的前提条件として考えていないのである。

(343) *Id.*

(344) FINNIS, *supra* note 213, at 205-218.

(345) Green, *supra* note 307, at 171.

(346) *Id.*

(347) *Id.* at 168.

(348) *Id.* at 176.

(349) *Id.* at 178.

(350) *See* FINNIS, *supra* note 213, at 234.

(351) Jeremy Waldron, *Authority for Officials, in* RIGHTS, CULTURE, AND THE LAW: THEMES FROM THE PHILOSOPHY OF JOSEPH RAZ 50 (L. Meyer, S. Paulson & T. Pogge eds., 2003).

(352) Green, *supra* note 307, at 178.

(353) *Id.* ただし、いかなる場合に社会の一致した見解があるか否かを判断するの は容易ではなく、また何をもって社会の一致した見解が存在するとみなすかを判 断することも困難である。

(354) *Id.*

(355) いかなる場合に権限が行使されるべきかという問題は、いかなる場合にどの 制度機関の権限が行使されるべきかという問題であり、日本憲法においては権力 分立原則の問題と密接にかかわる。

(356) FINNIS, *supra* note 213, at 238.

(357) 小寺彰・岩沢雄司・森田章夫編『講義国際法　第2版』(有斐閣、2010年) 42頁。

(358) FINNIS, *supra* note 213, at 238-239. ただし従来の学説の関心と、Finnisの 関心(つまり、法的正当化プロセスの議論)は異なるものである。

(359) *Id.* at 239. Finnisのこの説明は、Oppenheimのものによる。

(360) *Id.* もとより、国際慣習法の形成要件としての慣行と法的確信の二つの要件 に関しては、これら二つがどのような関係にあるのかについて議論がなされてき

第 2 章　イギリス法システムにおけるコモンローの意義

た。例えば慣行一元説を唱える Hans Kelsen は、慣習ルールを法の創設過程として承認する法的確信の観念について否定的であった。つまり法的確信をその要件として認めることは、慣習ルールを創設する主体が、自らの信念によってそのルールを法規範化することを意味するため、Kelsen によると、法的確信を要件として認めることはルール創設者の錯誤によって新たな法規範が創設されることを意味するものとして捉えられることになる。小寺ほか編・前掲注（357）42〜43頁。Finnis の批判及び問題関心はこれと異なり、法的確信をその形成要件として認めた場合に存在するパラドクスを、ルール判断者及びルール行為者の観点から暴くことで、これを克服する試みであると考えられる。

(361) FINNIS, *id.*

(362) *Id.*

(363) *Id.*

(364) *Id.*

(365) *Id.* at 240.

(366) *Id.*

(367) *Id.*

(368) *Id.*

(369) *Id.*

(370) *Id.* at 240-241.

(371) *Id.* at 241.

(372) *Id.* at 234-235.「X は権威をもつ」という用語について、$S_1$ の理解によると、これはこのルールを制定した者に対しても効力が及ぶと考えられる。対照的に $S_2$ は、ルール制定者に対するその効力が否定される。Finnis によると、$S_2$ の判断は経験的なものとして捉えられる。

(373) *Id.* at 241.

(374) *Id.*

(375) *Id.*

(376) *Id.*

(377) *Id.* at 242.

(378) *Id.*

(379) *Id.*

(380) *Id.* at 242-243.

(381) *Id.* at 242-244.

(382) *Id.* at 243.

(383) 共通善の促進がメンバーの合意以上のものを含むといっても、確かに、共通善の促進という目的も合意という事実に由来するものである。しかし、この合意はそれぞれのメンバーの判断に基づくものというよりは、コミュニティーという実体の合意、つまり、コミュニティー全体の合意を意味するものとして Finnis は

捉えているように思われ、この点にFinnisは両者の重要な相違を求めていると思われる。

(384) FINNIS, *supra* note 213, at 244.

(385) Finnisは、客観善が道徳的判断と区別されるものとして捉えている。Finnisにとってそれは自明なものである。ただしFinnisは、客観善は道徳的判断の究極的な根拠であると考えているように思われる。

(386) 小寺ほか編・前掲注（357）41頁。

(387) *See* FINNIS, *supra* note 213, at 351-368.

(388) Orrego, *supra* note 224, at 310.

(389) HART, *supra* note 224, at 11-12.

(390) Orrego, *supra* note 224, at 309-310. つまり、このようなFinnisの古典的自然主義の立場には、HartやAustinから批判がなされるのである。

(391) *Id.*

(392) アイゼンバーグ・前掲注（4）265頁。

(393) JOHN WADHAM, HELEN MOUNTFIELD QC, ELIZABETH PROCHASKA & CHRISTOPHER BROWN, BLACKSTONE'S GUIDE TO THE HUMAN RIGHTS ACT 1998 at 1-3 (6ᵗʰ ed. 2011).

(394) PETER LEYLAND, THE CONSTITUTION OF THE UNITED KINGDOM: A CONTEXTUAL ANALYSIS 14 (2012).

(395) Vernon Bogdanor, *Constitutional Law and Politics,* 7 OXFORD J. LEGAL STUD. 454, 456 (1987).

(396) WADHAM ET AL., *supra* note 393, at 3. あるいはまた、イギリスには成文憲法がないとの主張に対しては、これらの歴史的文書がイギリス成文憲法であると認識される場合がある。

(397) それは、Dicey憲法観念及び理論こそイギリス憲法であるといわれるほどである。*See* Bogdanor, *supra* note 395, at 456.

(398) WADHAM ET AL., *supra* note 393, at 3.

(399) A. V. DICEY, THE LAW OF THE CONSTITUTION 285 (1923).

(400) *Id.*

(401) WADHAM ET AL., *supra* note 393, at 3。

(402) DICEY, *supra* note 399, at 206-283.

(403) WADHAM ET AL., *supra* note 393, at 3-4.

(404) DAVID FELDMAN, CIVIL LIBERTIES AND HUMAN RIGHTS IN ENGLAND AND WALES 25 (2ⁿᵈ ed. 2002).

(405) *Id.*

(406) *Id.*

(407) *Id.*

(408) JEREMY BENTHAM, THE COLLECTED WORKS OF JEREMY BENTHAM, AN

第 2 章　イギリス法システムにおけるコモンローの意義

INTRODUCTION TO THE PRINCIPLES OF MORALS AND LEGISLATION 11（J.H. Burns & H.L.A. Hart eds., 1996）.

（409）FELDMAN, *supra* note 404, at 25.

（410）*Id.* at 25-26.

（411）*Id.* at 26.

（412）*Id.*

（413）H.L.A. HART, LAW, LIBERTY AND MORALITY, 13-15（1963）.

（414）Wolfenden Reportは1957年に発表され、これはMillの自由論で述べられた原理に基づいて作成されていると理解される。*Id.* at 13.

（415）PTRICK DEVLIN, THE ENFORCEMENT OF MORALS, 105-106（1965）.

（416）ジョン・スチュアート・ミル『全訳ミル　自由論』柳田泉訳（春秋社、1961年）、ミル『自由論』山岡洋一訳（光文社、2006年）、ミル『自由論』斉藤悦則訳（光文社、2012年）.

（417）FELDMAN, *supra* note 404, at 26.

（418）*Id.*

（419）WADHAM ET AL., *supra* note 393, at 4.

（420）*E.g.,* East African Asians v United Kingdom［1973］3 EHRR 76.

（421）*See* FELDMAN, *supra* note 404, at 26-27.

（422）*See id.* at 27. 他方、Benthamが民主主義の観念に言及するのはその生涯のうちの後期である。P. P. Craig, *Bentham, Public Law and Democracy,*［1989］PL 407, 408.

（423）FELDMAN, *supra* note 404, at 27. 国会主権の原則が具体的に何を意味するかについては見解が分かれるところであるが、その中には、国会はその後すぐに発生する基本的自由や基本的権利を制限することのできる条件を規制することによってすら、自己の権限を制限することはできないというパラドクシカルな極端な主張もなされる。

（424）P. P. CRAIG, PUBLIC LAW AND DEMOCRACY IN THE UNITED KINGDOM AND THE UNITED STATES OF AMERICA（1992）.

（425）FELDMAN, *supra* note 404, at 27-28.

（426）J.A.G. Griffith, *The Political Constitution,* 42 MOD. L. REV. 1, 14（1979）.

（427）FELDMAN, *supra* note 404, at 20.

（428）深田三徳『法実証主義論争―司法的裁量論批判』（法律文化社、1983年）167～168頁。*See also* RONALD DWORKIN, TAKIN RIGHTS SERIOUSLY（1977）; DWORKIN, LAW'S EMPIRE（1998）.

（429）U.S. CONST. art. IV, §2, cl. 3.

（430）深田・前掲注（428）168～169頁。しかし、この考えは後に、Holmes判事によって否定されることになる。同、169～170頁。

（431）FELDMAN, *supra* note 404, at 29.

*257*

(432) H.L.A. Hart, *Are There Any Natural Rights?,in* POLITICAL PHILOSOPHY 1 (Anthony Quinton ed., 1967).

(433) FELDMAN, *supra* note 404, at 29.

(434) *Id.* at 28.

(435) *Id.* at 30.

(436) RICHARD RORTY, CNTINGENCY, IRONY, AND SOLIDARITY (1989). 邦訳として、リチャード・ローティ『偶然性・アイロニー・連帯（1）リベラル・ユートピアの可能性』齋藤純一・山岡龍一・大川正彦訳（岩波書店、2000年）。

(437) 魚津郁夫『プラグマティズムの思想』（筑摩書房、2006年）310頁。

(438) ローティー・前掲注（436）154頁。

(439) 魚津・前掲注（437）318頁。ただし、このようなRortyの真理の解釈について、これは単にWilliam Jamesの主張するプラグマティズムの一側面を解釈したにすぎないとの指摘がある。

(440) 魚図・前掲注（437）319頁。

(441) FELDMAN, *supra* note 404, at 30.

(442) *Id.*

(443) *Id.* at 31.

(444) メイトランド・前掲注（36）398頁。

(445) 児玉誠『イギリス憲法の研究』（御茶の水書房、1988年）ⅰ頁。

(446) 参照、ジエームス・ブライス『憲政確立の要諦（エール大學講演）』實業同志社會訳（實業同志会、1923年）。立憲政治において国民が果たすべき義務について政治道徳の観点から論じられている。

(447) F.F. Ridley, *There Is No British Constitution: A Dangerous Case of the Emperor's Clothes,* 41 PARLIAMENTARY AFF. 340, 343 (1988).

(448) *Id.*

(449) *Id.*

(450) Satvinder S. Juss, *The Constitution and Sikhn in Britain,* 1995 B.Y.U.L. REV. 481, 503-504 (1995).

(451) Ridley, *supra* note 447, at 343.

(452) ALBERT V. DICEY, INTRODUCTION TO THE STUDY OF THE LAW OF THE CONSTITUTION (10th ed. 1959). 邦訳として参照、A. V. ダイシー『憲法序説』伊藤正己・田島裕訳（学陽書房、1983年）。

(453) THE CHANGING CONSTITUTION 1 (Jeffery Jowell & Dawn Oliver eds., 7th ed. 2011).

(454) これは、Diceyによってこれらの原則が生成し確立されたことを主張するものではない。国会主権の原則は17世紀の市民革命によって確立し、また法の支配原則はCokeの主張に始まると言われている。イギリス憲法は成文化されてはいないものの、これらはいずれも17世紀に起こり憲法観念に重要な意義をもつと考

第 2 章　イギリス法システムにおけるコモンローの意義

えられるに至ったため、近代イギリス憲法の起源またその観念を考察するのに17
世紀の重要性が指摘される。

(455) Ridley, *supra* note 447, at 359.

(456) *See generally* HART, *supra* note 224; JOSEPH RAZ, THE AUTHORITY OF
LAW: ESSAYS ON LAW AND MORALITY (1979); FINNIS, *supra* note 213; NILE
MACCORMICK, LEGAL REASONING AND LEGAL THEORY (1978).

(457) MARK ELLIOTT & ROBERT THOMAS, PUBLIC LAW 65 (2011).

(458) *Id.*

(459) *Id.* at 65-66. しかし、国会主権の原則の絶対性を主張する見解によると、た
とえ国会が憲法の原則に違反する法律を制定したとしても裁判所は違法の判断を
下せないと結論づけられることになる。

(460) *Id.* at 3.

(461) *Id.* at 11.

(462) *Id.*

(463) *Id.* at 5.

(464) *Id.* at 12.

(465) *Id.*

(466) David Feldman, *None, One or Several? Perspective on the UK's
Constitution* (s), [2005] CLJ 329, 332.

(467) ELLIOTT & THOMAS, *supra* note 457, at 4.

(468) Feldman, *supra* note 466, at 332. また内田によると、国会主権の原則が法
の支配原則に優位することが主張される。ただし、法の支配に対する国会の譲歩
あるいは寛容がある場合は司法の優位があり得るとされる。この点につき参照、
内田力蔵『法改革論　内田力蔵著作集第 2 巻』(信山社、2005年) 63〜67頁。

(469) ELLIOTT & THOMAS, *supra* note 457, at 6.

(470) *Id.* at 7-8.

(471) *Id.* at 8.

(472) *Id.*

(473) RAZ, *supra* note 341.

(474) *Id.* at 255-260.

(475) JOSEPH RAZ, ETHICS IN THE PUBLIC DOMAIN: ESSAYS IN THE MORALITY OF
LAW AND POLITICS 104-105 (1994).

(476) ELLIOTT & THOMAS, *supra* note 457, at 8.

(477) *Id.* at 9.

(478) *Id.*

(479) *Id.*

(480) *Id.* at 73.

(481) *Id.*

（482）*Id.* at 8.

（483）*Id.*

（484）*Id.* at 43.

（485）*Id.*

（486）Steve Wilson, Rebecca Mitchell, Tony Storey & Natalie Wortley, English Legal System 3 （2nd ed. 2011）.

（487）国王は憲法の慣例に反するように行為することが、事実上は可能である。この場合、国王の行為は違法ではなく違憲と判断されるべきである。Feldman, *supra* note 466, at 331. 憲法上の慣例についてDiceyは以下のように述べる。主権的権力のいくつかの構成者、大臣その他の官吏の行為を規律するが、裁判所によって強制されるものではない。Diceyはこれを憲法上の慣例または憲法的道徳と名付ける。Dicey, *supra* note 452, at 24. またJenningsによると、法という乾いた骨に肉付けするものとして憲法上の慣例は表現される。つまり憲法を法的に意味のあるものにするためのものとして憲法上の慣例が説明される。Ivor Jennings, The Law and the Constitution 80-81 （4th ed.1952）.

（488）Feldman, *supra* note 466, at 331.

（489）Elliott & Thomas, *supra* note 457, at 66.

（490）国会主権の原則 Parliamentary Sovereigntyは、国会優位の原則Parliamentary Supremacyと区別されることがある。この場合、前者は何をなすこともできる万能の権限を表し、これに対して後者は、競合関係にある機関に対する階層的優位を示すものとして区別される。English Public Law 127-129 （David Feldman ed., 2nd ed. 2009）. ここでは両者を特に区別せず、国会主権の原則の用語を用いる。

（491）Feldman, *supra* note 466, at 332.

（492）*Id.*

（493）*Id.*

（494）Griffith, *supra* note 426.

（495）Feldman, *supra* note 490, at 39-45.

（496）Vernon Bogdanor, The New British Constitution 13 （2009）.

（497）*Id.* at 277.

（498）*Id.*

（499）Jowell & Oliver, *supra* note 453, at 3.

（500）*Id.*

（501）Bogdanor, *supra* note 496, at 55.

（502）参照、A. V. ダイシー『法律と世論』清水金治郎訳、菊池勇夫監修（法律文化社、1972年）。

（503）Bogdanor, *supra* note 496, at 55.

（504）Maureen Spencer & John Spencer, Human Rights Law in a Nutshell

第 2 章 イギリス法システムにおけるコモンローの意義

34（3rd ed. 2010）.

(505) *Id.*

(506) *Id.*

(507) *E.g.,* Derbyshire County Council v Times Newspapers Ltd,［1993］AC 554,［1993］1 All ER 1011.

(508) WADHAM ET AL., *supra* note 393, at 6.

(509) SPENCER & SPENCER, *supra* note 504, at 35-36.

(510) *Id.* at 36.

(511) *Id.*

(512) *Id.* at 36-37.

(513) WADHAM ET AL., *supra* note 393, at 6.

(514) SPENCER & SPENCER, *supra* note 504, at 34.

(515) WADHAM ET AL., *supra* note 393, at 6. 賛成の主張として他に、人権法の制定は世論の関心を引くのに良い機会であることや、裁判所の解釈権限の広さに対しては、実際には裁判所は一般原則に従った解釈をなすだろうことが主張された。

(516) ただし、人権法の制定をもってイギリスにおける人権保障が十分に達成されたとは考えにくい。なぜなら、ヨーロッパ人権条約は1950年に制定されているためその内容の古さ、つまり現代における人権保障としての不十分さが指摘されるからである。

(517) ELLIOTT & THOMAS, *supra* note 457, at 79.

(518) WADHAM ET AL., *supra* nonte 393, at 9.

(519) ELLIOTT & THOMAS, *supra* note 457, at 79.

(520) ダイシー・前掲注（452）202頁。

(521) ダイシー・前掲注（452）202〜203頁。

(522) ELLIOTT & THOMAS, *supra* note 457, at 71.

(523) *Id.*

(524) ジョセフ・ラズ『権威としての法―法理学論集』深田三徳編（勁草書房、1994年）211頁。

(525) ELLIOTT & THOMAS, *supra* note 457, at 79.

(526) *Id.*

(527) 違憲立法審査を可能にするものである点で、人権法を憲法典に相当すると解釈する見解が存在する。田島裕『イギリス憲法典　1998年人権法』（信山社、2001年）vi頁。

(528) 参照、江島晶子『人権保障の新局面　ヨーロッパ人権条約とイギリス憲法の共生』（日本評論社、2002年）。

(529) ELLIOTT & THOMAS, *supra* note 457, at 79.

(530) Feldman, *supra* note 490, at 39.

(531) Peter H. Russell, *Toward a General Theory of Judicial Independence, in*

261

JUDICIAL INDEPENDENCE IN THE AGE OF DEMOCRACY: CRITICAL PERSPECTIVES FROM AROUND THE WORLD 9 (PH Russel & DM O'Brien eds., 2001).

(532) Feldman, *supra* note 490, at 281.

(533) *Id.* at 282.

(534) *Id.*

(535) *Id.*

(536) *Id.*

(537) [2007] UKHL 27.

(538) ELLIOTT & THOMAS, *supra* note 457, at 48.

(539) *Id.*

(540) *Id.* at 49. ただし近年、このような国会主権の原則の解釈に対しては疑問が提示されている。

(541) *Id.* at 47.

(542) Feldman, *supra* note 490, at 625-641.

(543) ELLIOTT & THOMAS, *supra* note 457, at 48.

(544) *Id.*

(545) 国会は法の定立権限を有するとの言明から、この権限が国会のみに帰属するとの解釈は誤りである。*See id.* at 243.

(546) Feldman, *supra* note 490, at 293-294.

(547) HART, *supra* note 224, at 127-128.

(548) *Id.* at 128.

(549) Feldman, *supra* note 490, at 66-67.

(550) *Id.* at 294.

(551) *Id.*

(552) *Id.* at 293-294.

(553) 裁判官の法解釈の正当性が保障されるには、その判断に政治的嗜好が含まれてはならないことが要請される。*Id.* at 294.

(554) ELLIOTT & THOMAS, *supra* note 457, at 461-462.

(555) *Id.* at 462.

(556) WILLIAM WADE & CHRISTOPHER FORSYTH, ADMINISTRATIVE LAW 35-37 (8th ed. 2000).

(557) ELLIOTT & THOMAS, *supra* note 457, at 462.

(558) *Id.* at 73.

(559) *Id.*

(560) *Id.*

(561) *Id.*

(562) *Id.*

(563) *Id.*

第 2 章　イギリス法システムにおけるコモンローの意義

(564) *See e.g.,* R（Anufrijeva）v Secretary of the Home Department ［2003］ UKHL 36,［2004］1 AC 604.

(565) ELLIOTT & THOMAS, *supra* note 457, at 75.

(566) *Id.* at 75; *see e.g.,* R v Secretary of State for the Home Department, Ex p Pierson ［1998］AC 539.

(567) *Id.* at 76.

(568) *Id.*

(569) *See e.g.,* R v Lord Chancellor, Ex p Witham ［1998］QB 575.

(570) ELLIOTT & THOMAS, *supra* note 457, at 77.

(571) *Id.*

(572) Feldman, *supra* note 490, at 600.

(573) Joseph Raz, *The Rule of Law and its Virtue,* ［1977］LQR 195.

(574) *Id.* at 196.

(575) Paul P. Craig, *Formal and Substantibe Conceptions of the Rule of Law: An Analytical Framework,* ［1997］PL 467, 468-469.

(576) *Id.* at 469.

(577) ラズ・前掲注（524）211～212頁。

(578) LORD BINGHAM, THE RULE OF LAW 18（2006）.

(579) Feldman, *supra* note 490, at 601.

(580) *Id.*

(581) 参照として、ロナルド・ドゥウォーキン『権利論　増補版』木下毅・小林公・野坂泰司訳（木鐸社、2003年）、ロナルド・ドゥオーキン『原理の問題』森村進、鳥澤円訳（岩波書店、2012年）、ロナルド・ドゥウォーキン『法の帝国』小林公訳（未來社、1995年）など。Dworkinによると、形式的議論と実体的議論は別々に論じられる関係にあるとは捉えられていないようである。*See* Ronald Dworkin, *The Forum of Principle,* 56 N.Y.U. L. REV. 469（1981）.

(582) RONALD DWORKIN, A MATTER OF PRINCIPLE 11（1985）.

(583) *Id.*

(584) *Id.*

(585) *Id.*

(586) *Id.*

(587) *Id.* at 16.

(588) *Id.* また、大陸法システムにおいても、裁判所の法解釈による法の発展は否定できない事実であり、これはコモンローを採用する国家と同様である点が指摘される。ただし、大陸法において、この事実は法理学上の議論では否定される傾向にあるという。Konrad Zweigert & Hans-Jurgen Puttfarken, *Statutory Interpretation,* 44 TUL. L. REV. 704, 717-718（1970）.

(589) DWORKIN, *id.* at 16.

*263*

(590) *Id.* at 16-17.

(591) *Id.* at 17.

(592) ELLIOTT & THOMAS, *supra* note 457, at 78.

(593) *Id.*

(594) *Id.*

(595) 法の支配の実体的内容は、前述のように、手続上のものほど意見に一致があ
るわけではないが、法の平等がその内容に含まれることを裁判所は承認している。
*Id.* at 77.

(596) Feldman, *supra* note 490, at 606-607.

(597) *Id.* at 607.

(598) ダイシー・前掲注（452）186～190頁。

(599) ダイシー・前掲注（452）179、183～184頁。

(600) REID, *supra* note 105, at 116.

(601) ELLIOTT & THOMAS, *supra* note 457, at 48.

(602) *Id.* at 464.

(603) *Id.* at 465.

(604) *Id.*

(605) *Id.*

(606) *Id.* at 466-467.

(607) *Id.* at 467.

(608) T.R.S. Allan, *The Constitutional Foundations of Judicial Review:
Conceptual Conundrum or Interpretative Inquiry?* [2002] CLJ 87.

(609) *Id.* at 93.

(610) *Id.*

(611) *Id.* at 101-102.

(612) *Id.* at 103.

(613) *Id.* at 96.

(614) *Id.* at 103.

(615) *Id.* at 103-104.

(616) *See* ELLIOTT & THOMAS, *supra* note 457, at 469.

(617) *Id.* at 48.

(618) *Id.*

(619) *Id.* at 244.

(620) *Id.*

(621) *Id.*

(622) *Id.*

(623) *Id.* at 48.

(624) *Id.* at 49.

第 2 章　イギリス法システムにおけるコモンローの意義

(625) 望月・前掲注（ 7 ）260頁。

(626) 例として人権法が挙げられる。*See* Feldman, *supra* note 490, at 294. 裁判
所の法解釈の手法については、さらにヨーロッパ人権裁判所の影響を受けること
で、その人権侵害の疑いのある立法のテストについて適法性Legality及び比例性
Proportionalityの基準を採用する。

(627) *Id.* at 292.

(628) Elliott & Thomas, *supra* note 457, at 78, 241.

(629) Allan, *supra* note 608, at 93.

(630) Elliott & Thomas, *supra* note 457, at 244.

(631) *Id.* at 244-245.

(632) *Id.*

(633) *Id.* at 245.

(634) *Id.* at 452.

(635) R v Somerset Country Council, Ex p Fewings ［1995］ 1 All ER 513, 515.

(636) Elliott & Thomas, *supra* note 457, at 452.

(637) *Id.* at 453.

(638) *Id.* at 453-454.

(639) *Id.* at 524.

(640) *See* R （Mahmood） v Secretary of State for the Home Department ［2001］
1 WLR 840.

(641) Elliott & Thomas, *supra* note 457, at 524-525.

(642) *See e.g.,* Anthony Lester, *English Judges as Law Makers,* ［1993］ PL
169.

(643) ここで語られる「行政法」とは、行政機関の組織や行為について規定する場
合ではなく、救済に関するものを指す。

(644) Elliott & Thomas, *supra* note 457, at 454.

(645) *Id.* at 480.

(646) *Id.* at 481.

(647) *Id.*

(648) *Id.* at 482.

(649) *Id.*

(650) *Id.*

(651) *Id.* at 482-483.

(652) *Id.* at 482.

(653) *Id.* at 482-483.

(654) *Id.* at 483.

(655) *Id.* at 484.

(656) *Id.* at 491.

*265*

(657) *Id.*

(658) 他機関の実体的判断に対して裁判所が審査を行う場合、従来、裁判所は Wednesbury Testを使用することでその解釈権限に制限を設けていた。つまり、裁判所がその判断を行えるのは、他機関の判断が著しく不合理である場合に限定されていたのである。Associated Provincial Picture Houses Ltd. v Wednesbury Corporation [1948] 1 KB 223, 230. しかしこのテストは、人権法の制定によって変化を受けつつある。

(659) Lon L. Fuller, *The Forms and Limits of Adjudication*, 92 HARV. L. REV. 353 (1978).

(660) ポリセントリックという用語や問題自体はFullerのものではなく、Polanyi のものである。*Id.* at 394; *see also* MICHAEL POLANYI, THE LOGIC OF LIBERTY: REFLECTIONS AND REJOINDERS 171 (1951).

(661) Fuller, *id.* at 394-395.

(662) *Id.* at 395.

(663) *Id.* at 396.

(664) *Id.*

(665) *Id.*

(666) *Id.* at 401.

(667) John Allison, *The Procedural Reason For Judicial Restraint,* [1994] PL 452-473, 453.

(668) *Id.* at 455-456.

(669) CRAIG, *supra* note 424, at 176.

(670) 平野晋『アメリカ不法行為法　主要概念と学際法理』（中央大学出版部、2006年）275～276頁。

(671) Allison, *supra* note 667, at 460.

(672) Fuller, *supra* note 659, at 400.

(673) Allison, *supra* note 667, at 460.

(674) *Id.*

(675) LEYLAND, *supra* note 394, at 214.

(676) *Id.*

(677) *Id.*

(678) ただし、スコットランドにおける刑事事件に関する上訴審管轄権を除く。幡新・前掲注（107）16頁。

(679) Feldman, *supra* note 490, at 295. 司法権の独立は確かに、裁判所が判決においてなした判断は国会に対する責任を負わないことを意味するが、裁判所制度自体は、国会制定法によって正当化されている。*Id.* at 299.

(680) *Id.* at 288.

(681) *Id.* at 290.

第2章　イギリス法システムにおけるコモンローの意義

(682) *Id.* at 289-290.

(683) *Id.* at 288.

(684) *Id.* at 288-289.

(685) *Id.* at 290.

(686) *Id.* at 291.

(687) *Id.* at 291-292.

(688) *Id.* at 292.

(689) ELLIOTT & THOMAS, *supra* note 457, at 239.

(690) *Id.*

(691) *Id.*

(692) Feldman, *supra* note 490, at 290-291. またこのような主張は、現代社会における公法観念の変化が背景にあることが指摘される。*Id.* at 290.

(693) *Id.* at 291.

(694) ELLIOTT & THOMAS, *supra* note 457, at 239-240.

(695) *Id.* at 240.

(696) Feldman, *supra* note 490, at 717.

(697) *Id.*

(698) *See* R（Bewry）v Norwich City Counsil［2001］EWHC Admin 657,［2002］HRLR 2, per Moses J.

(699) R（Alconbury Developments Ltd）v Secretary of State for the Environment, Transport and the Regions［2001］UKHL 23,［2003］2 AC 295. ここで解釈された公平Impartialityな裁判とは、Fullerの主張とは異なると思われる。

(700) Melvin Aron Eisenberg, *Participation, Responsiveness, and the Consultative Process: An Essay for Lon Fuller,* 92 HARV. L. REV. 410, 424-425（1978）.

(701) *Id.* at 423-424.

*267*

# 第3章　裁判所の憲法解釈の正当性
―アメリカ合衆国憲法修正14条デュープロセス条項に基づくプライバシー権について―

## はじめに

前章でみたイギリスでの見解を踏まえ、アメリカにおけるコモンローの意義を特に憲法との観点から考察したい。以下ではまず、アメリカがどのようにしてイギリスからコモンローの伝統を受け継いだのかを確認する。アメリカはイギリスと同様に、コモンローシステムを採用しながら、同時に、成文憲法を有する国家である。このような特殊性を有するアメリカ憲法は、不文の法としてのコモンローと成文憲法の関係、そして裁判官の法解釈権限のあり方について、有益な議論を提供するものと思われる。

## 1　コモンローについて

### 1.1　コモンローシステムの継受と展開

アメリカ合衆国建国当時は、啓蒙主義思想の下で自然法思想の影響が圧倒的であった[1]。特にJohn Lockeの自然法主義の影響の大きさが一般的に指摘される。このように自然法主義思想が影響力をもった背景の一つとして、Sir William Blackstoneに対して激しく非難したJeremy Benthamの実証主義理論への疑念があったと考えられる[2]。

またこの時代の特徴として、法の根本的な側面の考察は形式と実体の区別が前提となって行われる傾向があったことが挙げられる[3]。そこで、建国時の自然法思想は一般的に以下の内容を含むものとして捉えられていたと理解できよう。実体的理性への信念、高次の法及び自明の真理としての自然法の理解、手段は目的から合理的に導出されることができるという信念、そして、法はすべてこの目的によって究極的には正当化されることが可能であるという理念、これらの目的は善き人類のために社会が統治されることを意味する

269

ものである、などである。[4]

　1776年7月4日にイギリスからの独立を宣言したアメリカであるが、しかし、これによってアメリカがイギリスから完全に独立したというわけではない。アメリカの植民地はイギリスの権威の下に統治されており、またそもそもその起源もイギリスにあったためにこれら植民地はイギリス法の影響を多分に受けており、自ら独立を宣言しただけで独立は達成されず、このような影響が根本的に拭い去られることはなかった。つまり、アメリカはなおもイギリス法システムの影響を受けながら存在していたのである。

　その後、1783年のパリ講和条約によりイギリスもアメリカの独立を承認することとなった。これにより各植民地はそれぞれ独自の統治システムをその内部に有することとなった。ただし、この統治システムは独立前のイングランドからの支配、統治関係に基づくものであった点でイングランドの法システムに起源を有しており、これらの関係は植民地ごとに異なっていた。[5]またこの頃のアメリカは、一つの国家としての統一性を有して存在していたわけではなく、それぞれの植民地が個々に独立性を有して存在しており、また独立後は、これら植民地のそれぞれの地域性に即した独自の統治システムを有して存在していたために、アメリカにおける統治システムは実に多様であった。[6]

　ただし、このような多様性を有していながらも、これらすべての植民地には共通の特徴も見られた。これらすべての植民地において必要性が主張された基本的な権利や特権については、すべての植民地において実際に行使されていたのである。[7]まず、これらすべての植民地には統治者、評議会、代表議会が置かれ、この代表議会は人民が選出した代表者から構成された。これらの統治機構によって、立法及び執行の役割がそれぞれ担われた。立法機能は植民地のすべての人民を拘束し、イングランドの慣習や法に適合する法の定立をなすべきであるとされた。また他から独立した機関として司法府が置かれたこともすべてに共通した特徴である。

　また、植民地の人々はみな生まれながらにしてイングランドの臣民である

第3章　裁判所の憲法解釈の正当性

ことが宣言され、イングランドの自由な臣民と同等の権利及び特権を生まれ
ながらに有するとされた。さらに、イングランドの法（つまり、コモンロ
ー）は植民地の状況に適合できる限りで植民地の法システムの基礎をなした
のである[8]。つまり、アメリカは「コモンロー」という不文のイングランドの
法を継受したのであるが、どのように継受するかに関してはアメリカの裁量
であるためにその方法（あるいは、法の存在方法）はイングランドと全く同
一であるというわけではない。

　例えばコモンローのうち、動産の財産や契約に関する部分はイングランド
と実質的に同様の内容がアメリカに継受されたが、アメリカはこれを不文法
ではなく制定法として誕生させた[9]。また、民事上の救済や刑事裁判に関する
規定もイングランドと同様の内容のものが制定法として規定された[10]。これに
対して、婚姻に関して、アメリカはイングランドの法ほど厳格ではないなど
の相違もみられた[11]。

　このような相違はありながらも、人民の地位に関する平等というイングラ
ンドの法における原則はアメリカにも共通して受け継がれた特徴といえる。
それは、人民が単なる「物」としてとり扱われるべきではなく、これを保障
する権利や義務はイングランド及びアメリカの人々が共通して有していたも
のである[12]。

　すなわち、アメリカ植民地はそれぞれの独自性が認められた統治システム
を有しながらも、イングランドの法システム、つまりコモンローを継受する
という共通項を有しており、その継受の方法はアメリカ植民地の法システム
の根幹に影響するという極めて根本的な性格を有していたと考えらえる。


　ここで、アメリカ合衆国建国当時の「コモンロー」とは、裁判官が創造し
た法として理解されていたわけではなかった点に注意すべきである。建国時
のアメリカによるコモンローの継受とは、アメリカがイングランドの不文の
法を継受したという意味において捉えられるべきであり、これは植民地時代
のアメリカが受け継いだ法がさらに独立後のアメリカに受け継がれ、これが

271

その後のアメリカの邦の法システムの多くの基礎を築いたとして理解されるべきである。[13]これはまた、アメリカ合衆国憲法制定時におけるコモンローという用語の意味をなすものでもある。

　特に建国当時のアメリカにおいて、Blackstoneのコモンローの考えはイングランドの法を理解するための標準的な考えとして一般的に受け入れられた。[14]裁判所の判決は法とは何かに関する根拠になり得るが、しかしこれは、法それ自体の創設として理解されるものではない。Blackstoneにとってコモンローとは、法ではなく、イングランドの古い慣習に起源をもつものとして理解されるものであったためである。

　そのコモンローの実体的内容は多様化していた。それは、イングランドの法形式のみをとって存在していたわけではなく、海事裁判所がコモンローをとり扱う場合もあれば、教会法や大法官によるエクイティーもコモンローとして捉えられるものであり、あるいは、国会制定法としての法形式を備えたものもあった。[15]このように、イギリスにおいてコモンローとは、これを包括的に捉えることは不可能といえるほど多方面で使用されるものであった。特に財産権と刑事法分野においてコモンローは重要とされ、[16]17世紀から18世紀にかけてコモンローはイングランドにおいては法の中心的地位を占めるものとして理解されるに至ったのであった。[17]

　確かに、個別ケースにおける裁判官の判断も先例として後の判決に対する拘束力を有するという意味において法的性質を有すると理解されていたが、しかし、Blackstoneは法実証主義の立場からコモンローを捉えたため、これは法の創設ではなく法を宣言するものとしてBlackstoneには理解され、新たな法の導入を意味するとは理解されなかった。[18]

　このように、アメリカ建国時のコモンローの内容は、裁判官による法の創設は含まれていなかったと考えられる。また当時のアメリカにおいて、裁判官の判決がコモンローとして理解されるには、つまり、妥当な法として作用するには、これが民事及び刑事事件において陪審制度が保障されることを意味していた場合であると考えられる。[19]十二人の良識ある陪審員の全員一致の

272

判断はコミュニティー全体における善悪の判断としてみなすことが可能なために、陪審員による判断は、不文の慣習法という法システムにふさわしい制度であると考えられる。つまり陪審制度は、不文の法という特有な法システムにおいて正義が実現されるため、また妥当な判断を確保するために重要であったと思われる。

　不文法の形式であるというコモンローの特質に注目するならば、それはまたイギリスが不文憲法という特殊な憲法形式を採用している点にも目を向けなければならない。つまり、イギリスが不文憲法の伝統を採用してきたことに十分な意義を見出すならば、それはイギリスがコモンローの伝統を維持してきた点と関連づけなければ不可能であることが指摘される。この考えによると、不文憲法はコモンローシステムからの必然あるいは最適な形態として考えられることになる。

　しかし、憲法が不文であることによってイギリスではいくつかの問題が生じてきたのも事実である。それは例えば、主権の所在に関するSir Edward Cokeと国会の見解の対立である。不文の法における特権に依拠することで自らの権限の広大さを誇示した国会に対して、Cokeはマグナ・カルタにコモンローという不文の特権を見出し両者は真っ向から対立した。憲法が不文であるために国家の統治機構に関する明確な規定がなく、裁判所と国会など統治機関の権限配分があいまいなために、これらの間で対立が生じてきたのである。法が不文であるという特徴が最も顕著に表れるのは統治システムにおいてなのである。

　アメリカ合衆国という国家が、その法システムの根幹においてイギリスのコモンローを継受し誕生しながらも、イギリスとは異なり成文憲法によって国家の基礎を確立したのはイギリスが伝統的に有してきたこの欠点を克服することが重要な課題であったと考えるのは至極自然である。

　イギリスにおける最も重要な憲法上の原則は国会主権の原則であった。ア

メリカの植民地は、イギリスのようにその根幹に関する最も重要な原則を不文の法によって統治する道を選択せずに、それぞれ独自の成文憲法を規定したのである。そしてまた、アメリカという国家はイギリスと異なり、成文憲法を採用したのである。イギリスにおける不文憲法の伝統とコモンローの伝統が連動性を有すると考えるならば、コモンローをイギリスから継受したアメリカにおいてもまた、コモンローの意義はアメリカ独自のものであると考えなければならない。つまりアメリカ法システムの根幹はイギリスコモンローに由来するにもかかわらず、その国家の基礎をなす憲法及びコモンローはアメリカ独自の意義がある。

　アメリカ合衆国憲法はイギリス法システムに源泉を有しながら、アメリカはこれを自発的にすべて受け入れたというわけではなくそこにはアメリカの状況が考慮されたのである。例えば、イギリスではコモンローの内容に対するキリスト教の教義の影響が多分に考慮されていたが、アメリカはこれとは異なる。そのため、コモンローにおけるキリスト教の影響は、（この点に関しては見解がいくつか存在するにしても）否定されたと考えるのが妥当であろう。[24]

　他方で、先述のように、刑事及び民事事件における陪審員の設置など正義の実現方法についてアメリカはイギリスの法システムの影響が強いと考えられる。正義の実現を確保するために、植民地には上訴審の管轄権を有する最終判断者として最高の裁判所が設置され、さらにこれは、植民地の置かれたそれぞれの最高の裁判所の判断の統一性を維持するために、最終的にはイングランドの国王に対して上訴する権限を有するものであった。[25]

　しかし、このシステムには問題があった。正義の実行のためにこの上訴審管轄権が利用されることはほとんどなく、イングランドへの上訴には高額な費用がかかるため、実際にはイングランドの法原則によって判断が行われたにすぎなかったのである。[26]

274

第3章　裁判所の憲法解釈の正当性

　アメリカが独自の成文憲法を採用したのは、政府によって人民の自由を確保するという正義のシステムを実効的なものとするためであったことも理由の一つとして考えられる。イギリスと対比した場合に浮上するアメリカ合衆国憲法独自の意義の一つとして、国家の統治機構を規定する成文憲法を有したことで、不文憲法においてはあいまいであった政府の権限配分が明確にされたことが挙げられる。<sup>(27)</sup>

　さらに、アメリカ合衆国憲法の主権が立法府ではなく人民に存在することが明確になった点も特徴として挙げられる。<sup>(28)</sup>憲法の改正も立法府ではなく、人民の意思によって憲法に則って行われることで達成されるのである。確かに、アメリカ合衆国憲法は九つの州の承認、つまりその各州の人民の代表者が承認することで確定し発効すると規定されるが、<sup>(29)</sup>これが正当性を有するのは最終的には主権が人民に帰属することに求められると考えられる。<sup>(30)</sup>

　つまり、ある権限の実際の行使が他の機関によるものであっても、それが正当であるのは合衆国の人民の有する主権に由来し存在するためなのである。<sup>(31)</sup>主権が人民に存在することで人民はその自由な意思によって憲法を改変（修正）することができるとされるが、しかし、そのような変更がなされるまで、国家の最高法が憲法であるという点は看過されるべきではない。すなわち、政府は合衆国憲法を遵守する義務を負い、<sup>(32)</sup>憲法によって規定されたどの政府機関も憲法を侵害することも変更することも、また憲法自体については審査する権限はないのである。<sup>(33)</sup>

　このようにアメリカでは、統治は憲法によって行われることとなったのである。そこには、連邦及び州の関係、及び連邦政府内部の権限配分という二種類の統治関係が規定されたのである。

　イングランドではCokeと国会の間でその権限の所在について対立が生じたが、アメリカでは立法府と裁判所の関係も憲法に明記されたのである。合衆国憲法の文言をみると、その3条に規定される裁判所の権限に対して、同1条に規定される連邦議会の権限の広範さが強調される傾向があるが、法による国家の統一性に対する裁判所の役割は重要であり、特に上訴審管轄権を

275

有する最終判断者としての連邦最高裁判所の役割は、憲法による国家の統一性を維持するために強調されるべきである。[34]

　最終審としての上訴審管轄権を有する最高裁判所の役割は、どの法システムにおいても概して特別な地位が付与されていると解釈される。[35]ただし、どのように特別であるかはそれぞれの法システムにおける裁判所の役割、作用に依拠することになる。

　Richard Posnerによると、アメリカの連邦最高裁判所の特徴はその政治的権力の行使にあることが指摘される。[36]連邦議会の制定した法の文言のみからは明確な解釈を導出できない場合や社会における一致した見解が何であるかの判断が明白ではない場合、これらを判断する権限を有する裁判官は自らの政治的な権限を行使することで判断し、事件の解決を図っているとPosnerは主張する。これはアメリカの司法システムに内在的なものであると指摘することで、アメリカはイギリスの裁判所よりも政治的性質を固有のものとして有するとPosnerは主張する。[37]

　イギリスと比較すれば、上訴審としてのアメリカ連邦最高裁は多くの政治的問題に対して実体的判断を行ってきており、[38]また司法審査の制度について、イギリスでは他機関の手続的側面に関する判断が一般的であったのに対して、連邦最高裁では他機関の行った実体的判断を行うことが珍しくない。[39]裁判所の法解釈は、イギリスにおいてと同様に、立法府の制定法によって変更可能であるが、ただしアメリカではこのようなことが起こるのは稀であるといえる。[40]

　つまりアメリカでは、政府の各機関同士の権限配分関係が困難な問題となり、特に政治部門とそれ以外（裁判所）の権限の配分関係が重要な憲法上の問題として提起されるのである。それぞれの機関の権限は合衆国憲法に規定されることで明確になったといえるが、その規定のされ方は包括的あるいは抽象的であり、また具体的ケースで問題となるすべての事がらを網羅しているわけではないため、実際の個別ケースにおいてどの機関にいかなる権限が付与されているか、あるいはある特定の権限は一つの機関に排他的もしくは

第3章 裁判所の憲法解釈の正当性

競合的に付与されているのかなど、各機関が正当に行使できる権限の範囲について憲法に明示される文言のみからは明確ではないのが事実である[41]。

つまり、連邦政府機関の権限の踰越が起こり、他機関との競合関係が生じた場合、これを解決し、合衆国憲法による統一的な統治を実際に実現するのに重要なのは、連邦最高裁が行う司法審査における憲法解釈なのである。

例えば連邦政府と州政府の権限の競合関係が生じた場合、一般的な解釈として裁判所は、その権限は連邦政府がとり扱う性質のものか、また、州の権限に適合する性質のものであるかを吟味し、そうでない場合に連邦政府に排他的な権限であることが判断される[42]。そのため、文言上は連邦議会に排他的であることが明記されているわけではないが、裁判所によってそのように宣言された権限もあれば[43]、同様の状況で裁判所によって州との競合の管轄権であると判断されるものもある[44]。

アメリカ合衆国憲法は、イギリス不文憲法ではあいまいであった点、つまり政府の権限分立の規定を明確にし、また個人の自由に対する政府の権限の限界を明確に定めるために成文形式が採られたのであった。

しかし、成文憲法によって権限配分に関する明文規定が置かれてもなお、権限規定に関して明確ではない部分は残る。この問題点を抱える合衆国憲法はイギリス憲法と全く異なる新しい形の憲法を採用したのであろうか。

ここで想起すべきは、アメリカ法システムの根幹はイギリスのコモンローの影響があるという点である。つまり、コモンローは、正当な政府の憲法上の基礎を提供したものと理解されるべきである[45]。つまりコモンローは、アメリカ憲法の文言すなわち憲法自体からは明確でない場合でもなお国家の最高法としての憲法による統一性を維持するのに最も重要なのが裁判所による憲法解釈である点を考慮すると、アメリカ憲法システムを意義のあるものにするために存在し、それはつまり憲法解釈におけるコモンローの影響があると考えられるのではないだろうか。

277

James Stonerによると、アメリカの建国者が成文憲法によって全くの新しい憲法システムを導入したというより、裁判所の権限に関するコモンローの伝統的な役割を受け継いだという考えが妥当であることが主張される。この見解によると、建国者たちは憲法が制定された後に新たな権利が付け加えられることも憲法の伝統として継受したと理解され、これはまさに、その時々の状況に適合する形態で伝統的な価値を実現させるというコモンローの原則をアメリカ憲法が継受したということを意味し、これは成文憲法の抽象的な文言にこのようなコモンローの価値を反映させる憲法解釈を裁判官が行うことを可能にする理解である。

つまり憲法との関係から捉えられるコモンローとは、イギリスのように法の形式として認識されるというよりも、憲法解釈において認識されるとみるべきである。

このように理解すると、保守的な憲法解釈手法として一般的に認識されるテクスチュアリズムやオリジナリズムは、憲法解釈におけるこのようなコモンローの影響を見落とすべきでないことが主張される。

他方で、リベラルな解釈手法は、合衆国憲法のうちで最も包括的とされる修正5条あるいは14条のデュープロセス条項や平等条項の中にコモンローを読み込むことで、その時代に適合したより善き生や平等な生き方が追求されるべきことが憲法上の価値として主張されることになる。

このように、憲法解釈にコモンローの影響をみることを可能にするのはコモンローにおける理性の存在であろう。つまり、成文憲法によって、前の古い法秩序を完全に取り去ることなく、国家の新たな法秩序を刷新できた背後にはコモンローにおける理性の作用が指摘されるのである。Cokeは法の生命を理性であるとし、コモンローこそ理性そのものであるとしてコモンローの意義を主張した。しかし理論上、法と理性が同様であることを主張しても、実際には人間の理性は誤りに陥ることがあり、また個々人によって理性は異なるために裁判官がコモンローを援用する場合にはその恣意性が欠点として指摘されていた。Thomas Hobbesは自然法思想が抱えるこの欠点に対して、

第3章 裁判所の憲法解釈の正当性

法とは主権者の命令として捉えられるべきであり、コモンローという不文法ではなく成文法による解決がなされるべきであると法実証主義の立場から主張したのであった。

　LockeがHobbesの法思想の影響をどれほど受けたかに関しては争いがあるが、いずれにせよ、Lockeが法と理性の強い関係性を認めていることは確かである。[54] そして、アメリカ建国時の法思想に対するLockeの自然法思想の影響を多分に受けていたことはThomas Jeffersonの独立宣言の文言をみれば明らかである。

　また他機関が行った実体的判断が憲法に適合するか否かを審査する裁判所の権限、つまり、司法審査に関する憲法上の規定はない。立法府及び執行府の実体的判断に対する司法審査権限の正当性は、*Marbury*判決[55]にあると今日では考えられている。[56] 司法審査の正当性を理解するには、Hobbesの実証主義ではなく、自然法思想が適合するのである。


　しかし、18世紀からアメリカにおいて支配的であった自然法思想は、19世紀後半になるとその勢いを弱め、今度は実証主義が台頭してきたのである。確かに、18世紀後半に誕生した合衆国憲法は、主権者による命令あるいは主権者によって規定されるルールとして法を観念する実証主義の考えと相容れないと考えられていた。[57] 特に*Marbury*判決以降、立法府に無制約の主権が存在する見解は影を潜め、主権は立法府ではなく人民に存在するという新たな人民主義の思想が席巻した。

　ところが19世紀後期には実証主義とともに、形式主義的思想が自然法に代わって大きな影響力を及ぼすようになり、さらにこれは20世紀の道具主義に通じるほどの影響力があった。[58]

　この頃の実証主義の内容として以下二つが指摘される。第一に、法とは官吏によって規定されることを本質的特徴として有するものであり、したがってその妥当性は権威ある機関による定立にのみ求められることになる。第二に、法と道徳は完全に分離されるべきことが主張される。

*279*

合衆国憲法が基底とする原則とは異なるように思われるこのような実証主義の思想が19世紀後半になって台頭してきた理由として、法の実務家の法理論への関心が高まったことが挙げられる。それまで法の実務家は法を理論として考察することにはほとんど興味がなく、新たな国家に適合する新たな法律を制定するという実務上の必要性に専心する傾向があった。新たな法の制定という実務上の必要性は、また、合衆国の法の統一性を維持する権威者を必要とした。[60]

　この新たな実務上の必要性に対して、連邦最高裁は以下の判決を出した。1842年の*Swift v. Tyson*[61]において連邦最高裁は、合衆国全体に対してコモンローを宣言する権限を連邦裁判所は有すると述べた。しかし、この判決では同一の問題に対して最終的に判断を下し、命令を発する権限は一つの機関にのみ帰属するのか否かがあいまいであった。後に連邦最高裁は*Erie Railroad v. Tompkins*[62]において、そのような場合に最終的に判断を下す機関は一つに限定されると判断したと考えられるために、*Swift v. Tyson*において宣言された教義は否定されたと考えられる。[63]

　これらの判決はまた、連邦最高裁における法実証主義の影響が増してきたことをみることができよう。なぜなら、同一の事がらに対する最終的かつ究極的な判断者、つまり法の権威は一つに決定されなければならないという実証主義の考えを*Erie*判決が示したと理解できるためである。[64]

　そして、19世紀後期以降の実証主義者として突出した連邦最高裁判所判事の一人にHolmes判事がいる。実際Holmes判事は、*Southern Pacific Company v. Jensen*[65]において、法の命令は主権者によってなされなければならないという立場から、*Swift v. Tyson*を批判したのである。[66]

　このようにHolmes判事が実証主義の思想を支持していた理由の一つとしては、自然法思想に対する彼の強烈な反発があったことが指摘される。[67]Holmesにとって自然法思想の信奉者とは、すでに流通した考えを鵜呑みにするような騙されやすい思考回路の持ち主のように捉えられ、自然法思想自体の社会における有用性があることはある程度認めながらも、自然法思想に

280

おける個々人の恣意性を法として論じることは適切ではないと主張し、法の[68]
分野から道徳は完全に分離されなければならないと論じるのである。[69]

　このように法実証主義を支持する初期のHolmesは、法を科学的に捉え
るChristopher Langdellの学派の考えと共鳴する部分が多かった。実証主
義者としてのHolmesは以下の考えを明確に打ち出した。Holmesは、John
Austinの法理学を明確に論じ、「主権は権力の一形態であり、主権の意思は
法である。なぜならば主権は服従を強制し、不服従を処罰する、そしてそれ
以外の理由は必要ではない」と主張したのであった。[70]

　実証主義の立場から自己の法理学上の見解を示したように、Holmesは法
理学を参照することの意義を強く訴える。[71]ただし、通常の場合、法理学と
いう用語は最も広範なルールや最も根本的な観念について使用されるため、
法理学の重要性が実務家によって認識されるのは稀であるとHolmesはいう。
実際の事件において使用されるあるルールについて、これが必ずしも適切な
方法で説明され理論化されていなくても、その事件を解決することが可能で
あり、つまり、理論化されていないルールでも実践的な重要性があるためで
ある。


　しかしこのとき、根本的なルールは表面には表れなくても、実践的な重要
性の背後に隠されて確実に存在しており、ルールのこのような実践的な重要
性は、時として、法の恣意的な権原、つまり、法の恣意的な基礎づけを可能
にしてしまうのである。[72]このためHolmesは根本的なルールを適用できる法
律家こそ一流であると主張する。[73]

　このようにHolmesが法の適切な観念を探究することの必要性を説くのは、
法の予言のための真の基礎づけのためである。[74]Holmesはこれを、法を究極
的に基礎づける原理の上に確立できると信じたのである。[75]

　確かに、ある法が存在する理由自体は実践的な意味が重要であると考えら
れるが、しかし、これのみを明確にしただけで裁判官はすべての事件を解決
できるわけではない。この点について、Holmesは消滅時効制度を例にして

論証する。この制度の立法目的は明白であろう。時の経過によって新たに生じた事実状態の保護や、それによる古い証拠の喪失である。しかしHolmesは、これらの理由は個人から権利を奪うことを正当化する理由として不十分であると主張する。法の正当化理由とは立法から必ずしも明確になるわけではなく、また法とは人間の最も深淵にある直観以上の正当化根拠を備えることなどできず、さらには、裁判官が法廷で扱う問題のすべてを立法がカバーしているわけでもないのである。

Holmesにとっての法理学の意義とは、いかなる判決も、法的正当化を備えたルールによって理論化され得るものであることを主張する意図であったと思われる。つまり、法を基礎づける正当化理論こそ、法の予言の真の基礎をなすとHolmesが考えたと思われる。

これらの点から、Holmesが法理学の意義を見出すのは、それぞれの判決において裁判官はどのように行為するか、つまり、法解釈権限を付与されている裁判官は実際にはどのようにその解釈権限を行使するかという実務的観点においてであると思われる。これはつまり、個別具体的ケースにおけるそれぞれの裁判官の法解釈行為は正当化されなければならないという関心から出たものではないか。この正当化には、実際の法の運用や意義など実務上の観点が不可欠である。明文化されてはいないが、法解釈方法の実際の行使は正当化され得るものでなければ、裁判官の法解釈権限の正当性自体が疑わしいものになる。Holmesが、実務家には理解されにくいにもかかわらず、法理学の重要性を説いたのは、正当化され得る解釈行為を導く役割をここに期待したからではないのか。

この点において、通常、法理学者が法理学を研究するために主張する理由とHolmesとの相違を認識しなければならない。Holmesが法理学の重要性を主張する理由には実務家としての視点が含まれており、法理学者の目的とは異なるということである。法理学者は通常、すべての法システムを基礎づける法の真髄を捉えようと試みるが、Holmesが試みるのはそれと異なり、法システムについて適切に分析を行うことである。Holmesはここに法理学の

意義を見出すのである。Holmesによると、法というものすべての真髄を捉えるには、法理学者Austinはあまりに「法」システムを知らな過ぎたのである。[82]

このようにしてHolmesは法理論の研究の必要性を主張するが、しかし事実として、Holmesが訴えるような法理論の研究は十分になされてきたとはいえないことをHolmesは嘆く。実務家は自己が扱う仕事とかけ離れ、実践的重要性の低い法理学の議論を学ぶことを躊躇すべきではないとHolmesは言う。

確かに、一般化された理論には特定の知識が欠如していることが一般的には指摘される。しかしHolmesは続ける。実務家にとって法理学を学ぶことは、自己が扱う法の基礎的部分を学ぶことを意味するだけなのであり、つまり特定の詳細な知識を学ぶ重要性を否定する意図はHolmesにはなく、それは自らが扱う法を理解するためには必須であることをHolmesは主張するのである。自らが直接的に扱わず、関係のない側面にも有用性があることを理解できない愚者は、その愚かさを捨て去らなければならないとHolmesは訴えるのである。一つの具体的ケースにおける法的主題とは、無限に反響する宇宙のように広がる可能性をもつものであり、このような可能性をもつ問題[83]を適切に解決するために、Holmesは法理学上の議論の必要性を訴えたと思われる。

理論が法において最も重要な教義の一部であるとHolmesが主張しその重要性を強調するのは、法を予言するための真の基礎づけのため、つまり法の確定性のためであると思われる。そして特にこれは、判決の基礎をあいまいにしてしまう裁判官の判断に対してHolmesが抱いていた懐疑を払拭する意義がこめられていると思われる。

その著『コモンロー』においてHolmesは、判例に対して疑念を抱いており、また、法の成長は本質的には立法によるべきであることを述べながらも、[84]社会における有用性という法の生命のために果たすべき役割が裁判官にあることをHolmesは認めるのである。[85]つまりLangdell法学とは対照的に、社会

の共通善のために法形成を果たす役割が裁判官にあることをHolmesは肯定
したのである。[86]

　つまり、Holmesが法理学を参照し法理論の意義を見出したのは、個々の
ケースにおける判決の基礎が個々人の裁判官の恣意性ではなく、実際に有用
な判断にさえも法的正当化が備わるべきことを主張するためではないだろう
か。すなわち、Holmesが法理学上の議論に意義を見出し、法的論理の必要
性を主張するのは、裁判官のプラグマティックな判断の正当性のためではな
いだろうか。Holmesにとって論理の重要性は、プラグマティックな関心を
弱めるものでは決してなく、むしろ強めるものではないだろうか。[87]


　『コモンロー』の冒頭において、Holmesは明確に自己の考えを述べる。法
の生命は「論理」ではなく「経験」なのだ、と。[88]確かに、Holmesは、コモ
ンローを宣言する連邦裁判所の権限を認めた*Swift v. Tyson*に対して、法は
主権者の命令であるという実証主義の立場から批判した。そして、判例の権
威に対する疑念からHolmesはコモンローを批判し、コモンローを基本的な
ルールに基礎づけることでその体系的な秩序化を試みたのである。ただし、
Holmesにとって誰が主権を有するかの問題は事実についての問題として捉
えられるものであった。さらに、コモンローを批判したことから、合衆国建
国当時の理解とは異なる理解が必要であることを主張したHolmesは、これ
を「裁判官が創出した法Judge-Made Law」として捉え、コモンローの再
定義を行ったのである。[89]コモンローの新たな体系化というHolmesの試みの
背後には、裁判官の判決を一つのルールの上に体系化することで判決の正当
性を確保しようという意図があったのではないだろうか。

　そしてこれは、その根底に存在する裁判官に対する彼のプラグマティズム
の思想から導き出されたのではないだろうか。つまり、Holmesの法理学の
議論はこのプラグマティズムの思想が基底にあり、このために、彼の法理論
におけるプラグマティズムの重要性、及びアメリカの法思想におけるプラグ
マティズムの思想自体の影響力は見落とされるべきではない。

第 3 章　裁判所の憲法解釈の正当性

　経験主義によると、価値とは抽象的な推論ではなく、人間の具体的な経験
から導かれるものとして捉えられ、さらにその経験とは個別的なものである。
そのため、経験主義の思想は価値相対主義へと結びつく傾向がある。つまり
それは、究極的な絶対的価値の発見は不可能であるとの主張を導くと思われ
る。このような思想において、では、実体的判断を行う裁判所の権限はどの
ように正当化できるのか。法の目的を判断する裁判所の裁判官の役割はどの
ようにして正当化されるのか。

　プラグマティズムの思想が、価値自由な真理を暴露するならば、彼らが裁
判所に対して要求するのは価値自由な判断であるのか。つまり裁判所の判断
はこれに限定されるのか。Holmesは*Lochner*判決の反対意見において、立
法府の判断に対して積極的に介入した裁判所の態度を批判し、裁判所は自己
抑制すべきであるとした。これは、裁判所が民主的正当性のある立法府の判
断を常に尊重すべきことを意味するのか。


　ここで一つの問題が想起される。あらゆる価値が相対的であるならば、な
ぜ民主的統治が最も優れた統治形態であることを主張できるのかという問題
である。1930年代からアメリカは、統治の理論としての民主的正当性の議論
に関心を寄せるようになる。事実として、この時期から連邦最高裁判所は、
民主過程の確保を促進する判決を行うようになる。このような流れからは、
アメリカの統治における民主制の尊重は、それが民主的であるために正当で
あることを自明としているかに思えるほどであった。この前提の下で問題と
されたのは、民主制のために必要な条件とは何かであり、この問題に関心が
寄せられるようになったのである。

　プラグマティズムの立場からJohn Deweyは民主制について以下のように
述べた。Deweyによると、政治的民主制が最も促進されるのは、基本的な
事がらについて一致した見解と信念を有する共同体においてである。アメリ
カがこのような共同体であるという信念は、さらに、アメリカにおける民主

制への信奉を加速させることへとつながったのである。<sup>(94)</sup>ただし、これは全体
主義への信奉とは異なるとされる。なぜなら、民主的な政治参加を保障する
プロセスが確保されていれば、政治的民主主義の分化を維持し増進させるこ
とができるとDeweyは考えたからである。

　つまりDeweyは、民主制を確保するための民主プロセスの重要性を説い
たのである。<sup>(95)</sup>民主制のために必要となるのが民主プロセスであると捉えるこ
とで、Deweyは、かつて問題とされた価値相対主義における民主的統治の
正当性を論理的に説明したのである。<sup>(96)</sup>すなわち、民主プロセスを保障するこ
とで可能となる社会的コンセンサスをもつ共同体を確保することが民主的統
治の正当性を基礎づけることができるとDeweyは考えたと思われる。

　価値相対主義に基づく民主制の正当性を理論的に説明したDeweyのこ
の見解は、多くの者に支持されるほど影響力があった。例えばEugene
Rostowは、政治的決定に対する民主的正当性とは合衆国憲法によって保障
されるべきものであると主張しその重要性を訴えたのである。<sup>(97)</sup>


　では、このような統治理論は政治的決定の優位性をいかなる場合において
も正当化するものなのか。民主制に対する政治的決定がこのように信奉され
るならば、やはり、裁判所の法解釈は単なる決断の問題にすぎないのか。

　民主制における政治的決定の重要性は、共同体における社会のコンセンサ
スを民主的プロセスによって発見し保障できることが前提であった。このよ
うな社会における一致した見解が存在しない、あるいは社会において保障さ
れるべき基本的価値が不明な場合、また、例えば争いのある道徳的見解が含
まれるならば、たとえそのような価値が発見できたとしても、それは民主プ
ロセスを経たことによってのみ正当化され得るのだろうか。

　価値相対主義は価値多元主義と密接な結びつきをみせる。この状況におい
て、果たして適正な民主プロセスを確保することによってDeweyが主張す
るような社会におけるコンセンサスを有する共同体を、いかなる場合におい
ても、導くことができるのだろうか。もしDeweyの主張するような前提が

第 3 章　裁判所の憲法解釈の正当性

ない場合、政治的決定は民主的正当性を有することをどのように論じること
ができるのか。

　Deweyの議論には、それを導く民主的プロセス自体の正当性がどのよう
に保障できるかに関する議論が欠けているように思われる。つまりDewey
の民主制の理論には、法の支配の意義が有する可能性が検討されていないの
である。


　ここに民主主義における法の支配の原則が問われる意義があり、さらに今
度は、法が法として可能となる条件とは何かが問われることが必要となるの
である。そこで、法の支配の可能性を追究するのに、（それは、政治的正当
性が民主制におけるプロセスにおいて主張されたのと同様に）社会における
コンセンサスの形成という実体的価値判断に先行するプロセスが注目された
のである。

　Lon Fullerは、法の合法性がいかにして保障されるかの観点から、「プロ
セス」に注目することで法を可能にする条件として八つの手続的必要条件を
提示した。それは第一に、法的ルールを確保すること自体であり、第二に、
法的ルールの公布、第三に、遡及的効果を及ぼす立法の濫用の禁止、第四
に、法的ルールは理解可能であること、第五に、矛盾をきたす法的ルールの
制定、第六に、当事者に対してある行為を要請するルール、第七に、法的ル
ールの変更可能性、そして最後に、ルールとそのルールの運用の一致である。
このようなプロセス的観点からの要請を満たすことで法は妥当性を有すると
Fullerは考えたのである。

　また、Fullerがこのように法を観念する背後には、彼の実証主義に対する
批判が存在することが考慮されるべきである。Fullerは、実証主義者が価値
と事実の区別に性急になるあまり、両者の必然的な結びつきまでも否定する
という誤りに陥っていると批判する。Fullerは、法とは、実定法システムと
して制定されるプロセスにおいてその中に重要な道徳的価値を内包するもの
であり、この法と道徳的価値の必然的な結びつきを法の内面道徳として表現

287

(100)
し、法の内面道徳のプロセスが法の本質的条件であることを主張する。

　またFullerは、裁判所による法の解釈と適用が時に、新たな法の創設機能を果たすとして批判される点について、コモンローの意義を以下のように捉えることでこの批判に応える。常に変化する社会に適した対応を可能にする点にコモンローの意義を見出し、コモンローにおいては新たな法の創設と古い法の適用の間の明確な区別が極めて困難であるとしてコモンローに対する批判の非妥当性を主張する。反対に、実証主義者が語る法は常に過去の法に
(101)
すぎないとして実証主義者を批判するのである。

　さらに民主主義における司法判断の正当性について、リーガル・プロセス学派の見解が注目される。Henry HartとAlbert Sacksは、裁判所の本質的な機能は立法府によって侵害されるべきではないという立場から、制度的解決の原理Principle of Institutional Settlementを確立した。彼らによるとこれは、すべての手続的システムの中に暗黙に存在する法の中心的観念として捉えられるものである。そしてその内容とは、適正に確立された手続によって適正に到達した結果としての判断は、これが適正な変更を受けない限り、あるいはこのような変更を受けるまでは、社会全体を拘束するものとして受
(102)
け入れられるべきであるというものである。

　彼らが、このような制度が社会全体に必要であると主張するのは、社会というシステムの事実を以下のように捉えるためである。つまり、人間の社会とは相互に依存し互いに必要な部分を補うことで自分の不足を満たすことに必死な人間によって構成されるものであり、またこの社会には、各人のこのような協力によって解決されるべき社会の共通問題が必然的に発生すること
(103)
を彼らは事実として捉えるのである。しかもこの問題の解決には、制度に基づかない生の力や暴力によって解決することは望ましくないため、先のような制度が必要であり、問題解決のシステムの中心は手続の適正であることを
(104)
HartとSacksは主張するのである。

288

## 1．2　私法から公法へ

「コモンロー」の観念に、裁判官が創設する法としての意味を込め、コモンローの再定義を試みたHolmesは、1881年に出版した『コモンロー』において コモンローを以下のように捉える。(105) それは、責任Liabilityの初期形式、刑事法、不法行為（侵入Trespassと過失Negligence）、詐欺・犯意Malice・故意Intent（不法行為の理論）、コモンローにおける受寄者、占有と所有権、契約、相続である。(106) このようにHolmesはコモンローの内容として私法分野を想定しており、これが、「身分から契約へ」として市民革命後の近代法システムの発展を表現したSir Henry Maineの存在を意識して構想されたことは確かなようである。(107) つまりHolmesは、歴史法学が隆盛を極める潮流において、法観念における歴史の必然性を考慮しながら新たな法を観念づけることに腐心したと思われる。

またKarl Llewellynはコモンローについて、妥当な判断を導くルールとしての役割に注目する。裁判官には、状況に応じた適切な解決を行う義務があるとLlewellynは主張し、ルールがコントロールするものとしての意義を有するのはこれが法的ルールであるからではなく、状況における特定のルールが判断のガイドとして作用し、これに従った判断が説得的なためにルールによってコントロールされると捉えられる。(108) 裁判官の推論プロセスにおけるコモンローの役割として真に重要なのは、確定性ではなくその合理的な規則性にあると主張した。(109) 特に上訴審裁判所の裁判官は、職業上の技術としてこれらの観点から判断を行う責任を有することが主張されるのである。(110)

Llewellynのコモンロー観念の業績は大きく、多くの者に参照された。彼のコモンロー理論は、法を解釈して事件を解決する裁判官の役割についてのグランドセオリーをなしたとも評価される。

HolmesもLlewellynもコモンローの内容として私法分野から捉えていると思われるが、このように、コモンローが主に私法の領域において捉えられたことは自然であると思われる。コモンローの真髄は私法の領域にあると考えるのが一般的であり、イギリスにおいてコモンローはまず私法の分野で捉え

られ発展し、その後に公法の分野、特にその手続的観点において重要である
と考えられるに至ったという経緯があるからである。[111]

　この点についてRoscoe Poundは以下のように分析する。[112]コモンローに
おける公法の観念について、Poundは体系的に範疇化されるほど重要で
あるとはそれまで認識されてこなかった点を指摘する。[113]Poundによると、
Blackstoneは公法について、これを私人の法の一部分としてしか認識して
おらず、公職者が私人の法においては特別な地位にあることを意味するにす
ぎないとして公法は捉えられるものであったという。[114]

　これに対してPoundは、1688年の市民革命以前におけるイギリス公法の意
味はBlackstoneが理解した公法の意味のみに尽きるものではなく、それ以
上のものがあったとし、アメリカ憲法が継受したのはBlackstoneが捉えき
れなかった公法の意義であり、これこそアメリカ憲法の基礎にあることを
Poundは主張するのである。[115]

　Poundはアメリカ憲法を基礎づけるのにCokeのマグナ・カルタの理解が
大きな影響力をもった点に触れ以下のように述べる。Cokeはマグナ・カ
ルタに規定される「国家の法Law of the Land」が「法の適正な過程Due
Process of Law」と同一の意味であると解釈し、この理解がアメリカに受け
入れられることで、コモンローにおける古代からの不文の特権がアメリカの
植民地の人々に対しても保障されると理解されるようになった。[116]Poundはこ
こから、マグナ・カルタの意味として、王の行為すら法による拘束を受ける
ため、王は根本的な原則によって制限を受けるものであると捉える。[117]Pound
は、たとえ王自身が裁判所の権威に服さないとの解釈が可能であるにしても、
王の権威の下でなした行為は裁判所の権威に服することがマグナ・カルタの
意味であると捉える。[118]これはつまり、王はいかなる人の下にも立つべきで
はなく、ただ神と法の下にたつものであると主張したHenry de Bractonや
Cokeの見解によるものである。

　そしてPoundは、アメリカにおいて、マグナ・カルタは政府に対する法の
優位を意味し、政府が法による支配を受けるものとして受け入れられ、さ

らにこの具体的内容として、根本法という観念と裁判所が正義Common Rightと条理Reasonに反する成文の法の適用を拒否することを意味すると
して一般的に理解されたと述べる。[119]イギリスは1688年の市民革命によって国
会主権という絶対的な原則を確立させたことで、成文法に対する根本法の観
念が消滅したとPoundは述べ、この点にこそイギリス法からのアメリカ法シ
ステムの最も顕著な逸脱があると主張するのである。[120]

　Poundはつまり、国会主権の原則の確立が両者の決定的な相違を生じさせ
る要因であると考えたのである。すなわち、国会制定法に優位する根本法の
観念はないイギリスに対して、アメリカはイギリスのコモンローを継受す
ることでコモンローに基づいて法を発展させ植民地の憲法の基礎を成した。
Poundは、イギリスが1688年以降、国会主権の絶対性からコモンローの法律
家の法理から逸脱したのに対して、アメリカがイギリスから継受したコモン
ローの法理によってその基礎的法システムを発展させたという相違に注目す
ることで、成文法に優位する根本法の思想こそイギリス法からの最も逸脱し
たアメリカ法システムの特徴であり、すなわち、イギリス法からの顕著な逸
脱とはアメリカ憲法の中にあり、法の支配の重要なこの意義こそアメリカ憲
法が有する思想であるとPoundは考えたのである。[121]

　Poundは、Austinの実証主義に基づいたコモンローの理解ではコモンロ
ーを適切に捉えていないと批判しプラグマティズムの立場からコモンローを
捉えることで以上のようなコモンローの意義を見出したのである。[122]つまり
Poundは、アメリカ合衆国憲法の制定によってコモンローの意義が失われた
わけではなく、コモンローの継受は憲法においても行われており、それはつ
まり、法の支配原則を特徴づける根本法の存在である。

　内田力蔵によると、コモンローにおける法の支配の原則の意義を説いた最
初の論者はPoundであり、[123]このPoundの理解が多くの日本の学者に対しても
受け入れられた点が指摘される。[124]


　Poundが述べるように、コモンローは私法のみならず公法においてもその

*291*

重要性が認識されてきた経緯があると考えられる。そしてその際、コモンローにおける法の優位、あるいは法の支配の意義があることが主張されることで、コモンローにおける公法独自の意義を説き、またこれは、コモンローにおける裁判所の権限に対する評価及び重要性を築くための基礎的理論を提供するものであると考えることができる。

　つまり、国会主権の原則を確立したイギリスに対して、これを受け入れなかった点にイギリスからの顕著な離脱点を見出したPoundは、アメリカにおいては立法府の制定した法に優位する根本的な法の存在を主張することで、正義や条理によって成文法が破られ得ること、そしてその役割を裁判所が担うものであるとして裁判所の役割が強調されたのであった。またこのように語るPoundが、コモンローの中に裁判官が創設する法としての意味を見出していることは間違いないだろう。

　Poundのこのような法の発展形式の理論はアメリカ合衆国憲法の理解として非常に説得的であると思われるが、しかし、裁判所と立法府の関係がイギリスのように一方的なものではないにしても、人民の代表者で構成される立法府の役割は、民主主義を採用するアメリカ合衆国の統治システムにおいて最も重要であるという点は、国会主権という絶対の原則を採用するか否かに影響されずに同様であるとも考えられる。


　Poundは、コモンローにおいてはこれまで注目されていなかった公法という分野に焦点を当てることで、法の優位という新たな意義を見出し、これにより裁判所の役割を正当化したのである。つまりそれまでは、裁判所の役割の重要性、あるいはその権限の正当性はあまり認識されてこなかったと思われる。

　では、立法府の優位に対して裁判所の役割を消極的に評価する見解とは、単に、公法の意義に気づいていない、あるいはその重要性を認めていないことを意味するものなのであろうか。政府機関の権限配分の問題が公法に特有の意味の一つであると考えるならば、なぜこの公法特有の機能を、従来は私

*292*

第3章　裁判所の憲法解釈の正当性

法の分野で捉えられてきたコモンローに備わせることが可能となったのか。

　Poundがコモンローにおける公法の意義を見出したことで、コモンローは、不法行為や財産、契約を内容とする法から、裁判官が創設する法としての機能を有するものとしての意義を含むものへと展開を遂げた。

　つまりコモンローは、私法から公法へと展開したのである。私法から公法への展開が可能になったのは、Poundがコモンローを立法府との権限関係の側面から捉えたためであった。これに対してBlackstoneは、コモンローを私人の行為について捉えており、裁判官の判断は法として捉えられていなかった。つまり、コモンローの中に裁判官が創設する法としての意味を見出していなかった。法宣言説を支持するBlackstoneにとって、裁判官は法を発見するものであり、創設する権限があるとは考えられていない。では、従来、私法の分野において語られ私人の行為を扱うコモンローに、なぜ政府機関の権限を扱うという意味を込めることができたのか。

　例えばJoseph Storyによると、アメリカ法システムの特徴を示すならば、その一つの可能性として、公法と私法が区別されることが示唆されていた。[125]この区別が妥当であるとするならば、では、なぜコモンローは私法から公法という異なる法システムへと展開することができたのか。

　Holmesは、コモンローに裁判官が創設する法としての意義を見出していた。またHolmesがコモンローの内容として語ったものは、契約や財産など私法の分野で語られるものであった。もし、権限に関する正当性の問題が公法特有の問題ならば、なぜHolmesはコモンローの内容を私法の分野で捉えながら、コモンローに裁判官が創設する法としての意義を見出すことができたのか。またそれは、いかなる法思想に基づけば理解できるのか。

　これに対するHolmesの答えとして、一つの見解を提示できる。彼は、そもそも私法観念自体に対して懐疑的であり、法とはすべて公法として捉えられるべきであると考えていたというものである。[126]

*293*

この見解によると、公法と私法が明確に線引きされ区別されるとして捉える考えは、アメリカの法学会においては支配的ではなかった点がまず指摘される。公法と私法を区別する立場において、通常、公法の用語は政府の行為が関わっているもの、つまり個人の権利や義務が政府行為と関連する場合や、政府機関内部の権限配分に関連するものを扱うと定義されるのに対して、私法は私人同士の権利や義務を扱うものと一般的に定義される。そして私法は、契約や財産、不法行為分野などコモンローの分野をカバーするが、ただしそれがコモンローに限定されるわけではなく、知的財産や商法分野などの制定法も含むものである。このようにして、公法と私法の間には区別があることが指摘されるが、私法も法である以上は政府の行為が関わっていることになる。そのために、法とはすべて公法であるというリアリスト的な見方を支持する者は少なくない。そして、この考えはHolmesを代表とするプラグマティズムの思想にも通ずると主張するのである。

　この考えを理解するには、前提としてまず、Holmesのプラグマティズムを知る必要がある。Holmesのプラグマティズムは、歴史の必然性を軸に、過去を参照することによって「本当の」問題にたどり着くという手法と考えられる。法の観念に関する一般的な見解として、これを個別的議論から一般的な問題を抽象化する裁判官の意見の中に存在し、また裁判官は先例や原理、常識から答えを推論すると考えられていることに対してHolmesは批判する。Holmesは、このような法の観念及び裁判所の役割の捉え方に対して、裁判所も政府の行為者の一員であることを忘れるべきではないと警鐘を鳴らすのである。すなわち、裁判所も政府機関の一つの部門であり、「私法」つまり私人の行為の領域にも国会行為が働くため、これを私法として表現するのは誤解を招きやすく、公法として捉えられるべきであるとHolmesは主張するのである。Holmesによると、国家の役割とは、公法と私法とを問わずに国家権力State Powerと個人の問題として捉えられるべきであり、つまりこのようにして法の観念は捉えられるべきであることが主張される。

　Holmesのプラグマティズムは、歴史的観念から法を追究した結果、国家

*294*

第 3 章　裁判所の憲法解釈の正当性

権力と個人の問題に法の核心があり、Holmesにとって真なる問題として捉えられるこの核心的問題は、公法と私法を含むすべての法に貫いて存在するものであるという考えを表明するものである。法の核心を捉えることによって法の観念を追究するこのようなHolmesのプラグマティズムは、この特徴から、核心のプラグマティズムBrass-Tacks Pragmatismとも表現される。[133]

　Holmesによると、すべての法に共通する核心的な事がらとして、法における権限配分に対応する問題に加えて、法と道徳が分離されるべきことが内容として主張される。[134]この点には、Holmesのもう一つの特徴としての実証主義の考えも表れている。Holmesによると、法とは、国家のニーズや願望を反映するような条件によって、実際の問題を解決に導くものとして捉えられるため、法とは政策判断の中にあるものであり、これは道徳的判断自体の中にあるものではないと主張されるのである。このために、裁判所は、道徳的に非難されるような行為を許容することもあれば、道徳的な非難可能性の低い行為をなした者に対して厳しい判断を下す場合のどちらの場合もあるとHolmesは主張するのである。[135]

　このような法観念を採用するHolmesのプラグマティズムは、裁判所の権限について以下のように主張する。裁判所の判断とは、政策についての判断であり、社会経済的政策に関する問題は時の経過によって必然的に変化を遂げるため、これに伴って裁判官の判断も変化するため形式主義的に捉えられるものではない。[136]すなわち、法的ルールも歴史的な教訓から得られるとHolmesは考えるのである。もし裁判官の法的推論が、観念に関する解釈であり、かつ、先例からの帰納を意味するならば、これは各裁判官によって一致するはずであり、法廷における裁判官同士の意見の不一致は起こらないはずであるが、実際には反対意見が存在する。反対意見を法廷で述べることができるのは、裁判官の意見全体が誤りであることを意味するのではなく、政策問題について異なる見解が存在することを意味するものであるとHolmesは解釈するのである。[137]

Holmesのプラグマティズムの影響を多分に受けたLlewellyn は、Holmes
同様に裁判官の判断が政策に関するものである点に多くの注目をすること
で、官吏と市民の行為を追究することに法の核心があると考えた。そこで
Llewellyn は、制定法と先例を権威とみなすことで、裁判官の判断はこれら
からの推論であることを主張したのである。Llewellyn は、特定の官吏が、
特定の条件の下におかれた特定の設定状況の中で提起された特定の問題を解
決することに法の核心があると考えたのである。

　要するに、Llewellyn がプラグマティズムに基づいてコモンロー観念を捉
えようと試みたとき、これは、裁判官の政策判断が予測可能かつ客観的なも
のになり得ることを論証したものであり、このような条件が揃った場合、各
状況に応じた裁判官の判断が正当化されることを主張するものであると理解
できる。

　しかし、このLlewellyn のプラグマティズムに対して、これはHolmesの
プラグマティズムの意義を失わせるものであるとしてDuncan Kennedyは以
下のように批判する。Llewellyn が法の核心として注目したのは官吏と市民
の行為自体であり、その行為理由には関心がなかった。またLlewellyn によ
ると、裁判官の判断を正当化するための、特定の状況においては特定のコン
センサスが生じ得ることが前提にあると考えられる。

　しかしHolmesは、いかなる場合でも支配的なイデオロギーは存在すると
いう信念から、特定の状況に対して作用するイデオロギーをひき出してしま
うような教義を法律家はもつべきではないことを主張したのであった。つま
りHolmesのプラグマティズムは、特定の条件や設定を指定することで限定
を設けても、特定の議論や決定には必ずイデオロギーが含まれていると考え
るため、裁判所の判決は各裁判官に内在する世界観を表すものとして捉えら
れるのであった。

　つまりHolmesが裁判官（を含めた行為者）の行為理由の観点を含めて
法を捉えていたのに対して、Llewellyn はこの点に対する配慮がないため、
KennedyはLlewellyn のプラグマティズムが法の核心に至っていないと非難

するのである。Holmesによると、法の形式においても、（判決を含めた）法の実体においても、イデオロギーの衝突は解決されることがないことを法律家は認めるべきであることが主張されるのである。

これらを踏まえると、Holmesのプラグマティズムは不確定性に特徴があることになる。プラグマティズムの思想から捉えられるHolmesの法の観念は、裁判官の役割に関して、アメリカ法システムにおける特定の観念にコミットするものではない。Holmesのプラグマティズムによると、裁判官の判断が正当化される場合として、前もって、特定の教義問題の枠組みを作り答えを与えることは不可能なのである。

Holmesのプラグマティズムが主張するのは、国家行為と個人の関係に法の核心を見出すことで、私法というカテゴリー自体に対する懐疑であり、つまり法とはすべて公法として捉えられるべきことを主張するものである。これはつまり、公法分野における裁判所の判断が政策についてであるのと同様に、私法分野における裁判所の判断も政策に関するものに限定されるべきであることを主張するものである。政策判断は第一に、立法府によって行われるべきであり、裁判所はこの点を受け止めるべきことがHolmesによって主張されたと考えられる。

Holmesはこの主張を、私人同士の契約の自由が修正14条のデュープロセス条項に規定される自由として保障されると判断することで、立法府の判断に対して積極的な司法介入を行った*Lochner*判決の法廷意見に対して展開したと考えられる。つまりそれは、*Lochner*判決の法廷意見は裁判所がとり扱うべき法的問題を見誤り、ゆえに、裁判所が法廷において果たすべき役割も誤ってしまっているという主張であるように思われる。

*Lochner*判決におけるHolmes判事のこの反対意見のインパクトは強烈であり、連邦最高裁判所はデュープロセス条項の解釈について、徐々にその司法積極主義的な判断から後退していった。連邦最高裁のこの態度の変化が、Holmes反対意見との緊張関係に対する妥協策であることは間違いないと思われる。

レッセフェールの原理が、立法府の憲法上の権限の限界の問題に組み込まれ、その結果として、立法府は革新的な法律を控えるものとして作用し、他方で、私法においてはレッセフェールの原理は、コモンロー分野における裁判所の権限問題に組み込まれることで、裁判所の革新的な判断が控えられるべき態度を生んでいた。[(145)]

　この状況において、Holmes反対意見の影響を自覚した裁判官は、立法府の権限の限界という憲法問題に対しては自己抑制していき、さらに私法という観念に対して懐疑を抱くようになった裁判官は、私法のうちコモンロー分野において、これを「新たな公法」と認識することで、革新的ではなく、自己抑制に基づいた適切な政策決定者として判断を下すようになった。[(146)]Holmesの反対意見後の連邦最高裁の態度は、公法と私法の区別を維持しつつ、大筋において、このように妥協を図ったと整理できよう。[(147)]

　Holmesのプラグマティズムが主張するように、法の核心を捉えることで法の観念を論じ、国家権力と個人の関係にその特徴を見出すために法すべてに公法の側面があると考えるならば、裁判官が創設する法としてのコモンロー観念自体を批判したBenthamにも公法の観念を見出すことができる。Benthamは立法府の権限の優位性を主張したが、Benthamは公法の意義や重要性に無自覚であったわけではない。

　Benthamについては確かに、コモンロー批判者としての印象が強く、裁判所ではなく立法府が制定する法律の正当性の主張に焦点が集まり、その公法観念についてはあまり注目されてこなかったのは事実である。イギリスにおいて、参照すべき公法観念として最も重要とされていたのはAlbert Diceyのものであった。しかし、注目されてはこなかったが、Benthamは公法について重要な認識をしていたのである。この認識は公法における裁判官の意義を考察するのに示唆的であると思われるため、以下においてBenthamの公法観念を概観したい。

第3章　裁判所の憲法解釈の正当性

　総合法典を唱えたBenthamは、周知のように憲法典の作成も主張していた。これは普通選挙や代表民主制を保障する内容を盛り込むものであったが、ただしBenthamのこの構想は外国の法を参照してなされたものであった。[148] Benthamが統治形態として民主的統治が望ましいと考え、代表民主制の重要性を主張した根拠は功利の原理である。つまりBenthamにとって最も重要な政府目的は、最大多数の最大幸福を実現することであった。

　ただし、現実として、すべての人民が国の政治に直接的に参加することは不可能であるため、その目的を実現する最適の制度としてBenthamが考えたのが、人民の代表者で構成される立法府による統治形態であった。つまり、立法府は万能であることが想定されていたが、ただし、Benthamは立法府が主権者であると考えていたわけではない。[149] そうではなく、国家の最高の構成機関としての主権は人民にあるとBenthamは考えていたのである。[150] つまり立法府は、人民の意思をよりよく実現するために万能の権限を有するのであり、このように、人民の代表者としての意義をもつために、他の政府機関に常に優位し、この権限はいかなる制限に服するものではないと考えられたのである。

　つまり、裁判所は人民の意思である国会の決定に介入すべきではなく、もし裁判所が実際にこのような介入を行った場合、国会は常にその判断を変更する権限があることがBenthamによって主張されたのである。[151]

　最大多数の最大幸福という究極的な目的のために、人民の意思が実現されるべきであることを政府の適切な目的として捉えるBenthamにとって、一つの政府機関による専制的な統治を排除するための権力分立原則は重要であるとは考えておらず、政府内部の権限配分は重要な問題としてBenthamには認識されていなかったのである。[152]

　このようにBenthamは、裁判所の介入を受けないなど、国会に対する他の機関による権限の抑制はなされるべきではないと考えていたのだが、しかしBenthamは、人民の代表者である国会のメンバーは、人民の意思ではなく自分自身の個人的な利益を優先して行動する場合があると考えられるため、

*299*

最大多数の最大幸福という人民の意思を実現するという適切な政府目的を実現するためには、立法府に対する一定の抑制の必要性は認識していた。

　この点、つまり、立法府に対する抑制がいかにして行われるかという点にこそ、Benthamの公法観念の基礎があると思われる。なぜならBenthamはこの点において、憲法レベルにおける抑制とはいかなるものであるかを明確に述べているからである。[153]

　Benthamによると、この抑制は、立法権及び行政権の行使を適正にコントロールし、かつ、立法政策が効果的に実行されるという目的のためになされるものと理解された。[154]つまりBenthamによるとこの抑制は、法外的あるいは法内的なものの間での二者択一の問題として認識されていたわけではなく、それは、法と政治的責任、そして統治の目的のすべてが相互に関連しながらなされるものであると認識していたのである。[155]

　つまりBenthamは、何の抑制もなしに立法府は人民の権利を侵害することはないという立法府の自己解決的な抑制があることを楽観的に信じていたわけではなく、立法府には国の統治システム全体から要請される責任を有するという抑制が作用すると考えていたのである。[156]つまり、立法府は法を定立するが、そのすべての権威は主権者である人民の下にあり、またその法の定立権限は万能であるが、人民に主権が存在するための法を理論的には制定することができるが、実際の意味において人民からそれをはぎ取ることは不可能であるとBenthamは考えていた。[157]

　つまり、立法府への抑制は、立法府の権限がどのように行使されるかに対して作用するものであり、その究極的な抑制が人民の意思である世論によってなされるとBenthamは考えた。[158]そして、この正当性を有さない法を制定しても、そのような法は実行されず法としての実効性はない。[159]世論による立法府の正当性を確保、維持するためにBenthamが必要であると考えたのが選挙制度であり、またこれは稀ではなく頻繁に行われるシステムの方が望ましいとBenthamは考えたのである。[160]

第 3 章　裁判所の憲法解釈の正当性

　しかし、Benthamが主張するような、世論による立法府への抑制が適切
に機能する場合は限定されている。世論はただ一つの見解として存在するわ
けではなく、多様に分かれる可能性を有している。そのため、Benthamの
主張するシステムにおいては、ある個人に対する権利侵害が法によって行わ
れる可能性が生じる。それは例えば、多数派による少数派の権利の制限など
である。Benthamはこの点について、野党の意見はたとえそれが多数派を
形成するものではないにしても、多数派が有する悪の部分を補正するよう作
用するために意義があると考えたが、実際のところ、Benthamはこの理論
が有する限界を認識していた。

　Benthamの主張はつまり、最大多数の最大幸福という目的のために、手
段として代表民主制を採用し、立法府の万能性を主張した。人民の意思の実
現が適切な政府目的であると捉えたBenthamにとって、問われるべき重要
な問題は、立法府と裁判所の間の権限配分ではなく、人民と立法府の間の権
限配分であった。つまり立法府に対するコントロールは人民によってのみな
されるべきであるとBenthamは考えたために、この人民によるコントロー
ルを実効的にするような選挙制度が構想されたのである。これは、国会のメ
ンバーの個人的な利益の追求を阻止する目的も有するものであった。

　統治システムとして公法を考察したBenthamは、これを功利の原則に基
づくものとして捉えた。Benthamは公法観念を統治システムとして考察す
ることで、法が適合すべきである政治システムの問題として考えたのである。
つまりそれは、最大多数の最大幸福という目的に対して適切な手段の確保を
必要とする権限配分の問題として捉えられ、政治理論の観点から論じられた
のである。このことからBenthamは、最大多数の最大幸福という社会全体
の実体的価値を実現する手段としての統治システムを考察することに公法の
意義を求めたと考えられる。

　この点に公法の意義を見出したBenthamの見解は、社会全体が共有する
価値の実現という目的のために、最適の手段としての統治システムとは何か
を考察することの意義を示すものではないだろうか。

*301*

Benthamは、代表民主制を唱えることで、立法府による法が優位することを主張し、またこれは、民主主義的正当性を備えると考えたために、その目的を達成できると構想したが、しかしBentham自身が認識していたように、この手段には限界があった。つまり、目的に対して手段が正当化できていないのである。代表民主制という手段を主張したのは、Benthamが立法府に対する抑制を果たす機関として、裁判所ではなく人民を選択したためである。そしてこのようにBenthamが人民を選択したのは彼の政治哲学に由来する。[165]

Benthamが司法的政策形成を否定し、そのことでコモンローの観念自体を否定したのは、彼が公法の意義を見落としていたからではない。Benthamは、立法府への抑制という観点から政府の権限配分の問題を認識していたのであり、この観点から公法の意義を認識していた。そして立法府への抑制が、裁判所ではなく人民によって行われるべきであるとBenthamは考えたのであった。Benthamは、人民の意思（つまり、最大多数の人民の幸福）の実現という実体的価値に対して、これを達成するための手段を考察することの重要性を公法の中に見出していたのである。

Benthamにとって、民主主義的政府にとって最も重要なのは立法府である。立法府の恣意性への抑制という観点から捉えられるBenthamの政府の権限配分の理論は、このために、政府の民主主義的正当性の根拠を人民の意思に求めることで、人民の代表者としての立法府の権威を主張するのであった。つまりBenthamにとっては、人民の意思を実現する手段としての立法プロセスの重要性も認識されていたのである。それは適切な選挙制度である。

司法立法の正当性に対する最大の批判者であるBenthamの公法観念は、裁判所の権限の民主的正当性（及び、法定立権限を有する立法府と裁判所の権限の関係）の考察に示唆的である。なぜなら、このようなBenthamの主張は、裁判官の法創造権限の否定がいかなる根拠に基づくものであるかを明

*302*

第3章　裁判所の憲法解釈の正当性

確に示すからである。

　Benthamは、政府の権限及びその配分という公法の問題を政治哲学の観点から捉えていた。Benthamが裁判所の法創造の権威を強烈に批判したのは、自己の政治哲学に基づき、政府の民主主義的正当性を確保するには立法府の役割が最も重要であると考えたため、裁判所による法の創造は民主的政府の観点から全く望ましくないと考えたためである。つまり、Benthamの依拠する政治哲学を具体化するために最適の法システムの選択は、立法府による統治であり、そのためにBenthamにとっては、裁判官が創設した法の権威は否定されるべきものであった。

　このようなBenthamの議論は、つまり、政府の権限に関する法的問題には、政治的議論が密接に関連し、さらに、この公法特有の法的問題を考察するにはこれと密接に関係する政治哲学を含む政治理論に自覚的でなければ論じることができないことを明確に示すものである。つまり、法理論における政治哲学の考察の重要性である。


　では、アメリカ合衆国憲法における統治システムは、Benthamが考えたように、政府の民主主義的正当性を立法府の権限の正当性の問題のみから捉える法システムを最適であると考えているのか。合衆国憲法の規定を参照すると、確かに、連邦議会の権限の多様性と裁判所の権限は対照的である。裁判所の権限の行使に対してはまた、その権限を十分に全うするよりは、その権限を超えないで行使されるべきことが要請されているとの考えが支配的であるように思われる。

　しかし、人民の意思を究極的な正当性の根拠であると考え、立法府の役割を強調する考えが法理論において実際に何を意味するのかは必ずしも明らかではない。それは、政府の民主主義的正当性が立法府の権限のみから保障されるべき考えを示すものなのか。あるいはまた、その民主主義的正当性に対する裁判所の権限が行使されるべきではない、もしくは控えられるべきことを意味するのか。実際のところ、その意味は判然としない。

*303*

ここで、合衆国憲法における政府の権限配分について、Benthamが公法観念を考察したときのように、この点について、アメリカ法システムの背後に存在する政治哲学の観点から考察したい。[167]

　現代のアメリカ法システムにおいて支配的な政治哲学は、いうまでもなく、リベラリズムである。リベラリズムは多くをその内容として含むものであるが、その特徴の一つとして個人主義を挙げることができるだろう。つまり個人は、その社会における政治システムによって強制されない自由を基本的権利として保有していることが前提とされる。[168]リベラリズムにおいて、個人とは、国家と対抗関係に置かれて捉えられる傾向があり、個人の自由とは、国家によって侵害されないことを基本的に意味するものとして捉えることができよう。

　さらに、リベラリズムにおける個人は、私的及び公的領域において、自己の利益、すなわち、自分自身が善と考える価値を追求する権利や利益を保障されることが前提とされる。[169]つまり、リベラリズムにおいて、個人の権利は政府の利益を制限する根拠となり得るものとして捉えられるのである。[170]

　つまり、リベラリズムにおいて、個々人がそれぞれ自分の意思でなした判断が尊重されることが重要であり、そしてこのために、個人の価値判断に対する不介入が政府に対して要求されるのである。つまり、個人の善の諸価値に対する国家の中立性を維持することがリベラリズムという政治哲学上の議論として主張されるのである。

　しかし、政治哲学において主張される善の諸観念に対する中立性が、法理論において何を意味するかについては、政治哲学上の意味とは異なるものであることに注意しなければならない。つまり法理論において、個人が選択する善の諸観念に対して国家が中立であるとは、国家が個人の判断に対して不介入であることを意味するわけではないことに注意すべきである。[171]法理論における個人の権利保障とは、国家が不介入である個人の価値判断が保障されることではなく、それを国家が保障されるべき利益あるいは権利として承認していることを意味するのである。つまり国家は、個人が選択すればいかな

304

る内容の善も保障するというわけではないのである。

この点について例を挙げて整理してみよう。例えば、他人の所有物を盗む
ことを善であると考える者が窃盗を行った場合、国家はそれを躊躇すること
なく処罰するだろう。なぜなら、この者の行為は他人の財産という利益を侵
害しているからである。つまり、この行為が処罰されるのは、その窃盗行為
自体に価値がないと考えられるからではなく、他人の利益や権利を不当に侵
害するものであると考えられるからなのである。

あるいは、他者への権利侵害はある利益が一般的には互いに保障される場
合でも起こり得る。この場合、一方の行為によって他方の利益が不当に侵害
されると判断されれば、前者の善の追求は政府によって制限を受けることに
なる。つまり、政治哲学における善の諸観念の中立とは、法理論においては、
個人が自己の善の観念を追求する均等な機会の保障を意味するわけではない
のである。もし、いかなる善の観念に対しても国家は中立であるべきことが
主張されるならば、国家による制限を正当化することはできない。一方の善
の価値の追求が他者の利益と衝突する場合、法的推論過程において次に考慮
されるのは、いかに両者の善の追求が達成されるかという両者の善の追求の
確保が検討されるのではなく、侵害された利益が法的保護に値するものであ
るかどうかという点である。その失われた利益が法的保護に値するかどうか
は、個人ではなく国家によって決定される。この法的推論プロセスにおいて、
いかに個人間の善を中立に保護できるかというリベラリズムの善観念の中立
性の観点は考慮の対象外なのである。

つまり、個人の判断への政府による不可侵によって善の諸観念の中立性を
リベラリズムがいかに主張しようと、法理論においては、個人の権利保障は
国家の行為によって達成される。また、政治哲学と法理論におけるその中立
性の意味は異なるか、あるいは、法理論においては善の諸観念は中立ではな
いと政治哲学の観点からは捉えられるかもしれないが、いずれにせよ、政治
哲学において前提とされる中立性の意味が法理論において維持されるわけで
はない。

305

では、個人の基本的権利を保障するリベラリズムにおいて、個人の権利に対する国家の行為は、法理論上、どのように正当化されると考えられるのか。法理論において、個人の権利保障にとって最も重要であるのは正当な法であると考えられる。さらに、人民の意思に究極的正当性を求める見解において、その民主的正当性を保障するのに最も重要であるのは立法府によって制定された法と考えられることになる。この場合、法を制定する立法府の権限の究極的正当性は人民の意思にあるため、例えばBenthamは、人民の意思をできるだけ反映し得る選挙制度を考案しようと腐心したのであった。

　では、「人民」の意思とは多数派を形成する個人の意思を意味するのか。政府の民主主義的正当性とは、そのような支配的な地位を占める個人の意思による統治を意味するのか。

　リベラリズムは個人主義に基づく個人の尊重を掲げることから、政府はその個人がなした選択や判断に対して中立であることが要求される。つまり、個人の領域に対する政府の不可侵である。リベラリズムにおいて、個人は自己の判断に基づくものであればいかなる判断をなす自由を有すると考えられている。では、個々人の私的利益を追求することによって形成された大多数の人々を含む団体の利益こそ、民主主義において実現されるべき法なのか。

　つまり、個人の利益の追求を第一に掲げると、法とは個々人の利益の集合を意味することになる。人民の意思に正当化根拠を有する立法府の正当性とは、多数派を形成する個々人の意思に存するものであるのか。

　この点について、立法プロセスを経済学的観点から分析し、政治学の分野に応用した公共選択の理論が示唆的である。Jerry Mashawによると、Kenneth Arrowの一般可能性定理を用いることで、政治プロセスには必然的に恣意的かつ一貫性のない結論が導かれることが示唆される。Mashawは、個人の嗜好に基づいた集合的な選択を社会全体の決定であるとみなすには、その決定プロセスを保障することで成し遂げられることが想定される。しかし、Arrowの定理によると、実際の投票には文字通り何かが起こると考えられる。つまりArrowの定理を応用すると、選挙システムの改ざんや不正

306

が行われることで政府の専制が行われるとして立法府の不当性が前提にされるか、あるいは、決定プロセスの適正をいくら保障しようがプロセスはプロセスである以上、結果に対して何かを意味するわけではないために、決定プロセスの正当性の確保は結果の正当性を何ら保障するものではないことが主張される。このように考えた場合、前提とされる立法府は、自らの意思をもたない空の機関であることになる。

　また、別の見解も存在する。多元的価値を承認する社会において、人民の間に意見の不一致が生じることは当然である。この状況における最適の解決は、より圧力のある団体の利益を反映することが善であると考えられることになる。つまりこのとき、立法はこのような圧力をもつ多数派の人々のため（だけ）のものであると考えられることになる。すなわちこれは、人民の間における意見や価値の対立を解決するのは立法府の役割であり、さらに多数派による利益団体の利益が立法によって尊重されることが意味するのは、立法は立法府によって売りに出され、立法の受益者によって購入されたということになる。このとき、裁判所がこの解決に対して負う役割は主張されない。私的利益の追求によって形成された圧力団体の利益の実現が法の役割であるならば、政治は、同じ私的利益を追求する個々人のグループによって運営されことになる。


　さて、個人の利益の追求及び実現を主張するリベラリズムが求める法とは、立法府によるこのような法に限定されるのか。


　この問いに対する答えを肯定的に捉えてみよう。このとき、個人の権利保障に対する国家行為として裁判所が果たす役割は、立法府が定立した法に規定される事項に厳格に限定されることになる。裁判所には、いかなる利益が法的保障を受けるかに関して独自に判断する権限がない。多数派を形成する個人の私的利益が法を形成するならば、選挙によって選出されたわけではない裁判官には人民の代表者としての制度的民主制が担保されていないため、

立法府の判断を超えたいかなる判断も許容されないためである。

　しかし、立法府の法律は現実に起こる状況をすべて捉えるものではない。それは不可能である。このとき、裁判所が成文法の文言のみに忠実でなければならないならば、具体的ケースにおいて、法の条文同士が抵触するか、あるいは条文の規定自体がない場合、裁判所はどのように多数派の意思を発見あるいは決定することができるのか。制度上、人民の意思を代表する機関としての正当性が担保されていない以上、裁判所がこれを正当になすのは論理的に不可能であると思われる。このような場合、例えば裁判所は、文言上、抵触しあう価値を利益衡量によって調整することで事件の解決を図ることが考えられる。利益衡量が価値の画定の作用を意味するならば、裁判所の法解釈は、ある一定の価値を実現する役割を、少なくとも個別ケースにおいては、必然的に負うことになる。それは、私的利益に基づく価値判断ではない。事前にも事後的にも、裁判所が私的利益に基づく価値判断を行うことは正当化されない。

　裁判所とは、法を解釈し適用することで事件を解決する機関である。また、法の定立は、立法府が有する権限である。これらは至極、一般的な理解である。ただし、この一般公式のみからは実際の権限行使のあり方を正当に論じることはできない。この一般公式によって付与される権限あるいは課される義務を遂行するには、制度として負わされる役割を正当に実行するための機能を必然的に行使しなければならないのである。[(179)]


　法の核心が、個人の権利に対する国家の行為のあり方に存すると考えるならば、裁判所は、個人の権利保障に対してある一定の価値の実現を負う国家機関としての負うべき役割が存在するはずである。そして、裁判所が個々人の判断に対する中立性を維持するというリベラリズムからの要請に応じるには、純粋に私的な利益を追求し発見し、これに基づく判断を行うことが役割として要請されていると考えるのではなく、公共の価値に基づく判断をなすことになるはずである。他の人権との衝突とは、他の人の意思との衝突を意

308

味するものではなく、個人間の権利の衝突とは個人が有する私的利益の衝突を意味するものではない。公共の価値に基づく判断を行うという裁判所の役割は、核心として法を捉えた場合のその役割から導出される見解であるため、私法と公法とを問わずに裁判官に対して要請される役割と考えられる。[180]

　裁判所が公共の価値に基づく判断をなすとはどのようなことを具体的に意味するのか。この点を考えるのに、共和主義の考えを参考にすることができよう。

　18世紀の憲法起草当時、共和主義の思想も当時の有識者に対して強い影響を有していたとされる。[181]アメリカ革命のとき、当時の多くの有識者はイギリス国家における野党の考えに共鳴していたという。それは、古い秩序を公然と非難し、市民的徳の喪失への憂いを内容とするものであった。つまり国家の運命は、共通善のために私利を犠牲にすることを自発的に選択する個人の意思に託されていると彼らは考えたのであった。

　すなわち、共和主義の思想にとって、市民的徳は一つの重要なキーワードである。共和主義の思想において、政治とは人民による民主的な統治によって成立すると考えられるものである。[182]この政治の場は人民の私利を追求する場とは考えられていない。個人の嗜好的選択は、政治の外因的なものではなく内在するものとして捉えられ、それはまた、統治プロセスの目的として理解されたのであった。[183]つまり、そのような個人の選択が何を内容とするかは公の討論が重要とされたのである。

　要するに、リベラリズムが私的利益の追求の場としても政治を捉えるのに対して、共和主義は政治を公共の討論の場として捉え、市民は個別的権利の追求ではなく社会の共通善を促進するために政治に参加すると考えられたのであった。また、リベラリズムが個人の判断に対する政府の不可侵を主張するのに対し、共和主義においては、コミュニティーは個人に優位し、市民については、私利に優位する公共の徳の促進を自発的に選択する人物像が想定されるのである。

また、共和主義思想における裁判所の役割は以下のように捉えられる。それは、不当でしかない政府の権限に基づく判断を阻止することである。このための裁判所の役割は、審査基準論によって拘束されることで達成すると考えられていた。立法の正当な目的とその手段の間の合理的な関連性が存在するか否かを裁判所が判断することで、裁判所はその役割を果たすと考えられたのであった。あるいは裁判所は、立法府に対する高度な敬譲から実質的には判断しない場合も存在したのであった[185]。つまりその場合に裁判所がなすことといえば、ある立法の正当性は、正当な目的の存在を仮定できれば足りるという判断であったり、あるいは目的と手段の関連性の妥当性を判断するにとどまったのである。

　Cass Sunsteinによると、裁判所に対してこのような消極的役割しか付与されないのは、立法府の役割に対するJames Madisonの構想が妥当する場合に限定されるとされる[186]。立法府と人民の関係に関するMadisonの構想とは以下である。つまり、立法者の役割は多数派を形成する私的団体の圧力に対してではなく、公共の価値の判断及び選択であると捉えられる。なぜなら、もし立法府に対して私的利益の実現を期待した場合、党派政治に陥る可能性をMadisonは懸念していたためである。

　ここからSunsteinは立法府の役割として以下のように分析する。つまり、立法府は個人の私的利益の対立を超えた共通善の促進をもたらすための討論の場であり、その実現を図る役割を負うことが想定されているというものである[187]。

　民主的統治における立法府の役割という基本的なテーマは、個別的権利条項が問題になる場合に限定されるものではなく、政府内部の権力分立問題においても影響を及ぼすものであるとしてSunsteinはさらに分析する[188]。Sunsteinは、政府の権威が個々人から構成される私的団体に敬譲されないために重要な役割を担う機関としての裁判所の役割を強調するのである。Sunsteinは、私的団体に政府の権限が敬譲されたと判断される場合は違憲の判断が下されるべきであると考えるのである。

第 3 章　裁判所の憲法解釈の正当性

　つまり、共和主義構想における裁判所について、公共の価値に関する判断及び選択を行い、さらに、他の政府機関の判断が単なる私的個人の利益の対立の均衡を図るのではなく公の討論の結果を反映するものであることを保障する役割が期待されることになるのである。<sup>(189)</sup>その際、公共の価値とは、大多数の個人の利益の追求、つまり、個人の選択によって得られた価値を示すのではなく、社会全体の善の価値であり、また主観的善の集合ではなく、利己的な利益の追求とは異なる客観的な価値を含むものとして理解される。


　共和主義の考えにおける裁判所の役割は、リベラリズムの前提とは異なるものである。では、このような考えは現実的にどれほどの妥当性、あるいは実現可能性を有しているのだろうか。コモンローの実現をなす機関として裁判所が最も重要である点を考慮すると、立法府の法の定立権限と、裁判所の法の解釈権限の関係は、制定法とコモンローの関係に関する問題として捉えることができる。この点について、判例の見解を参照したい。


　*City of Milwaukee v. Illinois*（以下、「*Milwaukee II*」）<sup>(190)</sup>において、連邦最高裁はコモンローと制定法の関係について言及した。この事件では、異なる州間のコモンロー上のニューサンスが問題とされたのであるが、この事件を参照する前にいくつかの先例の流れを確認したい。まず*Georgia v. Tennessee Copper Company*<sup>(191)</sup>にて、州間のコモンロー上のニューサンスが問題とされた。この事件では、テネシー州の私的な会社によってジョージア州の大気が著しく汚染されたため、コモンロー上のニューサンスに基づきジョージア州が連邦最高裁に対して訴訟を提起した。連邦最高裁は、損害利益が公共の利益に準ずるものであるために審理を行い、その結果、ジョージア州側の訴えを認容した。

　類似のケースである*Illinois v. City of Milwaukee*（以下、「*Milwaukee I*」）<sup>(192)</sup>では、ウィスコンシン州のミルウォーキー市がイリノイ州のミシガン湖に向かって大量の汚水を流し込んでいるとして、ニューサンスに基づき、イリノ

*311*

イ州が同市を相手取り連邦最高裁に訴えを提起した。

　しかし、連邦最高裁はその第一審管轄権を否定した。連邦最高裁は、イリノイ州が連邦最高裁ではなく連邦地方裁判所に対して別の救済措置を要求すべきであるとして全員一致の意見によってその管轄権を否定したのであった。つまり、連邦のコモンローの問題は、連邦問題に関する管轄権を有するものであり、このケースはこれに当たらないと判断したのである。

　*Milwaukee I*以後、連邦議会は連邦の汚水問題に関して新たな法（Clean Water Act, CWA）を制定した。*Milwaukee II*も同様に、連邦のコモンローに基づいて、州間のニューサンスが争点とされた。この判決にて、連邦最高裁はCWAが制定されたこと根拠に、連邦のコモンローではなくこの連邦法に基づいて事件が解決されるべきことを述べた。

　法廷意見を述べたRehnquist判事は以下のように判断した。連邦裁判所は州裁判所と異なり、一般的管轄権を有するものではなく、また、連邦問題についてルールを決定するのは裁判所ではなく連邦議会の役割であることを理由に、連邦コモンローはルールとして使用されるものではないと判断した。[194] つまり、事件を扱う制定法が存在する以上、法的解決はコモンローではなく制定法によって解決されるべきであり、コモンローはルールというよりもむしろ例外として扱われるべきであると判断されたのである。

　しかし、制定法とコモンローの関係をどのように捉えるかについて、類似の後の判決が*Milwaukee II*を踏襲しているかは疑問である。同じく、州間のニューサンスが問題とされた*Middlesex County Sewerage Authority v. National Sea Clammers Association*においては、たとえ連邦法が制定されていても、連邦のコモンローが優先されると判断された。しかし、*International Paper Company v. Ouellette*においては別の判断がなされた。[196] つまり、連邦最高裁はこの事件を州籍相違事件として扱い、これがコモンローではなくCWAに基づいて解決されるべきであると判断したのである。この判決では、連邦のコモンローは存在するものとしては捉えられず、ただコモンロー上の先例が存在するものとして捉えられたのである。

第3章 裁判所の憲法解釈の正当性

　*Milwaukee II*でRehnquist判事は、先例である*Erie*判決について以下のように解釈したと思われる。*Erie*判決によって、連邦コモンローは一般的には存在しないことが宣言されたという解釈である<sup>(197)</sup>。この解釈は、コモンローと制定法の関係を通じて、立法府と裁判所の権限配分関係を語っているように思われる。つまり、連邦裁判所は州裁判所と異なり、コモンローをとり扱う場として理解されるべきではなく、また自らルールを創設し適用する権限を有する機関ではないことを述べたと*Milwaukee II*は解釈できる。*Milwaukee II*の*Erie*判決の理解は、連邦裁判所は、たとえ管轄権を有していても連邦議会の制定法がなければルールを適用して事件を解決する役割を果たすことができないことを意味するものとして捉えられる<sup>(198)</sup>。

　しかし、*Milwaukee II*の*Erie*判決の理解は妥当なものなのだろうか。なぜなら、*Erie*判決は、連邦議会と裁判所の権限配分関係に関するケースではなく、連邦と州の関係が問題とされたケースであったからである。つまり*Erie*判決において問題とされた連邦法が、州籍相違事件に対しても連邦のコモンローが適用されるものであると解釈される場合には違憲であることが述べられたものであり<sup>(199)</sup>、*Milwaukee II*のように、裁判所に対する連邦議会の優位が宣言されたと解釈するのは妥当ではない<sup>(200)</sup>。すなわち、*Milwaukee II*のように、制定法が存在することをもってコモンローの意義がすべて否定されると解釈されるのは妥当ではないと考えられるのである。

　また、このように制定法におけるコモンローの意義を肯定する判例として*Moragne v. States Marine Lines, Inc.,*<sup>(201)</sup>を挙げることができる<sup>(202)</sup>。この判決では、人的権利侵害が問題とされた。この法律は、不法行為に関するイギリスコモンローがベースになっている。イギリスのコモンロー上、不法死亡に対する訴権は認められていなかった<sup>(203)</sup>。そのためこの状況では、人体の一部損傷よりも殺人の方が法的責任は軽いことになる。アメリカではこの状況に対応するため、19世紀に不法死亡法が制定された。また連邦議会は、船員に対する不法死亡に対しては、1920年に救済立法（Jones Act, Death On the<sup>(204)</sup>

313

High Sea Act, DOHSA）を制定した。前者は、合衆国の領域内での不法死亡に適用されるが、過失の場合のみを対象とするものであり、後者は、公海で船員が不法な死亡を遂げた場合に適用されるものであり、合衆国の領域内で起こった事故に対しては適用されないものであった。

　*Moragne*判決では、アメリカ合衆国の領域内で殺害された船員の不法死亡者に対する救済が争われたのである。訴えを提起した原告は、このような損害に対して救済措置が与えられることはコモンロー上の確立した原則であることを主張した。Jones Actが適用されるのは過失の場合のみであり、他方でDOHSAは公海で起こった場合にのみ適用される法律であるため、このどちらの連邦法も*Moragne*判決の場合を想定していなかったのである。つまり*Moragne*判決の原告の状況は、制定法の欠缺に当たるものであった。


　法廷意見を述べたHarlan判事の見解はこうである。歴史家の見解においては、コモンローはイギリス法の特徴であり、当時のアメリカには適用されるものではないと考えられる可能性を認める。この見解によると、救済の制定法が存在しない場合、市民の救済措置はとられないという結論になる。つまり、この見解によると、原告には不法死亡に対する訴権がないことになる。

　しかしHarlan判事は、不法死亡に対する救済措置の制定法上の飛躍的展開に注目する。つまり、制定法を解釈する裁判所は、制定法が実際には変化する状況に対処するのに必ずしも十分なものではない点を忘れてはならないという。そこでHarlan判事は、不法死亡の法律は、一般法General Lawの一部として考えられるべきであるというPoundの見解を引用し、柔軟な制定法解釈を行うのである。すなわち、1920年に制定されたこれらの連邦法の解釈において、船員の不法死亡法に関する連邦法だけではなく、不法死亡に関する州法も参照した結果、不法死亡の事故における救済として今回のケースにおける原告が適用を受けると解釈したのであった。

　このHarlan判事の見解は、制定法の解釈について、文言だけに依拠したものではなく裁判所による創設的な解釈がなされたと一般的に理解される。

*314*

第3章　裁判所の憲法解釈の正当性

この一般的見解の問題点を指摘したのがPosnerである。裁判所によるこのような法の創造的解釈は恣意的であり、解釈として十分に正当化できるものではない余地があるとしてPosnerは批判する。[211] Posnerは、*Moragne*判決が誤った法的判断を下したものであることを主張するわけではない。Posnerは、Harlan判事の制定法の解釈に対して、十分な正当化根拠がない点を批判するのである。Posnerは、救済措置の創設は伝統的に立法府が担ってきた役割として理解されるものであり、この伝統から逸脱するための十分な根拠がHarlan判事の法廷意見には提示されていないという。

Posnerのこの批判は、政策決定者としての機能は立法府が負うべきものであり、裁判所はその中立的裁定者としての役割を逸脱すべきでないという主張のように思われる。[212]

*Moragne*判決は、制定法解釈におけるコモンローの意義の必要性を認識させる重要なケースである。しかし、Posnerが指摘するように、裁判所が法解釈によって法創設機能を果たすと考えられる余地があることも事実である。Posnerの批判は、制定法解釈においてコモンローが機能する際に裁判所が負う問題を指摘するものである。それは、公共の価値の判断と、裁判所の政策決定者としての役割をどのように調整するか、つまり裁判所の政策決定者としての限界の問題である。

確かに、現代リベラリズムにおいては個人主義の思想が第一であり、個人は利他主義的思想をもつことも指摘されるが、これは個人主義に付随するものとして理解される。この状況においては、やはり、個人の選択や判断自体に対する政府の侵入は正当化されないだろう。自己のために判断しようが、他者の利益になるような判断を個人がしようが、個人の価値判断自体に対する強制は正当化されない。そのどちらも、個人の判断である限りにおいて保障が正当化されるのである。つまり、共通善の実現のために、個人の選択に対する不可侵性を国家が破ることは正当化されない。また、そのような個人

*315*

の選択や判断の集合として捉えられる立法府の判断がことに強調されるのも
理由があることである。

　しかし、個人主義に固執するならば、個人の判断や個人の権利の保障とい
う側面もまた同様に重要な意義を有するものであり、この観点を考慮すると、
公共の価値に基づく判断をなす裁判所の意義も同様の重要性をもつのではな
いだろうか。

　ただしそれは、公共の価値とはいかなる内容を有するかという点に大きく
依存するのである。これは、裁判所の政策決定者としての限界を単に示すも
のなのだろうか。その特徴として、法の不確定性を軸にした批判が裁判所に
対してしばしばなされる。そこで次に、法の不確定性について検討したい。

## 2　法の不確定性について

### 2.1　法の道徳的基礎における不確定性について

　まずここでは、法の不確定性について法と道徳の関係から考察したい。法
の道徳的基礎の問題とは、道徳原則が法規範としての効力を有するか否かの
問題である。この問いに肯定的な回答をすれば、すぐさま実証主義の批判を[(213)]
受けることになるだろう。つまりこの問いは、法実証主義と自然法思想の間
の対立を浮き彫りにするものとして理解される。

　しかし、この見解に関する法実証主義の立場は一つに限定されるものでは
ない。法実証主義は法観念における道徳的地位に関して、内包的法実証主義
Inclusive Legal Positivism、混合主義Incorporation及び排除的法実証主義[(214)]
Exclusive Legal Positivismの三つに類型化できる。これらの類型は、法実[(215)][(216)]
証主義に対するRonald Dworkinの批判によって明確化された。道徳原則の
法規範の問題は、法実証主義と自然法の対立図式よりも、むしろこれら実証
主義内部における対立図式においてより議論が行われてきており、そのため
に自然法思想との対立よりも実証主義内部での対立議論を認識することでこ
の問題が孕む意義をより明確に捉えることができるとMatthew Kramerは
分析する。以下ではこのKramerの言葉に従い、それぞれの実証主義の特徴[(217)]

第3章　裁判所の憲法解釈の正当性

を確認したいと思う。

　内包的法実証主義において、規範が道徳的要請と調和することはこの規範の法的地位の前提条件として理解される。法的妥当性のためのこの前提条件は、法観念に内在的なものではなく、承認のルールによって課されるものとして理解される。つまり、内包的法実証主義において、ある程度の道徳的価値は法規範の正当化のための必要条件として理解される。つまりこの見解において道徳規範は、官吏の法的判断を導く規準の中に表れる可能性がある。

　つまり、内包的法実証主義者は、法規範にはいかなる道徳的規範も含まれないという見解を支持するものではない。他方で、法規範には必ず何らかの道徳的規範が含まれることを主張するものでもない。内包的法実証主義者にとって、法に道徳規範が内包されるか否かは本質的な問題ではなく偶発的なものとして認識されるのである。[218]

　次に混合主義とは、法的妥当性のための道徳的正しさは法観念に内在的なものとして捉えられるのではなく、承認のルールによって法規範に含まれ得るものとして認識される。[219]理論上、内包的法実証主義と混合主義を区別することは可能であるが、両者は互いに主張内容を共通にすることが多いため、特に両者について区別はしないことにする。[220]この見解の代表者としてはH. L. A. Hartを挙げることができる。Hartにとって法の道徳的基礎は、哲学上の難問を含むために避けるべきものとして理解され、法の概念を語るときの関心から除外されている。[221]

　他方、排除的法実証主義はこれらとは異なる特徴をもつ見解である。この見解において、道徳原則は法観念から排除されるか、あるいは法的妥当性の規準に道徳原則は含まれないことが主張される。[222]確かに、裁判官の推論プロセスには道徳原則が含まれる場合があるが、排除的法実証主義者にとって道徳原則は法外的な規準として理解されることになる。この排除的法実証主義者の代表者はJoseph Razである。便宜上、以下において内包的法実証主義及び混合主義を内包主義、排除的法実証主義を排除主義と記述する。

*317*

法の道徳的基礎を認めその道徳原則の法規範性を肯定した場合、通常、そこで導かれた答えの不確定性が問題点として指摘される。つまり、法的回答を予測できないならば何が法であるかが明確ではない状態になるために法の支配原則に違反するとの非難がなされる。この場合、法的安定性が損なわれることが問題点として指摘されるのである。

この問題点について、道徳原則を法の観念から排除するRazにとっては批判にならないと考えられるが、ただし、Razが道徳原則の排除を主張するのは法のこのような不確定性を回避するためではない。なぜならRazの関心は、法の権威の概念的可能性を論じることであり、このような事実上の問題のためではないからである。[223]つまり、法の不確定性は、法の適用レベルにおける問題として認識することが重要なのである。

では、内包主義者は不確定性の問題をどのように解決するのか。Hartによると、まず、法的妥当性は、承認のルールによって確保される。つまり、市民による法規範の画定を可能にするものとして承認のルールが重要な役割を担うのである。法適用レベルにおいて、実際に道徳的判断を下すのは裁判官である。つまり、法の不確定性によって生じる実際の問題、すなわち法の支配原則を破るような不法状態に陥るか否かは、実際の個別具体的なそれぞれのケースで判断を下す裁判官たちの道徳問題に対する見解に依拠することになる。ある個別的問題に対する道徳的判断はケースごとや社会ごとに異なるため、いかなる条件や状態が生じた場合にそれが不法状態であると判断されるかを一般的に論じることも規準を設けることも不可能である。[224]内包主義の見解において、それはあくまでそれぞれのケースで裁判官自身が行う道徳判断の総意によって決定されるのである。内包主義者が認識する不確定性の問題とは、つまり、不法状態を招くような過度の不確定性が生じた場合であるため、たとえ不確定な状況が実際には生じていても、法の規則性がある程度維持されていれば問題ではないのである。[225]

他方で、排除主義の見解において、裁判官の推論プロセスにおいて道徳問題が生じることは否定されるものではない。排除主義が維持する、法観念

第 3 章　裁判所の憲法解釈の正当性

から道徳原則を排除するというテーゼが意味するのはこうである。Razが法
の適用を語る際、それは以下の二つの区別が前提にされている。法に関す
る推論Reasoning about the Lawと法に従った推論Reasoning according to
the Lawである。[(226)]Razによると、裁判官の推論プロセスは後者を意味するた
め、この区別を設けることによって法の観念自体には道徳原則が含まれない
ことが主張されるのである。Razにとって法の適用レベルにおける不確定性
はその議論の関心の外にあるため、Razの理論において法適用レベルにおけ
る不確定性は生じているのである。Razは法的推論に関して二つの区別を設
け、裁判官の推論プロセスを法観念の議論から外すことで法の不確定性の問
題を回避しようとしたが、しかし、この区別は市民にとっては何の意味をも
つものではない。つまりRazの区別は、その法的妥当性を担保するのに寄与
するものではない。

　法的妥当性とは、裁判官の法的推論の正当化という判決の正当化に関する
問題にのみ関連するのではなく、市民に対して法規範としての行為指針を示
すという法の社会的機能に関する問題をとり扱う概念として理解されるもの
なのである。しかも、法的妥当性の意義としては、その社会的機能の方が判
決の正当化よりも根本的なものとして理解される。[(227)]

　法適用レベルにおいて、内包主義によると承認のルールは裁判官（官吏）
によって行われると捉えられるため、この点について排除主義は内包主義を
批判するものではなく両者の対立は生じていない。つまり、道徳原則の法規
範性の問題は、内包主義が理解するように、法適用レベルにおける法的妥当
性の問題として重要である。さらに、裁判官の法的推論の法的妥当性は、市
民に対する法的規準の明確性という法の社会的機能を前提として考察される
べき問題なのであり、判決における裁判官の法解釈の正当化は、市民とこの
ような関連性をもつものなのである。


　法規範における道徳原則の問題は、つまり、排除主義者のように観念レベ
ルにおいて捉えるのではなく、実践的観点において論じられなければならな

*319*

い問題である。裁判官の推論プロセスを法観念の対象外にするならば、判決はどのように法的に正当化され得るのか。[228] 裁判官は立法府の判断以上の判断を全く行わないと仮定しなければそれは法的に正当化できない。法適用レベルの実践において、いかなる場合にもこのように対処することは不可能である。法的妥当性の問題とは、すなわち、立法府の判断のみに依存するものではない。

判決の正当化の問題は、裁判官の法解釈の正当化の問題である。裁判官の法解釈の正当化を論じることが必要なのは、この解釈が実際にはしばしば立法の文言を超えてなされるためである。つまり批判者は、法を作るのは立法府に限定されるべきことを主張するのである。つまり、この法解釈の正当性の問題に対しては、法創造説と法宣言説とが対立している。前者は、裁判官の法解釈による法の創造を、主に権力分立原則の観点から批判する。

これ対して後者は、裁判官の法解釈による立法の規定以上の判断は、新たな法の創設ではなくそれが既に存在している法を宣言したにすぎないことを主張する。この見解には、例えばDworkinがいる。Dworkinは、法の原理に基づく裁判官の法解釈を正当なものと認識することで、裁判官の裁量を広く認める見解をとる。

他方で法創造説は、実証主義者によって主張される傾向にある。ただし、実証主義者でも法宣言説を採用することは論理的に可能である。例えばBlackstoneは、コモンローの法的性格を否定することで、法外的要素を含む裁判官の判断が新たな法の創設ではないためにその適法性を主張したが、この考えは、（現在のアメリカあるいは日本の法システムの基準に照らすと）法適用レベルにおける法の支配原則の要請、つまり法的妥当性の観点から否定されるべきであろう。

また、法創造説を主張する実証主義の考えにおいて、これが必ずしも問題視されるわけではないことにも注意すべきである。例えばRazによると、裁判官の創造する法の法的正当性は肯定される。他方でHartは、法の規則性が一定程度保たれていればそれは問題ではない。

第3章　裁判所の憲法解釈の正当性

つまり、裁判官の法解釈の正当化は、主に法観念論レベルにおいて生じる実証主義と自然法思想、あるいは法創造説と法宣言説の対立として捉えるよりも、実践的観点を含む法的妥当性の問題として論じることが有用であると思われる。

内包主義において、法的妥当性は実務におけるある程度の法の規則性が維持されていればそれは肯定される。つまり、法的判断に道徳原則が含まれていても、これが不法状態を招かない限り、法的妥当性は維持されている。裁判官の法解釈による法の創造（修正あるいは増加）は、道徳判断が混入することのみによってではなく、社会の劇的変化によっても行われるため、それは法的妥当性の単独の規準とは認識されない。[(229)]

この点に対してRazは、実践的観点にその規準を求めるのは規準としてあいまいであり法的安定性を保てないと批判するだろう。しかし、法適用レベルにおける法的安定性とは、その明確な定義づけを要請するものなのだろうか。つまり、それぞれの法的問題にとって異なる個別の答え（すなわち規準）が存在することを否定するものなのだろうか。Razのように否定されると直ちに答えるのは早急である。なぜならこの問いに答えるには、法観念論における客観的事実の問題として、その答え独自の正しさを求めることと、ある問題について真剣に思慮する合理的な人すべてを満足させるための答え独自の正しさの証明可能性を求めることは、異なる問題であることを認識しなければならないからである。[(230)]Razは前者の問題としてのみ法的問題を捉えているように思われる。しかし、それではいかなる裁判官の推論プロセスも許容される可能性があり妥当ではない。

裁判官の推論プロセスは、法の支配原則と密接な関係をもって語られるものである。Razは、法の支配原則について、プロセスの観点から捉えていた。Razによると、裁判官（公機関）の権限の行使を特定の方法で義務づけることが主張される。さらにRazは、このように義務づけを行うのはプロセスの側面における法の観念であることを主張する。これは、実体的意味で捉える議論とは明確に区別されるものである。確かに、プロセス的側面における法

の観念を捉えることは重要である。しかし、法の意義はRazが主張するような統治機関の権限行使を意味するプロセスのみに限定されるのだろうか。

　Fullerによると、プロセスの意義が以下のように説明される。通常のケースにおいて、目的と手段プロセスが設定される場合、まず目的が設定され、その後にそれに見合うプロセスが手段として決定されるという手順が想定される。特に道具主義者は、目的がプロセスを決定すると単純に想定しがちである。しかしFullerは、このような一連の想定には誤解が含まれているとして注意を喚起する。つまり、プロセスもまた目的という実体的価値を決定するのに役に立つことがあるとFullerは述べるのである。

　これは例えば、「平等な取扱い」という目的は、この目的が意味する特定の形態を決定し実行する方法を画定するまでは理解できないことを考えてみれば納得できる。

　さらにFullerは目的と手段の関係について、これが相互に分離するものではなく互いに作用しあうものである点を指摘する。つまりプロセスは、実体的価値を再形成する役割を担うのである。このようにプロセスと実体的価値は相互に作用し切り離すことが不可能な関係にあることがFullerによって指摘される。

　Robert Summersによると、Fullerのプロセスと実体に関する見解は法の考察について意義を有するとされる。つまり、法を単なる目的のための手段であるとして、プロセスと実体を分断する考えは妥当ではないということである。Summersによると、むしろ法とは、プロセスと実体が複雑に作用し合うものとして捉えられるべきものなのである。つまり、法のプロセスは単に手段として意味をなすわけではない。なぜなら法のプロセスとは、一定の範囲で目的を決定する作用すら有するためである。

　Fullerは法の観念について、プロセスの意義の重要性を主張しながらも、これが実体とは区別されることのできないものであることを主張するのである。そしてFullerはこの主張を、法の内面道徳の特徴において捉えていたのであった。

322

第3章　裁判所の憲法解釈の正当性

　これらの議論は説得的であり、Razの自然法主義及び内包主義に対する法の不確定性に対する批判は、裁判官の法的推論プロセスにおける道徳的基礎の問題においては、的を外していると思われる。

　通常、自然法主義者と実証主義者の対立関係において語られる法の道徳的基礎に関して、実際に問題として論じられているのは、むしろ実証主義者間においてである。道徳的要素を法の観念から否定する見解は、裁判官の推論プロセスの考察という本章の趣旨に照らした場合にはその有用性が否定される。法の道徳的基礎を認めた場合の法の不確定性の問題は、裁判官の推論プロセスにおいては、つまり、問題がないように思われる。


## ２.２　法の支配原則における不確定性について─特に中立原則について

　裁判所は事実を認定し、法を適用することで事件を解決する役割を担う。さらに憲法の目的と伝統に照らして、裁判所は中立的な立場にたって事件を解決すると考えられている。市民の個人的な嗜好は民主主義的な法政策プロセスに委ねられるべきであり、裁判所はある特定の市民に対して特定の価値（例えば、多数者が好む価値）を課すべきではないことが要請される。裁判官は価値中立的な判断をなすべきであると一般的に理解されているのである。[235]

　しかし実際には、裁判所がこのような中立的な裁定者としてみなすことができないケースが存在してきたことが懸念としてしばしば指摘される。[236]例えば、司法積極主義として判断される多くのケースにおいて、それはすなわち裁判所が党派的な価値に基づいて判断したものでありそのような裁判所の党派的「積極主義」は中立的な役割を逸脱するものとして批判される。[237]

　裁判所の中立性という問題は、司法審査制の民主主義的正当性の問題と密接に関わる問題として論じられてきたテーマでもある。そしてこれは、憲法のみならず政治学においても論じられてきた問題である。これを、大統領の指名及び上院の承認という最高裁判所判事の任命プロセスのみで解消されるというのはあまりに短絡的であろう。

　ただし、裁判所に求められる中立的な価値判断とは何かは明白ではないし、

*323*

また、中立的な裁定者とはどのような行為をなす者を意味するかは実は極めて困難な問題である。リベラリズムが採用する民主主義における基本的価値として、政府が侵害できない個々人の基本的人権の尊重がある。つまり、諸個人は自己の判断に基づく選択に従って行為する自由を有するというものである。これは個人的権利が政府行為の対抗価値になり得るものとして理解されている。

　しかし、一般市民は自分たちの生活や行為のルールを決定する無数の法が自分のそのような個人的な判断を尊重するのか処罰するのかについて知ることはできない、あるいはこれを知ると期待するのは合理的ではないのが通常である。(238) つまり民主主義社会に住むすべての市民は、自分の意見が法によって否定され得るという危険性を常に抱えていることになる。(239) 価値が多様化する社会において、実際に裁判所が中立的価値に基づいた判断を行うことは極めて困難である。何が中立的な価値判断であるかを判断すること自体が困難だからである。

　政治的価値をプラグマティックに捉えるRichard Rortyが主張したように、(240) このような社会においていかなる権利が保障されるべきかについては、あらゆる特定の見方や考え方に対しても開かれていると考えられる。実体的価値としていかなる権利が保障されるべきかに関する社会の一致した見解が存在しない場合、つまり保障されるべき権利を語る個人の語彙に共通項が存在しない場合、人々の権利に関する会話には権利保障のためのいかなる可能性も存在しないことが明確になる。つまりこの状況では、中立的な価値判断の実体は不明であり、この実体が不明な中で裁判所が何らかの実体的判断を行えば、それは必然的に常に批判にさらされる可能性を有することになるのである。

　しかし、このことは、保障されるべき権利の実体的価値が不明な場合には裁判所には何の役割もないことを意味するものではない。リベラリズムの民主主義における裁判所の役割は、党派的見解を個人に強制することではない。社会の多数派の意見を特定個人に強いるという党派的積極主義は、裁判所の

第 3 章　裁判所の憲法解釈の正当性

中立的裁定者としての役割を逸脱するとして批判となる。そもそも裁判所は
社会の多数派の意見を実現することを制度上の役割として負っていない。

　ところで、裁判所の判断は中立的であるべきことを主張したのはHerbert
Wechslerである。周知のように、彼はHenry Hartと並んでリーガル・プロ
セス学派を提唱した。彼はこの中立原則を主張することで、裁判所の役割が
中立的判断に限定され消極的に捉えられるべきことを主張しようとしたので
はなく、むしろ裁判所のこの役割はいかなる機関によっても剥奪されること
はないとして裁判所固有の役割を積極的に主張しようとしたと捉えられる。<sup>(241)</sup>
　しかし、この原則はWechslerの意図とは反対に、憲法理論においては立
法府の積極主義と対照にされることで、裁判所の自己抑制を意味するものと
して消極的に捉えられるようになった。<sup>(242)</sup>
　例えばMark Tushnetは、法の支配原則に意義を見出すことで司法形成プ
ロセスの正当性を主張したリーガル・プロセス学派に対して、その法の不確
定性を指摘することで強力な批判を展開した。<sup>(243)</sup>Tushnetは、Wechslerの中
立原則に対して以下のように批判する。<sup>(244)</sup>つまり、実体的理論は、少なくとも
その適用範囲が限定されていなければ、すべて本質的に矛盾を抱えるもので
ある。そしてもしこの主張が正しければ、中立原則とは空洞の観念であるこ
とを正当化するとTushnetはいう。なぜなら、矛盾からはいかなるものもひ
き出すことはできないためである。つまりTushnetは、中立原則という憲法
理論のグランドセオリーを打ち出すことで裁判所の憲法解釈権限を根拠づけ
ようとしたWechslerの試みに対して、反対に、この理論が本質的に抱える
問題点を指摘することで、裁判所の司法審査権限の根拠の脆さを暴くことで
批判したのである。<sup>(245)</sup>
　このような批判にさらされることで、Wechslerの中立原則は、その意義
を十分に追究されることなく、消極的に評価されるようになったと思われ
る。つまり、Wechslerの中立原則は、上述のように、憲法論においては司
法審査を行う裁判所の消極的役割を意味するものとして理解されるようにな

*325*

ってしまったのである。果たしてこのような憲法論は、中立原則を主張した
Wechslerの意図を適切に評価できているのだろうか。なぜなら、Wechsler
自身は、司法審査が正当化できるものであることに全くの疑義を抱いていな
かったためである。

　あるいはまた、公の価値を判断するという裁判所の本質的役割に照らし
た場合、中立原則とは裁判所に対してどのような意義をもつものとして
Wechslerによって主張されたのだろうか。さらに、これは従来の憲法論の
ように裁判所の消極的役割を意味するものとして評価されるべきものなので
あろうか。Wechslerの中立原則が真に意味していたことを探る必要がある。

　まず司法審査制の根拠について、Wechslerはこれを合衆国憲法 6 条の最[246]
高法規性に求める。[247]政府機関は、国家の最高法規である憲法を遵守する義務
を負うため、裁判所には他の政府機関の行為が憲法に違反するか否かを判
断する義務があるとWechslerは主張する。[248]そこでWechslerは、裁判所がこ
の義務を果たすのはどのような解釈方法が採られるべきかを次に検討する。[249]
Wechslerはこれに対して、裁判所の判断が真に原理化されていることが必
要であるとし、個別的ケースの結論を超えた判断に至るすべての段階にその
正当化は依拠していると答える。[250]

　すなわち、Wechslerが意味する原理化された判断とは、ある個別的ケー
スにおける裁判官の判断は、このケースの結果だけではなく他のケースにも
適用できるほどの一般性と中立性を有する理由に基づくものでなければなら
ないとする。[251]Wechslerによると、この中立性を備える判断であれば、民主
的に制定された立法府の判断を覆す裁判所の判断が正当化される。なぜな
ら、裁判所のこのような権限を認めなければ、裁判所の権限は空洞化すると
Wechslerは主張するのである。[252]

　Wechslerの以上の見解には、正直なところ、別段の特異性はないだろ
う。彼のこの原則が衝撃的であったのは、この原則を適用すると*Brown v.
Board of Education of Topeka*の結論を正当化しないものになる点にあった[253]
といえる。

326

第3章　裁判所の憲法解釈の正当性

Wechslerはこの規準を*Brown*判決に当てはめて考察する。その結果、*Brown*判決の裁判所の判断は正当化されないとの結論を下したのである。Wechslerの批判は以下の点である。つまり、「分離されど平等」を維持した*Plessy v. Ferguson*[(254)]を変更した理由を、この分離政策がもたらす黒人の子どもに対する有害な影響を指摘する専門家の意見に求めた点を批判するのである[(255)]。

Wechslerは、*Brown*判決の妥当性が、黒人の子どもに対する有害な効果が存在することで確保されるかを疑問視する。分離政策をとることで黒人の子どもに対する害悪が存在すると判断されるなら、この事実が存在することのみによってその判断は正当化されるのか、そしてこのように考えた場合、保障されるべきと判断された利益は安全か、それとも敵対的見解からの自由か。Wechslerはこのように問いを続ける。もし黒人の人々の割合が高い社会において、同じ問題が起こった場合、裁判所は同じように判断するのであろうか。Wechslerはこのように考え、*Brown*判決の結果が事実に基づいてなされたと考えることは到底できないとして批判するのである[(256)]。

司法審査の正当化根拠に関するWechslerの見解はこうである。確かに、*Brown*判決の結論を支持する見解は存在する。そこでWechslerは、*Brown*判決がその結論を導くのに依拠した見解を以下のように分析する。つまり、人種に基づく分離政策は原則上、この政策によって分離を強制される少数派への平等の侵害を意味するものとして理解される。つまり、この政策は、政治的に多数派を形成しないグループの判断を考慮するものではない。*Brown*判決の結論を支持する者の多くは、この点を決定的な理由として考えているとWechslerは述べる[(257)]。

その上で、Wechslerはこの考えが孕む問題点を指摘する。この裁判所の判断は、立法が向けられたグループの見解にしたがった解釈によってその立法の妥当性が判断されることを正当化するものなのではないか。つまり、裁判所はこの立法によって影響を受ける者の視点にしたがって法を解釈しただけなのではないか。それだけではなく、立法府の立法動機も裁判所は考慮す

べきだったのではないか、という点をWechslerは問題として指摘する。[258]

　この点は、Alexander Bickelの見解によるとどのように捉えられることになるか。Bickelによると、*Brown*判決は以下のように正当化されることになる。つまり、*Brown*判決はある一定の場合においては結合しない自由を選択する立法府の判断が禁止されることを意味するものとして捉えられることになる。つまり、このような立法府の選択が、その社会における一つのグループを永続的に劣位したものとみなし、彼らに恥をかかせる効果を生む場合には、禁止されるべきであるとBickelは主張し、*Brown*判決が正当化されることになる。[259]

　つまりBickelの見解によると、Wechslerの中立原則は道徳的観点の考察が欠けているために、*Brown*判決を正当化し得なかったと判断されることになる。つまり、Bickelの司法審査の正当化は、裁判所には受動的な徳Passive Virtuesに基づく実体的判断を行う権限を正当化するものであり、この観点から正当化される裁判所の実体的判断は中立な適用を要求するものではないと判断するものである。このように裁判所の実体的判断を考慮して司法審査が行われるか否かの正当性が考慮されると、立法府がなした実体的判断によっては裁判所が最終的な判断者として機能することを抑制するものとしても働くため、これは司法審査の正当化についての彼の敬譲的アプローチの根拠になる。[260]

　Bickelのこの考えは説得的である。しかし、Bickelの見解は、Wechslerの中立原則が*Brown*判決に対して向けた批判を完全に捉えきれているものではない。なぜなら、Wechslerの批判は、法の妥当性がこの法律によって対象となる者の視点のみに基づいて判断されたことに対して向けられたものと理解できるからである。[261]つまり、なぜそのような裁判所の判断が中立的な判断であるかの理由が示されていない点にその批判ポイントはあると思われる。

　すなわち、Wechslerが主張する中立原則は、Bickelが主張するような考えも中立であるならば、これが*Brown*判決を正当化し得ることをすでに想定しているのである。ただ、なぜこのような政治的少数者の見解を裁判所が

第 3 章　裁判所の憲法解釈の正当性

採用し実現することが中立であるかの理由が見当たらない点にWechslerの
批判は向けられるのである。

　つまりWechslerの中立原則とは、法の適用における中立を要求するもの
として理解されるべきものである。Wechslerの中立原則に対するBickelの
指摘の不十分さは、さらに、立法府の実体的判断の妥当性を道徳的観点から
判断することが困難な場合の裁判所の役割について語ることができないもの
であることを示すものである。

　Wechslerの掲げた中立原則は、法の適用プロセスの中立性を要求するも
のである。ただしこれは、実体的判断の内容について何も語らないわけでは
ない。何より裁判官は中立的な判断をなすべきなのである。しかし、ある具
体的な文脈において、いかなる実体的判断が中立であるかは常に明白である
わけではない。保護されるべき権利の実体的内容がいかなるものであるかと
いう権利からのアプローチには限界がある。このような場合、いかなる実体
的判断が中立であるかの規準を打ち立てるのは極めて困難である。そこで
Wechslerは実体に先行する「プロセス」の視点に注目することで、裁判官
の中立的判断の指標を打ち出したのである。

　このWechslerの中立原則の意義は、何が実体的判断として中立であるか
が不明な場合に表れる。この原則は、したがって、中立的な実体的判断が誰
の視点においても明白である場合には検討を省略することができるだろう。
この場合、特にプロセスについて語らなくても中立的裁定者としての役割を
裁判官が果たしていることは保証されていると考えられるからである。

　しかし、そのような実体的判断が不明な場合にはプロセスは省略すること
はできない。Wechslerの主張が語ることは、中立的な実体的判断が不明な
場合にはいかにその実体的内容が価値のあるものであるかを説いても、その
実体的判断の素晴らしさは裁判官の判断を正当化し得る理由にはならないと
いうことである。いかに実現する価値が意義を有するとしても、保護される
べき価値を発見し宣言する役割が必ずしも裁判官の権限として認められてい
る保証はないからである。プロセスにおけるWechslerの原則のこの中心的

意義は見落とされるべきではない。


　そして、Wechslerの中立原則におけるプロセスに関するこの重要性を十
分に捉えていたのがJohn Hart Elyである。Elyの理論はBickelと異なり、[263]
Wechslerのプロセス理論の意義を十分に理解した上で有力な反論を展開し
たのである。Elyは*United States v. Carolene Products Company*の脚注
4を参照し、政治的少数者に対する保護を裁判所の役割として見出し、彼ら[264]
の政治的民主プロセスの参加を保障する役割を裁判官が担っていることを説
得的に論じた。Elyのこの代表補強理論は、政治的少数者を保障する裁判所[265]
の役割を民主的手段によって正当化し得るものである。この理論により、歴
史的に不利益を受けてきた少数者に対して不利益を課す立法が裁判所によっ
て無効にされ得ることが主張されたのである。Elyの代表補強は、憲法上の
メタな中立原則として捉えることができる。Elyの理論は、あらゆる憲法上[266]
の権利に対して、多数派の見解による実体的価値判断が抱える構造的な政治
的欠点に対する救済がなされるための実体的内容を与えるような憲法解釈が
なされるべきことを主張するものとして捉えることができる。すなわちそれ[267]
は、すべての市民を中立的にとり扱うべきことを憲法上の主張として行うも
のである。[268]
　Elyは裁判所の判断の中立性を維持するために民主プロセスに注目し、そ
の正当化のために代表補強理論を提唱したと思われるが（つまり、Ely自身
は純粋なプロセス理論を提唱したと思われるが）、この理論は政治的民主プ
ロセスのみならず憲法解釈においても民主プロセスの中立という実体的価値
が達成されることをその主張として内包するものと解釈できる。Wechsler
の中立原則では説明し切れていなかった法適用におけるプロセスの中立性の
観点についてElyは、政治的民主プロセスという観念に着目しこの観点から
裁判官の中立的な判断を捉えその正当化の理論を提唱したのである。
　またEly同様に、政治的民主プロセスの観点から裁判所の権限の正当性
について論じたのがJeremy Waldronであった。Waldronのプロセス理

論は、しかし、Elyと異なり、この観点から立法府の権限の優位を論証することで司法審査制の正当性について疑問を呈するものであった。つまり、Waldronは、公正といったプロセス独自の意義に基づくプロセス理論においても、立法府の優位は変わらず主張されることを以下のように論証する。Waldronのプロセス理論の特徴は、これが結果に関する合意が形成されない場合に考慮されるものであると捉えられるためにプロセスが結果から独立して認識されている。[269]Waldronにとって問題となるのは、その際の決定プロセスにおける政治的正当性として捉えられることになる。このとき、Waldronが問題点として具体的に挙げるのは以下二つである。それは、国民の意思が適切にその代表者に反映されるかという点と、国民の全員ではなく大多数の見解が採用されることが正当であると考えられる理由の二つである。[270]国民の意思が適切に反映されるためのプロセスが保障されることがWaldronにとって重要であるために、彼のプロセス理論はプロセス自体の正当性の問題として実体とは別個に考慮されるのである。[271]

　そこでWaldronは、前者の問題は立法府に対する公正な選挙を確保することで解決されると考える。つまり、すべての市民が差別されることなく平等に政治に参加できるプロセスが保障されることが重要であると考えるのである。さらに後者の問題について、このようなプロセスが保障されることにより、つまり、国民全員の意思が反映された政治プロセスが確保されることで、国民の多数が支持する決定を国民全員の意思の近似値として合理的に考慮できるとWaldronは考えることで後者の問題を対処する。[272]すなわち、Waldronによると、国民の多数の決定は国民全体が承認する価値と近似値であると合理的に判断されることになる。つまり、Waldronが主張する政治的民主プロセスの正当性とは、国民の意思によって選出された立法府の権限に求められることになるのである。

　確かに多数派の決定は専制を招く可能性があるが、これは権利に関する完全な一致がない場合には必然的に生じるものであり、この場合に立法府ではなく裁判所が判断したことをもって専制が取り除かれる保証は一切ないこと

*331*

を理由に、立法府の権限が劣位することにはならないとWaldronは述べるのである。[273]

　つまり政治的民主プロセスにおけるWaldronのプロセス理論は、多数の国民の意思を反映することが制度上確保されている立法府の決定が、政治的民主制を備えた決定として正当化されることを主張するにすぎないものである。

　すでに指摘したように、ElyとWaldronは政治的民主プロセスというキーワードを共有しながら、そのプロセス観念を異にしていた。この違いはなぜ生じたのか。それはどこに由来するのか。Waldronが通常の意味でプロセスを観念していたのに対して、ElyやWechslerは法形成過程も含めたより広い意味でプロセスを観念していた。彼らにとって問題は、その際の裁判所の権限の正当化をいかに保障するかであった。これに対して、Waldronは立法府及び裁判所の権限の正当性の問題すべてを政治的正当性のレベルに還元して捉えていた。司法審査の民主主義的正当性の問題は、しかし、司法審査の政治的正当性を問う問題ではない。それは、政府機関内部の権限配分に関する憲法上の問題として捉えられるため、政治的正当性よりも深い、憲法上の民主主義的正当性の問題として捉えられなければならないものである。

　両者のプロセス観念の相違は、民主主義的正当性に関する憲法上の正当性と政治的正当性のこのような相違に由来すると考えられる。[274]政治的正当性の問題として捉えるWaldronの立法府の権限の正当化の議論は、権限配分に関して何かを語るものではない。それは通常のケースにおける立法府の重要性を論証するにすぎない。またそれは、裁判所の権限の劣位を意味するものではない。なぜならWaldronの見解は、単に政治的民主制の役割を強調するにすぎないからである。つまりそれは、立法府の権限が優位に使用されるべき場面において、その権限行使の正当性を主張するにすぎない。Waldronの議論には、すなわち、いかなる場合に立法府の権限が行使されるかというより根源的な問い、つまり、政府機関の権限配分に関する議論が

*332*

抜けている。

　ElyとWaldronのプロセス観念の相違は、何が社会における実体的価値や真理であるかに関する多数派意見が形成されていない領域において鮮明に表れる。

　つまり、政治的場面にいまだ意見として表明されていない事がらが問題として提起された場合に、裁判所の裁判官の役割の重要性が認識されるのである。政治的民主プロセスにおける政治機関の優位しか検討しないWaldronの議論は、実体的価値とプロセスを分離して捉えるものであったが、この考えは妥当ではない。イギリスにおける憲法観念の考察から明白なように、不文のルールや法とは、権限行使の正当性に作用するものである。プロセスとは、単なる空洞の観念を特徴とするものではない。目的が不文であっても同様である。この目的に対してプロセスは重要な意義を有するため、プロセスと（この意味での）実体は分離して捉えられるべきではない。

　不文の法は、いまだ社会全体の同意を得ていないために成文化されていないが重要な意義をもって、事実上は作用している。この意義は、例えば権利という名をもって実体的価値としてはいまだ成文化されていないために、社会や市民に対していかなる作用を有するものではないかもしれないが、政府機関はこの意義を看過してはならない。憲法上のプロセス保障の意義はここにあるためである。

　プロセス観念についてElyと見解を異にしていたWaldronは、すなわち、プロセス観念のみならず実体的観念についても狭く捉えていたのである。プロセスと実体は、連動性をもつ関係にあることは見落とされるべきではない。つまり、Waldronの見解は妥当ではなく、プロセス観念を適切に捉えたElyの理論の意義は大きい。


　Wechslerの中立原則がBrown判決を正当化しなかったように、Elyの代表補強のプロセス理論によると、Roe v. Wadeは以下のように批判される。Roe判決が修正14条デュープロセス条項の自由として保障されるプライバシ

ーの中に女性の中絶する権利が含まれるとし、中絶する自由は政府の不当な侵害を受けないと判断したことに対して、Elyは、そのように判断するのではなくRoe判決が代表補強の理論によって判断されるべきであったと主張する。裁判官が政治的判断の領域を超えた判断をなす場合には、その実体的価値が十分に抽象化されたレベルのものでなければ裁判官の判断は正当性を有しないにもかかわらず、Roe判決の裁判官は憲法上の文言からも統治システムからも抽出することのできない実体的価値を独自に認めてしまったことに対してElyは批判したのである。[276]

　つまり、憲法上の文言にない権利を裁判所が新たに創設した点に対するElyの批判は、憲法解釈における解釈主義への信奉を生んだといえる。

　その代表的な見解としては、Scalia判事やBorkらが支持するオリジナリズムや、テクスチュアリズムが挙げられる。[277]Robert BorkはWechslerの中立原則に対して以下のように批判する。この原則では裁判官の主観的判断を排除することはできず、裁判所の判断は後の判決を拘束するような一般性を帯びることができない。そのため、裁判官は法的ルールに具体化された社会全体の判断を無視するものであるとBorkは批判するのである。[278]

　しかし、オリジナリズムが中立性を確保できると考えるのは困難であると思われる。例えば、*Brown v. Entertainment Merchants Association*では、[279]親の同意なしに未成年者に対して暴力的なビデオゲームのレンタルまたは販売を禁止した州法が違憲とされた。法廷意見を執筆したScalia判事は、アメリカの長い歴史において暴力的描写に対する子どものアクセスを特別に禁止する伝統は存在しないことを強調したのであった。[280]これに対してThomas判事は、Scalia判事の法廷意見のそのような見解が修正１条のオリジナルの公衆の理解とは異なるものであるとして反対意見の中でScalia判事のオリジナリズムの解釈を批判した。[281]Thomas判事は歴史的見解を調査した結果、修正１条のオリジナルの理解としての表現の自由の中に、親の許可なくして子ど

もに対して話かける権利が含まれていたとは解釈できないと主張したのであ
る。[282]

　この両者のオリジナルの意図の見解をめぐる対立は何を意味するのだろう
か。この両者の対立は、宗教的かつ個人主義的な文化に身を置く一般市民が
オリジナリズムに惹きつけられると考えることは妥当ではないということで
ある。[283]なぜなら市民の理解は、自分自身の価値観に合致するものを意味する
と考えられるからである。オリジナリズムの弱点は第一に、オリジナルの意
図を発見することの困難さが挙げられる。つまり、起草者の意図として特徴
づけることができる一般性の程度は、専門家の実際の判断を通じて形成され
るが、法的訓練を受けた裁判官でさえ宗教的個人主義的社会に生きる個人と
しての側面を有しており、彼ら自身もまた自分の判断がこの特徴から自由で
はないことに同意しているのである。[284]その結果、オリジナルの意図が何を意
味するかの実体的判断に対する意見の不一致が裁判官同士で起こることを彼
らは認めているのである。[285]

　第二に、権利章典の起草者は真摯には宗教的でも個人主義的でもなかった
点があげられる。つまり起草者は、今日の憲法理論が前提とするリベラリズ
ムに基づく寛容の精神をもち合わせていなかったと考えられる。[286]すなわち、
オリジナルの意図に裁判官の憲法解釈の正当性を求めるのは方法論的に妥当
ではないと思われる。オリジナリズムは憲法解釈として中立ではなく、これ
では裁判官の憲法解釈に対する民主主義的正当化を達成することはできない。


　中立的価値というものは、抽象的文脈で一般的に存在しているわけではな
い。多数派の見解にたつことも少数派の見解にたつこともこれだけでは中立
性を維持するための理由としては不十分である。これらはどちらも中立的で
はない。一般的な中立性を最初から定義することは不可能なのである。

　しかしこれは、裁判所が負う特別な役割がないことを意味するわけではな
い。裁判官は、その本質的な役割として公の価値を判断するという義務をあ
らゆる場面において負っている。この義務をいかなるケースにおいても果た

さなければならないのである。しかし裁判官のその判断は、主観的であっては ならない。主観的ではないと判断されるには、どのようにしてこれが導かれたのかを客観的に説明する、裁判官の判断を導くガイド（行為理由）が必要になる。

　実体的な憲法解釈理論はすべて内在的に矛盾を抱えている。確かに、憲法解釈論は裁判官の解釈権限の正当化を実現するために重要な議論である。しかし、理論上いかに「中立性」を装う憲法解釈手法でも、実際の適用場面で中立性を欺瞞できる可能性があるため、憲法解釈は理論上の矛盾を必然的に抱えてしまう。この欺瞞を取り去るためには、解釈行為レベルで裁判官の判断を導くガイドが必要となるのである。これを公の価値を判断するという裁判所の本質的役割に照らすと、裁判官には憲法上の価値として一つの客観的価値を判断することが義務として要請されることになる。司法審査を行う裁判官はこの任務を負うのであり、立法府の判断に踏み込まないわけではない。つまり、中立性とは、裁判所独自の見解を控え、立法府の判断への尊重のみを意味するわけではない。裁判官は、公の価値を判断するという独自の義務を果たさなければならないからである。すなわち、司法審査の民主主義的正当性を論じるには、中立性がもつこのような誤解を招きやすい側面を認識しなければならないのである。

## 3　合衆国憲法修正14条デュープロセス条項について

### 3.1　デュープロセス条項におけるコモンロー思想

　*Lochner*時代は、実体的デュープロセス理論の一つの隆盛期といえる。それは、裁判所がこの理論を援用することによって、積極的に経済的自由を保障した時代であった。この背景には、Christopher Tiedemanの不文憲法の観念が強い影響を有していると考えられる。裁判官による実体的デュープロセスの多くの援用を可能にした法思想とはいかなるものか。ここではまずTiedemanの理論を参照したい。

　Tiedemanの法理論は、1886年の『ポリス・パワーの限界論』[287]及び1890年

336

の『合衆国の不文憲法』によく表れている。彼の著書は、*Lochner*時代のレッセフェール立憲主義の隆盛と形成に対して最も貢献的な思想を提供するといえよう。[289]

Tiedemanは、『ポリス・パワーの限界論』の冒頭において以下のように述べる。[290]個人の私権は、国家の法命令を法源としているわけではない。その私権は、自然状態にある人間に属するものであることがここで述べられる。またそれは、自然権としてTiedemanによって表現され、理性の法において認識され存在する権利として説明される。このTiedemanの見解は、私権の保護が法的格言の実行によって成し遂げられるという考えを前提にしていると考えられる。つまり、この法的格言は人定法及び自然法の根本的ルールを明確化するものとしてTiedemanは理解する。[291]

しかし、このような立場を表明したにもかかわらず、Tiedemanは公法及び私法を含む法全体について、これが社会的影響力の結果であるという見解を示している。この影響力は時代によって変化を遂げるものであるため、その結果である法も変化を遂げるものとして理解される。Tiedemanはさらに、倫理においてすら、不可譲の自然権という観念は存在しないと主張するのである。

Tiedemanの自然法及び自然権に対する見解は複雑を極めている。結局、Tiedemanは自然法思想の持ち主ではなかったと解釈される。[292]

『合衆国の不文憲法』の冒頭においてTiedemanは、Blackstoneの著名な言葉を引用する。[293]法の定義として一般的に受け入れられている見解として、国家の最高権力the Supreme Power of the Stateによって規定される行為のルールというBlackstoneのものを引用し、これに対してTiedemanは、Blackstoneのこの定義は形式的には正しいが、実際には法の始原や展開、性質について誤解を招きやすいものであるとして以下のように述べる。[294]つまり、法の観念に関するBlackstoneの定義は、社会が服従を強制する行為のルールを含むことを意味する点で適切である。[295]しかし、これだけでは、政府という観念を誤って捉えることで誤解が生じる可能性があるとして不十分で

あるとTiedemanは指摘する。

　つまり、もしこの定義における「国家the State」を「政府the Government」を意味するものとして解釈されるなら、この定義は適切ではなく、しかも国家を政府と同視する見解は広く流布した一般的な考えであるためにBlackstoneの定義は実質的には適切ではないとTiedemanは評価するのである。Tiedemanによると、国家の最高権力とは、国家the Body Politicを構成する人々として理解されるべきことが主張されるのである。<sup>(296)</sup>

　Tiedemanによると、多数派を形成する人民は一つの法的ルールを形成すると考えられる。つまり、多数派が共通して統一的に把握している道徳は、行為ルールとしての法の規準となるとTiedemanは考える。<sup>(297)</sup>Tiedemanによると、倫理は法的強制力を必ずしも有するものではないが、法をカバーするものとして捉えられる。<sup>(298)</sup>Tiedemanが、法の観念に関してこのように多数派に言及するのは、反抗的な少数者を人民の道徳的慣習に服従させる機能を法に見出すためであり、このことで行為ルールは生きた法として考えられるのである。<sup>(299)</sup>Tiedemanの法の観念は、多数派が道徳的観点にたって共有する「正しさ」の感覚を規準にすべきものとして捉えられる。<sup>(300)</sup>

　ただし、Tiedemanが考える正しさの感覚の具体的内容について彼が明確にしているとは言い難い。つまりTiedemanにとって、どのように行為ルールが形成されるかは重要な問題とは捉えられていないと思われる。Tiedemanは、国家を道徳的観点から妥当性を有するものと捉えるため、「多数派の正しさの感覚」の中身が具体的にいかなるものであっても、それは法的ルールが形成されるときの規準であるという立場である。<sup>(301)</sup>

　Tiedemanによると、立法府は、人民の多数派の意見や感覚から離れた法を定立することが実際には可能であることを指摘する。そしてTiedemanは、このために人民が裁判所に訴訟を提起する場合、裁判所は人民の奉仕者として、常に判断を下さなければならないという。<sup>(302)</sup>裁判所は、立法府の定立した法ではなく憲法を遵守する義務を負う機関であるために、立法府の制定法が違憲か合憲かを判断する義務を負うと主張される。Tiedemanにとって、立

第3章　裁判所の憲法解釈の正当性

法府が制定した法が多数派の人民の意思を適切に反映するものであるとの想定はない。Tiedemanによると、立法府の法も違憲である可能性があることは否定されない。このために、法とは何であるかを宣言する役割は裁判所が担うものであるとTiedemanは考えるのである。つまり、多数派の意思に裁判所が拘束されるのはTiedemanにとって自明であると思われる。

　死文化した法ではなく生きた法の重要性を強調するTiedemanは、立法府の法が生きた行為ルールとして作用するものではない場合、裁判所はその文言にもかかわらず、解釈によって法を実効的なものにすべきことを主張する。法的ルールは、社会の種々の力によって生まれるものであり、これがつまりは、支配的な正しさの感覚である。この多数派の意思は常に可変的であるため、静的な性質を有する立法府の制定法ではなく、裁判所の裁判官の判断がこの意思を反映する機関として重要であるとTiedemanには考えられることになる。


　不文憲法の性質について、Tiedemanは以下のように述べる。つまり、国家のあり方を形成する根本的な原則は政府によって創設され得るものではなく、国家の性質に必然的に埋め込まれているものであり、これは国家の発展にしたがって成長していくものであるとし、この教義こそ不文憲法に適用されるとTiedemanは述べる。そしてTiedemanは、不文憲法の意義をこのように捉えた上で、イギリスの憲法は、マグナ・カルタや権利請願、ヘビアスコーパス法、権利章典に見出すことができるという。

　そこでTiedemanは、アメリカ合衆国憲法について以下のように述べる。少なくとも合衆国憲法が成文化されるまで憲法とは、人民を文明化する社会内的及び外的力すべての結果を意味していたという見解は否定されるものではない、とTiedemanは述べる。

　そこでTiedemanは、合衆国憲法に関する二つの前提を導き出す。一つめは、憲法起草当時、アメリカ国家の政治的進化と国家の根本原則は完全に調和していたというものである。アメリカ革命の成果を否定する者はおらず、

これにより人民は指導的政治家を崇拝し、アメリカ合衆国憲法は、世界でも稀にみる最善の政治的憲法という性格を帯びていたと考えられるためである。しかし、このように政治的指導者の憲法における役割を強調し過ぎると憲法の卓越性を失わせることにつながる。つまりTiedemanは、18世紀のアメリカ合衆国憲法の制定は、アメリカ人民が自発的に作成したというよりは、根本原則に関しては多少の修正をしつつも、基本的にはイギリス憲法を自然に継承し発展させたというイギリス憲法との連続性を看過すべきではないという。
(310)

　Tiedemanの二つめの前提は、アメリカ建国当時、成文憲法が存在していたにもかかわらず、アメリカ憲法思想は、まるで針が磁石に惹きつけられるかのように、世論の動向に従って捉えられたというものである。Tiedeman
(311)
は以下のように述べる。つまり、イギリス憲法が不文憲法という形式を採用
(312)
しているのは、これが完全に世論を反映すると考えられているためであり、したがって、国会が制定する法も必ず世論の意思を具体化するものとして、他のいかなる政府機関による制限を受けないという国会主権の原則が成り立つが、アメリカはこれと異なる事情がある。アメリカ合衆国憲法は高次の権力によって成文化されたものであり、これは憲法制定権力による以外の修正を不可能にすることを表す。

　ここからTiedemanは、このような形式を採用するアメリカ合衆国憲法を世論の動向に対応させるには、司法解釈によるのが効果的であるとして裁判所の憲法解釈権限について述べる。Tiedemanによるとこれは、合衆国憲法を世論あるいは私的利益に順応させるのに重要であるとされるのである。
(313)
Tiedemanによると、裁判所の憲法解釈は、時代によって変化する多数派の意思を規準にすることで、憲法という（修正されるまでは）不変の文言の意味を画定するものとして認識される。つまり彼は、憲法を制限するものとして裁判所の憲法解釈を認識するのである。

　Tiedemanはこのようにして、成文の合衆国憲法における不文憲法の要素を主張するのである。合衆国憲法の成文化された部分は、アメリカ合衆国の

第 3 章　裁判所の憲法解釈の正当性

　基本かつ一般的な原則を規定するに過ぎず、それはいわば骨格である。この
骨格に対して、政府権限の行使をコントロールし多数派の専制から少数派を
保護するなどといった真の、つまり、血や肉をもった生きた憲法という意義
を与えるものが、不文憲法であるとTiedemanは主張するのである。[314]

　Tiedemanによると、成文憲法典は人民の正しさの感覚の変化に適合的に
進化すべきことが主張される。この主張をするためにTiedemanは、書かれ
た言葉のもつ必然的な不十分さを指摘する。つまり、言葉とは口頭のものに
せよ記述的なものにせよ、「思想の道具」としての性格を有するものであり、
そして言葉はこの道具として満足なものではない。[315] なぜなら、言葉とは、発
した本人の意図ではなく一般に共通した意味で捉えられるためである。つま
り言葉には、常に表明された部分の背後に隠された意味が含まれており、こ
の特徴は憲法の文言にも同様に当てはまる。[316]

　憲法の文言の背後にある意味とは、憲法による統治は、その時代の人々の
意思を反映した形でなされるべきことであるとTiedemanは述べる。つまり、
裁判所の解釈方法についてTiedemanは、憲法制定当時の起草者の意図では
なく、現在の人民の意思に依拠してなされるべきことを主張する。このよう
に解釈しなければ、憲法が死文化するためである。[317]

　これはまた、憲法の真の価値の実現に資するものでもあるとTiedemanは
いう。[318] 憲法に規定された司法権条項が示すように、非行なき限り裁判官は身
分保障がされており、また、人民の選挙に服することで生じる恐怖から自由
であり、Tiedemanによるとこれは、裁判所の裁判官が最高法規である憲法
にしたがった正しい判断をなす者であることを可能にするものとして捉えら
れる。[319] このために、裁判官は、多数派の意思を反映するものであるが、立法
府の制定法が憲法に反する場合には無効であると宣言することができると
Tiedemanによって解釈される。そしてまさにこれこそ、憲法の真の価値で
あるとTiedemanは述べるのである。[320]


　Tiedeman同様に、*Lochner*時代の法思想に多大な影響を与えた法学者に

*341*

Thomas Cooleyがいる。Cooleyの法理論は、19世紀後半の憲法理論を考察するのに最も重要な法律家であると言われる。<sup>(321)</sup>彼の功績は、*Lochner*時代における修正14条の法理論の権威ともいわれるほどである。

Cooleyは、自然法は自動執行の性質を有するものではないという見解を採用する。Cooleyのこの見解は、法とは国家によるサンクションを科すルールとして捉えるという実証主義的観念と関連性を有するものである。<sup>(322)</sup>法の観念に関するCooleyの見解は、道徳的要素を含まず法を主権者の意思に基づくものとして捉えられ、ここにAustinの影響をみることができる。<sup>(323)</sup>しかし、Cooleyは実証主義者ではない。<sup>(324)</sup>確かにCooleyの見解については、法が究極的には主権者の意思に基づくものであることを主張するものとして解釈することができるが、しかしCooleyによるとその主権者の意思は、自由でも恣意的であるとも想定されておらず人民の意見や伝統によって制限されるものとして捉えられていたと解釈される。<sup>(325)</sup>Cooleyの立場は一貫して、国家の法は人民の共通の理性によって決定されるものであるという意見が採用されているのである。<sup>(326)</sup>

Cooleyによると、この理性とは正しいルールや行為とはどうあるべきかに関する人民の確立した最終的な信念として捉えられるものである。<sup>(327)</sup>Cooleyによると、法とは人間の性質に由来するものとして捉えられるのである。ただし、法は時や場所、状況によって変化するものであることをCooleyは認める。結局、Cooleyにとって法とは、抽象的な理性によるのではなく、具体的経験によって形成されるものとして捉えられると解釈できる。<sup>(328)</sup>したがって、Cooleyによると、頭のよい政府の役人が考えた理論に価値はほとんど置かれず、法とは常に時代や状況に対応し、現実のニーズに応えるものでなければならない。つまりそれは、生きた人民の分別によって常に審査されるものなのである。<sup>(329)</sup>

Cooleyによると、国家の法とはその時代の人民の集団的な判断を超えた、社会的意識に基づくべきものとして捉えられ、それはつまり、その時代の多数派の見解に基づくものとは考えられていない。Cooleyが、法とは人民の

共通の理性によって決定され、または決定されるべきものであると主張するとき、この理性が意味するのは時代ごとに変化する世論ではなく、時代を超えた人民の思慮深い判断に基づくものを意味すると理解されるのである。<sup>(330)</sup>

Cooleyの人民の共通の理性という観念は複雑である。これは変化し得るものだが、人類が長い歴史を経る中で維持する一定の要素をもつものとしてCooleyには理解される。Cooleyは人間の条件に関する重要な原則の一つとして習慣を挙げる。Cooleyは以下のように考える。法的権利がその起源において慣習的なものであっても、法のルールは長い経過を経ることで、法ルール自身のために一つの理性を創設するものである。市民は自然法に従うようにこの理性にも何の疑いもなく従うのである。市民は、法が正しいと判断するものをいわば本能として備えるようになる。つまり法とは、命令せずとも市民が遵守する主人としてCooleyには捉えられるのである。<sup>(331)</sup>

Cooleyはコモンローについてもこの文脈で捉える。つまり、コモンローはイギリス及びアメリカの人々の慣習や意見によって決定されるものであり、これは、これらの人々自身の性質に由来するものとして理解される。<sup>(332)</sup>つまりコモンローは、彼らに特有のものなのである。Cooleyによると、コモンローとは人民による立法のようなものとして捉えられ、この人民の決定は過去同様に現在においても展開を遂げるものなのである。<sup>(333)</sup>

Cooleyはコモンローを進化の過程を経るものとして捉えている。<sup>(334)</sup>Cooleyは、継続的な変化を遂げる点にコモンローの本質を捉えるのである。<sup>(335)</sup>Cooleyによると、このようなコモンローの変化は、裁判官が古い法を新たな状況に適合するように解釈する試みと同様のものとして捉えられるのである。<sup>(336)</sup>

またCooleyはコモンローの内容に関する特徴を以下のように語る。コモンローは、市民的自由Civil Libertiesと自然法の原理を基礎にするものである。<sup>(337)</sup>恣意的権限やコントロールされていない権威はこの原理とは適合しない。<sup>(338)</sup>むしろコモンローは、個人の権利や特権を保護するものとして理解される。<sup>(339)</sup>したがって、コモンローは市民的自由を創設する基礎として最善のものとし

てCooleyは理解するのである。[340]

　Cooleyによると、コモンローは合衆国憲法に対して重要な役割を負うものとして理解される。コモンローは合衆国憲法に一般的な用語で明文化される条項が正当化されるために十分に明確な内容を与えるものとしてCooleyによって理解される。[341]その一般的な条項とはデュープロセス条項などである。

　この点に関するCooleyの見解を理解するために彼の憲法理論を知る必要がある。成文憲法典がある場合、何が正しいか、何が便宜であるか、何が適切であるか、何が不可譲の個人の権利であるかなどの判断は、主権者である人民が判断しなければならないとCooleyは考える。[342]Cooleyは、立法府の制定した法律に対する司法審査を憲法典が黙示的に認めることに同意しながらも、裁判所には自然法に基づく権利や、共和主義的な統治原理、あるいは憲法典に明文規定されていない権利を侵害する立法を無効であると宣言する権限はないと考える。[343]

　成文憲法は主権者の判断に基づくというCooleyの言葉は、憲法解釈の目的は憲法を採択した国民の意図を実効的なものにすることを意味するものとして理解される。[344]Cooleyはコモンローについて、アメリカの建国前から存在する法や権利、習慣の卓越した表現として捉えるため、Cooleyは憲法の文言を解釈する際の規準としてコモンローを理解するのである。[345]つまりCooleyの憲法解釈方法は、憲法の文言を、イギリス及びアメリカのコモンローを通じて解釈することにある。[346]

　司法審査をする裁判所の権限についてCooleyは、憲法に明文規定された条文に抵触する場合に立法府の法を無効であると宣言することができるという。つまりこの見解によると、司法審査は憲法上の文言と制定法が抵触する場合にのみ許容されることになる。ただしCooleyによると、司法審査の権限は憲法によって黙示的に認められるものに過ぎず、憲法上の権限として裁判所に付与された本質的なものとは考えられていない。

　アメリカの多くの州憲法において、立法府の権限は「上院と下院に付与される」と規定されている。立法府の権限についてはこのように、権限の付与

344

という形式で規定されることからCooleyは、立法府の権限の範囲と限界は
コモンローによって決定されるものであると考える。Cooleyは以下のよう
に主張する。マグナ・カルタとコモンローの格率によって立法府に権限を付
与する条文は解釈されるべきである。イギリスの国会主権原則は根本原則を
覆すほどの絶対的なものであった。しかしこれは独立を遂げたアメリカにと
っては過去の話である。アメリカ立法府の権限は、イギリス国会による制限
を受けるものではもはやない。立法府の権限の制限については、確かに、立
法府の権限として付与されることが明示的には規定されていない事項を禁止
することは許容されるが、しかし、これは憲法に明文規定されていない以上
はこの禁止が憲法に本質的なものと理解することはできない。

　このCooleyの言葉は以下のように理解できる。つまり、憲法の文言によ
って禁止されていない場合ですら、立法府は制限を受けることがある。また、
憲法の文言によって禁止されていない場合ですら、立法府の制定した法は無
効になる可能性がある。それは、裁判所の権限として明示的に規定される場
合と、その制定法が単なる恣意的な命令である場合である。

　*Munn v. Illinois*において、公共の利益に影響するあらゆる料金を規制
する権限が立法府の権限として認められたが、この連邦最高裁の見解に対
しては多くの批判が寄せられた中で、Cooleyはこれを肯定的に評価する。
Cooleyのこの見解は、立法府の憲法上の権限解釈はコモンロー上の原則に
依拠してなされるという彼の立場に基づくものである。Cooleyによると、
立法府の合衆国憲法上の権限に対して、州憲法はいかなる効力を有するもの
ではない。州憲法は常に、生命、自由及び財産に対するデュープロセスが保
障されることが明文で規定されているが、ほとんどの場合、その保護はコモ
ンロー上の原則に委ねられている。

　このことからCooleyは以下のように考える。つまり、コモンローは発展
的なものである。立法府の制定法は、時の経過により常に状況に応じること
はできない古さを有している。このため、事案の適切な解決にはコモンロー
ルールの原則が参照されるべきであり、さらにコモンローの変化は憲法シス

テムによる修正に影響されるものとして理解される。確かに、裁判所が制定
法を無効にできるのは、憲法の条文によって保障される権利保障の場合に限
定される。しかし、憲法上の条文は、明示的な文言として規定される以上を
含むものである。なぜなら、憲法上の条文はコモンローの原則に照らして解
釈されるからである。このためにCooleyは、コモンローはデュープロセス
という一般条項の解釈において決定的な役割を負うと理解するのである。

　TiedemanとCooleyの法理論は、*Lochner*時代に特に影響力をもって受け
入れられたものである。つまりこれらは、実体的デュープロセス理論を援用
する裁判所の権限を正当化する論拠を提供するものである。Tiedemanは不
文憲法における裁判所の解釈権限を、Cooleyはコモンローがデュープロセ
ス条項において果たす役割を裁判所の解釈権限において理解することで、彼
らの理論は、文言に拘束されない裁判所の解釈権限を正当化するものとして
理解できる。それはつまり、デュープロセスにおけるコモンローの役割であ
る。すなわちコモンローは、非解釈的要素をもつものとして理解されるので
ある。[354]

　合衆国成文憲法はコモンローを内包しており、このコモンローが、明文規
定されていない権利や価値の実現のために決定的役割を担うとされるのであ
る。コモンローという不文法が実現されるには立法府の制定法も無効にでき
る裁判所の解釈権限が彼らにおいては正当化されるのである。

　このように、憲法解釈におけるコモンローの意義を認める見解は、同時に、
生きる憲法の観念を受け入れるものでもある。[355]しかし、このような生きる憲
法という観念に対しては、いわゆる保守的な解釈方法であるオリジナリズム
やテクスチュアリズムから批判がなされるのである。[356]次に、この保守的解釈
を主張する見解を、特に法の不確定性の観点に注目しながら参照したい。

346

## 3.2 憲法解釈における法の不確定性について

　憲法解釈論において、法の不確定性の観点から主張を展開するのが
Adrian Vermeuleである[357]。Vermeuleの法理論は、彼自身が主張するように、
多分にBenthamの影響を受けて構成されている。Vermeuleは、憲法解釈に
おける裁判所によるコモンローの役割を否定し、この意味で両者は分離され
るべきであることを主張する。裁判所の法解釈権限に関するVermeuleの見
解を参照したい。

　Vermeuleは、制度上、政治的民主プロセスを経ないで構成される裁判
所の裁判官の判断能力に対して懐疑的である。現実社会で起こる実際の問
題に対して最善の判断を下すことのできる能力が裁判官には欠けていると
Vermeuleは考えるために、裁判所の出した結論の「正しさ」が不確定であ
る点を懸念するのである。Vermeuleは、この不確定性が生じている中で、
裁判官はどのような判断形成プロセスをとれば合理的な判断をなすことがで
きるのかを問うのである。

　Vermeuleのアプローチの特徴は、裁判所の立法府への全面的な敬譲を主
張する点でJames Thayerのものと共通しているといえる[358]。また、司法審査
が行われることで、裁判所の法創設機能によって生じるシステムエフェクト
の問題を危惧する点でTushnetの理論に近い見解であるといえる[359]。

　Vermeuleは、憲法の文言上、裁判官がいかなる解釈方法をとるべきかに
ついて明言していないため、裁判官は憲法に対して特定の解釈方法をとるこ
とを要請も禁止もされていない点を指摘する[360]。これは司法審査に関しても同
様である[361]。Vermeuleによると、いかなる方法が憲法上の観点からとられる
べきかを論じるには、より高次の観念である立憲主義を参照して解釈される
べきであることが一つの案として提案される[362]。

　社会的状況や政策的能力、公共の価値は時代によって変化を遂げるもので
ある。Vermeuleによると、このような時代に伴う変化を成文法上の文言に
反映させる役割を最適に遂行する機関として立法府であることが主張され
る[363]。なぜなら、制度上、立法府はこの役割を十分に果たす能力を有している

ためである。つまり、「コモンロー立憲主義」によってただちに、裁判所に割り当てられると考えられてきたこの役割は、能力の面から、立法府が担うべきことがVermeuleによって主張されるのである。選挙によって政治的民主主義的正当性を担保されている立法府は、政治的社会的変化によって生じた憲法の文言と現実社会とのずれを解消するために最適な機関であるとVermeuleは考えるのである。(364)

　この点において、Vermeuleの考えはThayerと共鳴すると考えられる。Thayerは以下のように主張する。つまり、憲法の文言を参照するだけでは判断を確定することができない場合、時代によって更新されるコモンローの内容を最善に判断できる機関は立法府であると主張するのである。(365)

　すなわちVermeuleは、不確定性が生じる場合の裁判所の法解釈権限についてThayerと共通項を有するのである。そこでVermeuleは、裁判所の法解釈権限は法の文言に厳格に拘束されるべきであることが主張されることになる。(366) Vermeuleにとってより重要な問題は、いかに実効的な政府を促進するかであり、政府の民主主義的正当性や政府機関の権限配分についてはあまり関心がないと考えられる。(367)

　つまりVermeuleは、オリジナリズムと異なり、憲法の文言が修正や社会情勢の変化によって変化するものであることを認めている。(368) ただし、この変化の仕方に法則性を見出すのは困難であって、つまりこの変化は状況によって異なるものである。合衆国憲法修正14条に規定されるデュープロセス条項や平等条項などの一般条項はこの点に関して特にあいまいさを孕んでおり解釈によってその保護内容が大きく異なる可能性がある。Vermeuleはこれら一般条項について、自由や平等、公正な手続という言葉に後の世代が新たな観念を注ぎ込む器として捉えるのである。(369) これら憲法の一般条項の内容を更新するための十分な能力を裁判所は制度上保証されていないとVermeuleは述べるのである。

　Vermeuleの見解はこうである。公共の価値の内容が大きく変化することで、従来の憲法上のルールがもはや妥当ではなくなった場合に、コモンロー

立憲主義は憲法をこの変化に対応させようとする。しかし、制度の観点から立法府と裁判所を比較した場合、裁判所がこの対応を十分に行える能力を有するかは明白ではない。つまり解釈によって、憲法の文言を社会的変化に対応させる最適な機関として立法府が選ばれるのである。そしてVermeuleのこの主張には、システムエフェクトが関係している。

Vermeuleによると、ある集団の特性がそのメンバー一人一人の特性とは異なる場合、システムエフェクトが生じると主張される。Vermeuleによると、特に公法は、このシステムエフェクトが生じやすい分野であることが主張される。この事実を認識しなければ、集合としての特質が常にメンバー個人の特質と一致する、あるいは逆に、個人の特質が常に集合のそれと一致するものであるという誤謬を招くことをVermeuleは指摘する。憲法論におけるこのシステムアプローチは、「最善」ではなく「次善」の立憲主義を伴うとされる。

Vermeuleによると、この次善とはおおまかにいって以下のように捉えられる。例えば、最善の憲法規律を生むために必要となる条件のうち少なくともいくつかは達成できないと仮定する。このような条件すべてを満たすことが最善であるとしたら、これら一つ一つの条件をできるだけ多く達成することは最善であることを意味することにはならない。むしろ、理想的な状態に対する複合的な失敗は、システム全体からみた場合には理想的な状態に近接することで互いに相殺されることができる。この立憲主義の観点において、VermeuleはTushnetの考えを共有しているように思われる。

Vermeuleはこのように、彼自身のシステムの次善の効果の理解に基づいて、裁判官の法解釈はプラグマティズムではなくテクスチュアリズムであることを主張するのである。特にPosnerのプラグマティズムに対してVermeuleは批判する。Posnerによると、裁判官は社会福利の最大化を目的として判断すべきであるという前提から、この目的を達成するために裁判官の最善の道は社会科学的分析による日々のプラグマティックな裁判官の感覚を用いることが主張される。Posnerの見解は、司法判断がいかに現実社会

*349*

に影響を及ぼすかに焦点を置き、社会の最適化のために裁判官が行為すべきことを意味するものと解釈できる点で帰結主義的である。<sup>(379)</sup>

　この見解に対してVermeuleは、次善の効果理論の立場から、社会的利益を最も見込めるのはプラグマティズムではないという。つまり、プラグマティズムは裁判官の感覚に判断を大きく委ねることを許容するものであるために、裁判官の行為を導くガイドとして作用しない。裁判官の判断能力に懐疑的なVermeuleは、裁判官の行為を導く役割を果たさないプラグマティズムが次善の立憲主義において妥当な結論を生むとは考えられないと主張するのである。<sup>(380)</sup>

　以上のように、裁判所の憲法解釈方法に関するVermeuleの立場は、目的論的解釈方法に対する非難の意味も含まれている。この批判は、*Brown*判決に対するVermeuleの評価によく表れている。Vermeuleによると、裁判所の合理的な判断が期待できない、つまり重大な不確定性が生じると考えられる状況における裁判所の最善の行為は、文言に拘束された法解釈を行うことである。すなわち、憲法の一般条項が内包する具体的内容は立法府によって決定されるべきことが主張される。

　確かに、Vermeuleのこの見解は、決して新奇なものではない。ただし、このような見解に対しては、通常、法の支配原則に反しないかが批判として挙げられる。Vermeuleはこの点について、*Brown*判決を例にして以下のように論じる。<sup>(381)</sup>

　*Brown*判決の結論を正当化するいくつかの見解について、Vermeuleは次のように分析する。第一にオリジナリズムである。修正14条のオリジナルの意図が分離政策を許容するものであることを示す証拠を目の前に出されて戸惑うオリジナリストは、この証拠を曲解することでその結論を正当化するだろうとVermeuleは主張する。

　第二に、別の者は平等保護条項が有する一般性から、この条項を解釈するには高次の原則に依拠する必要があることを主張するだろうとVermeuleはいう。その高次の原則とは、分離政策を否定するものとしてこの者たちには

理解されるとVermeuleは分析する。さらに第三の可能性として、テクスチュアリストが挙げられる。テクスチュアリズムは、この条文における平等という言葉のあいまいさから、これを分離政策の禁止を導くものとして解釈することができるという可能性を指摘する。

Vermeuleによると、*Brown*判決は誤りであると評価される。[382] なぜなら、そもそも裁判所は、学校の分離政策に関する問題をとり扱うのに最初の機関ではないとVermeuleは考えるためである。つまり、憲法解釈に対する審査が、ある特定の判断を規準にしてなされるべきことを主張する見解は、ルール帰結主義的である点に誤りがあるとVermeuleは主張する。[383] すなわち、いかなる解釈方法がとられるべきかの選択は、常に、結果とセットになって行われる点をVermeuleは批判するのである。[384]

*Brown*判決を肯定する見解は、その結論に依拠してなされる。つまりそれは、権利保護か権利否定という二者択一の結論が先行として考慮されているものであることをVermeuleは指摘する。[385] その後に、この二択のどちらか一方の結論を許容する解釈方法が選ばれるという手順である。Thayer的な規準によると、裁判所は分離政策を違憲と判断する権限を有さない。[386]

またこの規準によると、奴隷を所有する権利が合憲であると判断する権限も裁判所にはない。[387] 同様に、法的救済についてジェンダー差別に基づく政策を採用した立法府の判断を無効にする権限も裁判所にはないとされる。[388] Vermeuleは以下のように主張する。Thayerにとって問われるべきポイントは、*Brown*判決の結論だけを取り出して、これを正であるか誤であるかを語ることではないのである。[389] なぜなら、正しい判断に対する裁判所の制度上の不確定性は見逃されてはならない重要なポイントだからである。[390] つまり、いかなる結論が正か誤かの判断を裁判所に任せると想定すること自体が妥当ではないのである。

これに対しては、結論の観点から*Brown*判決を支持する意義として以下のことが主張されるかもしれないとして以下のようにVermeuleは述べる。つまり、*Brown*判決が下されたからこそ、人種差別に歯止めがかかったと

いう主張である。しかしVermeuleはこれが事実に反するとして反論する。Vermeuleによると、人種差別に歯止めをかけたのは1964年の公民権法であり、つまりは立法府の判断によってそれが抑制されたというのが事実であると主張される。[391] すなわち、*Brown*判決が下されなくても、政治プロセスにおける人種差別は消滅していただろうとVermeuleは分析するのである。これらの事実が示すことは、*Brown*判決で問題とされた分離政策は政治問題であり、この解決は裁判所ではなく立法府によって行われるべきであったとしてVermeuleは*Brown*判決を批判するのである。[392]

つまりVermeuleは、法の支配原則の観点からなされる批判に対して、そもそも裁判官には、制度として、この原則に資する能力がないことを理由にすることでその批判を回避している。Vermeuleにとって、政府の民主主義的正当性や権限配分は然したる問題ではなく、実効的な政府を実現することにあるため、法の支配原則に対する認識もあまり深いものではないと思われる。

## 4　裁判所の法解釈権限─法原理と制度での対立

憲法解釈におけるコモンローの意義をめぐるTiedeman及びCooleyと、Vermeuleの見解は真っ向から対立するものである。Tiedemanは、アメリカが成文憲法を採用したにも関わらず、イギリス憲法との連続性を否定できないとして成文憲法の中に不文憲法の側面を見出す。そしてそれは、国家の性質に必然的に埋め込まれている国家のあり方を決定する根本原則である。他方でTiedemanは、イギリス憲法との相違点も主張する。それは、憲法を制定した高次の権力としての国民の捉え方である。イギリスでは人民の意思を体現する国会の権限が無制約に主張されるがアメリカは成文憲法典をもつことによって、政府権限に対してコントロールすることができる高次の権力の観念が主張されるのである。そして、政府権限の正当な行使を実現するために、裁判所の憲法解釈の重要性が主張されたのであった。

同様に裁判所の憲法解釈権限の意義についてCooleyは、これをコモンロ

352

一に見出す。それは古い法を新たな状況に適合させるものとしてコモンロー
を捉えることで、成文である憲法に実体的内容を与えるものであることが主
張される。つまりコモンローは同時に、デュープロセス条項などの一般条項
に実体的価値を吹き込む憲法解釈をなす裁判所の権限を正当化するものとし
て捉えられるのである。それは、つまり国民の意図を実効的にするために主
張されるものであり、このCooleyの憲法解釈手法は、まさに法の支配原則
における裁判官の役割を強調するものである。

　これに対して、法の支配原則における裁判官の役割を制度上の観点から否
定したのがVermeuleである。Vermeuleは、裁判所の制度上、「正しさ」を
判断する裁判所の能力に極めて懐疑的な態度をとる。制度上、正しい判断
に対する不確定性を有する裁判所は、Vermeuleによると、最善の法解釈を
なすことが期待できないのであり常に次善の判断しか行えない。Vermeule
はこのように、立法府と裁判所の制度上の相違に注目することで、人民に
よって選出された立法府の優位を常に主張する。つまり、Vermeuleの理論
には、政府機関の権限配分や政府の民主主義的正当性に対する関心がない。
Benthamが、立法府に対する制約を他の政府機関との関係から捉えずに人
民との関係からのみ捉えたように、Vermeuleもまた立法府と他の政府機関
との権限配分には興味がないのである。


　このように、裁判所の憲法解釈に対する両者の見解は真っ向から対立して
おり、それは特に、デュープロセス条項などの憲法の一般条項をめぐって具
体化されるものである。

　また、デュープロセス条項へのコモンローの編入の是非をめぐる対立は、
現在の連邦最高裁判事の間でもみられる。*Caperton v. A. T. Massey Coal
Company*では、修正14条デュープロセス条項の保護する裁判の公正の意義[(393)]
が問われた。このケースは特殊な事情を含むものであるため、ここでまず、
この事件に対する背景的事情を説明する必要がある。Caperton（本件上告
人）は、契約関係に関する不法行為があったとし、A.T. Massey会社とそ

の子会社（本件被上告人）を相手にウェスト・バージニア州地裁に対して損害賠償を求めた。2002年8月の評決では、Capertonの訴えを認容しA.T. Massey会社に対して総額5000万ドルの懲罰的損害賠償金の支払いが命ぜられた。

　その後、A.T. Massey会社はこの評決を不服とし州最高裁へ上告を行った。ただし、州地裁での評決から上告するまでの期間には、同州最高裁の裁判官を選出するための選挙が行われていた。そこでA.T. Massey会社の最高経営責任者であったBlankenshipは、この選挙の候補者であるBenjaminの政治団体に対しておよそ250万ドルを政治資金として寄付し、さらに独立支出として50万ドルを寄付した。Blankenshipによるこの寄付金は、Benjaminが政治資金として得た総額の三分の二以上を占めるものであった。そして選挙の結果、Benjaminは対立候補であった現職裁判官のMcGrow判事よりおよそ五万票を上回り、当選した（得票率はそれぞれ、53.3%及び46.7%であった）。

　2005年、Capertonはこの選挙で当選したBenjaminに対するBlankenshipの巨額の政治資金の寄付によって、デュープロセス条項及び州の裁判所法に違反する状態が生じたとして裁判官の忌避申立ての訴えを提起したがBenjaminは却下した。

　翌年の2006年、A.T. Massey会社は同州の最高裁に上告を行い、その結果、三対二で前記評決は覆された。さらに2008年の同最高裁における再審理においてもまた、結果は同様であった。なお、これらの審理においてBenjamin判事はいずれも多数派の意見であった。

　そこでCapertonは、訴訟当事者であるA.T. Massey会社の役員であるBlankenshipによるそのような巨額の選挙資金の寄付によって当選したBenjaminが審理を担当することは、公正な裁判所による公正な裁判を要請する合衆国憲法修正14条デュープロセス条項に違反するとして連邦最高裁に上告した。2008年、連邦最高裁はこの事件のサーシオレイライを認め審理を行った。

第3章　裁判所の憲法解釈の正当性

　法廷意見を述べたKennedy判事は審理の結果、破棄差戻しと判断した。修正14条デュープロセス条項の解釈についてKennedy判事は、この条項には以下のコモンロー上のルールが編入されていると判断した[394]。つまり、裁判官は自己が担当する事件に対して直接的、実質的、かつ金銭的な利益を有する場合には、その裁判を回避しなければならないというルールである。このコモンロー上のルールは、「何人も自己の事件における裁定者となることできない、なぜなら、自己の利益は確定的に自分自身の判断に対して偏見を生みその判断を狂わせることが起こり得るためである」という格言を体現したものであるとKennedy判事は続ける[395]。

　さらに、一般論としてKennedy判事は以下のように述べる。このコモンロー上のルールの下では、偏見が生じるためにこのことによって裁定者としての資格を剥奪することは許容されておらず、問題はあくまで制定法に委ねられている。つまり、個人的な偏見が存在することのみでは、修正14条デュープロセス条項による憲法上の保護を受けるものではないとKennedy判事は述べる。

　しかし本件は、このコモンロー上のルールにおいては想定されていなかった新たな事態が生じている点をKennedy判事は指摘して、この新たな法的問題に裁判官が正当に判断を下せるための客観的規準を打ち出すのである。つまり、現実的偏見は確かにこれのみでは憲法上の問題を提起するものではないと通常ケースにおいては理解されるが、しかし、裁判官あるいは政策決定者が有する現実的偏見の蓋然性が憲法上容認することができない高度なものにまで達する可能性が生じ得ることは経験から明らかであり、本件はまさにその状態が生じているとKennedy判事は述べ、本件を修正14条デュープロセス条項が保護範囲とする憲法上の問題を惹起するという。

　確かに、各裁判官が公平に審理しているか否かはその者の主観的判断に依拠し、また主観的判断を他人が判断するのは不可能である。そこで、Kennedy判事は先例を検討することで客観的規準を打ち出すことでこの問題に対処する。

*355*

第一に、コモンロー上のルールにおいて認められる個人的、直接的、金銭的利害関係を有するとまで認められない場合でも、実際に金銭的利害関係が生じているために、通常の裁判官の視点に立った場合にそれへの誘惑の可能性が生じ得ると判断されるなら、裁判官の中立的判断が損なわれる可能性があるという点にKennedy判事は客観性を見出す。[396]

　第二にKennedy判事は、先例を検討した結果、裁判官が金銭的利害関係を有する場合でなく、裁判所侮辱のケースにおいて裁判官の回避の客観的規準を見出す。つまり、裁判官が以前のケースにおいて被告人から侮辱を受けた場合に被告人を処罰し、さらに後の審理において自ら審理に参加する場合、通常の裁判官の視点に立って、裁判の中立性が確保され得ないような偏見の可能性が生じていると認められる場合、裁判官は自ら裁判を回避すべきであることが主張された。[397]

　裁判官の裁判忌避について、これら二つの客観的原則を本件に当てはめた結果、Kennedy判事は、事実として、Benjaminの当選に対する重大かつ不均衡な影響がBlankenshipの選挙資金の寄付によってなされたと判断し、Benjamin判事の判断が個人としての主観的要素を排除し得る状況ではなく、公正な裁判の実現を保護する修正14条デュープロセスに反すると判断した。[398]

　通常の場合、裁判官への選挙資金の公正性の問題は憲法ではなく制定法の問題としてとり扱われることについてKennedy判事は、制定法が修正14条デュープロセス条項よりも厳格な要件を課し得る点を指摘し、さらに、コモンロー上のルールは公正な裁判の上限を規定し、憲法はその下限を規定するという先例の意見に依拠することで、本件を憲法問題としてとり扱った。

　Kennedy判事は、制定法と憲法の保護領域の相違について以下のように述べた。つまり、制定法によって公正な裁判の実現を確保する立法府の立法が、修正14条デュープロセス条項の保護領域より狭い場合もあれば広い場合もある。裁判官の忌避の問題がこれまであまり問題とされてこなかったのは、制定法による保障が通常は憲法上の保障よりも広かったためである。つまり、制定法の保護領域が憲法よりも限定して捉えられる場合は憲法上の問題とし

356

第3章　裁判所の憲法解釈の正当性

てとり扱われるべきであり、本件はその場合にあたるとしてKennedy判事には捉えられた。[(399)]

　このKennedy判事の法廷意見に対しては、いわゆる保守派の裁判官からの反対意見がなされた。Roberts首席判事は、Kennedy判事が指摘した客観性の規準では裁判官の判断の中立性を維持できるものではないとして批判する。つまり、このような問題について裁判官が中立的な判断をなすには、心理学的、経済的、政治的な判断に踏み込まざるを得ず、その判断を中立的になすのは困難を極めるとし、このような問題を裁判所はとり扱うべきではないという。そのため、憲法問題としてこのケースをとり扱い、憲法判断を行ったKennedy判事を批判したのである。

　つまり、Roberts首席判事は、公正な裁判の実現を重要な価値であると認めながらも、このような困難性を孕む問題に対する判断を裁判所が行うことは法的安定性の見地から妥当ではなく、裁判所の判断の安定性を損ね、結局は公正な裁判の実現を遠ざけることになるとして批判した。[(400)]

　さらにRoberts首席判事は、修正14条デュープロセス条項へのコモンローの編入を行った解釈に対しても、これがコモンロー解釈としても憲法解釈としても妥当ではないとして批判し、本件は憲法問題ではなく制定法上の問題としてとり扱われるべきであったとした。[(401)]

　さらに、Scalia判事も個別で反対意見を付した。Scalia判事は、裁判所には法を明確にする役割が負わされているにもかかわらず、法廷意見の判断によって法の不確定性が広範に生じてしまったと批判した。公正な裁判の実現を行うべき裁判官が、法の不確定性を広範に生んでしまったことで、裁判制度に対する市民からの信頼も失われてしまったとしてScalia判事は激しく法廷意見を批判したのである。[(402)] 加えて、Scalia判事は、事実においてすら、裁判官は主観的価値を混入させて判断を行う場合があることを批判する。Rortyのアイロニストの世界が示すように、つまり、人々が互いの共通言語をもたないまま会話がなされる場合には、価値と事実の区別が認識されないのである。

357

*Caperton*判決の法廷意見と反対意見の結論は真っ向から対立していた。しかし、修正14条デュープロセス条項を解釈した結果、この条項が目的とする実体的内容については意見が共通している。それは、公正な裁判の実現である。同一の目的をもちながら二つの陣営に分かれて見解が鋭く対立したのは、この目的のためにあるべき裁判官のあり方に関して見解を異にしたためである。つまり両者の見解はともに、修正14条デュープロセス条項から要請される裁判官の権限に対する規範的レベルの議論を展開しているにすぎない。

　これはTiedeman及びCooleyと、Vermeuleの見解の対立にも共通することである。裁判所の権限に対して、両者はともに規範レベルの議論においてのみ正当化を試みている。つまり、記述的に捉えられる実際の行為理由を示せてはいないのである。Vermeule及び*Caperton*判決の反対意見は、制度上の観点から考察することで憲法解釈におけるコモンローの意義を否定的に主張した。裁判官の権限については、このような複雑な事項が絡み合う事件に対して判断を行うべきではないとして全面的に否定する見解である。

　しかし、判断すること自体が否定され何に対しても判断しないのであれば、公共の価値に基づく判断をなすという裁判所の役割を果たしたことを自明と考えることはできない。立法府との関係においても、裁判所が制度的に本質的に負う役割は否定されないのである。

　また、政治的民主主義という制度上の観点から立法府の優位を主張する見解には限界がある。Bentham自身が認識していたように、人民の意思の実現から立法府の権限を正当化することには限界がある。Vermeuleは、政府機関の役割を人民との関係で捉えることで立法府の優位を主張したが、しかし、Vermeuleの立法府の権限に対するこのような信奉は現実にそぐわないことがある。*Brown*判決を批判したVermeuleは、この判決がなされなくとも立法府の制定法によって妥当な結果が得られたことを主張したが、果たしてそうだろうか。裁判所の画期的判断が下されたからこそ、人民は人種問題に対して意識を高揚させ結果として1964年公民権法が誕生したとみる見解も可能である。つまり、時代に対応した判断をなす機関としての裁判所の役割

は、少なくともVermeuleが主張するほど全面的に否定されるものではない。

Vermeuleは、政府の民主主義的正当性に関心を払わないが、しかし、それではいかにして政府はその行為あるいは権限の正当化を行えるのか。政府の民主主義的正当性とは、憲法上の正当化の議論に関するものである。もしこの点を無視するならば、今度は、憲法自体の正当性を問わなくてはならない。問われるべきは、憲法の正当性ではなく、政府機関の行為の正当性である。

Vermeuleの政府権限の捉え方は妥当ではない。政策決定者としての裁判所の役割は、全面的に否定されるものではない。ただし、裁判所のこの役割の正当化は公共の価値の内容をどのように捉えるかに広く依存するものである。Tiedemanによると、裁判官が実現すべき正義の観念は、社会の多数派の見解として捉えられる。この捉え方は、Vermeuleと同様の理論であると思われる。つまりTiedemanの見解では、BenthamやVermeuleと同じ困難を抱えている。つまり、多数派による少数派の圧政である。裁判所は、どのようにして中立的な裁定者としての役割を保ちながら、公共の価値に基づく判断をなし得るのか。

## 5　小　結

本章ではまず、アメリカがどのようにイギリスのコモンローを継受し展開させたかを確認した。成文憲法を制定したアメリカのコモンローの意義の一つとして、憲法解釈手法の仕方に見出した。コモンローには、具体的事件を解決する裁判官の法解釈の正当化根拠としての可能性があることを提示した。

さらに、社会全体が共有する価値を実現するという公法の特徴を指摘し、これに適合する統治システムとして共和主義に注目した。立法府は共通善を促進するために討論する場として重要であり、さらに裁判所は、私的利益ばかりを追求する個人の集合体による統治を阻止するために監視する役割が期待される。ここでは、公共の価値に基づく判断を裁判所が行うことが想定されるが、社会において保護すべき実体的価値が不明確な場合、裁判所に中立

的判断をなすことを求めるのは妥当であるかが問題となる。

この点につき本章では、憲法解釈におけるコモンローの意義を積極的に評価するTiedemanとCooleyの見解と、これに消極的なVermeuleの見解の対比を確認した。Vermeuleは、制度上、裁判所に「正しい」判断を期待することはできないことを主張する。合衆国憲法修正14条デュープロセス条項の下で政府に求められる適正な権限の行使につき、本章は、民主主義的正当性の観点から検討した結果、この点に関心を払わないVermeuleの見解は妥当ではないと考えた。中立的な裁定者としてふるまいながら、いかにして裁判官は公共の価値に基づく判断を行うことができるのか。

次章では、価値中立的な裁定者としての裁判所の憲法解釈の正当性につき、アメリカ連邦最高裁における同性婚の事例をとり上げ検討したい。伝統的にアメリカ社会で論争をひき起す同性愛者の権利や自由というテーマに対し、価値中立的な裁定者として期待される連邦最高裁判所はどのような判断を行うべきか。個人の権利や自由を保障する憲法の意義に照らし、各自が異なる道徳的宗教的価値観を有する同性婚の問題を判断する裁判所の判断の正当化はいかにして可能となるかにつき次章で考察したい。

（1）P.S. ATIYAH & ROBERT S. SUMMERS, FORM AND SUBSTANCE IN ANGLO-AMERICAN LAW: A COMPREHENSIVE STUDY OF LEGAL REASONING, LEGAL THEORY, AND LEGAL INSTITUTIONS 229（1987）.

（2）*Id.*

（3）*Id.*

（4）*See* MORTON WHITE, THE PHILOSOPHY OF THE AMERICAN REVOLUTION 3-8（1978）.

（5）Joseph Story, *American Law,* 3 AM. J. COMP. L. 9, 10（1954）reprinted ver. of 1834.

（6）*Id.* at 10.

（7）*Id.*

（8）*Id.*

（9）*Id.* at 22.

（10）*Id.* at 22-24.

（11）*Id.* at 21-22.

第 3 章　裁判所の憲法解釈の正当性

(12) *Id.* at 21.

(13) James R. Stoner Jr., *Natural Law, Common Law, and the Constitution, in* COMMON LAW THEORY 173 (Douglas E. Edlin ed., 2007).

(14) Story, *supra* note 5, at 25.

(15) Stoner, *supra* note 13, at 173-174.

(16) 参照、田中英夫『デュー・プロセス　英米法研究 2 』（東京大学出版会、1987 年） 3 〜203頁。

(17) Stoner, *supra* note 13, at 174.

(18) *Id.*

(19) Story, *supra* note 5, at 17, 22-24.

(20) Stoner, *supra* note 13, at 175.

(21) *Id.* at 176.

(22) *Id.*

(23) *Id.*

(24) Story, *supra* note 5, at 10.

(25) *Id.*

(26) *Id.*

(27) *Id.* at 11-12.

(28) *Id.* at 12.

(29) U.S. CONST. art. VII.

(30) Story, *supra* note 5, at 12.

(31) *Id.*

(32) U.S. CONST. art. VI, § § 2, 3.

(33) Story, *supra* note 5, at 12.

(34) *Id.* at 18.

(35) ATIYAH & SUMMERS, *supra* note 1, at 267.

(36) RICHARD A. POSNER, THE FEDERAL COURTS; CRISIS AND REFORM 18 (1985).

(37) *Id.* at 18-19. ただし、裁判所に対するこのような評価に疑義がまったくない というわけではない。

(38) *See generally* Nixon v. United States, 506 U.S. 224 (1993); Gilligan v. Morgan, 413 U.S. 1 (1973); Baker v. Carr, 369 U.S. 186 (1962); Pacific States Tel. & T. Co. v. Oregon, 223 U.S. 118 (1912).

(39) ATIYAH & SUMMERS, *supra* note 1, at 269.

(40) *Id.* at 270; *see e.g.,* Employment Div. v. Smith, 494 U.S. 872 (1990); The Religious Freedom Act of 1993, P.L. No. 103-141, 107 Stat. 1488, codified at 42 U.S.C. § 2000bb.

(41) 政府機関の行為が憲法に規定された権限を踰越し、裁判規範性のある個人の 権利あるいは利益を侵害している場合、この判断は州あるいは連邦の裁判所によ

*361*

って行われ結果として違憲の判断が下されることになるのが一般的である。州政府による行為であっても、それが合衆国憲法に違反する疑いのある場合はすべて連邦最高裁への上訴の可能性に開かれていると解釈される。また、侵害された権利あるいは利益に関して裁判規範性がないと判断され、かつこれに対する不服申し立てが受理されなかった場合、次回の選挙によって人民自身がその侵害をとり除くということになろう。

(42) Story, *supra* note 5, at 18.

(43) *E.g.,* U.S. CONST. art. Ⅰ, §8, cl. 3.

(44) *E.g.,* U.S. CONST. art. Ⅰ, §8, cl. 1; *see also* M'Culloch v. Maryland, 17 U.S. 316 (1819).

(45) T.R.S. Allan, *Text, Context, and Constitution; The Common Law as Public Reason, in* COMMON LAW THEORY 185 (Douglas E. Edlin ed., 2007).

(46) Stoner, *supra* note 13, at 177.

(47) *Id.* at 176-177.

(48) *See* Allan, *supra* note 45, at 185.

(49) *See* JAMES R. STONER, COMMON LAW AND LIBERAL THEORY AND COMMON-LAW LIBERTY: RETHINKING AMERICAN CONSTITUTIONALISM (2003). ただしこれは、憲法との関係においてコモンローを捉えた場合の一つの理解を提示するものであり、アメリカにおけるコモンローがすべてこのように捉えられることを意味するものではない。つまり、建国期におけるコモンローの理解として、これが実体的ルールをもち制定法として規定される側面を否定するものではない。*See* G. EDWARD WHITE, HISTORY OF THE SUPREME COURT OF THE UNITED STATES: THE MARSHALL COURT AND CULTURAL CHANGE 1815-1835, 136 (1988).

(50) *See* Diarmuid F. O'Scannlain, *Rediscovering the Common Law*, 79 NOTRE DAME L. REV. 755 (2004).

(51) Stoner, *supra* note 13, at 178.

(52) *Id.* at 177.

(53) *Id.* at 171. Coke自身は、理性を自然的ではなく技術的理性として説明したが、なぜこのように捉えられるのかの説明が不十分であるとの指摘があった。

(54) 2 JOHN LOCKE, TWO TREATISES OF GOVERNMENT 271 (Peter Laslett ed., 1988).

(55) Murbury v. Madison, 5 U.S. (1 Cranch) 137 (1803); *see also* THE FEDERALIST NO. 78 (Alexander Hamilton).

(56) DAVID P. CURRIE, THE CONSTITUTION OF THE UNITED STATES: A PRIMER FOR THE PEOPLE 13-19 (2$^{nd}$ ed. 2000).

(57) ATIYAH & SUMMERS, *supra* note 1, at 246.

(58) *Id.*

(59) *Id.* at 247.

第 3 章　裁判所の憲法解釈の正当性

(60) *Id.*

(61) 41 U.S.（16 Pet.）1（1842）.

(62) 304 U.S. 64（1938）.

(63) 304 U.S., at 78.

(64) ATIYAH & SUMMERS, *supra* note 1, at 248.

(65) 244 U.S. 205（1917）.

(66) ただし、Swift v. Tysonがコモンローの宣言が連邦裁判所のみの権限であったことを意図するものであったか否かについては判決自体からは明確ではない。

(67) ATIYAH & SUMMERS, *supra* note 1, at 247.

(68) Oliver Wendell Holmes, *Natural Law, in* 3 THE COLLECTED WORKS OF JUSTICE HOLMES 446-447（Sheldon M. Novick ed., 1995）.

(69) 法と道徳の完全な分離を主張することで自然法に対して激しく批判するHolmesの態度は、道徳が功利計算によって算定することが可能であるならばこれを法の分野で語ることが許容できるという点でBenthamの思想に類似して捉えることができるとも分析される。

(70) スティーブン・フェルドマン『アメリカ法思想史　プレモダニズムからポストモダニズムへ』猪股弘貴訳（信山社、2005年）152頁。

(71) Oliver Wendell Holmes, *The Path of the Law, in supra* note 68, at 403.

(72) *Id.*

(73) *Id.*

(74) *Id.*

(75) フェルドマン・前掲注（70）153頁。

(76) Holmes, *supra* note 68, at 404.

(77) *Id.*

(78) *Id.* at 405.

(79) *See id.* at 403.

(80) *Id.* at 405.

(81) *Id.* at 403.

(82) *Id.*

(83) *Id.* at 406.

(84) フェルドマン・前掲注（70）152〜153頁。

(85) フェルドマン・前掲注（70）153〜154頁。

(86) フェルドマン・前掲注（70）154頁。

(87) フェルドマン・前掲注（70）153頁。

(88) Oliver Wendell Holmes, *The Common Law, in supra* note 68, at 115.

(89) Stoner, *supra* note 13, at 173.

(90) フェルドマン・前掲注（70）165〜166頁。

(91) フェルドマン・前掲注（70）166頁。

(92) フェルドマン・前掲注（70）168頁。

(93) JOHN DEWEY, FREEDOM AND CULTURE 134, 175（1939）.

(94) フェルドマン・前掲注（70）168頁。

(95) DEWEY, *supra* note 93, at 175.

(96) フェルドマン・前掲注（70）168頁。

(97) Eugene V. Rostow, *The Democratic Character of Judicial Review,* 66 HARV L. REV. 193（1952）.

(98) LON L. FULLER, THE MORALITY OF LAW 38-44（1964）.

(99) *Id.* at 39.

(100) 平野仁彦・亀本洋・服部高宏『法哲学』（有斐閣アルマ、2002年）38頁。

(101) Robert S. Summers, *Prosser Fuller's Jurisprudence and America's Dominant Philosophy of Law,* 92 HARV. L. REV. 433, 440-441（1978）.

(102) HENRY M. HART, JR., & ALBERT M. SACKS, THE LEGAL PROCESS: BASIC PROBLEMS IN THE MAKING AND APPLICATION OF LAW 4（William N. Eskridge, Jr. & Philip P. Frickey eds., 1994）.

(103) *Id.*

(104) *Id.*

(105) これは前年にロウエル・インスティテュートLowell InstituteにてHolmesが行った講演を基に作成されたものである。金井光生『裁判官ホームズとプラグマティズム〈思想の自由市場〉論における調和の霊感』（風行社、2006年）146〜147頁。

(106) Holmesのこれらの講義の検討として参照、金井・前掲注（105）147〜182頁。

(107) 金井・前掲注（105）147頁。

(108) KARL N. LLEWELLYN, THE COMMON LAW TRADITION: DECIDING APPEALS 179（1960）.

(109) *Id.* at 216.

(110) *Id.* at 214.

(111) PETER LEYLAND, THE CONSTITUTION OF THE UNITED KINGDOM: A CONSTITUTIONAL ANALYSIS 27-28, 214-215（2012）.

(112) Roscoe Pound, *The Development of American Law and its Deviation from English Law,* 67 L. Q. REV. 49（1951）. 邦訳は以下に依拠した。内田力蔵「アメリカ法の発展とそのイギリス法からの離脱点」『法思想　内田力蔵著作集第3巻』（信山社、2006年）323〜356頁。

(113) 内田・前掲注（112）334頁。

(114) 内田・前掲注（112）334頁。

(115) 内田・前掲注（112）334頁。

(116) Stoner, *supra* note 13, at 176.

(117) 内田・前掲注（112）334〜335頁。

第3章　裁判所の憲法解釈の正当性

(118) 内田・前掲注（112）334～335頁。

(119) 内田・前掲注（112）335頁。

(120) 内田・前掲注（112）336頁。

(121) 内田・前掲注（112）336頁。

(122) パウンドの法理学について参照、ロスコー・パウンド『英米法の精神』山口喬藏訳（巌松堂書店、1924年）147～174、203～227頁。

(123) 内田・前掲注（112）348頁。

(124) このような理解として例えば参照、田中和夫『英米法の基礎』（寧楽書房、1958年）。

(125) Story, *supra* note 5, at 9.

(126) John C.P. Goldberg, *Pragmatism and Private Law,* 125 HARV. L. REV. 1640, 1641-1648 (2012).

(127) Daniel A. Farber & Philip P. Frickey, *The Common Law in the Age of the New Public Law,* 89 MICH. L. REV. 875, 884-888 (1991).

(128) *E.g.,* Jack Goldsmith & Daryl Levinson, *Law for States: International Law, Constitutional Law, Public Law,* 122 HARV. L. REV. 1791, 1795 (2009).

(129) Goldberg, *supra* note 126, at 1641-1642.

(130) Holmes, *supra* note 68, at 391.

(131) Goldberg, *supra* note 126, at 1642.

(132) *Id.* at 1642-1643.

(133) *Id.* at 1641-1645.

(134) *Id.* at 1643.

(135) *Id.*

(136) *Id.*

(137) *Id.*

(138) Karl N. Llewellyn, *Some Realism about Realism-Responding to Dean Pound,* 44 HARV. L. REV.1222, 1242-1244, 1248-1250 (1931); KARL N. LLEWELLYN, THE BRAMBLE BUSH: ON OUR LAW AND ITS STUDY 11-24 (1951).

(139) Goldberg, *supra* note 126, at 1643.

(140) Duncan Kennedy, *Form and Substance in Private Law Adjudication,* 89 HARV. L. REV. 1685 (1976).

(141) *See id.* at 1765.

(142) *See id.* at 1765-1766.

(143) Goldberg, *supra* note 126, at 1645-1646.

(144) *Id.* at 1646.

(145) *Id.* at 1646-1648.

(146) *Id.* at 1647-1648.

(147) フェルドマン・前掲注（70）165頁。このように、HolmesのLochner判決の

*365*

影響があったことは指摘され、また確かに、Holmesのプラグマティズムに基づく見解は説得的であったがこれには批判も少なくなく、結局は通説的立場を形成するに至っていないと考えられる。Fullerは、Holmesが法の観念についてこれを国家と個人の関係から捉えているにもかかわらず、Holmesは国家の権限の側面からしか法の観念を捉えておらずまたこれは法観念について述べたというよりも単に国家の命令を説明したものにすぎないとして批判する。Lon L. Fuller, *Reason and State Fiat in Case Law,* 59 HARV. L. REV. 376（1946）.

（148）P.P. Craig, *Bentham, Public Law and Democracy,* [1989] PL 407, 408.

（149）*Id.* at 409-410.

（150）*Id.* at 409.

（151）*Id.* at 410-411.

（152）*Id.* at 410.

（153）*Id.* at 412.

（154）*Id.* at 413.

（155）*Id.* at 412-413.

（156）*Id.* at 413.

（157）*Id.* at 413-414.

（158）*Id.* at 415.

（159）*Id.*

（160）*Id.*

（161）*See* J.S. MILL, *Mill on Bentham, in* MILL ON BENTHAM AND COLERIDGE（1950）.

（162）Craig, *supra* note 148, at 415.

（163）*Id.* at 425-426.

（164）*Id.* at 426.

（165）*Id.* at 412, 423-425.

（166）Frank I. Michelman, *Conceptions of Democracy in American Constitutional Argument: The Case of Pornography Regulation,* 56 TENN. L. REV. 291, 291（1989）.

（167）Benthamの政治哲学自体の考察は本章では行わない。アメリカ合衆国憲法における裁判所の役割を追究する本章の目的にとって、イギリスの裁判所の役割のために考察されるBenthamの政治哲学は関連性がないと思われるからである。また裁判所の役割及びその正当性とは、その法域における裁判所制度に大きく依存すると考えられるからである。Benthamの公法観念の考察から導出された重要性とは、アメリカにおいて採用される政治哲学からの法理論の考察の必要性であり、本章にとって重要なのはこの点である。

（168）*See* generally JOHN RAWLS, A THEORY OF JUSTICE（1971）; ROBERT NOZICK, ANARCHY, STATE, AND UTOPIA（1974）.

第 3 章　裁判所の憲法解釈の正当性

(169) RAWLS, *id.* at 4.

(170) *Id.*

(171) NIGEL E. SIMMONDS, CENTRAL ISSUES IN JURISPRUDENCE 14 (3$^{rd}$ ed. 2008).

(172) *Id.*

(173) *Id.* at 14-15.

(174) 公共選択の理論について参照、J.M. ブキャナン・G. タロック『公共選択の理論：合意の経済論理』宇田川璋仁監訳（東京経済新報社、1979年）、G. ブレナン・J.M. ブキャナン『立憲的政治経済学の方法論—ルールの根拠—』深沢実監修・菊池威・小林逸太・本田明美訳（文眞堂、1989年）。*See also* DANIEL A. FERBER & PHILIP P. FRICKEY, LAW AND PUBLIC CHOICE: A CRITICAL INTRODUCTION (1991).

(175) Arrowの一般可能性定理について例えば参照、稲田献一『新しい経済学—ビジョンと実証』（日本経済新聞社、1965年）。

(176) Gary S. Becker, *A Theory of Competition among Pressure Groups for Political Influence,* 98 Q.J. ECON. 371, 371 (1983).

(177) *Id.* at 373-374.

(178) William M Landes & Richard A. Posner, *The Independent Judiciary in an Interest-Group Perspective,* 18 J.L. & ECON. 875, 877-879 (1975).

(179) HART & SACKS, *supra* note 102, at 185-188.

(180) ただし、本章は私人間効力論について語るものではない。

(181) Cass R. Sunstein, *Interest Groups in American Public Law,* 38 STAN L. REV. 29, 31 (1985).

(182) *Id.*

(183) *Id.*

(184) *Id.* at 52.

(185) *Id.*

(186) *Id.* .

(187) *Id.*

(188) *Id.* at 53-54.

(189) *Id.* at 63-64; *see also* Suzanna Sherry, *Civic Virtue and the Feminine Voice in Constitutional Adjudication,* 72 VA. L. REV. 543 (1986).

(190) 451 U.S. 304 (1981).

(191) 206 U.S. 230 (1907).

(192) 406 U.S. 91 (1972).

(193) Federal Water Pollution Control Act Amendment of 1972, P.L. No. 92-500, 86 Stat. 816 (Codified in scattered sections of 12 U.S.C., 15 U.S.C., 31 U.S.C., and 33 U.S.C.).

(194) 451 U.S., at 312-313.

(195) 453 U.S. 1 (1981).

(196) 479 U.S. 481 (1987).

(197) 451 U.S., at 312-313.

(198) Henry Hart, *The Relations between States and Federal Law,* 54 COLUM. L. REV. 489, 497 (1954).

(199) *See* Peter Western & Jeffrey S. Lehman, *Is There Life for Erie After the Death of Diversity?,* 78 MICH. L. REV. 311, 338 (1980).

(200) *See* Thomas W. Merill, *The Common Law Powers of Federal Courts,* 52 U. CHI. L. REV. 1, 13 (1985).

(201) 398 U.S. 375 (1970).

(202) *See* GUIDO CALABRESI, A COMMON LAW FOR THE AGE OF STATUTES 150-159 (1982); *but cf.* Richard A. Posner, *Legal Formalism, Legal Realism, and the Interpretation of Statutes and the Constitution,* 37 CASE W. RES. 179, 201-203 (1986).

(203) *See* PROSSER AND KEETON ON THE LAW OF TORTS 940-942 (W. Page Keeton ed., 5th ed. 1984).

(204) P.L. No. 97-389, 96 Stat. 155 (1920) (codified at 46 U.S.C. § 688 (1988).

(205) Death on the High Sea Act, ch. 111, 41 Stat. 537 (1920) (codified as amended at 46 U.S.C. app. § § 761-768 (1988)).

(206) 398 U.S., at 376.

(207) 398 U.S., at 382.

(208) 398 U.S., at 388.

(209) 398 U.S., at 391.

(210) 398 U.S., at 391.

(211) Posner, *supra* note 202, at 201.

(212) *See id.* at 212-217.

(213) Matthew H. Kramer, *On Morality as Necessary or Sufficient Condition for Legality,* 48 AM. J. JURIS, 53, 53 (2003).

(214) *See e.g.,* Kenneth Einar Himma, *Inclusive Legal Positivism, in* THE OXFORD HANDBOOK OF JURISPRUDENCE AND PHILOSOPHIY OF LAW (Jules Coleman & Scott Shapiro eds., 2002).

(215) *See e.g.,* Andrei Marmor, *Exclusive Legal Positivism, in id.*

(216) Kramer, *supra* note 213, at 53-54.

(217) *Id.* at 54-55, 78 n28.

(218) *Id.* at 53.

(219) *Id.*

(220) *Id.* at 53-54.

(221) H.L.A. HART, THE CONCEPT OF LAW 168 (1997). またHartは、法が最小限

第 3 章　裁判所の憲法解釈の正当性

の自然法を内包するものであることを認めている。*See id.* at 193-200.

（222）Kramer, *supra* note 213, at 54.

（223）*Id.* at 59-60.

（224）*Id.* at 62.

（225）*Id.*

（226）JOSEPH RAZ, ETHICS IN THE PUBLIC DOMAIN: ESSAYS IN THE MORALITY OF LAW AND POLITICS 316-317（1994）.

（227）田中成明「判決の正当化における裁量と法的規準—H.L.A. ハートの法理論に対する批判を手がかりに—」法学論叢96巻 4・5・6 号（1975年）248〜249頁。

（228）Kramerによると、法の支配原則が根拠にされている。内包的実証主義に分類できるKramerの法の支配原則の観念に対しては、しかし、例えばSimmondsが批判するように、自然法思想の立場からは問題点があることが指摘される。*See* NIGEL SIMMONDS, LAW AS A MORAL IDEA（2007）.

（229）Kramer, *supra* note 213, at 67-68.

（230）*Id.* at 68.

（231）Robert S. Summers, *Professor Fuller's Jurisprudence and America's Dominant Philosophy of Law,* 92 HARV. L. REV. 433, 437-438（1978）.

（232）*Id.* at 438.

（233）*Id.*

（234）*Id.*

（235）Dan M. Kahan, *The Supreme Court 2010 Term- Foreword: Neutral Principles, Motivated Cognition, and some Problems for Constitutional Law,* 125 HARV. L. REV. 1, 4（2011）.

（236）*See e.g.,* Lawrence v. Texas, 539 U.S. 558（2003）; Roe v. Wade, 410 U.S. 113（1973）; Brown v. Bd of Educ., 347 U.S. 483（1954）.

（237）Kahan, *supra* note 235, at 4.

（238）*Id.* at 6.

（239）*Id.*

（240）リチャード・ローティ『偶然性・アイロニー・連帯　リベラル・ユートピアの可能性』齋藤純一・山岡龍一・大川正彦訳（岩波書店、2000年）154頁。

（241）Herbert Wechsler, *Toward Neutral Principles of Constitutional Law,* 73 HARV. L. REV. 1（1959）.

（242）Kahan, *supra* note 235, at 5.

（243）批判法学からのリーガル・プロセス学派への批判について参照、石前禎幸「法の支配と不確定性」法哲学年報2005「現代社会における法の支配」日本法哲学会編（有斐閣、2006年）82頁。

（244）Mark V. Thshnet, *Following the Rules Laid Down: A Critique of Interpretivism and Natural Principles,* 96 HARV. L. REV. 781, 806 n.68（1983）.

*369*

(245) Mark Tushnet, Red, White, and Blue: A Critical Analysis of Constitutional Law 1 (1988); *see also,* Tushnet, Why Constitution Matters (2010); Tushnet, Taking the Constitution Away from the Court (1999).

(246) U.S. Const. art. VI.

(247) Wechsler, *supra* note 241, at 2-10; *cf.* Learned Hand, The Bill of Rights (1962) originally published in 1958.

(248) *Id.* at 10.

(249) *Id.* at 10-11.

(250) *Id.* at 15.

(251) *Id.* at 15-19.

(252) *Id.* at 19.

(253) 347 U.S. 483 (1954).

(254) 163 U.S. 537 (1896).

(255) Wechsler, *supra* note 241, at 32-33.

(256) *Id.* at 33.

(257) *Id.*

(258) *Id.*

(259) Alexander Bickel, The Least Dangerous Branch 57 (1962); The Morality of Consent 133 (1975).

(260) Kahan, *supra* note 235, at 12; *see also* Cass R. Sunstein, *The Supreme Court 1995 Term-Foreword: Leaving Things Undecided,* 110 Harv. L. Rev. 6, 52 n.239 (1996); Jack M. Balkin, *Nine Perspectives on Living Originalism,* 2012 U. Ill. L. Rev. 815 (2012); Jack M. Balkin, *Framework Originalism and the Living Constitution,* 103 Nw. U. L. Rev. 549 (2009); Larry D. Kramer, The People Themselves: Popular Constitutionalism and Review (2004).

(261) Kahan, *supra* note 235, at 12.

(262) *Id.*

(263) John H. Ely, Democracy and Distrust (1980).

(264) 304 U.S. 144, 153 n.4 (1938).

(265) Ely, *supra* note 263, at 88.

(266) Kahan, *supra* note 235, at 13.

(267) *Id.*

(268) *Id.*

(269) Jeremy Waldron, *The Core of the Case Against Judicial Review,* 115 Yale L.J. 1346, 1386 (2006).

(270) *Id.* at 1387-1388.

(271) *See* Richard H. Fallon, *The Core of an Uneasy Case for Judicial Review,*

第 3 章　裁判所の憲法解釈の正当性

121 HARV. L. REV. 1693, 1716（2008）.

（272）Waldron, *supra* note 269, at 1388.

（273）*Id.* at 1395-1396.

（274）*See* Fallon, *supra* note 271, at 1718-1728.

（275）410 U.S. 113（1973）.

（276）*See* ELY, *supra* note 263, at 212 n.57; John Hart Ely, *The Wages of Crying Wolf: A Comment on Roe v. Wade,* 82 YALE L.J. 920, 935-936（1973）.

（277）ただし解釈主義は、現在ではテクスチュアリズムとして表現されることが一般的であるように思われる。ここでは、憲法解釈に対する保守的な見解を一つの範疇として捉えており、そのためにオリジナリズムも含めている。

（278）Robert H. Bork, *Neutral Principles and Some First Amendment Problems,* 47 IND. L.J. 1, 7（1971）.

（279）564 U.S. 784（2011）.

（280）*Id.* at 795-796.

（281）*Id.* at 821-822（Thomas, J., dissenting）.

（282）*Id.* at 822-835（Thomas, J., dissenting）.

（283）Kahan, *supra* note 235, at 53.

（284）*Id.*

（285）*Id.*

（286）Kahan, *supra* note 235, at 54.

（287）CHRISTOPHER G. TIEDEMAN, A TREATISE ON THE LIMITATIONS OF POLICE POWER IN THE UNITED STATES; CONSIDERED FROM BOTH A CIVIL AND CRIMINAL STANDPOINT（2001）, originally published in 1886.

（288）CHRISTOPHER G. TIEDEMAN, THE UNWRITTEN CONSTITUTION OF THE UNITED STATES: A PHILOSOPHICAL INQUIRY INTO THE FUNDAMENTALS OF AMERICAN CONSTITUTIONAL LAW（Roy M. Mersky & J. Myron Jacobstein eds., 1974）originally published in 1890.

（289）Stephen A. Siegel, *Historism in Late Nineteenth-Century Constitutional Thought,* 1990 WIS. L. REV. 1431, 1516（1990）.

（290）TIEDEMAN, *supra* note 289, at 1-2.

（291）*Id.* at 2.

（292）Siegel, *supra* note 289, at 1517.

（293）TIEDEMAN, *supra* note 288, at 1.

（294）*Id.* at 1-2.

（295）*Id.* at 2-3.

（296）*Id.* at 2.

（297）*Id.* at 5.

（298）*Id.* at 2-3, 13-15.

*371*

(299) *Id.* at 6.

(300) *Id.* at 6-7.

(301) 社会を動態的に捉えるTiedemanにとって、固定した観念としてその具体的内容を提示することは適切ではないか、あるいは不可能であると考えられたのかもしれない。

(302) TIEDEMAN, *supra* note 288, at 39-40.

(303) *Id.* at 40

(304) *Id.* at 8.

(305) *Id.* at 9.

(306) *Id.* at 16.

(307) *Id.* at 17.

(308) *Id.* at 40-41.

(309) *Id.* at 21.

(310) *Id.*

(311) *Id.* at 41.

(312) *Id.* at 41-42.

(313) *Id.* at 43-44.

(314) *Id.* at 43.

(315) *Id.* at 145-146.

(316) *Id.* at 148-150.

(317) *Id.* at 150.

(318) *Id.* at 156.

(319) *Id.* at 163.

(320) *Id.*

(321) *See* THOMAS M. COOLEY, A TREATISE ON THE CONSTITUTIONAL LIMITATIONS WHICH REST UPON THE LEGISLATIVE POWER OF THE STATES OF THE AMERICAN UNION (5th ed. 1883).

(322) Siegel, *supra* note 289, at 1487-1488.

(323) *Id.* at 1488.

(324) *Id.* at 1491.

(325) THOMAS M. COOLEY, A TREATISE ON THE LAW OF TORTS OR THE WRONGS WHICH ARISE INDEPENDENT OF CONTRACT 11-17 (1880).

(326) Thomas M. Cooley, *The Administration of Justice in the United States of America in Civil Cases,* 2 MICH. L.J. 341, 342 (1893).

(327) Thomas M. Cooley, *Labor and Capital Before the Law,* 139 N. AM. REV. 503, 503 (1884).

(328) Thomas M. Cooley, *Sources of Interpretation in Legal Pursuits,* 9 W. JURIST 515, 518 (1875).

第 3 章　裁判所の憲法解釈の正当性

(329) *Id.* at 520-521.

(330) Siegel, *supra* note 289, at 1493.

(331) Thomas M. Cooley, *The Uncertainty of the Law,* 22 AM. L. REV. 347, 368 (1888).

(332) COOLEY, *supra* note 321, at 21.

(333) Cooley, *supra* note 327, at 504.

(334) *See* COOLEY, *supra* note 325, at 11.

(335) Cooley, *supra* note 327, at 506.

(336) COOLEY, *supra* note 325, at 11.

(337) COOLEY, *supra* note 321, at 21-22.

(338) *Id.* at 22.

(339) *Id.*

(340) *Id.*

(341) COOLEY, *supra* note 325, at 16. ただしCooleyは、いかなる具体的内容が憲法の一般条項に付与されるかに関しては議論の余地があることを認めている。他方で私法の分野に関しては、いかなる具体的内容がコモンロー上の原則によって具体的に付与されるかが裁判官の広範な裁量に委ねられるものであることを認めている。

(342) *See* COOLEY, *supra* note 321, at 168.

(343) *Id.* at 164-171.

(344) *Id.* at 55.

(345) *Id.* at 37, 59-61, 175.

(346) *Id.* at 61.

(347) Siegel, *supra* note 289, at 1508-1509.

(348) COOLEY, *supra* note 321, at 175.

(349) *Id.* at 175-176.

(350) *Id.* at 175.

(351) 94 U.S. 113 (1877).

(352) Siegel, *supra* note 289, at 1510.

(353) COOLEY, *supra* note 321, at 237.

(354) M. A. アイゼンバーグ『コモンローの本質』石田裕敏訳（木鐸社刊、2001年）227頁。

(355) Kent Greenawalt, *Constitutional and Statutory Interpretation, in* THE OXFORD HANDBOOK OF JURISPRUDENCE AND PHILOSOPHY OF LAW 309 (Jules Coleman & Scott Shapiro eds., 2002).

(356) *See id.* at 310.

(357) *See* generally ADRIAN VERMEULE, JUDGING UNDER UNCERTAINTY: AN INSTITUTIONAL THEORY OF LEGAL INTERPRETATION (2006).

*373*

(358) *See* James B. Thayer, *The Origin and the Scope of the American Doctrine of Constitutional Law,* 7 HARV. L. REV. 129 (1893).

(359) VERMEULE, *supra* note 357, at 255. Vermeuleのアプローチについてはまた、WaldronやLarry Kramerとの共通項が指摘される。

(360) *Id.* at 264.

(361) *Id.*

(362) *Id.*

(363) *Id.* at 278.

(364) *Id.*

(365) Thayer, *supra* note 358, at 144.

(366) *Textualism as Fair Notice*, 123 HARV. L. REV. 542, 555 (2009).

(367) *Id.*

(368) VERMEULE, *supra* note 357, at 278.

(369) *Id.* at 279.

(370) *Id.*

(371) Adrian Vermeule, *The Supreme Court 2008 Term- Foreword: System Effects and the Constitution,* 123 HARV. L. REV. 4, 6 (2009).

(372) *Id.* at 6.

(373) *Id.*

(374) *Id.* at 7.

(375) *Id.* at 7.

(376) *Supra* note 366, at 556.

(377) *See generally* RICHARD A. POSNER, LAW, PRAGMATISM, AND DEMOCRACY (2003).

(378) *Supra* note 366, at 556.

(379) *Id.*

(380) *Id.*

(381) VERMEULE, *supra* note 357, at 280.

(382) *Id.*

(383) *Id.*

(384) *Id.* at 280-281.

(385) *Id.* at 281.

(386) *Id.*

(387) *See e.g.,* Dred Scott v. Sanford, 60 U.S. (19 How.) 393 (1857).

(388) *See e.g.,* U.S. v. Morrison, 529 U.S. 598 (2000).

(389) VERMEULE, *supra* note 357, at 281.

(390) *Id.*

(391) *Id.*

第 3 章　裁判所の憲法解釈の正当性

(392) *Id.; see also* Adrian Vermeule, *Precautionary Principles in Constitutional Law,* 4 J. OF LEGAL ANALYSIS 181 (2012).

(393) 556 U.S. 868 (2009).

(394) 556 U.S., at 876.

(395) 556 U.S., at 876.

(396) 556 U.S., at 878-879.

(397) 556 U.S., at 880-881.

(398) 556 U.S., at 884-889.

(399) 556 U.S., at 889-890.

(400) 556 U.S., at 891-892 (Roberts, C.J., dissenting).

(401) 556 U.S., at 892-899 (Roberts, C.J., dissenting).

(402) 556 U.S., at 902 (Scalia, J., dissenting).

# 第4章　　立法裁量に対する善の価値
―同性婚をめぐるアメリカ憲法の議論を題材にして[*]―

## はじめに

　同性婚が孕む憲法問題とは何か。アメリカにおいて婚姻の定義や手続は、伝統的に州が決定する権限をもつ。そのため州ごとに異なる婚姻の定義をすることが可能となるが、ただしそこには大きな共通点がある。一人の男性と一人の女性の自発的な結合という点である。同性婚をめぐる議論はまさに、歴史的に社会が受け入れてきたこの大きな前提を覆す可能性を含む。

　婚姻に関する州の広範な権限はどこまで認められ、あるいは、その権限にはどのような制約が課されるのか。その場合、州の権限の制約はどのような根拠に基づくのか。そしてそれは、アメリカ合衆国憲法といかなる関係にあるのか。

　以下では、まず、同性婚が孕む憲法問題をどう捉えるべきかについて判例の見解を追いながら検討したい。

## 1　個人の「婚姻する権利」

### 1.1　アメリカ合衆国憲法上のその地位と根拠

　婚姻に対する憲法上の保護を語るのにまず注意すべき点は、「婚姻」の用語が憲法典に明文で規定されているわけではないことである。この点について連邦最高裁判所はこれまで、憲法に規定されていない利益や価値であっても、それが「基本的」であれば憲法の保護を受ける場合があるとして、「基本的権利」Fundamental Rightsのアプローチをとってきた。どのような価値が憲法上の保護を受けるに値するかの判断としては、「自由と正義の原則」や「秩序づけられた自由の観念」など、連邦最高裁はいくつかの規準を示してきたのである。[(1)]

*377*

さらに、憲法典に列挙されていない権利が基本的であると裁判所が判断する際の根拠条文としては、合衆国憲法修正14条デュープロセス条項と、同じく修正14条の平等保護条項を根拠にして認めてきたといえる。[2]前者は、同条に規定される「自由Liberty」を根拠にしたアプローチであり、この価値を制約する場合、州はやむにやまれぬ利益を主張しなければならないとされる。他方、平等保護条項では、疑わしい分類に対する差別は厳格な審査が行われるなどとされてきた。

このように、基本的な価値をもつ権利に対しては、これを制約する立法を審査する裁判所の基準を厳格にすることで保護を厚くし、このことで立法府の判断に対する介入を裁判所は行ってきたといえる。

ただし、このような裁判所のアプローチに対しては批判もある。修正14条デュープロセス条項の自由によって明文規定のない実体的価値を保護するとの見解に対しては、いかなる価値が基本的な範疇に含まれるのかについて文言から導き出すのは無理があるとの批判である。[3]また、平等保護条項のアプローチについては、誰がこの疑わしい分類に含まれるのか、そしてこれは、どのようにして判断すべきなのかといった点について困難な問題が指摘される。

では、「婚姻」に対する憲法の保護はどのようにして判断されてきたのか。建国当初、連邦最高裁は、婚姻が憲法上の保護を受ける権利であるとは認識していなかった。[4]当時、婚姻とは州によって決定されるものであるとされ、その後19世紀に入って、婚姻は憲法ではなくコモンローの権利として理解されるようになる。

婚姻がコモンローの権利として認識されていたということは、立法府は立法行為によって婚姻の定義を変更する権限を有するということを意味することになる。つまり、婚姻の定義については州が広範な裁量をもつとされていたため、州がコモンローを変更するのに正当な理由を有していれば、その婚姻は州の制約に服するものとして理解された。[5]

19世紀後半の主要な連邦最高裁判決をみると、婚姻の条件に対する州の権

*378*

第 4 章　立法裁量に対する善の価値

限の絶対性が強調されるものがある。とりわけ*Pennoyer v. Neff*では、どのような条件が婚姻関係に付されるのかなど、婚姻に対する州の絶対的な権限が述べられている。[6]また、*Reynolds v. United States*では、婚姻を法律上の契約と位置づけた上で、政府は重婚を禁止する権限をもち、この権限に対しては、宗教の自由に対する個人の憲法上の保護は及ばず、婚姻の契約は州の権限に属すると判断された。[7]さらに、*Maynard v. Hill*では、婚姻を、人生において最も重要な関係を築き、また、他の制度よりも人々の道徳や文明化に関連するものとして位置づけた上で、これが常に立法府のコントロールに置かれるとされた。[8]

　このように、婚姻に対する州議会の裁量が広範に認められながら、他方で、1890年代から連邦最高裁において、修正14条デュープロセス条項による基本的権利のアプローチが主張され始める。これにより、修正14条デュープロセス条項を根拠にして、州の立法府による不当な介入から個人が保護されるべき特定の権利の存在が主張され始めたのである。[9]この主張はつまり、州の絶対的な権限が承認されるのではなく、修正14条デュープロセスによって、個人に帰属する特定の実体的な価値が州から保護されるべきことを内容とする。

　デュープロセスの文言が裁判所だけではなく立法府に対しても適用されるか否かについて、これが裁判プロセスに対する適用のみであると考えれば、[10]立法府による侵害に対する個人の利益の防御としての意味をデュープロセス条項に含めることができるかが問題になる。この点について*Pennoyer*判決では、確かに、デュープロセスの用語が裁判手続に適用される場合には、私的権利Private Rightsを保障し実行するための法的手続を意味するとしたが、ただし、これが裁判手続のみに限定されるというものではなく、私的権利に影響を及ぼす権限が含まれることが示唆された。[11]

　つまり、裁判所の見解によると、デュープロセス条項は立法府に対する制約を課す可能性があることになる。実際、19世紀後半までに連邦最高裁は、デュープロセスの文言に付随する一般的な実体的原理を確立したとみることができる。最高裁によると、デュープロセス条項は、不公正な手続のみを禁

*379*

止するのではなく政府の特定の行為を禁止するために援用されるようになる。いわゆる「実体的デュープロセス理論」である。[(12)]

そこで、婚姻に関する重要な位置づけをした判決として、*Meyer v. Nebraska*[(13)]がある。この判決では、自由の実体的範囲についてこれまで裁判所が画定してきたわけではないが、何がこの自由に含まれるかについて語ってきたことは事実であり、その中に婚姻に対する個人の権利が含まれることには疑いがないことが述べられた。[(14)]

*Meyer*判決では、英語以外の言語で教師が教育を行うことを禁止する州法が問題とされた事例であったため婚姻とは無関係であったが、裁判所は、修正14条デュープロセス条項が保護する実体的価値の中に婚姻が含まれることを、実体的デュープロセス理論に基づいて、この1923年の判決において傍論ではあるが初めて述べたのである。[(15)]

ただし、修正14条デュープロセス条項を根拠にして、裁判所が憲法に列挙されていない権利を保障するために州の立法府が制定した法律を次々と違憲にしていく態度に対しては、司法審査という制度の正当性にすら疑問を投げかけるほど批判の対象となった。[(16)]

そこで裁判所は、1937年以降デュープロセス条項を根拠にしたこのような権利保障に対してきわめて消極的な態度をとり始めた。代わりに、裁判所は平等保護条項を根拠にして、その保護の方途を模索し始める。*Skinner v. Oklahoma*[(17)]では、一部の例外を除いて、道徳的に堕落している複数の犯罪を行った者に対して断種を要請する法律（Habitual Criminal Sterilization常習犯罪者断種法）が違憲と判断された。裁判所は、この法律が正当な理由なく一部の犯罪を処罰対象から外していることを、修正14条の平等保護条項に違反すると判断したのである。

この事件もまた婚姻とは関係ないが、裁判所は婚姻と生殖が人種の存在そのものと生存にとって基本的なものであり、この法律が人としての根本的な市民的権利の一つに関連することを主張した。平等保護を根拠にして、根本的な自由を永遠に奪うことになる法律については、州のポリスパワーではな

380

第 4 章　立法裁量に対する善の価値

く、断種の必要性については厳格に審査されるものとしたのである。[18]

　そしてついに、市民的権利運動がアメリカを席巻する過程で、婚姻に関する重要な判決が出された。*Loving v. Virginia*である。[19] *Loving*判決では、異人種間の婚姻を禁止した州法が人種のみに基づく差別であるため最も厳格な審査に服するものであり、その結果、修正14条の平等保護条項を根拠にして違憲と判断された。

　平等保護条項を根拠にして、人種に対する差別の禁止が婚姻の文脈においても承認されたこの判決の意義は大きいが、同判決では、平等保護条項のみではなく修正14条デュープロセス条項についても根拠とされた点に注目できる。*Loving*判決では、問題となった州法がデュープロセス条項の保護する自由の観点からも違憲であることが重ねて述べられたのである。婚姻は、自由な人間が自らの幸福を追求するために不可欠な個人の権利であり、まさに人間の存在の基本的な権利である婚姻を正当な理由なく、ただ人種のみを根拠にして奪うことは、法の適正な過程によらずに市民が有する自由を剥奪することであるということが判決の後半で述べられたわけである。[20]

　同性婚の承認の観点からすれば、同性婚の否認が同性愛の性的指向を有する者あるいは性別に基づく差別であることを、人種差別を禁止した*Loving*判決の理論を援用することで主張する方法が第一に考えられるが、この点については、*Loving*判決が人種差別という文脈のみによって理解されるべきとの見解の当否が問題になる。[21]

　この点、*Loving*判決では婚姻という社会関係に対する州の権限が広範であることを認めながらも、この州の権限が憲法の要請に反するほど無制限であるわけではないとの立場を*Meyer*判決と*Skinner*判決を引用して示しており、さらにこれら両判決は人種に関する判決ではないため、*Loving*判決が、[22] 州の異人種間の結合の禁止のみを意味すると解釈するには困難になる。[23]

　また、*Zablocki v. Redhail*は、確かに*Loving*判決は人種差別の文脈で判断されたものであるとしつつも、平等保護の文脈だけではなく修正14条デュープロセス条項にも依拠して述べた点を以下のように指摘する。[24] *Loving*判

*381*

決で問題となった州法はデュープロセス条項によって保護される基本的自由Fundamental Liberty、つまり、婚姻に対する自由Freedom to Marryを恣意的に奪うものであり、婚姻に対する権利がすべての個人にとって基本的な重要性を有するものである、と*Loving*判決を解釈する。[25]

*Zablocki*判決で法廷意見を述べたMarshall判事も他の多数意見の判事も、誰が婚姻するかに対する州の権限に対しては、憲法による制約が及ぶことに確信があったとされる。[26] ただしこの判決では、婚姻に対する権利の基本的な性格について、婚姻の制約に対する裁判所の審査が常に厳格なものであるわけではなく、反対に、婚姻関係を結ぶという決断に対する重大ではない州の介入は正当なものとして認められる可能性があることが主張された。[27]

すなわち*Zablocki*判決によると、婚姻に対して制約を課すことと、各個人に婚姻関係を結ばせなくすることは区別して捉えられることになり、[28] 憲法違反となるのは後者の制限であると理解されることになる。[29]

その後、*Turner v. Safley*[30]において、在監者の婚姻の権利が問題になった際、法廷意見を述べたO'Connor判事は、*Zablocki*判決と*Loving*判決において婚姻に対する決断は基本的権利であると認めながら、他方で、その制限として監獄生活における制約が考慮されるべきとした。[31]

これらの一連の判決をみると、婚姻に対する権利が憲法上の保護を受けると認められてきたことがわかる。ただし、婚姻に対する権利が憲法上の保護を受けるということは、これが州による一切の制約を受けないということを意味するわけではない。それは、婚姻の条件に関する決定は第一には州が有しており、また州が個人の婚姻の権利に対して制約を課す場合には、正当な理由が必要となるということを意味する。

確かに、婚姻に対する州の権限には広範な立法裁量が認められている。ただし、この州の権限に対しても憲法上の制約は及ぶため絶対的なものではない。州の立法裁量が憲法の許容する範囲を超えているか否かについて、民主主義と個人の基本的権利の調整の作用をなすという立法裁量の特徴を踏まえると、それは個人が有する利益や価値と、州が有する利益との衡量によって

第 4 章　立法裁量に対する善の価値

決定されると考えられる。

　そのため、州が規定する婚姻制度が憲法に違反するか否かは、州がその婚姻制度を作ることによって生じる個人に帰属する利益や価値の程度によって異なる結論が導かれることになる。制約を受ける個人の利益が憲法上の保護を受けると判断されれば、州の制定した婚姻制度に対する裁判所の審査は厳格なものになると考えられる。<sup>(32)</sup>

　つまり、州の権限の正当性を審査するには、侵害されている個人の利益が何であるかを見極めることが極めて重要な意義をもつことになる。

　これらの点から、婚姻に対する個人の権利については、いかなる文脈でも基本的なものとして存在しているわけではなく、この個人の利益は州の立法行為に対する裁判所の審査、つまり利益衡量において初めて明らかになるといえよう。州が提示する正当な利益が裁判所によってどのように審査されるかは、一義的に、つまり、常に厳格な審査を受けるというわけではなく、在監者の婚姻に対する権利については監獄生活における制約を考慮するなど、文脈に依存して決定されると考えられる。

　そして、その際に根拠と考えられる合衆国憲法の条文は、修正14条のデュープロセス条項か、同じく平等保護条項か、あるいはその両方であると連邦最高裁では主に判断されてきた。

## 1．2　同性婚を承認する州裁判所の正当化理由

　では、州が同性婚を禁止する場合、裁判所は州利益の正当化についてどのように判断してきたのか。つまり、婚姻に対する憲法上の権利利益が州に対して有する拘束力はどのように捉えられてきたのか。

　この点について、1970年代の判決を参照すると極めて弱いものとして捉えられている。同性婚を婚姻制度から排除することを正当化する理由として、州は婚姻の定義が歴史と伝統に基づいて解釈されるべきことを主張し、通常の意味での婚姻の定義として辞書に依拠する点が特徴的である。<sup>(33)</sup>これらの判決では、州法において同性婚を排除する文言が明示的には規定されていない

383

場合、州法に規定される婚姻の定義の中に同性婚も含まれるかが問題として提起された。

州裁判所は、著名な辞書をいくつか参照した上で、そこに定義される婚姻がいずれも二人の異性愛者の結合である点を指摘し、州法の婚姻についてもこのように解釈すべきと主張する。論法としては、ゆえに同性婚は正当性をもたず、そのために同性婚は禁止される、という判断となる。[34]

また、このような解釈は合衆国憲法修正9条及び、修正14条デュープロセス条項と同平等保護条項に違反するとの原告の主張に対して、裁判所は以下のようにして退ける。つまり、当事者の性別に関係なく婚姻する権利が、すべての者が有する基本的権利であることも、異性愛カップルにのみ婚姻を限定することが合理的な理由のない差別であるとの考えも、どちらも連邦最高裁判決の考え方には適合しないというものである。[36]

また、同性婚を排除する州法の違憲性が、性別を理由とする差別を禁止する州憲法に違反するかが争われた際に州控訴審は、この州法が男性と女性に等しく適用されるため違憲ではないと判断した。[37]

この時期の州裁判所では、婚姻とは州が婚姻の定義を行う前から慣習として存在し、コモンローの婚姻すら承認されている状況では、婚姻の定義を一人の男性と一人の女性の結合から変更することは州でも権限を有さないものと認識されている。[38]すなわち、婚姻する権利は各個人には保障されるが、その相手方が同性の個人も含まれるかについては、州は憲法問題として考慮することなく否定の結論を導出していた。

*Zablocki*判決は、この状況の中で出されたものであった。確かに、婚姻制度は社会的なものであるが、婚姻をするか否か、あるいは、誰と婚姻関係を結ぶかといった決断は個人的なものである。*Zablocki*判決は、憲法上のプライバシーの権利を承認した*Griswold v. Connecticut*を引用しながら、婚姻[39]がこのプライバシーの権利の部分に含まれることも確認したのである。婚姻がこのプライバシーの権利の部分に含まれることを確認した点の意義は大きい。

第 4 章　立法裁量に対する善の価値

つまり州は、もはや歴史や伝統、辞書を参照するだけで婚姻の定義を確認し、同性婚の排除を正当化する従来の論法では不十分で、同性相手と婚姻関係を結ぶという個人の決断を否定するためのさらなる利益を提示しなければならなくなった[40]。婚姻に対する権利が憲法上の保護を受けるという場合、この憲法の保護は憲法に列挙されていない利益や価値も含み得ると考えられる。州は、婚姻制度を制定することで個人が有する憲法上の保護を侵害することまでは許容されないためである。すなわち、州は同性婚禁止の正当化理由として明文に限定されない憲法の価値にも対抗する利益が必要になったといえる。

そして、その後の州裁判所では利益衡量の審査に変化がみられる。*Baehr v. Lewin*[41]では、州による同性婚の否定は州憲法が禁止する性別に基づく差別に抵触する可能性があるため厳格な審査に服すべきとして、事件が州控訴審に差し戻された。ただし、この判決では、同性婚に対する権利を奪うことが州に伝統的に根づく自由や正義の原理に違反するものではないし、また、同性婚に対する権利が秩序づけられた自由に含まれるわけではなく、プライバシーの権利から派生する基本的な権利として同性婚に対する憲法上の権利が存在するとは考えられていない[42]。

差戻し審である*Baehr v. Miike*[43]では、婚姻が州によって付与される法的地位であるとして州最高裁判決に基づき、州が与えたこの法的地位に付随する権利や利益を同性婚の否定によって奪う州の行為が正当化されるには、州はやむにやまれぬ利益を示し、かつ、この州法が憲法上の権利を必要性なしに剥奪することを避けるために限定されて規定されたものであることを証明しなければならないとした。裁判所は、子どもの福祉、生殖、他州でも有効な婚姻制度を制定するため、同性婚を承認しないことによる州の財源確保、また、同性婚を承認したことによって奪われる市民的自由を保護するなどの州による利益のいずれも不十分であると判断した。

同性婚を排除する理由として、生殖や子どもの福祉、州の財源という理由が不十分であることは、州憲法の下で、デュープロセス条項及び平等保

385

護条項のいずれの合理性の基準によっても正当化されないことが2003年の *Goodridge v. Department of Public Health*[44]にて確認された。連邦最高裁判決である*Romer v. Evans*[45]に依拠して、婚姻の本質を生殖に求める議論が同性カップルを異性カップルより劣ったものであるという烙印を押すことになると判断し[46]、また、子どもの福祉に関する州の権限がもはやコモンローの権限ではないことを述べた後、子どもにとっての最善の利益は、両親の性的指向や婚姻の地位によって決定されるものではないとした[47]。

　子どもの保護に対する具体的な政策の決定はコモンローの権限として、つまり州の問題としてその政府が決定する範囲が広範だと捉えられていたが、しかし子どもの福祉に対しても、州憲法による制約を受け、また、合理性の基準によってすら正当化されない場合があると*Goodridge*判決が判断した点に注目できる。

　また、同性婚禁止の差別の根拠について、*In re Marriage Cases*[48]では、性別ではなく性的指向に基づくと捉え、州憲法の平等保護条項での厳格な審査の下で違憲とされた。このとき州最高裁は、同性愛的指向が疑わしい分類に当たるかを、歴史的に不利益を受けてきたことと、社会参加する個人の能力に関係ないという現在での社会的承認を基準とし、それを肯定した。また同判決では、州憲法のデュープロセス条項が保護する同性カップルの婚姻する権利の側面からも判断された。婚姻関係を基礎として家族関係が形成される点に注目し、同性カップルにもこれと同様の平等な尊厳と尊重が与えられるべきことが家族を創設する権利の観点から正当化された[49]。

　これら同性婚を承認する議論は、婚姻する権利と同様に自律を前提とした個人の選択の自由を重視する立場をとる。この個人の権利の捉え方は、John Rawlsに代表されるリベラリズムの考えを根底にもつ。この考えは、政府が特定の道徳的観念を押し付けることは望ましくなく、政府は道徳的問題が関わる領域では中立であるべきであり、この問題は個人の選択に委ねるべきであると主張する。さらにこのリベラルな正義論は、問題の解決を民主主義の過程に委ねる考え方とつながる。

第4章 立法裁量に対する善の価値

しかしMichael Sandelによると、個人の自律と平等を基軸に展開される
リベラルな正義論では、同性婚が真に問題とする同性愛者の結合に対する社
会的承認の議論が論じられていないため、同性婚を承認する議論の正当化と
して不十分であり、婚姻という社会制度がもつ善に関する道徳的議論が不可
欠であるとされる。<sup>(50)</sup>

Sandelのコミュニタリアンの考えでは、個人の選択に対するリベラルな
見解と、道徳的善に対する共和主義的見解を互いに排他的に捉えた上で後者
を擁護するため、判決の見解を支持する正当化議論としては妥当ではないが、
同性愛者への社会的承認という善が同性婚の議論に含まれるとの点は妥当で
あると思われる。

なぜなら、もし政府が自発的な親密の関係すべてがもつ道徳的価値に中立
であるならば、一夫多妻制や近親婚などを含め、政府は同意ある結合のすべ
てを承認しなければならないが、*Goodridge*判決も*In re* Marriage Casesも
このような意図ではない。にもかかわらず、その論拠が不明である。

そのため、同性婚をめぐる憲法論に道徳的議論は必要である。ただし、そ
の憲法論を「同性婚という社会制度を承認するか否か」にあると捉えること
は早急であると思われる。この点について、憲法がカップルに付与する法的
保護が同性カップルと異性カップルの間で同様であることが認められながら
も、婚姻に同性カップルを含めるか否か（つまり、同性カップルの関係にも
「婚姻」と名付けるか否か）を憲法問題とした*In re* Marriage Casesに対し
て、これを政策問題とした*Lewis v. Harris*に注目できる。<sup>(52)</sup>

*Lewis*判決は、異性カップルと同様の平等な憲法上の保護を受けると判断
された同性カップルに立法府がどのように対応するかは制定法の範囲にある
ため立法府が決定すべきとした。つまり、婚姻制度は民主主義の過程によっ
て解決されるべきとの判断である。<sup>(53)</sup>

この両者の判決における（州の）憲法論の中心は、同性婚という制度自体
の是非ではなく、二人の個人の結合に対する保護である。このため、同性婚
の制度自体の承認が憲法によって導出されるとの考えには慎重になるべきで

*387*

ある。

*In re* Marriage Casesでは、確かに同性カップルにも婚姻の地位を認めるべきと判断されたが、カリフォルニア州ではその数か月後、異性カップルの婚姻のみを有効とする州憲法改正がなされた。[54]この事実をみると、同性婚の承認には裁判所の憲法判断というより個人の選択を重視した民主主義の過程が重要とみるべきである。

これはリベラルな正義論の主張である。実際、リベラリズムも善を含む政策の創設を排除するものではない。[55]

では、この議論においては民主主義の過程を経た結果であれば、特定の善を促進する立法でさえも手放しに正当化され得るのか。特に同性愛者の権利をめぐる問題では、民主主義と個人の権利が激しく対立する場面が容易に想定できる。この衝突の解消は民主主義の過程のみで解決されるとみるべきではなく、[56]また、民主主義の過程を経れば中立ではない価値の立法化が直ちに正当化されると考えるのではなく、むしろ民主主義の過程を経れば特定の道徳的価値を立法化する可能性があるという事実を踏まえるならば、立法における善の議論はむしろ望ましいことではないのか。

民主主義と個人の権利の衝突の調整作用をなす立法裁量の意義に照らすと、同性愛者をめぐる立法府の判断に対する憲法上の正当化議論においてこそ、善の価値を論じるべきだと思われる。同性婚が孕む憲法問題は、婚姻制度を決定する立法裁量の正当性の観点において論じられるべきである。

## 2　アメリカ合衆国憲法修正5条デュープロセス条項による自由の保障

### 2.1　同性愛関係に対する合衆国憲法の保護

同性婚禁止の正当化根拠として、婚姻の目的を生殖に求める議論があった。Lynn Wardleは、*Skinner*判決において「婚姻と生殖はその人種の正に存在と生存にとって基本的である」[57]と述べられたことをもって、婚姻の権利と生殖が直接的な結びつきをもって語られた点を強調する。[58]つまり、婚姻と生殖

*388*

第 4 章　立法裁量に対する善の価値

の権利は結合関係にあり、これが社会の基本的な関心を体現するとWardle
は述べる。またWardleはGriswold判決を引き合いにして、これが婚姻と、[59]
伝統的な家族形態及び子どもの養育との関係を強調する判決であると解釈す
る。ゆえにWardleは、子どもを養育し社会に出すために最も安全な環境を[60]
提供するのが婚姻であるという。

　確かに、生殖と子どもの養育は婚姻関係を決断する一般的な理由とみるこ
とはでき、また、社会が婚姻制度に対する利益を有する理由となり得る。し[61]
かし、婚姻が生殖や子どもの養育と強い関係があるということは、生殖や子
どもの養育のみを理由として婚姻を否定することにはつながらない。婚姻は、[62]
子どもの養育のみを目的として締結されるわけではないし、また、子どもを
もたない男女カップルが婚姻の権利を否定されるわけではない。

　連邦最高裁もまた、婚姻に対する基本的権利はカップルの子どもをもつ意
図や能力と関連すると判断しているわけではない。[63]

Zablocki判決でMarshall判事は、Griswold判決を引用して、婚姻が自由
な人が秩序よく幸福を追求するのに本質的であり、人生において最も重要な
関係であり、また、互恵的な忠誠を促進する結合であると述べられた箇所を
引用して婚姻について述べたのである。婚姻に関するこれらの特徴は、子ど[64]
もの有無に関係あるものではなく、子どもをもたないと判断した人間にとっ
ても妥当するものである。これらの点から、婚姻関係を生殖や子どもの養育
に限定する捉え方は連邦最高裁の考えでは採られていないとみるべきである。[65]

　あるいは、同性婚反対の主張の中には、同性婚を承認すれば重婚や近親者
との婚姻も承認すべきとの議論が次に出てくることを懸念するために否定す
る見解がある。

　このような懸念は、ふしだらであるといったような同性愛者に対する道徳
的な嫌悪から派生したものと捉えることもできる。この論者によると、同性
婚の承認は、国家の価値をも変える可能性があり、そのために国家の基盤と
しての家族制度に対する危険性から同性婚を否定することが主張される。[66]

　この主張は、連邦政府のDOMA（Defense of Marriage Act 婚姻防衛法）

389

制定を支持する見解の一つである。つまり、同性婚の否定は、州のみならず連邦レベルの問題としても重要であると認識されるに至ったのである。このため、同性婚に対する憲法上の保護を考察するには、州憲法だけでなく合衆国憲法の保護の観点も必要になる。

このとき、同性婚が州政府によって承認されることと、同性愛者の婚姻する権利が憲法により保障されるものであると承認されることは同じものではないことに注意しなければならない。なぜなら、婚姻制度が制定されたことで侵害された個人の利益が憲法に抵触するか否かを判断するのは裁判所の役割であるため司法作用に属するが、これに対して、州がどこまで自由に婚姻制度を制定できるかは立法行為の問題であり、両者は区別して捉えられるべきであるためである。

また、同性の相手と婚姻関係を結ぶ個人の選択が憲法により保障されるか否かは、婚姻に対する権利が憲法上の保護を受ける、あるいは、婚姻に関する連邦最高裁判決において、婚姻に対する権利の論拠の中に同性婚を排除する理由がないという主張とは区別されると考えられる。

ではそこで、同性愛者の関係性に対する合衆国憲法の問題として*Romer*判決をみると、同性愛あるいは両性愛の性的指向、行為、実践あるいは関係に基づく差別を禁止するコロラド州憲法に対する修正が、合衆国憲法修正14条の平等保護条項に違反すると判断された。問題となった州憲法第2修正を保護するために州が提示した利益は、他の市民の結合の自由の尊重と、同性愛者に対する個人的あるいは宗教的な嫌悪を抱いている地主や雇用者の自由であった。最高裁はこれらのどれも、同性愛者を分類するための正当な利益を促進するものではないとして平等保護条項に違反すると結論づけた。

*Romer*判決のKennedy判事は、*Plessy v. Ferguson*において、憲法が市民の間に分類を設けることはしないし、またこの分類に寛容であるわけではないと、その反対意見を述べたHarlan判事の言葉を引用して、人々の権利が問題となっている場合には法が中立であるべきことを冒頭において主張した。[67]

同性愛者に対する平等な権利という考え方を確立したコロラド州憲法に対

390

する修正は、法の中立性を維持することにはならず、つまり、法において、同性愛者を社会から逸脱した存在としてではなく、彼らを社会の一員として承認することが法の中立性であることが判断されたと解釈できる。このような社会の一員として承認される同性愛者の権利が、人々の嫌悪や宗教上の教義を理由とした敵意によっては排除できないことが憲法の平等保護条項によって認められたものと解釈できよう。

さらに同性愛者同士の性行為を処罰する州法が問題とされた2003年の*Lawrence v. Texas*は、わずか17年前に出された*Bowers v. Hardwick*[(69)]を変更し、この州法が修正14条デュープロセス条項の保障する自由を侵害するため違憲と判断した。*Lawrence*判決で法廷意見を述べたKennedy判事は、性行為に従事する同性愛者の基本的権利があるか否かを論点として設定した*Bowers*判決はこの論点の設定の仕方自体が誤りであると強く非難した。*Lawrence*判決のKennedy判事は、事件の焦点を、同性愛者による行為という点から、永続的で親密な結合へと移行させ、この関係を保護することが社会的利益としても価値を有するものであると指摘したのである。[(70)]

Kennedy判事は法廷意見において、確かに*Bowers*判決が認めたように、同性愛の行為を批判する道徳的主張は堅固に存在してきたが、しかし、同性愛者に対するこの多数派の道徳的嫌悪は、このような多数派の声を刑法によって州が処罰を科すための根拠にはなり得ないとする。Kennedy判事によると、*Lawrence*判決から半世紀前に遡った社会の見解として、成人が性行為を私的に行うことに対しては自由によって実体的に保護されてきたことが指摘され、この点こそ*Lawrence*判決では重視されるべきことが主張された。このように判断したため、Kennedy判事は、*Bowers*判決もまた*Lawrence*判決と同様に、同性愛者の性行為に従事する基本的権利ではなく、その永続的関係性こそ問題の解決として抽出されるべきであると判断した。*Bowers*判決の誤りはつまり、*Lawrence*判決のKennedy判事によると、関係性を単なる性行為という行為にのみ限定して捉えたことにあるといえよう。この点から、Kennedy判事は、*Bowers*判決が侵害されている利益について適切に認

*391*

識できておらず、ゆえに裁判所の審査としても適切ではないことを批判した
と考えられる。

　*Lawrence*判決では、つまり、同性愛者の性行為という同性愛行為ではな
く、同性愛者の関係性が注目されることで、この関係に対する実体的保護の
重要性が強調された。このことで自由として憲法上の保護を受けると判断さ
れた点、そして、関係性に注目することで、個人が有する権利の社会的価値
が指摘されたことに注目ができる。

　さらに2013年の*United States v. Windsor*では、婚姻関係にある同性愛者
の関係性に対する保護について重要な判断がなされた。*Windsor*判決では、
婚姻を一人の男性と一人の女性の結合に限定したDOMA 3 条が修正 5 条の
デュープロセス条項が保障する自由に違反し違憲であると判断された。

　*Windsor*判決の法廷意見を執筆したKennedy判事は、判決の中で終始、
同性愛者個人の権利というよりも、同性愛カップルという言葉を用いて、同
性愛の関係に対する保護に焦点を置いていた。そして同性愛の関係性につい
て、州が尊厳に値するとみなす婚姻の一部として捉えられた。他者と関係
を築く個人の利益や価値の社会的側面が*Lawrence*判決で認められることで、
同性愛は、婚姻関係に対しても平等な尊厳の保護をうけることが*Windsor*判
決で認められたのである。

　*Windsor*判決ではまさに、コミュニティーという観点が語られることで、
そのメンバーが互いに同性愛者が婚姻をするという合意を形成することがそ
のコミュニティーである州によって認められたと述べられたのである。つま
り、同性愛者の婚姻を認める社会的価値が、問題となったニューヨーク州に
は存在していたわけである。このために、ニューヨーク州は、同性カップル
に尊厳と法的地位を付与したのである。

　ただし、この平等な尊厳の保護は、*Windsor*判決によると、同性愛者の地
位に重要性を付与した州の裁量の観点から捉えられていることに注意しなけ
ればならない。つまり、婚姻について広範な裁量を有する州が、同性愛者の
カップルに法的地位を与えた、つまり、同性愛者の地位に尊厳を与えたと判

第 4 章　立法裁量に対する善の価値

断されたのである。

　このような正当な権威をもって州が与えた保護に対して、DOMAを制定した連邦議会の行為がデュープロセスと平等保護という憲法の原理に違反するものであると*Windsor*判決では判断されたのである。

　では、連邦議会の立法権を制約する根拠としてのデュープロセス条項と平等保護条項の意義とは何か。

　*Windsor*判決のKennedy判事がDOMA 3 条によって侵害された実体的利益として、少数者に対する損害を生ぜしめることが目的であり、これによって連邦法上は同性カップルの婚姻を劣ったものとしてみなすことという平等の観点から述べていた点を考慮すると、*Windsor*判決においてもカップルの保護という実体的内容については、平等保護条項の観点から考察されていたと解釈できる。

　同性カップルの実体的保障が平等保護の原理から判断されたとすると、では、デュープロセス条項による自由の保障の意義はどこにあるのか。デュープロセス条項がプロセス条項であるといっても、何らの実体的価値とも無関係であるとは考えられないため、その実体的価値については、これを「法の適正な過程」と捉えた上で、この条項の意義を考察したい。

　法の適正な過程に基づいて、連邦議会の権限が制約されると連邦最高裁が判断した点を踏まえると、*Windsor*判決で連邦議会の権限の正当性がどのように評価されたのかが問題になる。特に、州の判断に対する連邦議会の権限に注目ができる。

　まず州権限の正当性について、Kennedy判事は以下のように述べる。問題となったニューヨーク州は、社会的状況をみて同性カップルに対しても尊厳を与えるべきと判断し、彼らの関係にもまた法的地位を与えた。つまり、同性愛的指向を有する人々のクラスに対する保護を高めたのである。これは、州の正当な権限の行使の範囲にあるとKennedy判事は判断した。

　このような州の判断に効果を与える連邦議会の立法権限は、修正14条 5 節[73]による救済としてのものか、あるいは、合衆国憲法 4 条 1 節の効果条項によ[74]

*393*

るものが考えられるが、DOMA 3 条を制定した連邦議会の立法権について、これらの観点において正当化の検討がなされたわけではない。[75] *Windsor*判決では、修正 5 条デュープロセス条項の問題として捉えられ、これを根拠にして、連邦議会の立法権の範囲を超え違憲と判断されたわけである。

　また、*Windsor*判決において保護された実体的価値は、ニューヨーク州に居住する同性カップルの婚姻の法的地位であり、その淵源は州の婚姻に対する広範な裁量権限である。つまり、個人の利益や価値ではない。

　すなわち、個人の利益や価値に基づくものではない実体的保障として、連邦議会の権限が連邦最高裁によって制約された点については、立法府に対する裁判所の権限の正当性が問題になり得る。この点について*Windsor*判決では、そもそも訴訟を開始する権限が裁判所にあるのか（つまり、何のために裁判所は開廷したのか、なぜ開廷できたのか）について述べた際、Kennedy判事は*Marbury*判決で宣言された裁判所の役割に触れ、法とは何かを語る裁判所の役割を強調した。

　この点から、裁判所が判断する「法」とは、デュープロセス条項が保障する法の適正な「過程Process」に対する判断も含まれ、これは連邦議会の立法権に対する制約の裁判所による判断も含まれると考えられるのではないか。

　修正 5 条デュープロセスが保護する自由は、他の機関の判断も含む法の過程に基づいて判断されるものであるため、個人に帰属するものとは限られず、ゆえに、個人の権利を保障するものに限定されるわけではない。法の適正な過程の保護とは、連邦議会によって行使された立法権の正当性を判断するものであり、この立法行為によって侵害された利益を正当化するものではないという利益衡量の結果、必ずしも、個人の利益や価値を優先するとは限らないためである。つまり、侵害されたある利益を個人の権利の下に裁判所が保障することと、憲法の権利自体の存在の主張は同一ではなく区別が必要であると思われる。

　つまり、修正 5 条デュープロセス条項による自由の保障は、ある具体的個人に対して侵害されたある利益をある実体的価値の下に裁判所が保障するこ

394

第 4 章　立法裁量に対する善の価値

とを包含するが、これはこの自由が実定憲法の個人の権利自体の存在を主張することとは異なる。つまり、この自由による保障が存在しても、同性愛者の婚姻する「憲法」の権利の存在を肯定するとは限らない。

### 2.2　同性婚を制約する連邦議会の立法裁量の限界—*Windsor*判決を参考にして

　DOMA 3 条という立法行為への制約根拠の実体的価値が、同性愛者個人の婚姻する憲法上の権利ではないとするなら、連邦議会の権限を制約した裁判所の権限の正当化根拠は何か。つまり、裁判所がその根拠とした実体的利益、価値は何か。そもそも、裁判所は、いかなる実体問題を審理するために開廷したのか。

　これは、裁判所がその事件を審理する管轄権を有するかという問題である。Kennedy判事はまず、裁判所の管轄権の憲法上の根拠として合衆国憲法 3 条の事件と争訟の要件について語り、この事件がこの 3 条による要件を満たすと判断する。

　ただし、合衆国憲法上の要件を満たしても裁判所が管轄権を行使しない場合がある。それは、裁判所が自らの判断で裁判所に課す敬譲的な制約である。特に*Windsor*判決では、連邦最高裁の判断が出る前にすでに、執行府がDOMA 3 条の違憲性を表明していたために、裁判所がDOMA 3 条の違憲性について審理する権限があるのかが問題にされていた。Scalia判事はその反対意見において、司法審査権が正当化されるのは、憲法問題が関連するすべての場合ではなく、その憲法問題が事件の解決に不可欠であり、かつ、当事者が反対の主張をすることを挙げた。[76]

　確かに、Kennedy判事も憲法問題が関連するすべての場合に司法審査権が正当化されるとは主張していない。権力分立原則の観点から重大な問題を提起する可能性があるためである。さらに、連邦議会の立法権が権力分立から問題にされる場合、裁判所だけではなく、執行府との関係も考慮される。つまり、大統領は法案成立過程において拒否権を有しているにもかかわらず、これを行使せず、すでに制定された法律に対して違憲であると裁判の場で主

395

張する執行府の権限が問題になる。つまり、この主張は、連邦議会が有する立法権を侵害しないのかが権力分立の観点から問題となる。また、立法府と執行府の間の意見の相違によって、政治過程の統一性が損なわれる点も問題点として指摘される。

　つまり訴訟を開始することは、連邦議会の立法権に対して、裁判所及び執行府との関係から問題が生じ得ることになる。このため、法廷意見のKennedy判事は、執行府がすでにDOMA 3条の合憲性を支持しないという立場を表明していることは、連邦最高裁が訴訟を開始する妥当性への疑問を呈することを認める。[77]

　このような困難な問題があるにもかかわらず、Kennedyは裁判所が実体問題を審理する管轄権を有すると判断した。確かに、執行府の違憲性の表明は手続上の問題を生じさせているが、ただしKennedy判事は、執行府の立場が裁判所の管轄権に対して問題を提起するのは、合衆国憲法 3条ではなく敬譲的な制約であると判断する。Kennedy判事が管轄権を有すると判断した理由は、DOMA 3条により多くの連邦法の婚姻の定義が制限され、このことによって何十万人もの人々が現実の損害を被っており、この損害を発生させている法律の合憲性を審査する裁判所の役割の方がそれらの困難よりも重要だと判断したことにあると思われる。

　ここで、DOMA 3条の合憲性を支える強力な反証が下院の超党派法諮問会議から提示されたことは、敬譲による制約が及ばないと判断するのに十分なものであり、またこの実体問題を解決する必要性が管轄権を要請するとKennedy判事は判断したのである。

　確かに、重要な憲法問題が関係しているすべての事件に裁判所の管轄権が及ぶわけではないという点はKennedy判事もScalia判事も共通して認識しているが、しかし、どのような場合に裁判所の管轄権が及ぶかについて両者は食い違う。Kennedy判事は、侵害された利益の重要性を根拠にすることで*Windsor*判決での管轄権を肯定したのである。そしてまさにこの点に、連邦議会の立法裁量を制約する実体的根拠があるといえる。

396

第4章 立法裁量に対する善の価値

　では、同性愛者の婚姻する憲法の権利が不在であるとき、連邦議会への裁判所による介入を正当化する根拠は何か。連邦議会の行為に対する連邦最高裁の制約の正当化はどのように根拠づけることができるか。

　もし、自分自身が善だと思う価値を追求するための平等の権利がすべての人に保障されることが法の中立性の内容であるならば、個人のもつ善の観念は互いに中立であることが前提にされていると考えられる。(78) つまり、法の中立性は裁判官に対して価値中立な判断を要請し、個人の善の価値は民主主義プロセスによって解決されるべきだとされる。だからこそ、Romer判決では、同性愛者の政治参加プロセスを奪うことが平等に反する点が指摘された。

　つまり、多数派の価値や善を特定し具体化するのは立法府の役割であり、裁判所や憲法の役割ではないことになる。この見解を維持すると、裁判所が法の中立を根拠として、同性愛者の権利を保護することは禁止されるはずである。なぜなら、一部あるいは多数派は同性愛者に対する嫌悪を自らの価値あるいは善としており、裁判所が同性愛者を保護すればこのような人々の権利は侵害されるためである。ゆえに法の中立は、裁判官に価値中立的判断を要請する。これは、諸個人の善の価値の衝突は民主主義過程によって解決されるべきで、個人の政治過程の参加を重視すべきとの立場につながる。つまり、多数派の価値や善を特定するのは立法府であり、裁判所や憲法ではない、と。

　しかし実際にRomer判決は、同性愛者に対する平等保護を合衆国憲法修正14条に基づいて承認した。

　この裁判所の判断が正当化されるには、法の中立が特定の価値あるいは善を含むことを認めなければ成立しない。Romer判決では、同性愛者の権利を侵害することが論拠とされたが、しかしこのような正当化理論を憲法の根拠として主張するには、権利が合衆国憲法上の権利として存在するか、そしてその権利内容は何かといった点が問題になるが、州憲法の修正が平等違反であるか否かを判断する上で考慮されたことはこの権利の存在や権利内容ではなく、州憲法修正の目的と手段の合理性である。つまり、他人の権利（同

*397*

性愛者）を侵害するからとの正当化理由のみでは不十分であり、法の中立性が擁護する善を考慮しなければならない。同性愛者の関係の保護は、これを制約する立法裁量の限界に対する善の価値に依拠しなければならない。

さらに*Lawrence*判決では、特定の人々の道徳的嫌悪は、同性愛者の性的行為を州が刑法によって処罰することで禁止する根拠にはなり得ないことが述べられた。では、立法府は刑罰を科すことによる禁止ではなく、他の方法によって同性愛者に不利益を課す法律を制定するどれほどの裁量を有しているのか。

*Windsor*判決は、州による承認を得た婚姻が連邦議会の法律によって連邦法レベルで婚姻の定義から排除されたことが、修正5条デュープロセスが保障する自由に違反すると判断された事例である。同性愛者の婚姻の権利が認められたわけではない中で、どのようにこの立法府に対する制約を正当化できるのか。

Kennedy判事は、連邦法によって侵害された人々の利益に対する判断の必要性にこの事件の実体問題を見出し、DOMA3条がこの不利益を生じさせた点に制約根拠を見出した。婚姻に対する州の権限の正当性を根拠にして、この州法による目的を損なうことを企図した連邦議会の行為を問題にした。その実体的判断は、同性愛者に対する敵意が、同性愛者に対して州が与えた婚姻に基づく法的保護を奪うのに不十分であるという点である。そしてこれは、平等という観念に依拠した保護であると考えられる。

つまり、裁判所が連邦議会の行為を制約する実体的根拠としての平等が有する憲法の価値は、同性愛者に対する道徳的嫌悪が対抗し得るものではないとの判断と理解できる。裁判所のこの価値中立的でない判断は、どのように正当化可能か。

この点について、John Finnisの善の観念を参考に考察したい。[79] Finnisの善の観念は、善の諸観念の間の中立性に基づく理論を展開するわけではなく、究極的には生の活性化Human Flourishingという一つの善に根拠を有さなければならないものとして捉えられる点に特徴があるといえる。

第4章　立法裁量に対する善の価値

　Finnisによると、善とは、人間の存在を秩序づけるものとして捉えられ、これは実践的合理性によって決定される[80]。実践的合理性についてFinnisは、人間存在を秩序づけるために必要となる基本的価値を確定するための指標として捉える。Finnisは、法の考察における実践的観点の重要性を社会問題の解決に求める。Finnisによると、この実践的合理性によって、道徳は法の中心的な意味を定めるほどの重要性をもつと捉えられるのである[81]。

　道徳の重要性は、個人の行為を理由づけるものとしてFinnisが道徳的義務を捉える点にも表れている。法理論は、社会の問題を調和し善き秩序を形成するためのものであり、このため、Finnisは道徳的義務及びその価値がどのように生じるかを説明するものでなければならないと位置づける。

　確かに、各個人の価値選択に基づいた生はそれぞれ平等であり、個人的嗜好に基づく選択も許容されるが、これらすべてが実践的合理性の基準を満たすとは限らない[82]。ゆえにFinnisは、善の観念の通約不可能性を認めながらも、それぞれの善は互いに中立ではなく[83]、生の活性化という一つの客観的な根拠を有するものとして捉える。このため、利己心という主観的要素は行為理由としてふさわしくないとFinnisは考える。社会の各メンバーが実践的合理性を行使し、かつ、生の活性化に資することを可能にする諸条件がFinnisの考える共通善であり、これは個人の善の総体とは異なる。

　すでにニューヨーク州では、同性婚を承認する社会的価値が存在していた状況があった。つまり、社会の善き秩序の条件としてニューヨーク州というコミュニティーでは、同性婚を承認する状況があったといえる。ただし、連邦という合衆国全体のコミュニティーにおいてニューヨーク州と同様の状況であったわけではない。ただし裁判所は、同性愛的指向の善を連邦社会に押し付けたわけではない。

　Finnisの善の観念は、社会問題の調整という役割を担うため社会的価値の観点が重要な意義を有するが、しかし、これは究極的には個人の生の活性化に根拠づけられなければならない。また個人による善の追求に基づく生は平等であるとされるが、しかし、実践的合理性によって、個人の価値判断は懸

*399*

命なものでなければならず、また選択した個人の生には一貫性がなければならないとされる。

つまり、個人を保護するという点を考慮すると、同性愛者に対する州と連邦による異なる取扱いは、同性愛者個人の生の一貫性を損なうものであり、州コミュニティーで婚姻による法的保護が生じている中で、彼らに対する嫌悪は合理的かつ懸命な判断ではないために、連邦コミュニティーによる同性愛嫌悪は正当化理由としてなり得ないと思われる。

*Windsor*判決のKennedy判事の実体問題の根拠は、連邦法によって損害を受けた人々の救済の審理にあったが、ただしこの判決では、婚姻制度自体について実体的判断を行っていたわけではない。しかし、連邦議会の行為に対する個人の平等の観点からの実体的制約には、同性愛者の生の活性化を促す善の価値なしには正当化されないと思われる。平等の価値に基づく修正5条デュープロセス条項による自由の保障は、同性愛者に対する善の価値をもつものなのではないか。[84]

同性愛者の生の活性化という客観性をもつ善の価値なしには、同性愛者の関係性への保護が連邦社会における多数派を形成していない状況において、彼らに対する現実の莫大な損害を課すという、民主主義的正統性をもつ立法府の判断を覆すことはできない。連邦政府を拘束する修正5条の自由の保護は、文字通りの中立を意味しないこの平等の価値によって実現されるものであり、これは同性愛者の生の一貫性及び合理性を擁護する善の価値を含むのではないか。[85]

同条項がこの価値をもつなら、州がカップルの社会参加を婚姻により認めた以上、その善の価値には連邦社会の多数派すら対抗し得ない。修正5条デュープロセスは、立法行為へのこのような審査規範をもつのではないか。

## 3 小 結

同性愛者の婚姻する権利が憲法の保護を受けるかにつき、*Windsor*判決では、まだ承認していないと思われる。*Windsor*判決では、同性愛者の性的選

択が憲法上の保護を受けるという*Lawrence*判決に言及しながらも、同性婚の地位については州が許可を与えるものとして捉えており、同性の相手と婚姻関係を結ぶという個人の権利が憲法の保護を受けると主張されたわけではないためである。つまり、州は個人の権利に対して、修正14条デュープロセス条項が保障する実体的価値を認めたわけではないと思われる。

*Windsor*判決では、同性愛の関係性の社会的価値がニューヨーク州では法的地位を受けるレベルにまで高められたために、州が同性婚に対する法的地位を付与したものであり、州のこのような正当な権限に基づく法律に対して、連邦議会はその目的を奪うことはできないと判断された事例だと思われる。

また本章は、*Windsor*判決を素材としてデュープロセス条項の自由の保障の意義について検討するものであり、この限りで、実体的デュープロセス理論が列挙されていない権利の創設をする機能を有するかについては十分な考察をしたわけではなく、実体的デュープロセス理論の意義自体を否定するものではない。


そして*Windsor*判決からわずか2年後、連邦最高裁は同性愛者の婚姻する基本的権利を承認した。連邦最高裁が承認したこの基本的権利にはどのような特徴があるのか。婚姻に関して決定する州政府の権限に対し、どのような法的拘束力を有するのか。次章にて、この点につき検討したい。

* 〔初出〕「立法裁量に対する善の価値—同性婚をめぐるアメリカ憲法の議論を題材にして—」法哲学年報2014「立法の法哲学：立法学の再定位」日本法哲学会編（有斐閣、2015年）206〜217頁。本章は、これに加筆し、修正を加えたものである。
（1）芦部信喜『人権と憲法訴訟』（有斐閣、1994年）71頁。
（2）また、修正9条や特権と免除条項による保障についても指摘されるが本章では扱わないことにする。
（3）*E.g.,* JOHN HART ELY, DEMOCRACY AND DISTRUST: A THEORY OF JUDICIAL REVIEW (1980). 邦訳として、ジョン・H・イリィ『民主主義と司法審査』佐藤幸治・松井茂記（成文堂、1990年）。
（4）Lynn D. Wardle, *Loving v. Virginia and The Constitutional Right to*

*Marry, 1790-1990,* 41 HAW. L.J. 289, 291 (1998).

(5) EVAN GERSTMANN, SAME-SEX MARRIAGE AND THE CONSTITUTION 79 (2nd ed. 2008).

(6) 95 U.S. 714, 734-735 (1877).

(7) 98 U.S. 145, 165-166 (1878).

(8) 125 U.S. 190. 205 (1888).

(9) GERSTMANN, *supra* note 5, at 80.

(10) *See* ALEXANDER HAMILTON, *Remarks on an Act for Regulating Elections,* New York Assembly, 6 Feb. 1787, in THE PAPERS OF ALEXANDER HAMILTON 34, 35 (Harold C. Syrett ed., 1962).

(11) Pennoyer, 95 U.S., at 733.

(12) *See generally* Lochner v. New York, 198 U.S. 45 (1905).

(13) Meyer v. Nebraska, 262 U.S. 390 (1923).

(14) Meyer, 262 U.S., at 399.

(15) GERSTMANN, *supra* note 5, at 82.

(16) *See* Bruce Ackerman, *Beyond Carolene Products,* 98 HARV. L. REV. 713, 713-714 (1985).

(17) 316 U.S. 535 (1942).

(18) Skinner, 316 U.S., at 541.

(19) 388 U.S. 1 (1967).

(20) Loving, 388 U.S., at 12.

(21) Robert A. Destro, *Law and the Politics of the Marriage: Loving v. Virginia after Thirty Years: Introduction,* 47 CATH. U. L. REV. 1207, 1219 (1998).

(22) Loving, 388 U.S., at 7.

(23) GERSTMANN, *supra* note 5, at 87.

(24) 434 U.S. 374 (1978).

(25) Zablocki, 434 U.S., at 383-384.

(26) GERSTMANN, *supra* note 5, at 88.

(27) Zablocki, 434 U.S., at 386.

(28) GERSTMANN, *supra* note 5, at 88.

(29) William M. Hohengarten, *Note: Same-Sex Marriage and the Right to Privacy,* 103 YALE L.J. 1495, 1507 (1994).

(30) 482 U.S. 78 (1987).

(31) Turner, 482 U.S., at 94.

(32) 例えばKenneth Karstは、婚姻に対する権利という考え方について、婚姻の権利が確実に存在するとして熱烈にこれを肯定した。Kenneth L. Karst, *The Freedom of Intimate Association,* 89 YALE. L.J. 624, 667 (1980).

第 4 章　立法裁量に対する善の価値

(33) *E.g.,* Baker v. Nelson, 291 Minn. 310, 191 N.W.2d 185 (1971); Jones v. Hallhan, 501 S.W.2d 588 (Ky.App. 1973); Singer v. Hara, 11 Wash.App.247, 522 P.2d 1187 (1974).

(34) *E.g.,* Baker, 291 Minn., at 311-312.

(35) U.S. CONST. amend. IX.

(36) Baker, 291 Minn., at 312-314. 連邦最高裁はその後、連邦上の実体問題を欠くとして却下している。Baker v. Nelson, 409 U.S. 810 (1972).

(37) Singer, 11 Wash.App., at 250-251.

(38) Jones, 501 S.W.2d., at 589.

(39) 381 U.S. 479 (1965).

(40) *See* WILLIAM N. ESKRIDGE, JR., & NAN D. HUNTER, SEXUALITY, GENDER, AND THE LAW 316 (3rd ed., 2011).

(41) 74 Haw. 530, 852 P.2d 44 (1993).

(42) Lewin, 74 Haw., at 556-557.

(43) 1996 WL 694235 (Hawai'i Cir. Ct. 1996).

(44) 440 Mass. 309, 798 N.E.2d 941 (2003).

(45) 517 U.S. 620 (1996).

(46) Goodridge, 440 Mass., at 333.

(47) Goodridge, 440 Mass., at 333-334.

(48) In re Marriage, 43 Cal. 4th 757, 183 P.3d 384 (2008). また、伝統はやむにやまれぬ利益を十分に満たすものではないとされた。

(49) In re Marriage, 43 Cal. 4th., at 781-783.

(50) MICHAEL J. SANDEL, JUSTICE: WHAT'S THE RIGHT THINGS TO DO? 253-254 (2009).

(51) Linda C. McCain & James E. Fleming, *Respecting Freedom and Cultivating Virtues in Justifying Constitutional Rights,* 91 B.U. L. REV. 1311, 1315 (2011).

(52) 188 N.J. 415, 908 A.2d 196 (2006).

(53) 188 N.J., at 458-460, 908 A.2d 196, 221-223.

(54) 同性婚の承認を求めて、この州憲法改正が修正14条に違反するとの訴訟が提起されたが、連邦最高裁は原告適格を否定し棄却した。Hollingsworth v. Perry, 570 U.S. 693 (2013).

(55) McCain & Fleming, *supra* note 51 at 1327. 善の価値を押しつけることと、その追求の相違が強調されている。

(56) *See* United States v. Carolene Products Co., 304 U.S. 114, 152 n.4 (1938).

(57) Skinner, 316 U.S., 541.

(58) Wardle, *supra* note 4, at 299.

(59) *Id.* at 300.

*403*

(60) *Id.* at 301.

(61) GERSTMANN, *supra* note 5, at 93.

(62) *Id.*

(63) *Id.* at 93-94. また、Griswold判決では、夫婦が寝室で避妊具を使用する権利がプライバシーの権利として保障された点を考慮すると、夫婦ですら子どもをもたない権利が承認されたと理解できる余地があるため、婚姻の権利と生殖の権利は結合した一つの権利として捉えられるべきではなく、あるいは、婚姻の権利が生殖の権利から派生したと考えられるべきではなく、重なり合う部分は有しながらも、それぞれ独自の意義を持った権利として捉えた方が妥当であるように思われる。

(64) Zablocki, 434 U.S., at 385.

(65) GERSTMANN, *supra* note 5, at 96.

(66) ESKRIDGE & HUNTER, *supra* note 40, at 317.

(67) 163 U.S. 537, 559 (Harlan, J., dissenting) (1896).

(68) 539 U.S. 558 (2003).

(69) 478 U.S. 186 (1986).

(70) Noa Ben-Asher, *Conferring Dignity: The Metamorphosis of the Legal Homosexual,* 37 HARV. J.L. & GENDER 243, 254-256 (2014).

(71) 570 U.S. 744 (2013).

(72) Ben-Asher, *supra* note 70, at 260.

(73) U.S. CONST. amend. XIV, §5.

(74) U.S. CONST. art. 4, §1.

(75) 合衆国憲法における連邦と州の権限関係に関するこれらの条項に言及がなかった点は、婚姻を定義する州の権限に対する連邦議会の権限が連邦のバランスを崩すという側面を指摘しながらも、この事件が連邦制度の問題ではないとKennedy判事が強調した点と整合的である。

(76) Windsor, 570 U.S., at 776-778 (Scalia, J., dissenting). 確かに、裁判所が訴訟を開始できるか否かは管轄権の問題だが、法廷意見が第一に依拠した合衆国憲法3条は、管轄権ではなく連邦の司法権が連邦裁判所に帰属することを規定する箇所である。そのため、管轄権の有無に関する主張は、すなわち、連邦議会の制定した法律の合憲性を審査する裁判所の司法審査権の正当性の問題を孕むものである。Kennedy判事は、執行府によるWindsorの法的地位への賛成は、合衆国憲法3条の要請を否定するものではないとする。

(77) Windsor判決での連邦最高裁の管轄権については、第一に合衆国憲法3条の事件と争訟の要件を満たさなければならないが、Windsor判決では3条の要件は満たしているとKennedy判事は判断する。つまり、執行府の立場が手続上の困難な問題を提起するのは、これが、合衆国憲法3条ではなく、裁判所が自らに課す敬譲的な制約によって管轄権を行使すべきではないとの点が考慮される。

第 4 章　立法裁量に対する善の価値

(78) *See* Nigel Simmonds, Central Issues in Jurisprudence 14-15（3rd ed., 2008）.

(79) ただし、Finnis自身は同性婚を否定する。しかし同性婚を否定するFinnisの議論は、同性愛者の性行為の道徳的観点から婚姻について考察するものであるが、このような婚姻の意義の捉え方はアメリカの判例の立場とは一致せず、またコミュニティーの多数が承認すれば同性婚も認められる可能性があると思われるため、Finnisの同性婚否定の議論はあまり説得的でないように思われる。*E.g.,* John M. Finnis, *Law, Morality and "Sexual Orientation",* 69 Notre Dame Law Review 1049（1994）. 本章ではこの点ではなく、Finnisの善の価値が有する意義に注目する。

(80) John Finnis, Natural Law and Natural Rights 15（2nd ed. 2011）.

(81) *Id.* at 14-15, 126-127.

(82) Simmonds, *supra* note 78, at 125.

(83) Finnis, *supra* note 80, at 121.

(84) Windsor判決後の連邦控訴裁判決において、修正 5 条ではなく、修正14条デュープロセス及び同平等保護条項を根拠にして、同性婚を禁止した州憲法及び制定法が違憲と判断された。Bostic v. Schaefer, 760 F.3d 352（4th Cir. 2014）. 州外で有効な同性婚を州内で禁止するとした州憲法及び州法が修正14条平等保護とデュープロセスに違反すると判断された。婚姻するか否か、誰と婚姻するかは人生を左右する重要な選択、決断であり、同性婚を禁止することは同性愛者の社会参加を禁止するため修正14条に違反するとされた。

(85) これは、修正14条デュープロセス条項による実体的価値に同性愛者の婚姻する権利が含まれることを州政府に対して要請するとの意図ではない。

# 第5章　アメリカ判例法理における
## 　　　「基本的」権利の非強制性について

—同性婚に対する法的プロセスでの裁判所の権限[*]—

## はじめに

　本章は、アメリカの合衆国憲法に明文規定のない権利を保障する裁判所の権限について考察するものである。特に、従来判例においてプライバシーとして保護されてきた事例を取り上げながら、その中で裁判所が語ってきた「基本的権利」Fundamental Rightsの性質を検討したい。

　本章はこの点を考察するのに、Ashutosh Bhagwatの見解を参考にする。[(1)]Bhagwatの憲法上の権利の考え方は、判例において語られる基本的権利を考察する際に有意味であると思われるためである。

　Bhagwatは、現代アメリカでは多くの人が憲法上の権利に関する考え方をもっており、そこには一定のコンセンサスがあるという。それは、アメリカ人の憲法上の権利観念は、個人に保護されるものであり、また不可侵の権利として捉えられている点である。つまり、アメリカ人が権利について語るときに意味することは、Bhagwatによれば、ある特定の自由Freedomとして認識される。[(2)]この意味での権利とは、他人の干渉を受けずに、特定のやり方でふるまったり、行動したりしなかったりするための資格である。ある行為が権利として保障されることは、（もちろんその範囲には制約が伴うが）その保障範囲内であればその行為をすることに干渉されないことはもちろん、その行為を行っても刑事訴追を受けないことを意味する。この保障範囲内では諸個人には自らが保障範囲に含まれると考える行為をする資格があり、諸個人にそのような自律を付与することに権利の本質があるとされているのである。[(3)]

*407*

そして、人民に共有された権利に対するこのような考え方を法的に理論化した論者としてRonald Dworkinが挙げられる。Dworkinは判例理論を参照した結果、権利観念として、切り札としての権利を主張する。それは道徳的[4]価値に基づく法的権利の主張であり、権利観念の基底には平等の観念が存することが主張される。Dworkinの切り札としての権利観念は、現代アメリカ人民がもつ権利観念に合致するとBhagwatはいう。それは、切り札という観念が個人の選択に干渉する他者を排除するという意味での個人の権利の捉え方と非常に調和するためである。このとき、個人の権利に対峙するのは[5]集合的な利益であり、これは政府による個人への干渉を正当化する際に用いられるものである。この点については、憲法の権利が政府に対峙する点を考慮すれば、自然な捉え方であるとBhagwatは述べている。

　Dworkinの見解が広い支持を得ながらも、ただし権利に関する考え方の主張はこれに尽きるわけではない。Bhagwatは利益衡量を次に挙げる。

　Bhagwat自身が認識するように、確かに、利益衡量は権利観念に関する説明や定義を与えるというより、裁判所の判断形成過程において多く用いられる手法といえる。利益衡量する際、裁判所は一方で、個人は憲法に基づく[6]権利を有することを、他方で、この権利を制約する政府利益があることを確認し、両者の価値を対抗させ衡量する。このとき、個人の権利が重要であるほど、その制約を正当化するための政府利益もより重要でなければならない。[7]Bhagwatによれば、権利が絶対的ではないこと、そして、裁判官は個人の権利が社会に劣位すべきときを決めることができるし、また、これを決めなければならないことが前提にある点を利益衡量の核心とする。[8]

　確かに、「権利を有する」ことが意味する機能として、Dworkinの切り札の権利や道徳に基づく理論は権利に関するアメリカ人民のコンセンサスと非常に適合的であるとBhagwatはいう。またBhagwatによると、「権利を有す[9]る」ことが意味する内容について、切り札としての権利観念と利益衡量は共通することが多いとされる。どちらも、特定の行為に従事する資格を構成するものが権利であるという考え方を共有しており、また、権利が諸個人に帰

第 5 章　アメリカ判例法理における「基本的」権利の非強制性について

属するという点でも共通している。[10]そして、どちらの理論も現代の権利論を先導するものであるが、Bhagwatによればそれは、権利がどのように作用すべきか、そして、実際に作用するかに関する理論として捉えられる。[11]つまり、権利そのものに関する理論としては、根本的に誤りであるとBhagwatは主張するのである。

　憲法上の権利は個人的Personalなものではなく、また、権利観念自体が憲法上の議論に対して寄与するものはほとんどないとBhagwatは述べる。[12]Bhagwatの基本的な態度は、憲法上の権利という観念自体が神話であるというものである。[13]また権利章典は、今日に理解されているような、個人の諸権利を創設することを目的とするものでさえないとされる。Bhagwatの意図は、権利章典が重要ではないということではなく、これらの権利条項はアメリカの政府の構造の本質的部分を形成するものであり、決して個人の権利を創設するものではないことにある。確かにこれらの権利条項は、個人の権利を創設すると理解され続けてきたが、実際にはこれらのどれも本当の個人の権利を創設するものではないとBhagwatは主張する。[14]

　つまりBhagwatは、現代に広く流通する権利観念の問題点を指摘するのである。この考えによる権利とは、他人、特に政府の介入から自由に、特定のふるまいに従事する（あるいは従事しない）ための許可書として理解される。「権利を有していること」とは、個人にその個人的な生活領域での自律領域を創設する権能を付与することである。特に憲法上の権利は、そのうちの基本的なタイプの行為を特定し、この行為を政府の介入から保護する。

　Bhagwatはこの命題から、憲法上の権利の要素として二つを指摘する。[15]一つは、憲法上の権利が特定の種類の行為に対しては政府の介入から強力な保護を受けることであり、もう一つは、憲法上の権利が個人によって保有されるものであることである。いずれかが欠ければ、権利は存在しないというのが共通の理解であるという。

　Bhagwatはこの理解の下で「権利を有すること」の意味として可能なものはただ一つであり、それこそBhagwatが主張する、憲法と権利章典は権

*409*

利を創設するものでは全くない、というものである。

　Bhagwatがこのような主張をするときの意図はおそらく、Dworkinの権利観念を採用すれば、それは実際にはその命題に言われるような権利自体が存在しないことになること、そしてまた、Dworkinが主張するような権利観念自体が誤りであるという点であろう。

　憲法上の権利観念自体が神話であるというBhagwatにとって、権利条項は個人に権利を付与するものではなく、政府の行為に制約を課すものである。そして憲法問題を論ずる際に個人に権利を付与することからアプローチするのか、それとも政府の行為に制約を課す議論として展開するのかには大きな違いがあるとBhagwatはいう。Bhagwatによれば、個人の権利の議論は無益で空っぽの議論であるが、政府に課される制約の議論はより生産的な議論として捉えられる。<sup>(16)</sup>

　つまりBhagwatにとって憲法が示唆するのは個人の権利ではなく政府の行為であり、憲法問題において問われるべきは、個人の権利に対抗する政府利益ではなく、その政府行為が憲法によって制約を課されている範囲であるか否かにあるとされる。政府の行為が合憲か否かの判断は、個人との関係から生じるものではないためにBhagwatは利益衡量を批判する。<sup>(17)</sup>

　Bhagwatの見解は、憲法の意義のすべてを政府の権限の観点において考察する点に特徴がある。これは憲法上の権利に関する通常の理解とも、また判例の理解とも異なる。どのようにすれば、このような権利観念が成り立つのか。Bhagwatの権利論は、権利章典や修正14条を含む、権利条項の中に明文で規定される権利に関してもその「権利性」を否定するものである。それは、権利として明文規定される価値をもっていたとしても、個人の権利は存在せず、政府の権限の観点においてのみ語られるべきことを主張するものである。

　このBhagwatの議論は、憲法上の権利観念に対するアプローチとしては、これを否定するものであるため、一見すると、憲法上の権利観念の分析からは遠ざかる理論であるように思える。しかしこれは、明文の根拠規定がある

*410*

第5章　アメリカ判例法理における「基本的」権利の非強制性について

ためにこれまであまり問われてこなかった憲法上の権利の存在根拠を問う理論といえる。これは、明文規定のない権利について議論する際に必要となる。またBhagwatの議論は、裁判所が語る権利の正当化理論を提示するものでもある。[18]

　本章は、明文規定のない権利に対する裁判所のアプローチとしての基本的権利の性質がいなかるものかについて、同性婚の判例を取り上げ、Bhagwatの見解を参考に考察する。

## 1　「権利」に関するAshutosh Bhagwatの見解

### 1.1　憲法上の権利に対する構造的アプローチ

　Bhagwatが憲法問題を政府の権限において考察すべきと主張するのは、政府の権限が濫用されないための憲法の役割を重くみるためである。そしてこの政府権限は、人民主権に違反してはならないとの観点から判断される。Bhagwatは、アメリカの統治構造において憲法、そして権利を理解すべきことを主張する。まずは、Bhagwatの権利に関する見解の整理を試みたい。

　Bhagwatの権利観念は現代のアメリカの人々や法学者の間で広く共有されている捉え方とは異なるものである。Bhagwatによると、アメリカ合衆国憲法が保障する権利とは、伝統的な（つまり、合衆国憲法や権利章典の起草者や、19世紀の法学者や政治学者が認識していた）権利観念に基づくものであることが主張される。[19]　権利の性質に関する現代での捉え方と伝統的な法理論には深刻な乖離があるため、前者は憲法の権利の実体とは異なるものであることが指摘される。Bhagwatは、両者の乖離はアメリカの歴史を通じて形成され、[20]　建国期の権利観念はその意味と目的の面で現代とは異なる特徴を有していたという。

　もし現代で広く支持される権利観念と伝統的なそれが異なるだけであるなら、アメリカの歴史を通じて権利観念が変容する可能性は大いにあるため、その相違は問題にはならないかもしれない。しかしBhagwatによると、現代の裁判所が権利章典や他の権利条項（特に、修正14条）を実施する際、裁

*411*

判所は伝統的見解に依拠していると分析される。つまり、このとき裁判所は個人の自律領域の保護ではなく、政府の権力濫用をコントロールするために企図された集合的手段としての権利観念に依拠しているとBhagwatはいう。そのためにBhagwatは、権利に関する伝統的見解を理解する必要性を訴えるのである。

Bhagwatによると、伝統的な権利の性質、つまり建国期の自由や権利の観念の特徴として、これが政治的な意味で捉えられていた点を挙げる。アメリカの統治システムの基礎には人民主義に基づく主権の考え方が置かれ、この考えを基に、政府（治者）と人民（被治者）の政治協約に基づく関係性ができる。権利とは、この両者の政治的関係性において捉えられることとなり、これは専制君主に対抗する人民の権利という考え方である。つまりBhagwatは権利を民主主義における人民の権利として捉えるのである。

Bhagwatによると権利や自由の観念は、専制君主に対抗する人民という政治的関係性から必然的に生じる争いの中から権利や自由の観念が生じたものとして推測され、そこから、建国期の権利観念は、個人ではなく集合体としての人民が国家に対抗するとの図式において理解されていたという。これは、個人が保有するという（現代の）権利観念とは明らかに異なる捉え方である。

Bhagwatによれば、この見解は憲法及び権利章典のなかにもとり入れられており、そのため、ここに規定される権利とは、専制的な権威から集合体としての人民を保護する点に核心があるとされる。

そのため、憲法上の権利は個人に帰属するとの従来の見解に対して、Bhagwatはこの権利が人民に帰属するものであるとして観念する。合衆国憲法の起草者の考えとして、中央の連邦政府の権限を制約する手段として権利が観念されていたとBhagwatはいう。

Bhagwatが分析する伝統的な権利観念によると、これが集合的な人民に属するという点、そして民主主義という構造的な観点からアプローチしているという特徴を指摘できる。つまり、憲法の権利観念の考察として伝統的な

*412*

第5章　アメリカ判例法理における「基本的」権利の非強制性について

見解を参照するBhagwatの理論は、政府の統治構造や政治的プロセスの観点から憲法の特徴を理解するものである。この点において彼の理論はJohn Hart Elyのプロセス理論と共通している。実際、Bhagwat自身がElyの理論に多分に影響を受けていると述べている[29]。

　Elyの著である『民主主義と司法審査[30]』は司法審査の理論を提供したものであり憲法上の権利論を述べたわけではないことを認識しながらも、Bhagwatはこの理論において憲法上の権利論に対する重要な示唆がなされているという[31]。Elyと共通する点としてBhagwatは、憲法上の権利を理解する際に構造的アプローチを採用している点を挙げる。Elyは政府の正統なプロセスを保障する点にアメリカ合衆国憲法の特徴を見出していた。自由Libertyの維持のため、合衆国憲法がどのような方法を用いたのかといえば、それはすべての人に開かれた政治プロセスを保障することによってであり、その結果として多数者だけではなく少数者に対しても同様に等しく配慮するという代表者の役割が強調されていた。つまり、実体的価値そのものというより、実体的な選択を行うための決定プロセスが全ての人に対して開かれている構造を保障することによるというプロセス理論をElyは展開していた。

　BhagwatはElyのプロセス理論に対して、より実体的な側面に注目したアプローチを採用する。それは、自由な社会において存在すべき市民と国家の関係性に関する特定モデルを満たすものとして憲法を捉える点に表れるという[32]。そのため、Bhagwatは、特定の実体的価値の実現（政府の影響から独立した市民的制度の維持の重要性など）を憲法が保障すべきものとして捉えることになる。

　すでに指摘したように、Bhagwatは現代において広く受け入れられている権利観念とは異なる考えを有する。現代の観念によれば、憲法上の権利は個人に帰属するとされる傾向があり、またそこでは常に義務が語られるわけではない。Bhagwatはこのような現代の権利観念が孕む問題点をWesley Hohfeldの権利の捉え方に依拠しながら指摘する[33]。

　Hohfeldの権利観念は、「通常の」場合に意味する権利の捉え方とは異

*413*

なるものである。Hohfeldは、法学者を含め、人々が通常用いる「権利Right」という言葉が、多様かつ複合的な意味で使用されている状況を問題として認識し、これによって誤解、訴訟、紛争や一貫性のない判決の原因になっていることを懸念する。また、このような終わりのみえない議論と紛争は、憲法解釈論上の争いを生む原因であることも指摘する。[34] そこでHohfeldは権利を含めた基本的な法的観念としての新しい整理を試みる。

　Hohfeldは、実際の裁判において使用される「権利」という一つの用語が、多様に展開した意味や役割、機能をもって語られていると考えられることから、一つの用語の意味を明確に捉えるため、その意味をもっと単純化すべきことを主張する。そこでHohfeldは、権利を相手の義務を引き出すほどの積極的な主張に限定する。[35] これにより、通常の使われ方での「権利」が包含するそれ以外の意味を権利の意味から排除したのである。

　Hohfeldのこの権利の捉え方は、彼の提唱する、権利を含めた八つの基本的観念の分類による。その分類方法はこうである。Hohfeldは二人の個人間の法的関係性に注目し、法律家や裁判官によって極めて重要だと認識される法の基本的観念として八つを挙げる。この際、Hohfeldは一つの法的関係が二つの異なる視点から描かれる点に注目する。つまり、一つの関係は二つの目的を有することになる。[36]

　Hohfeldの基本的観念の分類は、二人の個人間の法的関係性から生じるこの前提を軸にして構成される。ある者の「権利」は、別の者の行為に対する支配を意味し、この権利と相関関係をもつもう一方の者の「義務」は、権利者の利益のための強制を意味することになる。

　そのため、基本的観念に関するHohfeldの整理は、一方の個人の視点から語られる観念と、もう一方の個人の視点から語られる観念とが相関関係にあるものとして分類される。[37] そして、一つの用語（権利や義務など）は一人の個人に対応して捉えられるのである。

　Hohfeldは、通常の用語として用いられる権利の内容が、四つの内容をもつとして「権利」を四つに分類する。つまり権利に加え、特権Privileges、

第5章　アメリカ判例法理における「基本的」権利の非強制性について

権能Powers、免除Immunitiesを見出す。さらに、これらに対応して、も
う一方の個人が有するのが、それぞれ、義務、無権利No-Right、責任
Liability、無能力Disabilityである。これらは、権利を分類した最初の四つ
の観念が有する法的利益に対応する、法的責務としての特徴を有している。
このようにしてHohfeldにより、それぞれの観念が一つの意味を有するもの
として整理し直されたのである。

　Hohfeldは、権利という一つの用語が多様な用いられ方をするために生ず
る紛争等を解消するために、一つの用語がもつ意味や機能を一つに限定する
ことを提案した。その考えと用語が一対一で対応するように権利観念を整理
したのである。これにより、ある特定の用語が有する意味が明確になり、そ
して、自分の考えを的確に相手に対して伝えることが可能となる。そのため、
どの用語を使用するかの選択も重要な意味をもつ。

　Hohfeldを参照するBhagwatの権利観念の特徴として、Bhagwatが権利
と義務の法的関係に留意している点が挙げられる。ある者が権利を有するの
は、これに対する他者の義務が存在している場合に限定される。

　Bhagwatはこの権利観念を参照して、憲法の権利を含む、現代の権利に
関する広く共有された考え方は、Hohfeldが分類する権利の範疇には収ま
らないという問題点を指摘する。現代に共有される権利観念の多くは諸個
人が保有する自由として憲法の権利を捉えるため、このような権利観念は、
Hohfeldの分類を基準にすれば、義務を伴わない「特権」として理解するの
が適切なように思えるとBhagwatはいう。

　なぜ、現代の権利観念は（Bhagwatの分類での）「権利」とは範疇化でき
ないものを権利と称してしまったのか。Bhagwatによると、建国期におけ
る権利の観念には二つの意味があったにもかかわらず、これら両者の区別
が明確ではなかったことにあるとされる。その明確にされるべき区別とは、
「自然権」と「組織化された社会における権利」である。

　この自然権とは、Bhagwatによれば、全ての個人が享受する権利であり、
そしてこの個人は、いかなる社会からも切り離された存在として描かれる。

*415*

このように特徴づけられる自然権は必然的に個人に帰属するものとして捉えられ、ゆえに個人の自由や自律とも結びつく。Bhagwatは、現代の権利観念はこの自然権の観念に対応するという。

Bhagwatは、個人がいったん社会と関係をもてば、社会の利益のために自己の利益を放棄しなければならない場合があるとした上で、このような自然権が法的に強制されるものとして考えられていたかは疑わしいという。[47]たとえ法的な強制可能性があったとしても、このような自然権は政府との関係において捉えられる権利観念の中心にはないとして、政府との関係から成り立つ社会における権利は集合的なものとして捉えられるとBhagwatはいう。権利観念として捉えられるべきは組織化された社会における権利であり、この権利は、Bhagwatによると、政府の権威を抑制するためにその権限を人民のコントロール下に置くため、あくまで権利の帰属先は人民として捉えられるのである。[48]

このようにBhagwatは、権利の強制（実施）の観点を強調することで現代の権利観念が依拠する自然権が権利観念を考察する際にふさわしくないと主張し、権利観念の考察における強制の観点へ注意を払わなかったことで自然権と社会における権利、すなわち法的権利の区別が希薄になったという。[49]

Bhagwatによると、裁判所が実施する法的権利とは、つまり、個人の自律を保護する役割というより、政府の恣意的な権限行使を抑制する役割をもつものである。専制的な政府に対抗するのは個人の自律のための権利利益ではなく、集合的な人民の保護にあると考えられるためである。[50]

憲法が創設するのは統治システムであり、個人に帰属する権利を憲法が創設しているわけではない。[51]憲法は統治目的と政府の権限に関する規定を置くことによって政府を創設した。そして憲法によって創設される政府の権限は、憲法及び主権を有する人民によって与えられた範囲に制約される。『ザ・フェデラリスト』にて、権利条項がなくとも憲法自体によって政府の権限に対する制約は課されており、また特定の権利条項を憲法典に置くことによる制約はアメリカの新しい憲法にはふさわしくないとのAlexander Hamiltonの

第 5 章　アメリカ判例法理における「基本的」権利の非強制性について

言葉を引用して、Bhagwatは、権利章典を置くことよりも中央政府の構造の規定とこの政府の権限に対する内在的制約こそ人民に対する実効的な保護としてはるかに効果的であるという。[53]

　人民主義に基づく主権の考え方を基盤として、具体的には、二院制を採用する連邦議会の構造と、そしてこの機関が民主主義に基づき負う責任がある。[54]また連邦機関の権限を抑制する機関として執行府[55]と司法機関[56]が置かれた。[57]このような点から、Bhagwatは起草者の考え方の特徴として、権利章典と政府の恣意的な権限行使を制約することを目的とした憲法の構造条項の間には相違が認識されていなかった点を指摘する。[58]Hamiltonによって言及された連邦議会の権限に対する制約ですら、事後法の禁止やヘビアスコーパス令状の保護によるものなど、個人の自律領域への保護ではないとBhagwatはいう。むしろこれらは、誤った政府の権限行使に対する制約として捉えられるべきであるため、権利は抑圧的政府から人民を集合的に保護するものとして認識されるべきものであるとBhagwatはいう。[59]

　ただ実際には、フェデラリストの主張とは異なり、結局は権利章典となる修正条項が新たに憲法に付け加えられた。しかしBhagwatはこれによって権利の集合的な特徴が失われたわけではないという。[60]Bhagwatは修正条項が制定されるに至った背景とその文言から、修正条項においても権利に関する集合的見解が維持されていることを主張する。多くの修正を経ながらも、権利章典の中心的部分を担ったJames Madisonの見解に依拠してBhagwat[61]は、政府の権限を制約し、民主主義の質を保護することに権利章典の本質があるという。つまり、権利章典においても、個人の自律の観念は必要ではなく、集合善のために政府権限を制約する必要性が強調されているというのである。[62]

## 1.2　人民による圧制と合衆国憲法修正14条の意義

　Bhagwatは、憲法及び権利章典の目的と作用について、構造的アプローチ[63]により理解する。この見解では、権利章典もまた集合的な人民を抑圧的政

*417*

府から保護するため、そして人民の政府に対する優位性を確保するための道具として理解される。[64]

　Bhagwatはこの見解をアメリカ合衆国の建国期の考えに依拠し導いているが、しかしアメリカはその後、政府の構造に基本的な変化をもたらす出来事として、南北戦争やニューディール期を経験している。[65]特に南北戦争後には、修正13条から15条までが新たに加わった。その中でも特に、修正14条による憲法上の変化について述べるAkhil Amarの見解に注目できる。

　AmarはBhagwat同様に、憲法上の権利に対して構造的アプローチを採用する。[66]Bhagwatもまた、修正14条による合衆国憲法の構造に変化をもたらす意味をもつこと自体には異議を唱えない。その変化がもたらす影響は、合衆国憲法の歴史において1791年の権利章典の採択以降で最も大きなものであるという。[67]その意義についてBhagwatは、修正14条が連邦議会によって提案された経緯などその背景を含めて検討し、南北戦争後の南部の再建計画に対する憲法上の基礎を提供することに根拠があるという。[68]南部の州議会は、南北戦争後もアフリカ系アメリカ人への差別的取扱いを継続させるため彼らの市民的権利を奪うような法律を制定しようと試みた。Bhagwatによると、修正14条は南部でのこのような州の行為を終わらせる意図があったとされる。そのため、修正14条の主たる目的は、人種に基づく差別の禁止であったという。[69]そこで修正14条５節[70]は、連邦議会に対してこのような南部州の行為を禁止する立法を可決させる権限を付与したという。[71]ただしBhagwatは修正14条の中でも、現代の立憲主義にとって中心的な条項をその１節[72]に求める。[73]

　AmarはBhagwatと同じく、合衆国憲法上の権利観念について、建国期の権利観念としては起草者の多くが個人ではなく人民（市民）の権利として集[74]合的な捉え方がなされていたとする。しかし、これは再建期に大きく変化したという。特に修正14条について、憲法典に新たに取り入れられたこの条項により憲法はよりリバタリアン的な考えを導入したとAmarは述べる。[75]

　元々の権利章典では市民（人民）の権利と州の権利は結び付いたものとして理解される傾向があったが、修正14条では市民と州に対する権利の観念が

第 5 章 アメリカ判例法理における「基本的」権利の非強制性について

引き離されているとAmarは述べる。元々の権利章典が政府に対抗する集合的な人民の保護を目的としていたのに対し、修正14条は人民の多数派によって権威づけられる政府に対抗する少数派を保護することに重点が置かれている。前者は共和主義に基づき、後者はよりリベラルな考えを導入しているとAmarはいう。これは同時に、集合的ではなくより個人主義の考えを、公的に対してより私的な観点を、積極的ではなくより消極的な観点が示されているとAmarはいう。つまりAmarは修正14条により、政府に介入されない個人の自由な領域が創設されるとの考え方が導入されたとする。

再建期に権利観念が変容したとのAmarの主張は、彼の編入理論において表れている。Amarは連邦最高裁判決の中で示された理論、つまりBlack判事の全部編入説も、あるいはBrennan判事の選択的編入説も妥当ではないとして、新たに、精製された編入理論を展開する。Amarは修正14条1節により市民の特権または免除が州政府に対しても編入された点に注目し、編入論争において問われるべきは個別的な市民の個人的な特権であるか否かにあるとする。この新たに加わった修正条項により、Amarは再建期に憲法の権利観念にも変化があったことを主張するのである。それは、個人に与えられる権利の観念である。

またGarrett Eppsによると、修正14条の制定の意味については、元々の合衆国憲法が奴隷制度を認めた点で誤りであることを正す役割をもっていたことも指摘される。奴隷制度を容認した元々の憲法は自由と奴隷との間の妥協であり、死や地獄との契約であった。修正14条の起草者や南北戦争を経た後の世代の政治思想家らは、これらが誤りであったことを認識し、これらを正すために、人間に対する圧迫や不平等から自由にするための制度を憲法の中に組み込んだとされる。これは連邦と州に関する新たな理論を合衆国憲法に導入するものであった。元々の憲法は、連邦システムにおいて、奴隷州に対して連邦機関を効果的にコントロールできるほどの不均衡な力を与えるものであったが、この奴隷権力を州に付与することが誤りであったと認識されたのである。

*419*

奴隷権力は、奴隷制度に対する害悪のみならず、州がその内部での専制システムを維持し、その州内部からの過度な政治的影響を受けることを許すという政治的な側面をもたらしてしまうものであった。ここから、修正14条全体の意味として、連邦システムにおける州政府の強大な政治権力に対処する意味をEppsは示唆する。それは、南部奴隷州での民主主義に反する政治への矯正や、州政府が共和主義の基準に適合するような政治の運営のための連邦政府の役割である。[84]

Bhagwatは再建期における変化がアメリカ合衆国憲法のシステムに対して大きな変化をもたらしたことは指摘しながらも、Amarの見解に対しては、再建期に新たに取り入れられた修正条項も根本的には従来の憲法と異なるものではないという。[85]Amarはその変化について、憲法の権利観念の変容までもたらすものであったと言うが、それは新たにもたらされた憲法上の権利の内容と性質の範囲を広く捉えすぎているため、妥当ではないとBhagwatは主張するのである。

再建期における合衆国憲法システム上の変化としてBhagwatは、Amarが指摘するように、修正条項がもたらす連邦政府と州政府の間の新たな関係性を挙げる。[86]つまり人民は連邦政府のみならず、州政府に対しても合衆国憲法上の保護を受けることとなったのである。

しかしBhagwatは、Amarが主張するようなリバタリアン的な性質の憲法への導入についてはこれが裁判所の見解と異なる点を指摘する。[87]修正14条1節には、州政府によりアメリカ市民の特権または免除を制約してはならないこと（特権免除条項）、州政府は法の適正な過程なしに生命、自由または財産を奪ってはならないこと（デュープロセス条項）、そして州政府は法の平等な保護を何人からも奪ってはならないこと（平等条項）が規定されている。もしAmarの指摘するように、修正14条により州政府に対する個人の権利行使が保障されるとの考え方が採用されたなら、これらのいずれかの条項によって個人の実体的価値が保障されるとの見解が裁判所によって示されているはずである。Bhagwatは裁判所がこれを示してきていないという。

*420*

第5章　アメリカ判例法理における「基本的」権利の非強制性について

まず特権免除条項について、Amar自身はこの条項を根拠にして州政府に対する合衆国憲法による新たな制約の可能性を論じるが、1873年の*Slaughter-House*事件<sup>(88)</sup>では、修正14条により保護されるべき特権と免除が連邦政府に対してのみ存在するとの見解が示された点をBhagwatは指摘する。つまりこの中で裁判所は、個人の領域を創設する解釈を採用していないとBhagwatはいう<sup>(89)</sup>。確かに、修正14条の州と連邦政府の関係性を根本的に変える意味に配慮しなかった点についてこの判決に対する批判は強いが、それでも今日でも先例として維持され続けている<sup>(90)</sup>。Bhagwatは特権免除条項に関する裁判所の立場として、個人の領域を創設するとの解釈が採用されていないことを指摘し、それ以降は死文化したこの条項が個人の自律の権利という新たな法理を生み出すものとしては用いられていないことを指摘する<sup>(91)</sup>。

次にデュープロセス条項である。その文言からは、州政府に対する手続的制約のみを課す条項のようにも思えるが、1857年の*Dred Scott v. Sandford*以降<sup>(92)</sup>、この条項は州政府に対して実体的な制約をも課す条項として解釈されるようになる。象徴的な1905年の*Lochner v. New York*では<sup>(93)</sup>、修正14条デュープロセス条項を根拠に、個人の契約の自由という実体的な保護が自由の一つとして保護されると判断された。

このように、連邦最高裁が、個人の契約のように、憲法に明文規定されていない権利を州政府及び連邦政府の両者に対して実施する法理、すなわち実体的デュープロセス理論を採用してきたことをBhagwatは認める。さらにBhagwatは、このデュープロセス条項を通じて、権利章典による禁止が州政府に対しても編入された点を指摘する。

Bhagwatはいわゆる編入論争で連邦最高裁が採用する見解について、1960年代のWarrenコート以降は自然法の法理ではなく自動的な編入の方式を採用するとして<sup>(94)</sup>、今日では連邦政府と州政府に対する制約に相違はないとする。つまり、州政府に対しても適用され、編入されるべき価値の判断として、裁判所は文言やその歴史に依拠しており、憲法の文言や歴史によれば個人の自律領域の創設はその役割として考えられてきていないことを指摘する<sup>(95)</sup>。

*421*

また実体的デュープロセス理論についてもBhagwatは、この理論が個人の自律領域を創設する役割を担っていないという。確かに*Lochner*判決を代表例として20世紀前半に連邦最高裁は憲法上の権利に関する個人的な見解に依拠しながらも、Bhagwatは、第二次世界大戦以降にはこの見解が採用されなくなったという。特に1937年の*West Coast Hotel Co. v. Parrish*において、最高裁は*Lochner*判決のアプローチを採用しないことが示されている。[96]

　実体的デュープロセス理論に依拠して、憲法に明文規定されていない「プライバシー」を保護してきた一連の判決について、*Lochner*判決とは異ならない法理を採用していると思われるため、すでに否定されたはずのこの法理では正当化できていないとBhagwatはいう。つまり連邦最高裁自体の論理では、民主主義的な統治のための対抗手段としては捉えられておらず、保護されるべき実体的価値（その保護されるべき社会的道徳的価値がどのようなものであろうと）についての正当化理論が示されていないとBhagwatはいう。[97]

　最後に、平等条項の意義についてBhagwatは、平等な取扱いにおける少数者の保護の観点は、確かに、憲法における変化として非常に重要であるとする。つまり、人民であっても選挙による多数派の力が州政府によって濫用される可能性があることが現実として認識されたため、集合的な人民に対する政府という構造のみを捉えるだけでは人民内部で生じる多数派と少数派の対立に対処することができなくなった。平等原則はこの問題に対する中心的な役割を果たすとBhagwatは述べる。つまり、州政府は従来、連邦政府に対して人民を保護する役割を担う機関として認識されてきたが、再建期には州政府ですら多数派の意思を根拠に人民（少数派）の権利や権限、政治参加の機会を奪う州政府の側面が認識されるとの新たな視点が合衆国憲法に加わったのである。[98]州政府による差別をとり扱う中心的な条項が平等保護条項なのである。[99]

　そのため、修正14条の平等保護条項は州政府の権限を制約する。民主主義における専制としての州の多数派による少数派への圧制の認識である。少数

第 5 章　アメリカ判例法理における「基本的」権利の非強制性について

派の権利を保護する役割として、州の多数派の支配下に置かれていない連邦政府の権限が強調されるのである。これは連邦と州政府の関係に大きな変化をもたらした。

またBruce Ackermanは、再建期の共和主義的見解における私的財産の保有とその使用に関する自由な契約における平等が中心であったが、ニューディール期以降には共和主義の観念の中心には政治に関する構造が新たに置かれたことを指摘する。自己の利益のための財の再配分は政治的に支配的なグループの能力が認識されるに至り、個人やグループが自己の利益を保護するための州及び国家における政治生活への積極的な参加の重要性が強調される。[100]

20世紀中葉、連邦政府もまた偏見の感情にもとづく立法を行うことが認識されたため、連邦最高裁は平等保護条項を連邦政府に対しても適用するようになる。[101]

Bhagwatによると、今日では、修正5条デュープロセス条項を媒介にすることで、平等保護条項による州政府と連邦政府に対する制約は全く同様であるとされる。[102] Bhagwatは、自身の見解を今日では受け入れられたものであるとし、Amarの文言と歴史に依拠した編入理論では正当化されるか疑わしいという。[103]

そして、多数派による専制からの保護は平等原則がとり扱うべき中心課題であり、その少数派の実体的保護は実体的デュープロセス理論よりも優れていることをJackson判事の言葉を引用してBhagwatは述べる。[104] 平等原則は、政府による権力濫用に対する制約として、実質的に中立的な、そして制度的にも正当化可能な仕組みを導入するものであるとBhagwatは捉える。[105]

しかしBhagwatはそれと同時に、平等原則の特性を語ったJackson判事ですら、平等保護条項は政府から実体的権限を奪ったり個人の実体的権利を保護するものではなく、自然権の法理を導入するものではないことを強調する。[106]

以上から、BhagwatはAmarの主張するような、個人の権利の考えは判決において示されてきていないため妥当ではないという。

*423*

連邦最高裁による修正14条の解釈が、Amarの主張するような個人の自律領域を創設するものではないことを示した上で、Bhagwatはその意味として二つを指摘する。一つは、編入理論を通じて州政府に対しても共和主義による制約が課せられるようになったことである。もう一つは、平等条項を通じて新しい構造的な特徴が憲法システムに取り入れられたことである。つまりBhagwatは平等条項を構造的な特徴を有するものとして理解する。

Amarは再建期に個人の観点が権利に導入されたと主張したが、Bhagwatは平等を個人の特定の自律領域を保護するものとしてではなく、政府に対する公平性を確保するよう行為することを要請する条項として解釈するのである[108]。民主主義に反する状態が、政府と人民の間のみならず人民の間でも生ずるようになったというのは、政府がその要請に反したためであると理解される。

このように捉えた場合、問題はいかなる制約が政府に課されているかをどのように判断するかである。Bhagwatの構造的アプローチは、政府の行為の問題について、個人の権利利益の侵害という側面ではなく、政府の行為がその権限を濫用したか否かにより判断されるべきことを主張する。その判断は、政府の行為（政府はどのような行為をしているのか）と、目的（なぜその行為をしているのか）により判断され、個人の自律は問題とされないことになる[109]。

合衆国憲法は政府が行使できる権限を列挙することで制約を設ける。確かに連邦議会に付与される権限は合衆国憲法1条に列挙されるが、適切かつ必要な範囲に関しては明文により規定されていなくとも行使できるため、憲法[110]による列挙という方法は制約としては緩い。政府に対するさらなる制約の必要性から置かれたのが権利章典であるとBhagwatは主張するため、権利章典もまた政府権限を制約する意味をもつ。そして、政府の権限に対する（元々の）統治部分による制約と権利章典による制約の違いは、権利条項自体がもつ目的による制約であるという[111]。

しかし、修正条項の明文を見ても、政府の行為として禁止される範囲が明

*424*

第 5 章　アメリカ判例法理における「基本的」権利の非強制性について

確にされているわけではない。[112]この問題に対してBhagwatは、権利章典及び修正14条が創設された理由や、憲法システムにおける役割を問うことで解決すべきことを主張する。つまり、人民により付与された権限の範囲を政府は超えてはいけないという基本的な原則（人民に基づく主権の考え方や少数グループの政治的社会的地位を脅かしてはならないという原則）と、それぞれの特定の憲法条項の解釈により禁止される政府目的や行為を導くのである。[113]これらにより禁止される行為を政府が行っている場合、たとえその政府行為によって個人の自律や社会善を促進するとしても違憲と判断されるとBhagwatはいう。そしてこの判断を行うのは、裁判所である。[114]

　裁判所による政府行為の審査について、その行為が憲法に明示的に禁止されている行為に抵触する疑いがある場合に行うことができるとの主張には問題がないだろう。さらにBhagwatは違法な政府目的の場合にも裁判所による審査が正当化されるとした。*Romer v. Evans*では、同性愛者らに不平等[115]を課すコロラド州憲法修正 2 条の唯一の目的を政治的に不人気なグループに対するむき出しの敵意と判断することで、正当な政府目的ではないと判断された。Bhagwatは、このような違法な目的をもつ政府行為は禁止されるため裁判所の審査は正当化されるが、ただしこれは問題とされる政府行為が個人の憲法上の権利に抵触することではなく、特定の憲法条項の構造や機能から導出されるべきであるという。そしてBhagwatは、権利章典及び修正14[116]条の機能として民主主義社会の保護を指摘するのである。[117]

　特に修正14条は、政府権限に対する制約が憲法の明文規定に限定されず、より広い制約を課す機能をもつ。政府の行為が修正14条から問題とされる場合、裁判所はいかなる権限が政府に付与されているかを見極め、その制限を実行する役割をもつ。[118]この場合、裁判所が立法府の行為を違憲と判断した場合、その根拠は政府の政治的判断である政策の重要性ではなく、統治構造から課される政府への制約にあるとされる。[119]

*425*

## 2 民主的プロセスにおける司法審査の役割の一考察

### 2.1 「プライバシー」の判例に対する見解

　人民の意思に基づいて付与された権限を立法府が濫用した場合、その修正もまた民主的プロセスによって実現されなければならず、そこに修正14条を導入した合衆国憲法システムにおける裁判所の役割があるとBhagwatは主張する。そして裁判所の役割は、個人の自律の保護やその領域の創設ではなく、どのような権限が政府に付与されているかを特定することにあるとされる。

　Bhagwatのこの主張は、民主的プロセスにおける裁判所の役割を憲法の観点から主張する可能性を示すものである。ここではBhagwatの見解を参考に、いわゆるプライバシー[120]に関する裁判所の見解がどのように正当化できるかを検討したい。

　Bhagwatの憲法上の権利に対する構造的アプローチは、裁判所の判断が個人の自律や権利ではなく政府目的や行為について行われるべきことを主張する。そしてこの主張は、政府利益の正当性が個人の権利や利益に抵触する場合に裁判所が両者の衡量を行う手法の非妥当性につながる。

　裁判所が用いる判断手法として利益衡量が用いられるべきではないことをBhagwatが主張する際、その根拠は裁判所の制度及び能力の限界である。もし裁判所が政府の行為を個人の自律領域に基づき判断するなら、裁判所は保護されるべき個人の自律領域の判断を行うことになる。しかしBhagwatは、裁判所によるこの判断が中立ではない可能性があるために問題があると[121]いう。保護されるべき個人の自律領域の範囲とその保護の強さについて裁判所が判断する際、その根拠を裁判所自身が示していないため、憲法が裁判所に個人の自律に関して判断する権限を与えていると考えることは困難である[122]という。

　また、政策の現実的妥当性に関する判断能力は民主的正統性を有する立法府の方が裁判所より優れていると考えられるため、このような政治的判断に

*426*

第 5 章　アメリカ判例法理における「基本的」権利の非強制性について

介入する裁判所の権限は法の支配という原則を根拠にしても正当化すること
ができないとBhagwatはいう。立法府の判断を覆すのに裁判所がプライバ
シーという憲法に明文規定のない権利を根拠にした場合、まさにこの観点か
ら批判が起こる[124]。

　このような裁判所の理論について、Bhagwatは以下のように分析する。
確かに裁判所には立法府の判断を覆すための正当化根拠が必要となるが、民
主的正統性は使用することができない。代わりに裁判所が用いる個人の自律
という根拠は、裁判所が用いた場合、憲法上保護されるべき個人の自律領域
に関する判断が中立であるとは限らないため正当化根拠としては不十分であ
るという[125]。

　これに対し、個人の自律ではなく政府の行為の観点から判断するBhagwat
の構造的アプローチは、憲法上保護されるべき個人の自律領域について判断
する必要はない。違法な政府目的や憲法によって明示的に禁止される行為を
審査することで達成される。憲法を実行するためのアプローチとして最も優
れたものこそ、憲法上の権利に対する構造的アプローチであるとBhagwat
は述べる。

　個人の自律を創設する憲法上の権利というアプローチでは、政府が個人の
自律領域に介入した場合には常に憲法問題が生ずることになる。Bhagwat
によると、実際に政府の行為は個人の自律領域に絶えず介入するものとみな
すことになるが、このすべての政府行為が憲法問題として裁判所で争われて
いるわけではない。

　また、個人の自律アプローチでは、個人の権利が憲法上の保護を受けると
された場合、その政府目的を正当化するために過度の要求をする点も懸念さ
れる。政府行為が個人の自律領域に触れる場合すべてを憲法問題として捉え
るべきではなく、例えばScalia判事は、その政府目的が個人の自律に抵触す
る場合を問うべきことを主張する[126]。

　裁判所自身のアプローチに対するBhagwatのこれらの批判を踏まえたと
ころで、いわゆるプライバシーを保護したと解釈される一連の判決につき修

427

正14条の正当な解釈としてどのように理論化できるかをBhagwatの見解に沿って検討してみたい。

　Bhagwatは、*Griswold v. Connecticut*以降のプライバシーの法理を正当化する理論としてまず、自然権による方法を提示する。その特徴としてBhagwatは、不当な立法に対して、憲法典のどの部分とも関連しない利益の保護を裁判所が実施する点を挙げる。しかしBhagwatはその問題点として、これが憲法の構造的な性格と一致しない点、そして民主的政府の考えとも適合しない点を挙げる。自然権の理論は、憲法典とは関連しない利益を裁判所の判断により保護することになるため、道徳的問題を含む議論を人民から奪うため、代表民主制を採る憲法の構造と適合しないという。

　もし保護されるべき実体的利益の内容に対する人民のコンセンサスが形成されていれば、裁判官独自の判断と言い切ることはできないため、Bhagwatは民主的正統性を主張できる可能性を指摘しながら、価値観が多様化した現代アメリカ社会でプライバシーとして論争されてきた問題に対するコンセンサスが形成されていると考えることはできないとする。今日の知的文化的多元性から、もはや社会の基本的価値についてすらコンセンサスが形成されていないとBhagwatは述べる。明文規定なき権利について裁判官が自然権を根拠にする場合、保護されるべき実体的価値を区別する理由が示されていないため自然権に基づく理論を否定するのである。

　確かに、連邦最高裁判決の中には、憲法に明文規定をもたない権利を裁判所が述べる際、その価値を客観的な判断基準を示す努力がみられる。例えば、裁判所が保護することのできる「基本的」な権利について、アメリカ人の伝統や集合的意識に依拠することでアメリカの歴史と共有された理解の中に含まれている価値を「基本的」として、これに憲法上の保護を与えるという手法である。これは、アメリカの歴史と伝統に依拠し、人民に共有された価値（集合的価値）と生ける憲法Living Constitutionの考え方として展開するものである。これは*Lawrence*判決でも採用された考え方であることをBhagwatは指摘する。

第 5 章　アメリカ判例法理における「基本的」権利の非強制性について

　しかしBhagwatは、伝統や集合的価値に依拠したアプローチでは、これ
を確認する裁判官の制度上の問題点を説明できていないと批判する。しかも
裁判官が基本的であると判断した価値は憲法上の保護を受けるとされるため、
立法府の行為を違憲と判断する根拠にもなる。Bhagwatはこの点について、
アメリカ人民に共有された（と裁判官が判断した）価値を、なぜ人民の代表
である立法府の判断に対抗させることができるのか不明であるという。また
政治的能力の面で劣る裁判官に、基本的価値を判断する権限があるか否かも
正当化されていないため、根本的に民主主義に反するという。[133]

　特に価値が多元化した今日の社会において、憲法に明文規定のない問題に
ついて裁判官が歴史や伝統を根拠に社会の基本的価値を判断することができ
るとの考えは採用することができないとBhagwatはいう。

　Bhagwatは、プライバシーのような明文規定のない権利について、裁
判所がこれを保障することが完全な誤りであると主張するわけではない。
Bhagwatは文言のない憲法も構造的な性格を有する点で憲法典や権利条項
と共通しており、そのため明文のない権利に関しても構造的アプローチから
捉えるべきことを主張する。両者の違いは、明文規定をもつ憲法が構造上の
目的をその文言に依拠して考察することができるのに対して、明文規定なき
憲法は文言がないため裁判官がそれを特定する役割を担う点である。[134]そして
Bhagwatは、裁判所のプライバシー法理を支える「実体的デュープロセス
理論」の、憲法の構造上の目的を促進する可能性を探る中でこの裁判官の権
限の正当性の根拠を検討する。

　このようにBhagwatが民主的プロセスにおける裁判所の権限を考えるの
に特に重視するのが*Lawrence v. Texas*である。[135] [136]*Lawrence*判決で法廷意見を
述べたKennedy判事は、この判決を*Griswold*判決以降の一連のプライバシ
ーの判例の中に位置づけながらも、同性愛者の性的自由が「基本的権利」
や「自然権」のような一般的権利として存在すると承認したわけではない。
Bhagwatはこの点に注目し、Kennedy判事がセクシュアリティではなく二
人の男性の私的な関係を強調し、この関係性に対する州の介入が否定された

*429*

事例として読む。[137]

　Bhagwatのアプローチで注目すべき点は、民主主義にもとづく統治という憲法システムを守りながら、民主的正統性がない裁判官の価値判断をいかに正当化できるかという点にあると思われる。BhagwatはKennedy判事のこの理由づけから、一連のプライバシーの判例が憲法の構造と関連づけられるかを検討している。

　その結果、権利条項も含めた憲法全体の主要目的の一つとしての、人民主権を維持するための人民と政府の権力均衡の適切な調整を図るという目的のため、親密な結合を核とする私的制度を政府の介入から保護することが一つの方法として指摘される。[138]家族のような親密な結合は、州の権限と均衡性を保つ場を提供する役割を有するとBhagwatはいう。

　この私的領域において、個人は国家や州から自由に自分自身の価値観を形成することができる。伝統的にこの私的領域として重要なのは家族であったとBhagwatはいう。家族の絆は個人を強くし、個人が価値観を教え込まれてきた場としての家族領域の意義である。[139]

　Bhagwatは権利章典と修正14条自体から、人民が自らの価値と信念を形成する場としての私的領域が政府による介入から自由であるという目的が導かれるとし、文言をもたない憲法であっても、この目的を促進する点は共有するという。[140]ここから、この私的領域を保護することで政治的議論に参加するための個人の自由を保障する裁判所の役割を民主主義プロセスの観点から主張できそうであるが、問題は残る。

　民主主義プロセスを維持するための裁判所の役割の根拠づけは、プライバシーの問題を政治プロセスから排除することにあるわけではない。Bhagwatはこの問題を以下のように指摘する。プライバシーの問題を政治領域から取り除くと考えるとする。プライバシーの問題は個人的であり、時に宗教的信念が関連するために人民の間でも見解が分かれる領域である。これを選挙による代表者で解決するとの考えは、結局は分裂する人民の意思を反映する代表者による解決であるため政治的分裂を生むことになる。かとい

430

第5章　アメリカ判例法理における「基本的」権利の非強制性について

ってプライバシーの問題の解決を、分裂するどちらかの見解を支持するという形で裁判所が行うことは望ましくはない。なぜなら、Roe v. Wade以降、中絶問題に関する政治的論争が収まったわけではないのである。[142]

　Bhagwatは、事実として、アメリカの州政府と人民はプライバシー問題さえも政治的プロセスによってとり扱ってきたことを指摘し、この問題に対する民主主義的議論が不可能であるとの見解には疑問があるという。つまり問われるべきは、プライバシーの問題に対する政治プロセスを排除することではなく、民主的な政府がプライバシーの問題について論争していたとしても、この場合になぜ裁判所が政治部門より優れた判断を行うと考えることができるかである。

　Bhagwatは、もし民主的政治プロセスを犠牲にして裁判所が問題の決断をする（つまり、裁判所の答えが優先される）との考えが妥当することがあるなら、その根拠は、裁判所がその問題を憲法問題としてとり扱うことに求められてきたという。しかし、Bhagwatはすでに、裁判所がプライバシーを含め、個人の自律領域に対する政府の介入があると思われる場合のすべてを憲法問題として捉えること自体に疑問を呈していた。その問題を憲法問題とする根拠は、個人の自律への政府の介入という法的事実であるが、Bhagwatは憲法上の権利に関して個人の自律の観点から考察することは適切ではないとの立場を示している。

　そうではなくBhagwatは、裁判所の介入が許容される問題を認識するのに、政治的議論、特に州の立法府の行為を重視すべきと主張しているように思われる。[143]Bhagwatが、プライバシーの問題に対する連邦最高裁の介入を容認する場合、それは政治機関による解決を排除する意図とすべきではなく、人民の意思に基づく政治プロセスの意義は重視されなければならないことを主張しているように思われる。

　なぜなら、プライバシーの権利を保護する裁判所の役割が民主プロセスの観点から正当化できるとの根拠は、連邦最高裁のプライバシーの判例と憲法により保護される領域としての親密な結合の観念を結びつけて理解すること

*431*

にあったが、この観点から裁判所のその介入が容認される場合であっても、どの関係性について裁判所が判断すべきかは裁判所自身ではなく政治的議論や立法府の動向をみるべきとBhagwatが主張するためである。

そして、このような判断をいつ裁判所が行うべきかは社会状況が関連しているという。なぜなら、1965年の*Griswold*判決にて家族形態に関してどのような形態をとるかの判断が州ではなく、婚姻関係にあるカップルが決定できると判断されたことを指摘することで、この親密な結合の範囲が社会の進[144]展とともに変化すると考えられるためである。[145]

どのような社会上の変化がどの程度あれば、裁判所にはその関係性が憲法上の保護を受けると判断する権限が認められるのか。Bhagwatは*Lochner*判決を例にこの点の重要性を指摘する。Bhagwatは*Lochner*判決の問題を、契約の自由を実体的デュープロセス理論に基づき保護した点ではなく、契約の自由への保護が必要とされる社会状況の判断を誤った点に求める。つまり、[146]アメリカの工業化が進んだ19世紀から20世紀における社会的経済的変化においては、被用者と雇用者の交渉権限の均衡性が雇用者に有利に傾くため契約の自由を保護することで個人の経済活動の自由を保障する裁判所の正当性が認められるが、その後の時点で契約の自由を認めることは雇用者からの州による保護を奪う機能を有するためその判断は誤りであるとされる。[147]

すなわち、たとえ裁判所が実体的デュープロセス理論に基づき判断する権限が正当化されるにせよ、裁判所がその判断する時期を誤るとそれを保護するとの裁判所の判決は意味をなさなくなるのである。

### 2．2　同性婚をめぐる社会的プロセスに対する連邦裁判所の法的判断

2015年の*Obergefell v. Hodges*にて、同性愛者の婚姻する権利が承認された。これは社会での同性愛者の地位に関する画期的な判決といえる。[148]

*Obergefell*判決における、婚姻するという個人の選択に関する州政府の判断に対する連邦裁判所の介入の根拠は、合衆国憲法修正14条デュープロセス条項によって認められる（と裁判所が述べる）個人の婚姻する権利への侵害

432

第5章　アメリカ判例法理における「基本的」権利の非強制性について

である。婚姻の意義に照らすと、同性カップルを婚姻から排除する州法は同性愛者という個人の自律と尊厳を奪う点で州政府の権限は正当なものではなく、これは同性愛者の正統な政治プロセスへの参加を奪うものである。またそれは、異性カップルにのみ保護を与え、同性カップルと不当に異なる取扱いをする点で平等条項にも違反する。[149]

　ただし、連邦裁判所が合衆国憲法に基づいて州政府への介入の権限を正当化しようと、婚姻の文言は憲法に明文規定がない。基本的権利という価値をキーワードにして憲法に基づく介入を裁判所が主張したとしても、明文規定なき権利を根拠にする場合には民主主義に反するとの批判がつきまとう。Bhagwatが指摘するように、婚姻する個人の権利を根拠にした連邦裁判所による州政府への介入は、民主主義に反する裁判所の介入を正当化するための口実として使用されるに過ぎないのか。どのように捉えれば、裁判所の権限が正当化されると考えることができるか。

　*Obergefell*判決が出される前の時点でBhagwatは、平等保護条項の観点から同性婚を禁止する州法の問題点を指摘していた。[150]Bhagwatは平等保護条項の意義を以下のように指摘する。平等保護条項についてBhagwatは、この条項自体からはその保障する実体的範囲があまりに不明確であるため手続的側面があることを指摘する。しかしこの条文に、どのようにして平等を保障させるのかが明記されているわけではない。[151]これらの点を問うことでBhagwatは平等保護条項の意味を探るのである。

　まずBhagwatは、どのような取扱いを不平等とみなすかの判断については、民主政治の観点において行うべきことを主張する。[152]修正14条の起草者が、南部州の黒人への差別的取扱いを念頭に置いていた点から、人種に基づき黒人からその基本的な市民的権利を奪うことは禁止されると考えるのが自然であるとBhagwatはいう。[153]

　ただし平等保護条項の意味が黒人奴隷の解放に尽きるわけではない。修正14条が制定される当時の議論においては、それが重要な主題とされていたが、この起草者は州の政治と法に対するさらなるルールを創設したのである。[154]修

*433*

正14条がもつこの意義は、現代的社会におけるそれらの正当性に関連すると思われる。

そこでBhagwatが注目するのが1954年の*Brown*判決である。*Brown*判決の現代立憲主義への影響とは何かを考察することで、Bhagwatは憲法理論における平等保護条項を理解しようと試みる。[156]

そこでBhagwatは、人種に基づく隔離政策が平等原則に違反するのはなぜかを問う。なぜなら*Brown*判決の意味は、黒人に対しても白人と平等な施設が与えられるか否かのレベルにとどまるものではないと考えるためである。平等な施設が与えられれば物質的な不平等は解消されているはずだが、この意味に止まらない「平等」が欠如するとは何を意味するのか。

この問題に対する答え方として、自身が望む相手と結合する憲法上の権利が認められた、と理解する考え方をBhagwatは紹介する。これは、Herbert Wechslerが述べた捉え方であるという。Wechslerは、統合を望む人々の結合する権利と、別の人種の人々との結合を望まない人種差別主義者の権利とが抵触する場合、中立の原則に基づく憲法判断として前者が優位すべきことを主張できるかを問題とした。[157]

ただしこのように答えても次の問題が解決されていないとBhagwatは指摘する。それは、*Brown*判決で認識された権利と救済の性質に関する問いであり、この問題に取り組まなければならないとBhagwatはいう。

*Brown*判決が出されたとき、連邦最高裁は南部州に対して公立学校での人種統合をするようにすぐに命令したわけではなかった。[158] 連邦最高裁が命じたのは、人種差別問題に関して再び議論を行い、どのように人種差別の廃止を実行すべきかに取り組むことであった。[159]

Bhagwatはこの事実から、修正14条に平等条項が置かれたことは合衆国憲法の構造に大きな変化をもたらし、またこれはアメリカの歴史を通じた平等原則の勝利といえるべき出来事であることを認めながらも、これを実行する際には憲法理論においてジレンマを生むものであることを指摘する。[160] そのジレンマとは、平等保護条項が差別されない個人の権利を保障すると解釈す

第5章 アメリカ判例法理における「基本的」権利の非強制性について

ることを前提に、*Brown*判決が黒人の子どもすべてに人種に基づく隔離政策がされていない公立学校へ入学する権利を付与したにもかかわらず、実際には人種統合が進むのはこの判決から15年以上を待たなければならなかった事実の間に生じる。Bhagwatは、もし本当に*Brown*判決がこのような個人の権利の実行を保障するものであるなら、この判決以降、対象となる子どもたちすべてが高校を卒業しているはずであるが、実際には実質的にそのすべての子どもたちは学校教育において隔離政策に基づく学校に通っていたので[161]ある。このジレンマは、人種統合された学校教育への「権利」という偽の権利観念が引き起こすものであるとBhagwatはいう。

　ここからBhagwatは、*Brown*判決にて述べられた権利が個人に帰属する権利ではないと考えなければならないことを主張する。Bhagwatによると、連邦最高裁は絶えず変化する民主主義社会において平等保護条項の対象として許容されるグループについて判断したのであり、このことは、平等保護条項をめぐる憲法問題が個人の権利ではなく、政府が実行する政策に対して憲法上の制約（その政府行為が正当な範囲であるか否か）として憲法問題が生ずると考えるべきことをBhagwatは主張する。[162]

　Bhagwatは、人種に基づく隔離政策が平等条項に違反するのは、黒人と白人に対して与えられる施設が異なるためではなく、この政策がグループとしてのアフリカ系アメリカ人を抑圧し、従属的な位置に置き、政治的権限を奪うシステムを構築するものであったためであるという。[163]

　Bhagwatによれば、「分離されど平等」[164]が違憲なのは、人種に基づく差別が常に不平等であるためではなく、また、個人に対して不当な差別を課すためではなく、アフリカ系アメリカ人という一つの社会的グループを他のグループよりも根本的に不平等な位置に置くことに隔離政策の目的と機能があったためである。[165]一つの属性をもつグループに対して構造的な差別を課すこの隔離政策により、社会は分断され、社会的階層が生み出されてしまったのである。この分断と階層化は、平等保護条項により禁止される構造的な原則に反するとBhagwatは分析する。[166]

*435*

平等保護条項に対するこのような構造的理解は、異人種間の婚姻に関しても妥当するとBhagwatはいう。[167] *Loving v. Virginia*で法廷意見を述べたWarren主席判事は、異人種間の婚姻を禁止する州法がどの人種に対しても等しく適用されるために性別に基づく差別ではないとの主張を退け、この法律が白人優位を維持することを目的とする手段である点を問題とし、これが平等保護条項の中心的意味に違反するとした。[168]

　Bhagwatは平等保護条項を構造的に理解すべきとした上で、その保護されるべきグループの判断基準の一つとして、隔離政策のような、社会システムによる（そのグループの）服従を生む点を指摘する。[169] 州政府に対する構造的な制約とは、個人の権利ではなく、特定の政府行為を禁止するものであり、[170] それは、その政府行為により憲法による統治システムが正常に機能しなくなる可能性があることに根拠があるとBhagwatはいう。[171]

　Bhagwatによると、平等保護条項の目的は、社会の一部によりコントロールされることで生じる政府の権限濫用を防ぐことであった。それは、社会の人民内部での分裂を生み、民主主義が機能する上で弊害を生む。ただし平等保護条項は、既に生じた過去の社会的な分裂状況を元通りにすることを政府に対して要求するものではないとBhagwatはいう。[172] Bhagwatは、政府行為により生じた損害を回復させることまで裁判所が政府に要求することは、裁判所の制度上の権限を超えているという。[173] 資源の配分に関する判断などは裁判所の能力になじまない類の問題であり、選挙による代表者である政府がとり扱うべきという。[174]

　Bhagwatは*Washington v. Davis*に依拠して以下のようにいう。[175] 裁判所が検討すべきは政府の目的が差別的な意図を含むかの判断である。政府は、少数者に対する過去の社会的差別を補償する憲法上の義務を負うものではないし、また、この差別が生む影響としてさらなる損害を少数者に対して生じさせても、その影響を排除する憲法上の義務を負うものではない。Bhagwatによると、憲法とは、政府に対して実質的に平等な社会を創設させるためのステップを政府に課すものではないのである。[176]

*436*

第 5 章　アメリカ判例法理における「基本的」権利の非強制性について

　平等保護条項が課す憲法上の実体的制約は、個人の権利の保障ではなく、ゆえにその救済を政府に課すものではない。少なくともBhagwatは、政府に対する裁判所の権限は個人の救済を命じることまでは含まず、裁判所が述べることのできる平等保護条項の実体的意味は政府がその正当な権限の範囲を超えているかを述べることにとどまるという。

　平等保護条項の意義についてBhagwatは、敵意を向けられた少数派を政治的議論から排除することを禁止することに見出す。その上で、同性愛者に対する差別的な取扱いが修正14条平等保護条項に違反するとの連邦最高裁の判決である*Romer*判決に注目する。

　*Romer*判決は、州憲法を修正14条平等保護条項違反と判断した。Bhagwatは、Kennedy判事が、問題とされた州憲法の条項が同性愛者に対する敵意を目的とすること以外にはないと判断した点を指摘し、そのために平等保護条項違反となったと分析する。[177] Kennedy判事の法廷意見とScalia判事の反対意見は多くの点で対立するが、中でも先鋭化したのが同性愛者に対する敵意の性質であるとBhagwatはいう。[178] Scalia判事は敵意が向けられたのは同性愛者の行為であるとし、[179] 反対に法廷意見は、その効果に注目してグループに向けられた敵意と主張した。[180]

　Bhagwatによるとこの見解の相違は、州憲法が規定した同性愛者らが社会において一つのまとまりのあるグループとして認識され得るかにあるという。[181] Scalia判事にとってはそのようなグループとして認められないため、同性愛者の行為に焦点があるとBhagwatは分析する。

　平等保護条項が保障する平等原則は固定した考え方だが、それがどのグループに適用されるかは、[182] その適用されるべきグループに対する社会的認識の変化により流動するものである。そのため、平等保護条項が適用されるべきグループについて判断しなければならず、そのためこのグループに関して判事の間で齟齬が生じる可能性はあるとBhagwatはいう。同性愛者がこのグループに含まれるかを検討する際に注意すべきは、Bhagwatによると、このグループに対する社会的認識が重要とされるべきであり、同性愛者が先天

437

的か後天的かといった、その原因ではないという。今日でも同性愛者に対する見解は社会の間で分裂するが、ただし同性愛者が一つのまとまりのあるグループであり、市民のグループとして正当であることへはコンセンサスが形成されている状況であるとBhagwatは評価する。[183]一定のグループとして社会的な認識がある以上、BhagwatはScalia判事ではなく法廷意見の妥当性を強調する。

また法廷意見の判断に対しては、その州憲法が同性愛者らに対する敵意に基づくルールであることから、これが社会的分裂を生み出す作用がある点をBhagwatは指摘する。*Lawrence*判決で問題とされた同性愛者のソドミー行為を禁止する州法もまた、同性愛者に対する敵意以外に基づくものではないとBhagwatは主張し、平等保護条項に違反するものとして捉える。[184]

連邦最高裁の判例と、これを支える同性愛者に対する社会的認識を背景としても、同性愛者に対するどのような取扱いが不平等であり違憲かの判断は容易なものばかりではない。同性婚をめぐる問題が一例である。*Lawrence*判決では同性婚の承認が明確にその判決の射程から除かれていた。Bhagwatは同性婚をめぐる根本的な憲法問題について、一人の男性と一人の女性の結合に限定する州法が同性愛者に対する差別として平等保護条項に違反するか否かにあるという。[185]

Bhagwatはこの問題について、同性婚をめぐる州裁判所の判断とそれに対する州政府の対応を参照しながら議論を展開する。問題となった州法では、婚姻の定義として一人の男性と一人の女性の結合に限定する規定のあるものや、この点に関する定義がおかれていない州法が問題とされていた。伝統的な婚姻形態が一人の男性と一人の女性のカップルであることを考慮すると、たとえ定義としてこのような規定が州法におかれている場合であっても、これらの州法は同性同士のカップルを排除する意図を明確には有していないとBhagwatは解釈する。つまり、州政府の目的として同性愛者を排除し、敵意を向けることは意図されていなかったということである。

確かに、1970年代の州裁判所の判断をみると、州裁判所の裁量の広範性も

第5章　アメリカ判例法理における「基本的」権利の非強制性について

あり同性婚を承認しないその判断に対する同性愛者の主張が認められない傾向があったが、しかし、1990年代には状況が変化した。婚姻する個人の憲法上の権利を重視する連邦最高裁判決の影響もあってか、同性婚の排除を正当化するために州政府に対して以前よりも厳格な態度を示す州裁判所が現れ始める。[186][187]

この州裁判所の態度の変化への対応として、Bhagwatによると、1990年代から州政府は憲法改正により婚姻を異性カップルに限定する規定を置くようになる。[188]これにより、Bhagwatによると、これらの州法では同性カップルを排除することが目的であることには疑いようがないと評価される。このような州政府の対応は、もはや1970年代と異なり、その目的を正当化することは妥当ではないとBhagwatは指摘する。これらの州政府の対応は、婚姻の権利を同性カップルにまで拡張させる州裁判所の判断を受けてなされたものであり、同性カップルへの保護を述べる裁判所の判断に対抗する意味をもっていたためである。[189]

この見方については、婚姻を異性カップルに限定することは、子どもを産み育てるという社会善を促進する側面から中立的な正当性を有するとの批判が考えられる。ただし、異性カップルすべてが子どもをもつわけではないこと、その可能性がないカップルに対しても婚姻は認められること、同性カップルであっても養子を設けることは法的に可能とする州はあり、家族を形成することは可能であることが反対の論拠として挙げられる。[190]

同性愛者の婚姻に対して州裁判所が寛容になりつつある現代的状況において、あえて同性カップルに婚姻を認めないという措置を政府がとることは、同性愛者に対する意図的な差別であるとBhagwatは主張し、政府が同性愛者に対する敵意により彼らに不利益を課すことは平等保護条項により正当化され得ないと判断する。[191]

婚姻に対する州の権限は広範であるが、同性カップルを婚姻から排除する目的として同性愛者に対する敵意を州政府が示すことは正当化されないため、そのような立法化は許容されるものではないとBhagwatは述べる。このよ

*439*

うな州法が正当化されないとの判断の正当性について、Bhagwatは社会的プロセスとその中での立法行為の関係から以下のように説明する。まず、同性愛者に対する敵意が正当な目的として認められない状況がある。この状況から、州裁判所の判断への州政府による対応として、このプロセス自体が同性婚を禁止する州法を排除する根拠となるように導くものであることをBhagwatは指摘するのである。[192]

　そしてついに2015年6月、連邦最高裁はObergefell判決にて同性カップルを州が婚姻から排除することは合衆国憲法修正14条に違反すると判断した。法廷意見を述べたKennedy判事は冒頭で自由Libertyについて述べた後、この事件の具体的検討に入る。この事件での争点は、州は合衆国憲法修正14条が同性の二人の人間に対する婚姻を許可することを要請するかという点である。[193]歴史と伝統に支えられた婚姻の価値を参照し、他人との関係性を家族に変容させる意義を有することが指摘された。家族は個人が社会とつながりを有する上で基盤となるべき価値を有するものとして参照される。[194]Kennedy判事は、婚姻の社会的政治的価側面を指摘したといえる。

　婚姻関係を軸に形成される家族という領域での意思形成を基にして人々が社会と関係性を築いていくのであれば、婚姻制度の内容が社会と法の発展と切り離すことができないとのKennedy判事の言葉も理由があるといえよう。社会の変化により婚姻により当人に課される法的社会的義務に変化があることはすでに経験により確認されている。また判決の中でKennedy判事が指摘するように、性別を理由とする婚姻関係の不平等は裁判所により違憲と判断されてきている。[195]

　それに加え、法と社会に発展をもたらす存在である人々がどのような意思を形成するかは、どのような相手と婚姻するか否かにより変化する可能性がある。どのような婚姻関係が法的に承認されるかは、主権者としての人民が州にコントロールされず自分自身の意思を形成するのに重要なポイントとなり得る。承認されるべき婚姻関係を承認せず、排除された人々が自己の望むような意思形成を行うことができなければ、それはBhagwatが述べる人民

第 5 章　アメリカ判例法理における「基本的」権利の非強制性について

主権に基づく統治ではなく、州が人民の意思をコントロールする違憲の状態
となり得ると思われる。

　婚姻の意義は、ある特定した婚姻形態を州が個人に押し付けるものではな
い。その関係性を軸にして個人が自己の自律的発展を望める基盤を与えるこ
とである。確かに、伝統的に認識されてきた婚姻は異性の二人の人間である。
しかし、同性愛者に対する社会的認識が十分となった社会において、同性カ
ップルを婚姻から排除するとの州の判断が問題となり得るのは理由があると
いえる。

　同性愛に対する社会的認識のプロセスについては、Kennedy判事もまた
判決において述べている。20世紀中葉までは多くのヨーロッパ国家で同性愛
者の親密性は道徳に反するとみなされており、刑法により処罰規定が置かれ
ることもあった。この状況の中、このような社会的法的状況が理由で、人々
の意識として同性愛者のアイデンティティーが尊厳をもつとは考えられてい
なかった点をKennedy判事は指摘する。これは、同性愛者の行為が違法と
判断されているため、人々が同性愛者のアイデンティティーがどのようなも
のか議論する前に、すでに異常なものとして社会的に認識されてしまってい
る状況といえよう。

　第二次世界大戦後、同性愛者に対する社会の寛容は進んだが、同性愛者の
尊厳に対する態度は法と社会的慣習において分裂しており、依然として同性
愛のセクシュアリティは病気としてみなされていたとKennedy判事は述べ
る。しかし続けて、20世紀後半になると、同性愛者に対する寛容はさらに進
み、州裁判所や連邦裁判所の判決を参照し、同性愛者の公的立場に変化をも
たらすようになることをKennedy判事は指摘する。

　ただし、従来、婚姻に対しては州の広範な権限が認められてきた。婚姻す
る権利が自由Libertyに含まれるとしても、その権利に制約が一切伴わない
わけではない。連邦裁判所が、婚姻に関する広範な権限をもつ州政府の判断
に介入するためには、この連邦裁判所の権限を支えるさらなる根拠が必要に
なる。州政府はまた、州の人民に支えられているという正統性をも有する機

441

関なのである。実際、連邦最高裁判決である*Baker v. Nelson*では同性カッ<sup>(197)</sup>
プルに婚姻を承認するか否かを連邦問題としてはとり扱わなかった。

　しかし、*Obergefell*判決は*Baker*判決を変更した。Kennedy判事は、同性カップルを婚姻の定義から排除する州の判断が合衆国憲法修正14条に違反するとの結論をいかにして導くことができたのか。そして、婚姻するという個人の選択が州ではなく連邦問題であると判断した根拠は何か。これはKennedy判事が争点とした、同性婚を排除する州の判断が合衆国憲法修正14条に違反するか否かの判断に関連する点である。修正14条の意味として、奴隷権限をもつ州への権限付与の誤りを矯正するとの側面を考慮すると、連邦政府が州政府に介入する根拠としては、州政府の判断が共和主義の考えを軽視するものであることや、民主主義を適切に機能させなくさせるためである点が考えられる。<sup>(198)</sup>

　なぜ同性婚を排除することが共和主義的な考えや民主主義の機能を奪うことにつながるのか。それが民意に支えられる州政府の判断であるならば、同性婚の排除という結論は民主主義的正統性を有するようにも思える。しかしその人民の意思が少数者である同性愛者を政治的議論から排除した結果として得られたものであるならば、それは多数派による少数派の圧制であり民主主義が正常に機能しているとはいえない。Bhagwatが指摘したように、修正14条平等保護の意義は、多数派の名を借りて人民に不当な負担を課す州政府の判断を違憲とする、つまり人民主権に反する政治システムを違憲と判断することにある。

　しかし、同性愛者を政治プロセスから排除してはいけないことを根拠として主張したとしても、これが直ちに同性愛者に対する婚姻を認めるべきとの判断に至るわけではない。また、同性愛者は選挙権を奪われているわけではなく、なぜ彼らが政治的議論から排除されている状態であると判断することができるのかという問題が残る。人民の多数派の判断が州政府による少数派の圧制ではなく、人民自身の意思であると判断できるにはどのような状態である必要があるのか。

442

第5章　アメリカ判例法理における「基本的」権利の非強制性について

　これらの問題に答えるには、婚姻の意義を問うことが必要である。Kennedy判事もまた、婚姻が有する価値について語る。伝統的に認められてきた婚姻の価値に加え、判例法理を参照した上で、憲法の下で基本的である婚姻の特徴を四つ述べる。一つ目は婚姻と、修正14条デュープロセス条項による自由の繋がりである。修正14条デュープロセス条項が保障する自由は、個人の尊厳と自律の中心にある個人的な選択にまで拡張されるものである。婚姻に関する個人の選択は、最も親密な関係性を築く決定であり、これは個人の自律の観念に内在するものとして捉えられている。このような個人的判断は、従来の裁判所においてプライバシーの法理として認められてきた領域である。また*United States v. Windsor*により、婚姻に関する個人の選択の重要性は、性的指向には関わらないものであることをKennedy判事は指摘する。

　二つ目は、婚姻する権利が二人の人間の結合を支えるための基本的なものである点である。

　三つ目は、婚姻が家族の形成の基盤と捉えられている点である。婚姻関係に基づき子どもをもつことから、子どもの両親に法的承認を与えることは家族の統合性を子どもに理解させるのに役立つ。多くの州において同性カップルに養子を採ることが認められているのは、同性カップルが家族を支えることができることを示すものであるとKennedy判事は述べる。

　四つ目は、婚姻が社会秩序の要となっていることである。婚姻制度は、市民政治全体を特徴づけるほど基本的なものであり、その意味で公的な制度であるとKennedy判事は述べる。婚姻がなければ、文明化も進化も望めないほど、社会にとっての基本的な価値を有するもとして捉えられている。

　このようにKennedy判事は、婚姻の文言が憲法に規定されていないにもかかわらず、裁判所が憲法により保障されると述べてきた婚姻の基本的な特徴を四つ指摘した。一つ目の指摘にあるように、婚姻は自由Libertyと密接な関係性にある。つまり、婚姻する権利を奪うことは自由を奪うことになり得る。確かに、異人種間の婚姻に限定する州法を違憲と判断した*Loving*判

*443*

決での中心的な根拠は平等保護条項であった。しかし同時にこの判決では、デュープロセス条項にも違反することが述べられていた。*Obergefell*判決のKennedy判事は、異人種間の婚姻の排除が自由と婚姻の強い関係を打ち砕くものであると解釈し、ここにデュープロセス条項による保護の意義があるとしたのである。

　これらを踏まえて、Kennedy判事が婚姻する権利を自由の観点から捉えた意義を考えたい。そこには、婚姻する権利が認められないことによる個人の自律や尊厳の否定を重くみる認識があると思われる。この個人とは、多数派も少数派も含まれる、あらゆる人Any Personである。修正14条の自由には、すべての人間が等しい条件で認められるべき自由があると考えるべきである。人民の多数の意思が州政府ではなく人民自身の意思であると認められるためには、少数派も含めたすべての人が自律や尊厳を損なわないための自由の領域が認められなければならない。多数派も少数派のこの自由を奪うことは許されない。また、少数派の自由を認めることは多数派の自由を侵害することにはならない。では、個人の自律を否定するほどの個人の自由への介入とはどのようなことか。

　この点について、婚姻が社会を形成する基盤をなすというその公的側面に注目したい。自分の意思を社会に反映させる、その意思形成をする基盤としての重要性が婚姻にはあると考えられる。この基盤である婚姻が認められなければ、個人の自律に基づく選択は望めない。つまり、正統な政治プロセスへの参加も保障されない。

　婚姻関係が認められないことで、同性愛者はこの選択をする機会だけではなく、意思形成をすること自体が奪われている。ここに個人の自律の否定があるのではないか。Bhagwatがデュープロセス条項の観点から同性婚を排除する州の判断の問題点を指摘するとき、社会における最も共通した親密な結合と私的領域の基盤としての婚姻の意義を強調する。誰と婚姻するのか、誰が誰と婚姻するかについて州に無制約の権限を付与することは、この私的領域への州の介入を与えることになるが、その範囲には限界が伴う。

444

第5章　アメリカ判例法理における「基本的」権利の非強制性について

Bhagwatは、州政府の判断に対する憲法上の制約について構造的な観点から説明するが、それは従来、プライバシーとして保護されてきたこの私的領域が公的制度としての側面を有するためであると思われる。

　Bhagwatによると、婚姻に基づく私的関係性は州に対抗する防波堤としての意義があり、もはや同性カップルが築く関係性も伝統的な婚姻と同じくらいの私的関係性を築くことができると判断される。同性愛的関係が伝統的には保護されてこなかったという事実は、これにより築かれる私的関係性の意義を減ずることとは関係しないのである。

　では、同性婚を否定する州の判断の合憲性は、このことを根拠にして否定できるか。婚姻に対する州政府の権限が認められることも事実である。婚姻制度は完全な私的制度というわけではないため、婚姻制度から同性カップルを排除するか否かに関する政府権限が一切否定されるわけではない。Bhagwatによると、同性婚を州政府が禁止する場合、問題となるのは政府によるその制約目的である。

　同性婚を禁止する唯一の政府目的が、家族構造に関して、政府が伝統的な見解を押し付けることにある場合、Bhagwatは、州の政府目的は正当化されないという。この場合、何が親密な結合に当たる私的領域かの当人たちの判断は州から保護されなければならないという。これを保護する点にこそプライバシーの法理の意義があるとされる。州権限と人民の均衡を保つための社会的制度を州によって傷つけられることから裁判所は保護しなければならず、これはたとえ、多数派が州政府の政策に同意していたとしても裁判所の介入は正当化されるとBhagwatはいう。このような一時的な多数派によって、民主主義の長期的な安定性が損なわれるべきではないと考えられるためである。

　Bhagwatがデュープロセス条項から同性婚の問題点を指摘するとき、判例のプライバシー法理により保護されてきた価値としての親密な結合の保護に注目している。プライバシーの判例自体において、プライバシーというより自由Libertyが強調されその実体的価値として個人の自律や尊厳の保護が

445

指摘されてきた点を考慮すると、個人が、ここで保障される「自由」である
ためには、親密な私的結合を保護することによる自律の保護と、個人の尊厳
が保障されていなければならないと考えられる。それは、州が社会的制度を
作るとき、特定の人々に対して敵意を向けることでその人々の尊厳を奪うよ
うな制度を作らないこと、それによってその個人が他者から尊厳を奪われな
いような社会的存在として認識されることが保障されるものでなければなら
ないものであり、自由の保障にはこの二つの側面があるように思われる。

　修正14条はこのような、社会において抑圧されてきた存在であっても個人
として尊重されなければならない自由の領域を保護する意味があるのではな
いか。このような少数派であっても選挙権が与えられていれば政治プロセス
への参加は保障されている。しかし、彼らに対する敵意を目的とした法律が
制定されてきた状況では、たとえ少数派の政治プロセスが選挙権により保障
されていても、その保障が主権者としての地位を確保しているものかは疑わ
しい。少数者としての個人の尊厳はすでに損なわれていると考えられるため
である。

　州政府の判断は人民をコントロールするものではなく、人民の主体的意識
に基づくものでなければならない。州による統治を認めながら個人の自由を
保障するには、州がその権限を濫用したときにそれを制約する道具が必要で
ある。合衆国憲法は、修正14条において州政府への制約を課し、連邦最高裁
はその憲法上の制約を述べる役割が裁判所にあると判断してきた。人として
の尊厳は、多数派だけではなく少数派である個人としての尊厳も認められな
ければ意味をなさない。それが再建期に制定された修正14条の役割ではない
か。

　Bhagwatが述べたように、実体的デュープロセス理論にもとづく個人の
自由の保護は、裁判所が判断し介入する時期を誤れば達成されない。裁判所
がデュープロセス条項を根拠に明文なき権利を保障する際には、Bhagwat
の警告に従い、同性婚をめぐる社会的プロセスがどのような展開を経ていた
かを確認する必要がある。

446

第5章　アメリカ判例法理における「基本的」権利の非強制性について

　Kennedy判事は、1990年代の州裁判所での判断をきっかけに、その後の社会プロセスを確認していた。それは、同性愛者による家族の形成が社会的にも認識されてきたとの指摘であった。しかしこの州裁判所に対する反応として、州法では同性婚を明示的に禁止するために州法が改正されたり、また連邦法では婚姻を二人の異性カップルに限定する法律が制定されるようになる。<sup>(207)</sup>

　他方、同性婚を承認する州最高裁も現れるなど、司法や立法によって同性婚が承認される州の動きもKennedy判事は指摘する。さらに2013年のWindsor判決により、連邦法において同性婚を否定するDOMA３条が州法で認められる婚姻の意義を奪う限りで修正５条に違反するとの判断が出された。

　Kennedy判事はこの社会的法的プロセスを確認した後、同性カップルを婚姻から排除することによって彼らに与えられる損害が憲法に抵触するとしたのである。Kennedy判事にとってのポイントは、同性愛というアイデンティティーに対する社会的認識の変化にあるように思われる。同性愛者の存在への認識が社会的に認められるにつれて、「プライバシー」の保護を根拠に、同性愛者同士の親密な関係性を法的問題として問う可能性も高くなる。

　同性愛者が自己の存在を社会にカミングアウトすることでその社会的承認が増え、同性愛者に対して寛容な意見をもつ人々が増える。同性愛者に対する裁判所の判断は、憲法上というよりも、社会的政治的状況の変化による部分が大きいとの指摘もある。<sup>(208)</sup>

　ただし、婚姻が認められる親密な結合の範囲が社会の進展とともに変化するにしても、同性愛者に対するどのような社会的変化があれば裁判所が州政府の判断に介入することが正当性を有するのか。婚姻に対する広範な州の権限を考慮すると、やはりBhagwatが指摘したように、連邦裁判所が州政府に介入するには個人の権利に頼る方法が第一に考えられ、また実際にKennedy判事も婚姻する個人の基本的権利を根拠にしている。

　しかし民主主義に違反する、あるいは婚姻に関してはなお政治部門に任せ

るべきとの批判は有効である。しかしこの批判は、おそらく、連邦裁判所の介入権限自体を批判する点ではなく、その介入できる範囲に注意しなければならないことを示していると思われる。この批判を受けた上で、裁判所の介入する権限を正当化できる個人の権利の意味を考察すると、裁判所が保護すると宣言した個人の基本的権利は、州の多数派に対抗する意味での権利ではなく、少数派である個人の自律と尊厳が侵害されないための権利であるという可能性を指摘できる。

　Kennedy判事は同性愛者の婚姻する権利が憲法により保障されると判断しながら、判決の後半にて、宗教的信念やあるいは他の理由により同性婚に反対する人々も修正１条による適切な保護を受けるという[209]。理由が宗教的であろうと世俗的であろうと、同性婚を否定する個人的な、私的な信念に裁判所が介入すればその権限は正当化されない。同性婚を否定する多数派の信念は侵害しないが、判決文にあるように、Kennedy判事は同性カップルが婚姻する権利を有すること、そして州政府が同性婚を排除すれば修正14条に違反し違憲と判断した。この両者はどのように両立するのか[210]。

　この問いは、Bhagwatのいう人民に基づく主権を保護する目的をもつ憲法の構造的観点が関連していると思われる。州による統治を認めながら、主権者としての個人の自由をどのように保障することができるか、という問いである。修正14条により保障される自由は、少数派としての個人の自律と尊厳を保護するものでなければならない。

　また、少数派の個人の自律を保護することは、多数派の自由を侵害するものではあってはならない。誰にでも等しく認められるべき自由であり、また、異なる見解や信念をもつ多様な社会における個人の価値の多元性を考えると、この自由が認められるには誰にでも等しく課せられるべき制約があると思われる。この制約は、すべての人に妥当する共通した価値に基づくもので、この共通した価値は共和主義の観点から支えられる価値のように思われる。ここではその価値を民主主義プロセスとどのような関係にあるのか考察したい。

　民主主義において権利を捉えるBhagwatは、その主体を人民と捉えた。

第 5 章　アメリカ判例法理における「基本的」権利の非強制性について

彼の議論で参照すべき点は、それが極めて実践的な観点から考察されている
点にあると思われる。

　憲法上の権利観念や裁判所の判断について実践的な観点から考察すること
で、判例において述べられる権利の実務と理論における齟齬を指摘していた。
その上で彼は、Hohfeld の権利観念に従い、権利とは相手の義務を伴うもの[(211)]
でなければならないとの前提の下、判例において述べられる個人の権利は個
人の私的領域を創設するものではないとした。なぜならそのような権利は実
行可能ではないためである。権利が義務に対応するには、権利の主体を個人
ではなく人民として捉えるべきであること、そして、憲法が創設したのは人
民の権利に対応する義務であり、その義務をもつ政府の権限こそ憲法におい
て論じられるべきとして議論を展開した。

　Bhagwat の議論は、裁判所が判決で述べる個人の権利の実効性の弱さを
提示する点で意義があると思われる。そのため彼は、統治システム、特に政
府の権限においてのみ憲法の意義を論じている。

　しかし、憲法の権利が人民に帰属するものとして観念すべきとの Bhagwat
の見解は妥当か。

　南北戦争の再建期に修正 14 条が制定されてもなお、個人の権利ではなく人
民の視点の重要性は変わらないと Bhagwat は主張していたが、修正 14 条に
よる少数派である個人という視点は判例法理において重要な役割を担ってい
ることは事実である。修正 14 条による保護として裁判所は人民ではなく個人
に注目しており、同性愛という属性に注目した上で彼らの権利を認めている。
少なくとも、判例における権利観念を考察するには、Bhagwat が指摘する
ように、憲法上の権利の主体を人民として捉え、政府の権限の観点からのみ
憲法論を論じるよりも、具体的な個人が被る損害に注目し、権利主体として
個人の観点からその性格を分析する方が有意味ではないか。

　ただしこの権利は、Bhagwat が指摘するように、実際には個人の自律領
域を創設して政府の介入を許さないものではない。つまり、裁判所により強
制される観念ではない。権利主体を個人とみると、Bhagwat が指摘するよ

*449*

うに、実際には、個人の自律領域を創設して政府の介入を許さないものではなく、そのため裁判所により強制される観念ではない。政府の義務が対応していないという権利観念は、*Obergefell*判決においても妥当していると思われる。個人の権利が裁判所の言葉によってただちに実行される観念ではなくとも、「憲法により保護される」領域としての「自由Freedom」は「個人の権利を構成」し、この「個人の権利が侵害されたとき、憲法は裁判所による救済を要請する」[212]。そして州法を違憲と判断することで裁判所が個人の基本的権利を保障することは、必ずしも民主主義プロセスに反することではない[213]。

　依然として、同性婚という制度を制定するか否かは民主主義プロセスの判断に委ねるべきであり、この社会的議論が行われるための前提を裁判所は基本的権利を述べることで確保したのではないか。個人の基本的権利を裁判所が保護することの意義は、裁判所がその権利保障を実行することとは別の点にあると思われる。

　それは、個人の私的領域を一般的な意味で創設するというより、この個人の権利に対する救済を行うというその役割にあると思われる。つまり、個人の権利に対する侵害が疑われるとき、まずは裁判所が管轄権をもたなければならない。たとえこの権利が明文規定されているものではなくても、裁判所が事件をとり扱うことができるための根拠として「基本的な」価値を特定し、基本的な権利が関連するものであればそれは裁判規範性あるいはスタンディングを与える意味をもつ。しかしこの基本的な権利を裁判所が述べたとしても、これは民主主義プロセスを軽視するものであってはならず、一つの具体的な権利を裁判所が創設するほどの意味をもつとは限らない。*Obergefell*判決では婚姻する権利が問題とされたが、これは歴史と伝統にもとづき州が認めてきた権利について連邦最高裁が語ったものであり、連邦裁判所が語ったこの権利は合衆国憲法の下で認められる範囲にとどまると思われる[214]。

　確かに、裁判所は基本的権利が侵害されている場合には民主主義的正統性を有する立法が憲法に違反すると判断することができるとされてきた。民主主義プロセスが正常に機能するために必要なあらゆる個人に対する自由を保

450

## 第5章　アメリカ判例法理における「基本的」権利の非強制性について

護していない州政府の判断は連邦裁判所による介入を受け入れなければならない。ただし、基本的権利の非強制性を考えると、民主主義的正統性を有する政府に対して具体的な行為を憲法上義務づけるものとはいえない。個人の権利行使を実現するには、やはり立法府の判断が必要であると思われる。

　同性カップルに異性カップルとは異なる不利益を積極的に付与するとの州政府の行為を違憲とする連邦最高裁の判断は、婚姻から同性愛者を排除することが誰にでも等しく認められる限りでの個人の自律に違反するため、民主主義プロセスが正常に機能するために必要な個人の自由を保障するための範囲に限定されると思われる。同性愛者が自由になるための権利が、婚姻の排除により剝奪されている。同性愛者に選挙権が与えられようと、この選挙プロセスには少数者へのスティグマが前提にあるためすでに少数者である同性愛者は社会的政治的排除の対象となっている。同性愛者に対する社会的敵意の状況は、Kennedy判事も確認していた。

　婚姻は個人の価値形成をする場として基本的なものである。異性愛者が婚姻によりさらに自己の信念を形成し、それを政治に反映させるのと同じように、同性愛者に対してもそのプロセスを裁判所は保護した。同性婚が排除されないとの判断は、同性愛者を社会的な個人として認めることにとどまるもので、これ以上の意味はないのではないか。政治的プロセスに参加する個人の権利、そして個人の自律を侵害されないための個人の自由は政府によって奪われることがなく、連邦最高裁はこの意味で同性愛者の基本的権利を保障したに過ぎないと思われる。

　個人の自律を保護する自由に基づき、連邦最高裁が同性愛者である少数派の個人の権利を保障するとの判断は、多数派の自由を侵害するものではない。多数派である、同性婚に反対する人々にとっても、同性愛者を社会的な存在から排除した認識の下で下す判断は真に民主的な議論とはいえない。保護されるべき存在を排除した上でなされた個人の判断は、政府から保護されるべき自由Freedomともいえないのではないか。

　同性愛者を社会的な存在として認めること、彼らが排除される対象ではな

いという前提を裁判所が与えることで、多数派も含めた人民の意見や信念、選択形成が促進されるのではないか。裁判所が違憲と判断することの意義は、多数派の信念に少数派の信念を押し付けることではない。Bhagwatは憲法の名宛人が政府であることから、憲法が政府の行為に対してのみ行為規範を要請するものである点に注意を促していた。つまり憲法は、個人の私的信念や宗教制度に関与する役割を担うものではなく、この私的領域には憲法も政府も介入してはならないことをBhagwatは注意深く指摘するのである。[215]

　州政府の判断に介入する連邦裁判所の権限は合衆国憲法に基づくものである。憲法が個人の私的信念に介入するものでないならば、連邦最高裁も個人の私的信念に介入する権限はない。Kennedy判事は、連邦最高裁は同性カップルを婚姻から排除するとの州の判断が憲法により許容されないと述べた。この前提はありながらもKennedy判事は、同性婚を許容する人々の存在が、同性婚を排除する信念をもつ人々を開かれた、そして真実を追求する議論に参加させることができると述べている。[216]

　連邦最高裁は、民主主義的議論が行われるための前提としての個人の自由を保護したにとどまり、多数派の信念に介入する意図はなく、民主主義プロセスを正常に機能させるための役割として述べたのではないか。Bhagwatが指摘するように、修正14条に基づいて連邦裁判所が述べることのできる憲法の実体的意味は、政府がその正当な権限の範囲を超えているかを述べるにとどまると考えられるためである。

## 3　小　結

　本章は、憲法上の権利観念を含めた憲法の捉え方に対するBhagwatの構造的アプローチを参考に裁判所の用いる基本的権利の観念について考察した。Bhagwatの見解は、権利保障のもつ実践的な意味を探るアプローチとして意義をもつといえる。さらに、憲法を構造的観点から探ることにより裁判所が扱う個人の権利を常に憲法問題として捉えることの非妥当性を提示する点で有意義である。

452

第 5 章　アメリカ判例法理における「基本的」権利の非強制性について

　ただし本章は、Bhagwatと異なり権利の主体を個人と捉えるべきとし、この個人の権利が常に憲法上のものとして捉えられるわけではない可能性を指摘した。そこで、判例法理で使用される基本的権利の非強制性を提示した。

　個人を救済する裁判所の役割として、裁判所は憲法の下でのある特定の権利について語る。そして、侵害されている個人の利益が基本的なFundamental価値を有するかを裁判所が判断するには、具体的個人の侵害について判断することが不可欠である。

　Bhagwatは、憲法問題はすべて政府の権限の観点で考察されるべきことを主張する。そして彼は、憲法における人民と政府の相互の関係性から、「権利」は政府の義務に対応する人民に帰属すると理解する。政府と人民の関係性、及びこれに基づく権利観念は南北戦争を経て制定された修正14条ですら維持されているとした。

　この前提を維持すれば、憲法問題として裁判所が事件をとり扱うとき、政府の権限への制約のみを裁判所は判断することになるが、Bhagwatが考えるように権利と義務が完全に対応すると考えるならば、その憲法上の義務はこれに対応する権利の内容を考慮しなければならない。そして、Bhagwatがいうように、その権利が人民としての利益のみを指すならば裁判所は人民に帰属されるべき権利や利益を判断しなければならないことになる。しかし、民主的正統性のない裁判所には人民の意思を特定する能力は期待できず、またふさわしいとも思われないため、人民が有するべき権利利益についても判断すべき機関であるかは疑わしい。

　あるいは人民の意味について、多数派だけではなく、少数派も含めるべきという観念的な意味で捉えたとする。この場合には人民の権利は少数派の価値観も反映した内容が考えられるが、しかし、多数派や少数派でそれぞれ異なる価値観や見解を含む実体的内容を一つの用語で「人民の権利」と称することは妥当ではないと思われる。この場合であっても、諸個人の価値として主体は個人とすべきではないか。

　裁判所が語る権利の主体は特定の個人と捉えるべきで、基本的な権利が侵<sup></sup>

453

害されると判断すれば裁判所はその憲法の意味を立法府に対して述べること
ができる。憲法問題としての範囲を政府の権限のみに限定するとの考えの妥
当性は疑わしいと思われる。

　そこで本章は、修正14条デュープロセス条項に基づく裁判所の権限は、少
数者を含む個人の自由を否定されないための法的プロセスを政府が奪うこと
から個人を保護するとした上で、そのプロセスは裁判所が憲法の意味を特定
することで個人を救済すると考える。しかしその権利は、他の機関に裁判所
が強制できることを保障するわけではないので、実定化されるべき内容を立
法府に憲法上の義務として課すまでの力はないと思われる。

　正統な政治プロセスが保障されない状況において、それが個人の自律や尊
厳を奪っている状況であるならば、開かれた公の場の議論が正当に行われる
ために、裁判所が、従来は政治的議論に任せておくと考えられてきた問題を、
法的問題としてとり扱う権限が認められる。これは政治プロセスの結果では
なく、社会的存在として個人が認められること、つまりそのプロセスへのア
クセスを保障するといえる。それが、民主主義を支える適正な法的プロセス
を保障する裁判所の役割ではないか。

　＊〔初出〕「アメリカ判例法理における『基本的』権利の非強制性について（1）
　　（2）—同性婚に対する法的プロセスでの裁判所の権限—」比較法雑誌50巻1
　　号（2016年）201〜228頁、同2号（2016年）311〜340頁。本章は、これに加筆し、
　　修正を加えたものである。
（1）ASHUTOSH BHAGWAT, THE MYTH OF RIGHTS: THE PURPOSE AND LIMITS OF
　　CONSTITUTIONAL RIGHTS（Oxford University Press 2012）（2010）.
（2）*Id.* at 23.
（3）*Id.* at 24.
（4）*See generally* RONALD DWORKIN, TAKING RIGHTS SERIOUSLY（1977）.
（5）BHAGWAT, *supra* note 1 at 24.
（6）*Id.* at 26.
（7）例えば、その権利が「基本的Fundamental」か否かによって審査基準の厳格
　　性が異なると考えられてきたなどである。
（8）BHAGWAT, *supra* note 1, at 27.
（9）*Id.* at 24.

第5章　アメリカ判例法理における「基本的」権利の非強制性について

(10) 両者の違いとして、利益衡量が道徳的側面よりも権利の法的側面を重視する傾向にある点が指摘されている。また、利益衡量は社会的利益に比較した場合の個人の権利が劣位する傾向がある点も指摘されている。*Id.* at 27.

(11) *Id.*

(12) *Id.* at 28.

(13) *Id.* at 1.

(14) なお、Bhagwatの主張対象は、アメリカ合衆国憲法上の権利であり、権利一般ではない。ゆえに、権利概念をめぐる法理学上の争いに関して答えるものではないという。

(15) BHAGWAT, *supra* note 1, at 2.

(16) *Id.* at 3.

(17) Bhagwatによれば、政府が同一の行為を行った場合であっても、それぞれの個人に対する実際の侵害の程度によって異なる判断が下される点も問題とされる。

(18) Bhagwatは、個人の権利をベースにする裁判所の理論では裁判所自身がその権利を語る権限を正当化できていないことを指摘する。その上で、裁判所の権利論として採用されるべき理論をBhagwatは展開する。

(19) BHAGWAT, *supra* note 1, at 30.

(20) アメリカ人民の意識の中核には、建国以来ずっと権利の観念がとどまり続けているとの指摘から、Bhagwatにとっては権利の性質を捉えるための基準となるべき時点として建国期に注目していると思われる。*Id.* at 31

(21) *Id.* at 37. 連邦最高裁は、個人の憲法上の権利に基づく「現代的な」権利の理論を採用しているように思われるが、Bhagwatはこの理論では裁判所の権限を正当化できていないため伝統的理論を採用すべきことを主張していると思われる。

(22) イギリス国王からの支配は、1776年の独立宣言によるアメリカの政治的独立、さらに1781年でのヨークタウンでのアメリカの軍事的勝利、及びその後のパリ講和条約によるアメリカの独立達成により排除されたと考えられるが、1780年代を通じて、今度は人民の権利に対抗するものとして州政府（州の立法府）の存在が現れたことが指摘されている。権利は、州政府に対抗する人民の権利として捉えられ、いずれにせよ個人の権利の考えが採用されていないことをBhagwatは指摘する。*Id.* at 31.

(23) *Id.*

(24) *Id.* Bhagwatはこの点に関するGordon Woodの見解を引用する。Woodによれば、治者の利益に対抗するための権利として集合的な人民に属する公的な権利が用いられたことに比較すると、社会全体の一般意思に対抗する個人の私的権利はあまり強調されていなかったと思われることが指摘される。市民的自由Civil Libertyの特質が個人的な視点ではなく、政治的集合体又は州の自由Freedomにあったとされる。GORDON S. WOOD, THE CREATION OF THE AMERICAN REPUBLIC, 1776-1787, at 61（1969）.

455

(25) BHAGWAT, *supra* note 1, at 32. さらにこのような建国期の権利観念は1689年のイギリス権利章典に淵源を有することが指摘されている。イギリス市民革命における議会と国王の対立構造からも、Bhagwatは権利観念が統治構造において理解されるべきことを主張するのである。合衆国憲法や連邦の権利章典より早く採択されたヴァージニアやペンシルヴァニアの権利章典の特徴として、人間が失うべきと考えられていなかった重要な権利は、憲法によって「付与」ではなく「保護」されると考えられていたことから、憲法は治者である政府に特定の行為を要請するものとして捉えられ、つまり州の統治構造やその制約に主たる目的があったという。WOOD, *id.* at 271-273. この点から、憲法や権利の目的が個人の自律領域の創設やその保護ではなく、専制的な政府から保護すること、そしてその対象が（個人ではなく）人民であることが指摘される。その後に制定された合衆国憲法や権利章典が、州政府の代表者により成り立った点を考慮すると、州憲法や州の権利章典のこれらの特徴が連邦レベルの文書に組み込まれているとみることは自然ということになるだろう。州憲法において州政府に対する人民の権利として権利が捉えられていたことから、州の代表者らで構成された制憲会議にて、合衆国憲法に連邦政府に対する州の権利として集合体としての人民の権利の考えがとり入れられたことは自然であるとBhagwatは示唆する。BHAGWAT, *id.* at 31-38.

(26) Bhagwatは個人に帰属する権利観念を採用していない論者としてLinda MeyerとMatthew Adlerを挙げる。Meyerは、人間の尊厳を中心とした権利の実施を主張する。これは、人格の威厳を保ち、コミュニティーとの相互承認を達成するという道徳的主張を含む。Linda Ross Meyer, *Unruly Rights,* 22 CARD. L. REV. 1 (2000). Bhagwatは、Meyerの権利観念が個人の行為自体に結びつけられているわけではなく、個人と政府の関係性に求められている点に主たる特徴を見出す。またAdlerは、憲法上の権利をルールに対するものとして捉え、憲法上の権利が権利保有者に対して保障するのは、すべてのルールではなく特定のルールに対する防御であるという。Matthew Adler, *Rights against Rules,* 97 MICH. L. REV. 1, 3 (1998). Bhagwatは、Meyerの権利観念について、政府と個人の関係性に注目した点は評価しながらも、人間の尊厳と尊重の観念に依拠した権利アプローチでは憲法の基本目的を適切に表現できているかが疑問であるという。またAdlerの権利観念に対しては、これが特定の個人の行為を保護するものではなく、特定の法的ルールを禁止する点に特徴があるとし、憲法問題をとり扱う裁判所が政府の行為に注目して判断する点ではAdlerに賛同しながら、特定の政府行為が違憲になる理由が示されていない点を批判する。BHAGWAT, *id.* at 27-28.

(27) BHAGWAT, *id.* at 34.

(28) 権利の性質について構造的アプローチをとる論者としてAkhil Amarがいる。Amarは合衆国憲法が制定された当時での人民に帰属する権利の考え方を主

第 5 章　アメリカ判例法理における「基本的」権利の非強制性について

張するが、憲法上の権利の性質は南北戦争の後に個人的な性質をもつように変質したことを主張する。AKHIL REED AMAR, THE BILL OF RIGHTS 152-155 (1998). BhagwatはAmarの再建期の権利観念の変容について、言いすぎだoverstateとしている。建国期の権利観念としてBhagwatが主張するように集合的な意味で権利が捉えられていたとして、再建期に導入された修正条項の意義をどのように解釈するかが問題となろう。

(29) BHAGWAT, *supra* note 1, at 28-29.

(30) JOHN HART ELY, DEMOCRACY AND DISTRUST (1980). 邦訳として、ジョン・H・イリィ『民主主義と司法審査』佐藤幸治・松井茂記訳（成文堂、1990年）。

(31) 制度上、民主主義的正統性のない裁判所の違憲審査権がなぜ正当化され得るのかについてElyは、政治過程を適切に保障するという点に裁判所の役割を見出すことで民主主義の側面からその正当性を示したのである。

(32) BHAGWAT, *supra* note 1, at 29.

(33) WESLEY NEWCOMB HOHFELD, FUNDAMENTAL LEGAL CONCEPTIONS: AS APPLIED IN JUDICIAL REASONING 35-64 (Walter Wheeler Cook, ed., The Lawbook Exchange 2010) (1919). ただし、Hohfeldの試みは、権利観念の解明や定義づけにあるわけではないとされる。法の目的や機能を明確に論じるために必要となる法の基本的観念を明確に言葉として表す（法学者、裁判官、立法者、一般市民を含めた、われわれに伝える）ことにあったと思われる。この作業において、権利観念の意味を整理したのである。またHohfeldの権利観念について例えば参照、田中成明『現代法理学』（有斐閣、2011年）222〜224頁。Hohfeldが用いる用語の邦訳はこれに依拠した。BhagwatはHohfeldを参照するが、Hohfeldの権利が憲法上の権利に限定されるわけではない点にはBhagwat自身が注意を促している。

(34) 例えば合衆国憲法修正14条には、「特権」や「免除」の文言が使用されている。しかし、特権や免除と「権利」がどのような相違があると起草者によって認識されたのかは明確ではなかったことが指摘される。彼らの頭の中では権利と特権に関する区別があったかもしれないが、その後、裁判所や他の法律家がこれらの内容や観念を表現する際、いつでも「権利」の用語が使用されている事実が指摘される。Arthur L. Corbin, *Foreword* to HOHFELD, *supra* note 33, at ⅷ. また、用語の意味の不明確さが憲法解釈論上の混乱を生む要因として指摘されることは、Hohfeldの法的観念の分析及び権利観念における権利が、憲法上の権利として分析されるべきことを意味するわけではない。そのため、憲法典に明記される特権や免除、権利の用語の意味をHohfeldの分類が意味するものとして対応させることは適切とは限らない。

(35) Walter Wheeler Cook, *Introduction* to HOHFELD, *supra* note 33, at 7.

(36) 例えば契約において、XがYに対する権利を有するとしよう。その内容は、Xの土地からYを離れさせるというものである。これに対応して、Yの視点からは、

Xに対して彼の土地から離れる義務を有する。このように、XとYという二人の個人間の間に存在する法的関係は、Xの「権利」とYの「義務」というそれぞれの視点に立った場合の二つの捉え方がなされる。HOHFELD, *supra* note 33, at 38.

(37) Hohfeldの整理においてはさらに、このような対応関係だけではなく、一方の個人から捉えられる観念と反対（矛盾）する観念との関係性の視点からも説明がなされている。

(38) Hohfeldは新たな用語を創設することを目的とするものではないが、NoとRightをハイフンで結んでできたこの用語は、Hohfeldが特権と相関関係にある考えを表すために創作した唯一のものともいえる。*See* Corbin, *supra* note 34, at ix.

(39) 多くの個別事例（判例）を参照し、これらの実際の事例における法的問題が裁判官によって認識され議論される過程において、「権利」がもつ言葉が多義的に捉えられていること、そしてこれにより妥当な議論や解決が導かれていないことを危惧する。そこで実際の事例において、認識されるべき問題の所在を的確に捉えるために「権利」を四つの用語に分類し、その言葉の実際の使われ方を注意深く観察した上で、それぞれに一つの内容を当てはめたのである。Hohfeldの分類を用いることで、実際に問題が生じた場合、その法的問題の所在を的確に捉えること（言葉として表すこと）が可能になることが期待できる（彼の法的観念の分類は、その言葉が裁判官によって実際に用いられる方法に基づいて分析されているため、極めて実践的な観点から法的問題に取り組む態度といえる）。その背景には、言葉の明確な意味を認識せずに、問題に取り組むことへの警鐘があるといえよう。

(40) ただし、責任は利益を得るものとして記述されている点に注意しなければならない。Cook, *supra* note 35, at 10.

(41) HOHFELD, *supra* note 33, at 26-27. 問題の所在を的確に把握することに寄与するため、そこから導出される結論もまたより適切なものとして認識される可能性が高くなる。Corbin, *supra* note 34, at xi. Hohfeldが基本的観念として挙げる用語や観念はすべて裁判官や（思考する）一般人が用いているものとされる。*Id.* at viii-ix.

(42) BHAGWAT, *supra* note 1, at 29.

(43) *Id.*

(44) *Id.* at 30.

(45) *Id.*

(46) *Id.* at 35.

(47) *Id.*

(48) もちろん、建国期にも自由Libertyの観念はあったとしながらも、この自由を保護する手段は代表民主制と陪審制度のみとして認識されていたとBhagwatはいう。*Id.* at 35-36.

第5章　アメリカ判例法理における「基本的」権利の非強制性について

(49) *Id.* at 37. しかし起草者は権利に関するこの区別を有していたとBhagwatはいう。

(50) *Id.* at 36.

(51) *Id.* at 59.

(52) THE FEDERALIST No. 84, at 555-567 (Alexander Hamilton) (Clinton Rossiter ed., 1961).

(53) BHAGWAT, *supra* note 1, at 39.

(54) U.S. CONST. art. I.

(55) U.S. CONST. art. II.

(56) U.S. CONST. art. III.

(57) 権利章典を除く憲法の主たる部分が統治に関するルールであることは、個人の自由に起草者が関心を払っていたことを示すものではないことはBhagwatも指摘している。個人の自由は、行使が許容される政府の権限が憲法典に列挙されること、及び、連邦機関における三権分立と連邦制度の採用という権力分立原則により二重に人民の権利が保護されることで達成されるべきことはBhagwatも述べている。BHAGWAT, *supra* note 1, at 59-61.

(58) *Id.* at 39.

(59) *Id.*

(60) *Id.* at 39-41.

(61) *See e.g.,* THE FEDERALIST No. 51, at 339-340 (Alexander Hamilton or James Madison) (Clinton Rossiter ed., 1961). 政府に対抗する人民の保護について言及されており、また少数者としての個人の権利にも留意されている。

(62) BHAGWAT, *supra* note 1, at 41.

(63) ここでは、1787年に制定された7編までを指す。

(64) ゆえに、その目的は個人の自律や個人の自然権の保護ではないことがBhagwatにより主張されるが、ただしBhagwatの意図は、これらの保護が憲法の中心的課題ではないことを主張することである。究極的な目的としてまでもこれらの保護が排除されるべきことを主張するものではない。BHAGWAT, *supra* note 1, at 50.

(65) ニューディール期には、結局新しい憲法条項の追加はなかったが、その統治構造は大きく変化したことが指摘される。*See* BRUCE ACKERMAN, WE THE PEOPLE 1: FOUNDATIONS 105-108 (The Belknap Press, 1993) (1991).

(66) Amarはまた、憲法解釈において文言を重視する点でもBhagwatと共通するといえる。

(67) BHAGWAT, *supra* note 1, at 173.

(68) *Id.*

(69) *Id.* at 175. 特に、南部の白人による政府の黒人への差別の禁止が指摘されている。平等保護条項における人種差別禁止の意義は大きいが、ただし修正14条に

*459*

よる禁止が人種に基づくものに限定されることを意味するわけではない。*Id.* at 175-176. 政府により不利益な取扱いを受けている少数派への保護が強調されている。*Id.* at 58.

(70) U.S. CONST. amend. XIV, § 5.

(71) BHAGWAT, *supra* note 1, at 173.

(72) U.S. CONST. amend. XIV, § 1.

(73) BHAGWAT, *supra* note 1, at 173-174.

(74) あるいは、人民の権利と密接な関係にあった州の権利として捉えられていたと指摘される。

(75) AMAR, *supra* note 28, at 236-237.

(76) *Id.* at 215.

(77) *Id.* at 216.

(78) *See* Adamson v. California, 332 U.S. 46, 71-74 (1947) (Black, J., dissenting); Duncan v. Louisiana, 391 U.S. 145, 166 n.1 (1968) (Black, J., concurring).

(79) *See* Ohio ex rel. Eaton v. Price, 364 U.S. 263, 274-276 (1960); William J. Brennan, Jr., *The Bill of Rights and the States: The Revival of State Constitutions as Guardians of Individual Rights,* 61 N.Y.U.L. REV. 535, 550 (1986); *see also* Palko v. Connecticut, 302 U.S. 319, 324-325 (1937); Adamson v. California, 332 U.S., 61-68 (Frankfurter, J., concurring). また、Duncan v. Louisianaの同意意見においてHarlan判事は、修正14条による保障は権利章典というよりも、アメリカの伝統や政府の構造に合致するようにして決定されるべきとの考えを示している。391 U.S., at 147-149 (1968) (Harlan, J., dissenting). AmarはBrennan判事の選択的モデルでは裁判官が基本的ではないと判断すれば、その権利や特権が編入されない可能性を認めるものであるとして、両者のうちでは、文言と歴史に依拠したBlack判事のアプローチの方が妥当であるという。AMAR, *id.* at 219-220.

(80) AMAR, *id.* at 221. Black判事の見解についてAmarは、修正14条1節が編入する権利が権利章典の部分のみに限定されるわけではないため批判する。元々の憲法の部分に規定される特権と免除も含まれなければならないとAmarは主張する。*Id.* at 219.

(81) *Id.* at 221.

(82) Garrett Epps, *Interpreting the Fourteenth Amendment: Two Don'ts and Three Dos,* 16 WM. & MARY BILL RTS. J. 433, 450 (2007).

(83) そのため、修正13条で奴隷制度の廃止を規定しても奴隷権力に対する手段としては効果的ではなかったとされる。*Id.* at 452.

(84) *Id.* at 453

(85) BHAGWAT, *supra* note 1, at 62-63.

第 5 章　アメリカ判例法理における「基本的」権利の非強制性について

(86) *Id.* at 50.

(87) *Id.* at 51-58.

(88) 83 U.S.（16 Wall.）36（1873）.

(89) BHAGWAT, *supra* note 1, at 51-52.

(90) *See* Madden v. Kentucky, 309 U.S. 83（1940）. Slaughter-House事件の法廷意見の意味に関してはいくつかの見解が主張される。*See* Kevin Christopher Newsome, *Setting Incorporationism Straight: A Reinterpretation of the Slaughter-House Cases,* 109 YALE L.J. 643（2000）. Slaughter-House事件の法廷意見の解釈が適切か否か、また適切であるとしても特権免除条項の現代的な意味を探る試みは重要と思われる。

(91) BHAGWAT, *supra* note 1, at 52.

(92) 60 U.S.（19 How.）393（1857）.

(93) 198 U.S. 45（1905）.

(94) ただし修正 3 条と修正 5 条の陪審条項、修正 7 条は例外とされる。BHAGWAT, *supra* note 1, at 53.

(95) *Id.* at 53-54.

(96) 300 U.S. 379（1937）. この判決では、「憲法は契約の自由Freedom of Contractについて語るものではない。憲法は自由Libertyについて語り、デュープロセスなしの自由の剝奪を禁止している」ことが述べられた。*Id.* at 391. この剝奪を禁止する中で憲法は、自由が絶対でもコントロールできないものとも認識していない、とBhagwatはいう。

(97) ただし、プライバシーに関する判例が正当化不可能であるとBhagwatが主張するわけではない。

(98) BHAGWAT, *supra* note 1, at 174, 179.

(99) *Id.* at 174-175.

(100) ACKERMAN, *supra* note 65, at 128-129.

(101) Bolling v. Sharpe, 347 U.S. 497（1954）. ただし、修正14条の平等保護条項の名宛人は州政府であるため、その直接の根拠は修正 5 条デュープロセス条項である。Bhagwatはこれを、「逆編入」という。

(102) 連邦最高裁において、州政府に対するより少ない制約を合衆国憲法が連邦政府に課すとは考えられない趣旨が述べられている。Bolling, 347 U.S., at 500.

(103) BHAGWAT, *supra* note 1, at 180.

(104) Ry. Exp. Agency, Inc., v. N.Y., 336 U.S. 106, 112-113（1949）（Jackson J., concurring）.

(105) BHAGWAT, *supra* note 1, at 58.

(106) *Id.* at 57-58.

(107) *Id.* at 63.

(108) *Id.*

(109) *Id.* at 63-64.

(110) U.S. CONST. art. I , § 8, cl. 18. *See* McCulloch v. Maryland, 17 U.S.（4 Wheat.）316（1819）.

(111) BHAGWAT, *supra* note 1, at 65.

(112) 修正1条は言論の自由を保護するが、あらゆる言論が保護されるわけではない。両者の違いはどのように判断されるべきかが問われることになる。

(113) BHAGWAT, *supra* note 1, at 66.

(114) *Id.*

(115) 517 U.S. 620（1996）.

(116) BHAGWAT, *supra* note 1, at 69.

(117) *Id.* at 71. Bhagwatは、Korematsu v. U.S.を例として挙げ、修正14条の平等条項が人種に基づく政府の行為が高度に規制されるべきとの判断をとり入れているとし、このような社会を構造的に分断する政府行為がもたらす民主主義の政治への弊害に対処するための司法審査の必要性を強調している。憲法の中心原則が問題となっている場合には、政府が掲げる他の目的が正当性を有するとしても、憲法の統治システムに対する脅威が存在するとして、その政府の行為によって憲法条項の目的が促進されない限り政府の行為は許容されるべきではないとする。Korematsu v. U.S., 323 U.S. 214（1944）. 政府目的として国家の安全保障が掲げられる場合であってもなお、注意深い審査が必要であるとBhagwatはいう。

(118) BHAGWAT, *id.* at 77.

(119) *Id.*

(120) ここでは、修正14条をめぐって展開されてきたプライバシーの判例をとり上げる。

(121) BHAGWAT, *supra* note 1, at 76.

(122) *Id.* at 76-77.

(123) *Id.* at 76.

(124) U.S. v. Windsor, 570 U.S. 744, 776-778（2013）(Scalia, J., dissenting); Lawrence v. Texas, 539 U.S. 558, 586（Scalia, J., dissenting); Lawrence, 539 U.S., at 605（Thomas, J., dissenting）.

(125) BHAGWAT, *supra* note 1, at 76-77. ただしBhagwatは、政府の介入が付随的に個人の自律領域に抵触する可能性があることは否定していない。政府の行為が憲法に違反するかが問われるべきで、この付随的な制約に対する憲法上の分析は不要であるとされる。

(126) *See* Barnes v. Glen Theatre, Inc., 501 U.S. 560, 576-577（1991）(Scalia, J., Concurring). 公の場でのヌードダンスの規制に関して、問題とされた州法は修正1条の審査により判断されるべきではないことをScaliaは主張する。*See also* City of Erie v. Pap's A.M., 529 U.S. 277, 307-308（2000）(Scalia, J., concurring). Bhagwatは個人の憲法上の権利に対する制約として捉えるべきで

第5章　アメリカ判例法理における「基本的」権利の非強制性について

はないというScalia判事の見解に賛成しながらも、その結論の妥当性は疑わしいという。

(127) 381 U.S. 479 (1965).

(128) Bhagwat, *supra* note 1, at 240.

(129) またAckermanは、私的財産と契約に中心的な関心を払ってきた再建期の共和主義からプライバシーの保護への転換を示す判決としてGriswold判決を位置づける。Ackerman, *supra* note 65, at 152-153.

(130) Bhagwat, *supra* note 1, at 241. またBhagwatは、今日の法学者の多数が自然法論自体を支持していないことも指摘する。

(131) *E.g.,* Griswold, 381 U.S., at 492-494 (Goldberg, J., concurring). また Harlan判事は修正14条デュープロセス条項が、秩序ある自由の観念に暗に含まれている根本的な価値を保護するとの見解を示していた。*Id.* at 500 (Harlan, J., concurring).

(132) *See* Randy E. Barnet, Restoring the Lost Constitution: the Presumption of Liberty (2004).

(133) Bhagwat, *supra* note 1, at 241-242.

(134) *Id.* at 244-245.

(135) 539 U.S. 558 (2003).

(136) Bhagwat, *supra* note 1, at 248-249.

(137) *Id.* at 249. これにより、問題となった行為が売春や公的な場所での性的行為と区別されるという。

(138) 修正14条の自由を根拠とする親密な結合の観念が表された判決として BhagwatはRoberts判決を挙げる。Roberts v. United States Jaycees, 468 U.S. 609 (1984).

(139) Bhagwat, *supra* note 1, at 249.

(140) *Id.* at 245.

(141) 410 U.S. 113 (1973).

(142) Bhagwat, *supra* note 1, at 247.

(143) Roe判決より前に立法府は中絶問題に関する議論を行っていた点や、*Lawrence*判決以前にすでに多くの州では同性愛者の性的行為を禁止する州法が廃止されていた点などにBhagwatは注目しているためである。*Id.* at 248.

(144) *Id.* at 251.

(145) *Id.* at 253. Bhagwatによれば、憲法が起草された当初は州が家族領域に介入すべきではないという観念は奇妙なものであったという。家族の私的領域と州が衝突する関係にあることが認識されるようになったのは20世紀に入ってからであり、象徴的な判決としてMeyer判決とPierce判決を挙げる。Meyer v. Nebraska, 262 U.S. 390 (1923); Pierce v. Soc'y of Sisters, 268 U.S. 510 (1925). また、非伝統的な家族形態への保護に関する判決もある。*See* Moore v. East Cleveland,

*463*

431 U.S. 494 (1977); Stanley v. Illinois, 405 U.S. 645 (1972).

(146) Bhagwat, *id.* at 255.

(147) *Id.*

(148) 135 S. Ct. 2584 (2015).

(149) 135 S. Ct., at 2602-2603.

(150) 同性婚の問題について、Bhagwatが平等保護条項のみの問題であると捉える趣旨ではない。

(151) Bhagwat, *supra* note 1, at 174.

(152) *Id.* at 176.

(153) *Id.*

(154) Epps, *supra* note 82, at 441-443, 445-448.

(155) Brown v. Bd. of Educ. of Topeka, 347 U.S. 483 (1954).

(156) Bhagwat, *supra* note 1, at 181.

(157) Herbert Wechsler, *Toward Neutral Principle of Constitutional Law,* 73 Harv. L. Rev. 1, 34 (1959).

(158) Bhagwat, *supra* note 1, at 181.

(159) 人種隔離政策に対抗する「平等」の意味として歴史的な意味をもつBrown判決にもかかわらず、この判決から10年経過した後でも、11の南部州のうちで人種統合した学校に通った黒人学校の生徒はたった2.25%のみであったことが示されている。*Id.* at 182.

(160) *Id.*

(161) *Id.*

(162) *Id.* at 182-183.

(163) *Id.* at 183.

(164) *See* Plessy v. Ferguson, 163 U.S. 537 (1896).

(165) Bhagwat, *supra* note 1, at 183.

(166) *Id.*

(167) *Id.* at 184.

(168) Loving v. Virginia, 388 U.S. 1, 11-12 (1967).

(169) Bhagwat, *supra* note 1, at 185. 平等保護条項はこのように構造的に理解されるべきだが、Korematsu判決を例に、戦争状況における政府権限の拡大では困難な問題が生ずるとBhagwatは指摘する。

(170) 平等保護条項による保障は、少数者である個人の権利でもなく、また少数グループの権利としても捉えられるべきではないとBhagwatはいう。*Id.* at 189.

(171) *Id.* at 187.

(172) *Id.* at 189.

(173) *Id.*

(174) *Id.*

第 5 章　アメリカ判例法理における「基本的」権利の非強制性について

(175) Washington v. Davis, 426 U.S. 229（1976）.

(176) BHAGWAT, *supra* note 1, at 190.

(177) *Id.* at 216.

(178) *Id.*

(179) Romer, 517 U.S., at 637-638（Scalia, J., dissenting）.

(180) *Id.* at 629-631.

(181) BHAGWAT, *supra* note 1, at 216.

(182) *Id.* at 217.

(183) *Id.*

(184) ただし、Lawrence判決の法廷意見は平等保護条項のみを根拠に違憲の判断を下したわけではない。また、Lawrence判決で問題とされた州法についてはさらに、これがほとんど実行されていなかったため死文化していたこともBhagwatは指摘する。Lawrence判決については、ある法律があるにもかかわらず、執行されていないことを根拠に（つまり、法の不執行Desetudeとして）違憲と判断されるべきとの評価もある。Cass R. Sunstein, *What Did Lawrence Hold? Of Autonomy, Desetude, Sexuality, and Marriage,* 2003 SUP. CT. REV. 27（2003）.

(185) BHAGWAT, *supra* note 1, at 219.

(186) *See* Zablocki v. Redhail, 434 U.S. 374（1978）.

(187) Baehr v. Lewin, 74 Haw. 530, 852 P.2d 44（1933）; Baehr v. Miike, 1996 WL 694235（Hawai'i Cir. Ct. 1966）.

(188) BHAGWAT, *supra* note 1, at 220.

(189) *Id.*

(190) *Id.*

(191) *Id.*

(192) *Id.* at 221.

(193) 連邦最高裁での争点はもう一つあり、他州で許可された同性カップルの婚姻は修正14条により、同性婚を承認しない他州に対して承認を要求するか、である。本章ではこの問題には検討しない。この問題について参照、拙稿「他州で承認された同性婚に対する州の権限—他州の判断に対する尊重と個人の権利保障の意義—」宮崎産業経営大学法学論集24巻1・2号（2016年）1〜36頁。

(194) Obergefell, 135 S. Ct., at 2593-2594.

(195) *Id.* at 2603-2604.

(196) *Id.* at 2596.

(197) Baker v. Nelson, 409 U.S. 810（1972）. 連邦最高裁に訴訟が提起される前の州裁判所の段階では、著名な辞書での定義がいずれも二人の異性愛者の結合である点を指摘し州の婚姻もこのように解釈すべきことが主張されていた。1970年代の州裁判所では、この州への制約は弱いものとして捉えられる傾向が一般的だっ

*465*

たといえる。Baker v. Nelson, 291 Minn. 310, 191 N.W.2d 185（1971）.

（198）ただし、連邦最高裁は南北戦争前の時点で奴隷権力に対する要塞として考えられていたにもかかわらず、Dred Scott判決で奴隷制度を擁護する結論を出したために、連邦議会の議員の多数は連邦裁判所に修正14条により新たに権限を付与することには懐疑的であったとされる。連邦議会と連邦裁判所の権限の配分として、連邦法でのヘビアスコーパスに対する管轄権は連邦議会に残されたことなどが例として挙げられている。Epps, *supra* note 82, at 456. 連邦議会と連邦最高裁のこのような権限配分の関係性を考慮すると、修正14条の下で連邦最高裁が州の判断にどこまで介入できるかは慎重に検討しなければならない。

（199）Obergefell, S. Ct., at 2597-2598.

（200）570 U.S. 744（2013）.

（201）Obergefell, S. Ct., at 2599-2601. これは子どもをもつことが婚姻する権利の一部として重要に作用することを主張するもので、子どもをもつことが婚姻の中心的意義であることを示すわけではない。

（202）*Id.* at 2601.

（203）BHAGWAT, *supra* note 1, at 256.

（204）*Id.* at 257.

（205）*Id.*

（206）*E.g.,* Planned Parenthood of Se. Pa. v. Casey, 505 U.S. 833（1992）; Lawrence v. Texas, *supra. See also* FRANK J. COLUCCI, JUSTICE KENNEDY'S JURISPRUDENCE: THE FULL AND NECESSARY MEANING OF LIBERTY 21-24（2009）.

（207）Defense of Marriage Act of 1996, Pub. L. No. 104-199, 110 Stat. 2419.

（208）*See* Michael J. Klarman, *Windsor and Brown: Marriage Equality and Racial Equality,* 127 HARV. L. REV. 127（2013）.

（209）Obergefell, 135 S. Ct., at 2607.

（210）同性婚を婚姻形態として認めることは、異性婚を望むカップルの選択を排除するものではないという点で多数派の信念を侵害していないと考えることができる。ただしここでKennedy判事が語るのは、婚姻形態として伝統的なものに限定されるとの信念を有する人々についてである。*Id.* at 2607. つまり、自己がどのような選択をするか否かではなく、社会制度としての婚姻制度の形態について異性カップルに限定するとの信念をもつ人々である。裁判所が、同性婚の排除を違憲であると判断することは、婚姻を異性婚のみに限定されるべきとの多数派の信念を侵害することにならないのか、という問いをここでは検討している。

（211）しかし、Hohfeldの権利観念は、憲法上の権利を定義することを目的に分類されたものではなかった。つまりHohfeldの権利観念は、憲法上の権利に他者の義務が伴わなければならないことを主張するというわけではない。

（212）Obergefell, 135 S. Ct., at 2605; Schuette v. BAMN, 134 S. Ct. 1623, 1636-1637（2014）.

第 5 章　アメリカ判例法理における「基本的」権利の非強制性について

(213) *See* Obergefell, *id.* at 2606.

(214) なお、Obergefell判決での基本的権利につき参照、拙稿「アメリカ連邦憲法修正14条デュープロセス条項に基づき自由を保障する連邦最高裁判所の権限—同性愛者の婚姻する基本的権利の承認に関する一考察—」法学新報123巻3・4号（2016年）33〜54頁。

(215) BHAGWAT, *supra* note 1, at 221.

(216) Obergefell, 135 S. Ct., at 2607.

(217) ただしこれは、他の人に適用されることが排除されることを意味するわけではない。特定個人というのは、裁判所が判断するのはその事件における具体的な状況を指すという意味である。同性婚を支持する見解の個人もいれば支持しない個人もいる。裁判所が同性愛者の婚姻する権利を保護すると述べても、すべての個人が自分に対してこの権利の実施を望むとは限らないため、裁判所が判断した実体的価値は具体的な個人と考えるべきではないかと思われる。

# 第6章　人身保護制度における裁判所の役割
―日本国憲法の適正手続の視点から[*]―

## はじめに

　前章では、アメリカ連邦最高裁判所の判例における基本的権利の性質につき、同性婚の事例に注目して検討した。その性質の一つとして、前章は、州に対する非強制的Unenforceableな性質をもつものである点を指摘した。このような特徴をもつ権利に、どのような意味があるというのか。

　Erwin Chemerinskyは、憲法上の権利を侵害された者はみな、連邦裁判所に対するアクセスを有するべきことを主張する。連邦裁判所は、憲法を実現するという極めて重要な役割を有するためである。しかし実際には、（特に政府により）権利利益が侵害された者の裁判所へのアクセスが認められないものとして裁判所が判断してきたため、これを批判する。このような、権利を実現するために問われるべき問題は、手続上のものである。この手続問題は、同性婚などの問題と異なり一般の人々の関心を引くような問題ではないが、問われるべき重要な問題である。具体的には、回避の法理、絶対的あるいは制限的免除、スタンディング、そしてヘビアスコーパスなどの問題である[（1）]。

　そこで本章は、憲法の適正手続保障の視点から、英米法の議論を参考にして、日本におけるヘビアスコーパスの問題について検討する。

　「ヘビアスコーパス」（Habeas Corpus）とは、おそらく日本ではあまり聞きなれない用語ではあろうが、日本にも、すでに「これを範として」1948年に制定された法律が存在する。人身保護法（昭和23年法律第199号）である。第2回国会において可決され成立したこの法律は、基本的人権の尊重を基本原理とする日本国憲法の運用にとって極めて重要な役割をなすものとしておよそ70年前に制定されたのである[（2）]。

*469*

人身保護の法律は、日本国民にとって「未だ経験のない全く新らしい法律[3]」として、また「旧憲法の法体系下では想像もできない法律[4]」でありながらも、制定することの必要性は認識された[5]。なぜこのような日本にとって未曾有の法律を導入する必要性があったのか。

　審議過程での議論を参照するとこうである。日本国憲法における人身の自由の殊更の重要性から、同憲法は13条、31条、33条及び34条等において、人身の自由に対する侵害の排除とその被害者の救済を目途としており、このような憲法の諸規定を実施し、その趣旨を十分に発揮することを可能にするための法律が必要であること、特に憲法34条後段の趣旨を実現し得る法律を制定する必要性のためであることが述べられた[6]。

　人身保護法の特徴の一つは、人身の自由が不当に侵害された場合の救済の仕方にある。その刑事上の救済として不法監禁に対する告訴、告発、民事上の救済として不法行為による損害賠償請求、あるいは公権力の行使による公務員の不法行為に対する国家賠償請求、刑事補償請求などがある。ただし、これらはいずれも「事後の」救済である。人身保護制度による救済は、このような事後的なものでなく、現に自由を侵害されている者に直ちにその自由を回復させることによって救済を図るものである[7]。

　「ヘビアスコーパス」とは、そもそも英米に特有の観念として発展してきた。日本では、これを範として制定されながらも、その後の実際の運用をみると英米におけるそれとはかなり異なる点がみられる。

　この法律の目的として、「基本的人権を保障する日本国憲法の精神に従い、国民をして、現に、不当に奪われている人身の自由を、司法裁判所により、迅速、且つ、容易に回復せしめること」が同１条に規定される。しかし、人身保護法が意図した救済が実際に裁判所により認められてきたかについては疑問がある[8]。日本では、不当な拘束に対する司法的救済が十分に機能している現状があるとは言い難いためである。

　実際、人身保護法の実際の運用をみると、その制定意図や文言とはかけ離れたものであることが問題点として指摘されており[9]、人身保護法の意義、そ

470

の運用の仕方について見直すべき点はあると思われる。

日本は英米から何を継受したのか。なぜ日本では、母法である英米法のヘビアスコーパスと異なる道を歩むこととなったのか。

確かに、外国で発展してきた法制度を模範にする際、それを「そのまま」日本に導入することが必ずしも最善であるわけではない。日本特有の事情などを考慮した結果、日本では異なる法制度として発展することもあるだろう。しかし、人身保護制度に関しては、日本の人身保護法が制定当初の意図や文言からかけ離れて運用され、それが問題として指摘されるため、このような運用には見直しが必要となる。またこの制度と憲法との密接な関係を考慮すると、人身保護制度の望ましくない運用は日本社会における憲法の意義（実効性）をも減少させる可能性があると考えられる。<sup>(10)</sup>

以上の問題を意識しながら、まずは英米で生成、発展してきたヘビアスコーパスにつき概観し、英米から日本が何を継受したのかを検討したい。それに続き、人身保護法と憲法の関係について考察する。この際にはまた、人身保護法の実施について同規則の問題を概観する。本章では特に、人身保護規則４条（違法の顕著性の要件）の問題に注目したい。

最後に、人身保護法が意図する救済が実現されているかが疑わしい現実に対し、人身保護規則が有する問題を指摘した上で、規則を制定する裁判所の権限に注目する。これにより、法の適正手続におけるその意義を検討する。本章は、法の適正手続という視点に注目することで、人身保護制度を実効的に機能させるための、法律を執行する過程における自由と法を形成する過程における裁判所の役割について論じることを目的にする。

本章では、人身保護制度を取り上げることにより、憲法が保障する自由を「実行」するという手続的側面、そこにおける裁判所（最高裁）の役割について論じることとする。

## 1 「ヘビアスコーパス」の日本への継受

### 1.1 英米法でのヘビアスコーパスの発展

イギリスにおいて、人身保護に関する法律としては1679年及び1816年の人身保護法（Habeas Corpus Act）が有名である。ただし、ヘビアスコーパスは法律により制度化されたために存在してきたわけではなく、イギリスではそれより古くから存在し、人身保護令状（Writ of habeas corpus）の起源は中世にまで遡るという。それは、国会による法律というより裁判の慣習によって形成されてきた。[11]

イギリス中世においてこれは、個人の自由を法的に保障するものというより、むしろ、当事者らの身柄を拘束し必要なときに彼らを強制的に国王裁判所に出廷させる「身柄提出令状的」なものであった。[12]

「ヘビアスコーパス」というラテン語の邦訳には、人身保護令状などの用語が使用される傾向にあるが、[13]ラテン語のヘビアスコーパスの意味としては、裁判所に身柄を連れて来い（身柄を提出すべきである）ということを意味する。[14]人身保護の「人身」とは、コーパス、つまり身柄を訳したものであり、人身保護令状（ないし人身保護律）により保護される法益が「身体の安全」というより「動作の自由」であることも法案審議過程で注意が促されていた。[15]

ヘビアスコーパスは、イギリス法制において展開するにつれ、人民の自由を保障するものとして観念されるに至った。人身の自由の侵害があった場合、「速やかにその侵害から人身の自由を回復する手段として」機能するものとして意味をなすようになり、その近代的ないし現代的意味は、「他人の身柄を拘束している者に対し、その身柄を裁判所または裁判官の面前に、拘禁の理由とともに提出することを命ずる令状」であり、「拘禁の理由が不十分な場合には、裁判所または裁判官は被拘禁者を釈放することができる」ことにある。[16]人身保護令状は、つまり、「身柄の拘束が適法か否かを争う手続として」用いられるようになったのである。[17]

このようにイギリスにおいてヘビアスコーパスは、身柄を拘束し出廷を確

第6章　人身保護制度における裁判所の役割

保するという意味から自由を保障するものとして変化を遂げたのであるが、注意点として付言すれば、人身保護法制は国会の法律によって（初めて）誕生したのではなく、裁判所の慣行によって存在してきたものに、国会が過去における具体的経験を参照しながらその裁判上の欠陥を修正する形で法律を制定することにより定着したきたものである。つまり、裁判所と国会が協力しながら自由を保障するこの制度を確立していったことが挙げられる。[18]

　ヘビアスコーパスの起源を解明することには困難が伴うためいくつかの見解が主張されるが、[19] この制度が発展するにつれマグナカルタ39条の人身の自由に関する適正手続との結びつきを強めていったことが指摘される。[20]

　日本の法案審議過程ではこの点につき、マグナカルタ39条の「何人も正式な法律手続によらないで拘禁されることはない」[21] との条文に触れ、16世紀テューダー朝の頃に初めて法律家がマグナカルタとヘビアスコーパスを結び付けて考えるようになったとの説明がなされた。[22] これにより、ヘビアスコーパスは人身の自由を保障するための令状として認識されるに至った。

　スチュワート朝に入ると、刑事での星室裁判所（Court of Star Chamber）などではコモンローの手続が守られず、拷問などもしばしば行われていた。国王と議会の対立が顕在化してくるようになると、このような裁判のやり方が国王の専制に対する不満の的として認識されるようになり、星室裁判所により拘束された者をコモンロー裁判所が人身保護令状により釈放するという意義が受けいれられるようになり、人身保護令状における人権保障の意義が見出されるようになる。[23]

　コモンロー裁判所が令状を発給することによる人身の自由の確保という慣行は、17世紀スチュワート朝の頃には、議会と国王の対立という政治的状況を背景に、ヘビアスコーパスの憲法的な令状という意味を帯びて展開するに至った。人身の自由に対する最高の救済という意味がこの令状に付与されるようになり、これを実現すべく国会による立法活動が行われていった。[24] とりわけ1679年のイギリスの人身保護法（Habeas Corpus Act）は重要であり、その特徴として刑事的な拘束に対して救済が与えられるための手続の整備、

473

強化という点が指摘される。ただし、ヘビアスコーパスは当初より刑事手続のみに適用されていたわけではない。<sup>(25)</sup>

　民事におけるエクイティ裁判所と競合した場合、コモンロー裁判所は人身保護令状をエクイティ裁判所に対する有力な武器として使用したのである。<sup>(26)</sup>例えば、エクイティ裁判所がその命令に従わなかった者を拘禁した場合、コモンロー裁判所は人身保護令状によりその者を釈放し自らの方に来させるなどした。<sup>(27)</sup>

　そして、ヘビアスコーパスはアメリカへ継受された。アメリカ合衆国憲法1条9節2項には「人身保護令状の特権は、反乱または侵略にさいし公共の安全上必要とされる場合でなければ、停止されてはならない」（以下「停止条項」）との規定が置かれている。<sup>(28)</sup>

　合衆国憲法上の停止条項について、まず問題となったのは、南北戦争時のLincoln大統領の下、この令状停止が大統領と連邦議会かいずれの権限であるのかという点である。<sup>(29)</sup>停止条項には、結果として、この規定の主体に関する文言が削除されたため、連邦議会のみがその主体であるのか、あるいは連邦議会に限定されないのかが問題とされた。<sup>(30)</sup>*Ex parte Milligan*では、連邦議会がその権限を付与しない限り軍律法廷で審理する権限はないとされ、軍により拘束された当該事件の請求者に対する人身保護令状の発布が認められ釈放されるべきとされた。<sup>(31)</sup>

　アメリカにおける次のヘビアスコーパスの展開は、第二次世界大戦後にその請求範囲が爆発的に拡張したことにより起こった。背景的要因はいくつか指摘されるが、特に、合衆国憲法修正14条デュープロセス条項により州に対しても合衆国憲法上の保障が及ぶとされたことにより起こったことが指摘される。このヘビアスコーパスの展開は、州と連邦の関係という事情に起因するものである。ヘビアスコーパスは合衆国憲法上に規定されながらも、わずかに連邦議会の権限を定めた1条の停止条項に規定されるにとどまるため、人権保障にきわめて重大な意義を有することが認識されながらもその内容を探るのに重要な役割を担ってきたのは制定法といえよう。<sup>(32)</sup>

第6章　人身保護制度における裁判所の役割

その後、ヘビアスコーパスをめぐる議論は2001年アメリカ同時多発テロ後の緊急事態後に展開をみせ、*Boumediene v. Bush*にてヘビアスコーパス令状の請求につき、制定法ではなく憲法問題として連邦最高裁により認められた。[33]

このように、イギリスにおいて生成、発展を遂げ、その後にアメリカに継受され発展したヘビアスコーパスの制度であるが、日本の人身保護法制の制定過程では何を問題とし導入するに至ったのか。

アメリカ合衆国憲法の停止条項の意味として、日本の法案審議過程では、ヘビアスコーパスが当然に発生することが前提であり、これが停止される場合を限定するものとして捉える。アメリカでは独立前からすでに「普通の慣行」としてイギリスの人身保護法は存在しており、ほとんどの州にも合衆国憲法と同じような規定が置かれていたことが指摘された。[34]

連邦制を採用するアメリカでは連邦と州の管轄問題などイギリスと異なる問題が生じ得るが、しかし、英米におけるヘビアスコーパスの共通原則は存在し、それはイギリスの憲法史と密接にかかわるものである。それは、イギリス憲法における手続を重要視する伝統である。[35] イギリス憲法において自由の保障は決して抽象的な原理ではなく、「現に拘禁された場合には直ちに引出して来る手続」を重んずるのであり、この手続によってはじめて自由は効果的に保護されると考えられる。そこでヘビアスコーパスとは、「自由を保護する最も強力な武器」として捉えられるであり、この点は日本の審議過程でも説明がなされた。[36]

また、アメリカでは裁判所による違憲審査制が採用されるが、この場合、拘束の根拠となる法律の合憲性が争われればこれもその身柄の拘束が適法か否かを争う人身保護手続において審査の対象となるものとして理解できる。[37]

## 1.2　日本は何を継受したのか

日本の人身保護法は英米法のヘビアスコーパスを母法とするが、日本は何を狙いとしてこの制度を導入したのか。

475

人身保護法は第2回国会で可決し成立した。この法律の制定意図は、法律上正当の手続によらずに、不法に身体の自由を奪われている者に対して、このような不法な拘束から現実に免れしめて迅速に回復させることにある。

その不法な拘束とは、刑事手続におけるものはもちろん、国家の公権力によるもののみならず私人による自由の拘束も含まれる。例えば、審議過程では、「精神病者であるとして、法規の手続によらないで監置されたり、或いは政争関係、選挙関係、労働争議の関係等から、反対側の暴力又は強制によって、抑留若しくは拘禁されたりした場合等」、「未成年者に対する監護権のない者が未成年者を懲戒場に入れておるような場合、あるいは坑夫をいわゆる監獄部屋に収容して、労役に服せしめておるというような場合」が挙げられており、このような不法な拘束を現実に排除し、迅速に身体の自由を回復するために適切な法律上の手段方法を設ける意図が述べられた。

人身保護法の目的として審議過程で述べられたのは、同法が「憲法の保障する身体の自由に対する不法侵害を排除して、簡便な方法で被害者を現実に、かつ迅速に救済することを目的とする、非常例外的な措置を規定した」ものである点であった。同法が適用されるのは、「現に身体の自由を拘束されている者」に対して「その自由拘束が法律上正当の手続によらないで、不法に行われた場合」であり、この自由の拘束とは、身体の自由が侵害されるすべての場合を包含するとされた。

審議過程における人身保護法案の説明を参照すると、拘束されているか否かは事実問題として決定されるものであるが、「法律上正当な手続によらないで」とは、「身体の拘束が法規に定める手続に従わないこと」であり、「拘束が実体法上正当であるかどうか」は問われない。法律上正当な手続とは、拘束が形式的に法規の根拠に基づくこと、法律の定める手続、方式に従って拘束が行われていること、権限のある者により拘束されていることなどが要件として挙げられた。不法な拘束から現実に解放し、身体の自由を完全に回復することが救済であって、この救済を求めることが人身保護の請求であり、「請求を理由ありとするときは、判決をもって被拘束者を直ちに釈放する」

第 6 章　人身保護制度における裁判所の役割

（人身保護法16条 3 項）ことで救済される。

　身体の自由の侵害に対する事後的な救済は、「自己が自由を回復すれば」
という仮定を前提にするものであり、自由を拘束されている限りこの手続を
とることは極めて難しい。刑事民事いずれにおいても、事後的な救済は自由
を回復した後に可能となるものであり、現に自由を拘束されている者にとっ
ては意味をなすとは考え難い。不法の侵害を排除し、速やかに自由を回復す
ることによってはじめて、憲法が保障する自由を実現することが可能とな
る。

　さらに、人身保護の請求について審議過程の議論をみると、「憲法によっ
て与えられ、保障された権利」であり、「特権」と称せられるものとして説
明された。この権利の本質につき、「身体の自由、すなわち私権の保護を請
求する、私権保護の請求権」の一種として説明される。人身保護法（案）に
おいて「その救済を請求することができる」（人身保護法 2 条）として「請
求」の文言が使用されるのはこの権利の性質を考慮してのものであり、また
憲法34条後段に「要求があれば」との文言に触れ、この文言が人身保護の請
求として表れたものとして説明されている。

　人身保護法の解説書をみると、人身保護手続の法的性質についてこれが司
法裁判による救済手続であるとして説明される。これは、被拘禁者と拘禁者
を当事者とした一種の訴訟であり、当事者により不法合法が争われるのであ
る。人身保護制度の本命的な機能領域は刑事手続にあると考えられるため、
この訴訟形態は刑事訴訟として捉えられるとも考えられるが、英米ではこれ
を民事訴訟と解するのが最も有力であるとされ、「人身の自由という私法的
な権利の保護・実現を求める訴訟」として捉えられる。日本の人身保護法に
ついても、このような旨の明文規定はないが、この趣旨で解することができ
るとされる（人身保護規則46条参照）。日本の人身保護法の解釈は、民事訴
訟の原則と人身保護手続の歴史的背景とを考慮して決定されることになろう。

　人身保護法の運用をみると、すでに立法過程において不法な拘束からの身
体の自由の迅速な回復は刑事訴訟手続によっては達することができない場合
があることが指摘されていたが、捜査の方法が現行憲法と刑事訴訟法により

477

大幅に変更されたこともあり、刑事手続における人身の拘束に対して人身保護手続が用いられることは、当初意図されていたところとは異なり実際にはあまり用いられず、非刑事手続における拘束からの救済が中心に用いられることとなった。<sup>(56)</sup>

人身保護法の規定自体には、公権力やこれに準じる強大な権力をもった機関等からの救済を念頭にした制度であることがうかがえるような文言となっているが、実際はこれと異なり、男女間の紛争によって起こる子の引渡し請求など、私人による身体の拘束に対する救済手段として多く用いられるようになっていったのである。<sup>(59)</sup>

## 2　人身保護法による救済とは

### 2.1　憲法上の根拠をめぐって

人身保護法は、「憲法附属法規」として画期的な意味を有しており、これが憲法と密接な関係にあることは明白といえよう。しかし、日本の人身保護法は英米のヘビアスコーパスを母体として制定されたものであり、このように外国法を根拠にした法制度が日本の国内の基本法である憲法といかなる関係にあるかをはっきりと捉えることは容易ではない。<sup>(60)</sup>

日本国憲法には、アメリカ合衆国憲法と異なり人身保護令状に関する明文規定は置かれていない。そのため、人身保護に関する法律やその救済が憲法上の要請であるのか否か、またそうだとして、憲法上のどこにその根拠があるのか等が問題になる。

人身保護制度と憲法の関係をめぐるこのような問題は、憲法の人権保障自体をどの程度重視するのか、人身保護制度をどの程度実効的なものとして考えるかという点から考察されることになろう。<sup>(61)</sup>

この点、同法案の提案理由の際に触れられたように、人身保護法の制定は現行憲法の人権保障を実効的に確保する上で不可欠であることが認識され、憲法34条は同法の制定と深く関連しているといえよう。憲法34条後段は、「抑留」と「拘禁」のうち、拘禁についてのみ正当な理由が存在し、要求が

478

第6章　人身保護制度における裁判所の役割

あればその理由が直ちに公開の法廷で開示されなければならないと規定する。

　人身保護法は、憲法が保障する人身の自由を具体的に実現するために、刑訴法と並んで、いわば人身保護の基本法として位置づけられ制定された。違法、不当に身体の自由を拘束されている者に対する救済（法的効果）が与えられるために要求される違法は、刑訴法と人身保護法の両者において同様ではないせよ、「違法自体が生じているかについては、違法の規範違反性、統一性に鑑みると」、それぞれの法領域における共通性があることが指摘される。

　そこで刑訴法では、憲法34条の要請として、勾留理由開示の制度を規定する（刑訴法82条〜86条）。勾留理由の開示は公開の法廷で行われ、裁判所がその理由を告げることになる。憲法34条後段の規定の趣旨を考慮すれば、開示されるのは、その勾留理由を基礎づける証拠でなければならないはずであるが、ただし、実際には、「相当の嫌疑があることを証明する証拠を示す必要はなく、何罪で勾留されたかを言えばよく、また勾留の必要性を示す証拠を示す必要はな（い）」とされる。

　憲法34条後段の趣旨を、「開示された理由を被拘束者が争う機会を与え、不当な拘禁であることが判明すればその釈放を命ずる趣旨」と解する立場をとるならば、現行の刑訴法上の制度は不十分といわなければならない。刑訴法上の勾留理由開示の制度が、勾留の理由を「示す」ことを保障するにとどまり、この理由が法律上認められるものであるか否かを審査するものではないことが問題として指摘される。

　憲法34条の解釈の問題につき、この条文が、被拘禁者が拘禁理由についてこれを争う機会を与えられることまで求めるものか、それとも、拘禁の理由が公開の法廷で告知されることのみを求めるものであるかについては争いがある。

　憲法34条後段の解釈の相違として、一方で、これが英米の人身保護手続を保障したものであるとし、他方で、しかしそれは英米の人身保護手続の制度をそのまま採用するものではなく、人身の自由を保障するため公開法廷にて

479

その拘禁理由を公表すべきことを規定するものと主張されるのである。[68]

　日本の人身保護法が憲法34条後段を基礎として制定されたと主張する見解によれば、憲法34条後段が英米のヘビアスコーパスを採用したものであると捉える。憲法34条後段につき、「何人も、正当な理由がなければ、拘禁されず」とは1627年の権利請願からの原則であって、[69]「要求があれば……」とは、本人の身柄を法廷に出廷させ、その上で拘束者にその拘禁理由を回答させる規定であると解釈される。[70]

　このような、憲法34条後段の規定がイギリス法制を母法にするものであるとの見解をみると、被拘禁者を法廷に出席させること、拘禁理由を示させることは英米法における人身保護令状の命ずるところであり、憲法34条の「要求があれば……」の部分がイギリスの人身保護令状の制度と法律を模範として[71]制定されたものであることを肯定できることが示される。[72]

　憲法34条後段が英米法の人身保護手続を想像させるものであり、これが「正確に」その手続そのままの形で要求するものかについては議論の余地があることを認めつつも、その精神に出ていることは疑いがないとし、日本の人身保護法が憲法34条後段の趣旨に基づいて制定されたものであることは言うまでもない、と主張される。[73]

　憲法34条が英米法のヘビアスコーパスに発し、身体の自由に対する拘禁に対する救済として解するならば、同条は、公開の法廷で告知された理由に対し意見を述べることを保障したものと解することになろう。[74]

　ただし、他方で、ヘビアスコーパスは刑事手続での人身保護に限定されるものではないため、[75]その趣旨は憲法34条のみで足りるわけではないことも指摘される。このように、人身保護法が刑事手続上の拘束のみに適用されるものではないなどとして、憲法34条が英米法のヘビアスコーパスの考えを背景にしているとしても、人身保護手続そのものを定めるものとするのは妥当ではなく、むしろ憲法18条の人身の自由の保障が人身保護手続を必要としているとして、人身保護法が憲法18条に基づくものとして捉えるべきとの見解も主張される。[76]

480

第6章　人身保護制度における裁判所の役割

　人身保護法の制定経緯から憲法との関連をみれば、私人間における不法な拘禁等も含む同法の根拠を憲法34条のみとするのは妥当ではないといえ、そのため憲法34条のみではなく、憲法18条や31条にもその憲法上の根拠を求めるべきことが主張される。<sup>(77)</sup>

　この点を考慮すれば、人身保護法が対象とする、その拘束の範囲として私人による場合も含まれるため憲法18条も根拠として挙げられると考えられるが、ただし、人身保護法の特徴はその広範な範囲というより、人身の自由に対する不当な拘束からの迅速な回復を目的とすることにあり、そのために被拘束者を法廷に出頭させ裁判所の審理を確保することを規定するものであることにその大きな特色が存在する。そうであるなら、憲法との関連については、人身保護法は憲法34条後段に基づくとしてこれを具体的に法制化したと解すべきで、憲法34条後段との強い結びつきを認識することが重要ではないか。<sup>(79)</sup>

　人身保護法の制定過程を参照すると、私人による違法、不当な拘束も議論されていたが、最も議論がなされたのは国家権力による違法、不当な身体の拘束からの人身の自由の保障であった点は見落とされるべきではない。<sup>(80)</sup>

　憲法が保障する自由が実現されるには、不法な侵害を排除し、速やかに自由を回復する方法がとられなければならない。現行憲法は、身体の自由を保障するために、「何人も、法律の定める手続によらなければ、……自由を奪はれ（ない）」（憲法31条）との原則と、「何人も……令状によらなければ、逮捕されない」（憲法33条）との原則を採用した。<sup>(81)</sup>憲法が保障する身体の自由は、これらの原則が守られ維持されてこそ実現が可能となる。<sup>(82)</sup>

　憲法34条後段を、ある拘束が「憲法31条の法則に適合するか否かを調査して不法なる侵害から自由を速やかに回復する方法を規定したもの」として、身体の自由の保障を実現する方法を規定したものと解した上で、果たして人身保護法はこの憲法の趣旨に反しないかという点こそ議論されるべきなのではないか。<sup>(83)</sup>

481

## 2.2　人身保護規則4条の及ぼす影響とその問題

　人身保護法による救済について議論するには、その規則の規定を参照する必要がある。人身保護法の制定により、日本国民もまた英米の国民と同じように、「基本的人権として憲法の保障する身体の自由を名実共に確実に享有することができる域に達した」と評されながらも、しかし、人身保護法による救済は、同法2条1項の規定にかかわらず、最高裁判所による人身保護規則（昭和23年9月21日最高裁規則22号）により厳格な要件が課されることとなった。

　人身保護規則4条によると、人身保護法2条の請求は「拘束又は拘束に関する裁判若しくは処分がその権限なしにされ又は法令の定める方式若しくは手続に著しく違反していることが顕著である場合に限り、これをすることができる」として違法の顕著性が要求されることとなり、また、但書には「他に救済の目的を達するのに適当な方法があるときは、その方法によって相当の期間内に救済の目的が達せられないことが明白でなければ、これをすることができない」ことが規定され、補充性の原則と明白性の要件が課されることとなった（手続の補充性）。

　人身保護法2条1項は「法律上正当な手続によらないで、身体の自由を拘束されている者は、この法律の定めるところにより、その救済を請求することができる。」と規定しているが、人身保護規則4条が規定する「…手続に著しく違反していることが顕著である場合に限り」（法2条の）請求をすることができると明文規定しているわけではない。

　もし規則4条のこの違法の顕著性の要件が、人身保護法による救済を限定することを意味するならば、法律と規則の関係が問題として生じることになり、法律優位という通説をとるならば規則4条はそれに反する限りで無効になると考える余地が出てくる。ただし、規則4条が人身保護法で当然内在的に予定している内容を具体化したと考えるならば、法律と規則の関係をめぐるこの問題は生じないことになろう。

　規則4条が法2条の救済（の請求）を制限するものであるならば、それは

第6章　人身保護制度における裁判所の役割

人身保護法自体の趣旨を損なうおそれがあるため問題となろうが、最高裁は
このようには考えていないようである。

　戦争犯罪人として極東国際軍事裁判所並びに連合国戦争犯罪法廷での裁判
により有罪とされ巣鴨プリズンに拘禁されたが、平和条約並びに同条約11条
に基づく刑の執行及び赦免等に関する法律に基づき、残刑の執行のため連合
国最高司令官から巣鴨刑務所長に引き渡された被拘束者らにつき、請求者が
人身保護法に基づく被拘束者らの釈放を東京高等裁判所（第一審）に求めた
事案において、東京高等裁判所は、平和条約並びにこれに基づく法律の規定
によりなされる当該拘束は人身保護法2条の法律上正当な手続によらないで
身体の自由を拘束されている場合に該当しないとして請求を棄却した。[88]

　請求者の抗告に対し、最高裁の多数意見は「（規則4条が）請求の理由を、
権限、方式、手続の違反が、著しく、且つ顕著である場合に限定したのは、
人身保護法が、基本的人権を保障する憲法の精神に従い、国民をして現に不
当に奪はれている人身の自由を、迅速、且つ容易に回復せしめることを目的
として制定された特別な救済方法であるから」とした上で（人身保護法1条、
同規則4条但書参照）、当該拘束者は平和条約並びに法律の定めるところに
より刑の執行のため職権により拘束するのであるから、当該拘束を規則4条
の「権限なしにされ又は法令の定める方式若しくは手続に著しく違反してい
ることが顕著であるとはいえない」としたのである。[89]

　規則4条の規定のみをみると、請求の形式的要件を規定したものと解釈す
る余地もあるようにみえる。英米の人身保護法では（救済の請求要件の規定
はなく）人身保護令状の請求要件の規定につき、権利請願以来、その要件は
不法な拘束が存在すると推定される「相当な理由」が請求者によって示され
ることが必要であるとされる。[90]日本の人身保護規則4条が令状の請求要件に
つき、違法の顕著性という厳格な要件を課すものであるならば、これが人身
保護令状の伝統的基準に反することが指摘される。[91]

　また、人身保護規則4条の冒頭には、「法2条の請求は」との文言がある
ため、規則4条の違法の顕著性の要件は請求の実体的要件を定めた規定と解

*483*

すべきと考えられる。しかし、法2条を「（人身保護法）による救済の請求の実体的要件を定めたる根本的な規定であるから、規則第4条を以て本法第2条の規定を解釈し、その意味を本規則の限度に圧縮し、又は本法による請求の要件を加重し、本法適用の範囲を制限する意味を持つものとすれば、本規則はその限度において効力を有しないものといわなくてはならない」と指摘される。[92]

　にもかかわらず、この最高裁の多数意見は、規則4条の違法の顕著性の要件を救済の請求に理由があるための実体的要件としながらも、これを無効とは考えず有効であることを前提にしているようである。法律と規則の関係につき、多数意見が「顕著性という限定が法に内在する制約だという立場」を採ったとするならば、そもそも人身保護法の救済がこのように限定されたものであると考えるか、それとも法による救済を規則により「圧縮」すると考えることになるが、この点に関しては検討が必要になろう。[93]

　他方、最高裁の少数意見の中には、規則4条の違法の顕著性の要件を形式的要件と解する見解がある。[94] 人身保護法2条は、「法律上正当な手続によらないで拘束がなされている場合には直ちにこの法律の定めるところにより救済を与えなければならない」のであり、「人身保護法の規定している人身保護の要件は以上につきるのであって、その拘束が法律上正当な手続によってなされているのか、どうかが当該裁判所に顕著でないからといって、この法律による救済を拒否することは許されない」ことになる。人身保護規則4条について、「請求の要件」に関する規定であることが明記されていることに触れ、「すなわち、これは『請求を適法ならしめる要件』に関する規定であって、請求を理由あらしめる要件に関するものではないことに留意しなければならない」と主張される。

　このように解釈すれば規則4条を合憲と考えることができようが、多数意見のように「本案に関する要件」と解した上で違法の顕著性の要件を満たさない場合に裁判所が人身の保護を拒否することができると解されてしまえば、規則4条は不当に法2条を制限することとなると少数意見は述べる。それは、

「かくては、憲法につながる人身保護法の本旨に照し、規則4条は無効と断ぜざるを得なくなる」ということである[95]。

　もし多数意見のように釈放の要件とした上で、規則4条が有効であるとされるには、規則4条の厳格な要件が人身保護法に内在するものであることが前提になければならない。最高裁自身は、規則4条の制約は「人身保護法の目的とするところが、司法裁判による被拘束者の自由の回復が迅速且つ容易に実現されなければならぬことに存することからして理解できるところである」として、自由の回復の迅速性と容易性に求めて説明する[96]。

　しかし規則4条のこの要件をめぐる問題につき、最高裁のように、自由の回復の迅速性のみを目的に判断することは妥当とは言いがたく、人身保護法における手続の迅速性の要請と救済の適切性の要請とがどのような関係にあるかという点が考慮されて判断されるべきではないか[97]。

　英米ではヘビアスコーパスは憲法が保障する自由への救済という重要な意義をもって発展してきたが、日本ではこのように機能しているわけではない[98]。そして、日本の人身保護法の実際の運用については、この法律の制定当時の意図や文言とは乖離している点が指摘されている。その法律上の文言が改正されてきたわけでもないのに、なぜこのように乖離するのか。その理由の一つとしてこの規則の制定が挙げられる。最高裁によるこの規則の制定により、憲法上の自由の保障としての違法不当な人身の拘束に対する救済という人身保護法の制定意図が損なわれているとの問題が指摘される[99]。

　特に規則4条により、人身保護法は実質的には変容されたと評価されるほどである。規則4条の違法の顕著性により、救済が与えられる違法な拘束に限定がなされたことである。規則4条によるこの限定がもつインパクトは大きく、あらゆる形態における拘束の合法性あるいは違憲性の審査を請求するための人身保護制度の利用を裁判所が防ぐことができることを意味するのである[100]。

　日本では人身保護規則により、現実の聴聞や口頭の証言に重点が置かれるプロセス型の人身保護制度ではなく、書面に基づく手続という形態に変容し

ている。その拘束に顕著な違法性があることを証明する責任が人身保護法によるものより規則では厳格に規定されているため、自由の剥奪を支える証拠の推定が形成されてしまっているという問題が指摘される。[101]

そもそも人身保護制度を日本に導入する際、この制度成立過程において、請求要件と救済要件との明確な分離は認識されていたようである。請求要件、管轄、救済要件、制裁を内容とする基本的人権保護法要綱[102]において、請求要件については「不法又は不当に身体の自由を拘束されたものがあるときは」、救済要件は「法律上適法又は正当の理由がない（拘束）」として対比されているのが確認できる。

「要件の内容はともかく、請求を受理し保護令状を発付すべきか否かの基準と、令状にもとづく審問の結果、釈放すべきか否かの基準とを区別していること、別の言葉でいえば、拘束について司法審査をすべきか否かの判断基準と、審査結果により救済をあたえるべきか否かの判断基準とを別異にする考え方（二重の基準）がとられているように見える」と指摘される。[103]このように考えるなら、両者の区別は裁判所が審査する際の判断基準の違いとして捉え得る。

裁判所の審査方法は人身保護法による実効的な救済にとって重要な位置を占める。人身保護法による救済は、身体の自由の「迅速な」回復が要点の一つであるため、[104]人身保護手続により判断される対象を限定する必要性があることは否めないだろう。いかなる場合にも迅速性のみを重視して判断した結果、適切な救済を図るという目的を達することができないのは当然予想できる。あるいはまた、人身保護令状の請求の濫用を防止することも当然考慮されるべきではあるが、しかしそれは制度の主要目的ではなく、濫用を防止するための人身保護制度の運用は好ましくない。人身の自由の回復という目的の達成を妨げることがないよう、裁判所が争点ごとに適切に判断し調整するしかない。[105]

人身保護法による救済を規則により圧縮しない運営をするならば、違法の顕著性を判断する裁判所の審査方法、そして人身保護法による人身の自由の

第6章　人身保護制度における裁判所の役割

保障の意味を十分に吟味することが必要になる。そしてこの人身保護法による救済については、憲法に違反しないのかという点から考慮されるべきである。日本国憲法が人身保護法に託した救済とは何かについて、法の適正手続の観点から検討したい。

## 3　人身保護法が保障する自由を確保する裁判所の役割

### 3.1　法の適正手続における二つの視点

　日本国憲法31条は、「何人も、法律の定める手続によらなければ、その生命若しくは自由を奪はれ、又はその他の刑罰を科せられない。」と規定する。日本国憲法が保障する人身の自由はこの原則が守られ維持されなければ実現は不可能である。

　ただし、明治憲法にも「日本臣民ハ法律ニ依ルニ非スシテ逮捕監禁審問処罰ヲ受クルコトナシ」（23条）との規定があり、法律によらない逮捕等の身体の拘束が禁止される規定が置かれていた。しかし実際には、例えば、反体制的思想の持ち主が理由を告げられることなく突如として逮捕、拘禁される状況はまれではなかった。[106]これに対し警察側があえて答弁する際には、行政執行法（明治33年法律第84号）の関係規定を持ち出して自らの行為の正当性を主張したという。[107]

　明治憲法下での法律の留保を伴う権利保障のあり方を考慮すれば、運用の中で、法律によらなければ権利は制約されないという積極的な側面ではなく法律によれば権利を制約できるという消極的意味で用いられることにより、憲法による保障という意義が蔑ろにされる状況は容易に想像できる。実際、思想統制のためなど、恣意的な身体の拘束を根拠づける多くの法律や命令（勅令）が実際には定められた。法律があれば恣意的な身体の拘束も問題なく行われるというのであれば、憲法のこの条項の意味、憲法が保障する自由の実現は期待できない。日本国憲法が保障する法の適正手続はこのような明治憲法での不十分な保障のあり方を許容するものではないだろう。

　明治憲法から日本国憲法への改正を経て、それに伴い、憲法が保障する自

487

由を実効的に確保するために画期的であるとして制定された人身保護法の意味としてこの点は重要ではないか。人身保護法の意味として、憲法が保障する自由が「実行」される過程という視点、その過程までも保護しようという点は人身保護法の意味として重要であると思われる。このように考えるならば、憲法が人身保護法に託した自由の実効的保障のあり方として、二つの視点が指摘できると思われる。それは、法律が執行される際の自由の保障の確保と、法を形成する過程における法の適正手続保障の意味である。

英米で発展してきたヘビアスコーパスが、個別具体的人物の人身の自由の現実の保障（回復）という意味として人権問題に関わることはもちろんである。ただし、英米においてコモンローの中で発展してきたヘビアスコーパスが専制に対抗する武器として作用するために自由の保障にとって特段の重要性が認識されてきた点を考慮すると、人権保障という視点に加え、「ある意<sup></sup>(108)味ではそれ以上に重要な」問題として、公権力の行使が司法の統制下におかれることで憲法適合性を担保するという統治問題が関わることも見落とされてはならない。ヘビアスコーパスには、「人権保障という直接の具体的な機能と、権力の司法統制（合憲性保障）という間接・一般的な機能とが、いわば二重意味的に包含されている」と言えることになる。(109)

ヘビアスコーパスによる人身の自由の救済において、適正手続の保障を実現するという、裁判所が有する役割及び権限は非常に重要であり、この救済に対して裁判所が負う期待も大きいといえよう。しかし、日本の状況をみると、最高裁は人身保護規則の制定を通じて、かつ、裁判での判断を通じて人身保護法の機能を限定させてきてしまっているといえよう。(110)

このように、日本の司法（最高裁判所）が英米のヘビアスコーパスを母法とするこの制度をうまく運営してきたかについては問題がある。文化やそれを構成する人々の価値観が異なる社会から何かを取り入れること自体が容易なことではなく、法の継受もまた難しい問題を抱えている。法の継受が単に法典を継承するというより、法の担い手の変化という視点から捉えると、法の継受における法の担い手としての司法が果たすべき役割の重要性はより一

層認識できる。[(111)]

　最高裁による人身保護制度のこのような運用の問題を論じるに当たり、以下では特に、国会が制定した法律とこれに対する最高裁の規則の関係という点に注意して、最高裁の権限の観点から規則4条の違法の顕著性の要件について検討したい。

### 3.2　規則制定権に関する裁判所と議会の関係

　日本国憲法77条1項により、最高裁の規則制定権が憲法上明文化されている。[(112)]さらに、人身保護法23条により「最高裁判所は、請求、審問、裁判その他の事項について、必要な規則を定めることができる。」とし、最高裁にその請求等に関して必要な規則を定める権限が付与されることが法律に規定される。

　最高裁の規則制定権は、訴訟がどのように運営されるのかにつき重要な意義を有するものである。この規則制定権につき、これを立法権として捉え、憲法41条の例外として位置づけられる理由として以下のように説明される。[(113)]一つは権力分立の観点から裁判所の自律性、自主性を尊重することで司法権の独立を強化する狙いがあること、もう一つは技術的見地から裁判実務に精通する裁判所に規則制定を任せるべきとの配慮があるとされる。[(114)]憲法77条の解釈はこの理由のいずれを重視するかにより異なってくるとしながらも、同条が最高裁に規則制定権を委ねたのは同条に規定される事柄がその手続的、技術的、細目的な性質をもつことを考慮した結果であることが指摘される。[(115)]最高裁の規則制定は実質的には立法作用であり、裁判所法12条の「司法行政事務」に含まれる。

　日本国憲法77条に規定される裁判所の規則制定権の規定は、マッカーサー草案69条の文言と比較して変更、修正はほぼない。[(116)]昭和21年帝国憲法改正案特別委員会での議論における高柳賢三教授の見解を参照すると、最高裁の規則制定権について、これが大陸法ではなくイギリスにおいて慣習的に発展してきた制度であることが述べられている。「裁判所に対する一種の委任立法、

慣習的に成立した委任立法」であり、行政府に対するのと異なり、司法部に対する委任立法には非難がなく、「殊に民事訴訟に関する手続の如き問題は国会が之に干渉すると云うのは宜しくない」との認識から出たものである旨が説明され、これは「一種の司法部に依る立法権の行使」である。[117]

アメリカでもこのように理解されるべきであるとして、憲法によって最高裁による立法権の行使を保障することの意味は、国会の干渉を排除する点にあり、細かい規則などを規定する権能等を憲法が保障するという解釈は「ナンセンス」であるとされる。「最高法院と云ふものを大いに信頼し、それに事後に関する問題に付て自ら国会の干渉を拝して之を自治的に規律すると云ふことを憲法的に認めた所に此の条項の本当精神があるのだと思ふ」との見解が述べられている。[118]

アメリカにおける規則制定権の発展が裁判所と他の機関との関係に深く関連し、裁判所が規則制定につきどのような役割を果たすかという問題が裁判所の独立の程度の問題と決定的な関連にあることが指摘される。[119]

アメリカ合衆国憲法を参照すると[120]、ただし、司法部の規定が置かれる３条には、「合衆国の司法権は、一つの最高裁判所および連邦議会が随時制定し設立する下級裁判所に属する……」とあり[121]、日本国憲法と異なり、司法権が連邦裁判所に属すると規定されるのみで規則制定に関する権限についての明文規定はない。

アメリカ合衆国憲法と異なり、州憲法には裁判所の規則制定権を明文で規定する州もあるが、規則制定の意味や範囲、規則制定権を有するのが裁判所のみであるか否か（最終的な権限者は誰か）等をめぐって議論が続く[122]。州憲法で裁判所の規則制定権を定めた場合でも、これらの問題をすべて解決するような規定となっているわけではないのである[123]。また、州において、裁判所はこのように明文で権限が規定されていた場合でも、司法の運営 Administration of Justice を理由として広範にその権限を行使してきたという[124]。

州裁判所が規則制定権を行使する際、その根拠として、裁判所に「固有

第6章　人身保護制度における裁判所の役割

の」権限である、州憲法により付与された権限である、あるいは、制定法により付与されたなどと主張されるが、このようにその権限の根拠が明示されても問題は残る。例えば、州の上級裁判所や立法府、あるいは両者に対して憲法が明示的に訴訟手続に関する規則制定権を行使するとの規定を置いても、実際にどの機関がその手続を規制するかを明確に規定していないことがある。[125]

　州憲法により規定されていなければ、制定法において規定されることがある。あるいは、意味が明白ではない憲法条項を解釈する判例が根拠にされたり、または州裁判所は権限の根拠を語らない場合もある。この場合、裁判所はこの権限が裁判所に固有の責任であるとの見解を示していると思われる。すなわち、規則制定権の根拠をパタン化することは困難であり、州憲法、制定法、判例、慣習のすべてが規則制定権の根拠として援用され得る。[126]

　規則制定権の所在につき対局する二つの見解がある。[127]一つは、裁判所に固有の権限としてこれを認め、それをその訴訟手続すべてをコントロールする権限として捉えるものがある。立法府は裁判所のこの特権に干渉したり変更することは許されない。Roscoe Poundはその根拠をイギリス及び植民地での裁判所による訴訟手続の規制という歴史的側面に求める。[128]同様の見解を示すJohn Wigmoreは、連邦議会の権限は憲法に列挙された事項に限定され、裁判所には司法権を付与する規定の下で広範な権限が付与されること、また、立法府に対して裁判所が有する実効性と中立性の事実上の発展などが根拠に挙げられる。[129]

　このように裁判所の広範な権限を認める見解は様々な州裁判所の立場と適合する。[130]裁判所の広範な権限につき、例えば、州憲法における州の最高裁の非司法的機能に注目して説明する見解がある。[131]この機能の起源は植民地の時期にまで遡り、この時期はまだ執行機関が官僚的な構造を形成していない時期であった。この時期のコモンロー裁判所は、統治機関として任にあたり、準行政機関として機能していたという。[132]

　州議会により郡の一般訴訟裁判所に管轄が移行された後でも、治安判事が

郡の行政に対して重要な権限を保持していたことに変わりはなかった。郡裁判所は、貧困者の居住や家族の規律、公共の問題に対する監視を含む行政の義務を実行することで社会秩序の維持に寄与していたのであった。今日では、その行政機能は執行機関が担うが、州裁判所は規制の政策を発展させるために共に機能し続けているのである。[134]

　今日の州の最高裁は、連邦裁判所と異なり、訴訟手続規則の制定を含め、司法の運営にも直接に関わっているのである。州憲法に裁判所の規則制定権を明示する州や、たとえこの権限が憲法に規定されていない場合でも、制度上の役割に固有するものとしてこの権限をみなす場合がある。[135]

　ただし、PoundやWigmoreの見解には疑問が提示される。権力分立原則の観点からみると、規則制定権が実質的に立法権であると考えるならば裁判所にこの権限を付与（委任）することは問題であるとの指摘である。Poundは、裁判所によって訴訟手続や実務に関する規則が制定されてきたという歴史的事実に照らして裁判所の規則制定権を肯定するが、この見解では規則制定は少なくとも立法と同様に司法的であることになる。[136]

　この点、Wigmoreは訴訟手続に対する規則制定は司法的機能であるとして、立法府がこの領域に対して踏み込むことは憲法により禁止されていることになり、訴訟手続に関する立法はすべて無効とされる。[137]この見解自体の妥当性に疑問が提示されるが、[138]もし裁判所の規則制定権を認めるならば、その機能が司法的であることを認めなければならないことが示唆される。[139]

　この点は憲法上の権力分立原則の意味をどのように捉えるかに関わるが、[140]裁判所の広範な権限を支持する見解に対し、他方で、議会の広範な権限を主張する見解がある。合衆国憲法3条の「連邦議会が随時制定し設立する下級裁判所」に連邦の司法権が属するという規定、及び連邦議会の権限について定める同1条の必要かつ適切条項を根拠に連邦裁判所に対する広範なコントロール権限が連邦議会に存在することが主張される。[141]

　合衆国憲法には連邦最高裁及び下級裁判所に司法権が属することが明文で規定されるため、この見解は規則制定権に司法的機能が認められるとするな

第6章　人身保護制度における裁判所の役割

らば妥当性を失うことになる。訴訟手続に対する規則制定権に司法的機能が含まれるならば、合衆国憲法3条を根拠に裁判所の規則制定権が根拠づけられることとなり、またこれは、連邦議会が奪い去ることのできないものとして認識されることになろう[142]。

　合衆国憲法3条には司法権の帰属しか規定がない。裁判所の規則制定権の正当性については、この権限が訴訟手続及び実務を運営するために必要な規則を制定する権限として、「司法権」に内在的あるいは付随して認められ得るかという問題として認識され得る。

　連邦裁判所の傾向としては、対立する二つの見解のいずれに立つものではなく、固有の権限という用語を用いることでこの問題を捉えてきたことが指摘される[143][144]。

　ただし、裁判所の規則制定権は、合衆国憲法との関係だけではなく、制定法によって付与される場合がある。例えば、1789年裁判所法は、連邦裁判所におけるコモンロー上の訴訟に対する州法の適用を大幅に制約していた。ただし、訴訟手続に関するものまで適用が排除されるかについては不明確な規定であったところ、1789年及び1792年プロセス法により令状と執行の形式は各州において同様であるとされた[145]。

　これにより各州法の一致に変化はなかったが、時が経過するにつれ州の訴訟手続も変化がみられるようになった。*Wayman v. Southard*において裁判所は、ケンタッキー州の連邦裁判所が州法の適用を認めるべきか否かの問題にあたることとなった[146]。ここでは、連邦議会による規則制定権の委任の問題に関して、同事件で法定意見を述べたMarshall主席判事の見解につき少し触れたい。

　1789年裁判所法には、合衆国の法律に反しない限り、裁判所に対し、規律的に事件に取り組むため必要なすべての規則を制定する権限が付与される旨の規定がある[147]。訴訟手続に関する規則制定の権限につきMarshall主席判事は、これらの規定を訴訟手続のすべての問題に対する完全な権限を裁判所に付与するものとしながら、1792年プロセス法の意図がこれと全く同様である

493

と考えることは合理的ではないとの見解を示し、結論として、その妥当性を認めた。[148]

Marshall主席判事は合衆国憲法1条の規定を参照し、[149]当該条項に列挙された権限及び合衆国憲法によって連邦政府またその他の部門もしくは官吏に対して付与された他の一切の権限を実行に移すために必要かつ適切なすべての法律を制定する権限が連邦議会に付与されていることを指摘し、司法部は付与された管轄において、特定事件において判決を言い渡す権限を有するのみであることを確認する。[150]

Marshall主席判事は、連邦議会が、本質的に立法権の性質をもつ権限を裁判所や他の機関に対して委任することができると考えることは妥当ではないとしながらも、立法府が正当に行使することのできる権限を他機関に委任することはあり得るという。[151]

立法府自身が規制しなければならない事がらと、そうではなく、一般条項を執行する中で細部を満たすために執行者に付与される権限の区別は必ずしも明確ではないが、プロセス法によって裁判所に付与された権限の性質を決定するにはその範囲を決定しなければならないという。[152]

訴訟手続の形式を変える権限は立法権の性質を有するが、制定法により裁判所に付与された権限は立法府による委任の限界を超えるものではないとしたのである。[153]裁判所は連邦議会によって付与された権限を超えた、固有の権限を有するものではなく、[154]連邦裁判所にはその性質及び憲法における権限にはすべて制約が伴い、時効やコモンローによって裁判所に固有とされた権限を連邦裁判所が有するものではないとの見解が連邦最高裁において示されている。[155]

管轄を有する訴訟事件を解決するために司法の内部手続を規定する規則を制定するためであれば固有の権限を裁判所は有するのか、連邦議会によって裁判所に広範に委任することは許容されるのか、その範囲をめぐる問題については検討の余地があるといえるのではないか。[156]

## 3.3　検討—違法の顕著性の要件

　ヘビアスコーパスによる人身の自由を実効的にするために裁判所が負う役割は重要である。戦前の日本法制の問題を踏まえて誕生した戦後の新しい日本の法制において裁判所に期待された役割は何か。

　裁判所の規則制定権に積極的な意義を見出し、議会による干渉を排除すべきとの見解によれば、アメリカのいくつかの州のように、訴訟手続が州裁判所により規制されてきたという点や準行政機関として機能していた点が挙げられていたが、歴史的な側面から日本の裁判所をこのようにみるのが妥当であるかは疑わしいだろう。

　さらに、人身の自由の迅速な回復を図る機関として、日本の法制において、裁判所にその役割を期待できるかは法案審議の過程で疑問が提示されていた。日本の近世史上の人権蹂躙が警察、検事当局により数多く行われたことは周知としながら、「もう一つ行われたのは、予審でほとんど調べをしない。自白をしないでいる者は調べをしない。さようなことによって、二年も三年も予審が拘束されたるままにおいて係属をせられた。つまり裁判所によるところの不当なる拘禁が長く行われておったということも、見逃せない事実」として指摘されたのである。人身の自由の迅速な回復を図るための法制度を導入することの必要性は認識されながら、ただし、具体的にどのような制度によってその救済を図るかについては困難な問題があるとの懸念が示されていたのである。

　このような、裁判所による人権蹂躙の過去が指摘されながらも、人身保護法による救済につき審査する権限が裁判所に付与された意味はどこにあるのか。人身保護法が適用される中で、この法律が適正に執行されることは守られなければならない。執行過程だけでなく、明治憲法における国家権力による恣意的なルール形成の問題に配慮して、新たに制定された日本国憲法及び人身保護法の下で裁判所に期待された役割について考慮すると、法律の形成過程における民主主義的正当性を保護するという役割が裁判所に期待されていることを想定することができるのではないか。憲法の実行における法律の

形成過程の民主的正当性を守るという点からこの裁判所の役割について検討したい。

問題は、規則4条の違法の顕著性の要件の正当性である。最高裁の規則制定権の行使として、国会の干渉を排除するものとして、規則を法律によって修正することが許されないなどという効力まで認めることは妥当ではないだろう。人身保護規則に関しても、法律に対し規則に積極的な意義を認めるべきとの見解が妥当とは思われない。

それなら、規則によって、規則4条につき規則制定権の行使として正当であると判断するための、救済を顕著な違法性に絞る積極的理由があると認められるのか。

顕著な違法性を請求要件と解する立場は、人身保護法2条の文言や、英米のヘビアスコーパスの伝統にそぐわない点や、「法律上正当な手続によらないで」の手続を広く捉え、手続の全過程を含むものとの立場が示されていたことなどから妥当とは思われない。

最高裁の多数意見のように、それを釈放要件と解するならば、請求（審理）の数を減らすという意図は達成されないことになるため、制度の濫用の防止に理由を求めることはできないだろう。あるいは審査する裁判所の能力の限界を理由として、そのように要件を厳格化すると考えることも、疎明資料の取調を人身保護法が規定している点から、妥当ではないだろう。

憲法が保障する自由を実効的に保障するという人身保護法の意義に照らすと、これに制限をかける規定を制定する最高裁の権限の妥当性は疑わしいが、なお、規則4条のこの要件が人身保護法による委任に範囲にとどまるものか否かは検討されるべきであろう。

通常、国会が制定する法律を執行する役割は内閣（行政機関）にある。議会と政府の関係につき日本国憲法は議院内閣制を採用すると考えられる。行政府は法律を執行するにあたり命令（施行規則など）を定めることがあるが、与党が議会及び政府をコントロールするという議院内閣制の典型モデルにおいて、大統領制と比較すると法律と命令の違いはそれほど明瞭ではなく、つ

496

まり委任立法の限界についても、憲法が厳格に定めない限り、比較的自由に行政府は命令を規定することができる。[161]

　議会及び政府に対しては与党によるコントロールが及ぶため、議会（の多数派）は行政府の命令に対して裁判所の広範な審査権限を与えようという動機は生まれにくくなるだろう。[162] 議院内閣制における政府と議会の協働関係を考慮しても、裁判所が法律と命令を特に区別せずに一体化して審査アプローチする方法をとったとしても、法律と命令の類似性という点からは問題がないのかもしれない。[163]

　しかし、いうまでもなく、裁判所と議会の関係はこれと大きく異なるものである。[164] 行政府と異なり、裁判所に与えられる委任の範囲は狭いと考えられる。憲法上の保護に違反していれば、議会及び政府による法の形成過程（立法行為）に対して審査権を行使することで介入することが正当化されようが、そうでない限り、裁判所は政治的妥協の産物に対する介入を控えるだろう。[165]

　人身保護法には憲法が保障する人身の自由を迅速に回復するという重要な意義があることは前述したが、規則４条が議会によるこの意図を蔑ろにするものであるとの指摘が多くなされてきたこと、また、人身保護法が意図したところと異なって機能せず、このような運用の事実をみると、最高裁は議会が意図した救済という法の趣旨を圧縮する規定を設けたと考えるべきで、「必要な規則を定めることができる」という委任の範囲を超えた規則を制定したとして無効とされるべきではないか。

　不当な人身の自由の侵害に対する救済を実際に図るためには、国会と裁判所が協働関係もまた重要な問題として議論されるべきと思われる。

## 4　小　結

　ヘビアスコーパスによる人身の自由の保障を実効的に確保するために裁判所に課された役割は大きい。英米と異なり、日本には（この法律が導入された当時）、ヘビアスコーパスを受け入れられるような慣行が存在していたわけではない。むしろ逆である。だからこそ、人身保護法の制定は画期的なも

のとして捉えられたのであろう。

　しかしこれは、裁判所自身に対し、自らに課された役割を果たして実現することができるのかを思案させることにさせたのかもしれない。人身保護制度による自由の保障を実現する能力が裁判所にはないことを自覚して最高裁が規則４条を制定したと仮定するなら、この問題を解決するには何が必要かを考えなければならない。ヘビアスコーパスが英米の法律家によって過大評価され、理想化された制度にすぎないならば、このような仮定も全くの検討[166]外れとはいえないだろう。

　イギリスを始め、ヘビアスコーパスは国王の裁判所の他の裁判所に対する優越性を確立するために発展してきたものであり、ヘビアスコーパスとはつまり、裁判所の階層を確立するために運営されてきたという側面を有することが指摘される。ヘビアスコーパスによる救済を実現するためのカギとして、[167]強力な裁判所の必要性が指摘されている。またこれは、司法の判断を実行する協働的な関係にある機関を必要としてきたことも指摘される。[168]

　日本の現在の最高裁がこのような役割を有する機関として認識されていると考えられるかはかなり疑わしい。憲法が規定する裁判所の権限や役割だけではなく、実際にどのように裁判所がその権限を行使しているか、また、他の機関との関係において裁判所が実際にはどのような位置に置かれているかなど、その背景的な事情を考慮しなければヘビアスコーパスを実現する仕組みを作り上げていくことは難しいだろう。

　憲法が適正手続において保障する「手続」がこのような実践的な観点をも含めた広範な範囲を含むものならば、適正手続の保障という観点から裁判所の憲法上の権限を論じることも必要になるだろう。これは、議会との関係において、（憲法によって保障された）実体的権利の侵害の有無という視点から考察される裁判所の審査権というより、法の形成過程において、裁判所がどのように国会との協働関係を構築するかという側面から考察される問題である。

第6章　人身保護制度における裁判所の役割

＊〔初出〕「人身保護制度における裁判所の役割—憲法の適正手続の視点から—」大東法学28巻1号（2018年）1～42頁。本章は、これに加筆し、若干の修正を加えたものである。

（1）ERWIN CHEMERINSKY, CLOSING THE COURTHOUSE DOOR: HOW YOUR CONSTITUTIONAL RIGHTS BECAME UNENFORCEABLE（2017）.

（2）伊藤修参議院司法委員長による提案理由を参照、昭和23年2月20日2回参議院司法委員会会議録4号1頁以下。

（3）前掲注（2）1頁〔伊藤修参議院司法委員長〕。

（4）鮫島真男「人身保護規則制定当時の思い出」自由と正義37巻8号41頁（1986年）。

（5）ただし、人身保護法の制定過程において必ずしも政府が積極的な姿勢を示していたわけではない。理由としては、憲法の規定における必然性がないこと、人身保護制度に対する研究の不十分さなどが挙げられている。参照、大谷正義「日本の人身保護法制—日本的法継受の一事例—」大谷正義編『「人身の自由」の法的保障』明治大学社会科学研究所叢書（晃洋書房、2000年）108～109頁。

（6）伊藤修参議院司法委員長の答弁を参照。前掲注（2）1頁、昭和23年5月27日第2回衆議院司法委員会議録21号1～2頁。

（7）参照、鮫島・前掲注（4）40頁。

（8）遠藤誠「人身保護法と平沢問題」自由と正義36巻10号4頁（1985年）など。

（9）See Colin P.A. Jones, From Great Writ to Running Fork: How Habeas Corpus Was Tamed in Japan, 12 U. PA. ASIAN L. REV. 407（2017）. 比較法の観点からみた日本の人身保護法をめぐる今日の日本法制の問題点につき示唆を得た。

（10）See Id. at 410.

（11）イギリスのヘビアスコーパスの展開につき参照、堀部政男「人身の自由の手続法的保障—ヘイビアス・コーパスの人身保護令状的機能の成立史—」東京大学社会科学研究所編『基本的人権4　各論Ⅰ』（東京大学出版会、1968年）106～111頁。

（12）田中英夫「人身保護手続」同『英米法と日本法（英米法研究3）』（東京大学出版会、1988年）20頁。

（13）その意味はヘビアスコーパスの発展段階に応じて異なるため固定化したものとしてその意味を捉えることには注意が必要であることが指摘される。堀部政男「イギリスにおけるヘイビアス・コーパスの歴史的展開：その人身保護令状的機能の発展期（18世紀）」一橋大学研究年報（人文科学研究）（1968年）100頁脚注2参照。

（14）本章では便宜上、Habeas corpusの英語の読み方を採り「ヘビアスコーパス」と記すこととする。

（15）高柳賢三証人による答弁を参照、昭和23年3月23日第2回参議院司法委員会

会議録 5 号 1 頁。

(16) 堀部・前掲注（13）98頁。

(17) 田中・前掲注（12）205頁

(18) この点は第 2 回参議院司法委員会において高柳賢三証人により説明された。参照、前掲注（15） 1 ～ 7 頁。

(19) 堀部・前掲注（11）106～107頁

(20) 大谷・前掲注（ 5 ）103頁。

(21) マグナカルタ39条は「自由人は、その同輩の合法的裁判によるか、または国法（law of the land）によるのでなければ、逮捕、監禁、差押、法外放置、もしくは追放をうけまたはその他の方法によって侵害されることはない……」（邦訳は、高木八尺・末延三次・宮沢俊義編『人権宣言集』（岩波文庫、1957年）45～46頁〔田中英夫執筆〕に依拠）と規定される。国法によるのでなければの部分がデュープロセスの意味として理解されるようになったため、法の適正手続の意味として当該条文を理解されるようになった。

(22) 高柳賢三証人による答弁。前掲注（15） 2 頁。

(23) 高木八尺ほか編・前掲注（21）63～64頁〔田中英夫執筆〕。このようにコモンロー以外の裁判所により国王が拘禁を行った場合にコモンロー裁判所が令状を発給してそこから解放し救済を与えるという慣行はあったが、国王の権力がまだ強大であったテューダー朝の頃には、人身の自由を確保するというヘビアスコーパスの意味は認識されてはいたが、枢密院（カウンシル）の出す令状により拘束された者をコモンロー裁判所が令状を発給し釈放するということは実際にはあまり行われていなかったという。参照、前掲注（15） 2 頁〔高柳賢三証人〕。

(24) 1628年の権利請願、1640年の星室裁判所廃止に関する法律などがある。しかしこれらの法律によっても、裁判所が休廷期中には人身保護令状の発給が拒否されたり、また、人身保護令状による釈放を避けるために被拘束者を海外に移送するなどされたため人身保護令状の執行が効果的に行われないことがあった。1679年の人身保護法は、これらの問題に対処するため制定されたものであり個人の自由の保障をより実効的にする上で大きな意義をもつ。高木八尺ほか編・前掲注（21）64頁〔田中英夫執筆〕。

(25) 田中・前掲注（12）204～205頁。

(26) 高木八尺ほか編・前掲注（21）63頁〔田中英夫執筆〕。

(27) 前掲注（15） 2 頁〔高柳賢三証人〕。

(28) 邦訳は、田中英夫編集代表『Basic英米法辞典』（東京大学出版会、1993年）に依拠した。以下同じ。

(29) *See Ex parte* Merryman, 17 Fed. Cas. 144（No. 9487）（C.C.D. Md. 1861）.

(30) アメリカにおけるヘビアスコーパスの展開につき本書第 1 章 2 を参照。Merryman事件の後に、大統領にも停止権限を委任する法律を連邦議会が制定したため、事後的ではあるが大統領の行為に連邦議会の承認が付与されることとな

第 6 章　人身保護制度における裁判所の役割

った。

(31) *Ex parte* Milligan, 71 U.S.（4 Wall.）2（1866）.

(32) ただしこれは、ヘビアスコーパスの憲法上の意義が少ないことを意味するのではなく、両者の意味を混同すべきではないという意味にとどまる。

(33) Boumediene v. Bush, 553 U.S. 723（2008）.

(34) 前掲注（15）3頁〔高柳賢三証人〕。

(35) 例えば参照として、A. V. ダイシー『憲法序説』伊藤正己・田島裕訳（学陽書房、1983年）198頁。人身の自由の権利が憲法律の一部であることを知るには、この権利の意味はもちろん、この権利の行使を確保するための法的方法についての考察がより重要であることが記されている。

(36) 前掲注（15）3頁〔高柳賢三証人〕。

(37) 田中・前掲注（12）205〜206頁。

(38) 人身保護法の制定経緯については以下などを参照。大谷・前掲注（5）106〜109頁、鮫島・前掲注（4）40〜41頁、吉利用宣「日本国憲法第18条・34条の制定の経緯—勾留理由開示制度序説Ⅱ—」九州工業大学研究報告（人文・社会科学）48巻121頁（2000年）。

(39) 前掲注（2）1頁〔伊藤修参議院司法委員長〕。解説書も同様に、人身保護手続の対象として刑事手続に限定されるわけではないとの立場を示す。例えば、小林一郎『人身保護法概論』（有斐閣、1949年）96〜98頁、関之『人身法釈義』（厳松堂書店、1948年）38〜41頁、団藤重光「人身保護法」国家学会雑誌62巻10号（1948年）558〜559頁。

(40) 泉芳政参議院司法委員会専門調査員による答弁。参照、昭和23年5月27日第2回衆議院司法委員会議録21号2頁。

(41) 前掲注（40）2頁〔泉芳政参議院司法委員会専門調査員〕。

(42) 前掲注（40）2頁〔泉芳政参議院司法委員会専門調査員〕。拘束されているか否かの判断は、事実問題として決定されることになる。

(43) 前掲注（40）2頁〔泉芳政参議院司法委員会専門調査員〕。拘束が犯罪に基づくか否かは問題ではなく、犯罪を構成していなくても勾留が適法な状態であれば人身保護の請求は棄却され、反対に、たとえ犯罪が成立していても勾留状態に形式的な欠点があれば人身保護の請求は認められることになる旨が述べられている。

(44) 前掲注（40）2頁〔泉芳政参議院司法委員会専門調査員〕。また、「法律上正当な手続によらないで」というところの手続そのものの当、不当、令状の執行そのものをも裁判の対象になるのかという質問に対し、泉参議院司法委員会専門調査員は、「この点は難解であって、英語では、プロパー・リーガル・プロセスといい、手続の全過程を含むものであり、一旦正当な令状によってもその後不当な拘束があるならば、それが対象になる」との答弁がなされている。昭和23年6月16日第2回衆議院司法委員会議録33号1頁参照〔泉芳政参議院司法委員会専門調査員〕。

501

(45) 小林・前掲注 (39) 11頁参照。

(46) 小林・前掲注 (39) 11頁。

(47) 小林・前掲注 (39) 12頁。

(48) 前掲注 (40) 2頁〔泉芳政参議院司法委員会専門調査員〕。

(49) 前掲注 (40) 2頁〔泉芳政参議院司法委員会専門調査員〕。

(50) 参照、団藤・前掲注 (39) 557頁以下。

(51) 参照、大谷・前掲注 (5) 104頁以下。

(52) 団藤・前掲注 (39) 563頁。

(53) 団藤・前掲注 (39) 563頁。

(54) 参照、団藤・前掲注 (39) 573頁。

(55) 前掲注 (2) 1頁〔伊藤修参議院司法委員長〕。

(56) 田中・前掲注 (12) 207頁。それはまた、人身保護規則4条が補充性の原則を採用するに至り、刑事手続における人身の自由の拘束については、刑訴法による救済が求められるに至ったという事情も関連する。ただし、この事実は、刑事手続における刑訴法の救済が十分であることを示すものではないだろう。

(57) 東京地方裁判所民事第9部人身保護研究会「東京地裁における最近の人身保護請求事件の処理状況」判時1961号 (2007年) 3頁以下参照。人身保護法にはこれに独特の規定が置かれているのが散見できる。弁護士強制主義を採用し（3条）、被拘束者、拘束者又は請求者の所在地を管轄する高等裁判所若しくは地方裁判所に管轄権を付与し（4条）、裁判所は請求について速やかに裁判しなければならない（6条）と規定する。さらに、仮釈放等（10条）や人身保護命令（12条）も規定される。証拠に関しては疎明で足りる（5条、15条参照）。ただし、審問期日における取調は公開の法廷において行われ（14条）、請求に理由があるとするときは判決による（16条3項）。また、請求を受けた裁判所は最高裁に通知し、且つ事件処理の経過並びに結果を報告しなければならず（20条）、下級裁の判決に対しては（地裁判決に対するものであっても）最高裁に上訴できる（21条）。なお、最高裁には自判権が認められる（22条）。

(58) 人身保護法の主たる目的が元来は国家権力による違法拘束、特に他の裁判所の裁判による違法拘束からの救済にありながら、このことが「最近忘れ去られたことであるが」と指摘される。遠藤・前掲注 (8) 4頁。

(59) 東京地方裁判所民事第9部人身保護研究会・前掲注 (57) 4頁以下。ただし、近年は、子の引渡し調停等について人身保護請求というより家事事件手続法によるものへ移行し人身保護請求の子の引き渡し請求は減少している。

(60) 日本国憲法自体、明治憲法からの「大きな」改正を経て成立したものであり、これが日本の歴史や伝統（「人権」という観念に対する感覚を含め）といかに調和し発展していくかという点も決して明確ではなかっただろうことを考慮すると、憲法と人身保護法の関係を捉えることの難しさは一層認識できるのではないだろうか。人身保護法の継受につき外国法の継受の視点から問題を提起するものとし

第 6 章　人身保護制度における裁判所の役割

て例えば参照、大谷・前掲注（5）131〜132頁。

（61）この問題につき参照、大谷・前掲注（5）113〜114頁。

（62）久岡康成「人身保護法と勾留の違法—勾留の状態から生ずる勾留の違法—」立命館法学5・6号387頁（2008年）。

（63）久岡・前掲注（62）387頁。

（64）参照、平野龍一『刑事訴訟法概説』（東京大学出版会、1968年）62頁。

（65）平野・前掲注（64）62〜63頁。刑訴法60条1項各号のいずれの理由による勾留であるかを告げれば足りるとされる。憲法34条後段の趣旨を考慮すれば、同制度により開示されるのが、勾留理由を基礎づける証拠でなければなければならないはずであるが、実際にはそうでないことの問題点が指摘されている。なお、憲法34条後段の拘禁には正当な理由がなければならず、これが拘禁しなければならない理由であると解するならば、刑訴法60条1項の各号の列挙事由はこれに応じて規定されたものと解する見解がある。佐藤幸治編著『日本国憲法：要説コンメンタール』（三省堂、1991年）202頁〔松井茂記執筆〕。

（66）参照、佐藤幸治『日本国憲法論』（成文堂、2011年）337〜339頁。

（67）田中・前掲注（12）206頁。また刑事手続において、勾留の形式によらずに事実上不当な拘禁が行われていた場合や、刑事手続以外の人身の自由の拘束の場合には同制度の適用外とされることも問題として指摘される。

（68）河原畯一郎「勾留理由開示と人身保護法」自由と正義11巻12号19頁（1960年）。

（69）同様の立場から、権利請願3条及び5条を参照し、これらの規定が何人も正当な理由がなければ拘禁されず、ということを意味するものであるとし、憲法34条がまさにこのように規定したのは権利請願の規定を根拠にもつことを示すものであるとの主張がある。小林・前掲注（39）57〜58頁。

（70）河原畯一郎「人身保護法の範囲とその手続（下）」ジュリ99号34頁（1956年）。

（71）人身保護令状の記載並びに1640年、1679年、1816年の法律の規定を指す。小林・前掲注（39）59頁。

（72）小林・前掲注（39）59頁。なおこの見解によると、憲法34条前段はアメリカ合衆国憲法修正6条を母法にするものであると捉えられるため、三つの異なる規定を母法にするものとして説明される。

（73）団藤・前掲注（39）558頁。

（74）佐藤功『憲法』（小野清一郎・末川博責任編集、ポケット註釈全書（4））（有斐閣、1955年）222頁。

（75）佐藤・前掲注（74）223頁。

（76）樋口陽一・佐藤幸治・中村睦男・浦部法穂著『注釈日本国憲法上巻』（青林書院新社、1984年）379〜381頁。憲法18条の保障する「奴隷的拘束」及び「意に反する苦役」からの自由を実効的に保障するには、現実に不当な身体の自由の拘束を受けている者を速やかに解放することを可能にする手続が必要であるとし、このための手続こそ英米法にて発展してきたヘビアスコーパスであると捉える。ま

503

た、浦田賢治・大須賀明『日本国憲法（2）国民の権利及び義務〔2〕・国会22条〜64条』（新・判例コンメンタール）（三省堂、1994年）297〜298頁。

（77）吉利・前掲注（38）132〜133頁。

（78）参照、辻村みよ子・山元一編『概説憲法コンメンタール』（信山社、2018年）202頁〔大林啓吾執筆〕、長谷部恭男『憲法（第7版）』（新世社、2018年）267〜268頁。

（79）これは人身保護法と憲法18条との関係を否定する趣旨ではない。人身保護法が憲法のどこに根拠を有するかという問いは、下位法である法律内容に依拠して決定されるわけではない。下位法により上位法である憲法の規範内容が決定されるわけではない。憲法に反する法律が無効であるというルールに照らした上で、果たしてその法律が憲法の趣旨を体現するものとなっているのか（違反していないか）という点を吟味するためにその問いは重要なのである。この点を考慮すると、人身保護法（及び同規則）が憲法34条後段の規範内容を十分に実現するものであるかという点を考察することが必要かつ重要なことなのではないか。

（80）*See* Jones, *supra* note 9, at 414-415.

（81）小林・前掲注（39）10頁。

（82）小林・前掲注（39）10頁。

（83）憲法18条と憲法31条以下の規定との法的性格の違いについて奥平教授の見解によれば、憲法31条以下は「なにか実体的な内容のある自由」を保障することではなく、「人間に自然的に具わっている自由」が国家権力により剥奪される場合の条件を定めるものとして捉えられる。憲法が保障する「人身の自由」、「身体の自由」は憲法18条により保障される。奥平康弘『憲法Ⅲ憲法が保障する権利』（有斐閣、1993年）297〜298頁。この見解は、憲法18条が保障する人身の自由を実体的な内容をもつ自由として捉えると考えられる。それに対し、憲法31条以下の規定は実体的な自由を保障することが目的にあるわけではなく、従って、実体的自由を保障するとの結果を期待できる場合でない場合ですら、保障される手続があると考えるものとして理解できよう。この見解によるならば、人身保護法制が手続重視のイギリスの伝統に依拠するなら、日本が継受した人身保護法制の憲法上の根拠として第一に重要なのは憲法34条に求められると考えるのが妥当ではないか。

（84）小林・前掲注（39）13頁。

（85）自由権規約人権委員会は、人身保護規則4条により人身保護制度による救済の実効性が弱められている点を指摘し、自由権規約9条に反するとして規則4条の廃止を勧告する。CCPR/C/79Add.102, para 24, 19 November 1998.

（86）ただし、規則4条が人身保護法で当然内在的に予定している内容を具体化したと考えるならば、法律と規則の関係をめぐるこの問題は生じないことになろう。参照、樋口範男「人身保護請求」芦部信喜・高橋和之・長谷部恭男編『憲法判例百選Ⅱ〔4版〕』（有斐閣、2000年）257頁。

第 6 章　人身保護制度における裁判所の役割

(87) 東京高決昭和28年 2 月28日民集 8 巻 4 号858頁。請求者は、平和条約11条が、日本が本来国内法上の犯罪でないものを犯罪として憲法の定める裁判官によらないものの裁判を適用な裁判と認めてその刑の執行を引き受けるものであること、あるいは犯罪によらないで刑を執行することになり憲法に違反することなどを主張していた。

(88) 日本が条約を誠実に遵守することは日本国憲法自らも承認しているというべきであり、平和条約11条が犯罪によらずして身体の自由を拘束する違憲無効の条規であるとしてその適用を拒否することは許されないとした。

(89) 最大決昭和29年 4 月26日民集84巻 4 号848頁。

(90) 河原・前掲注 (70) 34～35頁。

(91) 河原・前掲注 (70) 35頁。

(92) 小林・前掲注 (39) 92～93頁。

(93) この点につき後述する ( 3 章 3 節)。

(94) 最大判昭和30年 9 月28日民集 9 巻10号1453頁 (藤田八郎裁判官・池田克裁判官の少数意見)。

(95) 少数意見のこのような読み方が妥当であるか否かにつき参照、田中・前掲注 (12) 209～211頁。また、このような少数意見の解釈が英米の人身保護令状の伝統的基準と適合するかという問題も生じよう。「人身保護法と人身保護規則は英米法の『ヘイビアス・コーパス』の制度にその範をとっており、人身保護手続についてはこの法と規則とが両々相まって一体を成しているのである。」(鮫島・前掲注 ( 4 ) 40～41頁) のであるならば、人身保護規則のみ英米での伝統的基準に反する規定を置いたとの考えるのは妥当ではないのではないか。

(96) 最大判昭和33年 5 月28日民集12巻 8 号1224頁。

(97) 田中・前掲注 (12) 210頁。

(98) Jones, *supra* note 9, at 410.

(99) *Id.* at 422-423.

(100) *Id.* at 424. 人身保護法 1 条は司法裁判による「迅速、且つ、容易」な救済を規定するが規則 4 条の補充性の原則と明白性の要件によりその意義が損なわれていることのインパクトも指摘される。

(101) *Id.* at 425.

(102) 昭和21年司法制審議会に基本的人権保護法要綱案が提案され、基本的人権保護法要綱が昭和21年 8 月21日内閣臨時法制調査会において可決され、同年最高裁判所規則制定委員会において基本的人権保護法案の検討立案がなされ、多少の修正を経た上で人身保護法案と名称が変更された。経緯につき、小林・前掲注 (39) 1 ～ 4 頁参照。

(103) ただし、「このようにみるのが正しいかどうか、にわかに判断はできないが」と付言される。大谷・前掲注 ( 5 ) 107頁。

(104) 人身保護法 6 条は「裁判所は、第 2 条の請求については、速やかに裁判しな

505

ければならない。」とし、人身保護規則11条は「法 2 条の請求に関する審理及び裁判は、事件受理の前後にかかわらず、他の事件に優先して、迅速にこれをしなければならない。」と規定する。

(105) 田中・前掲注（12）208頁。

(106) 奥平・前掲注（83）319頁。長期拘禁の後に起訴され公式の刑事手続が始まるわけではない例もあり、理由を告げられることなくある日突然に釈放されるという結末であったという。

(107) そもそも警察側は、法的根拠や逮捕監禁の理由を公にしなければならない義務を誰かに対して負っているわけではなかったという。奥平・前掲注（83）319頁。

(108) Jones, *supra* note 9, at 410.

(109) このような考えは、英米法に特有の手続的正義を重視する思想が表れており、法の支配を貫徹するための一つの形態であることが指摘される。大谷・前掲注（5）105頁。

(110) 人身保護請求に関する事例（最大決昭和29年 4 月26日民集84巻 4 号848頁）について、これにより最高裁は人身保護法の機能を限定するという基本的な方向を形成してきたと評される。樋口・前掲注（86）257頁。

(111) この点の法の継受について参照、大谷・前掲注（5）131～132頁。

(112) 憲法77条 3 項は、「最高裁判所は、下級裁判所に関する規則を定める権限を、下級裁判所に委任することができる。」と規定する。

(113) 最高裁の規則制定権の範囲、法律と規則の効力関係などの問題につき参照、名雪健二「最高裁判所の規則制定権—解釈論を中心として—」東洋法学41巻 1 号（1997年）1頁。

(114) 名雪・前掲注（113）1 ～ 2 頁。

(115) 名雪・前掲注（113）2 頁。

(116) マッカーサー草案の文言は、「The Supreme Court is vested with the rulemaking power under which it determines the rules of practice and of procedure, the admission of attorneys, the internal discipline of the courts, the administration of judicial affairs, and such other matters as may properly affect the free exercise of the judicial power.」である。永井憲一編『資料日本国憲法 1 』（三省堂、1986年）101頁。

(117) 昭和21年 9 月23日第90回貴族院帝国憲法改正案特別委員会会議録20号21頁。

(118) 前掲注（117）21頁。

(119) J.B. ワインスタイン『裁判所規則制定過程の改革』小島武司・椎橋邦雄訳（中央大学出版部、1981年）32頁以下。

(120) 例えば、最大決昭和25年 6 月24日（昭和25年（分）第 1 号）では、日本国憲法77条 1 項に列挙された事項のうち特に、裁判所の内部規律に関する最高裁の規則制定は立法及び行政府により侵犯されるべきではなく、この事柄を規定する法

律があれば違憲無効とされるべきとの真野毅裁判官の意見が出されたが、多数意見はこれを定める裁判官分限法2条の合憲性に触れることなく事件を処理した。このような日本の状況をみると、議会と裁判所の規則制定に関する権限の問題につきアメリカでの議論を参照することも有益となるのではないか。

(121) U.S. Const. art. Ⅲ, §1.

(122) 規則制定が州ごとに異なる理由として、「規則制定過程の細部、とりわけ議会と裁判所がそれぞれどの程度の統制を及ぼすかは、理論上の権力分立ではなく実務上のそれを反映していることを示唆している」との指摘がある。ワインスタイン・前掲注（119）16〜17頁。

(123) *See* Allan Ashman, *Measuring the Judicial Rule-Making Power,* 59 JUDICATURE 215-216 (1975).

(124) *Id.* at 215. 規則制定権の対象として、本章では特に、訴訟手続に限定して議論を進めたい。

(125) *Id.* at 216-217. 州憲法により立法府に規則制定権が付与されていても、立法府は法律により上級裁判所にこれを委任する場合があるし、また、裁判所に権限が付与されていても裁判所による規則が議会の廃止や修正に服するなど。

(126) *Id.* at 217-218.

(127) Michael Blasie, *A Separation of Powers Defense of Federal Rule Making Power,* 66 N.Y.U. ANN. SURV. AM. L. 593, 613-615 (2011).

(128) Roscoe Pound, *The Rule-Making Power of the Courts,* 12 A.B.A. J. 599, 600-601 (1926); *see also* Roscoe Pound, *Regulation of Judicial Procedure by Rules of Court,* 10 ILL. L. REV. 163 (1915).

(129) John H. Wigmore, *All Legislative Rules For Judiciary Procedure are Void Constitutionally,* 23 ILL. L. REV. 276, 277-278 (1928).

(130) Blasie, *supra* note 127, at 613.

(131) Helen Hershkoff, *State Courts and the "Passive Virtues": Rethinking the Judicial Function,* 114 HARV. L. REV. 1833, 1871 (2001).

(132) *Id.*

(133) *Id.* at 1872.

(134) *Id.* 立法府との協働的な作用についても言及されている。

(135) *Id.* at 1873-1874. この考え方は、合衆国憲法3条による司法権につき限定的に解釈する連邦の見解とは異なるものである。例えば、ニュージャージー州最高裁は、「最高裁判所は、当州におけるすべての裁判所の運営に関する規則を制定し、また、これらすべての裁判所における実務および手続に関する規則を法律にしたがい規律する規則を制定するものとする。」と規定する州憲法の規定につき、裁判所の規則制定が議会のコントロールには服さないこと、また、後にそれと反する法律が制定された場合でも規則は効力を失わないことが示された（Winberry v. Salisbury, 5 N.J. 240, 74 A.2d. 406 (1950).）。この点について参

照、ワインスタイン71〜72頁。しかし、ニュージャージー州のこのような立場は特異であり、裁判所が手続に関する規則制定につき何の制約もない権限を有する必要はないとのワインスタインの見解が述べられている。

(136) Richard Kay, *Rule-Making Authority and Separation of Powers in Connecticut,* 8 CONN. L. REV. 1, 38-39 (1975).

(137) Wigmore, *All Legislative Rules for Judiciary Procedure Are Void Constitutionally,* 23 ILL. L. REV. 276 (1928).

(138)「今日では、この問題を真剣に研究している者であれば、裁判手続を定める権限を議会はもたないというウィグモアの理論を支持はしないであろう」と批判される。ワインスタイン・前掲注 (119) 72頁。

(139) Kay, *supra note* 136, at 39-40. 裁判手続において利用され適用される点で訴訟手続に関する規則は司法的であるが、特定の人々や状況ではなく一般的に適用される点には立法的な機能の特徴をみることができ、憲法において最終的な立法権者は民主的正統性を有する立法府に配分されるべきことが主張される。裁判所による法の形成は最終的には制定法による修正に服するべきことが主張されている。

(140) また、この問題が権力分立原則によって理論的にのみ解決されることが可能か (あるいは妥当か) も考慮されるべきであろう。

(141) Blasie, *supra note* 127, at 613-614.

(142) *Id.* at 614.

(143) 固有のという用語の意味には慎重になるべきことが示唆される。連邦議会も裁判所も憲法によって付与された権限しか行使できないのならば固有のという用語はミスリーディングになり得るため、文言の意味については注意が必要になる。*See Id.*

(144) *Id.*

(145) 規則制定権を除き、1789年以降に連合に加わった州の連邦裁判所に対してはこれらの規定は適用されていなかった。*See* RICHARD H. FALLON JR., JOHN F. MANNING, DANIEL J. MELTZER, AND DAVID L. SHAPIRO, HART AND WECHSLER'S THE FEDERAL COURTS AND THE FEDERAL SYSTEM 537 (6th ed., 2009).

(146) Wayman v. Southard, 23 U.S. (10 Wheat.) 1 (1825).

(147) 1793年裁判所法は当該規定よりさらなる権限が裁判所に付与される。*See* Wayman, 23 U.S., at 42.

(148) *Id.*

(149) U.S. const. art. I, §8, cl. 18.

(150) Wayman, 23 U.S., at 21-22.

(151) *Id.* at 42-43.

(152) *Id.* at 43.

(153) *Id.* at 44-45.

第 6 章　人身保護制度における裁判所の役割

(154) Fink v. O'Neil, 106 U.S. 272, 280（1882）.

(155) *Id.* at 280（citing Cary v. Curtis, 44 U.S.（3 How.）236, 245（1845））.

(156) *See* FALLON ET AL, *supra* note 145, at 538. 連邦の訴訟手続の規制が究極的には連邦議会によって行われるとしても、判決を下す過程において裁判所が手続を規制する権限を有すること、コモンローのルールまたは合衆国憲法 3 条において許容される余地があるのではないだろうか。*See* Amy Coney Barnett, *Procedural Common Law,* 94 VA. L. REV. 813（2008）.

(157) 泉芳参議院専門調査員に対する石井繁丸委員の質問。参照、昭和23年 6 月12日第 2 回衆議院司法委員会議録30号 1 頁。

(158) 果たしてこの制度が、現在及び将来に予想される人権抑圧を十分に考慮したものであるかが問われた。前掲注（157）1 頁〔石井繁丸委員〕。

(159) 最高裁判所規則と法律の効力関係について、学説は、規則優位説、同位説、法律優位説に大別でき、このうち通説は法律優位説である。なお、裁判所法10条 1 号（昭和22年 4 月16日法律第59号）により小法廷で裁判することができない場合として「当事者の主張に基づいて法律、命令、規則又は処分が憲法に適合するかしないかを判断するとき」と規定されていたにもかかわらず、最高裁は最高裁判所裁判事務処理規則（昭和22年11月 1 日最高裁判所規則 6 号）において「裁判所法10条 1 号に該当する場合において、意見が前にその法律、命令、規則又は処分が憲法に適合するとした大法廷の裁判と同じであるときは、2 項及び 3 項の規定にかかわらず、小法廷で裁判することができる」との規定を追加した（昭和23年 4 月 1 日同 3 号）。後に裁判所法10条 1 号が同趣旨に改正されたため両者の抵触が解消されたという事例がある。この事例につき参照、名雪・前掲注（113）14〜15頁。

(160) 適正な立法過程とは何かの問題は、憲法の構造や制度に依拠する面が大きく作用することが指摘される。SUSAN ROSE-ACKERMAN, STEFANIE EGIDY, AND JAMES FOWKES, DUE PROCESS OF LAWMAKING; THE UNITED STATES, SOUTH AFRICA, GERMANY, AND THE EUROPEAN UNION 1-2（paper back ed. 2018）. そこで本章は、統治構造における議院内閣制という点に注目した。

(161) *Id.* at 15. 議院内閣制においては、政治的正統性において最も重要な地位に置かれるのは議会であり、行政府がこれと独立して政治的権限を有するわけではないため委任立法に厳格な立場をとるべきことが主張されるが、現代国家における委任立法の必要性等を考慮するとこれは妥当ではないことが指摘される。*Id.* at 15〜16.

(162) *Id.* at 17

(163) *See Id.* at 22.

(164) 法務省と裁判所の関係を考慮すれば、実際には、行政機関との関連も否定されるわけではないが。

(165) *Id.* at 23. 憲法に違反した場合には裁判所が立法行為を審査する正当化根拠

があると考えられるが、本章の問題に照らすと、人身の自由の実体的内容を明らかにする作業が困難であるため、本章は立法過程における民主主義的正当性という観点から裁判所の権限の正当性について論じる。裁判所には違憲審査権が付与される以上、議会の意思を覆す権限を裁判所は有するし、また違憲の判断を下す場合があるが、その判断を実際に執行するにはやはり、社会の多数派の意思に支えられていることが必要になる。

(166) Jones, *supra* note 9, at 454.

(167) *Id.*

(168) PAUL D. HALLIDAY, HABEAS CORPUS FROM ENGLAND TO EMPIRE 301 (2010). ヘビアスコーパスをどのように日本に導入するかについて、立法権と司法権に関するイギリス憲法の伝統における特有の事情を考慮しなければならず、またこれは、憲法の原則から個人の権利が演繹されるという形式ではなく、「一定の」個人の権利に関する裁判所の判断に憲法が基礎をもつというイギリス特有の事情も関連していると思われる。イギリスと他の国の憲法との比較について参照、ダイシー・前掲注（35）186〜189頁。

# 終　章　プロセス理論における公法上の権利
## —公法の形式理論における権威の法的強制力と自由の追求—

## はじめに

　日本において、新しい人権として「プライバシー権」は当初は憲法（公法）ではなく、私法（民法の不法行為）上の権利として認識され誕生した。憲法上の権利としてプライバシーの権利の法的特徴を捉えるならば、私法上のそれとは区別されたものであるという点は十分に注意しなければならない。ただし、理論上、私法と公法の区別は一見するところより容易ではなく、公法上の権利の特徴を（私法との相違点を十分に区別したものとして）捉えることも容易ではない。非常に複雑である。

　憲法に明文規定のない権利の存在を主張するなら、それは、その権利の実体的内容をある程度明らかにすることにより行われると考えるのが一般的であろう。しかし、この考え方は、すでに新しい人権としてプライバシーの権利という具体的権利が存在することが前提にあるように思われる。具体的内容（のある程度の画定）という実体から、特に私法とは別の、「公法（憲法）上の権利」としてその無名の人権が存在することを導くという論証方法は有効か。

　確かに、この方法によりその権利の存在を主張することは可能かもしれない。ただし、この方法では、憲法上の権利としてのプライバシー権の特徴を十分に捉えきることはできないと思われる。憲法上のプライバシーの権利は存在し、またその権利の内容について「こうである」と主張するなら、プライバシーの権利が不法行為の分野（私法）から発展した権利であるという点に十分に配慮し、公法特有の性質を明らかに提示してから、この性質とその実体的内容がいかに適合するかという点を議論すべきであると考えるためである。

*511*

本章は以上の問題意識を背景に、公法特有の性質とは何かについて、公法の形式的側面に注目する。私法と公法には共通項がある。そのため、私法上の権利として発展してきたものが公法に引き継がれることはあり得る。しかし、両者の法形式は異なる。公法の形式理論にはどのような特徴があるのか、法の形式は法自体に対してどのように作用するのかなどに注目しながら、公法の権利の特徴について考察したい。

# 1 公法の形式理論

## 1.1 プロセスと実体の二分論—再考

　実体とプロセスはどのような関係にあるのか。デュープロセス理論において手続の重要性が考慮されるとき、特に問題となるのが手続固有の意義はあるのか否かという点であろう。公法上、手続が法の実体的内容にいかに関連するかという問題は、手続の重要性が認識されて以来、繰り返されてきた問いである。

　しかし、手続固有の意義があることを強調すればするほど、それは実体的内容（あるいは価値）とは切り離されたものとして認識されるべきである、という主張につながるのであれば、このような考え方には「素朴な」違和感を覚える。[1] 実体的内容とは切り離された、手続固有の意義や価値があるとして、そのように認識された手続的価値は実体的なそれとはまったく別次元で存在しているのだろうか。

　例えば、手続が実体的内容に対し、いかなる調整作用ももたないと考えるならば、法を制定する権限あるいは法的拘束力のある判断をする権限に対し、手続的制約は何も意味をなさないことになろう。[2] このような帰結は妥当か。そうでないならば、その前提の妥当性から探り直すべきであろう。

　手続保障の意味につき、個人の重要な権利利益を保護するための安全装置として認識されてきた点を考慮するならば、実体的内容に対する手続上の制約として規範的意味を全く認めないことは妥当な考えではないだろう。手続と実体の関係につき考慮する際、手続（保障）固有の意義を探る試みはこの

点を踏まえて慎重になされなければならない。手続固有の意義は、手続と実体の二分論を前提にしていては、適切に探ることはできないと思われる。

　ただし、にもかかわらず、公法上の議論において、このような二分論は当然のものとして受け入れられているように思われる。法の実体的内容を決定するのは立法府であり、立法府の判断に対する裁判所の審査は控えられるべきであることが主張される。司法審査は実体的内容そのものというより、どのように立法府が審査したか、何を審査したのかなどの手続的側面に限定されるべき（あるいは、手続的側面であれば司法審査は正当化できる）、という主張は二分論が前提にあるという例の一つであろう。この主張は、広範な立法裁量が認められる場合に顕著である。裁判所の実体的判断への不介入の態度は、法の実体的内容のみならず、執行機関に対して立法の委任がある場合でも、実際には、事情はそう異ならない。<sup>(3)</sup>

　手続と実体の関係と、これに付随して提起される手続固有の価値の問題の間には、緊張関係がある。もちろん、この問題に取り組むには、まず、「手続」や「実体」を観念づける必要があろう。本章は、この問題に対して、法の「形式」の側面に注目することでアプローチしたいと考える。

　この問題につき、David Dyzenhausの理論は注目されるべきである。彼は、両者の緊張関係が「プロセス」と「実体」の間に存在する固有の関係性を論じる中で解消される可能性があることを示唆する。Dyzenhausの主張の特徴は、プロセスと実体の両者とも、公法の「形式」的側面にあることを示す点にある。<sup>(4)</sup>

## 1.2　法形式におけるプロセスと実体の両側面

　Dyzenhausの公法の形式的考察は、プロセスと実体がいかに区別され得るかではなく、両者が内在的にいかに関係するかという点を明らかにするものである。彼によれば、法の形式上、プロセスと実体は異なる現象ではなく、二つの異なる側面として捉えられる。そこには、一方で決定に至るプロセスがあり、他方でその判断の実体的内容が存在するものとして捉えられる。<sup>(5)</sup>

しかしDyzenhaus は続けて、公法における法の支配の諸観念において影響力を有する見解としてPaul Craigを挙げ、（法実証主義者自身は否定するだろうとしながらも、）そのような諸観念の間に存在する重要な分岐点は、形式的か実体的かという点にあるという立場に言及する。Craigの形式主義の理論の特徴は四点あり、Dyzenhaus は以下のように整理する。

　第一は、法の支配の理論を政治理論から独立して捉える点であり、Dyzenhaus はこれを独立としての形式Form as Independenceと称する。

　第二は、形式主義理論において問われるのは、法の制定権者の正統性や制定権者が適正な方法で法を制定したかであり、法の実体ではなく法の妥当性に関して問題となることが指摘される。系統の形式Form as Pedigreeと称される。

　第三は、法の明確性に関する特徴であり、これは内容に関連する。法はこれに服従する者を導くのに十分なほどには明確な内容をもたなければならないとするものであり、事実としての形式Form as Factと称される。

　第四は、法制定権者によって制定された法の法的質に関連する特徴を指す。Dyzenhaus はこれを適法性の形式Form as Legalityと称する。Craigは法の支配の形式主義の立場の例としてJoseph Razを挙げる。

　これに対し、法の支配に関する実体的観念はこれにとどまらず、特定の実体的権利が含まれ得る。Craigは実体的観念につき、このような権利に適合する善き法と、これに適合しない悪しき法を区別するものとして説明する。

　このように説明すれば、形式主義は法の内容自体を評価するものではなくなるため、法の形式は政治理論からの独立を保つことができる。これがRazの形式主義の立場であり、このRazの立場からDyzenhausは重要なメッセージを読み取る。それは、権利を擁護したい場合、法の支配により基礎づけようと努力するのではなく、政治理論により行えばいい、というものである。

　Craigは、法の支配の形式的か実体的かの区別は、法の性質そのものと裁判所の役割に関する根本的な見解の相違であるとする。Dyzenhausは、このような形式主義の諸観念に関するCraigの主張に賛成しながらも、重要な

514

終　章　プロセス理論における公法上の権利

分岐点が形式か実体かの間に存在するのではなく、形式主義の諸観念の間に存在するものとして適切に捉えなければならないことを主張する。そして、この形式主義の諸観念の相違が最も根本的に生じるのは、望ましい法秩序のあり方に関する規範的議論のレベルにおいてであるとされる。[13]

公法において、形式主義観念にも相違があることにCraigは配慮すべきであり、この点を考慮すれば、形式と実体の区別ではなく形式主義における諸観念の相違として捉えた方が適切であるとDyzenhausは述べるのである。

Dyzenhausは手続と実体に関する公法上の論争の背後には法理学上の議論があることを認識し[14]、法と道徳の分離可能性テーゼを掲げるH. L. A. Hart[15]と法の内的道徳を主張するLon Fuller[16]の見解の対立に注目した[17]。そしてDyazenhausは、公法の形式的構造を理解するのに法実証主義を参照しながら行う[18]。

Hartの見解につき、Dyzenhaus は、法的推論とそれに付随する厳格な権力分立原則という形式主義的理解は自然法とコモンローの伝統でもあることを示唆したことを指摘する。またFullerがHartの分離可能性テーゼを批判する中で展開した見解の重要性として、一般的に、実体面ではなく法（実定法）の手続面に着目し、道徳的要請をその手続面において主張した点、及び、道徳的評価を個別のルールではなく法体系全体につき行った点にDyzenhausは注目する[19]。

Hartによれば、法として適切に称されるのは、事実の推論によって決定できるものに限定される[20]。しかしHartは、個別ケースにおいて適用すべき法が存在しない場合に、裁判官は裁量を行使することになることを認める[21]。Hartは裁判官を形式主義者として理解することはばかげていることだとして、このような司法裁量としての法創造の可能性を認めたのであった[22]。

この立場はむしろ、法実証主義者が裁判官の法解釈における道徳原理の参照を容認するものであるが、しかしRazの源泉テーゼは、法内容が道徳的議論を参照せずに、事実により決定されるべきであることを主張する[23]。この立場によれば、上記のケースの場合、その法は不確定のものとして主張される

515

ことになろう。<sup>(24)</sup>

　このように整理した場合、裁判官が自らの道徳的見解に依拠した場合、不確定の法として分類されるとする根拠はどこにあるか。この問いに対する議論は、「権威」がキーワードとなる。<sup>(25)</sup>Hartは、法の権威的理由につき、ある者に法が要求するように行動させる理由として捉え、この理由の権威的性質を専断的である点に求めた。<sup>(26)</sup>この理由は、理由自体の内容に関する実体的考慮なしに、理由が要求するようにその者に行動させるよう意図されたものである。<sup>(27)</sup>

　この理由について、Hartが内容から独立したものとして捉えたことにつきDyzenhaus は、このような捉え方は誤解を招きやすいものだとする。なぜなら、その理由は特定の種類の内容をもたなければならず、それは、社会的事実として決定できるものという内容でなければならないためである。<sup>(28)</sup>ある理由の内容を機能させるために道徳的洞察力に依拠した瞬間、その理由は権威的なものとして機能しなくなる、というのがより適切な捉え方であり、これはRazの見解としてCraigが採用した説明に合致するとDyzenhaus は整理する。<sup>(29)</sup>

　Dyzenhaus は、法実証主義の権威に関する説明の一般的特徴として以下を指摘する。法が権威的な理由を示すのは、法が特定の種類の内容を有する場合に限られ、その内容とは、法によって命令される事実に関するテストによって決定され得るものである。<sup>(30)</sup>この点に注目することで、Dyzenhaus は、HartやRaz、Ronald Dworkinの理論には共通性があることを指摘する。<sup>(31)</sup>

　法の内容を理解するのに道徳的洞察が要請されるという立場は、それが法であるという理由のためにその内容をもつ法に従うべきである、という立場を許容する。法に従わなければならない理由は、その法の実体的内容のためではなく（その内容を援用すべきだからではなく）、それがわれわれの土地の法であるため、つまり、われわれの立法者がそのように語ったから、ということになる。源泉テーゼが法形式の特徴を理解する方法は、法を最善に理解する方法に関する規範的議論に依拠するが、このような依拠は権威の特徴

516

に適合するとDyzenhausは捉えるのである。[(32)]

Craigは法の支配に関する立場として、形式と実体の区別の重要性を指摘し、独立としての形式として政治からの独立を主張したが、しかし、Dyzenhausによると、法の支配の理論は政治理論から独立して捉えられるべきものではないため、法あるいは法の支配に関する形式的側面を適切に理解すべきと主張するのである。

公法という法形式を考察する際、政治と分離し区別されたものとして捉えていては適切に捉えることはできないと思われるため、Dyzenhausの見解こそより妥当であると思われる。公法における法の遵守は形式的側面においてよりよく考察できるのではないだろうか。

## 1.3 私法との関係—形式的側面における法の遵守

では、公法の形式的側面の特徴にはどのようなものがあるか。ここでその全てを語ることはできないため、私法との比較によりその特徴の一端をつかみたいと思う。私法と比較するのは、私法領域における形式主義の議論がそのまま公法に適合するとするのは妥当とは思われないためである。この点について、Trevor Allanの議論を参考にしたい。

私法の形式主義の特徴は、Dyzenhausによると、私法に本質的な道徳的構造の観点から捉えられることが示唆される。[(33)]このとき、私法の形式主義の特徴は、Immanuel Kantの目的論的行為者の観念に基づいて構成される内在的な道徳が前提にある。これは、自己の目的を遂行するためのその当人の自由は、他のすべての行為者の自由と一貫性をもって構築されなければならないというものであり、このような一貫性のみが、個々人が自己の主人であり得る、つまり、他人の意思に服従されていないという考えを実現することができる。そのためには、この考えが実現されるための法制度が設定されなければならない。[(34)]

Allanはこの考えを公法の基礎としても説明し、彼のコモンロー立憲主義の考えの道徳的基礎としてこれを援用する。Allanは、自由Libertyの観念

を他者の権力や選択からの独立として捉えた場合、すべての者には自分が正統に獲得できる方法で追求することができる目的を決定することができるという、基本的な平等が存在することを示唆する。この平等な自由のシステムでは、各人が自分自身の権力を行使し自身の目的を設定するための自由があり、そして、いかなる者も他者の目的を促進するための方法によってその権力を行使させることを他者に強制させることは許されない。[35]

　このように解釈することで、Allanは、政治的権威がいかに個人の自律と調和するように形成され得るかを示すものとしてKantの法理論を用いる。なぜ政治的権威が、これに服従する人々の権利に適合し得ると考えられるのか。この問いは、Kantによればその契約論を参照することにより説明されることになる。[36]有効に制定された法律に同意があると考えられないのであれば、市民は法としてこれをみなす必要はなく、それは法の強制力を欠く。人民の立法権限は、人民に固有の権利によって制御される。固有の権利はただ一つしか存在しないため、政府にどのような制約が具体的に課されるかはこの権利の側面から考慮されなければならない。個人の権利への制約は、人間であるという基本的な、固有の権利による正当化を必要とする。政治的権威が正統であるのは、これがあらゆる側面において権威づけされていると理解され得る場合に限定されるのである。[37]

　国家の正統性とは、平等な自由のシステムを維持するのに本質的な役割に由来する。個人の自律と政府の権威の調和は、国家の実定法が道徳的に責任のある市民の自由Freedomと自尊に適合することを明らかにしながら行われる。Allanは法の支配を、究極的には、市民の道徳的服従の義務を説明する正統な統治を理想とするものとして捉える。[38]

　市民の平等な自由を保障するために政府は市民に対して権威をもち、そのために制定された実定法には、このとき、道徳的権威が付随することになる。[39]独立としての自律は、市民と公職者の法への厳格な遵守に依拠する。裁判所は法システムの究極的な保護者としての役割を負うことになり、コモンローは、法の形成と実行が権利の基本原則に適合することを保障する。人民が自

518

ら選択した代表者を通じて支配するという、真に共和主義的な政府において
は、立法府は、人民が平等な自由の享受を自らに与えることができないよう
な法を課すことはできないのである。[40]

　しかし、このように私法の形式主義から公法の枠組みを説明する考えに
対しては、これが公法に適合するかという別の考察を必要とするだろう。[41]
Allanは、強制と自由を同じコインの両サイドにあるとして両者の密接な関
係性を前提にするが、自由への公法上の権利（あるいは公法上の自由）が強
制と同じコインにある一体のものとして捉えられるべきかは直ちには肯定で
きないように思われるためである。公法の特徴について、私法との距離をみ
ながら捉えることは必要であろう。[42]

　そもそも公私の区別は法理論によって生み出されたものであり、社会生活
の営みを見た場合に必ずしもその区別は明白であるわけではない。公私を区
別する議論は、法的議論においてこそ重要な役割を担うものであるが、しか
し法理論においてさえ、この区別は単調なものではなく複雑な様相を呈する。[43]

　ここで法の多様性を指摘するHartの見解を参照したい。Dyzenhausは、
法と道徳の分離に関するHartの見解について、Hartが私法から公法への法
の概念への移行と関連させている点に注目するのである。

　威嚇を背景として命令する法として、例えば刑法や不法行為法がある。他
方で、これとは全く異なる社会的機能を果たす種類の法が存在するとHart
はいう。これは、一定の仕方で特定の行為を要求するわけではなく、義務や
責務を課すものではない。婚姻や契約、遺言などを有効に行う方式を定め
たルールなどが例である。このような法は、「法の強制的な枠組みのなかで、
個人が権利、義務の構造を、一定の明確に規定された手続のもとで、また、
一定の条件に従ってつくり出す法的権能を彼らに与えることによって、彼ら
の願望を実現する便宜を提供している」ものである。[44]婚姻や契約、遺言など、
「『もしこれをしたければ、このようにしなさい』と便宜や権能を与えている
法」は、他人との間に法的関係を形成するために個人（私人）に権能を付与
する法であり、この権能は、社会生活に対する法の重要な寄与のうちの一つ

*519*

であるとHartは評価する。<sup>(45)</sup>

　さらにHartは、法的権能を付与するルールは、私人に対して権能を付与するものに限定されるわけではなく、公的な性質を有するものでもあるとして、私的及び公的性質をもつ法の共通性を指摘する。<sup>(46)</sup>この公的性質をもつルールは、司法、立法、行政の各部門すべてに見い出されるという。<sup>(47)</sup>例えば裁判所について、訴訟物や裁判官の管轄権に関して規定するルールがあり、あるいはまた、裁判官に対して、一定の種類の事件を審理するための権能を付与するルールなどがある。もちろん、裁判所で遵守されるべき手続を決定するルールも挙げられる。<sup>(48)</sup>Hartはこれらのルールに関する注意として、それが裁判所の構成や裁判所が正常に活動するために規定されているものであり、裁判官に対して一定の行為を命じたり禁止するものではない点を指摘する。<sup>(49)</sup>

　確かに、管轄権もないのに裁判官が審理した場合などに刑罰を科すなど、裁判官に一定の行為を禁止する特別のルールが存在する可能性はあるが、この類の法的義務を課すルールは裁判官に司法的権能を付与するルールや管轄権を決定するルールに付随するルールに過ぎない。<sup>(50)</sup>このような権能を付与するルールは、裁判所の決定が有効となるべき条件と限界を明らかにすることに関心があり、裁判官が不適切に行為しないようにするためではないのである。<sup>(51)</sup>

　立法権の行使に関するルールは、多様な側面をもつ「立法」に関するものであるため裁判所の管轄権に関するルールより複雑である。Hartは、立法権を付与しその行使の態様について規定するルールと、威嚇を背景に命令する刑法などのルールの間の決定的な相違として、それらのルールの機能の徹底的な相違を指摘する。<sup>(52)</sup>そのような相違がみられる場合として、議会で法案が賛成多数により可決した場合、賛成票を投じた議会議員は、多数決を要求する法に「従った」わけではなく、また反対議員も同様である。<sup>(53)</sup>刑法の社会的機能は、それが適用される人々の意思に関係なく、なすべき行為あるいは避けるべき行為を定めて明示することにある。<sup>(54)</sup>

　法的権能を付与するルールの特質を、義務を課し命令するルールと区別し

520

終　章　プロセス理論における公法上の権利

て捉えることの意義として、Hartは、これらのルールが公的及び私的な法的権能の行使のためであることを示す。これらのルールがなければ、われわれは社会生活に最もなじみ深い観念のいくつかを欠くのである。つまり、論理的にいえば、婚姻や契約などの諸観念は、法的権能を付与するこれらのルールを前提にしなければ存在し得ない。この点において、公的あるいは私的を問わず、法的権能を付与するルールが前提として存在し、その法的権能が有効に行使されるところに裁判所の命令や立法府の法制定という諸観念が存在することができるのである。[56]

　これを公法の文脈に即していえば、立法、執行、司法的権能を与えられた者は、このように法的権能を付与するルールに従わなければならず、これはちょうど、契約の締結を可能にするための契約のルールに従わなければならないのと同様である。このようなHartの見解からの帰結として、Dyzenhausは、最も高次の立法の権威ですら法的に構築されるものとして理解されなければならないことになることを指摘する。[57]

　一方で法的権能を付与するルールがあり、他方で義務を課し命令するルールがある。後者は、それが適用される者の意思に関係なく、なすべき行為あるいは避けるべき行為を明示することにその役割がある。前者の関心はその決定が有効となるべき条件と限界を明らかにすることにある。公的私的を問わず、このルールは、法的諸観念が存在する前に、その前提として存在する。さらに、公法において、立法、執行、司法的権能を与えられたこのルールに従いこれらの権能を適切に行使しなければその法的諸観念自体が存在し得ないと考えられる。法的権能を付与するルールは法的に構築されなければ存在しないことをDyzenhausは主張する。

　公法の文脈において、究極的な法的権威は主権である。主権は、統治権あるいは絶対的な権利を自らの権能に対して有していたわけではない。むしろ、その権能に服従する他者である「人民」の利益になるようにその権能を行使すると考えられていた。

　私法においては、例えば、他者の財産の果実を使用するのにその用益権の

*521*

行使が濫用されたり、あるいは後見人が被後見人の利益を損なうような行為をすれば、裁判官はそのことを理由に所有者自身の権利あるいは被後見人の利益を実現するかについて審査を行うことができた。<sup>(58)</sup>

これに対し公法の場合、このような考え方は妥当するとは考えられない。もはや、このルールは実現可能な実定法のルールとして理解されることはできない。つまり、実現不能な公法の権利として理解されることになる。主権は人民の安全を最善に保護するものとして理解され、人民が要求する安全とは何かにつき究極的に解釈するものが主権であると認識されることになる。国家の安全こそ最高法である、という公法の組織化原理が確立されることになる。<sup>(59)</sup>

加えてDyzenhausは、私法における個人間の互酬的な関係性が、統治者と被統治者の公法上の関係性にどこまで適用できるかも問題となり得る点を指摘する。さらに、私法に内在するリバタリアニズムの考えを公法に適用する際の危険性も指摘される。私法の用語で公法を理解すれば、公的権威は、私法の矯正的正義の枠組みを維持した考え方を明らかにし、互酬的関係性のために実行可能なメカニズムとして行為する役割に限定されてしまうことになろう。他方、公法が私法の用語で理解されない範囲では、強制されない配分的正義の領域として想定されることになろう。<sup>(60)</sup>

ただし、このような問題は、Dworkinの解釈主義の立場からも導出され得ることが示唆される。切り札としての権利として公法により理解されるのでない限り、つまり、憲法上の権利の問題として裁判官が扱うべきものとして理解されない限り、それは司法が介入して保護すべき問題ではなく政策の問題として認識されることになる、という帰結である。<sup>(61)</sup>

しかし、このような公法の理解が適切であるかは疑問にされるべきであり、私法と公法のそれぞれの法形式に対する十分な配慮を欠いたものと評価すべきではないか。<sup>(62)</sup>

終　章　プロセス理論における公法上の権利

## 2　プロセス保障における公法（憲法）の権利保障の実現

### 2.1　公私の区分論―いつ区分すべきか

　公私区分論については、これを区分することに懐疑的な見解が主張されてきたことは周知である。公私の区分が時代遅れであるという学説について、この区分が不正確な記述であり、あるいは規範的に望ましくないという見解が挙げられる。

　記述的に不正確であるという批判をみると、公私区分をすることにより権力を行使する側と権力に服従する側の間の関係性を分析することは誤った見方であることが主張される。例としては、行為と機能が挙げられる。いかなる行為も典型的に政府の性質をもつわけではなく、私法において全く当てはまらないというわけではない。

　また機関や組織についても同様である。中央政府や地方自治体の機関は公的機関であるといえる。ただし、経済と国家法人の混在により公私区分に再考が迫られるようになった。実際の社会を記述するならば、一方に政府が、他方には私的個人と制度があり、両者が共通の社会目的を達成するためのパートナーシップがあるということになろう。

　ただし、公的なものと私的なものとは、記述的な用語で示されるわけではない点に注意が必要であろう。ある機関や行為を公的あるいは私的なものとして捉えることは、その機関なり行為が排他的に一方の性質しか持たないことを意味するわけではない。むしろ、規範により、公的あるいは私的という用語がその機関に適用されると捉えるのが適切である。公私区分の記述的説明が不正確であることは、両者を区分することが規範的に望ましくないことを意味するわけではない。公私区分を規範的側面から捉える場合、どのように両者を区分すべきかを再度試みる必要が指摘される。

　公私区分をめぐる論争を解決する一つの試みとして、Peter Caneは、公私区分の支持者と反対者がそれぞれ別の事がらについて議論していることを認識することを挙げる。公私区分をめぐる問題につき適切に議論するには、

*523*

その区分の多様な性質を理解しなければならない。そこでCaneは、公私区分を批判する者は、制度や機能において公的なものと私的なものが混合する場合が存在する点にその主張の根拠を求めるが、しかしこのように両者の区分を捉える見解では、その権力が配分され行使されている方法を不正確に捉えるものであるという。他方で、公私の区分を支持する見解は、この権力が配分され権力の行使がコントロールされるべき望ましい規範的理論を示すものであると整理される。[69]

　公私の区分が有効である点として、司法審査の手続や公的権威に適用される人権法の規定などによる行政裁判の発展が挙げられる。[70] 確かに、制度や機能に着目した場合、それを公的なものと私的なものとに厳格に区別する態度は適切ではなく、それぞれを混合したものとして捉えるべきとして、公私を区分すること自体に否定的な見解が存在することは事実である。ただし、価値を基軸にした公私の区分は、制度や機能における公私の区分に対して批判する見解と適合しないわけではない。価値に基づく公私区分の法理論は、社会において権力がどのように配分されるべきか、そして、この権力の行使に対する責任がとられるべき形式に関する理論である。[71] この理論において考察すべき重要な問題は、責任に関する規範的理論である。責任の構造が実効的である限り、この構造が公的なものか私的なものかという点は重要とはされない。なぜなら、それが実効的か否かということを判断し得るものこそ、どのように権力が配分されるべきかという規範的理論であるためである。[72]

　Caneはイギリスの行政法の分野に焦点を絞り、公私区分に関する議論を以下のように整理する。法が公私の領域を区分することに付随する二つの側面がある。強制により、人あるいは国家を制約するという消極的側面と、個人が自由に選択したり行動することができる特定の領域を創設するという積極的側面である。[73]

　いつ公私を区分して議論すべきかにつき、Caneのこの議論を参照しながら、特に個人主義の異なる二つの意義の観点から考察してみたい。

524

## 2.2 公法と私法—二つの個人主義観

　公私の区分はリベラルな政治理論に結びつけて考えられるのが通常である。私的な領域での個人の選択や個人の自由が保障され、そこで個人は自身の目的を追求することができる。他方、公的な領域では個人の自由は他人の自由や公の福祉という利益により制限されることが前提とされる。ここでの議論の対立は、個人の自由そのものが望ましいかという点ではなく、個人の自由として認められる領域をめぐって生じる。

　見解の相違はまた、最も望ましい人間の自己表現や実現の形式を構成するものについても生じる。この見解の相違は、政府の適切な役割や機能をめぐって起こることになる。ここでは、法理論において、個人主義に関する二つの異なる見解が重要であることがCaneにより示唆される。一つは開発的個人主義Developmental Individualismであり、他方は受動的個人主義Passive Individualismと称されるものである。

　まずは、開発的個人主義の特徴からみていきたい。この見解において、自己実現の骨子は自己の改善と自己の開発にあるとされる。善を消費し占有するのは本質的に個人にあると考えられる。開発的個人主義を政治の用語で捉え直せば、諸個人には自らに影響する意思の決定過程に直接かつ効果的に参加することが許されるべきという考えとして表すことができよう。この参加理論の骨子は、議論、交渉、和解、そして合意などの特定形式の意思決定に参加することが望ましいと主張することにある。このような意思決定の形式により、参加者は自らの政治的見解や技術を発展させ、創造的になり、この決定に対する直接的な影響をもつ機会を得ることができる。

　参加理論は、対審構造による議論の解決の価値を減ずる傾向がある。なぜなら、このような議論は、相異なる見解の対立から真理が生まれることを期待するものであるためである。この意味における参加とは、対立とは正反対にある、協調の側面に意義を見出すのである。

　望ましい国家を支え経験することは人間としての善に適うものであるが、このような望ましい対象物を得るのに、一貫した生を送る中で自発的に選択

した自己の行動を通じてした方がより善いと考えられる。コミュニティーに参加し、他者と結合することの適切な機能として、個人が自発的に結合に与することを選択し人格の開発を通じて結合へのコミットメントを実現することで自分自身を形成していくことにあると考えられる。(79)

　参加理論は行政法理論と、行政法に関連する裁判所の役割に対する特定の批判的文脈において非常に影響力を有するものである。ただし、参加理論の利点は大きい。参加理論は、政治に不作為を助長しかねない代表制の理論より、個人が意思決定に直接的に参加することを許容するのである。(80)この理論は、単なる理論としてではなく実際上の効用も期待される。この見解において、政治的不作為は、意思決定過程への個人の不十分な参加による弊害により起こると考えられ、これはまた、代表的民主制への幻滅を示すものでもある。(81)

　他方、受動的個人主義の骨子はこれと異なる点に求められる。個人の自由は、自分自身の事がらについて政府からの不干渉にあることに核心がある。政治的文脈との関わりでいえば、受動的個人主義は、代表的民主制を評価する。なぜなら、いったん選挙で選出されれば代表者は次の選挙まで自由に行動することが許されると考えられる。代表者は自らが公共の利益と考えるものに基づいて行動することができる。(82)

　受動的個人主義の考え方は、多くの裁判官や法律家によって支持されていると考えられる。行政法や行政法における裁判所の役割が政府による不当な侵害から個人の権利や利益を保護すること、つまり、政府の権限の濫用や踰越からの個人の権利利益の保護にあるという考えに適合する。(83)

　受動的個人主義によれば、行政に関連する法の機能は、権限行使の抑制や市民と政府の間の議論を解決する機能として本質的に受け身であり消極的な態度を示すことになる。(84)この抑制機能は、議会主権、内閣の責任、司法の政治的機能からの分離という憲法の枠組みの中で作用するものである。(85)これらの憲法上の原理は抑制と均衡を創出し、これは制度を均衡に保つものである。政治的憲法的取り決めにおける欠点は市民の参加という新たな要素を加える

終　章　プロセス理論における公法上の権利

ことではなく、代表制の要素を強調することにより矯正されることが想定されることになる。

　他方で、参加理論は、市民に意思決定への参加を保障することにより市民と政府の間の議論を避けるために積極的な行為を強調することになる。[86]

　受動的個人主義は、ウエストミンスター型の代表民主主義における個人の保護という行政法の役割を理解するのに伝統的なアプローチであるということができよう。他方、開発的個人主義は参加理論を支持するものであり、行政法に対する伝統的アプローチに対して適合するものではない。参加理論は、行政法における個人の保護につき、積極的な役割を見出すものであり、そこには、社会のメンバーとしての個人の実現を促進するという役割が主張されるのである。[87]

　このような異なる個人主義観念の相違は、公私区分に関する見解に関連する。受動的個人主義は、政府が尊重しなければならない個人の権利利益の領域がすでに存在することが主張される。ただし、受動的個人主義であろうと、政府権限に対して極めて寛容になる場合がある。[88]

　開発的個人主義において、善き生とは、共同体、すなわち公の意思決定の行為に個人が参加することによって促進されると考えられる。[89]共同体の行為は個別性Individualityにとって重要であるため、開発的個人主義にとって公的領域と私的領域の間の区別は受動的個人主義ほどには明確に捉えられるわけではない。[90]

　受動的個人主義は個人の自由として画定された領域を保護することに第一の関心があり、その領域を最大化することが第一の目的というわけではない。開発的個人主義は、個人の表現や開発の手段としての共同体の行為という徳を歓迎する傾向がある。他方、受動的個人主義は公私の領域を区分し、多くの場合には両者は共存するとしながらも、時には両者が競合することを認めるものである。[91]

　公私区分の実体的内容をめぐる法的議論は二つの問題が基本にある。意思決定のコントロールとその責任、そして、意思決定に諸個人あるいはグルー

527

プが参加する形式である。公私をめぐる問題は、この二つを基軸にして展開されると捉えられる。[(92)]

　公私区分は、裁判所と他の政府機関との間の意思決定の権限を配分する際に説明を提供する重要な役割を担う。公の政策ではなく個人の権利利益を保護するのが裁判所の役割である。裁判所の役割は、政策ではなくルールを実効的にするものとしてであり、政治的考慮の影響から自由である、相対する主張の間で公平に決定する役割を担うことになる。[(93)]

　行政機関はいかに最善に裁量権を行使できるかを決定する相当な自由が与えられるべきであるという原則の背後には権力分立の問題が存在する。この場合、裁判所は行政機関の決定内容や実体をコントロールすることを控えることを明言する。[(94)]

　このような場合、裁判所の関心は、意思決定に対する説明責任の公的及び私的形式の間に重要な区別を見出す立場の関心と同様である。両者の関心は全く同様というわけではなく、理論家は司法審査を私的なものとして考える傾向がある。なぜなら、個人が訴えを提起することが可能であり、また、裁判所は政治的考慮ではなくルールによってケースを決定しようとするためである。彼らにとって、政治的な形式とコントロールの基準が公的なものとされる。[(95)]

　他方、裁判所にとって司法審査は公的なものである。なぜなら、当事者の一方は公的機関であるという事実は常に考慮されるからである。しかしこのとき、公的とは政治的とは区別される。公的なカテゴリーは、法的なものと政治的なものに区分されることになる。裁判官にとって権力分立への関心は、受動的個人主義という政治的基礎を多くの裁判官が受け入れるという前提を受け入れることになる。[(96)]

　個人の権利や正当な利益と、実効的な行政における政府の利益（その実体が何であれ）との間の適切な均衡を図ることが裁判所の役割であると多くの裁判官は考える。この見解は、受動的個人主義と連結するものである。[(97)]公正な手続に関するコモンローの関心は受動的個人主義に適合する。受動的個人

主義は政府の権限や行為の範囲に関心を払うというより、政府の権限が濫用されないことを確保することにある。[98]

ただし、受動的個人主義の司法審査の考えにおいて、私的権利と公的利益での観念的な競合が生じることになり、また、裁判所は、保護されるべき個人の権利の領域がどれほど広いかについて見解が異なるという問題を抱えることになる。[99]

## 2.3 公法形式における権威—適正なプロセスが保障するもの

私法における正義に適合するか否かを「法」であるか否かの形式的基準として、あるいはそのために、公法の形式的基準として用いるのは方法として妥当ではないだろう。法内容の妥当性の判断に対する道徳的判断が肯定されたとしても、法の形式的側面と道徳との関係は別途に考えなければならない。まずは法内容の道徳的性質について見ていきたい。

法内容の道徳的性質は以下のように生じる。法は法的主体を責任ある行為者としての尊厳に対応するものとして法的主体が理解するのを妥当にさせる方法によって、法的主体への提案理由Offering Reasonsとして存在し得る。法内容について、規範的内容として決定された内容と全く異なる内容を有すると法的主体が考えたとしても、このような提案理由を法的主体に対して法内容が提案しているという事実により、法的主体の視点においては、法にそのような道徳的性質を付与する理由を形成することになる。[100]

このことは、道徳的問題としてのみならず、法的問題として顕在化することがある。立法府が、権力に服従する諸個人の尊厳を奪おうと意図する場合、立法府の戦略としては、明確にこの目的を述べること、またはこれと同じ目的を達成するために公務員（執行者officials）にそのための権力を委任することにより行われる方法が考えられる。ただしこのとき、この目的が明白に制定法の中で述べられるわけではなく、執行機関による制定法の実行が裁判官による審査を受けないことが明白に述べられることになる。いずれの戦略も、諸個人あるいは諸個人のグループを法の外側に置くものであるが、しか

しこれらは法の形式には適合しない方法により行われることになる。第一の戦略では、法の一般性及び、法の前の形式的平等への黙示的なコミットメントを否定することにより、第二の場合には、執行機関の行為が適合しなければならない法は存在しないことを確保することによってである。[101]

　もし、立法府が全く明白な方法でこれらを行わないのであれば、裁判官は立法府が制定した法を、あたかも、それが彼らの立法の精神に適合するように意図されたものとして扱う義務を有することになる。つまり、法の形式がある程度は尊重されるのであれば、法に服従する者の尊厳を尊重する方法においてそれを解釈することになる。[102]

　このことからDyzenhausは、公開性の原則が法内容における道徳的原則として作用する理由を提示するという。Fullerが論じたように、これは、法による統治を望むならば専制君主ですら、自分自身が法的かつ道徳的に制約されているかを示すものなのである。[103]

　Fullerの法の内的道徳の、法の支配観念に対する影響は少なくないだろう。[104]その内的道徳とは、法的権威の責任と法的主体のその決定への参加という価値に基づくものとして捉えられる。確かに、法の内的道徳の基準は、法内容というより形式に関するものであるが、これが道徳的に善いものに向けて修正されることにより法の実体にも影響を及ぼし得ると考えられる。[105]Fullerにとって、内的道徳は自然法の手続的側面に関するものであるが、この手続の用語は、例えば、公務員の行為と制定された法の間の実体的な調和を含み得るものとして理解されるべき観念である。Dyzenhausは、法の支配の原則について、Fullerが形式的原理の優先的な重要性を示した点を評価し、形式的原理こそ法に道徳的性質を付与するものであると指摘する。

　法が存在するという事実は、Dworkinが法実証主義を批判する際に言及した解釈的資源が存在するということでもあり、確かにこれは、Dworkinが論じたようなリベラルな政治理論の基礎を提供するものではないが、以下の重要性がある点をDyzenhausは指摘する。それは、法の形式が尊重される限り、法は法に服従する者に対して道徳的理由を提供するものであるとい

*530*

終　章　プロセス理論における公法上の権利

う解釈的資源は存在することになる、という点である。[107]

　ただしDyzenhausは、あくまで、公法の形式の理論は、道徳理論から独立するものであり、そのために、独立としての形式という特徴を維持するものであることに注意を促す。そしてこの独立は、公法理論からの人権論の独立を意味するという。[108] ある法的主体が法に服従する理由は、それが法であること、あるいはその法内容が妥当であると当人が判断したことなどが考えられる。前者は法の権威の観点から、後者は法内容が妥当であるという当人の道徳的判断に基づく道徳的理由のためであると考えられる。法に従う理由は、形式的側面における権威の観点からのみとらえられるものではない。その理由はいくつかある。

　公法の形式理論から道徳理論を排除すると考えるDyzenhausは、公法理論における法の権威的な理由につき以下のように説明する。適法な法内容の中で発見される国家の決定は道徳的性質を有するが、これは、法が服従者に対して有する権威が形成される過程において生じる、と。[109]

　そうならば、公法の形式において生じる権威については、ある法的主体を法に服従させるという意味のみで捉えられるべきではなく、個人の尊厳のある程度の保障という道徳的性質が公権力に対して向けられることを意味するものとしても捉えられるのではないか。

　政治理論との関係についてDyzenhausは、公法理論が政治から独立することはなく、公法は、いかに秩序を作り上げ、維持するかに関する理論として捉えられる。その服従者に対して有する法の権威的な理由も上述の通り、公法の理論により提示される。

　公法の形式の理論の基礎についてDyzenhausは、適法性の原則により提供されることになり、この適法性の原則とは、法に則った政府がとる形式を構成するものである。[110]

　Hartの実証主義における法は、恣意的な権力ではなく適切な手続を通じて生まれる法のシステムとして理解される点において法の支配の観念と適合

531

する。Hartの実証主義は、人権について、法の支配の観念と密接に関連づ[111]けて捉えるものではなく、その批判は道徳的観点からなされると捉えられる。[112]

Fullerの内的道徳もまた、実体的人権の原理を参照するわけではなく、政府の権限の実体的制約は最小限になされるべきであり、「可能な限り、実体的目的は手続的に達成されるべき」という。[113]しかしHilary Charlesworthはここで、Fullerの内的道徳とKantの人間の行為の観念の共通性を示唆する。Kantの原理は人権原理の根拠とされるものであるため、このようにFullerを理解すれば、法の内的道徳と人権の両者がともに、他者の恣意的権限からわれわれを保護する理論として解釈できる可能性が示されている。[114]

公法の形式論に着目して、公法の支配の意味を追究するなら、その意味における人権は何を意味すると考えられるか。

Caneによれば、公法と私法の区分論における価値を基軸にした規範的理論では、社会においてどのように権力が配分されるべきかという問題を問うものであった。公法とは、いかに秩序を作り上げ、維持するかに関する理論として捉えられる。Dyzenhausの公法の形式理論もまた、公法理論を政治理論と切り離して捉えるものではない。

Hartの法の概念ではなく、John Finnisの正当化テーゼが必要であったのは、これが法による統治が内包するフィクションを実際に解決するためであった。このとき、実際の状況を記述的に観察することで現実に生じている不正を暴き、その上で、この問題を解決するための法の支配の意義が問われることになる。このフィクションは、人民の意思が政府の意思と適合するものとしてみなせる場合には問題とはならない。この場合には、この社会における個人の自由を保障する権利についても特に問題とされるわけではない。

しかし、政府の判断が人民の意思を反映するものではないとみなされる場合、法による統治のフィクションによる弊害が生じている状況となる。この場合、もはや社会において遵守すべき法が何かは個人にとって明白ではなく、また権利についても個人間で共通した言語を使用して語ることは期待できない。遵守すべき法、あるいは保護されるべき権利とは何かが不明確な社会に

おいて、個人はどのように法に従い自分の生を活性化させることができるのか。

Allanは、公法の目的を私権あるいは私法システムが作用し得る下での合法的な市民的条件の保護に求めた。国家は合法的な条件を保護し維持する義務を有する。そこでは万人が権利の原則によって与えられた独立を享受する。[115] この条件が整えられなければ、個人は自律的に生を送ることができない。

政府が権威を有し、その権能を行使できるのは、その権能が有効に行使されているという事実及び、その前提としてその権能を付与するルールの存在が指摘されていた。この場合には、個人の側面として受動的個人主義の考え方が妥当すると考えられる。この権能が適切に行使されていれば、その政府の行為が有効な範囲を超えているかを探る必要は特に見当たらない。このとき、政府の行為について公法の観点から問題にする必要性も特に見当たらない。

しかし、Richard Rortyの政治的価値に対するプラグマティックな考え方によれば、権利観念について社会の人々の一致した見解が存在しない場合、「権利保障」の用語が人びとの行為を導く指標にはならないのはもちろんのこと、権利保障のためのいかなる可能性も存在しないことになる。法に従うという行為の指標がない中で、人びとや政府はどのようにして法に服従することができるのか。そのような中で、どのようにすれば権利保障の実現を観念づけることができるのか。

このような問題が生じている社会における個人にとって重要なのは、多様化し分裂した諸個人の価値観を社会の場に登場させ、問題を解決するための議論をする土壌を作ることであろう。個人を政治の場に参加させることが必要となる。この個人は、開発的個人主義にいう個人の考えである。もはやこの場合には、権力を政府に配分していては妥当ではなく、公法の形式における権威が適切に作用しない場面といえるのではないか。この場合、受動的個人主義の考え方を基軸にすることは妥当とは言い難く、開発的個人主義の考え方が作用すると考えられるのである。

533

アメリカ合衆国憲法修正14条に基づき、同性愛者の婚姻する権利を承認したObergefell判決でKennedy判事が語った個人の自由の保障は、開発的個人主義の考え方に適合すると考えられる。個人の自律を保護する自由に基づき連邦最高裁判所は同性愛者である少数派の個人の権利を保障すると判断したのであり、このように同性婚を許容する人々の社会における存在は、同性婚を排除する信念を有する人々に対してもまた、真実を追求する議論に参加させることができることをKennedy判事は同判決で述べていた。

　しかし、共同体への参加の保護とは、ある個人に対して何か具体的な行為を導く指標となるわけではない。開発的個人の考えの前提には、この個人を内包するコミュニティーの人民の考えと代表者である政府の考えが適合していない状況があるといえる。

　そして、このように、裁判所によって承認された個人の権利の特徴は、強制的ではないという点である。人民の見解と政府の間に不一致が生じている限り、裁判所がこの個人に与えられる利益を「権利」として実行させる権限を有さないのは権力分立の観点から正当化されるだろう。いかなる法的価値や規範により裁判所の判断が拘束されるかの問題として、特定の道徳的価値を含む裁判所の判断が正当化されるかを審査することは、この判断が公共の政策として受け入れられることが妥当であるかの判断とは異なると考えられる。

　ある個人の特定の私的価値を個人が政府に強制を迫るのが公法の権利ではない。個人が公の、政治的場面に参加することが個人の主張としてなされることになる。ここでの権利とは、私を公に優先させるために主張されるものではない。つまり、裁判所が個人本人の代わりに、政府に個人的価値を押し付けることを強制するものではない。

　開発的個人を保障する裁判所の役割は重要であり、民主主義の観点からも正当化されるだろう。しかし、たとえ裁判所が具体的ケースにおいて何か名前をつけて権利の名の下に個人を保護しようと、それだけでは、社会におい

て個人は不自由なままである。その権利の前提として、何か保護されるべき具体的な実体的価値が存在しているわけではないのである。

　保護されるべき「個人」をこのように捉えると、個人を保障する裁判所の判断は、価値中立的ではないものも含まれ得ることになる。同性愛者の権利をめぐるこれまでのアメリカの議論はその代表的な例である。

　Finnisを参照すると、人間の存在を秩序づける道徳の意義を強調すること、そしてこの道徳理論は個人の行為に理由を与える点が彼の理論の特徴として挙げられる。Finnisは法理論の意義として、社会問題を調和し善き秩序を形成するためのものと理解する。彼の理論を価値中立的ではない裁判所の判断を正当化する理論として参照することは妥当であろう。

　個別ケースにおいて、このような道徳的価値を付与したのは裁判所の判断である。法の支配の原則の下で道徳的性質を付与するのが法の形式的側面であるならば、この裁判所の判断は、実体的側面ではなく、法の形式的側面においてこそ語られるべきではないか。保護すべき権利が実定化されておらず名前すら不明な場合に個人を保護する裁判所の権限は、その形式において捉えるべきではないか。実定化されていない「婚姻する基本的権利」というものが同性愛カップルにも承認されるとした*Obergefell*判決で前提とされた個人は、従来とは異なり、開発的個人であると考えられる。そして、連邦最高裁判所がこのような基本的権利を承認したという判決も法の形式的側面に適合すると考えれば法的権利として正当化することは可能であろう。しかし、その権利は公法の形式に適合すると考えられるだろうか。

　権利として保護されるべき実体的価値につき、いまだ共同体では合意が形成されていないという事実は軽視されるべきではない。受動的個人が前提にされる状況であれば、Allanが述べたように強制と自由をコインの両サイドにあるものとして捉える余地はあろうが、開発的個人を前提にした権利や自由ではこの余地を認めることは困難である。連邦最高裁判所が承認する基本的権利が州政府に対する強制力をもつというのは、この判決で語られた権利の性質からみても妥当とは言い難い。[117]

開発的個人主義における公私区分はそれほど明確ではなく、そしてこの場合、公法の形式における権威も適切に行使されることは想定しがたい。連邦最高裁が語った権利は、公法（憲法）の権利が保護する実体的価値や実体的内容として、何が共同体において保護される基本的価値であるかについてのものではないとみるべきであろう。裁判所はどのような実体的価値を決定する権限を有するわけではない。

　そうであるなら、裁判所がこの場合に語る権利は限定される。実定法により保護されるべき実体的価値を創設する役割は含まれず、法の適正過程を遵守するために割り振られるものに限定されると考えられる。この権限において裁判所が述べた個人の保障は正当なものと承認され得る。そして法の適正過程は立法府及び執行府に対しても及ぶ。連邦最高裁が基本的権利を承認した以上は、個人の尊厳が尊重されるよう、意見の対立を強調するのではなくそのために協調する役割は政府機関には求められるべきである。*Obergefell*判決のKennedy判事が同性愛者の婚姻する基本的権利を承認することにより期待したことは、同性婚の承認に関する対立のさらなる激化ではなく、賛成と反対派の間の協調にあることは容易に想像できる。裁判所が述べた個人を保障する制度を考え構築することはこれら政治部門に対しても、法の遵守の下で要請されると考えることは可能であろう。プロセス理論が保障する法の遵守は、このようにして政府機関に対して法の力を作用させるのではないか。

　民主主義的正統性に支えられたこれらの政府の各機関の判断は、それら各権能が適正に行使されることにより、人権論の基礎を提供するものとなるだろう。

## 3　小　結

　本章は、法の形式的側面がプロセスと実体の両者を含むとのDyzenhausの見解に注目した。それは、裁判所が語る基本的権利とはどのような性質をもつかにつき、私法上の権利といかに区別し得るかを検討するためであった。

終　章　プロセス理論における公法上の権利

公私を区分すること自体が容易ではなく文脈を考慮しなければならないが、本章では、Caneの二つの「個人」の考え方を軸に、*Obergefell*判決で連邦最高裁が語った権利の性質につき、それが公法の形式には適合し難いものであることを示唆した。具体的判決において個人が保護されるべき事情はあるが、しかしそれを憲法の権利として一般化するにはそれを実行するための責任の所在が不明確なのである。開発的個人が主張される背後には、代表制への不信が挙げられるが、この場合に権利を根拠に裁判所が個人を保護しても、なお、社会においてそのような個人の権利利益の保護を主張するためには代表制が機能することが不可欠なのである。[(118)]

　しかし、にもかかわらず、判決において裁判所が基本的権利を語る意義は大きい。ただし、訴訟当事者個人の権利利益を、当事者本人に代わって裁判所が強制するという点（のみ）に公法（憲法）の権利の意義を求めていては、公法特有の権利を適切に捉えることはできない。裁判所は、議会が制定した法に基づかない権利であっても基本的権利を語り承認することができる。何が共同体で保護されるべき「基本的」価値かについて共同体で合意が形成されていない状況において、自分にとっての善き生を営むことを著しく妨害されているとき、プロセス理論に基づき、具体的個人に対するそのような侵害を排除する権限を行使する裁判所の権限は正当化されるべきだろう。

（1）例えば、資格試験の勉強でも裁判の結果でも何でもいいが、成功という結果に対する一縷の望みもない状況があったとして、人はそれでも目的に向かって必死に努力することができるかといえば（通常は）そうではないだろう。実体的価値を得る可能性が全くないことが明白な状況で、手続のみを保護する理由がどこにあるかを模索する試みは困難が予想されるため「素朴な」違和感を覚える。
（2）*See* David Dyzenhaus, *Process and Substance as Aspects of the Public Law,* [2015] CLJ 284.
（3）裁判所が政治部門の判断に対してどのように（どれほど）介入すべきかはその国家の統治構造に関連する。大統領制を採用するアメリカにおいて、議会の判断と執行府の判断への司法審査の介入の程度は大きく異なる傾向があることが指摘される。議会の判断に対する裁判所の介入は、個人の権利が侵害される

537

場合など限定される。*See* DEAN R. KNIGHT, VIGILANCE AND RESTRAINT IN THE COMMON LAW OF JUDICIAL REVIEW（2018）.

（4）Dyzenhaus, *supra* note 2, at 284.

（5）*Id.* at 287.

（6）*Id.*

（7）*Id.* at 288.

（8）Paul Craig, *Formal and Substantive Conceptions of the Rule of Law: An Analytical Framework,*［1997］PL 467.

（9）*Id.*

（10）Dyzenhaus, *supra* note 2 at 288.

（11）*Id.*

（12）Craig, *supra* note 8, at 487.

（13）Dyzenhaus, *supra* note 2, at 289.

（14）*Id.* at 285.

（15）*E.g.,* H. L. A. HART, CONCEPT OF LAW（2nd ed., 1997）. 邦訳として、H. L. A. ハート『法の概念』矢崎光圀監訳（みすず書房、1976年）を参照した。

（16）*E.g.,* LON L. FULLER, THE MORALITY OF LAW（1964）.

（17）Dyzehaus, *supra* note 2, at 285. また、法理学のみならず、政治理論における民主主義的手続を重視する立場（Jeremy Waldronなど）とリベラルな実体的主義者の立場（Ronald Dworkinなど）の対立も同様であることが指摘される。この対立は司法審査の正当性の問題に対して重要な答えを提示するものである。

（18）ただしこれは、Dyzenhaus が法実証主義の立場を全面的に支持することを意味するわけではない。*Id.* at 287.

（19）参照、瀧川裕英・宇佐美誠・大屋雄裕『法哲学』（有斐閣、2014年）235～236頁など。

（20）Dyzenhaus, *supra* note 2, at 289

（21）H. L. A. Hart, *Positivism and Separation of Law and Morals,* 71 HARV. L. REV. 593, 606-610（1958）.

（22）このようなHartの司法裁量論は、Dworkinにより、原理を適用する裁判官について説明することができないと批判されたのは周知である。*See generally,* RONALD DWORKIN, A MATTER OF PRINCIPLE（1985）; RONALD DWORKIN, LAW'S EMPIRE（1986）.

（23）JOSEPH RAZ, THE AUTHORITY OF LAW: ESSAYS ON LAW AND MORALITY 49-50（1979）.

（24）Dyzenhaus, *supra* note 2, at 289.

（25）*Id.* at 290.

（26）H. L. A. HART, ESSAYS ON BENTHAM: JURISPRUDENCE AND POLITICAL THEORY 253（Oxford University Press 2011）（1982）. Hartのこの見解は、

終　章　プロセス理論における公法上の権利

Thomas Hobbsの命令と助言の区別に由来する。命令は、これが発せられれば、これに従う者の意思に関係なく、命令されたように行為させる機能を有する。Hartは「専断的」について、法に従う者が熟考し議論する余地を排除する意味で使用する。

(27) *Id.* at 243-244, 252-253.

(28) Dyzenhaus, *supra* note 2, at 290.

(29) *Id.*

(30) *Id.* at 291. Hartはソフトな、あるいは包含的実証主義の可能性を示唆する。自己の立場として、承認のルールにより道徳原理あるいは実体的価値への服従を法的妥当性の規準として包含する可能性があることが示されていることを主張する。HART, *supra* note 15, at 250-251.

(31) Dyzenhaus, *supra* note 2, at 291.

(32) *Id.*

(33) *Id.* at 286.

(34) *Id.*

(35) T. R. S. ALLAN, THE SOVEREIGNTY OF LAW: FREEDOM, CONSTITUTION, AND COMMON LAW 128（2013）.

(36) ARTHUR RIPSTEIN, FORCE AND FREEDOM: KANT'S LEGAL AND POLITICAL PHILOSOPHY 213（2009）.

(37) *Id.* at 213-214.

(38) ALLAN, *supra* note 35, at 128.

(39) *Id.* at 131.

(40) *Id.* at 132.

(41) *See* Dyzenhaus, *supra* note 2, at 286.

(42) 本章では、私法と公法の距離について、特に、私法における私人間の関係と、公法における政府と市民（個人）の関係との対比から行うことにする。

(43) PETER CANE, *Accountability and the Public/Private Distinction,* in PUBLIC LAW IN A MULTI-LAYERED CONSTITUTION 275（Nicholas Bamforth and Peter Leland ed., 2003）.

(44) HART, *supra* note 15, at 27-28.

(45) *Id.* at 28.

(46) *Id.*

(47) *Id.* at 28-29.

(48) *Id.* at 29.

(49) *Id.*

(50) *Id.*

(51) *Id.*

(52) *Id.* at 30-32.

*539*

(53) *Id.* at 31-32.

(54) *Id.* at 27.

(55) *Id.* at 32.

(56) *Id.*

(57) Dyzenhaus, *supra* note 2, at 300. Hartはまた、約束と法制定のルールには、立法の自己拘束的性質を説明するのに類似性がみられるという。ただし、後者には、約束のような双務的性質は見られないなど相違点がある。HART, *supra* note 15, at 43-44.

(58) Dyzenhaus, *id.* at 301.

(59) *Id.*

(60) *Id.* at 302.

(61) *See id.*

(62) *See id.* Dyzenhausによれば、このような態度は不正な法は法ではないという古典的自然法論の遺物であると分析する。これは、適切に法と称されるには、私法の正義と適合すべきであるとの考えを示す。

(63) PETER CANE, *Public Law and Private Law: A Study of the Analysis and Use of a Legal Concept,* in OXFORD ESSAYS IN JURISPRUDENCE 64 (3$^{rd}$ series, John Eekelaar and John Bell ed., 1987).

(64) *Id.* at 65.

(65) *Id.*

(66) *Id.*

(67) *Id.* at 66.

(68) John Allison, *Variation of View on English Legal Distinctions Between Public and Private,* [2007] CLJ 698, 698-699.

(69) CANE, *supra* note 43, at 275-276.

(70) Allison, *supra* note 68, at 698.

(71) CANE, *supra* note 43, at 275.

(72) *Id.*

(73) CANE, *supra* note 63, at 57.

(74) *Id.* at 57-58. ただし、公私を区分するのはリベラルに限定されるという趣旨ではない。

(75) *Id.* at 58.

(76) *Id.*

(77) *Id.*

(78) *See* JOHN FINNIS, NATURAL LAW AND NATURAL RIGHTS 147 (2$^{nd}$ ed., 2011).

(79) *Id.* at 146-147. この機能が実効的に働くかは、コミュニティーの大小に関連する。大きいコミュニティーでは、この組織の意思決定過程に対する個人の関与が小さいコミュニティーより小さくなると考えられるためである。

終　章　プロセス理論における公法上の権利

(80) CANE, *supra* note 63, at 59.

(81) *Id.*

(82) *Id.*

(83) *Id.*

(84) *Id.* at 59-60.

(85) *Id.* at 60.

(86) *Id.*

(87) *Id.*

(88) *Id.*

(89) *Id.*

(90) *Id.* at 60-61. ただし、開発的個人主義にとって公私の区分が重要でないと捉えられるわけではない。John Stuart Millは開発的個人主義の代表者として分類されているが、Millもまた共同体が関与しない私的領域が存在することを認めていた。反対に、受動的個人主義は政府の規制や私的産業に対する公的参加に対して極めて寛容な場合がある。

(91) *Id.* at 61.

(92) *Id.* at 70-71.

(93) *Id.* at 73.

(94) *Id.* at 73-74. Wednesbury原則の不合理性Unreasonablenessの定義（私法の不法行為の定義と対比されたものとしての公法の定義）、公共政策を構成レベルと作用するレベル（政府行為に関する私法上の原則によって支配される）、そして、権限踰越の行為（公法上の違法性）が、不法行為で訴訟を基礎づけるための私法上の不法のための前提として要請される。

(95) *Id.* at 74.

(96) *Id.*

(97) *Id.* at 75.

(98) *Id.* at 78.

(99) *Id.* at 75.

(100) Dyzenhaus, *supra* note 2, at 303.

(101) *Id.*

(102) *Id.*

(103) *Id.* at 303-304.

(104) HartとFullerの論争において、両者は特に、法の支配の用語を積極的に使用していたわけではないが、それらの主張の法の支配への影響は否定されるものではない。*See* HILARY CHARLESWORTH, *Human Rights and the Rule of Law After Conflict* 44-45 in THE HART-FULLER DEBATE IN THE TWENTY-FIRST CENTURY（Peter Cane ed., 2010）.

(105) *Id.* at 45.

*541*

(106) *See id.*

(107) Dyzenhaus, *supra* note 2, at 304.

(108) *Id.* at 305.

(109) *Id.*

(110) Dyzenhaus, *supra* note 2, at 291. Dyzenhausは、ある者が法的権威に優先的に従わなければならないのは、その法的権威の行使がHobbsの法の性質によって条件づけられる方法において形成されるためであるとする。DyzenhausはHobbsの法理論を、今日の適法性の原則あるいは法に従った政府の原則として法の性質を捉える。

(111) CHARLESWORTH, *supra* note 104, at 44. ただしHart自身は、「法の支配」より「適法性の原則」の用語を好んで使用したが。

(112) *Id.*

(113) Lon L. Fuller, *Positivism and Fidelity to Law: A Reply to Professor Hart,* 71 HARV. L. REV. 630, 643（1958）. Fullerの内的道徳のうち遡及的立法の濫用の禁止などは人権論の中でも参照されることがあるが、Fuller自身が実体的に人権を参照するわけではないことが指摘される。

(114) CHARLESWORTH, *supra* note 104, at 45.

(115) ALLAN, *supra* note 35, at 128.

(116) Obergefell v. Hodges, 135 S. Ct. 2584（2015）.

(117) もちろんこれは、権利だけではなく、連邦制度に関わる重要な問題を含む。

(118) *See* Junko Abe, *Same-Sex Marriage Litigation in Japan: Constitutional Issues regarding Individual Rights for the Majority and Minority in a Liberal Democracy,* COMP. L. REV.（The Institution of Comparative Law, Chuo University）, vol. 53, no.2（forthcoming, 2019）.

## おわりに

　個人が社会において自由であるためには、権利が必要である。実体的内容を伴った権利である。権利保障は、社会における個人を尊重するために必要である。社会の多数派の見解が少数派である「私」の価値観と異なる場合でも、個人として尊厳が確保される生を個人は送るべきである。現実の社会がそれを抑圧するのであれば、社会において尊重される「個人」としての生を送るために必要な自由への道のりは確保されるべきである。個人の自由への追求は、社会の実体的真理が明らかにされていない状況でも保障されるべきである。それが単に私的利益の追求にすぎないものであっても、このことを理由に法的な保護自体が奪われると考えるべきではない。

　ただし、公法の権利を個人に帰属するものとして捉えるならば、この個人には、その社会での普遍的な価値を有する個人が想定されているのではないか。これは、多様な個性をもつ個人の権利が社会において尊重されることを否定するものではない。公法と私法の保障は、同時に存在し得るものと考えられるからである。またそれは、全体主義ではなく、政府が特定の価値を決定し個人に押しつけることを意味するわけではない。

　2003年のアメリカ連邦最高裁判決の*Lawrence v. Texas*が、自由を確保するために、基本的権利が保障される主体として想定した「個人」が、社会の多数派の宗教的道徳的政治的見解に拘束されない、多様な個人を想定していたなら、プライバシーに関する一連の判決において連邦最高裁が承認した権利とは、憲法特有の権利とは異なるのではないか。

　この判決より前に、アメリカの判例では、合衆国憲法に列挙されていない権利を保護する際、合衆国憲法修正14条デュープロセス条項を根拠にその実体的価値を保護するという実体的デュープロセス理論が誕生していた。プライバシーの権利はこの権利の典型として考えられてきた。

　この実体的デュープロセス理論も法の形式理論においてこそ捉えられるべ

きではないか。われわれの土地の法であるから私はその法に従う、というようにデュープロセス理論が法の権威を含み、適正に法が実行されるために社会の個人に対し強制力を有するのなら、それに従う個人は、その法の実体は私を含む誰に対しても適正であるべきことを主張したくなる。法が適正な機関により適正に実行されるべきという主張は、実際には実体的な観点も含めなければその適正さを判断し実行することはできない。しかし、私にとっての実体的価値が社会のそれと異なる場合には問題が生じ得る。

　この観点から、裁判所が個別の判決において、憲法に実定化されていない権利をプライバシーと名前をつけこの権利が存在すると主張することの意味をもう一度、考えたい。

　1973年のRoe v. Wadeの法定意見を執筆したBlackmun判事は、プライバシーに関するいかなる権利も憲法に明示的に言及されているものではないとしながらも、一連の判例において、個人のプライバシーの権利、あるいは特定のプライバシーの領域が憲法の下に存在することが承認されてきたことに言及した。合衆国憲法修正1条、修正4条、修正5条、あるいは半影理論、修正9条、そして修正14条1節などを列挙しながら、憲法により保護されるとされたこの実体的価値を支える憲法上の根拠としてはさまざまなものが判例において提示されてきたことを指摘した。そしてBlackmun判事は、「基本的」か、あるいは「秩序づけられた自由libertyの観念に含まれる」と考えられ得るもののみが個人の権利として認められてきたことを示したのである。

　このRoe判決は、連邦最高裁が実体的デュープロセス理論に基づき憲法に規定されていない権利を承認した判決であると紹介されることが多い。

　Roe判決では、プライバシーの権利として、妊娠中絶をするか否かの女性の決定を含むものとされたが、その根拠としてBlackmun判事は、修正14条の個人の自由Libertyの観念を示唆すると同時に、連邦下級審で述べられた修正9条により人民に保有される権利も提示していた。その上で、妊娠中の未婚女性からこの選択を奪うことによって州が課す損害が明白であると述べ

たのである。

　人民として保有される権利を個人（妊娠中の女性である原告）にも承認すべきであるという裁判所の主張は、人民の意思を適切に反映し州の政策として定立するという州政府の権能（法を制定し執行する権能）が適切に行使されていないことを意味するものとして解釈することができる。その状況で個人の自由の保障が実現されることは期待できない。そして、その状況のために、現実に、明白に損害を受けている個人が存在している。このように考えると、裁判所が実体的デュープロセス理論を援用しプライバシーの権利の名の下に保護し承認したのは、妊娠中の女性には中絶するか否かを「選択」することがその女性の自由な生にとっては価値あることを社会に示すことにあるとみるべきではないか。実定法に基づく権利として何かを主張する際、その権利の内実はある程度、明確にされているべきである。ある特定個人の権利に特化した裁判所の判断は、たとえ裁判所という公的機関が認めたものであっても、その内実は個人という私的存在のために認められたという要素が強い。中絶に対する世論が賛否に分かれいまだ合意が形成されていない状況を考慮すると、この個人の権利が政治プロセスにおいても承認されるかは不明確である。この中で、この個人の権利を公的なものとして承認する根拠は見当たらない。

　裁判所が用いる実体的デュープロセス理論は、無名の憲法上の権利を創設するというより、政府の各機関の適切な権能の行使を保障することを目指し、それに付随する範囲で認められる実体的価値を裁判所が保護することを可能にする理論として捉えられるべきではないか。


　日本では、1969年の京都府学連事件が日本国憲法13条に触れ、「国民の私生活上の自由が、警察権等の国家権力の行使に対しても保護されるべきことを規定しているものということができる」とし、「個人の私生活上の自由の一つとして、何人も、その承諾なしに、みだりにその容ぼう・姿態……を撮影されない自由を有するものというべきである」と述べた。この京都府学連

事件は、憲法13条の学説に対して大きな影響をもった。もはやプログラム規定説を支持する見解は影を潜め、憲法13条が実体的価値を保護する規定であることを前提に、人格的利益説と一般的自由説の対立が学説上の関心となった。

　しかし、裁判所のこのような憲法解釈の正当性は、権利の実体というより、まずはその形式的側面において語られるべきではないか。警察権等の国家権力が適切に行使されていれば、裁判所がこの判決において憲法13条の意義を上記のように語る必要はなかった。この判決の状況において、法の適正な過程は実現されていなかった。この状況では個人の自由が適切に実現されるとは考えられない。この法の実現過程を適正にするために、裁判所はこのような憲法の意義を判決において述べたのではないか。このプロセス保障を実現するのに必要な範囲で、裁判所は自由の実体的価値にも触れたにすぎず、憲法の権利としての実体的側面における価値そのものとして述べたとはいえないのではないだろうか。

　法の適正過程が実現されてこそ、市民は法を遵守することができ、個人は自分が望む自由を追求することができる。個人が追求すべき自由を実現できる社会を保障するのが権利であるなら、この自由を保障するために認められるべき特定の権利の実体的価値を法的に画定する権限は裁判所には与えられていないだろう。

　裁判所が判決において個人の自由を保障する意義は、新たな権利の創設というより、個人の自由を保障するための制度などを政治部門に対して考慮するよう強制する力にあると思われる。

　明文規定されていない権利利益の場合、公法上の、あるいは憲法上の個人の権利観念について語るには、保護されるべき実体的価値とは何かを問うことから始まることはできず、あるいは、この保護されるべき実体的価値を見極めるためには社会における合意形成された実体が何かを問うことが必要になる。そのためには、権利利益を追求するという個人的な側面だけではなく、この合意形成過程にあらゆる個人が参加するという義務の側面を語ることが

546

おわりに

不可欠なのではないか。

デュープロセス理論の下で、どこまで何を個人が法的に主張することができるかを見極めることが重要である。その利益が私法ではなく公法上のものとして承認されるべきかは、社会全体の価値観を考慮することが必要となる。私法上認められる個人の権利利益が、裁判の個別ケースにおいて公的機関に対しても認められたため、公法（憲法）によっても個人の権利利益として承認されると考えることは法の形式を軽視する態度とみざるを得ない。

それでもなお、プロセス理論が保障する個人の自由への追求は、裁判所や立法府を含む政府の権限行使のあり方に対し法的な力をもつほど重要な意義をもつと思われる。

## 【著者紹介】

## 阿部純子（あべ　じゅんこ）

千葉県出身。大東文化大学法学部法律学科特任准教授（現職）。中央大学大学院法学研究科公法専攻修了。博士（法学）。ケンブリッジ大学大学院LL.M修了（クィーンズカレッジ）。専門は憲法学。主に、アメリカの議論を参考に、プライバシーや、デュープロセス（法の適正過程）を研究対象とする。業績として、「憲法の『拷問禁止』規範―国際人権法との関係を考慮して―」憲法理論叢書25号『展開する立憲主義』（憲法理論研究会編、敬文堂）などがある。

「プロセス」による自由の追求
「プライバシー」をめぐる裁判所の憲法解釈の正当性

2019年8月30日　　初版発行　　定価はカバーに表示してあります

著　者　阿　部　純　子
発行者　竹　内　基　雄
発行所　株式会社　敬　文　堂
〒162-0041　東京都新宿区早稲田鶴巻町538
電話(03)3203-6161㈹ FAX(03)3204-0161
振替　00130-0-23737
http://www.keibundo.com

©2019　Junko ABE　　　　　　　　Printed in Japan

印刷／信毎書籍印刷株式会社　製本／有限会社高地製本所
カバー装丁／株式会社リリーフ・システムズ
落丁・乱丁本は、お取替えいたします。
ISBN978-4-7670-0233-0　C3032